JN412678

조 직 신 학

SYSTEMATIC THEOLOGY

〔3판〕

김효성
Hyosung Kim
Th.M., Ph.D.

옛신앙
oldfaith
2025

머리말

본서의 목표는 **개혁신학의 윤곽**을 제시하는 것이다. 장로교회가 전하는 개혁신학은 오랜 세월 동안 검증된 뿌리깊은 신학이다. 우리는 그것이 **성경적, 역사적 기독교 신앙의 개요**라고 믿는다. 그러므로 우리는 오늘날 주 예수 그리스도의 교회들이 이 성경적, 역사적 개혁신학의 윤곽에 거하는 것이 필요하다고 믿는다.

나는 신학에 대한 바른 개념과 방법론을 가지고 **간명한 조직신학**을 정리하기를 원한다. 복잡한 이론들의 나열과 변론을 피하며 인간적 견해들의 제시를 최소화하고, 성경 교리들을 간단명료하게 해설하며 체계적으로 정리하기를 원한다. 본서의 목적은 성도들이 그 개요 안에 머물러야 할 성경적 신학의 개요를 제시하는 것이다.

조직신학은 **성도들의 신앙생활에 기본**이 된다. 왜냐하면 그것은 하나님의 복음을 자세히 체계적으로 해설한 것이기 때문이다. 구원 얻은 성도에게 있어서 신학과 신앙생활은 결코 분리될 수 없다. 왜냐하면 신학은 하나님의 진리에 대한 체계적 지식이기 때문이다. 지식 없는 신앙생활은 불가능하다. 단지 그의 신앙 지식이 얼마나 성경적으로 올바르며 체계적인가 하는 문제가 있을 뿐이다.

신학은 **교회 목회와도 결코 분리될 수 없다**. 목사에게 바른 신학의 정립은 필수적이다. 바른 신학에 근거하지 않는 목회는 무자격하거나 무책임하다. 왜냐하면 신학은 성경에 계시된 하나님의 진리들의 체계적 지식이기 때문이다. 도대체 성경에 대한 체계적 바른 지식이 없이 어떻게 하나님의 뜻을 바르게 설교하며 교회를 바르게 목회할 수 있다는 말인가? 목회의 정로(正路)는 바른 신학을 가지고 설교하고 교인들을 성경 교훈대로 인도하는 것이다. 바른 신학사상을 가지고 목회하는 목회자들만 오류와 탈선 없이 하나님의 뜻을 충성되이

전하고 가르치며 행할 수 있을 것이다.

개혁신학은 16세기 개신교 종교개혁 이후 상당히 안정되게 정립되어 왔다. 한국 장로교회의 표준 신학은 고 **박형룡 박사**에게서 찾을 수 있다. 아직도 한국 장로교회에서 그의 교의신학을 능가하는 체계적 진술서는 없다고 본다. 그는 경건하고 부지런한 신학자이었다고 한다. 본서는 박형룡 박사, 교의신학, 1권-7권 (보수신학서적간행회, 1964-1973)을 기초로 하여 간략히 정리하고 그 외에 저자가 필요하다고 판단한 것들을 약간 보충하였다.

박형룡 박사는 그의 교의신학 서문에서 자신은 **루이스 벌코프** (Louis Berkhof)의 조직신학을 기본으로 하여 다른 여러 신학자들의 저술들을 참고한 편집자에 불과하다고 겸손히 말했으나, 그가 참고한 서적들과 그의 연구한 내용들의 범위가 넓고 깊기 때문에 그는 확실히 편집자 이상이었다. 그가 기본으로 삼았던 루이스 벌코프의 책이란 조직신학 서론(*Introduction to Systematic Theology*)과 조직신학 (*Systematic Theology*)을 가리킨다.

개혁신학의 역사에서, 조직신학의 기본적 참고서들은 개혁교회들의 표준이 되어 왔던 웨스트민스터 신앙고백과 대소요리문답을 비롯하여, 존 칼빈의 기독교강요, 프랜시스 투레틴의 논변신학강요, 찰스 핫지의 조직신학, 윌리암 쉐드의 교의신학, 로버트 댑니의 조직신학 강의, 루이스 벌코프의 조직신학 서론과 조직신학, 헬만 획스마의 개혁파 교의학 등 조직신학서들과, 그 외에도 제임스 돈웰, 벤자민 B. 워필드, 헤르만 바빙크, 존 그레섬 메이천, 존 머리, 제임스 버스웰 등의 신학 저술들과 벌코프의 기독교교리사 등이다.

내용 목차

1부: 서론

　조직신학은 성경에 계시된 하나님의 진리들에 대한 체계적인 지식이다. 그것은 다른 말로 하나님의 복음에 대한 자세한 해설이다. 조직신학 서론은 신학의 개념, 방법, 역사 등을 간략히 논한 후, 하나님의 계시, 성경의 정경(正經), 성경의 속성, 성경의 영감(靈感)과 무오(無誤), 신약성경의 본문(text) 문제 등에 관한 진리들을 논한다.

서론의 주요 주제들

1. 신학의 개념, 성격, 필요성
2. 신학의 방법과 역사
3. 하나님의 계시
4. 성경 66권의 정경성(正經性)
5. 성경의 명료성, 충족성, 신적 권위성
6. 성경의 영감성(靈感性)과 무오성(無誤性)
7. 신약성경의 본문 문제

1. 신학의 개념, 성격, 필요성

신학의 개념

신학(神學, theology)이란 무엇인가? 그것은 말 그대로 '하나님에 관한 학문'이다. 학(學, science)이란 어떤 주제에 대한 체계적 지식을 의미한다. 신학은 하나님과 그의 진리들에 관한 체계적 지식이라고 말할 수 있다. 이것을 흔히 **'조직신학'**(systematic theology)이라고 부른다. 엄격한 의미에서 신학은 조직신학을 가리킨다.

하나님의 진리들은 하나님의 특별계시들의 기록인 성경에 명확히 기록되어 있으므로, 신학은 '성경에 계시된 하나님의 진리들에 관한 체계적인 지식'이라고 정의할 수 있다. 자유주의 신학은 신학을 단지 하나님에 대한 사람의 주관적 신앙과 사상이나 종교경험의 학문으로 보려 한다. 그러나 이런 주관적 개념을 버리고 하나님에 대한 지식을 객관적 성경말씀에서만 찾는 것이 바른 태도이며 역사적 개신교회들의 입장이다. 찰스 핫지(Charles Hodge)는 "[신학의 목적은] 성경의 사실들을 체계화하고 그것들이 내포하는 원리들이나 일반 진리들을 확증하는 것이다"라고 바르게 말했다(*Systematic Theology*, I, 18).

신학은 **교의학**(敎義學, dogmatics)이라고도 불린다. 교의(敎義)는 니케야 신조나 웨스트민스터 신앙고백과 같이 하나님의 진리에 관한 교회의 공식적 진술을 가리킨다. 이런 의미에서 교의(dogma)는 교리(敎理, doctrine)와 구별된다. 교리(敎理)는 말로 표현된 진리를 뜻하며 진리와 동일시되나, 교의(敎義)는 교리보다 공식적이고 권위적인 진술을 뜻한다. 그러므로 교의학은 하나님의 진리들에 관한 교회들의 공식적 진술들에 대한 체계적 지식이라고 정의할 수 있다.

천주교회는 교의가 교회 회의나 전통에서 나온다고 말하고, 자유주의자들은 그것이 사람의 주관적 신앙과 사상이나 종교적 경험에서 나온다고 주장하지만, 역사적인 개신교회들은 교의가 오직 성경에서 나와야 한다고 믿는다. 코넬리우스 반틸(C. Van Til)은 "교회의 신조들은 그 내용에 관한 한 성경 진리의 체계적 진술에 불과하다"고 말했다(*Introduction to Systematic Theology*, p. 3). 교의가 성경진리의 체계적 진술이므로, 교의학은 조직신학과 내용이 같다. 그러므로 헤르만 바빙크는 교의학을 "하나님의 지식에 대한 학문적 체계"로 정의했고, 박형룡 박사는 "바른 교의신학은 성경이 하나님에 대하여 가르치는 바의 질서 있는 논술을 제출하기를 추구한다. . . . 교의학은, 즉, 성경 진리의 조직적 진술이다"라고 말했다(교의신학. 1권: 서론, 21, 44쪽). 이와 같이, 신학, 조직신학, 교의학은 동의어로 사용된다.

교회 역사상, 기독교 진리들의 체계적 지식을 위하여 여러 용어들(*sententiae, summa, loci communes, institutio*)이 사용되었다. 그러나 12세기에 피터 아벨라드(Peter Abelard)에 의해 처음 '신학'(데올로기아 theologia)이라는 말이 사용되었다. 종교개혁 이후, '신학'이라는 말이 루터파와 개혁파 신학자들 중에 점차 많이 사용되었다. 17세기부터 '교의신학'이라는 말도 사용되었으나 오늘날에는 '조직신학'이라는 말이 '교의신학'과 '교의학'보다 더 일반적으로 사용되고 있다.

근래의 **성경신학**(Biblical Theology)은 그 연구 방법에 있어서 처음부터 조직신학과 달랐다. 조직신학은 성경에 계시된 하나님의 진리들을 논리적으로 정돈하려 하지만, 성경신학은 성경에 계시된 하나님의 진리들을 연대기적으로 정돈하려고 했다. 그러나 그 둘은 다 성경의 내용들을 체계적으로 정돈하려 한다는 점에서 '조직적' 신학이었고, 그것이 성경만을 자료로 삼고 성경에 충실하려 한다면 '성경적' 신학이라고 부를 수 있다. 그러나 성경신학이라는 개념은 즉시 합리주의자들에 의해 채용되었고 그들에 의해 교의학과 대립하고 그것을 비평, 수정하려는 방향으로 진행되어 왔다.

성경신학은 때때로 성경의 중심주제도 파악하지 못한 채 초보적 단계에서 방황하는 모습을 보였다. 그러나 성경의 중심주제는, 조직신학이 정리하는 대로, 구원이다. 조직신학은 구원이라는 주제 아래 왜 구원이 필요한지, 어떻게 구원이 이루어지는지, 구원 얻은 자들의 소망은 무엇인지 등을 논한다. 성경의 중심에는 구주 예수 그리스도께서 계시다. 성경은 예수 그리스도에 대해 증거한다(요 5:39). 바울은 디모데에게 "성경은 능히 너로 하여금 그리스도 예수 안에 있는 믿음으로 말미암아 구원에 이르는 지혜가 있게 하느니라"고 말했다(딤후 3:15). 성경의 중심주제는 예수 그리스도로 말미암는 구원이다.

오늘날에는, 신학이라는 말이 넓은 의미로도 사용된다. 교회사나 목회학에도 역사신학이나 실천신학이라는 명칭이 사용된다. 또 자유주의 진영에서는 정치신학, 흑인신학, 해방신학, 민중신학, 여성신학, 통일신학 등의 개념이 유행하고 있다. 이런 의미에서의 '신학'은 어떤 특정 주제나 분야에 대한 하나님의 진리를 가리키는 말이다. 그러나 그것은 신학이라는 말의 정확한 용법은 아니라고 본다.

신학의 성격

신학을 성경에 계시된 하나님의 진리들에 대한 체계적 지식이라고 정의할 때, 우리는 신학의 몇 가지 성격을 생각할 수 있다.

첫째로, 신학은 **성경적**이다. 하나님의 진리들은 성경에 계시되어 있고 성경 안에만 명확히 계시되어 있다. 그러므로 신학은 성경에서, 오직 성경에서만 나와야 한다. 성경 밖의 자료들은 성경의 진리들을 확증하는 보조물에 불과해야 한다. 신학은 성경적이어야 한다. 성경적 신학만 참된 신학이다. 성경을 떠나서 하나님과 그의 뜻을 논하는 모든 개념들과 사상들은 바른 신학이 될 수 없고 여러 가지 오류들에 떨어질 수밖에 없다.

그러므로 신학의 자료가 되는 성경을 믿지 않는 자유주의 신학은 그 시작부터 잘못이었고 그 결론도 잘못될 수밖에 없다. 그것은 결코 기독교 신학이 될 수 없다. 성경이 파괴되는 곳에서 신학을 논할 수 없고, 성경 없이 논의되는 신학은 기독교 신학이 될 수 없다. 더욱이, 자유주의 신학은 성경적 신학을 추구하는 대신 신학의 문화적 성격을 강조한다. 그러나 교회가 진리를 표현할 때 어떤 시대의 철학적 용어들을 사용할 수 있을지라도 그러한 용어들은 표현 형식에 불과하고 그 내용에 관한 것은 아니다. 신학은 순전히 성경의 계시 진리들을 체계화하는 것이어야 하며, 어느 시대, 어느 문화의 사상을 혼합한 것이 되어서는 안 된다. 만일 어떤 이의 신학사상에 비성경적인 요소가 섞여 있다면, 우리는 그것을 비평하고 그 비성경적 요소들을 배제해야 하고 순수한 성경적 신학을 정립해야 한다.

둘째로, 신학은 **교회적**이다. 하나님의 진리는, 비록 처음에 개인이 깨닫고 믿고 고백하기 시작했을지라도, 곧 하나님의 백성들이 공동적으로 믿고 고백하는 진리가 된다. 교회는 하나님의 진리들을 선언하고 체계적으로 말할 권세를 주께로부터 받았다. 교회는 '진리의 기둥과 지주(支柱)'이다(딤전 3:15). 교회의 교훈적 권세는 어느 시대까지의 교회나 교회 회의에 국한된 것이 아니고, 모든 시대의 모든 교회와 모든 교회의 회의들이 가지는 권세이다. 그러므로 신학은 개인의 견해에 그쳐서는 안되며 교회의 공동적 신앙고백이어야 한다.

신학의 교회적 성격은 그것의 공동적 신앙고백의 측면에서뿐 아니라, 역사적 측면에서도 그러하다. 모든 시대의 교회들은 신학적 활동에 많은 힘을 기울여 왔다. 오늘 우리가 가진 신앙고백들은 전시대의 신앙의 선조들의 기도와 수고의 결실이며, 우리는 그 배후에 성령님의 섭리적 지도와 도우심이 있었음을 의심할 수 없다. 그러므로 우리는 교회의 역사적 신조들과 신앙고백들을 중요하게 여겨야 한다.

이처럼 신학은 교회적 성격을 가지며, 따라서 바른 신학의 정립과 충실한 전달은 교회에 주어진 가장 중요한 임무 중의 하나이다. 특히 신학들이 난립하여 성경적인 신학을 알 수 없고, 성경적 믿음과 확신이 없고 신실함과 충성심이 없어 보이는 현시대에, 바른 신학의 정립과 전달은 더욱 절실한 시대적 과제이다.

셋째로, 신학은 **권위적**이다. 신학이 성경적이라면, 그것은 또 권위적이다. 바른 교회는 성경을 신적 권위로 인쳐진 하나님의 말씀으로 믿고 따른다. 성경의 신적 권위는 성경의 모든 진리들의 신적 권위를 뜻한다. 그러므로 성경의 진리들을 체계적으로 정돈한 신학도 당연히 신적 권위를 가질 것이다. 만일 신학이 성경의 진리들을 바르고 충실하게 제시하고 진술한다면, 그 신학은 성경과 같이 신적 권위를 가질 것이다. 성경말씀이 신적 권위를 가지듯이, 성경적 신학은 신적 권위를 가질 것이라는 말이다.

물론 우리는 오직 성경만 최종적인 권위를 가짐을 믿는다. 우리는 신학이 성경과 달리 오류에 떨어질 가능성이 있음을 인정하며, 또한 오류에 떨어진 부분들은 언제든지 성경에 의해 교정될 수 있고 교정되어야 한다고 본다. 오직 성경만 교회의 오류 없는 최종적 권위이다. 그러나 교의와 신학이 성경에 충실하고 그 진리를 바르게 제시하고 진술하는 한, 교회는 성경을 신적 권위의 책으로 존중하듯이, 그 성경적 교의와 신학도 신적 권위의 진술들로 존중해야 할 것이다.

넷째로, 신학은 **불변적**이다. 하나님의 모든 진리는 예수 그리스도와 사도들을 통해 충분히 계시되었다. 물론 사람의 이해의 부족 때문에 또 표현의 부족 때문에 그 모든 내용은 점진적으로 이해되고 표현된 점이 있다. 그것이 신학의 발전이라면 발전이다. 그렇지만 그것은 하나님의 계시 진리의 수정이나 첨가가 아니고, 단지 그 진리의 원만한 이해와 표현이었다. 주후 2세기에는 기독교의 변증 문제가 주로 논의되었고, 3세기와 4세기에는 하나님에 대한 교리가 주로 논의되었다. 5세기에는 사람에 대한 교리와 예수 그리스도에 관한 교리가 주로 논의되었고, 16세기 종교개혁 때에는 구원에 대한 교리와 교회에 대한 교리가 논의되었다. 20세기에는 종말의 문제가 많이 논의되었고 또 자유주의 신학과 교회연합운동과 은사주의로 인해 교회에 대한 교리와 성령님에 대한 교리가 많이 논의되고 있다. 또 하나님의 진리들의 정돈 방식도 발전하여 칼빈의 **기독교강요**보다 찰스 핫지의 **조직신학**은 더 정리되어 있고, 그것들보다 루이스 벌코프의 **조직신학**이나 박형룡의 **교의신학**은 더 정리되어 있다고 보인다.

그러나 신학의 기본 내용에 관한 한, 그것이 신적 권위를 가진 한, 그것은 또한 불변적 성격을 가질 수밖에 없다. 성경의 내용이 변할 수 없듯이, 성경 진리들의 체계적 지식인 신학의 기본 내용은 변할 수 없다. 따라서 우리는 21세기에도 초대교회의 사도신경과 니케야-콘스탄티노플 신경과 칼케톤 신경을 믿고 고백하며, 17세기의 정통 신앙고백들, 예를 들어 벨직 신앙고백, 하이델베르그 요리문답, 도르트 신경, 웨스트민스터 신앙고백과 대소요리문답을 성경 진리의 바른 증거로 믿고 고백하며 사랑한다. 또 우리는 오늘날에도 칼빈과 핫지 등의 정통적 개혁신학자들의 책들과 글들을 사랑한다.

그러므로 신학이 시대마다 변할 수 있다고 생각하는 자유주의적 개념은 매우 잘못된 것이다. 왜냐하면 신학의 근본적 내용의 불변성을 부정하는 것은 성경 진리들의 불변성을 부정하는 것과 같은 것이기 때문이다. 그것은 실로 이단적이다. 하나님의 말씀인 성경이 불변적이듯이, 성경적 신학은 그 기본 내용에 있어서 불변적이어야 한다. 시대는 변해도, 신앙의 내용은 변하지 않는다. 진리의 정돈 방식, 즉 신학 진술 방식은 변할 수 있어도, 그 근본 내용들은 변할 수 없다.

신학의 필요성

신학은 왜 필요한가? <u>첫째로, 신학은 사람에게 있는 체계적 지식에 대한 **기본적 욕구** 때문에 필요하다.</u> 지식의 체계화는 사람의 기본적 욕구이며, 하나님의 진리의 지식에 대해서는 더욱 그러하다. 우리는 성경의 단편적 지식이나 하나님의 진리들의 단편적 지식뿐 아니라 성경 전체에 대해 또 하나님의 모든 진리들에 대해 체계적으로 알기를 원한다. 신학은 성경에 계시된 하나님의 진리들의 체계적 지식을 추구하기 때문에, 그것은 모든 진지한 성도들의 그 욕구에 충족이 될 것이다. 반틸은 "성경의 내용을 연구하여 체계적으로 정리하는 것은 하나님께서 주신 우리의 의무이다"라고 말했다.

<u>둘째로, 신학은 하나님의 진리들의 **효과적 전달**을 위해 필요하다.</u> 하나님을 알지 못하는 자들에게 전도할 때나 처음 믿는 자들을 가르칠 때, 우리는 먼저 하나님의 진리들을 체계적으로 이해하고 있어야 그것들을 효과적으로 전달할 수 있다. 하나님의 진리들은 논리정연하다. 그것들은 앞뒤가 모순되지 않는다. 하나님께서는 혼동의 하나님이 아니고 질서의 하나님이시다(고전 14:33). 논리정연하게 제시된 설교나 강의는 더욱 힘있고 효과적일 것이나, 혼란한 개념이나 모순된 논리는 그것의 능력을 감소시킬 것이다. 하나님께서 비록 단순히 사람의 논리로만 일하시는 것은 아니지만 사람의 논리에 맞지 않게 일하신다고 생각해서도 안 된다. 건전한 설교와 교훈은 반드시 건전한 논리를 가지고 있어야 한다. 훌륭한 설교자 찰스 스펄전은 말하기를, "대 신학자들이 있기 전에는 대 전도자들이 결코 있지 못할 것이다. . . . 천박한 학생들 중에서 영혼을 움직이는 대 전도자들이 나오지 못할 것이다"라고 했다.

<u>셋째로, 신학은 교회의 **사상적 일체성**을 위하여 필요하다.</u> 교회의 하나 됨은 외적인 조직이 하나이기 전에 먼저 영적이며 교리적이다.

교회는 공통적 기독교 신앙 위에 한 몸을 이룬다. 정통신앙을 가진 자와 이단자가 하나가 될 수 없다. 사도 바울은 "다 같은 말을 하라"고 권면하였고(고전 1:10), 또 "믿음은 하나이요"라고 말했다(엡 4:5). 디도서 1:4에 언급된 '같은 믿음'(코이네 피스티스 κοινὴ πίστις)[공통적 믿음(common faith)]은 모든 그리스도인들의 연합의 기초이다.

비록 신학들의 불완전함과 상호 차이가 교파 형성의 주요 원인이 되었지만, 참된 신학은 교회의 일체성의 방해물이 아니고 오히려 그 매개물이요 접착물이다. 사실, 사상적 일치가 없는 조직체적 일치는 공허하며 위선적이다. 그러므로 우리는 진지한 성경 연구를 통하여 신학적 일치를 추구해야 한다. 사도신경, 니케야-콘스탄티노플 신경, 웨스트민스터 신앙고백과 같은 교회의 공적 신앙고백과, 핫지, 벌코프, 박형룡 등의 조직신학들은 교회의 일체성의 표시요 증거이다.

<u>넷째로, 신학은 **이단들을 배격**하고 하나님의 **진리들을 수호**하기 위해 필요하다.</u> 사실, 이 점은 역사상 신학 정립과 발전에 매우 중요하였다. 이단들은 성경의 일부분을 부정하거나 잘못 해석함으로써 생기는 경우가 많았다. 이단이 성경을 완전히 저버리는 경우는 쉽게 식별할 수 있겠지만, 성경을 가지고 잘못 해석하여 강조하거나 적용할 때 그들을 막아내기란 쉽지 않다. 그러므로 하나님의 모든 진리들에 대한 체계적인 바른 지식을 가지고 있지 않다면, 이단들의 교묘한 오류를 분별하고 폭로하고 배격하기 어려울 것이다. 이단들의 도전 앞에서, 교회는 진리들의 부분적 지식 뿐만 아니라, 그것들의 전체적 체계적 지식을 필요로 하는 것이다. 그러므로 신학이 성경에 계시된 하나님의 진리들에 대한 체계적 지식이라고 정의되었으므로, 신학자들과 목사들뿐 아니라, 교회의 장로들과 직분자들, 아니 일반 성도들도 기본적인 신학 공부, 다시 말해 체계적, 주제별 성경 공부와 교리 공부가 필요하다고 말할 수 있다.

2. 신학의 방법과 역사

하나님에 대한 지식의 가능성

사람이 하나님에 관한 지식을 가질 수 있는가? 하나님께서 사람을 그의 형상으로 창조하셨다는 사실(창 1:26-27)과 하나님께서 성경책을 주시고 성령님을 주셔서 성경말씀을 깨닫게 하신다는 사실이 사람이 하나님에 관해 알 수 있음을 보인다. 그러므로 호세아 선지자는 "우리가 여호와를 알자, 힘써 여호와를 알자"고 말하였고(호 6:3), 또 이사야 선지자는 "물이 바다를 덮음같이 여호와를 아는 지식이 세상에 충만할 것"을 예언했다(사 11:9). 주 예수께서도 요한복음 17:3에 보면 "영생은 곧 유일하신 참 하나님과 그의 보내신 자 예수 그리스도를 아는 것"이라고 말씀하셨다. 요한복음 6:68-69에 보면, 사도 베드로는 "주님, 영생의 말씀이 계시매 우리가 뉘게로 가오리이까? 우리가 주께서는 그리스도시요 하나님의 아들인 줄 믿고 알았삽나이다"(전통본문)라고 말하였다. 또 그는 베드로후서 3:18에서 "우리 주 곧 구주 예수 그리스도의 은혜와 저를 아는 지식에서 자라 가라"고 말하였다. 우리는 하나님을 알고 또 하나님을 아는 그 지식에서 자라가야 한다.

그러므로 하나님께서 사람에게 자신을 계시하실 수 있다는 사실을 부정하고 사람이 순수이성으로 하나님과 하나님의 세계를 알 수 없다고 단정한 철학자 칸트의 지식론이나 사람이 진리를 알 수 없다고 말하는 불가지론(不可知論)은 바른 사상이 아니다. 실상, 불가지론자들이 진리를 알 수 없다고 확신하는 것은 논리적 모순이다. 진리를 알 수 없다는 그들의 신념이 진리라고 생각하는 것 자체가 진리를 알 수 없다는 그들의 사상과 모순되는 것이다.

사람이 하나님에 대해 알 수 있지만, 그 지식은 매우 부분적이고 불완전하다. 하나님께서는 창조주이시며 무한하신 분이시며 사람은 피조물이며 유한한 존재이기 때문에, 사람은 하나님에 관해 다 알 수 없다. 그러므로 욥기에서 소발은 "내가 하나님의 오묘를 어찌 능히 측량하며 전능자를 어찌 능히 온전히 알겠느냐?"(욥 11:7)고 말했고, 엘리후는 "하나님께서는 크시니 우리가 그를 알 수 없고 그 연수를 계산할 수 없느니라"(욥 36:26)고 말하였다. 아다나시우스는 "사람은 능히 하나님의 옷자락을 알 뿐이요, 그 나머지는 그룹들이 날개로 가리웠다"고 표현하였다. 사람은 하나님에 대해 어느 정도 이해할 수 있으나 그를 완전히 이해할 수 없다. 더욱이, 첫 사람 아담이 범죄한 후, 사람은 하나님에 대해 더욱 제한되고 왜곡된 지식을 가지고 있다.

신학의 방법--세 가지 원리들

우리는 하나님의 진리들을 어떻게 알 수 있고 또 그 진리들을 어떻게 체계적으로 정리할 수 있는가? 개혁신학자들은 신학 즉 하나님의 진리들의 체계화의 방법을 '세 가지 원리'라는 말로 흔히 표현한다.

첫째는 '**존재의 원리**'이다. 그것은 **하나님**을 가리킨다. 하나님께서는 모든 지식의 원천이시다. 그는 자신과 온 세계에 대하여 완전한 지식을 가지고 계신 인격적 존재이시다. 그는 학자 중에 학자이시며 과학자 중에 과학자이시다. 사람들의 모든 지식은 하나님께로부터 나온다. 일반 학문도 그렇지만, 신학은 더욱 그렇다. 하나님께 대한 사람의 지식은 하나님의 완전한 지식을 닮은 지식이요 그것을 조금 나눠 가진 부분적 지식이다. 또 사람은 하나님 안에서, 하나님의 계시 안에서 또 성령님의 도우심으로만 하나님을 알 수 있고 그를 떠나서는 그에 대해 아무것도 알 수 없다. 그러므로 주께서는 "아버지 외에는 아들을 아는 자가 없고 아들과 또 아들의 소원대로 계시를 받는 자 외에는 아버지를 아는 자가 없느니라"고 말씀하셨고(마 11:27), 또 사도 바울은 "오직 하나님께서 성령님으로 이것[복음 진리]을 우리에게 보이셨으니 성령께서는 모든 것 곧 하나님의 깊은 것이라도 통달하시느니라"고 말하였다(고전 2:10).

둘째는 '**지식의 외적 원리**'이다. 이것은 **성경**을 가리킨다. 워필드는 성경이 신학의 일차적 혹은 중심적 원리이지만, 자연 계시, 하나님의 섭리, 그리스도인의 경험 등도 부수적 원리로 보나, 투레틴이나 바빙크는 성경을 신학의 유일한 원리로 본다. 후자의 견해가 더 나아보인다. 하나님께서는 역사상 특별한 방식들로 자신을 계시하셨고(그것을 특별계시라고 부른다), 그 특별계시의 내용들을 성경에, 오직 성경에만 기록되게 하셨다. 그러므로 하나님의 특별계시들과 그 유일한 저장소인 성경은 하나님께 대한 우리의 지식의 매우 중요한 원천이다. 우리가 그것을 충분히 파악하든지 못하든지 간에, 하나님의 진리들은 성경에 객관적 형태로, 완전하게 계시되어 있다. 주 예수께서는 "너희가 성경에서 영생을 얻는 줄 생각하고 성경을 상고하거니와 이 성경이 곧 내게 대하여 증거하는 것이로다"라고 말씀하셨다(요 5:39). 또 사도 바울은 "모든 성경은 하나님의 감동으로 된 것으로 교훈과 책망과 바르게 함과 의로 교육하기에 유익하니 이는 하나님의 사람으로 온전케 하며 모든 선한 일을 행하기에 온전케 하려 함이니라"고 말했다(딤후 3:16). 그러므로 우리는 성경을 떠나서는 하나님께 대한 확실하고 충분한 지식을 가질 수 없고 기독교 신학을 논하거나 기독교 신학을 정립할 수 없다.

셋째는 '**지식의 내적 원리**'이다. 그것은 **믿음과 이성**을 가리킨다. 죄인들은 성령님으로 거듭나 예수 그리스도를 믿을 때 비로소 하나님의 진리를 이해하게 된다. 믿음은 거듭남의 증거이다. 누구든지 참 믿음이 없이는 하나님의 진리를 이해할 수 없다. 그러므로 참 믿음은 참 지식의 시작이다. 마태복음 11:27, "아들의 소원대로 계시를 받는 자 외에는 아버지를 아는 자가 없느니라." 고린도후서 4:6, "어두운 데서 빛이 비춰리라 하시던 그 하나님께서 예수 그리스도의 얼굴에 있는 하나님의 영광을 아는 빛을 우리 마음에 비춰셨느니라."

믿음의 지식은 성령님의 활동에 의해 생긴다. 성령께서는 우리 속에 말씀과 함께 일하셔서 그런 지식을 주신다. 성령님의 내적 활동이 없이는 아무도 참 믿음과 지식을 가질 수 없다. 기독교 신앙과 지식은 단지 사람들에게 맡겨진 일이 아니고, 하나님의 거룩하고 은혜로운 사역이다. 성도의 확신의 근거도 성령님의 활동이다. 웨스트민스터 신앙고백 1:5, "(성경의) 무오한 진리와 신적 권위에 대한 우리의 완전한 납득과 확신은 우리 마음 속에 그 말씀으로 그리고 그 말씀과 함께 증거하시는 성령님의 내면적 활동에서 온다."

주께서는 "보혜사 곧 아버지께서 내 이름으로 보내실 성령님 그가 너희에게 모든 것을 가르치시고 내가 너희에게 말한 모든 것을 생각나게 하시리라"고 말씀하셨고(요 14:26), 또 "진리의 성령께서 오시면 그가 너희를 모든 진리 가운데로 인도하시리라"고 하셨다(요 16:13). 사도 바울은 "우리가 하나님께로 온 영을 받았으니 이는 우리로 하나님께서 우리에게 은혜로 주신 것들을 알게 하려 하심이라"고 말했고(고전 2:12), "하나님의 영으로 말하는 자는 누구든지 예수님을 저주 받은 자라 하지 않고 또 성령님으로 아니하고는 누구든지 예수님을 주님이시라 할 수 없느니라"고 말하였다(고전 12:3). 사도 요한도, "너희는 주께 받은 바 기름 부음이 너희 안에 거하나니 아무도 너희를 가르칠 필요가 없고 오직 그의 기름 부음이 모든 것을 너희에게 가르치며"라고 말했다(요일 2:27).

그러나 이미 믿은 자들 즉 성령님으로 거듭난 자들에게는 이성이 하나님에 대한 지식을 위해 필요한 수단이다. 첫째로, 이성은 하나님의 특별계시의 **내용을 이해**한다. 하나님에 대한 사실을 이해하는 것은 이성의 활동이다. 백치(白痴)는 하나님에 대한 원만한 지식을 갖기 어렵다. 그러나 우리는 이성으로 하나님에 대한 지식을 가진다.

둘째로, 이성은 하나님의 특별계시의 **정당성을 판단**한다. 성령님의 증거는 이성의 판단이나 논증을 배제하거나 배격하는 것이 아니고 그것을 사용하신다. 사도 바울은 전도할 때, "성경을 가지고 강론하며 뜻을 풀어 그리스도가 해를 받고 죽은 자 가운데서 다시 살아야 할 것을 증명하고 말하기를 내가 너희에게 전하는 이 예수께서 곧 그리스도라"(행 17:2-3)고 말했다. 그는 가는 곳마다 하나님의 말씀을 '강론'했다(행 18:4; 19:8; 20:7). '강론하다,' '증명하다'는 말은 이성의 판단이나 논증 등 이성의 활동을 가리키거나 내포한다.

촬스 핫지는 "성경은 결코 적절한 증거에 근거함 없이 믿음을 요구하지 않는다"고 말했다(Hodge, I, 53). 워필드(B. B. Warfield)도 "우리가 그리스도를 믿는 것은 그를 믿는 것이 합리적이기 때문이요 불합리할지라도 믿는 것은 아니다. . . . 믿음은 하나님의 은사이다. 그렇지만 하나님께서 주시는 믿음이 불합리한 믿음, 즉 정당한 이유에 근거하지 않는 믿음이라고는 조금도 생각되시지 않는다"라고 말했다(*Biblical and Theological Studies*, pp. 45-46).

셋째로, 이성은 하나님의 특별계시의 **내용들을 정돈**한다. 하나님의 진리들을 논리적으로, 체계적으로 정돈하는 것은 이성의 활동이다. 학문은 지식의 체계화, 즉 체계적 지식, 정돈된 지식이며, 이런 작업은 이성의 작용과 활동이 없이는 있을 수 없다. 체계적 이성이 지식을 잘 정돈할 수 있고 학문을 정립할 수 있다.

이와 같이, 신학은 성경에 계시된 하나님의 진리들의 체계적 지식이며, 우리는 성경에 계시된 하나님의 진리들을 성령님의 도우심으로 깨닫고 믿고 우리의 이성으로 그 진리들을 잘 이해하고 그 정당성을 판단하고 그 내용들을 잘 정돈하는 것이다.

잘못된 신학 방법들

교회 역사상, 잘못된 신학 방법들이 있었다. 첫째로, 가장 오래된 잘못된 신학 방법은 **교권주의**이다. 교권주의는 교회의 권위를 신학의 최고 권위로 보는 것이다. 그 대표적 예는 천주교회이다. 천주교회는 성경과 교회 전통을 함께 권위 있게 여긴다고 말하지만, 실제로는 교회를 성경보다 더 권위 있게 여긴다. 그들은 교황을 성경을 포함한 모든 진리의 무오(無誤)한 최종적 해석자라고 주장한다.

그러나 이런 생각은 잘못이다. 교회 혹은 교황이 무오(無誤)하다는 교리는 성경적 근거가 없다. 주께서는 유대의 종교지도자들에게 "너희는 어찌하여 너희 유전으로 하나님의 계명을 범하느뇨?"라고 말씀하셨다(마 15:3). 교황들은 실제로 무오하지 않았다. 그러므로 주께서는 사도 베드로에게 "사단아, 내 뒤로 물러가라"고 책망하기도 하셨다(마 16:23). 구약교회든지 신약교회든지 교회 지도자들은 잘못을 범할 수 있었다. 우리의 신앙생활과 신학의 기준은 오직 성경뿐이다.

사실상 천주교회의 역사는 교황 무오의 교리에 반대된다. 1854년 교황 피우스 9세가 마리아의 무죄 잉태를 선언했고 1950년 피우스 12세가 마리아의 승천을 선언했으나, 이것들은 다 비성경적 교리들이다. 또 그레고리 1세(590-607)는 '전 세계의 감독'이라는 칭호를 가지고자 하는 자는 적그리스도라고 불렀으나, 주후 607년 보니페이스 3세는 그런 칭호를 받았다. 또 씩스투스 5세(1585-90)는 성경 읽기를 권장했으나 피우스 7세(1800-23) 등 여러 교황들은 그것을 정죄했다. 이런 모순된 선언들은 어느 한쪽의 교황이 잘못임을 분명히 보인다.

교회의 권위는 무오(無誤)하지 않다. 교회의 권위는 성경에 의존한다. 우리는 성령님의 특별한 영감과 배려로 사도들을 통해 신약성경이 오류 없이 계시되고 기록되었다고 믿는다. 성경은 스스로 신적인 권위를 증거한다. 교회의 교훈은 스스로 권위를 가지는 것이 아니고,

그것들이 성경적일 때만 권위를 가진다. 성경만이 교회에서 최고의 그리고 최종의 권위이다. 따라서 신학은 단순히 교회와 교회의 교훈들의 권위에 의존해서는 안되고 오직 성경의 권위에 의존해야 한다.

둘째로, 또 하나의 잘못된 신학 방법은 **이성주의**이다. 이성주의는 사람의 이성을 신학의 최고 권위요 최종 판단 기준으로 보는 것이다. 이 견해에 의하면, 이성은 진리의 최종 판단자로서 이성에 맞는 것은 진리이며 이성에 맞지 않는 것은 비진리로 간주된다. 자유주의 신학자들의 다수가 이런 사상을 가지고 있다고 보인다.

그러나 이런 생각도 잘못이다. 하나님에 관한 지식을 가짐에 있어서 사람이 최고 권위가 될 수 없다. 왜냐하면 하나님께서는 무한하시고 전지 전능하신 창조주이시지만 사람은 유한한 피조물에 불과하기 때문이다. 사람의 이성은 하나님과 그의 진리를 다 파악할 수 없다. 사람이 우주와 우리 자신의 구조에 대해서도 다 알지 못하는데 하물며 우주와 사람의 창조자이신 완전자 하나님을 어떻게 다 알 수 있겠는가? 그러므로 욥기 11:7은 "네가 하나님의 오묘를 어찌 능히 측량하며 전능자를 어찌 능히 온전히 알겠느냐?"고 말했고, 예수께서는 이성주의적이었던 사두개인들에게 "너희가 성경도, 하나님의 능력도 알지 못하는 고로 오해하였도다"고 책망하셨다(마 22:29).

더욱이, 사람의 이성은 죄로 어두워져 있기 때문에 하나님의 지식의 바른 원리가 될 수 없다. 사도 바울은 '이 세상이 자기 지혜로 하나님을 알지 못한다'고 말했고(고전 1:21), "육에 속한 사람은 하나님의 영의 일을 받지 아니하나니 저에게는 미련하게 보임이요 또 깨닫지도 못하나니 이런 일은 영적으로 분별됨이니라"고 했다(고전 2:14). 또 바울은 "저희[이방인들의] 총명이 어두워지고 저희 가운데 있는 무지함과 저희 마음이 굳어짐으로 말미암아 하나님의 생명에서 떠나 있도다"라고 했다(엡 4:18). 그러므로 사람은 하나님을 알기 위하여 겸손히 하나님의 특별계시의 책인 성경에 의존해야 한다. 실상, 이성주의는 신학을 철학화한다. 철학은 이성에 근거한다. 그러나 신학은 하나님의 특별계시의 기록인 성경에 근거해야 한다.

셋째로, 또 하나의 잘못된 신학 방법은 **경험주의**이다. 경험주의는 사람의 경험들을 하나님의 지식에 대한 최고의 권위로 보는 것이다. 이성주의와 달리, 이 견해는 사람이 경험할 수 없는 것을 진리에서 제외한다. 자유주의 신학자들의 다수는 이런 사상을 가지고 있다.

그러나 이런 생각도 잘못이다. 유한자인 사람은 무한자이신 하나님에 대한 지식의 원천이 될 수 없다. 사람은 하나님에 대한 지식을 위해 그의 특별계시를 겸손히 의존해야 한다. 또 사람은 하나님의 진리를 다 경험할 수 없다. 예를 들어, 우리는 천지 창조, 사람의 타락, 이스라엘 역사에 주신 특별계시의 일들, 예수님의 기적들과 죽음과 부활, 또 종말 사건들 등을 경험할 수 없다. 예수께서는 도마에게, "너는 나를 본 고로 믿느냐? 보지 못하고 믿는 자들은 복되도다"(요 20:29)라고 말씀하셨다.

더욱이, 사람의 종교 경험과 감정은 진리와 오류, 하나님의 계시와 계시 아닌 것을 혼동하기 쉽다. 이방 종교인들도 매우 종교적일 수 있다. 바알 숭배자들도 매우 종교적이었다. 열왕기상 18:28에 보면, "저희가 큰 소리로 부르고 그 규례를 따라 피가 흐르기까지 칼과 창으로 그 몸을 상하게 하였다"고 말했다. 아덴 사람들도 매우 종교적이었다. 사도행전 17:22에 보면, 사도 바울은 아레오바고 가운데 서서 "아덴 사람들아, 너희를 보니 범사에 종교성이 많도다"라고 말했다. 종교적 감정이 종교에 필요한 것은 사실이지만, 우리가 단지 종교적 감정에서 하나님에 대한 바른 지식을 얻을 수는 없다.

사람의 도덕의식도 그렇다. 양심이 하나님의 의로우심과 선하심을 반영하는 것이 사실이지만, 사람의 양심은 죄로 인하여 더러워졌고 무디어졌기 때문에 그 기능을 다하지 못한다. 그러므로 사람의 도덕

의식에 기초한 종교는 완전하지 못하다. 사도 바울은 "의인은 없나니 하나도 없으며 깨닫는 자도 없고 하나님을 찾는 자도 없고 다 치우쳐 한가지로 무익하게 되고 선을 행하는 자는 없나니 하나도 없도다"라고 말했다(롬 3:10-12). 실상, 경험주의는 신학과 종교심리학을 혼동한다. 경험주의는 종교심리학은 될지 모르나 신학은 될 수 없다.

넷째로, 또 하나의 잘못된 신학 방법은 **신비주의**이다. 이것은 경험주의의 한 형태로, 하나님과의 직접 교통을 신학의 원리로 보는 방법이다. 이 견해는 하나님께서 자신의 뜻을 사람들에게 직접 계시하시고 전달해 주신다고 주장한다. 이런 하나님의 직접 계시를 내적인 빛 혹은 내적인 음성이라고 부른다. 교회 역사상, 많은 신비주의자들이 이런 사상을 가지고 있었다.

그러나 이런 생각도 잘못이다. 왜냐하면 그것은 성경을 기록하게 하신 하나님의 뜻에 전적으로 반대되기 때문이다. 사도 바울은 모든 성경이 하나님의 감동으로 된 것이라고 증거했다(딤후 3:16). 또 이사야는 "마땅히 율법과 증거의 말씀을 좇을지니 그들의 말하는 바가 이 말씀에 맞지 아니하면 그들 속에 빛이 없기 때문이라"(원문 직역)고 말하였다(사 8:20). 누가복음 16:31에 보면, 주께서는 말씀하시기를, "모세와 선지자들에게 듣지 아니하면 비록 죽은 자 가운데서 살아나는 자가 있을지라도 권함을 받지 아니하리라"는 아브라함의 말을 전하셨다. 신비주의는 성경과 이성을 무시한다. 성경은 하나님의 특별 계시들의 기록이며 이성은 하나님께서 주신 정당한 인식의 도구이다. 또한 신비주의는 하나님의 음성과 마귀의 음성을 명확하게 분별하기 어렵다. 따라서 신비주의자들은 빈번히 탈선하는 데로 나아간다.

이와 같이, 교권주의, 이성주의, 경험주의, 신비주의는 다 잘못된 신학 방법들이다. 우리는 잘못된 신학 방법들을 버리고 앞에서 논한 바른 방법으로 하나님에 대한 체계적 지식 곧 신학을 정립해야 한다.

신학의 역사

구 카톨릭 시대

3세기 초 **오리겐**(Origen)의 제일 원리들에 관하여($\pi\epsilon\rho\grave{\iota}$ $\dot{\alpha}\rho\chi\tilde{\omega}\nu$)는 교회 역사상 최초의 신학적 문서라고 생각된다. 그가 다룬 주제들은 하나님, 말씀, 성령님, 천사, 사람, 죄와 구속(救贖), 성경 등이다. 그러나 오리겐은 대학자이었지만 그의 사상에는 영원 전 창조, 인간 영혼의 선재(先在) 및 선재 상태에서의 범죄, 사탄의 회복을 포함한 모든 사람들의 구원 등 많은 이단적인 요소들이 있었다. 특히 그의 풍유적(allegorical) 성경해석 즉 영해의 방법은 후대에 큰 해를 끼쳤다.

4세기의 **어거스틴**(Augustine)의 사상은 대체로 건전했다. 비록 그가 교회에 관한 감독주의적 견해를 가졌고 성례를 구원에 필수적이라고 보는 로마 천주교회적 사상의 씨앗을 가지고 있었지만, 사람의 죄악성과 은혜의 구원에 관한 그의 사상은 매우 성경적이다. 그러므로 신학에서 어거스틴주의는 사람의 원죄와 전적 부패성, 하나님의 절대적, 이중적 예정, 구원에 있어서 하나님의 주권적 단독적 사역을 믿는 정통적 입장을 가리킨다. 그는 라우렌티움을 위한 안내서: 믿음과 소망과 사랑에 관하여(*Enchiridion ad Laurentium: De Fide, Spe, et Caritate*)라는 책을 썼다. 그는 이 책에서 믿음의 중요한 주제들과 기도와 윤리적 문제들을 논하였다. 이 외에도, 어거스틴은 삼위일체에 관하여, 하나님의 나라에 관하여 등 교리적 저술들을 남겼다.

8세기 중엽의 **다메섹의 요한**은 고대 동방교회의 최대의 신학자이며, 그의 정통신앙정해는 동방 교회의 가장 중요한 교리서이었다. 이 책의 주요 주제들은 하나님과 삼위일체, 창조, 사람의 본질, 그리스도의 성육신, 죽음, 음부에 내려가심, 그리스도의 부활, 믿음, 세례, 성상숭배 등이다. 그의 책은 고대의 동방교회의 특징을 반영하며 성례를 중시하고 반(半)펠라기안주의 즉 신인협력설의 입장을 취한다.

중세 스콜라 신학 시대

11세기 말의 **안셈**(Anselm)은 이탈리아 출생으로 영국 캔터베리의 대주교이었으며 '스콜라 신학의 시조' 또는 '제2의 어거스틴'이라고 불리었다. 그는 경건과 지식을 겸비한 훌륭한 인물이었다. 그의 독백과 대화는 하나님의 존재와 본질에 관해 논한 책이다. 그는 또 삼위일체와 성육신의 교리를 다룬 삼위일체의 믿음과 말씀의 성육신에 관하여라는 책과, 예정론을 다룬 조화에 관하여, 그리고 속죄론을 다룬 하나님께서는 왜 사람이 되셨나? 등의 저서를 남겼다.

12세기 중엽의 **피터 롬바드**는 이탈리아 출생으로 파리의 대주교이었고 서방교회의 최초의 대 교의학자이었다. 그의 선언서(*Sententiarum*; '문제들에 대한 결론들'이라는 뜻)라는 책은 스콜라 시대의 최초의 주요 교의학서로 중세시대 여러 세기 동안 신학교본으로 사용되었다. 그의 책의 주제들은 하나님의 존재에 대한 우주론적 증명, 삼위일체, 창조 세계, 천사, 기독론, 구속(救贖), 성례(최초로 일곱 성례들로 분류), 종말 등이다. 13세기의 **헤일즈의 알렉산더**의 신학대전은 피터 롬바드의 선언서에 대한 주석으로 많이 읽혀졌다.

13세기 후반의 **토마스 아퀴나스**는 이탈리아의 신학자로 중세 스콜라 신학의 최대의 인물이며, 천주교회의 대 권위자이다. 그의 신학은 천주교회의 표준 신학이었다. 그의 신학대전(*Summa Totius Theologiae*)은 미완성 작품이었고, 그것의 성례와 종말에 관한 부분은 다른 곳의 그의 글들 중에서 발췌하여 추가한 것이다. 그 책의 주요 주제들은 하나님과 그의 사역들, 사람, 윤리학, 그리스도, 은혜의 수단 등이다. 아퀴나스는 아리스토텔레스의 철학을 그의 신학의 형식으로 삼았고, 어거스틴주의를 그의 신학의 기본적 내용으로 삼았으나 중요한 많은 점들에서 그것을 수정하였다.

종교개혁 및 신조 작성 시대

16세기 중엽 **존 칼빈**(John Calvin)은 마틴 루터와 마틴 부처의 영향 아래 어거스틴주의를 부흥시켰다. 사도 바울의 은혜의 복음 진리를 핵심으로 하는 성경적 정통신학은 고대에 어거스틴을 거쳐 칼빈에게서 잘 정리되었다. 그의 **기독교강요**(綱要)(*Institutio Christianae Religionis*)는 개혁교회의 '대전'(Summa)이라고 불리었다. 그의 책에는 특히 하나님의 절대 주권 사상이 강하게 흐르고 있고 교리와 윤리가 밀접히 연관되어 있다. 그 책의 주요 주제는 하나님, 그리스도, 성령님과 구원, 교회와 성례 등이다. 칼빈은 많은 성경 주석도 남겼다.

또한 라이덴 대학의 네 명의 교수들이 쓴 순수신학개요라는 책은 개혁교회들에서 많이 읽혀졌다. 17세기 후반 이탈리아 출신 스위스 신학자 **프란시스 투레틴**의 신학은 권위 있는 정통 개혁파 신학이며 후에 미국의 프린스톤 신학교에서 계승되었다. 그의 변증신학강요 (*Institutio Theologiae Elencticiae*)는 미국의 프린스톤 신학교의 중요한 신학 참고서가 되었다. 칼빈의 개혁파 정통 신학의 흐름은 투레틴과 같은 인물을 통해 이어져 내려왔다.

17세기 중반의 **코케이우스**는 전통적 개혁파 신학의 형식과 내용으로부터 이탈해 하나님께서 사람들과 맺으신 언약들을 중심으로 진리를 정리하려고 했다. 그 당시, 프랑스의 소우물 신학교의 **아미랄더스**는 가설적(假說的) 만인구원설을 주장하였다. 개혁교회는 그의 견해를 이단으로 정죄하지는 않았으나 경계할 오류라고 판단했다. 그의 견해를 아미랄더스주의 혹은 소우물 학파라고 부른다.

이 외에도, 화란에서는 **기스베르트 푸티우스**, 영국과 스코틀랜드에서는 청교도적 대 신학자 **존 오웬**과 **리차드 백스터** 등이 있었다. 존 오웬은 가장 엄격했으나 '신학자들의 신학자'로 알려진 자이었으며, 리차드 백스터는 가장 자유로웠다. 그러나 그들은 다 경건하고 정통적인 신학자이었다. 이 시기에 작성된 개혁파 신조로는 프랑스 신앙고백(1559년), 스코트랜드 신앙고백(1560년), 벨직 신앙고백(1561년), 하이델베르크 요리문답(1563년), 제2 스위스 신앙고백(1566년), 도르트 신경(1619년), 웨스트민스터 신앙고백, 대요리문답, 소요리문답(1647년), 영국교회의 39개 조항(1563년) 등이 있다.

16세기 후반의 **필립 멜랑톤**은 루터의 제자이었고 그의 저서 **신학통의(通義)**(*Loci Communes*; '공통 구절들'이라는 뜻)는 최초의 루터교 신학서이었다. 그는 이 책에서 로마서의 순서대로 기독교 교리 체계 속에 성경의 기본 구절들과 그 해석을 모았다. 초판은 루터의 사상과 완전히 일치하며 어거스틴주의적이었으나, 그 후의 판들은 에라스무스의 영향을 받아 반(半)펠라기안주의로 변질되었다.

17세기 초의 **존 게하르트**는 17세기 루터파의 가장 훌륭한 신학자로서 **신학통의(通義)**라는 책을 썼다. 그는 멜랑톤의 입장에 반대하였고, 루터의 사상과 아우구스부르크 신앙고백 초판(1530년)의 사상인 어거스틴주의로 돌아갔다. 16세기에 작성된 루터파 주요 신조들은 루터의 요리문답(1529년), 아우그스부르크 신앙고백(1530년), 그리고 일치신조(the Formula of Concord, 1577년) 등이다.

17세기의 **에피스코피우스**는 화란 라이덴 대학교의 신학교수 **제임스 알미니우스**의 영향을 받아 그의 사상을 체계적으로 해설했으나 실상 그의 선생보다 더 나아갔다. 그는 **신학강요**라는 책을 썼다. 그와 그의 동료들은 돌트 대회의 결정들에 항거했으므로 항론파(Remon-strants)라고 불리었고 후에는 알미니안파로 불리었다.

파우스터스 소시너스의 라코 요리문답(1605년)은 소시니안주의의 신학서이다. 그는 삼위일체 즉 예수 그리스도의 신성(神性)과 성령님의 인격성, 타락과 원죄 등을 부정했고 예수 그리스도의 죽음을 희생적 사랑의 모범으로 보았다. 그는 근대의 유니테니안파(Unitarians)

(일위신론파)의 선조(先祖)이었다.

이 시대에 천주교회의 추기경 **로버트 벨라민**(1542-1621년)은 천주교회의 대변자이었다. 기독교 신앙 논쟁에 관한 변론이라는 그의 책은 로마 카톨릭 신학의 완성된 해설서이었다. 그는 교황지상주의를 옹호했고 사람의 죄와 구원에 관하여는 반(半)펠라기안적이었다.

근세 시대(18세기 이후)

19세기 중엽의 **촬스 핫지**(Charles Hodge)는 프린스톤 신학교 조직신학자로서 그의 조직신학(*Systematic Theology, 1871-73년*)은 오늘까지 표준적 개혁파 신학서로 인정된다. **A. A. 핫지**(A. A. Hodge)는 신학개요(*Outlines of Theology, 1879년*)라는 그의 책에서 부친 촬스 핫지의 신학을 평신도들을 위해 평이하게 문답식으로 정리하였다.

19세기 후반 **로버트 댑니**(Robert Dabney)는 미국 남장로교회 조직신학자이었다. 그의 조직신학강의(*Lectures in Systematic Theology, 1871년*)는 그의 사후에 그의 강의록을 정리한 것이다. **윌리암 쉐드**(William G. T. Shedd)도 탁월한 조직신학자이었다. 그는 교의신학(*Dogmatic Theology, 1888-94년*)이라는 책을 남겼다.

헤르만 바빙크(Herman Bavinck)의 개혁파 교의학(1895-1901년)은 화란에서 표준적인 신학서로 인정받고 있다. **루이스 벌코프**(Louis Berkhof)는 인정받는 조직신학(*Systematic Theology, 1939년*)을 썼다. **헤르만 훽스마**(Herman Hoeksema)는 미국 프로테스탄트 개혁교회의 학자로 개혁파 교의학(*Reformed Dogmatics, 1966년*)을 남겼다.

박형룡(1897-1978년)은 교의신학(7권, 1964-1973년)이라는 책을 썼는데 그것은 한국의 장로교회를 위해 주신 표준적 조직신학이다.

17세기 말과 18세기 초, '**경건주의**' 운동이 일어났다. **스페너, 프랑케, 랑게** 등이 대표적 인물들이었다. 그들은 교의학을 스콜라주의적 형식에서 해방하여 성경적 단순성으로 회복시키려고 노력하였다.

19세기 초, **쉴라이엘마허**는 근대 자유주의 신학의 시조로서 사람의 종교적 감정과 경험, 특히 하나님을 두려워함을 기독교의 본질로 보았다. 19세기 후반에, **릿츨**은 그리스도인의 삶을 기독교의 본질로 보며 윤리적 기독교를 강조했으나, 하나님의 삼위일체 되심을 부정하였고 그리스도의 속죄에 관해 도덕감화설을 취하였다.

프란시스 피이퍼(Francis Pieper)의 기독교 교의학(*Christian Dogmatics*, 1950년)은 보수적 루터파 조직신학이다. **루이스 체이퍼**(Lewis S. Chafer)는 미국의 달라스 신학교 창설자이며 그의 **조직신학**(1947-48년)은 세대주의적 입장을 반영한다.

칼 바르트(Karl Barth)는 신정통주의의 시조로서 **교회교의학**(13권, 1936-62년)을 썼다. 그러나 그는 성경의 유오성(有誤性)을 주장하고, 성경의 역사적 사건들(그리스도의 부활 등)의 진실성을 부정하였다.

폴 틸리히(Paul Tillich)는 급진적 신학자로서 **조직신학**(1963년)을 썼다. 그는 인격적 하나님을 부정하며, 하나님을 존재의 근거, 존재 자체라고 표현했다. 또 그는 하나님의 형벌적 공의의 속성, 예수 그리스도의 성육신(成肉身) 등을 부정하였다.

신복음주의 입장을 취해왔던 **밀라드 에릭슨**(Millard Erickson)은 기독교 신학(*Christian Theology*, 1983-85년)을 썼다. 그는 그의 책 서두에 그 책을 신복음주의자 버나드 램과, 자유주의자 윌리암 호던과 볼프하르트 판넨베르크에게 바친다고 썼다. 그는 교회의 임무에 대해 예배, 건덕(健德)(양육), 전도 외에 사회적 관심을 포함시켰다.

웨인 그루뎀(Wayne Grudem)의 **조직신학**(2000년)은 세례 방식에 대해 침례를 지지하고, 신약성경에 있는 모든 은사들이 오늘날에도 유효하다고 믿는 입장이며, 교회의 임무에 전통적 임무들 외에 구제를 포함하며, 교회들 간의 교제에 관해, 성경이 가르치는 분리 혹은 절교(絶交)(separation)의 교훈에 대한 인식이 없어 보인다.

3. 하나님의 계시

종교

계시에서 기원

종교(religion) 혹은 경건은 하나님을 알며 그를 두려워하며 믿으며 높이며 섬기며 예배드리며 순종하는 것이다. 인류의 역사 초기에 경건한 선조들은 경건한 삶을 살았다. 아벨, 셋의 자손들, 에녹, 노아 등의 삶이 그러했다. 아벨은 양의 첫 새끼와 그 기름으로 하나님께 제사를 드렸다(창 4:4). 셋의 아들 에노스 때 사람들은 비로소 여호와의 이름을 불렀다(창 4:26). 그것은 하나님을 찬송하며 그에게 기도하고 예배 드렸다는 뜻이다. 에녹은 므두셀라를 낳은 후 300년을 하나님과 동행하며 자녀들을 낳았다(창 5:22). 그는 경건하였다. 노아는 의인이며 당세에 완전한 자로 하나님과 동행하였고 방주를 짓고 거기에 들어가라는 하나님의 명령을 다 준행하였다(창 6:9, 22).

경건한 선조들의 종교 혹은 경건은 하나님의 최초의 계시에서 기원했을 것이다. 우리는 그것이 어떤 종류의 계시이었는지는 알 수 없다. 그러나 여하튼 아담과 하와의 범죄 후 하나님께서 그들을 에덴 동산에서 내어쫓으셨을 때 그들에게 입혀주셨던 가죽옷(창 3:21)은 그가 짐승들을 죽였음을 의미하며 거기에 짐승 제사에 대한 암시가 있었다고 보인다. 그 후, 아벨은 양의 첫 새끼와 그 기름으로 하나님께 제사를 드렸고(창 4:4), 오랜 후에 노아도 여호와를 위해 단을 쌓고 모든 정결한 짐승으로 번제를 드렸다(창 8:20).

두 요소

종교 혹은 경건은 두 가지의 요소를 가진다. 첫째는 하나님의 계시와 교훈, 예배 의식 등의 객관적 요소이다. 구약성경에서 이런 요소는

'율법'(토라 חוֹרָה)이라는 말로 대표되며(신 1:5), '말씀,' '명령,' '법도,' '규례' 등 여러 말로 표현된다. 구약성경의 율법은 도덕적 계명들과 교훈들뿐 아니라, 제사 의식들과 성막과 성전 예배와 절기들도 포함한다. 모세는 이스라엘 백성을 향한 하나님의 요구를, 하나님의 계명들과 규례들을 지키는 것이라고 표현했다(신 10:12-13). 신약성경에서 종교의 객관적 요소는 '복음'(福音)이라는 말로 대표된다. 그것은 또 '말씀,' '진리' 등으로 표현된다. 에베소서 1:13은 "너희도 진리의 말씀 곧 너희의 구원의 복음을 듣고 그 안에서 또한 믿었다"라고 말한다. 또 신약성경의 예수 그리스도의 구원의 복음은 세례와 성찬이라는 유형적 의식을 포함한다(마 28:19; 고전 11:23-26).

둘째는 사람이 하나님께 대해 가지는 두려움과 경건 등의 주관적 요소이다. 구약성경에서 이런 요소는 '하나님을 경외(敬畏)한다'는 말로 표현되었다(잠 1:7). 그것은 '하나님을 사랑한다, 그를 섬긴다, 그의 계명들과 규례들을 듣는다, 행한다, 지킨다'는 말로도 표현된다. 신약성경에서 경건 혹은 종교의 주관적 요소는 '믿는다'는 말로 표현된다(요 3:16). 그것은 또 '예배한다, 섬긴다, 순종한다'는 말로도 표현된다(요 4:24; 행 13:2; 롬 12:1; 딤전 4:7; 약 1:27).

좌소(座所)

종교 즉 경건의 좌소(座所)는 어디인가? 헤겔은 종교를 포함하여 사람의 전(全)생애를 단지 사상과 관념의 과정으로 보았고, 쉴라이엘마허는 종교의 본질을 하나님을 의지하는 감정으로 보았고, 칸트는 종교를 사람이 그 도덕적 의무를 수행하는 주된 행위로 보았다. 이와 같이 종교의 본질을 어떤 이들은 지식에, 어떤 이들은 감정에, 어떤 이들은 의지에 치우쳐 이해하였다. 그러나 참된 종교와 경건은 단순히 사람의 지식이나 감정이나 의지에 있는 것이 아니고, 그 세 요소를 다 가진 '마음'(heart)에 있다고 보아야 할 것이다.

그러므로 하나님의 사람 모세는 이스라엘 백성에게 "너는 마음을 다하고 성품을 다하고 힘을 다하여 네 하나님 여호와를 사랑하라"고 교훈하였다(신 6:5). 사도 바울은 로마서에서 성도들이 본래 죄의 종이었으나 그들에게 전하여 준 교훈을 마음으로 순종하였다고 그들의 믿음을 표현하였다(롬 6:17). 또 그는 "네가 만일 네 입으로 예수님을 주님으로 고백하며 또 하나님께서 그를 죽은 자 가운데서 살리신 것을 네 마음에 믿으면 구원을 얻으리니, 사람이 마음으로 믿어 의에 이르고 입으로 시인하여 구원에 이르느니라"고 말했다(롬 10:9-10). 하나님을 향하여 마음에서 우러나온 두려움과 하나님께 대한 믿음이 참된 종교요 경건이다. 다시 말해, 종교는 단순히 지식이나 감정이나 의지의 문제가 아니고 지식과 감정과 의지의 요소들을 다 포함하는 마음의 문제 즉 사람의 인격 전체의 문제인 것이다. 우리는 하나님과 그의 뜻과 계시 진리들을 알기를 원하고 하나님을 사랑하기를 원하고 하나님의 계명들과 교훈들에 순종하기를 원한다. 참 종교와 경건은 우리의 지식과 감정과 의지를 다하여 즉 우리의 마음으로 하나님을 알고 믿고 경외하고 사랑하고 순종하는 것이다.

신학과의 관계

신학은 단순한 학문이 아니다. 신학은 하나님을 믿고 섬기는 마음으로 연구해야 할 학문이다. 하나님을 경외하는 것이 지식의 근본이요 시작이다(잠 1:7). 그러므로 경건 없는 신학, 즉 하나님을 경외하고 믿고 사랑하고 순종함이 없는 신학은 무의미하며 무가치하다.

물론 신학은 사상의 문제이며 종교는 생활의 문제이므로, 종교의 범위는 신학의 범위보다 더 넓다. 그러나 종교와 신학은 서로 분리될 수 없이 밀접히 연결되어 있다. 종교는 바른 신학을 가지고 있어야 한다. 만일 어떤 종교가 바른 사상, 바른 신학을 가지고 있지 않다면, 그것은 맹목적인 종교나 미신(迷信)에 불과할 것이다. 하나님을 바르

게 믿고 섬기려는 자는 그에 대한 바른 지식을 가지지 않고 그렇게
할 수 없다. 주 예수께서는, "영생은 곧 유일하신 참 하나님과 그의
보내신 자 예수 그리스도를 아는 것"이라고 말씀하셨다(요 17:3). 또
사도 베드로는 "우리 주 곧 구주 예수 그리스도의 은혜와 저를 아는
지식에서 자라 가라"고 교훈하였다(벧후 3:18).

기독교는 철학적 지식이나 감정주의나 신비주의나 혹은 도덕주의
가 아니고, 전인격적 마음의 종교이다. 이처럼 종교는 반드시 건전한
지식을 가지고 있어야 한다. 어떤 이들은 바른 지식 없이 신앙 생활
과 봉사 생활을 할 수 있다고 생각할지 모른다. 물론, 바른 지식이 곧
믿음과 봉사는 아니다. 그러나 실제로 바른 지식 없이 바른 믿음과
바른 봉사는 불가능하다. 교회 목회의 경우도 그렇다. 목사가 신학의
지식만 가지고 목회할 수 있는 것은 아니지만, 바른 신학 지식 없이
바르고 충실하게 목회할 수 있다는 생각은 크게 잘못된 것이다.

다른 한편, 신학은 참된 경건으로 나타나야 한다. 신학은 단지 지식
활동에 그쳐서는 안 된다. 우리는 하나님에 대한 죽은 개념들만 다루
어서는 안 된다. 하나님께서는 그런 신학 활동들을 요구하지 않으실
것이고 기뻐하지 않으실 것이다. 주 예수께서는 "이 백성이 입술로는
나를 존경하되 마음은 내게서 멀도다"라는 이사야서를 인용하셨다
(마 15:8). 마음으로 하나님을 경외함이 없는 지식과 종교적 행위가
바로 그러한 것이다. 그러므로 신학이 의미와 가치를 가지려면 반드
시 종교의 일부분이어야 한다. 만일 신학이 참된 경건과 믿음을 가지
고 이루어지지 않는다면, 그 신학은 이미 신학으로서의 의미와 가치
를 잃은 것이다. 경건 없는 신학은 형식과 위선에 불과하다. 영적으로
죽은 자들이 어찌 살아계신 하나님과 그 진리에 대해 이해하며 논할
수 있겠는가? 그러므로 신학은 반드시 참된 경건으로 연구되어야 하
고, 신학자는 먼저 참 신앙인이 되어야 한다.

일반계시

기독교는 하나님의 계시에서 시작되며 신학은 그 계시에 근거한다. 계시(啓示, revelation)란 하나님께서 사람에게 자신의 존재와 생각과 의지를 나타내시는 행위이다. 하나님의 계시들은 하나님께서 자신을 창조자와 일반적 섭리자로 나타내시는 '일반계시'와, 하나님께서 자신을 죄인들의 구주로 나타내시는 '특별계시'로 구별할 수 있다.

방식

하나님께서는 사람에게 자신을 창조자와 일반적 섭리자로 나타내실 때, 첫째로, **자연만물과 그 현상들**을 통하여 나타내셨다. 다윗은 시편 19:1에서 성령님의 감동으로 말하기를, "하늘이 하나님의 영광을 선포하고 궁창이 그 손으로 하신 일을 나타내는도다"라고 했다. 사도 바울도 로마서 1:20에서, "창세로부터 그의 보이지 아니하는 것들, 곧 그의 영원하신 능력과 신성이 그 만드신 만물에 분명히 보여 알게 되나니 그러므로 저희가 핑계치 못할지니라"고 말했고, 또 사도행전 14:17에 보면, 하나님께서 "하늘로서 비를 내리시며 결실기를 주시는 선한 일"을 통해 자신을 증거하셨다고 말했다. 또 사도행전 17:27-28에 보면, 사도 바울은 하나님께서 "사람에게서 멀리 떠나 계시지 않고 우리가 그 안에서 살며 움직이며 존재한다"고 말하였다.

둘째로, 하나님께서는 자신이 창조자와 일반적 섭리자이심을 **사람들의 마음**을 통해 나타내셨다. 모든 사람의 마음 속에는 종교의 씨앗이라고 부르는 하나님에 대한 생각과, 하나님의 도덕성을 반영하는 양심 곧 선악의 분별력이 있다. 그러므로 사도 바울은 로마서 1:19에서 "이는 하나님을 알 만한 것이 저희 속에 보임이라. 하나님께서 이를 저희에게 보이셨느니라"고 말했다. 또 사도 바울은 로마서 2:15에서 사람의 양심을 '마음에 새겨진 하나님의 율법'이라고도 표현하였다. 양심은 하나님의 중요한 일반계시이다.

셋째로, 하나님께서는 **세상의 여러 사건들**을 통해 자신을 나타내셨다. 질병들, 전염병들, 개인적, 사회적 경제 파탄, 크고 작은 사고들, 기근, 홍수, 지진, 전쟁 등이 그런 것들이다. 세상에는 하나님께서 악한 자를 벌하신다는 '천벌'이라는 개념도 있다. 이처럼, 일반계시는 하나님의 존재와 지혜와 능력, 의와 선을 사람에게 어느 정도 나타낸다.

자연신학

일반계시에 근거한 하나님의 지식을 '자연신학'(natural theology)이라고 부른다. 천주교회는 하나님과 피조물 간에 '존재적 유사성'이 있고 피조물에 대한 지식을 통해 창조주 하나님에 대한 지식에 도달할 수 있다고 본다. 그러므로 천주교회 신학에서는 일반계시에 근거한 자연신학이 신학의 한 본질적 부분이다. 천주교 신학은 이층 구조라고 말할 수 있는데 1층은 자연신학이고 2층은 계시신학인 셈이다. 그러나 자연신학을 신학의 한 본질적 부분으로 간주하는 것은 바른 생각이 아니라고 본다. 일반계시는 제한적이고 불완전하기 때문이다.

제한성

일반계시는 제한적이고 불완전하다. 일반계시는 하나님에 대한 확실하고 충분한 지식을 주지 못한다. 더욱이, 일반계시는 죄인들을 구원하시려는 하나님의 뜻에 대한 확실한 지식을 주지 못한다. 하나님께서는 일반계시를 통해 그의 구원의 의지와 방법을 보이지 않으셨다.

특히 **자연만물은 사람들의 죄로 인해 하나님의 저주 아래** 있고 혼란과 부패 속에 있다. 첫 사람 아담의 범죄로 땅은 저주를 받았고 가시덤불과 엉겅퀴를 내게 되었다. 창세기 3:17-18, "아담에게 말씀하시기를 네가 네 아내의 말을 듣고 내가 너더러 먹지 말라 한 나무 실과를 먹었은즉 땅은 너로 인해 저주를 받고 너는 종신토록 수고하여야 그 소산을 먹으리라. 땅이 네게 가시덤불과 엉겅퀴를 낼 것이라." 저주를 받은 땅에는 자연적 재해들과 질병들이 가득하다. 피조 세계는 지금 허무한 데 굴복하며 탄식하고 있다(롬 8:20-22). 그러므로 자연만물을 통해 얻을 수 있는 하나님의 지식은 매우 제한적이고 불완전하다.

더욱이, **사람의 마음은 죄로 인해 어두워져** 있다. 이사야는 하나님을 알지 못하는 이방인들을 "흑암에 행하던 백성"이라고 표현하였다(사 9:2). 사도 바울은 이방인들을 "저희 이해력이 어두워지고 저희 가운데 있는 무지함과 저희 마음이 굳어짐으로 말미암아 하나님의 생명에서 떠나 있도다"라고 말했고(엡 4:18) "이 세상이 자기 지혜로 하나님을 알지 못한다"고 했다(고전 1:21). 사람의 마음은 죄로 인해 어두워져 있기 때문에 일반계시로 얻을 수 있는 제한된 하나님 지식조차도 가지지 못하며, 빈번히 우상숭배에 떨어진다(롬 1:21-23). 그러므로 일반계시는 하나님의 구원 사역에 보조적 역할을 할 뿐이다.

물론, 사람이 중생(重生)하기 전에는 영적으로 심히 어두워져 있어서 하나님의 일반계시 조차도 잘 이해하지 못하였지만, 중생한 후에는 성령님의 지혜와 깨달음을 얻음으로써 또 성경의 지식의 빛 아래서 하나님의 일반계시를 어느 정도 이해할 수 있게 되었다. 그러므로 일반계시에 근거한 자연신학이 중생한 자들에게는 어느 정도 가능하다고 볼 수 있다(Hodge, I, 22-25). 구원 얻은 성도는 일반계시를 통해 하나님의 지식을 어느 정도 가질 수 있다.

그러나 천주교회의 생각과 달리, 개혁신학은 자연신학이 하나님의 지식을 위해 본질적이지 않고 단지 보조적일 뿐이며, 또 일반계시에 의해 가지게 된 하나님에 대한 지식들이 항상 성경의 빛 아래서 통제되어야 하고 또 그것들의 해석들이 과장되거나 또 그것들의 적용들이 잘못되기 쉽기 때문에 매우 조심스럽게 취급되어야 한다고 본다. 우리의 신학 지식은 철저히 성경에 근거해야 한다.

특별계시

기독교 신학은 하나님의 특별계시에 의존한다. 하나님의 특별계시란 하나님께서 자신을 죄인들의 구주로 나타내시는 행위를 가리킨다.

목적

사람이 하나님의 일반계시만으로는 하나님과, 자신의 죄악의 심각성과, 죄인을 구원하시려는 하나님의 의지를 알 수 없으므로, 하나님의 특별계시가 필요했다. 여기에 특별계시의 목적이 있다. 하나님의 특별계시의 목적은 사람을 구원하시기 위함이다. 하나님의 특별계시는 사람들로 하나님을 바로 알고 죄로부터 구원 얻게 하기 위한 계시, 곧 죄인들의 구원을 위한 계시인 것이다. 웨스트민스터 신앙고백 1:1, "비록 본성의 빛과, 창조와 섭리의 일들이 하나님의 선하심과 지혜와 능력을 나타내므로 사람들로 핑계할 수 없게 하지만, 그것들은 구원을 위해 필요한 하나님과 그의 뜻에 대한 지식을 주는 데 충분치 못하다. 그러므로 주께서는 여러 시대에 여러 방식들로 자신을 계시하시고 그의 교회에게 그의 뜻을 선언하시기를 기뻐하셨다."

하나님의 특별계시의 절정은 하나님께서 자기의 독생자 예수님을 세상에 보내신 것이었다(히 1:1-2). 예수 그리스도께서는 하나님의 가장 특별한 계시이시다(요 1:14, 18). 하나님께서 자기의 독생자를 이 세상에 보내신 목적은 택한 자들을 구원하기 위함이시며(마 1:21) 그를 믿는 자마다 멸망치 않고 영생을 얻게 하려 하심이다(요 3:16).

방식

하나님께서는 인류 역사상 신현(神現), 말씀, 기적이라는 세 가지의 특별한 방식으로 자신을 계시하셨다. 첫째로, 하나님께서는 **신현**(神現, theophanies)(하나님의 나타나심들)으로 자신을 계시하셨다. 하나님께서는 사람의 눈으로 볼 수 없는 영(靈)이시지만(요 4:24; 딤전 6:16), 사람들에게 자신의 모습을 직접 나타내신 일들이 있었다.

하나님께서는 때때로 천사 혹은 사람의 모습으로 나타나셨다. 그는 에덴 동산에서 사람과 매우 친근히 교제하셨다. 그는 날이 서늘할 때에 동산에 거니셨다(창 3:8). 그는 사람의 모습으로 아브라함에게 나타나셨다. 창세기 18:1-2, "여호와께서 마므레 상수리 수풀 근처에서 아브라함에게 나타나시니라. 오정 즘음에 그가 장막 문에 앉았다가 눈을 들어 본즉 사람 셋이 맞은 편에 섰는지라." 이 세 사람 중한 분이 하나님이셨다(10, 13절; 19:1 비교). 야곱은 얍복강가에서 어떤 사람과 날이 새도록 씨름한 후 '내가 하나님을 대면하여 보았다'고 증거했다(창 32:24, 29, 30). 호세아는 그 사건에 대해 야곱이 장년에 하나님과 힘을 겨루되 천사와 힘을 겨루어 이겼다고 말했다(호 12:3-4). 하나님께서는 처음 모세를 부르셨을 때도 여호와의 사자 곧 천사의 모습으로 떨기나무 불꽃 가운데서 그에게 나타나셨다(출 3:2).

하나님께서는 때때로 불과 구름으로 자신의 영광을 나타내셨다. 애굽에서 나온 이스라엘 백성이 시내 산 앞에 도달했을 때, 여호와께서는 연기가 자욱한 중 불 가운데서 시내 산에 내려오셨다(출 19:18). 모세가 하나님의 명령대로 성막을 만들어 드렸을 때도, 구름이 그것을 덮었는데, 성경은 그것을 '여호와의 영광이 성막에 충만하였다'라고 표현하였다(출 40:34). 후에, 솔로몬이 성전을 짓고 봉헌하였을 때에도 구름이 그 곳에 가득하였다(왕상 8:10).

하나님의 나타나심의 절정은 예수 그리스도의 성육신(成肉身)이었다. 요한복음은 "말씀께서 육신이 되셔서 우리 가운데 거하시매 우리가 그 영광을 보니 아버지의 독생자의 영광이요"라고 증거하였다(요 1:14). 예수께서는 빌립이 하나님 아버지를 보여주시기를 요청할 때 "내가 이렇게 오래 너희와 함께 있으되 네가 나를 알지 못하느냐? 나를 본 자는 아버지를 보았거늘 어찌하여 아버지를 보이라 하느냐?"

고 말씀하셨다(요 14:9). 사도 바울도 디모데전서 3:16에서 하나님께서 육신으로 나타난 바 되셨다(전통사본)고 증거하였다. 예수 그리스도께서는 하나님의 최종적이고 절정적인 특별계시이시다.

둘째로, 하나님께서는 **말씀**하셨다. 하나님께서는 아담에게, 노아에게, 아브라함에게, 그리고 이삭과 야곱 등에게 말씀하셨다. 히브리서 1:1은 하나님을 "옛적에 선지자들로 여러 부분과 여러 모양으로 우리 조상들에게 말씀하신 하나님"이라고 표현했다. 모세는 자주 하나님의 음성을 들었다. 하나님께서는 미디안 광야 떨기나무 가운데서 그를 부르셨을 때 '모세야'라고 말씀하셨다(출 3:4). 그는 시내 산 앞에서 모세와 말씀하실 때도 음성으로 말씀하셨다(출 19:19). 모세는 회막에 들어가 하나님께 아뢸 때 증거궤 위 속죄소 위 두 그룹 사이에서 하나님의 목소리를 들었다(민 7:89). 민수기 12:8에 보면, 하나님께서는 모세와는 내가 대면하여 명백히 말하고 은밀한 말로 아니하였다고 친히 증거하셨다.

하나님께서는 또한 빈번히 꿈이나 이상(異象)으로 말씀하셨다. 그런 현상들은 혼미한 상태에서 일어난 애매모호한 사건들이 아니었다. 그것들은 명확한 계시 사건들이었다. 창세기 15:1은 여호와의 말씀이 이상 중에 아브람에게 임했다고 증거하였다. 야곱은 꿈에 여호와께서 사닥다리 위에 서서 말씀하시는 것을 보았다(창 28:12-13). 하나님께서는 아론과 미리암에게 "너희 중에 선지자가 있으면 나 여호와가 이상으로 나를 그에게 알리기도 하고 꿈으로 그와 말하기도 했다"고 말씀하셨다(민 12:6). 예수님의 탄생 때나 사도들에게도 꿈과 이상은 하나님의 특별계시의 한 방법이었다(마 1:20; 2:12, 13, 19; 행 9:10).

하나님께서는 더욱 빈번하게 성령님의 특별한 감동으로 말씀하셨다. 구약시대의 선지자들은 성령님의 특별한 감동 속에서 하나님의 뜻을 이해하고 전달했다. 그러므로 사도 베드로는 "예언은 언제든지 사람의 뜻으로 낸 것이 아니요 오직 하나님의 거룩한 사람들이 성령님의 감동으로 말한 것임이니라"고 증거했다(벧후 1:21 전통본문). 우리는 선지자들에게 주신 성령님의 특별한 감동의 방식을 알 수 없다. 그러나 선지자들이 자신의 생각과 하나님의 말씀을 명확히 구별했다는 점은 분명하다. 그러므로 선지자들은 "여호와께서 말씀하시기를," "이것은 여호와의 말씀이니라," "여호와의 말씀이 내게 왔으니 말씀하시기를" 등의 말을 사용하였다. 이것은 말 그대로 하나님의 말씀을 전달하는 것이었다. 선지자는 하나님의 말씀의 전달자이었다.

구약시대의 우림과 둠밈도 이것과 관련이 있다. 사무엘상 28:6은 사울이 여호와께 물었으나 여호와께서 꿈으로도, 우림으로도, 선지자로도 그에게 대답하지 않으셨다고 증거한다. '우림과 둠밈'의 말뜻은 각각 '빛과 완전함'이다. 그것들은 대제사장의 판결 흉배 안에 넣어두는 어떤 물건이었다고 본다(출 28:30). 그것이 무엇이며 어떻게 하나님의 뜻을 판단하는 도구로 사용되었는지 알 수 없지만, 그것을 지닌 대제사장은 하나님의 영의 깨닫게 하심을 받았던 것이 분명하다.

하나님의 말씀하심의 절정적 사건은 영원하신 말씀(로고스 요 1:1)께서 사람이 되신 예수 그리스도의 탄생 사건이다(요 1:14). 히브리서 1:1-2는 옛적에 선지자들로 여러 부분과 여러 모양으로 우리 조상들에게 말씀하신 하나님께서 이 모든 날의 마지막에 아들로 우리에게 말씀하셨다고 증거한다. 예수 그리스도께서는 하나님의 특별계시이시다. 그의 모습은 하나님의 모습이었고 그의 음성은 하나님의 음성이셨다. 예수 그리스도께서는 하나님의 가장 특별한 계시이시다.

셋째로, 하나님께서는 **기적들**을 행하셨다. 성경에 기적을 표현하는 세 단어는 '기사,' '능력,' '표적'이다. '기사'(奇事, wonder)라는 말은 사람에게 놀라움을 준다는 뜻이며, '능력'(power)이라는 말은 하나님의 능력을 나타낸다는 뜻이다. 기적을 위해 가장 많이 사용된 '표적'(表蹟, sign)이라는 말은 하나님의 진리를 확증하는 표라는 뜻이다.

이 세 단어 중, 표적이라는 말이 가장 중요하다. 하나님께서 이스라엘 백성을 표적과 기사와 전쟁과 강한 손과 편 팔과 크게 두려운 일로 애굽에서 건져내신 것은 여호와께서는 하나님이시요 그 외에는 다른 신이 없음을 알게 하기 위함이셨다(신 4:34-35). 사도 요한은, 자신이 그의 복음서에서 예수 그리스도의 표적들을 증거하는 목적이 예수께서 하나님의 아들 그리스도이심을 사람들로 믿게 하기 위함이라고 말했다(요 20:30-31). 사도행전 2:22에 보면, 사도 베드로는 "하나님께서 나사렛 예수로 큰 권능과 기사와 표적을 너희 가운데서 베푸사 너희 앞에서 그를 증거하셨다"고 말했다. 히브리서 2:4는 하나님께서 표적들과 기사들과 여러 가지 능력으로 사도들과 함께 복음을 증거하셨다고 말했다.

성경에서 기적들이 일어난 시대는 네 시대이었다. 그 네 시대마다 기적들은 하나님의 말씀과 진리를 확증했다. 첫 번째는 모세와 여호수아의 시대이었다. 그 시대는 하나님의 율법의 전달, 기록 및 확증을 통해 구약 계시의 기초를 확립한 시대이다. 두 번째는 엘리야와 엘리사의 시대이었다. 그 시대는 참 종교가 심히 쇠약해지고 거짓된 이방 신인 바알과 아세라 숭배가 심히 왕성했던 배교의 시대이었다. 그때, 하나님께서는 기적들을 통해 참 경건과 진리의 지식을 확증하셨다. 세 번째는 다니엘과 세 친구들의 시대이었다. 그때는 이스라엘 백성의 포로 생활의 시대로 하나님의 택한 백성이 망하고 이방 나라들의 권세가 극히 우세했던 시대이었다. 그때, 하나님께서는 자신이 여전히 세상의 주권자이심을 증거하셨다. 네 번째는 예수 그리스도와 그의 사도들의 시대이었다. 그 시대는 구약성경이 예언한 메시아께서 오신 때이며 하나님의 특별계시의 절정과 완성의 시대이었다. 이때 하나님께서 많은 기적들을 주신 것은 합당하였다. 이 시대에 성경이 하나님의 특별계시의 완전하고 충족한 기록물로 완성되었다.

성격

하나님의 특별계시는 몇 가지 성격을 가진다. 첫째로, 그것은 **언어적** 성격을 가진다. 하나님의 특별계시들의 전달 수단은 사람의 언어이었다. 비록 사건 계시라 하더라도 그 사건의 설명이 뒤따랐다. 하나님께서는 사람의 언어로 그의 특별계시를 주심으로 사람들로 그것을 이해하게 하셨다. 사람의 언어의 인식적(認識的, cognitive) 기능은 당연한 것으로 전제되었다. 만일 누가 하나님의 특별계시를 전달함에 있어서 사람의 언어의 인식적 기능을 부정하고 언어의 불완전성을 주장한다면, 그는 하나님의 특별계시를 부정하는 자가 될 것이다.

신정통주의 신학은, 하나님의 특별계시를 말하면서도 그것이 객관적으로 기록될 수 없고 단지 주관적으로만 경험될 수 있다고 주장함으로써 하나님의 특별계시를 불신임하고 결국 그것을 부정하고 있다. 신정통주의는 계시를 하나님과 사람의 인격적 만남에서 일어나는 한 사건으로만 본다. 즉 신정통주의는 하나님의 인격적-경험적 계시만 주장하고, 그의 언어적-명제적(命題的, propositional)[진술적] 계시를 부정하는 것이다. 그러나 신정통주의의 이런 계시 개념은 비성경적이다. 하나님의 특별계시는 인격적-경험적이었을 뿐 아니라, 또한 언어적-명제적[진술적]이었다. 하나님께서는 사람의 언어로 말씀하셨고 그 말씀들을 객관적으로 명확히 성경책에 기록되게 하셨다. 그러므로 하나님의 특별계시의 객관성을 부정하는 것은 기록된 성경이 하나님의 말씀이요 하나님의 진리라는 것을 믿지 않는 오류이다. 이것은 분명히, 매우 심각히 이단적인 사상이다.

둘째로, 하나님의 특별계시는 **역사적**(歷史的) 성격을 가진다. 하나님의 모든 특별계시는 역사적 사건들이었다. 성경의 절반쯤은 역사이다. 또 역사가 아닌 내용들, 즉 예언들, 시들, 서신들도 어떤 특정한 역사적 상황들 속에서 쓰여졌다. 예를 들어, 이사야가 본 이상(異象)

과 받은 예언의 말씀들은 "유다 왕 웃시야와 요담과 아하스와 히스기야 시대에" 주어졌다(사 1:1). 또 에스겔이 하나님의 이상을 처음 본 것은 "제30년 4월 5일에 그가 그발강가 사로잡힌 자 중에 있었을 때"이었다(겔 1:1). 역사적 상황은 특별계시의 내용과 방편이 되었다.

신정통주의 신학은 성경에 증거된 사건들의 신빙성을 부정한다. 그들은 계시 사건을 사람들이 경험하는 일반 역사(Historie)가 아니고, 하나님의 세계의 사건의 역사 혹은 초월적 역사(Geschichte)라고 말한다. 그러나 두 차원의 역사를 말하는 것은 하나님의 특별계시의 역사적 성격을 혼란시키는 것이고 사실상 부정하는 것이다. 초월적 역사란 역사가 아니다. 초월적 역사로서 계시 사건들을 긍정하는 것은 성경의 역사적 사건들을 긍정하는 것이 아니고 실상 그 사건들을 부정하는 것이다. 그런 사상은 명백히 이단적이다.

셋째로, 하나님의 특별계시는 **점진적**(漸進的) 성격을 가진다. 하나님의 특별계시의 점진성은 구약성경의 역사를 살펴봄으로써 또 특히 구약성경과 신약성경을 비교해 봄으로써 분명해진다. 하나님의 특별계시의 중심 인물이신 예수 그리스도께서는 구약시대에 '뱀의 머리를 밟으실 여자의 후손'으로(창 3:15), 아브라함의 씨로(창 12:7; 22:18), 성막제도와 제사의 규례들로(출애굽기, 레위기), 또 다윗의 씨로 예표적으로 그리고 예언적으로 점점 계시되었다. 그러다가 마침내 신약시대가 되어, 그는 사람으로 오신 하나님의 아들, 인류의 구주로 최종적으로, 절정적으로 밝히 계시되신 것이다. 하나님의 특별계시에서 구약성경은 그림자이며 신약성경은 실체이었고, 구약성경은 약속이며 신약성경은 성취이었다. 이처럼 하나님의 특별계시는 구약시대와 신약시대에서 점진적으로 더 확실하고 풍성하게 계시된 것이다.

종결성과 계속성

하나님의 특별계시가 오늘날에도 계속되는가라는 문제는, 하나님께서 역사상 주신 특별계시들이 충분했는가라는 문제와 관련되어 있다. 만일 하나님께서 역사상 당신의 뜻을 충분히 계시하셨다면, 특별계시는 더 이상 필요하지 않을 것이다. 그런데 성경은 하나님의 특별계시의 충분함을 말하고 있다. 예수께서는 부자와 나사로의 이야기에서 "모세와 선지자들에게 듣지 아니하면 비록 죽은 자 가운데서 살아나는 자가 있을지라도 권함을 받지 아니하리라"고 말씀하셨다(눅 16:31). 이것은 구약성경의 충분함을 보인다. 더욱이, 히브리서는 "옛적에 선지자들로 여러 부분과 여러 모양으로 우리 조상들에게 말씀하신 하나님께서 이 모든 날 마지막에 아들로 우리에게 말씀하셨다"고 말한다(히 1:1-2). '이 모든 날 마지막에'라는 말은, 하나님의 아들 예수 그리스도께서 그것의 중심 내용인 신약 계시가 하나님의 최종적, 절정적 계시임을 증거한다. 이 말씀은 예수 그리스도로 말미암은 신약 계시에 첨가할 또다른 계시가 필요치 않다는 것을 증거한다.

사도 요한도 요한계시록 맨 끝부분에서 "만일 누구든지 이것들 외에 더하면 하나님께서 이 책에 기록된 재앙들을 그에게 더하실 터이요, 만일 누구든지 이 책의 예언의 말씀에서 제하여 버리면 하나님께서 이 책에 기록된 생명나무와 및 거룩한 성에 참여함을 제하여 버리시리라"고 엄숙히 말했다(계 22:18-19). 이것은 이 마지막 책에 기록된 하나님의 종말 예언들이 충분하다는 것을 증거한다. 성경에 있는 이상의 모든 말씀들은, 하나님의 특별계시가 충분히 주어졌기 때문에 이제는 그것이 더 이상 필요하지 않다는 것을 의미한다. 이것은 특별계시의 충분함 즉 충족성과 종결성이라고 표현할 수 있다.

물론, 이것은 엄격히 말하면 하나님의 특별계시의 이전 방식들의 종결이다. 그러므로 웨스트민스터 신앙고백 1:1은 "하나님께서 그의 백성에게 그의 뜻을 계시하시던 이전의 그 방식들은 지금 중지되었다"고 진술했다. 이것은 오늘날 하나님께서 더 이상 자신을 계시하시

지 않는다는 뜻이 아니고, 그가 이제는 성경을 통해 계시하시고 말씀
하신다는 뜻이다. 이것은 성경이 하나님의 특별계시들의 기록일 뿐
아니라 하나님의 현재의 특별계시의 수단임을 뜻한다. 신구약성경은
하나님의 살아있는 말씀이다. 이것은 매우 중요한 진리이다.

잘못된 계시 개념

역사상, 하나님의 계시에 대해 잘못된 생각들도 있었다. 두 가지가
대표적이다. 첫째는 **이신론**(理神論, Deism)이다. 이것은 자연신론(自
然神論), 초연신론(超然神論)이라고도 불린다. 이신론은 하나님께서
그가 창조하신 자연세계를 초월해 계시며 자연질서를 간섭하지 않으
시고 오직 자연법칙들에 맡겨두셨고 오늘날에는 자연만물과 그 법칙
들을 통해서만 자신을 계시하신다는 생각이다. 이신론은 하나님의
인격성을 인정하지만 그의 초월성을 지나치게 강조하여 성경에 증거
되어 있는 하나님의 기적들, 예수 그리스도의 성육신, 초자연적 탄생,
기적들, 육체적 부활, 승천, 재림 등 하나님의 초자연계시나 특별계시
를 부정하고, 하나님의 자연계시나 일반계시만 인정한다. 초기 자유
주의 신학은 대체로 이신론적 입장이었다. 자유주의 신학은 초자연
적 계시와 기적들을 부정하고 예수 그리스도의 도덕적 교훈(특히 이
웃 사랑)을 기독교의 본질로 보려 하였다.

그러나, 이신론은 성경이 증거하는 하나님의 계시개념과 명백히
다르다. 하나님께서는 결코 그가 창조하신 자연세계를 그대로 내버
려두지 않으셨다. 성경이 증거하는 대로, 하나님께서는 인류 역사상
여러 번 이 세상에 내려오셨고 사람들에게 특별한 방식으로 자신을
계시하셨고 때때로 초자연적 기적들을 행하셨다. 그는 그 초자연적
기적들을 통해 자연질서 속에 직접 개입하셨던 것이다.

둘째는 **범신론**(汎神論, Pantheism)이다. 범신론은 하나님께서 자연

만물 속에 충만히 내재(內在)하셔서서 자연만물 자체와 사람의 본성을 통해 자신을 계시하신다는 생각이다. 범신론은 하나님과 자연만물 곧 우주를 동일시하는 방향으로 나아간다. 범신론은 사람의 본성을 자연만물의 일부로 보고 사람이 자신의 본성을 묵상함으로써 하나님에 관해 알 수 있고 논할 수 있다고 본다. 자연신론이 하나님의 초월성을 지나치게 강조하여 하나님께서 자연세계에 개입하지 않으신다고 보았다면, 범신론은 하나님의 내재성(內在性)을 지나치게 강조해 하나님의 초월성을 약화시켰고 하나님과 자연세계를 혼동시켰다.

그러나, 범신론도 성경에 증거된 하나님의 계시 개념과 명백히 다르다. 성경은 하나님께서 피조물과 본질적으로 다른 존재임을 증거한다. 하나님께서는 지극히 거룩하신 자이시다. 사람은 그 앞에 설 수 없고 그 앞에 서면 죽을 수 있는 자이다. 이신론과 범신론은 다같이 하나님의 자연계시나 일반계시만 인정하고 초자연계시나 특별계시를 부정한다. 범신론에서는 인격적 하나님의 계시를 생각하기 어렵다. 오늘날 다수의 자유주의 신학자들은 범신론적이라고 보인다. 그들의 하나님 개념은 매우 철학적이다. 그러나 하나님께서는 세상에 충만하시지만 또한 세상을 초월해 계신다. 그는 '하늘에 계신 하나님'이시며 '지극히 높으신 하나님'이시다(마 6:9; 단 2:18; 3:26). 그는 이 세상이나 사람들과 무한하게 다르시다. 창조주 하나님께서는 결코 자연만물과 동일시될 수 없으시다. 사람은 단지 자신의 본성을 묵상함으로써 하나님에 관한 참 지식을 얻을 수 없다.

우리는 이신론과 범신론같이 하나님의 계시에 대한 잘못된 생각들을 분별하고 성경에 기록된 하나님의 특별계시들을 통하여 하나님과 구주 예수 그리스도를 바로 알고 하나님의 뜻을 바로 배워야 한다. 하나님께서 우리에게 성경을 주신 목적은 구주 예수님을 믿고 구원을 얻고 선하고 온전한 자가 되게 하시기 위함이다(딤후 3:15-17).

4. 성경 66권의 정경성

정경(正經, canon)이라는 말은 '규칙, 규범'이라는 뜻으로 신구약 66권의 성경이 신앙과 행위의 규칙이라는 뜻으로 사용된다.

구약성경의 정경성

정통 유대교에 의하면, 구약성경 39권은 주전 5세기경 에스라와 대공회원들에 의해 수집되고 확정되었다. 주후 1세기경의 유대인 역사가 요세푸스는 증거하기를, **에스라 생존 시** 아닥사스다 롱지마누스 통치 때(주전 464-424년) 정경이 완성되었고 그 이후에는 선지자의 말씀 사역이 중지되었으므로 성경과 같은 권위를 가진 책들이 없었다고 했다(*Against Apion*, I. 8). 유대교의 교훈집인 탈무드는, "후기의 선지자들인 학개, 스가랴, 말라기 후 성령께서는 이스라엘을 떠나셨다"고 기록했다(William H. Green, *General Introduction to the OT*, p. 39, no. 1).

우리는 정통 유대교의 전통을 받아들인다. 에스라 시대는 율법들과 선지서들과 성문서들을 다 수집하기에 적합한 때이었다. 또 '율법에 익숙한 학사[서기관]'(스 7:6) 에스라는 성경을 수집하기에 가장 적합한 인물이었다. 주후 100년경 잠니아 회의에서 정경성의 문제가 토론되었다는 기록에 근거해 구약 정경이 그때까지 확정되지 않았다는 추측은 타당하지 않다. 왜냐하면 정경성을 의문하는 자들이 있었다는 사실이 정경이 확정되지 않았다는 증거는 아니기 때문이다.

유대교가 구약성경 39권만 정경으로 확정한 것은, 그것들만 하나님의 감동으로 된 책들이라는 믿음에 **근거**한 것이다. 모세와 선지자들은 하나님의 사람들이며 하나님의 특별계시의 도구들이었다. 이 사실에서 그들의 교훈과 쓴 책들의 신적 권위가 나온다. 하나님께서는 "내가 모세와 대면하여 명백히 말하였다"고 말씀하셨다(민 12:8). 모세는 하나님의 특별계시의 도구이었다(신 34:10). 거짓 선지자들이 많았던 이스라엘 왕 아합 시대에 참 선지자 미가야는 "여호와께서 내게 말씀하시는 것 곧 그것을 내가 말하리라"고 말했는데(왕상 22:14) 그것이 참 선지자의 권위의 근거이었다. 참 선지자와 거짓 선지자는 명백히 구별되었다. 모세와 선지자들은 하나님의 말씀을 직접 받았고 그 말씀을 신실하게 전달하고 기록했다. 참 선지자는 경건한 사람들에 의해 즉시 인정되었고, 또 그들의 글들이 신적 권위를 가졌다는 사실은 오랜 사색과 변론이 필요치 않게 즉시 인정되었다.

주 예수께서는 정통 유대교의 성경관을 그대로 받아들이셨고 구약성경을 하나님의 말씀으로 여기셨다. 그는 마귀의 시험을 물리치실 때 "기록되었으되"라는 말로 구약성경을 거듭 인용하셨고(마 4:4, 7, 10), 또 "성경은 폐할 수 없다"고 단언하셨다(요 10:35). 주님의 사도들은 예수 그리스도와 동일한 성경관을 가지고 있었다. 사도 바울은 "모든 성경은 하나님의 감동으로 되었다"고 증거하였다(딤후 3:16). 그것은 구약성경의 신적 기원과 권위를 증거한다. 베드로도 "예언은 언제든지 사람의 뜻으로 낸 것이 아니요 하나님의 거룩한 사람들이 성령님의 감동으로 말한 것임이니라"고 말했다(벧후 1:21 전통본문).

외경(外經, Apocrypha)이라는 13권 가량의 책들이 있다. 그것은, 토빗, 유딧, 에스더, 지혜서, 집회서, 바룩, 세 아이들의 노래, 수산나, 벨과 뱀, 마카비 1서, 마카비 2서, 에스드라 1서, 므낫세의 기도 등이다. 외경은 대략 주전 300년부터 주후 100년 사이에 기록된 것들이다. 외경은 신구약 중간 시대의 유대교 사상을 반영한다. 거기에는 우상숭배의 사라짐, 유일신 신앙의 성장, 메시아에 대한 소망, 죽은 자의 부활, 미래의 보상과 형벌에 대한 신념 등이 나타나 있다.

천주교회는 1546년 트렌트 회의에서 에스드라 1, 2서와 므낫세의 기도를 제외한 모든 외경들을 구약성경 정경에 포함시켰고, 제외된 3권은 부록에 포함시켰다. 1870년 제1 바티칸 회의는 트렌트 회의의 결정을 재확인했다. 그러나 개신교회는 외경들을 영감된 성경으로 간주하지 않는다. 웨스트민스터 신앙고백 1:3은, "보통 외경(外經)이라고 불리는 책들은 하나님의 영감에서 나온 것이 아니므로 성경의 정경(正經)의 한 부분이 아니다. 그러므로 하나님의 교회에서 아무 권위도 갖지 못하며 다른 인간적 글들보다 다른 것으로 인정되거나 사용될 것이 아니다"라고 진술하였다.

개신교회가 외경들을 **정경에서 제외시키는 이유들**은 다음과 같다. <u>첫째로, 정통 유대교가 외경을 정경으로 인정치 않았으므로 히브리어 성경은 외경들을 포함하지 않았기 때문이다.</u> 주후 2세기에 유대인의 탈무드 바바 바드라(*Baba Bathra*)는 거룩한 책들의 목록에 오늘날 우리의 39권만 포함하였다. 주후 1세기 유대인 역사가 요세푸스도 그의 아피온 반박에서 동일한 목록을 언급했다(I. 8; Green, pp. 119-120).

<u>둘째로, 주 예수 그리스도와 사도들은 정통 유대교의 정경을 받아들이셨기 때문이다.</u> 그러므로 예수께서는 유대인의 성경을 하나님의 말씀으로 인정하셨고 권위 있게 인용하셨다(마 4:4; 22:29; 요 5:39; 10:35). 사도 바울은 유대인들에게 하나님의 말씀이 맡겨졌다고 말했고(롬 2:1-2) 또 '모든 성경은 하나님의 감동으로 되었다'고 증거했다(딤후 3:16). 예수 그리스도와 사도들은 구약성경으로부터 많은 구절들을 인용하셨으나, 외경으로부터는 한 구절도 인용하지 않으셨다.

<u>셋째로, 초대교회는 구약성경 39권만 영감된 성경으로 받아들였기 때문이다.</u> 주후 2세기에, 사르디스의 감독 멜리토는 오늘날 우리의 구약성경 39권과 거의 같은 목록을 증거했다. 단지 에스더가 생략되어 있다. 같은 시대에, 옛 수리아어역은 우리의 39권만 가지고 있다(Green, p. 162). 주후 3세기, 헬라 교부 오리겐은 우리와 같이 39권의

구약 정경을 증거했다(Eusebius, *Ecclesiastical History*, VI, 25). 윌리엄 그린은 말하기를, "이와 같이, 우리는 2세기와 3세기에 멜리토에게서와 옛 수리아어역에서 동방 교회의 증거들과, 오리겐에게서 헬라 교회의 증거와, 터툴리안에게서 라틴 교회의 증거를 가지고 있으며, 그것들은 다 합쳐서 개신교회의 정경을 인정하고 외경을 배제한다"고 하였다(Green, p. 164). 4세기 이후에는 증거들이 더 풍부하다.

넷째로, 외경은 내용상 역사적 진실성, 성경과의 조화, 도덕적 표준 등에서 결함을 가지고 있기 때문이다. 토빗과 유딧은 지리적, 연대적 오류들을 가지고 있고 미신을 조장하고 거짓말을 정당화하며, 구원과 죄 용서를 공로적 행위에 의존시킨다. 솔로몬의 지혜는 유출설(流出說)과 영혼의 선재(先在), 선재(先在)하는 물질로부터의 세상 창조 등을 주장한다. 집회서는 구제가 죄를 속(贖)한다고 말하며 종들에 대한 잔인함과 사마리아인들에 대한 미움을 정당화한다. 바룩에는 잘못된 역사 진술들과 하나님께서 죽은 예레미야의 기도를 들으신다는 말이 있다. 마카비 1서에는 역사적, 지리적 오류들이, 마카비 2서에는 전설과 우화, 자살의 정당화, 죽은 자를 위한 기도 등이 있다(Green, pp. 195-200; Unger, *Introductory Guide*, pp. 108-12).

외경 외에, **가경**(仮經, Pseudepigrapha) 혹은 묵시문학(默示文學, Apocalyptic Literatures)이라는 책들도 있다. 이것들은 계시, 전설, 시, 교훈 등으로 분류된다. 계시에는 에녹서, 바룩의 계시, 모세의 승천, 이사야의 승천, 스바냐의 계시 등이 있고, 전설에는 아담의 언약, 열두 족장의 언약, 욥의 언약, 솔로몬의 언약, 노아서, 아리스테아스의 편지 등이 있다. 시에는 솔로몬의 시 등이 있고, 또 교훈에는 모세의 마술서, 마카비 3서, 마카비 4서 등이 있다. 그러나 가경이라는 책들은 교회 안에서 처음부터 권위 있는 책으로 인정받지 못했다. 교회는 그것들의 내용들을 신뢰할 만한 것으로 보지 않았다.

신약성경의 정경성

사복음서들과 바울 서신들 등 신약성경의 대다수는 기록된 즉시 신적 권위를 가진 영감된 책들로 인정되었으나 어떤 책들은 교회의 인정을 받는 데 많은 시간이 걸렸다. 그것은 그 책을 직접 받지 않았던 지역들에서 그것의 사도적 저작성을 확인하는 데 시간이 필요했기 때문일 것이다. 2세기 이전에 수리아 그리스도인들의 성경인 수리아어 페쉬타역은 베드로후서, 요한이서, 요한삼서, 유다서, 요한계시록을 제외한 모든 책(22권)을 포함하였다. 또 2세기의 옛 라틴어역은 히브리서, 야고보서, 베드로후서 3권만 생략하였다. 주후 325년 유세비우스는 정경 문제에 관계된 책들을 세 부류로 나누었다: ① 보편적으로 인정된 책(호모로구메나)--네 권의 복음서들, 사도행전, 바울서신들, 요한일서, 베드로전서, 요한계시록, ② 논쟁된 책(안티레고메나)--야고보서, 유다서, 베드로후서, 요한이서, 요한삼서 등 다섯 권, ③ 거짓된 책(노다)--베드로 복음, 도마 복음, 바울 행전, 바나바 서신, 베드로 계시록 등(Eusebius, III, 25).

그러나 **주후 397년 제3차 칼타고 회의에서** 서방의 모든 교회들은 신약성경 27권을 정경으로 받았고 확인했다. 이 회의는 사도 바울의 13서신을 언급한 후 '동일 저자에 의해 기록된 히브리서'라는 특이한 표현을 사용하였다. 주후 419년 히포 회의는 '바울의 14서신들'이라는 표현을 사용했다. 주후 500년경 동방의 모든 교회들에서도 서방교회의 결정에 힘입어 정경 문제가 해결되었다.

교회가 신약성경 27권을 정경으로 인정한 **근거**는 다음 네 가지로 요약된다. 첫째는 내용이다. 신약성경은 예수 그리스도와 그의 사역에 대해 증거한다. 예수께서는 하나님의 아들이시며 하나님의 특별계시들 중의 특별계시이며 그의 최종적, 절정적 계시이다. 그는 구약성경의 예언들의 성취자로 오셨다. 구약성경은 장차 오실 메시아에 관해 증거했는데(요 5:39), 그 메시아 예언들은 예수 그리스도를 통해 성취되었다(눅 24:27, 44). 예수께서는 구약성경에 예언된 그 메시아이시다. 그러므로 신약성경은 "아브라함과 다윗의 자손 예수 그리스도의 족보라"는 말로 시작된다(마 1:1). 이와 같이, 하나님의 아들이시며 구약 예언들의 성취자이신 예수님의 인격과 사역에 관한 내용인 신약성경은 하나님의 권위를 가진 정경으로 인정된 것이다.

둘째는 <u>사도성(使徒性)이다.</u> 주 예수 그리스도께서 친히 세우신 그의 사도들은 구약시대의 선지자들과 비슷한 기능과 권위를 가졌다. 그들은 주께로부터 말씀 전파에 대한 특별한 명령을 받았다. "너희는 가서 모든 족속으로 제자를 삼아 . . . 내가 너희에게 명령한 모든 것을 가르쳐 지키게 하라"(마 28:16-20). 그들은 또한 주 예수께로부터 성령님의 지도하심에 대한 특별한 약속을 받았다. "성령, 그가 너희에게 모든 것을 가르치시고"(요 14:26), "진리의 성령이 오시면 그가 너희를 모든 진리 가운데로 인도하시리니 그가 자의로 말하지 않고 오직 듣는 것을 말하시며 장래 일을 너희에게 알리시리라"(요 16:13). 또 그들은 주 예수께로부터 기적을 행할 수 있는 특별한 표를 받았다. 마태복음 10:1, "예수께서 그 열두 제자를 부르사 더러운 귀신을 쫓아내며 모든 병과 모든 약한 것을 고치는 권능을 주시니라." 사도행전 2:43, "사람마다 두려워하는데 사도들로 인하여 기사와 표적이 많이 나타나니." 고린도후서 12:12, "사도의 표된 것은 내가 너희 가운데서 모든 참음 가운데 표적들과 기사들과 능력들을 행한 것이라." 사도들의 역할과 권위가 이러하였기 때문에, 그들이 전한 내용들과 그들이 기록한 책들은 신적 권위를 가졌고 신앙과 행위의 규범이 되었다.

히브리서는 칼타고 회의와 히포 회의의 진술대로 사도 바울이 쓴 서신으로 간주되었다. 마가복음, 누가복음, 사도행전, 야고보서, 유다서는 사도들이 직접 쓰지 않았지만, 사도들의 인정을 통해 성경으로 받아들여졌다고 본다. 마가는 사도 베드로의 동역자와 통역자이었고 사도 바울의 동역자이기도 하였다(벧전 5:13; 딤후 4:11). 누가복음과 사도행전의 저자인 누가는 사도 바울의 동역자이었다(골 4:14; 딤후 4:11). 마가복음과 누가의 두 책(누가복음과 사도행전)은 사도 베드로와 사도 바울의 권위에 의해 받아들여졌다(Eusebius, VI, 25).

야고보서의 저자 야고보는 열두 사도들 중의 한 사람이었던 야고보가 아니고 예수님의 동생 야고보이었다고 보인다(마 13:55). 그는 예루살렘 교회의 유력한 지도자이었고 사도적 인물이었다(행 15:13; 갈 1:18-19). 갈라디아서 2:9, "기둥같이 여기는 야고보와 게바와 요한도." 유다서의 저자 유다는 자신을 '야고보의 형제'라고 말했다(유 1). 그 책은 야고보의 권위로 받아들여졌다. 이와 같이, 신약성경은 사도들이나 사도들의 인정을 받은 자들이 쓴 책들이었다.

<u>셋째는 영감이다.</u> 사도들은 성령님의 충만함을 얻어 성령님으로 가르치고 전파한 자들이었다. 그들의 교훈과 글들은 사람의 견해가 아니고 하나님의 영 곧 성령님의 감동으로 된 내용들이었다.

사도 바울은 고린도전서 7:40에서 "나도 또한 하나님의 영을 받은 줄로 생각하노라"고 말했고 고린도전서 14:37에서 "만일 누구든지 자기를 선지자나 혹 신령한 자로 생각하거든 내가 너희에게 편지한 것이 주님의 명령인 줄 알라"고 했다. 사도 베드로는 베드로후서 3:15-16에서 "우리 사랑하는 형제 바울도 그 받은 지혜대로 너희에게 이같이 썼고 또 그 모든 편지에도 이런 일에 관하여 말하였으되 그 중에 알기 어려운 것이 더러 있으니 무식한 자들과 굳세지 못한 자들이 다른 성경과 같이 그것도 억지로 풀다가 스스로 멸망에 이르느니라"고 말하였다. 그것은 사도 베드로가 사도 바울의 편지들을 성경과 동등한 권위의 책들로 간주했음을 보인다. 주후 95년경 로마의 클레멘트는 "복된 사도 바울의 서신을 들고 보라. 복음이 전파되기 시작한 때

에 그가 무엇을 너희에게 썼는가? 그는 참으로 성령님의 감동으로 너희에게 썼다"고 말하였다(*To the Corinthians*, ch. 47).

사도 요한은 요한계시록 22:18-19에서 "내가 이 책의 예언의 말씀을 듣는 각 사람에게 증거하노니 만일 누구든지 이것들 외에 더하면 하나님께서 이 책에 기록된 재앙들을 그에게 더하실 터이요, 만일 누구든지 이 책의 예언의 말씀에서 제하여 버리면 하나님께서 이 책에 기록된 생명나무와 및 거룩한 성에 참여함을 제하여 버리시리라"고 썼다. 이 말씀은 요한계시록의 영감성과 신적 권위성을 보인다. 이와 같이, 앞에 인용한 여러 성경 구절들과 초대 교부의 증언 등은 사도들의 글들의 영감성과 신적 권위성을 보이는 증거들이다.

넷째는 보편성이다. 모든 초대교회들은 신약성경 책들을 받아들였다. 몇 권의 책들이 어떤 지역들에서는 변론되었지만, 대부분의 책들은 일찍부터 인정받았고, 4세기말 모든 서방 교회들은, 또 주후 500년경 모든 동방 교회들도 신약성경 27권을 인정했다. 교회들의 이러한 보편적 인정은 2천년이 지난 오늘 우리들에게 중요한 증거가 된다. 신약성경 27권은 초대교회로터 정통 기독교회가 인정해온 정경이다.

이와 같이, 신구약성경 66권은 정경 곧 성도들의 신앙생활의 규칙과 규범으로 인정되었다. 웨스트민스터 신앙고백 1:2는 다음과 같이 말하였다: "성경 혹은 기록된 하나님의 말씀이라는 명칭 아래, 현재 구약성경과 신약성경의 모든 책들이 포함되어 있는데, 그것들은 다음과 같다. . . . 즉 하나님의 영감(靈感)으로 주어졌고 신앙과 생활의 규칙이 되는 모든 책들이다." 누구든지 신앙 문제에 있어서 무엇을 주장하려면 성경에 근거해서 해야 하고, 무엇을 반박하려면 성경에 근거해야 해야 한다. 신구약성경이 하나님의 말씀이며 신앙과 생활에 있어서 정확무오한 유일의 규칙이라는 것은 주 예수 그리스도를 믿고 구원 얻은 모든 성도들과 교회들의 가장 기본적인 신념이다.

5. 성경의 명료성, 충족성, 신적 권위성

하나님의 특별계시들은 성경에 기록되었다. 성경은 하나님의 특별계시들이 기록되고 저장된 책이다. 물론 하나님의 모든 특별계시들이 다 성경에 기록된 것은 아니라고 본다. 하나님의 뜻 가운데 그것들은 우리의 구원을 위해 필요한 만큼 취사선택되었다고 본다. 그러나 그것들은 성경에 기록되었고 성경에만 기록되었다. 성경과 같은 성격의 또다른 책은 세상에 없다. 성경은 하나님의 특별계시의 유일한 저장소이다. 오늘날 하나님께서는 성경을 통해 말씀하신다. 이런 점에서 하나님의 특별계시와 성경은 동일시된다.

성경의 필요성

성경은 사람들에게 매우 필요한 책이었다. 웨스트민스터 신앙고백 1:1은 다음과 같이 적절히 진술하였다.

그러므로 주께서 여러 시대에 여러 방식들로 자신을 계시(啓示)하시고 그의 교회에게 그의 뜻을 선언하기를 기뻐하셨고, 그 후에는 그 진리를 더 잘 보존하시고 전파하시기 위해, 또 육신의 부패성과 사탄과 세상의 악한 뜻에 대항하여 교회를 더 견고하게 설립하시고 위로하시기 위해, 그 동일한 내용을 온전하게 기록되게 하시기를 기뻐하셨다. 이것이 성경을 가장 필요하게 만든다.

위의 진술대로, 성경은 하나님께서 자신의 특별계시를 더 잘 보존하시고 전파하시기 위해 필요했다. 이것은 하나님의 지혜로운 방법이었다. 모세는 하나님의 나타나심과 율법들을 책에 기록하였다(출 24:4; 신 31:24). 또한 마태, 마가, 누가, 요한은 예수 그리스도의 말씀하시고 행하신 일들을 각각 책에 기록했다. 기독교는 책의 종교이다. 하나님께서는 그의 특별계시들을 책에 기록되게 하셨다. 물론 성경이 없었더라도 하나님의 특별계시들은 사람의 기억력과 입을 통해 어느 정도 보존되고 전파될 수 있었을 것이지만, 그 경우 그 내용들은 사람들의 기억력의 부족과 실수로 또 마귀의 방해로 많이 손상되었을 것이다. 그러나 하나님의 특별계시들은 성경에 명확히 기록됨으로써 더 잘 보존되고 더 잘 전파될 수 있게 되었다.

성경은 또한, 앞에 인용한 신앙고백의 진술대로, 사람들의 육신의 부패성과 사탄과 세상의 악한 뜻에 대항하여 하나님께서 교회를 더 견고하게 설립하시고 위로하시기 위해 필요하였다. 누가는 자기가 기록한 누가복음의 목적을, '데오빌로 각하로 그 배운 바의 확실함을 알게 하려 함'이라고 표현했다(눅 1:4). 또 사도 바울은 성경이 성도들에게 위로를 주는 사실을 말하기를, "무엇이든지 전에 기록한 바는 우리의 교훈을 위해 기록된 것이니 우리로 하여금 인내로 또는 성경의 위로로 소망을 가지게 함이니라"고 하였다(롬 15:4). 우리는 육신의 부패성을 가지고 있고, 이 세상에는 마귀의 활동과 세상의 악한 일들이 많다. 그러므로 만일 하나님께서 기록하게 하신 명확한 말씀이 없었더라면 구원 얻은 자들은 더욱 빈번히 흔들리고 낙망했을 것이다. 그러나 하나님께서 그의 계시의 말씀들을 성경에 기록해주심으로 우리는 그것을 통해 더욱 견고히 서고 많은 위로를 받게 된다.

성경의 명료성

성경은 내용이 명료한 책이다. 성경의 명료성(明瞭性)이란, 성경이 하나님의 진리를 전달함에 있어서 사람들이 이해할 만하게 명료하다는 뜻이다. 하나님의 특별계시의 목적은 죄인들에게 하나님께 대한 참 지식을 줌으로써 구원을 얻게 하는 것이다. 그러므로 성경이 하나님의 특별계시들의 기록이며 사람들의 구원을 위한 책이라는 사실을 생각한다면, 성경이 결코 어려운 책일 수 없다는 사실을 알 수 있다.

웨스트민스터 신앙고백 1:7은 다음과 같이 말했다.

성경에 있는 모든 것들이 그 자체에 있어서 똑같이 명백한 것은 아니고 또 모든 사람에게 똑같이 분명한 것도 아니지만, 구원을 위해 알고 믿고 지켜야 할 필요가 있는 것들은 성경의 이곳 혹은 저곳에 분명히 제시되고 드러나 있어서, 유식한 자들뿐 아니라 무식한 자들도 일반적 수단을 적절히 사용함으로써 그것들에 대한 충분한 이해에 도달할 수 있다.

특히 성경은 두 가지 점에 있어서 명료하다. 첫째로, 성경은 죄인들이 구원 얻기 위해 알아야 할 내용에 있어서 명료하다. 사도 요한은 요한복음을 쓴 목적을 말하기를, 그 책을 읽는 사람들로 하여금 예수께서 하나님의 아들 그리스도이심을 믿고 영원한 생명을 얻게 하려 함이라고 하였다(요 20:31). 사도 바울은, "성경은 능히 너로 하여금 그리스도 예수 안에 있는 믿음으로 말미암아 구원에 이르는 지혜가 있게 하느니라"고 말했다(딤후 3:15). 사실, 성경은 구원 진리의 기초가 되는 진리 전반에 있어서 명료하다. 시편 19:7은 "여호와의 율법은 완전하여 영혼을 소성케 하고 여호와의 증거는 확실하여 우둔한 자로 지혜롭게 한다"고 말하였다. 하나님께서는 하박국에게 "너는 이 묵시를 기록하여 판에 명백히 새기되 달려가면서도 읽을 수 있게 하라"고 말씀하셨다(합 2:2). 예레미야는 신약시대를 두고 장차 작은 자로부터 큰 자까지 다 하나님을 알 것이라고 예언하였다(렘 31:34).

둘째로, 성경은 사람들에게 특히 구원 얻은 성도들에게 주는 생활교훈에서 명료하다. 그러므로 시편 119:105는 "주님의 말씀은 내 발에 등이요 내 길에 빛이니이다"라고 말했다. 성경의 교훈이 불분명하다면, 그것은 결코 빛이 될 수 없을 것이다. 또 디모데후서 3:16-17은 "모든 성경은 하나님의 감동으로 된 것으로 교훈과 책망과 바르게 함과 의로 교육하기에 유익하니 이는 하나님의 사람으로 온전케 하며 모든 선한 일을 행하기에 온전케 하려 함이니라"고 말했다.

성경 번역의 필요성

원어 성경은 모든 사람이 읽을 수 있도록 각 나라의 언어로 번역되어야 한다. 성경이 하나님의 뜻을 전달하는 수단이며 하나님의 구원의 진리를 전달하는 수단일진대, 성경은 마땅히 모든 나라들의 모든 사람들이 이해할 수 있는 쉬운 언어로 번역되어야 한다. 웨스트민스터 신앙고백 1:8은 다음과 같이 적절히 진술하였다.

(옛날 하나님의 백성의 모국어이었던) 히브리어로 된 구약성경과, (기록될 당시 여러 나라들에 가장 일반적으로 알려져 있었던) 헬라어로 된 신약성경은 직접 하나님의 영감(靈感)을 받았으며 그의 독특한 배려와 섭리로 모든 시대에 순수하게 보존되었으므로 믿을 만하다. 따라서 종교상 모든 논쟁들에서 교회는 최종적으로 그것들[원어성경]에 호소한다. 그러나 이 원어들은, 성경들을 읽고 연구할 권리와 관심을 가지고 있고 또 하나님을 경외함으로 그렇게 하라고 명령을 받은 모든 하나님의 백성들이 알지 못하기 때문에, 그것들은 그것들이 들어가는 각 나라의 통속적 언어로 번역되어야 하며, 그래서 하나님의 말씀이 모든 사람 속에 풍성히 거하여 그들로 하여금 받으실 만한 방식으로 그를 예배하고 인내와 성경의 위로로 소망을 가지도록 해야 할 것이다.

성경 번역에는 다음과 같은 원칙들이 필요할 것이다. 첫째로, 단어 영감의 진리에 맞게(뒤에 '성경의 영감'을 논할 때 논하겠지만), 성경은 의역(意譯)이나 역동적 일치(dynamic equivalence)보다는 가능한 한 충실히 직역(直譯, 문자적 번역)되어야 할 것이다. 둘째로, 신약성경 헬라어(코이네 κοινή)가 통속적, 대중적 언어이었듯이, 성경은 쉬운 통속적, 대중적 언어로 번역되어야 할 것이다. 셋째로, 그러나 하나님의 말씀의 권위를 고려하여 성경은 가능한 한 품위 있는 말로 번역되어야 할 것이다. 넷째로, 우리나라에서는 기존의 개역성경의 본문을 가능한 한 유지하면서, 신약성경의 전통사본(비잔틴 사본)의 본문을 따르는 새 번역 성경이 필요하다(뒤에 자세히 논할 것임).

성경 해석의 원리

우리는 성경을 바르게 해석해야 한다. 만일 우리가 성경을 바르게 해석하지 않는다면, 성경의 목적이 무의미해지고 말 것이며 성도들은 성경책을 가지고도 하나님의 말씀의 기근과 기갈을 면할 수 없을 것이다. 성경 해석에는 몇 가지의 건전한 원리들이 있다고 본다.

첫째로, 우리는 성경을 **문법적**으로 해석해야 한다. 문법적 해석에서 중요한 것은 단어들의 뜻과 어순과 문맥 등이다. 문법적 해석은 많은 경우 문자적 해석을 의미할 것이다. 그것은 매우 상식적인 해석이다. 성경은 일차적으로 학자들에게 주신 책이 아니고 일반 성도들에게 주신 책이다. 그러므로 성경의 대부분의 내용들은 문법적 해석에 의해 하나님의 뜻과 진리를 잘 드러낸다.

초대교회의 오리겐 이후, 성경의 영적, 풍유적(allegorical) 해석이 항상 있어 왔고 오늘날에도 적지 않은 것 같다. 비록 성경에 상징적, 시적 표현들이 있지만, 성경의 많은 부분을 영적, 풍유적으로 해석하려는 생각은 확실히 잘못이다. 그것은 성경의 단순한 뜻을 혼란시키고 불확실하고 주관적인 해석들만 남긴다. 이런 해석은 삼가야 한다.

둘째로, 우리는 성경을 **역사적** 상황 속에서 해석해야 한다. 성경의 약 절반은 역사이다. 하나님께서는 그의 특별계시들을 어떤 특정한 역사적, 문화적 상황 속에서 주셨다. 그러므로 역사의 지식은 성경의 바른 해석에 도움이 된다. 그러므로 해석자는 성경 역사에 대해 잘 알아야 한다. 그러나 비록 일반 역사 지식이 부족해도, 성경에서 하나님의 의도하시는 뜻과 진리를 파악하기는 어렵지 않다고 본다.

셋째로, 우리는 성경을 **신학적**으로 해석해야 한다. 그것은 성경을 성경으로 해석하는 것을 말한다. 성경의 참된 저자는 하나님 자신이시므로, 성경 어느 곳의 불분명한 의미는 성경 다른 곳의 보다 분명한 의미에 의해 해석되어야 한다. 웨스트민스터 신앙고백 1:9는 다음과 같이 진술하였다.

　　성경 해석의 무오(無誤)한 법칙은 성경 자체이며; 그러므로 어떤 성경구절의 참되고 온전한 뜻--그것은 여럿이 아니고 단 하나인데--에 관한 질문이 있을 때, 그것은 더 분명하게 말하는 다른 곳들에 의해 그 뜻을 찾아 알도록 해야 한다.

　　또 우리는 성경의 각 부분을 성경 전체에 비추어 해석해야 한다. 특히, 구약성경은 신약성경에 비추어 해석해야 한다. 하나님의 특별 계시의 점진성과 신약 계시의 최종성을 인정하면서, 구약성경은 신약성경에 비추어 그리고 신약 계시 안에서, 신약 계시를 넘어서지 말고 해석해야 한다. 또 신약성경은 구약성경에 근거하여 이해해야 한다. 신약 계시는 구약 계시의 터 위에 주어졌다. 그러므로 하나님의 특별 계시의 전체적 내용은 천지 창조, 인류의 타락, 하나님의 심판, 이스라엘의 선택과 거역 및 멸망과 회복이라는 성경 역사의 전체적 맥락에서 바르게 이해할 수 있다. 또한, 주 예수 그리스도를 통한 은혜의 복음은 구약의 율법을 통하여 사람의 전적 부패성과 무능력이 증거됨으로써 밝히 제시된다. 그러므로 성경의 모든 진리를 체계적으로 정돈한 바른 신학에 의해 성경을 해석할 때, 성경의 각 부분의 뜻은 밝아지고 탈선된 해석은 방지될 것이다.

성경의 충족성

　　성경은 하나님의 뜻을 충족하게 전달하는 책이다. 웨스트민스터 신앙고백 1:6은 다음과 같이 진술하였다.

　　하나님 자신의 영광, 사람의 구원, 신앙과 생활을 위해 필요한 모든 것들에 관한 하나님의 모든 뜻은 성경에 명백히 기록되어 있거나 혹은 건전하고 필연적인 논리에 의해 성경으로부터 추론될 수 있으며, 어느 때든지 성령님의 새 계시들에 의해서나 사람들의 전통들에 의해서 아무것도 거기에 첨가될 수 없다.

구약성경의 충족성

구약성경은 모세 때로부터 그 충족성을 스스로 증거해왔다. 모세는 "내가 너희에게 명하는 말을 너희는 가감하지 말고 내가 너희에게 명하는 너희 하나님 여호와의 명령을 지키라"고 말했다(신 4:2). 율법에 무엇을 더하는 것은 그것의 불충족성을 의미할 것이다. 구약성경의 핵심은 율법이며, 선지서와 성문서는 율법을 설명하고 확증하고 적용한 것이다. 그러므로 다윗은 "여호와의 율법은 완전하여 영혼을 소성케 한다"고 증거했다(시 19:7). 또 선지자 이사야도 "마땅히 율법과 증거의 말씀을 좇을지니 그들의 말하는 바가 이 말씀에 맞지 아니하면 이는 그들 속에 빛이 없기 때문이라"(원문 직역)고 증거하였다(사 8:20). 예수 그리스도께서도 부자와 나사로의 이야기에서 죽은 자가 살아나 증거할 필요가 없고 구약성경으로 충족함을 말씀하셨다. 누가복음 16:29, 31, "아브라함이 말하기를 저희에게 모세와 선지자들(구약성경)이 있으니 그들에게 들을지니라," "말하기를 모세와 선지자들(구약성경)에게 듣지 아니하면 비록 죽은 자 가운데서 살아나는 자가 있을지라도 권함을 받지 아니하리라 하였다 하시니라."

신약성경의 충족성

신약성경은 구약성경의 진리와 다른 무엇이 첨가되었다기보다는 구약성경에 예언되고 증거된 그리스도의 오심을 선포하고 해설한 것이다. 그러므로 신약성경은 "아브라함과 다윗의 자손 예수 그리스도의 족보라"는 말씀으로 시작되었다(마 1:1). '아브라함과 다윗의 자손'은 구약성경에 약속된 메시아라는 뜻이다. 예수께서는 자신에 관한 일들이 '모세와 선지자들의 글들과 시편'에 예언되어 있음을 증거하셨다(눅 24:27, 44). 성경의 중심 인물과 대 주제는 예수 그리스도이시다(요 5:39). 그러므로 신약교회의 창설자들인 주님의 사도들은 구약성경을 가지고 주 예수 그리스도를 증거하고 가르쳤다.

예수 그리스도께서는 하나님의 최종적, 절정적 특별계시이시다. 히브리서 1:1-2, "옛적에 선지자들로 여러 부분과 여러 모양으로 우리 조상들에게 말씀하신 하나님께서 이 모든 날 마지막에 아들로 우리에게 말씀하셨으니." 주 예수 그리스도의 복음은 사도들을 통해 밝히 계시되고 해설되고 전달되었다. 그러므로 사도 바울은 "우리나 혹 하늘로부터 온 천사라도 우리가 너희에게 전한 복음 외에 다른 복음을 전하면 저주를 받을지어다"라고 말하였고(갈 1:8-9) 또 데살로니가 교인들에게 "형제들아, 굳게 서서 우리의 말로나 편지로 가르침을 받은 유전[전해들은 내용들]을 지키라"고 말했다(살후 2:15). 주께서는 종말 예언까지 충족히 주셨다. 그러므로 사도 요한은 예수 그리스도께서 주신 종말 예언들에 무엇을 더하지도 빼지도 말라고 교훈하며 엄히 경고하였다. 요한계시록 22:18-19, "내가 이 책의 예언의 말씀을 듣는 각인에게 증거하노니 만일 누구든지 이것들 외에 더하면 하나님께서 이 책에 기록된 재앙들을 그에게 더하실 터이요 만일 누구든지 이 책의 예언의 말씀에서 제하여 버리면 하나님께서 이 책에 기록된 생명나무와 및 거룩한 성에 참여함을 제하여 버리시리라."

성경의 종결성

이제 사도들을 통해 기록된 신약성경은 충족한 계시로서 더 이상 무엇이 첨가될 필요가 없다. 하나님께서는 인류에게 알리기를 원하시는 그의 모든 뜻을 성경에 기록하셨다. 하나님의 특별계시는 신약성경으로 완성되었다. 성경의 충족성은 성경의 종결성을 내포한다. 성경은 66권으로 완성되었다. 웨스트민스터 신앙고백 1:1은 "하나님께서 그의 백성에게 그의 뜻을 계시하시던 이전의 그 방식들이 지금 중지되었다"고 표현했다. 성경의 종결성은 성령님의 초자연적 은사들, 즉 예언, 방언, 병고침, 기적 행함 등의 중단을 포함한다. 그렇지 않다면 성경의 종결성은 부정되고 말 것이다. 사도 바울은 방언이나 예언의 은사가 일시적일 것을 말한 후 "우리가 부분적으로 알고 부분적으로 예언하나 온전한 것이 올 때에는 부분적으로 하던 것이 폐한다"고 말했다(고전 13:8-10). 하나님의 특별계시에 관한 한, '온전한 것'은 신약성경이다. 하나님께서는 신약성경이 완성된 후에 또다른 특별계시들을 주실 필요가 없으셨다. 모든 사람들은 신구약성경을 읽고 듣고 배우고 믿고 마음에 새기고 바라고 실천하는 것으로 충분하다. 더욱이, 구원 얻은 성도들은 신구약성경으로 만족해야 한다.

성경에 명시되지 않은 문제들

성경에 명시되어 있지 않은 문제에 관해서도, 우리는 성경 교훈에 근거하여 하나님의 뜻을 추론할 수 있다. 예를 들어, 담배에 대하여, 담배가 몸에 해롭다는 사실이 살인하지 말라는 하나님의 뜻에 위배되므로, 우리는 성도가 담배를 피우지 않는 것이 좋다고 추론할 수 있고, 또 미니 스커트에 대해, 단정한 옷이 하나님의 뜻이므로(딤전 2:9), 그것은 여성도에게 합당한 복장이 아니라고 추론할 수 있다.

성경의 신적 권위성

성경은 신적 권위를 가진 책이다. 성경의 신적 권위는 전적으로 그것의 저자이신 하나님께 의존하며 그에게로부터 나온다. 웨스트민스터 신앙고백은 진술하기를, "우리가 성경을 믿고 복종해야 하는 것은 성경의 권위 때문인데, 그 성경의 권위는 어느 사람이나 교회의 증언(證言)에 의존하지 않고, 그것의 저자이시며 (그리고 진리 자체이신) 하나님께 전적으로 의존한다. 그러므로 성경은 하나님의 말씀이기 때문에 받아들여야 하는 것이다"라고 하였다(1:4).

역사적 권위

성경의 권위는 두 가지 측면에서 이해된다. 첫째는 역사적 권위이다. 그것은 성경이 역사적으로 진실하고 믿을 만하다는 것을 뜻한다. 성경의 역사적 권위, 곧 성경의 신빙성은 다음과 같이 확증된다.

첫째로, 진실은 하나님의 속성이며, 거짓은 마귀의 속성이다. 주께서는 "[마귀는] 처음부터 진리가 그 속에 없으므로 거짓을 말할 때마다 제 것으로 말하나니 이는 저가 거짓말쟁이요 거짓의 아비가 되었음이니라"고 말씀하셨다(요 8:44). 영생과 영벌의 엄숙한 구원 진리를 증거함에 있어서 그 무엇보다 요구되는 덕은 진실이다. 만일 성경의 증거가 진실하거나 믿을 만하지 않다면, 성경은 하나님의 책이 아니고 마귀의 책일 것이며, 성서(聖書) 즉 거룩한 책이 아니고 심히 거짓되고 악한 책일 것이다. 그러나 성경은 마귀가 마지막 심판 때 영원한 지옥 불못에 던지울 것이라고 말하고 있는데(마 25:41; 계 20:10), 이런 책이 마귀가 쓴 책일 수 있겠는가?

둘째로, 하나님께서는 모든 종류의 거짓을 정죄하시며, 거짓 증인을 미워하신다. 하나님께서는 십계명의 제9계명에서 "네 이웃에 대하여 거짓 증거하지 말지니라"고 명하셨다(출 20:16). 잠언 6:16-19는 "여호와의 미워하시는 것 곧 그 마음에 싫어하시는 것이 6, 7가지니 곧 . . . 거짓된 혀와 . . . 거짓을 말하는 망령된[거짓] 증인과"라고 말했다. 성경 마지막 부분에도 "두려워하는 자들과 믿지 아니하는 자들과 . . . 모든 거짓말하는 자들은 불과 유황으로 타는 못에 참여하리니 이것이 둘째 사망이라"고 증거되어 있다(계 21:8).

셋째로, 예수께서는 친히 구약성경의 사건들을 언급하심으로 그것들이 역사적으로 진실하고 믿을 만함을 증거하셨다. 예를 들어, 그는 노아의 때와 롯의 때에 대해 말씀하셨고(눅 17:26-29), 모세의 시대에 광야에서 하늘에서 내린 떡인 만나에 대해 말씀하셨고(요 6:32), 엘리야와 엘리사의 시대의 일들을 말씀하셨고(눅 4:25-27), 요나가 밤낮 사흘 동안 큰 물고기 뱃속에 있었던 사실을 말씀하셨다(마 12:39-40).

넷째로, 성경의 인간 저자들, 특히 신약성경의 저자들은 '증인들'로 불리었다. 요한복음 21:24, "이 일을 증거하고 이 일을 기록한 제자가 이 사람이라. 우리는 그의 증거가 참인 줄 아노라." 사도들은 자신들을 "유대인들의 땅과 예루살렘에서 그의 행하신 모든 일들에 증인"이라고 자처하였다(행 10:39). 성경에는 '증인,' '증거,' '증거하다'는 단어가 200회 이상 나온다(*Young's Analytical Concordance*; J. B. Smith, *Greek-English Concordance to the New Testament* (Herald Press, 1983). 예수 그리스도의 제자들은 그들이 증거한 복음 때문에 핍박을 받았고, 마침내 스데반이나 야고보처럼 순교의 피로 그 증거를 확증하였다. 예수 그리스도의 제자들이 순교의 피로 한 증언들은 성경의 진실성에 대한 가장 힘있는 증거들이다.

규범적 권위

성경은 또한 규범적 권위를 가진다. 이것은 더 중요한 점이다. 성경의 규범적 권위란 성경이 우리의 믿음과 행위에 대해 규범과 규칙이 된다는 뜻이다. 물론, 성경의 규범적 권위는 성경의 모든 내용에 다 적용되는 것이 아니다. 예를 들어, 구약의 율법의 경우, 도덕법은 그 성격상 영속적이며 신약시대에도 적용되지만, 의식법은 예수 그리스도와 그의 속죄사역으로 성취되었음으로 신약 아래서는 폐지되었고, 재판법은 신정국가 이스라엘에게 적용된 것이고, 오늘날 우리의 세속 국가들에 그대로 적용되지 않고 그 도덕적 교훈만 취한다.

구약성경의 신적 권위

구약성경의 신적 권위는 모세와 선지자들의 역할과 권위에 의하여, 또 예수 그리스도의 증언(요 10:35)과, 사도들의 증언(딤후 3:16; 벧후 1:21)에 의하여 확증된다. 모세와 선지자들은 하나님의 특별계시의 도구들이었다. 하나님께서는 모세와 대면하여 명백히 말씀하셨다(민

12:6-8; 신 34:10). 미가야의 말대로, 참 선지자는 하나님께서 말씀하신 것을 말하는 자이었다(왕상 22:14). 또 예수 그리스도께서는 구약성경을 하나님의 말씀으로 여기셨고 "성경은 폐할 수 없다"고 말씀하셨다(요 10:35). 주님의 사도들은 주님과 동일한 성경관을 가지고 있었다. 사도 바울은 "모든 성경은 하나님의 감동으로 되었다"고 증거하였고(딤후 3:16), 사도 베드로도 "예언은 언제든지 사람의 뜻으로 낸 것이 아니요 오직 하나님의 거룩한 사람들이 성령님의 감동으로 말한 것임이니라"(전통사본)고 말하였다(벧후 1:21).

신약성경의 신적 권위

신약성경의 신적 권위는 <u>구약성경의 예언들의 성취라는 신약성경의 성격과, 우리 주 예수 그리스도의 신적 인격과, 사도들의 역할과 권위에 의해</u> 확증된다. 예수 그리스도께서는 구약성경의 예언들의 성취자로 오셨다. 그는 '아브라함과 다윗의 자손'(마 1:1) 곧 구약성경에 예언된 메시아로 오셨다. 그러므로 예언인 구약성경이 신적 권위를 가진다면, 그 예언의 성취인 예수 그리스도의 말씀과 행하신 일들이 더욱 신적 권위를 가지는 것은 당연하다. 또 예수 그리스도께서는 하나님의 아들이시며 '아버지와 하나이신'(요 10:30) 자이시다. 그는 하나님의 특별계시들 중의 특별계시이시며 하나님의 최종적, 절정적 계시이시다. 그러므로 그의 말씀들과 행위들을 기록하고 그에 관해 증거하는 신약성경이 신적 권위를 가지는 것은 당연한 일이다. 또 주 예수 그리스도의 사도들은 구약시대의 선지자들과 비슷했다. 그들은 주 예수 그리스도께로부터 말씀을 선포하라는 특별한 명령을 받았고(마 28:19-20) 성령님의 지도하심에 대한 특별한 약속을 받았으며(요 14:26; 16:13) 기적을 행할 수 있는 특별한 표를 받았다(마 10:1). 그러므로 사도들을 통해 기사와 표적들이 많이 나타났다(행 2:43; 5:12). 사도 바울은 "사도의 표들은 너희 가운데서 모든 참음 중에 표적과 기사와 능력을 행한 것이라"(원문 직역)고 말하였다(고후 12:12).

성경의 자증(自證, autopistos)

성경의 규범적 권위의 가장 확실한 증거는 성경 자체이다. 이것을 '성경의 자증'(自證, autopistos)이라고 표현한다. 이것은 성경의 권위가 교회나 전통의 증거를 필요로 하지 않는다는 것을 뜻한다. 하나님에 대한 증거가 하나님 자신에 의해 가장 잘 제시되듯이, 하나님의 말씀인 성경에 대한 증거는 성경 자체에 의해 가장 잘 제시된다.

웨스트민스터 신앙고백 1:5는 성경 권위에 대한 성경 자체의 증거들을 다음과 같이 열거하였다.

<u>첫째, 천적인 내용이다.</u> 성경은 땅의 일이나 사람의 일을 기록한 것이 아니고, 주로 하나님의 특별계시들, 곧 하나님께서 직접 나타나시고 말씀하시고 기적을 행하신 일들에 관하여 증거하고 기록하였다.

<u>둘째, 교훈의 효력이다.</u> 성경의 교리적, 윤리적 교훈들은 죄인들을 구원하고 성도들을 새롭게 하는 데 효력이 있고 적응성이 있다. 오늘날도 죄인들은 이 말씀을 통해 회개하고 예수 그리스도를 믿어 구원을 얻으며 하나님의 자녀가 되고 거룩하고 선한 삶을 산다.

<u>셋째, 문체의 장엄함이다.</u> 성경은 "하나님께서 말씀하시기를," "이것은 여호와의 말씀이니라," "여호와의 말씀이 왔으니 말씀하시기를" 등의 말로 가득하다. 그것은 성경이 하나님의 말씀임을 증거한다. 만일 누가 사람의 사상을 전하면서 감히 이런 표현을 사용하거나 거짓으로 이런 표현을 사용한다면, 그는 매우 악한 자일 것이다.

<u>넷째, 교훈들의 상호일치이다.</u> 성경은 1,500여년간 30여명의 인간 저자들에 의해 저술되었지만, 전체적으로 일치된 교훈을 증거한다.

<u>다섯째, 모든 영광을 하나님께만 돌리는 전체적 목표이다.</u> 성경은 어떤 사건들을 사실 그대로 증거하고 사람을 미화(美化)하지 않는다. 성경은, 경건한 다윗의 악하고 부끄러운 간음과 살인의 죄를 그대로

기록했고(삼하 11장), 사도 바울이 주님을 알기 전에 행하였던 교회 핍박의 일을 세 번이나 자세히 기록하였다. 성경은 사람을 높이는 책이 아니고, 오직 하나님만 높이는 거룩하고 진실한 책이다.

여섯째, 사람들의 구원의 유일한 길에 대한 충족한 증거이다. 성경은 사람의 근본 문제인 죄와, 하나님의 아들 예수 그리스도로 말미암은 구원의 길에 대해 명확하고 충분하게 증거한다. 세상에 성경 외에 하나님께서 보내신 구주 예수 그리스도를 통한 구원의 길을 증거하는 책은 없다. 죄인들은 오직 이 책을 통해서만 구주 예수 그리스도로 말미암은 구원의 길을 충분하게 알 수 있다.

일곱째, 그 외의 많은 뛰어난 점들이다. 성경은 윤리적으로 탁월하다. 또 성경은 기적들과 예언들의 성취를 통해 그 신적 권위를 스스로 증거한다. 또 성경은 율법, 역사, 예언, 시, 교리, 윤리, 종말 예언 등의 내용으로 구성되어 있으며, 전체적으로 완전하여 교리나 윤리에 있어서 하나님의 뜻을 온전하게 계시하고 있다.

성령님의 내면적 증거

이처럼 성경의 신적 권위에 대한 증거들이 많지만, 그것에 대한 우리의 확신은 우리 속에서 일하시는 성령님의 내적 증거를 통해 온다. 웨스트민스터 신앙고백 1:5는 "[성경의] 무오한 진리와 신적 권위에 대한 우리의 완전한 납득과 확신은 우리 마음 속에 그 말씀으로 그리고 그 말씀과 함께 증거하시는 성령님의 내면적 활동으로부터 온다"고 진술했다. 우리는 성령께서 우리의 어두운 마음을 밝히시고 성경 말씀을 깨닫게 하시고 믿게 하실 때 그 말씀이 참으로 하나님의 말씀임을 확신할 수 있다. 그러므로 사도 바울은 "우리가 세상의 영을 받지 아니하고 오직 하나님께로 온 영을 받았으니 이는 우리로 하여금 하나님께서 우리에게 은혜로 주신 것들을 알게 하려 하심이니라"고 증거하였고(고전 2:12), 사도 요한도 "너희는 주께 받은 바 기름 부음이 너희 안에 거하나니 아무도 너희를 가르칠 필요가 없고 오직 그의 기름 부음이 모든 것을 너희에게 가르친다"고 말했다(요일 2:27).

개신교회들의 공통적 신념

개혁교회와 루터교회와 영국교회 등 개신교회들은 성경이 유일한 최고의, 최종의, 신적 권위를 가짐을 믿는다. 장로교회 목사와 장로의 임직서약에 언급된 장로교회의 가장 기본적인 신조는 신구약성경이 하나님의 말씀이며 신앙과 행위에 대하여 정확무오한 유일의 규칙임을 믿는 것이다. 웨스트민스터 신앙고백 1:2, "성경 즉 기록된 하나님의 말씀의 명칭 아래, 현재 구약성경과 신약성경의 모든 책들이 포함되어 있는데, . . . 즉 하나님의 영감(靈感)으로 주어졌고 신앙과 생활의 규칙이 되는 모든 책들이다." 웨스트민스터 신앙고백 1:10은 "그에 의해 종교의 모든 논쟁들이 결정되어야 하며, 회의들의 모든 선언들, 고대 저자들의 의견들, 사람들의 교리들, 그리고 개인의 정신들이 검토되어야 하며, 그의 선고를 우리가 신뢰해야 하는, 최고의 심판자는 오직 성경 안에서 말씀하시는 성령님뿐이시다"라고 말했다.

루터교회의 일치신조(The Formula of Concord)는 "모든 교의들과 모든 박사들이 평가되고 판단되어야 할 유일한 규칙과 규범은 구약성경과 신약성경의 선지자적이고 사도적인 글들 외에 다른 아무것도 아니다"라고 진술하였고("Of the Compendious Rule and Norm," in Philip Schaff, *The Creeds of Christendem with a History and Critical Notes*, III, 93, 94), 영국교회의 39개 신조(The Thirty-nine Articles)도 "무엇이든지 [성경에서] 읽을 수 있고 그것으로 증명될 수 있는 것이 아니면 아무에게도 그것을 신앙의 조항으로 믿도록 요구되어서는 안 된다"고 말했다(제57항, in Schaff, III, 489). 우리는 어떤 교리적, 윤리적 문제이든지 오직 신구약 66권의 성경에 근거하여 주장해야 하고 또 오직 신구약 66권의 성경에 근거하여 반론하고 반박해야 한다.

6. 성경의 영감성과 무오성

성경의 영감성(靈感性)

성경은 하나님의 감동으로 된 책이다. 영감(靈感, inspiration)이란, 성경을 기록한 인간 저자들로 하여금 하나님의 특별계시의 내용들을 잘 이해하고 오류 없이 기록하게 하신 성령님의 독특한 감동과 간섭을 가리킨다(L. Gaussen, *The Divine Inspiration of the Bible* (1841; Kregel, 1971), p. 34). 이것은 성경 저자들이 특히 하나님의 특별계시를 받을 때보다 그것을 기록할 때 받았던 성령님의 감동을 말한다. 성경 영감에 대한 교리는 초대교회 때로부터 있었던 전통적, 정통적 견해이었다. 가우센은 말하기를, "몹세스티아의 데오도르 단 한 사람의 예외를 제외하고는 기독교의 초기 8세기 어간의 긴 역사 과정에서 성경의 완전 영감을 부인한 사람은 단 한 사람도 없었는데, 데오도르의 책들은 553년 제5차 에큐메니칼 회의에서 정죄되었다"라고 했다 (Gaussen, ibid., pp. 139-140).

증거

성경 영감의 증거는 앞에서 말한 성경의 신적 권위성의 증거와 같은 요점으로 정리할 수 있다.

구약성경 영감의 증거

구약성경 영감의 증거는, 첫째, 그것들을 기록한 모세와 선지자들의 권위와 역할이다. 모세와 선지자들은 자기들의 견해를 전하지 않았고 오직 하나님의 말씀을 전하였다(민 12:6-8; 왕상 22:14). 또 하나님께서는 그들에게 성경을 기록하라고 명하셨거나(출 34:27; 렘 30:2) 성경을 기록하도록 섭리하셨다(신 31:24). 성경을 기록하라는 하나님의 명령과 성경을 기록하게 하신 하나님의 섭리는 그의 말씀이 정확하게 기록되도록 성령님으로 감동하시고 지도하실 것을 전제한다. 우리는 하나님께서 그의 모든 말씀들의 기록을 실수투성이의 사람들에게 맡겨두지 않으시고, 특별계시를 주실 때처럼 그것을 기록하게 하실 때에도 성령님의 비상한 감동과 간섭을 주셨다고 본다.

둘째, 예수께서는 구약성경의 영감성을 증거하셨다. 그는, 당시의 정통 유대인들처럼, 구약성경이 하나님의 권위를 가진 영감된 책으로 확신하셨다. 마태복음 4:4, "기록되었으되." 마태복음 22:43, "(시편 110:1을 인용하시며) 말씀하시기를 그러면 다윗이 성령님에 감동하여 어찌 그리스도를 주님이라 칭하여." 요한복음 10:35, "성경은 폐하지 못하나니 하나님의 말씀을 받은 사람들을 신이라 하셨거든."

셋째, 주님의 사도들도 구약성경의 영감을 증거하였다. 사도행전 1:16, "성령께서 다윗의 입을 의탁해 예수님 잡는 자들을 안내한 유다를 가리켜 미리 말씀하신 성경이 응하였으니 마땅하도다." 사도행전 4:25, "주님의 종 우리 조상 다윗의 입을 의탁하사 성령님으로 말씀하시기를 어씨하여 열방이 분노하며 족속들이 허사를 경영하였는고." 히브리서 3:7, "성령께서 이르신 바와 같이." 디모데후서 3:16, "모든 성경은 하나님의 감동으로 된 것으로 교훈과 책망과 바르게 함과 의로 교육하기에 유익하니." '하나님의 감동으로 된'이라는 원어(데오프뉴스토스 θεόπνευστος)는 '하나님께서 숨을 내쉬신'이라는 뜻으로 구약성경의 영감과 그것의 신적 기원과 권위를 보인다. 베드로후서 1:21, "예언은 언제든지 사람의 뜻으로 낸 것이 아니요 오직 하나님의 거룩한 사람들이 성령님의 감동으로 말한 것임이니라"(전통사본).

신약성경 영감의 증거

신약성경의 영감의 증거는, 첫째, 구약 예언의 성취라는 신약성경의 성격이다. 구약과 신약은 예언과 성취라는 관계가 있다(마 1:1). 그러므로 예언도 영감되었으면, 성취는 얼마나 더 영감되었겠는가?

<u>둘째, 신약성경은 예수님의 말씀과 사역을 증거하는데, 예수께서는 사람이 되신 하나님이시요 하나님의 특별계시 중의 특별계시이시며 하나님의 최종적, 절정적 특별계시이시다</u>(요 1:14; 10:30; 히 1:1-2). 그러므로 하나님의 특별계시들의 기록인 구약성경이 영감된 책이라면 신약성경은 더욱 더 영감된 책일 수밖에 없다.

<u>셋째, 사도들의 역할과 권위는 그들이 쓴 신약성경의 영감을 증거한다.</u> 사도들은 주 예수 그리스도께로부터 말씀 사역에 대한 특별한 명령을 받았고(마 28:18-20; 막 16:15), 성령님의 지도하심에 대한 특별한 약속을 받았고(요 14:26; 16:13), 기적 행하는 능력을 받았다(마 10:1; 행 2:43; 5:12). 그러므로 사도 바울은 그의 편지한 내용이 주님의 명령이라고 말했고(고전 14:37), 성도들이 사도들의 말을 하나님의 말씀으로 받은 것이 옳았다고 말했고(살전 2:13), 또 성도들에게 "굳게 서서 말로나 우리 편지로 가르침을 받은 유전(遺傳)을 지키라"고 했다(살후 2:15). 또 사도들은 교회의 기초라고 불리었다(엡 2:20).

성경으로 성경 영감을 증거하는 것을 순환논법이라고 반론하는 자들이 있으나, 하나님의 특별계시가 하나님 자신에 의해 가장 잘, 또 가장 확실하게 증거되듯이, 하나님의 특별계시들의 기록인 성경도 그 자체에 의해 가장 잘, 또 가장 확실하게 증거된다고 대답할 수 있다.

범위

성경 영감의 범위는 성경 전체, 즉 성경의 모든 책들, 각 책의 모든 부분들, 심지어 단어들까지도 포함한다. 이것을 '완전 영감'(plenary inspiration) 혹은 '축자(逐字) 영감[단어 영감]'(verbal inspiration)이라고 말한다. 그러므로 하나님이라는 말이 한번도 안 나오는 에스더서, 겉보기에 남녀간의 사랑의 노래인 아가서, 은혜의 복음 진리와 충돌되는 듯이 보이는 야고보서, 사적인 편지 같은 빌레몬서도 영감되었다고 본다. 또한 성경의 교리적, 윤리적 내용뿐 아니라, 역사적, 지리적, 과학적 사실도 영감되었다고 본다. 또 성경의 단어들까지도 영감되었다고 본다. 사상은 단어를 통해 표현되고 전달되기 때문에, 성경 영감은 반드시 단어 영감이어야 할 것이다. 단어의 오류는 결국 사상의 오류를 가져올 것이다. 성경에서 단어들의 오류를 허용하면 결국 성경의 모든 내용들의 신적 권위성이 파괴될 것이다.

예수께서는 "진실로 너희에게 이르노니, 천지가 없어지기 전에는 율법의 일점일획이라도 반드시 없어지지 아니하고 다 이루리라"고 말씀하셨다(마 5:18). '일점일획'이라는 말씀은 지극히 작은 부분을 가리킨다. 이 표현은 히브리어의 요드(׳)나 와우(ו) 같은 글자를 가리킨다. 비록 이 말씀이 과장적 표현이라 할지라도, 주께서 하신 말씀의 분명한 뜻은 성경의 지극히 작은 부분도 하나님의 섭리와 영감 가운데 주어졌다는 것이다. 또 주께서는 다윗이 성령님에 감동하여 그리스도를 주님이라고 칭한 사실을 언급하셨고(마 22:43), 또 '내가 너희를 신이라 하였다'는 시편을 인용하셨다(요 10:34). 이런 말씀은 성경에서 한 개의 단어도 중요함을 보인다. 즉 성경 영감이 단어에까지 미침을 보이는 것이다. 사도 바울은 "모든 성경은 하나님의 감동으로 되었다"고 말했다(딤후 3:16). '모든 성경'은 성경의 모든 책과 각 책의 모든 부분을 포함한다. 또 그는 갈라디아서에서 하나님께서 아브라함에게 메시아 약속을 주실 때 '네 자손들'이라고 말씀하시지 않고 '네 자손'이라고 말씀하셨음을 지적하였다(갈 3:16). 이것은 성경의 단어가 단수명사냐 복수명사냐 하는 문제까지도 중요함을 보인다. 이것은 성경의 영감이 단어에까지 미침을 잘 증거한다.

그러나 성경의 완전 축자 영감은 성경 원본(autographa)의 영감을 뜻하며 사본들에 적용되지는 않는다. 어떤 이들은, 성경의 완전 축자 영감이 성경 원본에만 적용되고 사본들에 적용되지 않으며 사본들에는 실제로 여러 가지 부정확함과 오류들이 있다면, 이런 영감의 교리는 실상 무의미하지 않는가라고 반론했다. 그러나 성경 원본의 완전영감은 성경의 신빙성과 직접 관계된다. 성경 원본이 완전하게 영감되었다면 사본들의 불완전함에도 불구하고 성경은 기본적으로 믿을 만하지만, 그 원본이 완전하게 영감되지 않았다면 성경의 신빙성과 권위성은 확립될 수 없을 것이다. 또 사실상 성경 사본들 간의 차이점들이란 실제로 매우 작은 것들이며 특히 신약성경의 경우, 전통적 다수사본들에 근거하면 성경 원본의 본문과 뜻은 거의 확정된다.

방식

성경 영감의 방식은 우리가 다 이해할 수 없고 다 설명할 수 없는 신비이지만, 그것은 '유기(有機)적 영감'(organic inspiration)이라고 표현된다. 유기적 영감이란, 하나님께서 성경 저자들을 사용하실 때 단지 받아쓰는 도구로가 아니고 인격체로 사용하셨다는 것을 뜻한다. 물론 성경 저자들은 때때로 직접 하나님의 말씀을 받아쓰셨을 것이다. 그러나 또다른 경우에는 하나님께서 그들을 단지 도구로가 아니고 인격체로 사용하셨고 그들의 문학적 활동들을 사용하셨다고 본다. 그러므로 그들이 쓴 책들은 그들의 독특한 문체, 성격, 타고난 재능, 교육 정도 등을 반영한다. 그러나 그렇다고 할지라도 우리는 그들이 쓴 내용들이 하나님의 생각과 뜻을 반영한 하나님의 말씀이며 하나님의 권위로 인쳐졌다고 믿는다.

성경의 유기적 영감의 증거들로 다음과 같은 것들을 들 수 있다. 하나님께서는 말과 지식에 능한 모세를 사용해 구약성경 처음 다섯 권의 책을 기록하게 하셨고, 시적 재능과 지혜를 가진 다윗과 솔로몬을 사용하여 시편, 잠언, 아가 등을 기록하게 하셨다. 구약성경에서 율법과 선지서들 외의 책들인 시가서들은 인간 저자들의 참된 시들과 고백들이요 찬송들과 기도들이었다. 또한 성경 저자들은 때때로 하나님의 진리를 확증하는 보조 자료로 다른 기록들을 참조하거나 인용했다. 예를 들어, 모세는 민수기에서 '여호와의 전쟁기'라는 책에서 한 구절을 인용했고(21:14) 또 어떤 시인의 시의 내용을 인용했다(21:27-30). 역대기의 저자라고 생각되는 에스라는 족보들을 언급한 후 "이는 다 옛 기록에 의지한 것이라"고 증거하였다(대상 4:22).

어떤 이들은, 모세오경과 이방 법전들의 내용의 유사성을 모세가 이방 법전들을 참고하였기 때문이라고 설명하였으나, 그것은 성경의 신적 권위성과 영감성에 충돌하는 생각이라고 본다. 모세의 법들과 이방 법들의 유사성은 모세 시대 이전부터 내려오는 사회의 공통적 법들에 기인하며 하나님께서 그 법들을 인정하신 것일 것이다.

신약성경의 경우에도, 누가는 누가복음 초두에서 예수 그리스도의 생애에 관하여 "그 모든 일을 근원부터 자세히 살폈다"고 증거하였고 (눅 1:3) 또 그가 쓴 누가복음과 사도행전은 그의 의학적 지식과 의사 다운 세심한 성격을 반영한다. 또 하나님께서는 지식과 논리적 재능을 가진 바울을 사용하여 많은 서신들을 쓰게 하셨는데, 그의 재능은 로마서와 갈라디아서 같은 서신들에서 잘 증거된다. 또 빌레몬서에서 가장 잘 나타나듯이 그의 서신들은 실제의 편지들이었다.

성경의 무오성(無誤性)

우리가 성경을 성령님의 감동으로 기록된 하나님의 말씀으로 믿는 것은 성경이 하나님의 정확무오한 말씀임을 믿는 것이다.

역사적 교리

성경에 오류가 없다는 성경 무오의 교리는 역사적 교리이다. 주후 1세기 로마의 클레멘트는, "너희는 성령님으로 말미암아 주어진 참된 성경을 자세히 살폈고, 너희는 거기에 아무 불의하거나 거짓된 것이 기록되지 않았다는 것을 안다"고 썼다(*The Epistle of Clement to the*

Corinthians, 45). 어거스틴은 제롬에게 쓴 편지에서 "나는 [성경의] 저자들의 어느 누구도 어떤 점에서나 기록상 잘못을 범하지 않았다고 매우 확신한다"라고 썼다(Epistle to Jerome, 82, 3; 박형룡, 교의신학. 서론, 346쪽에서 재인용). 종교개혁자들인 루터와 칼빈도 성경의 신적 권위와 무오를 믿었다(박형룡, 교의신학: 서론, 343-344쪽).

웨스트민스터 신앙고백은, "[성경의 모든 책들은] 하나님의 영감(靈感)으로 주어졌고 신앙과 생활의 규칙이 된다"(1:2), "그것[성경]의 무오한 진리와 신적 권위에 대한 우리의 완전한 납득과 확신은 우리 마음 속에 그 말씀으로 그리고 그 말씀과 함께 증거하시는 성령님의 내적 활동으로부터 온다"라고 진술하였다(1:5).

의미

우리가 성경 무오(無誤)를 말할 때, <u>그것은 첫째로 성경 원본(原本)의 무오를 말한다.</u> 우리는 성경의 사본들에는 상이점들이나 부정확한 점들이 있지만, 성경의 원본은 무오하고 그 본문은 하나님의 섭리로 순수하게 보존되었다고 믿는다. 웨스트민스터 신앙고백 1:8은 다음과 같이 말했다.

> (옛날 하나님의 백성의 모국어이었던) 히브리어로 된 구약성경과, (기록될 당시 여러 나라들에게 매우 일반적으로 알려져 있었던) 헬라어로 된 신약성경은 직접 하나님의 영감(靈感)을 받았으며 그의 독특한 배려와 섭리로 모든 시대에 순수하게 보존(保存)되었으므로 믿을 만하다. 따라서 종교상 모든 논쟁들에서 교회는 최종적으로 그것들(원어성경)에 호소한다.

물론, 어떤 사본의 본문이 원본의 본문이라고 단정하는 것은 쉽지 않지만, 원본의 본문은 사본들의 비교 연구를 통해 대부분 확인될 수 있으며, 또 사본들의 차이점들은 매우 작은 것이어서 그것들이 성경의 교리나 윤리의 내용에 어떤 중대한 영향을 미치지 못한다고 본다.

둘째로, 성경 무오는 성경의 역사적, 교리적, 윤리적 내용의 무오를 말한다. 성경의 역사적 사실은 성경 계시의 기본적 내용이므로, 만일 그것들의 신빙성이 부정된다면, 그것에 근거한 성경 교리도 파괴되고 말 것이다. 또 성경의 교리들과 윤리들은 말할 것도 없다. 사도 바울은 "나는 율법과 선지자들의 글에 기록된 것을 다 믿는다"고 말했다 (행 24:14). 또 그는 "형제들아, 굳게 서서 우리의 말로나 편지로 가르침을 받은 유전(遺傳)(전해 들은 내용들)을 지키라"고 말하였다(살후 2:15). 우리는 성경이 가르치는 바를 다 믿고 다 지켜야 한다.

셋째로, 성경 무오는 성경에 오류처럼 보이는 난해구절이 없다는 뜻은 아니다. 성경에는 다른 부분과 외형적으로 불일치하는 부분들이 없지 않다. 이것들을 성경의 난제(難題)들, 즉 난해구절들이라고 부른다. 오류는 단지 오류처럼 보이는 것이 아니고, 명확히 잘못이라고 확인되고 증명된 것이어야 할 것이다. 성경에 증명된 오류는 없다고 본다. 성경의 난제들에 어떤 가능한 설명이 있다면 그것은 오류라고 단정해서는 안되며 성경에서 아직 잘 모르는 부분들이나 문제들에 대해서는 믿음과 기도로 겸손히 그 뜻을 찾아가야 할 것이다.

난제들

자유주의자들은 성경에 자연 현상에 대한 어떤 서술들을 과학적 오류라고 주장하였다. 예를 들어, 욥기 37:18에 '부은 거울 같은 견고한 궁창'이라는 표현을 오류라고 말한다. 그러나 이런 표현은 과학적 서술이 아니고 통속적 표현이며 오류라 할 수 없다.

또 자유주의자들은 성경에 많은 역사적 오류들이 있다고 주장하였다. 그러나 그 대다수가 고고학적 발굴로 반증(反證)되었고 오히려 성경의 역사성이 증거되었다(박형룡, 교의신학. 서론, 353-355쪽; 글리이슨 아처, 구약총론 (기독교문서선교회, 1985), 185-198, 437-444쪽). 그러므로 불완전한 역사 지식으로 성경의 진실성을 의심하고 비판하는 일을 삼가야 한다.

또 어떤 이들은 성경에 기록된 일부다처의 생활, 노예 제도, 가나안 족속들을 진멸함, 시편의 저주시들 등을 도덕적 오류라고 주장한다. 그러나 하나님께서 옛 시대의 도덕적 정도를 보고 임시로 허용하신 것과 그가 선이라고 인정하신 것과는 다르다. 또 하나님께서 악인들에 대해 공의의 심판과 징벌로 선언하시거나 시행하신 것은 개인적인 보복과는 다르다.

또 어떤 이는 신약성경의 저자들이 구약성경을 자유롭게 인용하거나 해석한 것을 오류라고 주장한다. 그러나 사도 시대에 통용되었던 번역성경의 인용과 해석과 적용이 원문의 참된 의미나 교훈을 벗어난 것이 아니었다면, 그것은 오류라고 볼 수 없을 것이다.

또 어떤 이는 성경의 역사적 보도의 불일치를 오류라고 주장한다. 그러나 그것들 중 일부는 필사상의 오류일 수 있으며, 많은 경우에는 자세한 서술과 간략한 서술의 차이, 포함의 범위의 차이, 분류 방법의 차이, 부분적 서술의 차이, 강조점의 차이 등으로 이해할 수 있다. 그렇다면 그것들은 오류라고 볼 수 없을 것이다.

증거

우리가 성경 무오를 믿는 근거, 즉 성경 무오의 증거는 무엇인가?

<u>첫째는 성경의 신적 권위이다.</u> 주 예수께서는 "성경은 폐하지 못한다"고 친히 말씀하셨다(요 10:35). 사도 바울은 데살로니가 교인들에게 "굳게 서서 우리 말로나 편지로 가르침을 받은 유전을 지키라"고 말했다(살후 2:15). 또 요한계시록 22:18-19는 기록된 책의 말씀들에 무엇을 더하거나 거기에서 무엇을 빼지 말라고 엄히 경계하였다. 이런 말씀들은 다 성경의 신적 권위를 증거한다. 성경의 신적 권위는 성경 무오를 증거한다. 만일 성경에 어떤 오류가 있다면, 그것은 신적 권위를 가질 수 없을 것이다. 우리는 오류가 있는 책에 신적 권위를

돌릴 수 없을 것이다. 아무리 작은 오류라 할지라도, 성경에 오류가 있다는 생각은 성경 전체에 치명적 영향을 미치며 성경의 신임성과 신적 권위를 파괴시키고 말 것이다. 이것이 오늘날 자유주의 신학들이 해온 바이다. 성경의 오류들을 말하면서 시작된 자유주의 신학은 마침내 성경의 근본 교리들과 생활 교훈들을 부정하였던 것이다.

둘째는 성경의 축자(逐字) 영감(단어 영감)이다. 주께서는 "천지가 없어지기 전에는 율법의 일점일획이라도 반드시 없어지지 아니하고 다 이루리라"고 말씀하셨다(마 5:18). 그것은 성경의 극히 작은 부분까지 영감되었음을 잘 나타낸다. 사도 바울은 "모든 성경은 하나님의 감동으로 되었다"고 말했다(딤후 3:16). 또 그는 갈라디아서 3:16에서 하나님께서 아브라함에게 하신 약속의 말씀에서 '자손'이라는 단어가 복수명사인가 단수명사인가를 가지고 진리를 해석하고 논했다. 즉 그는 성경의 영감이 단어에까지, 그것도 어떤 명사가 복수인가 단수인가에까지 미침을 증거한 것이다. 이와 같이, 성경 자체가 모든 성경 곧 성경의 모든 책들과 각 책의 모든 부분, 성경의 지극히 작은 부분, 심지어 단어들까지도 영감되었음을 증거한다. 성경의 단어 영감은 성경에 오류가 있을 가능성을 배제하며 성경 무오를 증거한다.

셋째는 성경의 독특한 목적이다. 사도 바울은 성경이 구원에 이르는 지혜를 주며 또 교훈과 책망과 바르게 함과 의로 교육하고 하나님의 사람으로 온전케 한다고 증거하였다(딤후 3:15-17). 즉 그는 성경의 두 가지의 목적을 증거한 것이다. 첫째는 사람들로 예수 그리스도를 믿어 죄사함과 의롭다 하심과 영생의 구원을 얻게 하는 것이며, 둘째는 온전케 되는 것 즉 성화(聖化)이다. 구원은 진리와 비진리, 의와 불의를 나누며 지옥 형벌에서 영생의 천국으로 이끄는 것이다. 그것은 세상에서 가장 귀하고 엄숙한 일이다. 하나님께서는 이 구원을 위해 우리에게 성경을 주셨다. 시편 19:7-8은 성경의 목적과 네 가지 성격 즉 성경의 완전성, 확실성, 정직성, 순결성을 증거했다: "여호와의 율법은 완전하여 영혼을 소성케 하고, 여호와의 증거는 확실하여 우둔한 자로 지혜롭게 하며, 여호와의 교훈은 정직하여 마음을 기쁘게 하고, 여호와의 계명은 순결하여 눈을 밝게 하도다."

성경은 우리의 신앙과 행위, 즉 교리와 윤리의 기준이 된다. 그러므로 성경에 계시된 구원 진리들과 생활 원리들은 무오할 수밖에 없다. 만일 성경에 오류가 있다면, 그 구원의 목적은 크고 손상되고 실패하고 말 것이다. B. B. 워필드는, "계시는, 만일 그것이 무오하게 전달되지 않는다면 반(半)계시뿐이요 만일 그것이 무오하게 기록되지 않는다면 반(半)전달뿐이다"라고 말했다(B. B. Warfield, *Inspiration and Authority of the Bible*, pp. 441-442). 그러나 우리는 성경을 주신 하나님의 목적이 결코 실패할 수 없다고 확신한다. 이 배교와 불신앙의 시대에도, 하나님께서는 성경을 통해 그의 택한 백성을 구원하시고 온전케 하신다. 그러므로 성경은 무오하지 않을 수 없다.

성경 무오의 교리는 특히 성경적 기독교와 이단적 자유주의 신학을 구별하는 매우 중요한 잣대가 된다. 신정통주의자 칼 바르트(Karl Barth)는, "선지자들과 사도들 자신은 . . . 우리와 같이 실제, 역사적 인간이었고 . . . 그들의 말이나 기록에 있어서 잘못을 범할 수 있었고 또 실제로 범했다"고 말했다(*Church Dogmatics*, I. ii. pp. 528- 529). 성경의 문학적, 역사적 비평 방식 즉 소위 성경의 고등비평에서 시작된 현대 자유주의 신학은 결국 성경의 기본적 교리들과 윤리적 교훈들을 부정하거나 왜곡시키는 사상이 되었다. 그것은 기독교의 근본 진리를 파괴시키는 이단 사상이다. 개신교 종교개혁의 유산을 받아 성경을 하나님의 말씀으로 믿는 것은 성경이 하나님의 권위로 인쳐진 하나님의 말씀이며 우리의 신앙과 행위에 대해 정확무오한 유일의 규칙임을 믿는 것이다. 이것은 기독교 신앙의 기초이다.

7. 신약성경 본문 문제

우리가 가지고 있는 신약성경은 사도들이 기록한 원본 내용 그대로인가? 영어 킹제임스역과 한글개역성경은 때때로 왜 다른가? 한글개역 신약성경에 자주 나타나는 괄호들과 난외주에 "고대 사본에는 없음"이라는 말은 무슨 뜻인가? 우리는 성경의 작은 부분도 영감된 무오(無誤)한 내용임을 믿기 때문에 신약성경의 본문 문제, 즉 우리가 가지고 있는 신약성경 본문의 정확성의 문제는 매우 중요하다.

사본들, 역본들, 초기 교부들

신약성경의 원본은 두루마리 형태이었을 것이나 주후 2세기 파피러스 묶음인 책 형태의 사본(codex)이 나타났고, 4세기 이후에는 주로 양피지(송아지, 영양, 양, 염소의 가죽)가 사용되었다.

신약성경 사본들은 현재 파피러스 사본 127개, 대문자 사본 303개, 소문자 사본 2,818개, 성구집 사본 2,281개로 도합 5,529개 가량이다.

고대 역본들 중, 옛 라틴어역(it)과 옛 수리아어역(syr)과 콥트어역(cop)은 주후 2세기경에 번역되었다고 보고, 라틴어 벌케이트역(vg)은 주후 4세기 말에 번역되었고, 아르메니아어역(arm)도 아마 주후 3, 4세기에 번역되었을 것이다. 주후 300년 이전의 교부들 중에 중요한 인물은 이레니우스, 오리겐, 터툴리안, 키푸리안 등이다.

본문의 역사

1516년 에라스무스는 최초로 헬라어 성경을 출판했고 그 후, 스티븐, 베자 등도 헬라어 성경을 만들었다. 영어 킹제임스역(1611년)은 스티븐과 베자의 헬라어 성경에 주로 근거했다. 1633년 엘저비어는

헬라어 성경을 만들었고 그 본문을 전수본문(Textus Receptus=TR)
(Received Text)이라고 불렀다. 스티븐과 베자와 엘저비어의 본문은
다 비슷하고 주로 9세기부터 11세기의 사본들에 근거하고 있고 현존
하는 사본들의 85퍼센트 이상이 여기에 속한다(*The Holy Bible, The
New King James Version* (Thomas Nelson, 1979), p. 1231).

1881년 웨스트코트와 호트는 헬라어 신약성경 개정판을 만들었다.
그들은 신약성경 전수본문(TR)을 약 5,337곳 고쳤는데, 이것이 신약
성경 비평본문의 시작이다. 1898년 이후, 네슬레(Nestle) 헬라어 성경
과, 1966년 이후 연합성서공회(UBS) 헬라어 성경은 아직 이 전통을
따른다. 1881년 이후, 대부분의 영어성경들(RV, ASV, RSV, NASB,
NIV 등)은 다 이 비평본문에 근거하고 있고, 한글 구역성경(신약,
1906년)과 개역성경(1938년)도 비평본문에 속한다.

두 견해

비평본문 견해

웨스트코트와 호트를 따르는 비평본문 학자들은 비잔틴 사본들이
주로 9세기 이후이며 시내 사본(ℵ)과 바티칸 사본(B)이 4세기 사본이
기 때문에 시내 사본과 바티칸 사본을 중시하였다. 또 그들은 수리아
부류라고 부른 전통적 다수사본들이 신약성경의 원본에서 수정되고
변개된 사본들이라고 보았고, 그들이 중립 부류라고 부른 시내 사본
과 바티칸 사본이 신약성경 원본에 가장 가까운 사본이라고 보았다.

그들은 전수본문(TR)을 무가치하게 여겼다. 그 이유는 그 본문이
(1) 4세기에 안디옥의 루시안에 의해 수정되었고, (2) 고대의 대문자
사본들(ℵ B)에서 발견되지 않고, (3) 주후 325년 니케야 회의 이전의
교부들이 인용한 증거가 없고, (4) 여러 본문들의 절충적 혼합에 의한
융합 본문이기 때문이라고 주장했다(Edward Miller, *A Guide to the*

Textual Criticism of the New Testament (1886), pp. 38-44; Jakob van Bruggen, *The Ancient Text of the New Testament* (1976), p. 15). 그들은 이 사실을 거의 확신하였고 이것이 신약본문의 큰 혼란과 방황의 시작이었다. 웨스트코트와 호트의 영향 때문에 헬라어 신약성경의 본문은 전통적 본문에서 이탈하여 심각한 혼란과 방황에 빠졌다.

전통본문 견해

전통본문 학자들은 신약성경의 전통본문을 사도시대로부터 보존된 성경으로 존중해야 한다고 본다. 또 그들은 신약성경의 전통본문에 가장 큰 중요성을 두고 그것의 뛰어난 대표물로 전수본문(TR)을 중요하게 여긴다. 물론 그들은 전수본문(TR)의 수정이 필요하다고 인정한다. 그들은 신약 본문에 대한 모든 증거들이 공정하게 취급되어야 한다고 본다. 모든 증거들이란 파피러스 사본들, 대문자 사본들, 소문자 사본들, 역본들, 성구집들, 교부들의 인용문들을 포함한다. 또 그들은 모든 지역들과 모든 시대들, 특히 가장 오랜 시대의 증거들이 일치될수록, 본문의 무게는 훨씬 더 커진다고 본다.

비평본문의 문제점들

오늘날 보수적인 장로교회를 포함하여 대부분의 교회들이 선호하는 비평본문은 다음과 같은 심각한 문제점들이 있다.

(1) 고대 사본들 간에 차이점들이 많음

비평본문의 역사에서 본 대로, 비평본문의 기본이 되었던 시내 사본(אֹ)과 바티칸 사본(B)은 서로 많이 다르다. 허만 호스키어(Herman C. Hoskier)에 의하면, 시내 사본과 바티칸 사본이 마태복음에서 656곳, 마가복음에서 567곳, 누가복음에서 791곳, 요한복음에서 1,022곳, 즉 사복음서에서만 3,036곳이 서로 다르다(*Codex B and Its Allies*

(London: Bernard Quaritch, 1914), 2:1). UBS 4판 사복음서의 비평 각주를 검토해보면, 약 272곳이 서로 다르다(http://www.oldfaith.com/00download/04text/00NTtextstudy(four-gospels).pdf).

파피러스도 시내 사본과 바티칸 사본과 많이 다르다. UBS 4판의 사복음서 비평각주에서만, 2-3세기 파피러스가 시내 사본과 바티칸 사본 대신 비잔틴 본문을 지지하는 경우가 26개이다(Ibid.). 또 파피러스 본문들 간에도 서로 다른 점들이 많다. 다수본문 헬라어 성경의 요한복음 비평각주에서, p^{66}, p^{75}, p^{45}가 서로 다른 경우들은 총 98구절이다(김효성, 신약성경 전통본문 옹호 (옛신앙, 2020), 23-24쪽).

이와 같이, 고대 사본들의 본문들 간에 차이점들이 많은 상황에서 사본의 연대가 이르다는 것이 과연 무슨 의미가 있는가?

(2) 고대 사본들이 부정확해 보이는 경우들이 많음

UBS 4판 사복음서의 비평각주에서, 시내 사본의 고대적 지지가 매우 빈약한 경우가 68개, 바티칸 사본의 고대적 지지가 매우 빈약한 경우가 63개, 그 두 사본이 함께 고대적 지지가 매우 빈약한 경우가 34개나 된다. '매우 빈약하다'는 의미는 5세기 이전의 사본들과 역본들, 2-3세기의 교부들의 인용문들 등 고대적 지지가 2개 이하이며, 비잔틴 본문과 5개 이상의 차이가 있는 경우로 보았다(http://www.oldfaith.com/00download/04text/00NTtextstudy(four-gospels).pdf).

시내 사본과 바티칸 사본의 대표적 특징은 부주의함이라고 본다. 티쉔도르프는 바티칸 사본을 대조 연구한 후에 그것의 전체적 결함들에 대해 말했다. 도빈(Dobbin)은 바티칸 사본에 2,556개의 생략이 있는데, 마태복음에서 330개, 마가복음에서 365개, 누가복음에서 438개, 요한복음에서 357개, 사도행전에서 384개, 또 서신들에서 681개 등이라고 했다(Miller, p. 56 footnote 4). 바티칸 사본 편집자인 버셀론(Vercellone)은 바티칸 사본의 '영속적 생략들,' '절의 반, 절 전체, 심지어 몇 개의 절들의 생략들'에 대해 말했다. 시내 사본은 더 나쁘다고 평가된다(Miller, pp. 81-83).

파피러스 사본들이 명확히 부정확하게 보이는 곳들은 Nestle 27판의 비평각주들에서 많이 찾아볼 수 있다(김효성, 위의 책, 28-29쪽).

이와 같이, 고대 사본들은 상호 간 차이점들이 많고 명확히 부정확해 보이는 경우들도 많기 때문에, 그것들의 신빙성, 정확성, 권위성을 가지지 못한다. 바티칸 사본과 시내 사본 등의 고대 사본들은 원본의 본문을 더 충실히 반영하고 있다고 단정될 수 없다. 단지 어떤 사본의 연대가 이르다는 사실이 그것이 원본에 가깝다고 단정할 충분한 이유는 아니다. 고대 사본들이라 할지라도 교회에서 인정받지 못하고 버려졌던, 부정확하고 변질된 사본일 수 있다는 것이 분명하다.

오늘날 비평본문 학자들도 이 사실을 인식하기 때문에 UBS 4판은 시내 사본과 바티칸 사본의 본문을 많이 포기했다. UBS 4판이 시내 사본과 바티칸 사본이 함께 가진 본문을 버린 곳이 사복음서에서 85개에 이른다. 또 그 중에 시내 사본과 바티칸 사본을 버리고 비잔틴 본문을 택한 경우가 사복음서에서 52개나 된다(http://www.oldfaith. com/00download/04text/00NTtextstudy(four-gospels).pdf).

이것은 웨스트코트와 호트가 시내 사본과 바티칸 사본의 본문을 원본에 가장 가까운 중립본문이라고 생각했던 것과 다르다. 이것은 후대의 본문비평학자들이 그 두 사본의 부정확함을 인정한 것이다. 네슬레 26판 편집자들은 이 사실을 인정하며 다음과 같이 말했다.

이 본문은 수많은 그리고 상당히 의미 있는 점들에 있어서 웨스트코트-호트의 본문과 다르다. . . . '중립 본문'이라는 개념은 물러났다(retired). 바티칸 사본도 시내 사본도 (심지어 200년 더 이른 p^{75}도) 우리가 본문을 결정하기 위해 정상적으로 의존할 수 있는 가이드라인[기준]을 제공할 수 없다. 웨스트코트-호트와 티쉔도르프의 시대는 확실히 끝났다!(Nestle-Aland, *Novum Testamentum Graece* (Stuttgart: Deutsche Bibelgesellschaft, 1993), 26th ed., Introduction, p. 43*).

(3) 비평본문(UBS 4판)은 매우 주관적임

UBS 4판 본문은 매우 주관적이고 근거가 약한 것들도 많이 보인다. UBS 본문은 바티칸 사본과 시내 사본의 본문을 여전히 선호하지만, 그 본문을 버린 경우도 많고 그 대신 비잔틴 본문을 택한 경우도 많다. 또 고대적 증거들이 비슷한 경우들에도 본문 선택에 일관성이 없고, 근거가 극히 약한 경우들도 있다(김효성, 30-34쪽). UBS 4판 사복음서 비평각주에 대한 한 연구에 의하면, 고대적인 지지가 상대적으로 많이 빈약한 경우가 사복음서에서만 약 41개이다(http://www.oldfaith.com/00download/04text/00NTtextstudy(four-gospels).pdf).

전통본문의 타당성

그러면 전통본문의 타당성은 무엇인가?

(1) 전통본문의 고대성

비평본문학자들은 비잔틴 사본들이 후대의 사본들이므로 무가치하다고 보았다. 그러나 비잔틴 사본들이 주로 9-11세기 이후의 사본들인 것은 사실이지만, 그것이 그 사본들에 있는 본문이 후대 본문이라고 단정할 수 있는 근거가 될 수는 없다. 왜냐하면 전통본문은 2, 3세기의 고대 파피러스 사본들과 역시 2세기에 번역되었다고 보이는 고대 수리아어, 라틴어, 콥트어 역본들, 또한 2-3세기의 초대 교부들 (이레니우스, 오리겐, 터툴리안, 키푸리안 등)의 성경 인용문들에서 그 고대성이 충분히 확증되고 있기 때문이다.

전통본문은 때때로 시내 사본과 바티칸 사본의 본문보다 더 많은 고대적인 증거를 가지며(김효성, 35-38쪽), 때때로 2-3세기 파피러스 사본들의 본문과도 일치한다. UBS 4판의 사복음서 비평각주에서만,

2-3세기 파피러스가 바티칸 사본과 시내 사본 대신에 비잔틴 본문과 일치하는 경우가 27개이다. 다른 책들에도 있다(김효성, 38-40쪽).

또한 비평본문 학자들은 전통본문이 주후 325년 니케야 회의 이전 교부들이 인용한 증거가 없다고 주장했지만, 전통본문 학자들은 전통본문이 주후 400년 이전의 교부들의 글들에서도 많이 인용되었다는 사실을 증거했다. 존 버건은 주후 400년 이전에 죽은 76명의 교부들의 4,383개의 인용문들 중, 전통본문에서의 인용은 2,630개(60%)이었고 비평본문에서의 인용은 1,753개(40%)이었다고 증거하였다(John W. Burgon, *The Traditional Text of the Holy Gospels Vindicated and Established* (London: George Bell and Sons, 1896), pp. 99-100).

에드워드 밀러는 15개의 논의 구절들에 대해 크리소스톰 이전의 교부들, 즉 4세기 말 이전의 교부들이 전통본문을 인용한 165개의 예들을 제시했다. 그것들은 2-3세기의 교부들, 익나시우스 1개, 파피아스 1개, 순교자 저스틴 5개, 이레니우스 6개, 터툴리안 7개, 알렉산드리아의 클레멘트 3개, 오리겐 11개 등을 포함한다(Miller, pp. 84-85).

잭 무어맨(Jack A. Moorman)은 주후 110년부터 397년 사이의 교부들의 86개의 저작들에서 401개의 성구들을 검토했는데 279개가 전통본문에 맞고 단지 122개만 비평본문에 맞다는 것을 발견하였다(*Early Church Fathers and the Authorized Version: A Demonstration!* (The Bible for Today, n. d.), pp. 34-35).

이와 같이, 전통본문이 때때로 시내 사본과 바티칸 사본보다 더 많은 고대적인 증거들을 가지며, 때때로 2-3세기 파피러스들의 본문과 일치하며, 주후 400년 이전의 교부들의 글들에서도 많이 인용되었다는 사실은 그 본문이 후대의 것이 아니며 매우 고대적인 증거를 가지고 있음을 보인다. 일찍이 본문비평학자 폰 조덴(H. F. von Soden, 1852-1914)은 전통본문을 다른 본문들과 함께 매우 고대적인 것으로 그 가치와 중요성을 인정하고 높였다(Bruce M. Metzger, *The Text of*

the New Testament: Its Trasmission, Corruption, and Restoration
(New York: Oxford University Press, 1968), p. 141).

(2) 전통본문의 권위와 가치

전통본문의 권위와 가치는 다음 몇 가지 점에서 주장될 수 있다.

<u>첫째로, 신약성경의 본문문제는 교회 역사상 논쟁된 적이 없었다.</u>

교회 역사상, 여러 교리에 관한 많은 논쟁이 있었지만, 신약성경의 본문 문제에 관해서는 19세기 말 이전까지 오늘날같이 이질적인 두 견해로 대립되어 변론된 적이 없었다. 이 사실은 매우 중요한 점이다. 왜냐하면 교회 역사상 신약성경의 본문에 관해 교리적 논쟁이 없었다는 사실 자체가 신약성경의 전통본문의 권위에 대한 유력한 증거가 되기 때문이다. 호트는 신약성경의 본문이 4세기에 루시안에 의해 변질되었다고 추정했지만, 만일 그것이 사실이었다면, 초대교회 이후 19세기 말까지 신약성경의 본문에 대해 이의가 없었다는 것이 가능한 일일까? 더욱이 루시안의 수정에 대한 역사적 기록은 어디에도 없다. 또 교회 역사에서 신약성경의 본문에 대한 어떤 변론도 없었다. 신약성경의 전통본문은 교회에서 오랫동안 이의 없이 인정되고 보존되어 내려온 권위 있는 본문이었다(Miller, pp. 62-63). 그러므로 종교개혁자들은 이 전통적 본문을 그대로 이의 없이 받았던 것이다.

사도 바울은 구약성경에 관해 유대인의 장점 중에 첫 번째가 하나님의 말씀을 맡은 것이었다고 말한 바가 있다(롬 3:1-2). 같은 원리가 신약성경에도 적용될 수 있다. 헬라어 신약성경 본문에 관한 한, 우리는 헬라어를 사용해온 헬라교회의 권위와 역할을 인정하고 중시해야 할 것이다. 유대인들이 구약성경을 보존해왔듯이, 헬라어를 사용한 동방교회(오늘날 헬라정교회)는 신약성경을 보존해 왔다. 신약성경의 예언의 말씀을 가감하지 말라는 중요한 말씀이 신약성경의 맨 끝에 기록되어 있음을 생각한다면(계 22:18-19), 우리는 신약성경이 어떻게 조심스럽게 보존되어 왔을지 알 수 있다.

둘째로, 신약성경의 전통본문은 헬라어 사본의 절대 다수가 지지한다.

우리는 현존(現存)하는 신약성경의 절대 다수의 사본들의 지지를 중시해야 한다. 비평본문은 매우 소수의 사본들의 지지만 가진다.

에드워드 밀러에 의하면, 8, 9, 10세기의 대문자 사본들은, 그 수가 많을 뿐만 아니라, 전통본문에 대한 확고한 일치를 증거한다. 10세기부터는 소문자 사본들이 많이 유행하였는데, 소문자 사본들은 몇 개의 예외들(1, 33, 13, 69, 124, 346 등)을 제외하고는 거의 모두가 전통본문을 증거한다. 소문자 사본들은 선조들(사본의 대본이 된 사본)의 긴 줄의 대표들일 뿐만 아니라, 존경할 만한 선조들의 긴 줄의 대표들이다. 그것들의 압도적인 수효는 그 선조들이 또한 수가 많았다는 것을 추정케 한다. 또 그것들의 전체적인 일치는 그것들이 그 시대의 교회의 확립된 신념을 증거한다. 소문자 사본들은 대문자 사본들을 거의 만장일치로 따른다. 단지 몇 개의 예외가 있을 뿐이다. 전통본문의 제시자로서 그것들은 대문자 사본들, 역본들, 교부들에 의해 제공된 이전의 증거의 길을 묵묵히 따르며 확증한다(Miller, pp. 100-102).

또 전통본문과 비평본문 간의 차이들에 비하면 전통본문 사본들(Byz) 상호 간의 차이는 매우 적다. 비평본문과 전통본문 간의 주요 차이점들은 UBS의 비평각주 1,438개의 다수에 해당하며(사복음서에서는, 623개의 비평각주들 중에 385개가 그러함), 또 그 둘의 차이점들은 다수사본 헬라어 성경의 비평각주들의 수만큼 많다. 그러나 비잔틴 다수 사본들의 본문과 전수본문(TR) 간의 차이나(*The Greek New Testament According to the Majority Text*, ed. Zane C. Hodges and Arthur L. Farstad), 또는 비잔틴 사본들 상호 간의 차이는, 전통본문과 비평본문의 차이에 비해 수적으로나 질적으로 매우 작다.

또 앞에서 말한 대로, 현재의 UBS/Nestle판의 본문이 매우 주관적

임에 비해, 전통본문은 현존하는 절대 다수의 헬라어 사본들이 지지하는 본문이므로 상당한 객관성과 안정성을 지닌다. 비평본문 견해에서 보면, 신약성경의 정확한 본문을 확정하는 것은 불가능하지만, 전통본문 견해에서 보면, 신약성경의 본문은 거의 확정적이다.

셋째로, 전통본문 견해는 성경의 축자 영감과 무오(無誤) 신앙에 맞다.

특히, 우리는 성경의 축자(逐字)[단어] 영감과 무오(無誤)를 믿으며 성경이 "하나님의 말씀이며 우리의 신앙과 생활의 정확무오한 법칙임"을 믿는다. 그렇다면 우리는 성경 본문에 대한 하나님의 섭리적 보호를 생각하지 않을 수 없다. 우리는 하나님께서 성경을 단어 하나까지 영감하셨으나 그 본문이 훼손되거나 상실되도록 내버려두셨다고 상상할 수 없다. 성경의 단어 영감과 무오를 믿는 모든 성도들은 성경본문의 건전한 보존을 믿을 수 있고 또 믿을 것이다.

장로교회의 표준적 신앙고백인 웨스트민스터 신앙고백 1:8도 다음과 같이 진술하였다:

(옛날 하나님의 백성의 모국어이었던) 히브리어로 된 구약성경과, (기록될 당시 여러 나라들에게 매우 일반적으로 알려져 있었던) 헬라어로 된 신약성경은 직접 하나님의 영감(靈感)을 받았으며 그의 독특한 배려와 섭리로 모든 시대에 순수하게 보존(保存)되었으므로 믿을 만하다. 따라서 종교상 모든 논쟁들에서 교회는 최종적으로 그것들[원어성경]에 호소한다.

하나님의 독특한 배려와 섭리로 모든 시대에 순수하게 보존되었다는 위의 진술은 신약성경 본문에 대한 전통본문 견해와 일치한다. 이런 진술을 보면, 웨스트민스터 신앙고백을 작성한 분들은 전통본문 견해를 가졌던 것 같다. 우리는 성경의 단어까지도 성령님의 감동으로 기록케 하신 하나님께서 그 성경을 순수하게 보존하셨다고 본다.

결론

7. 신약성경 본문문제

신약성경의 본문은 아주 초기부터 사본상의 크고 작은 차이들이 발생했고 그것이 수나 지역에 있어서 널리 퍼졌다. 비록 사본들 간의 차이들이 교리적, 윤리적 문제를 일으키지 않는 정도라고 보이지만, 신약본문문제에 대해 다음 몇 가지 점들을 말해야 한다고 본다.

첫째로, 비평본문학자들이 가치 있게 여기는 소수의 고대 사본들은 결코 정확하고 믿을 만한 사본들이 아니다. (1) 소위 고대 사본들인 시내 사본(ℵ)의 본문과 바티칸 사본(B)의 본문과 파피러스 사본들의 본문들은 서로 차이들이 많다. (2) 고대 사본들이 부정확해 보이는 경우들도 많다. 시내 사본이나 바티칸 사본은 확실히 오류들이 많은 사본들이다. 오늘날 비평본문 학자들도 이 사실을 인정하기 때문에 많은 구절들에서 시내 사본과 바티칸 사본의 본문을 버렸다. 또 파피러스 사본들도 확실히 부정확한 사본들이다.

둘째로, UBS 4판의 비평본문은 매우 주관적이고 믿을 만하지 못하다. UBS 4판의 비평본문은 객관적 원리에 의해서가 아니고 다섯 명의 편집자들의 다수결에 의해 결정된 본문이며 그 본문들의 주관적인 성격은 여러 곳에서 관찰된다. 심지어 매우 근거가 약한 본문들도 채택되었다. 그 본문은 신약성경의 본문을 오히려 매우 혼란스럽게 만들었다. 비평본문은 결코 원본에 더 가까운 본문이 아니고, 오히려 원본보다 더 먼, 때때로 심각히 손상된 본문이라고 판단된다.

셋째로, 전통본문은 충분한 고대적 증거들을 가지고 있다. (1) 전통본문은 때때로 시내 사본(ℵ)과 바티칸 사본(B)의 본문보다 더 많은 고대적 증거들(사본, 역본, 교부들의 인용문들 등)을 가진다. (2) 전통본문은 빈번히 2-3세기의 파피러스 사본들의 본문과 일치한다. (3) 전통본문은 주후 400년 이전의 교부들의 글들에서도 많이 인용되었다. (4) 전통본문은 결코 후대의 수정보완된 본문이 아니다.

넷째로, 전통본문은 초대교회 시대로부터 교회가 인정해온 본문이며 우리는 그 본문의 권위와 가치를 인정해야 한다. (1) 초대교회 때로부터 19세기 말 이전까지 신약성경의 본문은 교회에서 공식적으로 논쟁된 적이 없었다. (2) 신약성경의 전통본문은 절대다수의 사본들의 지지를 받고 있다. (3) 신약성경 본문의 보존은 성경의 축자[단어] 영감과 무오(無誤)의 진리에 맞고, 또 하나님의 섭리의 진리에 맞다.

결론적으로, 바티칸 사본(B)과 시내 사본(ℵ)이 원본에 가장 가까운 중립본문이 아니고 오류가 많은 사본들임이 분명하며, 비잔틴 사본들의 본문이 후대의 본문이 아니고 빈번히 2-3세기 파피러스 사본들의 본문과 일치하고 2-3세기 고대 역본들과 또 2-3세기 교부들의 인용문들에서 나타나는 것이 사실이기 때문에, 웨스트코트와 호트가 바티칸 사본(B)과 시내 사본(ℵ)이 원본에 가까운 중립본문이라는 잘못된 생각에 근거해 신약성경의 본문을 과격하게 수정한 것은 대단히 큰 실수요 신약성경 본문 혼란의 시작이었다. 그들의 이론은 신약교회가 신약성경의 원본의 본문을 4, 5세기 이후 1,500년 동안 잃어버렸고 지금까지도 그것을 온전하게 회복할 수 없다는 결론을 피하기 어렵다. 그러나 이런 결론은 우리가 받아들이기 어려운 생각이며 경건한 성도들에게는 심지어 신성모독적이게 들린다.

그러므로 비평본문 견해가 틀렸기 때문에, 교회는 원래대로 돌아가야 한다. 즉 비평본문을 버리고 전통본문으로 돌아가야 하는 것이다. 교회는 원래부터 헬라어 신약성경을 가지고 있었다. 그것은 종교개혁 시대 이후 전수본문(TR)으로 나타났고 그 후 비잔틴 사본들이 계속 수집되었다. 비잔틴 사본들이 가지고 있는 전통본문은 헬라어를 사용하는 교회들에서 계속 사용해온 본문이었고, 하나님의 섭리 가운데 교회들에서 보존(保存)된 본문이다. 교회는 신약성경의 전통본문을 하나님께서 주신 신약성경의 원본의 본문으로 간주해야 한다.

2부: 신론

우선, 성경에 계시된 하나님에 관한 기본적 지식들을 정리해보자. 신론(神論, Theology)은 하나님과 그의 사역들에 관한 내용이다. 그 주요 주제들은 하나님께서 계신 증거들, 하나님의 속성들, 삼위일체, 예정, 창조, 섭리, 후대 기적의 문제 등이다.

신론의 주요 주제들

1. 하나님께서 계신 증거들
2. 하나님의 속성들
3. 삼위일체
4. 예정
5. 창조
6. 섭리
7. 후대 기적의 문제

1. 하나님께서 계신 증거들

하나님에 관한 진리들을 논할 때, 우리는 먼저 하나님께서 계시다는 사실에서 시작해야 할 것이다. 만일 하나님께서 계시지 않다면, 그에 대한 논의들은 무의미할 것이다. 히브리서 11:6은, "하나님께 나아가는 자는 반드시 그가 계신 것을 믿어야 할지니라"고 말한다. 그러면 하나님께서 계신 증거들은 무엇인가? 우리는 하나님께서 계시다는 사실을 어떻게 알 수 있고 믿을 수 있는가?

이성적 논증들

역사상, 하나님께서 계시다는 사실에 대한 여러 이성적 논증들이 제시되어 왔다. 첫째는 우주론적 논증(the cosmological argument)이다. 이것은 고대 헬라 철학자 아리스토텔레스가 제시한 논증이다. 이것은 우주 자체에 근거한 논증이다. 세상의 사물들은 어떤 원인의 결과이며 어떤 결과가 존재하면 그 원인도 존재하는데, 우주의 제1 원인은 하나님이라 불리며 우주가 존재하듯이 우주의 제1 원인이 되는 하나님께서 존재하신다는 것이다.

둘째는 목적론적 논증(the teleological argument)이다. 이것은 고대 헬라 철학자 소크라테스나 로마의 키케로 등이 제시한 논증이다. 이것은 자연만물의 목적성에 근거한 논증이다. 집이나 시계 등 모든 설계된 작품들은 그 설계자의 존재를 증거하는데, 우주는 사람들이 만든 그 어떤 작품보다 더 탁월하고 놀라운 작품이며 그 우주는 창조주 하나님의 존재를 증거한다는 것이다.

과연 우주는 놀라운 세계이다. 태양을 중심으로 도는 8-9개의 행성들로 구성된 태양계와 같은 것이 약 1,000억개가 모여 은하수를 형성하며 은하수의 직경은 약 10만 광년이라고 한다(1광년은 초속 30만

킬로미터로 1년 동안 가는 거리임). 우주에는 이런 은하수들이 약 1,000억개가 있다고 한다. 사람의 신체 구조도 극히 신비하다. 사람의 뇌는 120억개의 신경세포로 구성되었고, 하루 1,500리터를 뿜어내는 심장의 활동으로 온 몸에 보내지는 5-6리터의 피는 몸의 30조개에 달하는 세포에 산소를 전달하고 이산화탄소를 가져간다고 한다. 이 오묘막측한 우주 만물과 인간의 신비를 우연한 일이라고 보는 것은 확실히 불가능하다(*The World Book Encyclopedia*; 김영길 외 26인, 자연과학, 수정판 (서울: 생능, 1991)). 자연만물의 놀라운 질서와 그 적응성, 즉 천체의 질서나 동식물과 사람의 구조는 그것을 만드신 지혜로 우신 창조자 하나님의 존재를 증거한다.

셋째는 본체론적 논증(the ontological argument)이다. 이것은 중세의 안셈이나 근세의 데카르트 등이 사용한 논증이다. 이것은 하나님의 본질적 개념에 근거한 논증이다. 사람은, 자연만물과 사람이 다 불완전하지만, 하나님께서는 완전하시다는 개념을 가지고 있다. 그런데 '완전'이라는 개념은 '존재한다'는 속성을 포함하며 따라서 하나님께서는 존재하신다는 것이다.

넷째는 도덕적 논증(the moral argument)이다. 이것은 근세 철학자 칸트가 사용한 논증이다. 이것은 사람의 양심 곧 도덕적 분별력에 근거한 논증이다. 사람의 양심은 선과 악을 분별하고 악을 버리고 선을 택하려 하는데, 이것은 그것을 주신 도덕적 하나님의 존재를 증거한다는 것이며, 또 인류가 역사 속에서 경험한 대로 선한 자는 잘되고 악한 자는 천벌을 받는다는 관념도 그 하나님의 존재를 증거한다.

하나님께서 계시다는 사실에 대한 이상 네 가지의 이성적 논증들은 사람에게 유익하다. 촬스 핫지(Charles Hodge)는 "[그것들은] 소크라테스 때로부터 현 시대까지 가장 지혜로운 자들에 의해 건전하고 결정적인 것으로 간주되어 왔다"고 말했고(*Systematic Theology*, I,

203), 로레인 뵈트너(Loraine Boettner)도 "우리는 하나님의 존재를 위한 우주론적, 목적론적, 본체론적, 도덕적 변론들은 개방되고 편견 없는 마음을 가진 누구에게나 효과가 있다고 믿는다"고 말했다(*Studies in Theology*, p. 82). 박형룡 박사도 "유신논증들은 큰 가치를 가진 것이다. 성경과 기독교 경험에 의하면, 성령께서 사람의 심령에 확신과 회심(回心)을 산출하시는 과정에 논증들을 사용하시기를 기뻐하신다. 이 논증들 자체들은 아무 사람도 중생시키지 못하나 오히려 전도의 과정에 기구로 되어 왔다"고 말했다(교의신학: 제2권 신론, 32쪽).

성경의 증거

성경은 하나님의 존재하심에 대한 이성적인 논증들을 인정한다. 다윗은 말하기를, "하늘이 하나님의 영광을 선포하고 궁창이 그 손으로 하신 일을 나타내는도다. 날은 날에게 말하고 밤은 밤에게 지식을 전하니 언어가 없고 들리는 소리도 없으나 그 소리가 온 땅에 통하고 그 말씀이 세계 끝까지 이르도다"라고 하였다(시 19:1-4). 시편 94편 저자는 "백성 중 우준한 자들아, 너희는 생각하라. 무지한 자들아, 너희가 언제나 지혜로울꼬? 귀를 지으신 자가 듣지 아니하시랴? 눈을 만드신 자가 보지 아니하시랴?"라고 말하였다(시 94:8-9).

사도 바울은 "하나님께서 지나간 세대에는 모든 족속으로 자기의 길들을 다니게 묵인하셨으나 그러나 자기를 증거하지 아니하신 것이 아니니 곧 너희에게 하늘로서 비를 내리시며 결실기를 주시는 선한 일을 하사 음식과 기쁨으로 너희 마음에 만족케 하셨느니라"고 말했고(행 14:16-17) 또 "[하나님께서는] 우리 각 사람에게서 멀리 떠나 계시지 아니하도다. 우리가 그를 힘입어 살며 기동하며 있느니라"고 하였다(행 17:24-28). 사도 바울은 또 "이는 하나님을 알 만한 것이 저희 속에 보임이라. 하나님께서 이를 저희에게 보이셨느니라. 창세로부터 그의 보이지 아니하는 것들 곧 그의 영원하신 능력과 신성이 그 만드신 만물에 분명히 보여 알게 되나니 그러므로 저희가 핑계치 못할지니라"고 말하였다(롬 1:19-20). 히브리서 3:4는 말하기를, "집마다 지은 이가 있으니 만물을 지으신 이는 하나님이시라"고 했다.

그러나 성경은 사실상 하나님의 존재하심을 증명하려 하지 않고, 하나님께서 계신 사실을 전제(前提)하고 선포한다. 창세기 1:1, "태초에 하나님께서 천지를 창조하시니라." 이런 전제와 선포는 하나님의 존재하심에 대한 강력한 증거이다. 하나님께서는 천지만물을 창조하신 자이시다. 우주만물은 그로 말미암아 존재하게 되었고 시작되었다. 그러므로 사람이 하나님을 알지 못한다면 어떻게 이 세상의 어느 것 하나라도 바르게 알 수 있고 바르게 논할 수 있겠는가?

창세기 1:1에 계시되고 선포된 하나님께서는 무엇에 의해 존재케 되신 자가 아니고 영원 전부터 스스로 계신 자, 즉 영원자존자(永遠自存者)이시다. 하나님께서는 모세에게 "나는 스스로 있는 자니라"고 말씀하셨다(출 3:14). '나는 스스로 있는 자니라'고 번역된 원어(에예 아쉐르 에예 אֶהְיֶה אֲשֶׁר אֶהְיֶה)는 직역하면 "나는 '나는 있느니라' 이니라"이다. 이 말은 "나는 스스로 있는 자니라"는 뜻이라고 본다. 헬라어 70인역은 "나는 있는 자니라"(에고 에이미 호 온 ἐγώ εἰμι ὁ ὤν)고 번역하였고, 영어 성경들은 히브리어를 그대로 직역하였다 ("I am that I am"). 한글성경에 '여호와'로 번역된 하나님의 히브리어 명칭(예호와 יְהוָה)은 '있다'라는 동사(하야 הָיָה라는 말의 고어인 하와 הָוָה)에서 나온 말로서 '있는 자,' '계신 자'라는 뜻을 가진다고 본다. 여호와 하나님께서는 영원 전부터 스스로 계신 자이시다.

뿐만 아니라, 성경은 하나님의 많은 특별계시들, 즉 그가 직접 나타나시고 말씀하시고 기적을 행하신 일들을 증거한다. 이런 하나님의 특별계시들은 하나님께서 계시다는 사실에 대한 확실한 증거들이다.

1. 하나님께서 계신 증거들

신명기 4:32-35에서, 모세는 이스라엘 백성에게 다음과 같이 말했다: "네가 있기 전 하나님께서 사람을 세상에 창조하신 날부터 지금까지 지나간 날을 상고하여 보라. 하늘 이끝에서 저끝까지 이런 큰 일이 있었느냐? 이런 일을 들은 적이 있었느냐? 어떤 국민이 불 가운데서 말씀하시는 하나님의 음성을 너처럼 듣고 생존하였었느냐? 어떤 신 (神)이 와서 시험과 이적과 기사와 전쟁과 강한 손과 편 팔과 크게 두려운 일로 한 민족을 다른 민족에게서 인도하여 낸 일이 있느냐? 이는 다 너희 하나님 여호와께서 애굽에서 너희를 위하여 너희 눈앞에서 행하신 일이라. 이것을 네게 나타내심은 여호와께서는 하나님 이시요 그 외에는 다른 신이 없음을 네게 알게 하려 하심이니라."

성경은 살아계신 하나님을 체험한 성도들의 간증들로 가득하다. 에녹과 노아를 비롯하여, 아브라함과 이삭과 야곱이 그러하며, 모세와 이스라엘 백성의 전 역사가 그러하다. 이스라엘 나라의 역사는 그 백성이 하나님을 체험한 역사이었다. 특히 성경이 증거하는 기적들의 네 시대들, 즉 모세와 여호수아의 시대, 엘리야와 엘리사의 시대, 다니엘과 세 친구들의 시대, 그리고 마지막으로 우리 주 예수 그리스도와 사도들의 시대는 하나님의 살아계심을 놀랍게 체험한 시대이었다. 이처럼 성경은 하나님의 살아계심을 풍성히 증거하는 것이다.

그러나 우리는 사람의 무지와 죄성 때문에 오직 성령님의 활동으로만 하나님의 살아계심을 믿게 된다고 본다. 그러므로 웨스트민스터 대요리문답 2문답은 "하나님께서 계시다는 것은 어떻게 나타나는가?"라는 질문에 대해 "비록 사람 속의 본성의 빛 자체와 하나님의 행하신 일들은 하나님께서 계시다는 것을 명백히 선포하지만, 그의 말씀과 성령께서만 사람들에게 그들의 구원을 위해 그를 충분하게 또 효력있게 계시하신다"고 대답했다. 오늘 우리는 성경말씀과 성령님의 깨우치심으로 하나님께서 계심을 알고 믿고 확신한다고 본다.

경험의 증거

위의 증거들에 더해, 비록 부수적인 증거이지만, 사람은 하나님의 살아계심을 체험하며 산다. 하나님께서는 지금도 살아계신 하나님이시다. 사무엘하 22:47, "여호와께서는 생존하시니." 예레미야 10:10, "여호와께서는 . . . 사시는 하나님이시요." 그는 지금도 만세 전에 택하신 자들을 구원하시고 구원하신 자들을 인도하신다. 성도들은 이 세상에서 하나님의 인도하심을 체험하며 살고 있다. 특히 그는 그들의 기도를 응답하신다(마 7:7-8; 렘 29:12-13). 그러므로 우리는 그의 기도 응답과 그의 인도하심을 통해 그의 살아계심을 경험한다.

무신론(無神論)의 어리석음

하나님께서 계시다는 사실을 부정하는 무신론은 하나님께서 계시다는 많은 증거들, 즉 이성적 논증들과 성경의 풍성한 증거들과 경험의 증거들을 무시하는 어리석은 생각이다. 그러므로 시편 14:1, "어리석은 자는 그 마음에 이르기를 하나님이 없다 하도다." 무신론은 아무 증거도, 반증도 제시하지 못한다. 무신론은 단지 어리석은 사상일 뿐 아니라, 또한 하나님 앞에서 근본적 죄악이다. 하나님의 피조물인 사람이 창조주의 존재를 부정하는 것 자체가 큰 죄악이며 또 그것은 사람의 다른 모든 죄악들의 뿌리이다. 그러므로 다윗은 하나님께서 안 계시다고 말하는 자들은 부패하고 소행이 가증하여 선을 행하는 자가 없다고 말하였고(시 14:1) 솔로몬은 사람이 하나님을 경외함으로 악에서 떠난다고 말했다(잠 16:6). 하나님께서는 하나님을 부정하는 사람들을 죄악 가운데 내버려두셨다. 사도 바울은 그들이 마음에 하나님 두기를 싫어하므로 하나님께서 그들을 그 상실한 마음대로 내버려두셔서 합당치 못한 일을 하게 하셨다고 말했다(롬 1:28). 우리는 하나님의 존재하심을 믿고 확신하고 그를 더욱 알아야 한다.

2. 하나님의 속성들

하나님께서는 어떤 분이신가? 우리는 하나님을 완전하게 설명할 수 없으나, 그의 속성들을 열거함으로써 그를 설명할 수 있다. 하나님의 속성(attribute)이란 하나님께 돌려지는 품성들을 말한다. 웨스트민스터 소요리문답 제4문답은 하나님에 대해 말하면서 "하나님께서는 그의 존재와 지혜와 능력과 거룩과 의와 선과 진실에 있어서 무한하시고 영원하시고 불변하신 영이십니다"라고 대답하였다.

영(靈)이심

첫째로, 하나님께서는 영이시다. 주 예수께서는 하나님께서 영이시라고 증거하셨다. 요한복음 4:24, "하나님께서는 영이시니." 하나님께서 영이시라는 말은 그가 물질적 몸을 가지고 계시지 않음을 의미한다. 주께서는 '영은 살과 뼈가 없다'고 말씀하셨다(눅 24:39). 하나님께서 십계명에서 사람이 하나님의 모양을 만드는 것을 엄격히 금하신 것은 그가 영이심을 증거한다. 그러므로 하나님을 피조물의 어떤 형상으로 상상하거나 어떤 형상을 만드는 것은 잘못된 일이며 그것은 우상숭배이며 우상숭배는 성경에서 가장 큰 죄로 간주된다.

성경에 나오는 하나님의 손, 그의 팔, 그의 얼굴, 그의 등, 그의 귀, 그의 눈(출 3:20; 6:6; 33:20, 23; 사 37:17) 등의 표현은 신인동형적(神人同形的) 표현(anthropomorphism), 즉 하나님의 속성들과 능력과 활동들에 대한 비유적, 상징적 표현이라고 본다. 왜냐하면 하나님께서는 영이시기 때문이다. 따라서 이런 비유적, 상징적 표현에 근거해 하나님을 형상화(形象化)하는 것은 하나님께서 영이시라는 성경의 명백한 진리에서 벗어나는 것이다. 그러므로 17세기의 스웨덴보르그의 추종자들이나 오늘날의 몰몬교도들과 같이 하나님께서 사람의 몸과 같은 몸을 가지고 계시다고 주장하는 자들은 잘못이다.

하나님께서는 영이시므로 사람은 육신의 눈으로 하나님을 볼 수 없다. 그러므로 사도 요한은 "본래 하나님을 본 사람이 없다"고 말하였고(요 1:18), 사도 바울도 하나님을 "보이지 아니하시는 하나님"(골 1:15), "보이지 아니하는 자"(딤전 1:17), "아무 사람도 보지 못하였고 볼 수 없는 자"(딤전 6:16)라고 말하였다.

그런데 성경은 아브라함과 야곱이 하나님과 대면하였다고 표현했고(창 18장, 32장), 또 모세와 아론과 이스라엘 장로 70인이 하나님을 보았다고 표현했다(출 24:9-10). 그러나 이런 말씀들은 하나님께서 자신을 천사나 사람의 형상으로 낮추어 계시하신 모습 곧 그의 영광의 한 면모를 보았다는 의미로 보아야 할 것이다. 성도들이 천국에서 하나님을 보게 될 것이라는 표현(마 5:8)도 성도들이 천국에서 하나님의 영광을 보다 밝아진 영의 눈으로 보게 된다는 뜻이지 하나님의 본체를 본다는 뜻은 아니라고 이해해야 한다. 몸을 가진 유한(有限)한 사람은 무한한 영이신 하나님의 본체를 볼 수 없을 것이다.

하나님께서 영이시라는 말은 또한 그가 살아계신 자이심을 의미한다. 하나님께서는 살아계신 영이시다. 예레미야 10:10, "여호와께서는 참 하나님이시요 사시는 하나님이시요." 디모데전서 6:16, "오직 그에게만 죽지 아니함이 있고." 세상의 모든 생명은 하나님께로부터 나왔고 또 나온다. 하나님께서는 모든 생명의 원천이시다.

하나님께서 영이시라는 말은 또한 그가 인격적 존재이심을 의미한다. 하나님께서는 살아계신 인격적 존재이시다. 우주의 완전자이신 하나님께서는 절대적 존재이시지만 동시에 그는 인격적 존재이시다. 하나님을 감히 '인격적'(人格的) 존재이시라고 말하는 것은 그가 사람처럼 지정의(知情意) 즉 지식과 감정과 의지를 가진 자이심을 의미한다. 성경은 하나님께서 생각하시고 감정을 가지시며 스스로 무엇을 결정하시고 행동하시는 인격적 존재이심을 증거한다.

하나님께서는 에덴 동산에서 사람에게 무엇을 명령하셨고 사람이 그의 명령을 거역했을 때 그를 내어쫓으셨다. 하나님께서는 역사상 많은 사람들과 교제하셨고 그들에게 말씀하셨다. 하나님의 손과 팔, 귀와 눈 등의 표현들도 그의 살아계심과 인격성을 증거한다. 에베소서 1:11, "모든 일을 그 마음의 원대로 활동하시는 자." 그가 사람의 죄에 대해 분노하시고 보응하심도 그의 인격성의 한 요소이다.

무한(無限)하심

둘째로, 하나님께서는 무한(無限)하시다. 그는 본체에 있어서 무한하시고 또 속성들에 있어서도 그러하시다. 성경은 하나님의 본체가 무한하심을 증거한다. 시편 145:3, "여호와께서는 크시니 그의 크심을 측량치 못하리로다." 하나님의 크심을 재어볼 수 있는 자는 아무도 없다. 시편 139:7-10, "내가 주님의 신을 떠나 어디로 가며 주님의 앞에서 어디로 피하리이까? 내가 하늘에 올라갈지라도 거기 계시며 음부(무덤 혹은 지옥)에 내 자리를 펼지라도 거기 계시니이다." 열왕기상 8:27, "하나님께서 참으로 땅에 거하시리이까? 하늘과 하늘들의 하늘이라도 주님을 용납지 못하겠거든 하물며 내가 건축한 이 전(殿)이오리이까?" 이사야 66:1, "여호와께서 이같이 말씀하시되 하늘은 나의 보좌요 땅은 나의 발등상이니 너희가 나를 위하여 무슨 집을 지을꼬? 나의 안식할 처소가 어디랴?" 예레미야 23:24, "나 여호와가 말하노라. 나는 천지에 충만하지 아니하냐?"

이처럼 하나님의 무한하심은 공간적 의미를 가진다. 그것은 하나님께서 세상에 존재하는 모든 것을 다 품으실 수 있고 그러나 동시에 그것들을 초월하신다는 뜻으로 이해된다. 물질적 몸을 가진 사람은 공간의 제약을 받으므로 한 장소에 있으면 같은 시간에 다른 장소에 있을 수 없지만, 하나님께서는 공간의 제약을 받지 않으시고 공간을 초월하신다. 그는 모든 공간에 충만히 존재하신다(Turretin, Berkhof, 박형룡). 그는 어디에나 계시고(편재 遍在) 안 계신 곳이 없으시다(무소부재 無所不在). 하나님을 우주만물 전체와 동일시하는 범신론(汎神論)도 잘못이지만, 그가 본체에 있어서 무한하셔서 어디에나 계신 것이 아니고 단지 지식이나 능력에 있어서만 무한하시다고 생각하는 이신론(理神論)이나 소시니안주의도 잘못이다.

물론, 성경은 때때로 하나님께서 하늘에 계신다고 표현한다. 모세는 하나님께서 '그 거룩한 처소 하늘에서 내려보신다'고 말하였다(신 26:15). 솔로몬도 하나님께서 '그 계신 곳 하늘에서 들으신다'고 말하였다(왕상 8:30). 역대하 30:27은, "그 기도가 여호와의 거룩한 처소 하늘에 상달하였더라"고 말했다. 주께서는 '하늘에 계신 우리 아버지'께 기도하라고 가르치셨다(마 6:9). 하나님께서는 때때로 땅에 내려 오셨다(창 11:5). 또 에녹과 엘리야는 하늘로 올라갔다(히 11:5; 왕하 2:11). 그들은 하늘 위로 장소 이동을 하였다. 주 예수 그리스도께서도 제자들 앞에서 하늘로 올리우셨다(행 1:9).

그러나 하나님께서 하늘에 계시다는 것은 그가 하늘에 그의 영광의 한 처소를 두셨다는 것을 증거한다고 본다. 하나님께서 그의 영광을 나타내시는 곳이 천국이다. 그러므로 히브리서는 "저희가 이제는 더 나은 본향을 사모하니 곧 하늘에 있는 것이라. 그러므로 하나님께서 저희 하나님이라 일컬음 받으심을 부끄러워 아니하시고 저희를 위하여 한 성을 예비하셨느니라"고 증거하였다(히 11:16).

하나님께서는 그의 존재에 있어서 뿐 아니라 그의 모든 속성들에 있어서도 무한하시다. 그것은 그의 완전하심이라고 표현할 수 있다. 하나님께서는 지혜와 지식이 무한하시고 능력이 무한하시고 거룩하심과 의로우심이 무한하시고 선하심이 무한하시다. 즉 그는 완전하신 하나님이시다. 그는 모든 면들에서 부족함이 없는 완전충족하신 하나님이시다. 욥기 35장에 보면, 엘리후는, "네가 범죄한들 하나님께 무슨 영향이 있겠으며 네 죄악이 가득한들 하나님께 무슨 관계가 있겠으며 네가 의로운들 하나님께 무엇을 드리겠으며 그가 네 손에서 무엇을 받으시겠느냐? 네 악은 너와 같은 사람이나 해할 따름이요 네 의는 인생이나 유익하게 할 뿐이니라"고 말하였다(욥 35:6-8).

하나님의 완전하심은 그의 영광으로 나타난다. 하나님께서는 영광 중에 계시며 모든 피조물들에게서 영광과 찬송을 받으시기에 합당하시다. 유일하시고 완전하신 하나님께서는 모든 사람이 영원히 가장 사모할 만한 분이시다. 그래서 시편 저자는 성령님의 감동으로 "하늘에서는 주님 외에 누가 내게 있으리요. 땅에서는 주님밖에 나의 사모할 자 없나이다"라고 고백하였다(시 73:25).

무한하신 하나님, 완전하신 하나님께서는 우리의 모든 질문들의 해답이시다. 우리는 하나님 안에서 살고 있다. 그러므로 우리는 하나님을 항상 인정하며 의식하며 의지하며 찬송하며 살아야 한다.

영원하심

셋째로, 하나님께서는 영원하시다. 그것은 그가 시간적으로도 무한하심을 의미한다. 그는 영원 전부터 계셨고 영원 후까지 계신다. 창세기 1:1, "태초에 하나님께서 천지를 창조하셨다"는 말씀은 천지만물이 하나님의 창조로 시작되었음을 보이는 동시에, 천지만물을 창조하신 그는 영원하신 분이심을 증거한다. 천지만물을 창조하실 때 이미 존재하고 계셨던 그는 피조 세계에 속하지 않으신다. 천지창조 이전부터 존재하고 계셨던 그는 영원하시다. 욥기 36:26에서, 엘리후는, "하나님께서는 크시니 우리가 그를 알 수 없고 그 연수를 계산할 수 없느니라"고 말했다. 모세는 시편 90:2에서 성령님의 감동으로 "산이 생기기 전, 땅과 세계도 주께서 조성하시기 전 곧 영원부터 영원까지 주께서는 하나님이시니이다"라고 증거하였다.

시간은 피조 세계 속에서 사용되는 것이며 창조로부터 시작되었다고 보아야 할 것이다. 창조주 하나님께서는 피조 세계에 속하지 않으시며 시간에 매이거나 제약을 받지 않으시고 시간 자체를 초월하시는 분 곧 영원한 분이시다. 하나님께서는 과거와 현재와 미래를 동시에 볼 수 있는 초(超)시간적, 비(非)시간적 존재이시다. 그러므로 모세는, "주님의 눈앞에는 천년이 지나간 어제 같고 밤의 한 경점 같을 뿐임이니이다"라고 말하였다(시 90:4). 하나님께서는 '영원한 현재'로 계신다. 엄격히 말하자면, 그에게는 이전도 없고 이후도 없으며 과거도 없고 미래도 없으시다. 찰스 핫지는, "그에게는 과거, 현재, 미래의 구별이 없고, 모든 것들이 그에게 동등으로 또는 항상 현재이다. 그에게 시간 흐름의 과정(duration)은 영원한 현재이다"라고 잘 말하였다 (Charles Hodge, I, p. 385).

하나님께서 영원하시다는 것은 그가 시작이 없이 영원히 스스로 계시다는 것을 뜻한다. 그는 어떤 다른 것에 의존하지 않는 절대자이시다. 하나님께서는 우주에 존재하는 모든 것들의 제1 원인 즉 궁극적 원인이시다. 하나님 자신의 존재의 근거는 그 자신 외에 없으시다. 사실, 천지만물을 창조하시기 전부터 계신 하나님께서는 영원자존 (永遠自存)하신 하나님이 아니실 수 없다. '여호와'(예호와 יְהוָה)라는 그의 이름도 그의 영원자존하심을 나타낸다. '여호와'라는 말은 '있다'라는 뜻의 히브리어 동사 하야 הָיָה의 고어형 하와 הָוָה의 칼 (단순형) 미완료 3인칭 단수에서 나왔다고 본다. 그 의미는 출애굽기 3:14의 말씀대로 '스스로 있는 자'라는 뜻이라고 본다. 여호와 하나님께서는 영원 전부터 스스로 계신 분이시다. 이 영원하신 하나님께서는 천지만물이 창조되기 전부터 이미 존재하신 분이시다.

불변하심

넷째로, 하나님께서는 불변하시다. 그의 본체와 속성들은 불변하시다. 시편 102:27은 '주께서는 여상(如常)하시다'라고 말했는데, '여상(如常)하다'는 말은 '동일하다'(the same)는 뜻이다. 말라기 3:6은 "나 여호와는 변하지 아니하나니 그러므로 야곱의 자손들아, 너희가 소멸되지 아니하느니라"고 말하였다. 또 야고보서 1:17은 "[하나님께서는] 변함도 없으시고 회전하는 그림자도 없으시니라"고 말하였다.

물론, 하나님의 불변하심은 비(非)활동성을 뜻하지 않는다. 그는 살아계신 하나님이시며 항상 일하시는 하나님이시다. 예수 그리스도께서는 "내 아버지께서 이제까지 일하시니 나도 일한다"고 말씀하셨다(요 5:17). 인류 역사는 하나님의 창조와 섭리의 활동의 역사이다.

하나님께서는 그의 본체와 속성들에서 불변하시며 그의 뜻과 작정에서도 불변하시다. 시편 33:11, "여호와의 도모는 영영히 서고 그 심사는 대대에 이르리로다." 이사야 14:24, "만군의 여호와께서 맹세하여 말씀하시기를 나의 생각한 것이 반드시 되며, 나의 경영한 것이 반드시 이루리라." 하나님께서는 그가 뜻하신 바를 변경함 없이 다 성취하시는 주권적 하나님이시다. 로마서 11:36, "이는 만물이 주님에게서 나오고 주님으로 말미암고 주님에게로 돌아감이라."

물론, 성경에 '하나님께서 뉘우치신다, 후회하신다'는 표현이 간혹 나오는 것은 사실이다. 예를 들어, 출애굽기 32:14는 "여호와께서 뜻을 돌이키사 말씀하신 화를 그 백성에게 내리지 아니하시니라"고 말했고, 사무엘하 24:16은 "여호와께서 이 재앙 내림을 뉘우치사 백성을 멸하는 천사에게 말씀하시기를 족하다. 이제는 네 손을 거두라"고 말했다. 또 요나 3:10은 "하나님께서 그들(니느웨 사람들)의 행한 것 곧 그 악한 길에서 돌이켜 떠난 것을 감찰하시고 뜻을 돌이키사 그들에게 내리리라 말씀하신 재앙을 내리지 아니하시니라"고 말하였다.

그러나 이런 표현들은 인간편에서 이해하기 쉽게 하기 위한 신인동형동성적(神人同形同性的) 표현, 즉 비유적 표현이라고 보이며 하나님의 작정의 불변하심에 대한 말씀과 모순된다고 볼 것은 아니다. 만일 그렇지 않다면, 그것은 하나님의 완전하심을 손상시킬 것이다.

무한하심과 영원하심과 불변하심은 피조물들에게는 없고 하나님께만 있는 속성들이다. 그것들은 하나님의 독특하신 점들이다. 실상 무한하시고 영원하시고 불변하신 하나님께서는 사람의 모든 종교적, 철학적 질문들에 대한 해답이시다. 그는 우주와 사람에 대한 유일하고 완전한 대답이시다. 사람은 영원자존하신 하나님 안에서만 참된 평안과 안식을 찾을 수 있다. 우리는 하나님을 더욱 알고 인정하고 그를 찬송하며 사랑하고 섬기며 의지하고 순종하며 살아야 한다.

지혜로우심

다섯째로, 하나님께서는 지혜로우시다. 그의 지혜와 지식은 무한하시고 완전하시다. 그의 지혜와 지식의 크심은 그의 창조하신 만물에 잘 나타나 있다. 성경은 그의 크신 지혜와 지식을 많이 증거한다. 욥은 지혜와 권능이 하나님께 있으시다고 말하며(욥 12:13), 하나님을 '지혜(데임 דֵּעִים)[지식]가 온전하신 자'라고 표현하였다(욥 37:16). 한나는 "여호와께서는 지식의 하나님이시라"고 말하였다(삼상 2:3). 시편 139:1-2는 "여호와시여, 주께서 나를 감찰하시고 아셨나이다. 주께서 나의 앉고 일어섬을 아시며 멀리서도 나의 생각을 살피시오며"라고 말했다. 예수께서는 하나님께서 우리의 머리털까지 다 세신다고 말씀하셨다(마 10:30). 히브리서 4:13은, "지으신 것이 하나라도 그 앞에 나타나지 않음이 없고 오직 만물이 우리를 상관하시는 자의 눈앞에 벌거벗은 것같이 드러나느니라"고 말하였다.

지식은 어떤 대상에 대해 이해하는 내용이라고 말할 수 있다. 지식의 대상은 현실적인 것 뿐만 아니라 또한 가상적인 것도 포함된다. 하나님의 지식은 직각적(보고 듣는 즉시 아는 것)이며(욥 34:23) 독립적이고 총괄적이며 동시적이며 명확하고 완전하며 불변적이라고 말할 수 있다. 또 하나님의 지식은 그 범위가 우주 전체를 포괄하므로 전지(全知)하시다고 표현할 수 있다. 하나님의 지식은 사람의 모든 지식의 원천이며 원형(原形)이시다. 사람의 지식은 하나님의 지식을 본받은 것이고 그것은 하나님의 형상의 한 요소이다. 사람의 지식은, 하나님의 지식과 달리, 점진적이며 의존적이고 부분적이며 제한적이고 불명확하고 불완전하며 또 변할 수 있다.

지식과 구별되는 지혜는 지식을 응용하는 능력이라고 말할 수 있다. 하나님께서는 자신의 지식을 사용하여 최선의 방법으로 최선의 목적을 이루시는 지혜의 하나님이시다. 사도 바울은 로마서 11:33에서, "깊도다, 하나님의 지혜와 지식의 부요함이여, 그의 판단은 측량치 못할 것이며 그의 길은 찾지 못할 것이로다"라고 증거하였다.

하나님께서는 전지(全知)하시므로 사람이 하나님을 속이려는 것보다 더 어리석은 행동이 없다. 사람은 전지하신 하나님 앞에 진실하고 솔직해야 한다. 또 우리가 하나님의 지혜와 지식의 완전하심을 깨닫고 인정한다면, 우리는 범사에 하나님을 인정하고 그를 의지하며 그의 인도하심과 다스리심에 순응해야 할 것이다.

능력이 있으심

여섯째로, 하나님께서는 능력이 있으시다. 구약성경에서 '하나님'이라는 원어(엘 אֵל 혹은 엘로힘 אֱלֹהִים)는 하나님의 위엄과 능력을 나타낸다. 하나님께서는 위엄과 능력이 있으시고 그의 능력은 전능(全能)이다. 그래서 하나님을 '전능자'(샷다이 שַׁדַּי) 혹은 '전능하신 하나님'(엘 샷다이 אֵל שַׁדַּי)(창 17:1)이라고 부르기도 한다. 하나님께서는 아브라함에게 "여호와께 능치 못한 일이 있겠느냐?"고 말씀하셨다(창 18:14). 욥은 "주께서는 무소불능(無所不能)하시오며 무슨 경영이든지 못 이루실 것이 없는 줄 아오며"라고 고백했고(욥 42:2), 예레미야는 "주께서 큰 능과 드신 팔로 천지를 지으셨사오니 주에게는 능치 못한 일이 없으시니이다"라고 말했다(렘 32:17). 천사 가브리엘은 마리아에게 나타나 "이는 하나님의 모든 말씀은 능치 못하심이 없느니라[하나님께 불가능한 일은 없음이니라]"고 말했다(눅 1:37).

하나님의 전능은 측량할 수 없는 무제한적 능력이지만, 하나님께서는 자신의 뜻 안에서 스스로 능력의 사용을 제한하기도 하신다. 그러므로 기적은 항상 일어나지 않는다. 또 하나님께서는 자기 자신의 성질에 모순된 일들을 행하실 수 없다. 예를 들어, 그는 죽으실 수 없고 변하실 수 없고 범죄하실 수 없고 거짓말하실 수 없다. 디모데전서 6:16, "그에게만 죽지 아니함이 있고." 디모데후서 2:13, "우리는 신실함이 없을지라도 주께서는 일향 신실하시니 자기를 부인하실 수 없으시리라." 말라기 3:6, "여호와께서는 변하지 아니하나니." 사무엘상 15:29, "이스라엘의 지존자는 거짓이나 변개함이 없으시니라."

전능하신 하나님께서는 기뻐하시는 뜻대로 무엇을 행하실 수 있고 행하시는 하나님, 즉 주권적 하나님이시다. 주권을 표현하는 하나님의 이름이 '주님'이라는 말(아도나이 אֲדֹנָי)이다(창 15:2). 모세는 "여호와께서는 신들의 신이시며 주들의 주시요"라고 말했다(신 10:17). 다윗은 "여호와시여, 광대하심과 권능과 영광과 이김과 위엄이 다 주님께 속하였사오니 천지에 있는 것이 다 주님의 것이로소이다. 여호와시여, 주권(主權)도 주님께 속하였사오니. . . . 주께서는 만유의 주재가 되사 손에 권세와 능력이 있사오니"라고 말했고(대상 29:11), 여호사밧은, "주님의 손에 권세와 능력이 있사오니 능히 막을 사람이 없나이다"라고 했다(대하 20:6). 사람의 구원 문제에 있어서도 하나님께서는 주권적이시다. 그러므로 주께서는 "사람으로는 할 수 없으되 하나님으로서는 다 할 수 있느니라"고 말씀하셨다(마 19:26).

하나님을 믿는 자들은 그의 크신 능력을 믿으며 어떤 처지, 어떤 환경에서도 두려워하거나 낙망하지 않고 그에게 기도하며 모든 일을 맡기고 잠잠히 그를 바라볼 수 있다. 그에게는 우주와 인생의 모든 문제들의 해답이 있고, 세상에서 당하는 모든 고난의 해결책이 있다.

거룩하심

일곱째로, 하나님께서는 거룩하시다. 모세는, "여호와시여, 신들(神) 중에 주님과 같은 자 누구니이까? 주님과 같이 거룩함에 영광스러우며 찬송할 만한 위엄이 있으며 기이한 일을 행하는 자 누구니이까?"라고 말했다(출 15:11). '거룩하다'는 히브리어(카도쉬 קָדוֹשׁ)는 '구별됨'을 뜻한다. 하나님의 거룩하심은 그가 모든 피조 세계와 구별되신다는 것을 뜻한다. 하나님의 엄위하심은 모든 피조물들이 그를 찬송하고 경배하는 이유가 된다. 그러므로 다윗은 "이스라엘의 찬송 중에 거하시는 주님이시여, 주께서는 거룩하시니이다"라고 고백했고(시 22:3), 이사야는 환상 가운데 천사들이 "거룩하다, 거룩하다, 거룩하다, 만군의 여호와시여, 그 영광이 온 땅에 충만하도다"라고 외치는 소리를 들었다(사 6:3). 하나님께서는 엄위하시고 거룩하시다.

하나님의 거룩하심은 또한 그가 도덕적으로 모든 죄와 불결로부터 떠나 계심을 의미한다. 도덕적 의미에서의 거룩은 의(義)와 비슷한 개념이다. 하나님의 거룩하심과 그의 의로우심, 선하심, 진실하심은 그의 도덕적 속성이라고 불린다. 그것은 사람들에게 주신 하나님의 형상의 내용이기도 하다. 하나님의 거룩하심 즉 도덕적 성결은 사람들이 본받아야 할 성품이다. 그러므로 하나님께서는 "내가 거룩하니 너희도 거룩할지어다"라고 말씀하셨다(레 11:45).

의로우심

여덟째로, 하나님께서는 의로우시다. 신명기 32:4, "하나님께서는 공의로우시고 정직하시도다." 에스라 9:15, "이스라엘 하나님 여호와시여, 주께서는 의롭도소이다." 시편 145:17, "여호와께서는 그 모든 행위에 의로우시다." '의롭다'(찻디크 צַדִּיק)와 '의'(체다카 צְדָקָה)라는 히브리어는 '기준에 맞는다'는 뜻을 가진다. 의의 기준은 하나님 자신이다. 그는 도덕적으로 완전하신 분이시며 자신의 도덕적 완전에 항상 일치하는 분이시다. 하나님의 의의 내용은 그가 주신 계명과 율법에 나타나 있다. 그러므로 사람은 하나님의 계명과 율법에 일치하게 행할 때 의로운 사람이 된다. 그러므로 모세는 신명기 6:25에서 하나님의 명령을 지키는 것이 의(義)라고 말했다.

하나님께서는 본질상 지극히 의로우실 뿐만 아니라, 또한 피조물과의 관계에 있어서도 지극히 의로우시다. 그는 피조물을 다스리시고 그들의 행위들을 판단하심에 있어서 의로우시다. 이것을 '통치적 의'라고 한다. 하나님께서는 온 우주에 의로운 통치자시며 공의로운 재판장이시다. 그러므로 다윗은 시편 9:8에서 "[하나님께서] 공의로 세계를 심판하심이여"라고 고백했고, 사도 바울은 디모데후서 4:8에서 예수 그리스도를 "주님 곧 의로우신 재판장"이라고 불렀다.

하나님의 의로우심은 그가 선한 자에게 상을 주시고, 악한 자에게 벌을 내리시는 행위에서도 나타난다. 이것을 '보응적 의'라고 말한다. 그러므로 바울은 "하나님의 의로우신 판단이 나타나는 그 날에 . . . 하나님께서 각 사람에게 그 행한 대로 보응하시되 참고 선을 행하여 영광과 존귀와 썩지 아니함을 구하는 자에게는 영생으로 하시고, 오직 당을 지어 진리를 좇지 않고 불의를 좇는 자에게는 노와 분으로 하시리라"고 말했다(롬 2:5-8). 하나님께서는 공의의 심판자이시다.

특히, 악한 자들에게 벌을 내리는 하나님의 형벌적 공의의 속성은 복음 진리를 이해하는 데 있어서 매우 필수적인 요소이다. 하나님께이런 공의의 속성이 없었다면, 죄인들의 구원을 위해 예수 그리스도께서 반드시 십자가에 죽으실 필요가 없었을 것이다. 그러나 하나님의 '형벌적 공의' 때문에, 예수 그리스도께서는 십자가 위에서 우리를 대신해 하나님의 공의의 율법의 저주를 받으셨다. 그러므로 갈라디아서 3:13에서 사도 바울은 '그리스도께서 우리를 위해 저주를 받은 바 되사 율법의 저주에서 우리를 속량하셨다'고 증거했다.

현대 자유주의 신학은 하나님의 형벌적 의를 부정하지만, 성경은 분명히 그것을 가르친다. 범죄한 아담과 하와는 에덴 동산에서 쫓겨났고 땅은 그들로 인해 저주를 받았고 그들은 죽음과 불행을 맛보게 되었다. 노아 시대의 홍수 심판이나 악하고 음란했던 소돔 고모라 성의 유황불 심판은 하나님의 공의의 형벌이었다. 구약성경에 기록된 우상숭배적 이스라엘과 이방 나라들에 대한 징벌은 그것을 증거한다. 특히 지옥 교리는 그것을 밝히 증거한다. 마가복음 9:43, "만일 네 손이 너를 범죄케 하거든 찍어버리라. 불구자로 영생에 들어가는 것이 두 손을 가지고 지옥 꺼지지 않는 불에 들어가는 것보다 나으니라."

그 외에도 성경의 많은 말씀들은 하나님의 공의의 형벌을 증거한다. 몇 구절을 더 들어보면, 시편 7:11, "하나님께서는 의로우신 재판장이심이여, 매일 분노하시는 하나님이시로다." 예레미야 30:23-24, "보라, 여호와의 노가 발하여 폭풍과 회리바람처럼 악인의 머리를 칠 것이라. 나 여호와의 진노는 내 마음의 뜻한 바를 행하여 이루기까지는 쉬지 아니하나니 너희가 마지막 날에 그것을 깨달으리라." 예레미야 애가 2:1-4, "슬프다, 주께서 어찌 그리 진노하사 . . . 진노하신 날에 . . . 노하사 . . . 맹렬한 진노로 . . . 처녀 시온의 장막에 노를 불처럼 쏟으셨도다." 나훔 1:2, 6, "여호와께서는 투기하시며 보복하시는 하나님이시니라. 여호와께서는 보복하시며 진노하시되 자기를 거스르는 자에게 보복하시며 . . . . 누가 능히 그 분노하신 앞에 서며 누가 능히 그 진노를 감당하랴? 그 진노를 불처럼 쏟으시니.” 히브리서 12: 29, “우리 하나님께서는 소멸하는 불이심이니라.”

선하심

아홉째로, 하나님께서는 선하시다. 시편 106:1은, “할렐루야, 여호와께 감사하라, 그는 선하시며 그 자비하심이 영원함이로다”라고 말하였다. ‘선(善)하다’는 개념은 ‘이상(理想)에 맞다’는 뜻이다. 하나님께서는 사람들의 이상에 완전히 부합하시는 분이시다. 하나님께서는, 철학자들이 표현했던 대로, ‘최고선’(最高善)이시며 모든 선의 원천이시다. 성경은 하나님의 선하심을 사랑, 은혜, 자비, 긍휼, 오래 참으심 등으로 표현한다.

하나님의 사랑은 이성적 피조물인 사람들을 향한 하나님의 선하심을 가리킨다. 하나님께서는 선한 자들과 악한 자들에게 다 선하시다. 그는 악한 자들과 선한 자들 모두에게 해를 비춰주시며 비를 내려주신다(마 5:45). 그러나 그는 특별한 의미로 그의 택한 백성을 사랑하신다. 하나님의 사랑은 그의 독생자 예수 그리스도를 세상에 보내시어 십자가에 죽게 하신 데서 나타났다. 예수께서는 “하나님이 세상을 이처럼 사랑하사 독생자를 주셨으니 이는 저를 믿는 자마다 멸망치 않고 영생을 얻게 하려 하심이니라”고 말씀하셨다(요 3:16).

은혜란 그것을 받을 자격이 없는 자들에게 주는 사랑을 가리킨다. 하나님의 구원적 사랑이 바로 그의 은혜이다. 사도 바울은 ‘[우리가] 그리스도 예수 안에 있는 구속(救贖)으로 말미암아 하나님의 은혜로 값없이 의롭다 하심을 얻은 자 되었다’고 말했고(롬 3:24) “너희가 그 은혜를 인하여 믿음으로 말미암아 구원을 얻었나니 이것이 너희에게서 난 것이 아니요 하나님의 선물이라”고 말했다(엡 2:8).

2. 하나님의 속성들

하나님의 자비와 긍휼은 그가 죄의 형벌과 고통 중에 있는 자들을 불쌍히 여기심을 가리킨다. 하나님께서는 십계명에서 "나를 사랑하고 내 계명을 지키는 자에게는 천대까지 자비(케세드 חֶסֶד)를 베푸느니라"고 말씀하셨다(출 20:6). 또 그는 모세에게 자신을 '긍휼이 있고(라쿰 רַחוּם) 은혜롭고 노하기를 더디하고 자비(케세드 חֶסֶד)와 진실이 많은 하나님'이라고 증거하셨다(출 34:6).

하나님의 오래 참으심은 하나님께서 노하기를 더디하심을 가리킨다. 그는 악인들과 불순종자들에 대하여 오래 참으시고 기다리신다. 그는 자신을 '노하기를 더디하는' 하나님으로 증거하셨다(출 34:6). 그러므로 사도 바울은 로마서에서 "혹 네가 하나님의 인자하심이 너를 인도하여 회개케 하심을 알지 못하여 그의 자비하심과 용납하심과 길이 참으심의 풍성함을 멸시하느뇨?"라고 썼다(롬 2:4).

하나님께서는 사람들 뿐만 아니라 생물들에 대해서도 선하시다. 그러므로 시편 145편에서 다윗은 말하기를, "여호와께서는 모든 생물들을 선대(善待)하시며 그 지으신 모든 것에 긍휼을 베푸시는도다. . . . 모든 것들의 눈이 주님을 앙망하오니 주께서는 때를 따라 저희에게 식물을 주시도다"라고 하였다(시 145:9, 15).

진실하심

열째로, 하나님께서는 진실하시다. 진실이란 이름과 실질, 속과 겉, 말과 행위가 같은 것을 의미한다. 하나님께서는 이름 그대로 참 하나님, 곧 참되고 완전한 신성(神性)을 가진 분이시다. 그는 그의 중심과 외적인 표현, 그의 말과 행위가 항상 동일하시다. 그는 참되시다. 그에게는 어떤 거짓도 없으시다. 또 그는 그의 약속에 대하여 신실하시며 약속을 반드시 지키신다. 약속에 있어서의 그의 신실함은 성도들의 믿음과 소망의 확실한 근거이며 기쁨의 원인이 된다.

그러므로 모세는 신명기 7:9에서 "[여호와께서는] 신실한 하나님이시라. 그를 사랑하고 그 계명을 지키는 자에게는 천대까지 그 언약을 이행하신다"고 말하였고, 다윗은 시편 36:5에서 "여호와시여, 주님의 자비하심이 하늘에 있고 주님의 신실하심이 공중에 사무쳤나이다"라고 말했다. 시편 89:14는 "의와 공의가 주님의 보좌의 기초라, 자비함과 진실함이 주님을 앞서 행하나이다"라고 말했고, 시편 92:2는 "아침에 주님의 자비하심을 나타내며 밤마다 주님의 신실하심을 베풂이 좋으니이다"라고 했다. 사도 바울은 "사람은 다 거짓되되 오직 하나님께서는 참되시다 할지어다"라고 말했고(롬 3:4) 또 "우리는 신실함이 없을지라도 주께서는 항상 신실하시니"라고 말했다(딤후 2:13). 히브리서 10:23은 '약속하신 이는 신실하시니 우리가 믿는 도리의 소망을 움직이지 말고 굳게 잡으라'고 교훈하였다. 민수기 23:19에 보면, 심지어 이방인 선지자 발람도 '하나님께서는 인생이 아니시니 거짓말하지 않으신다'고 말하였다.

다시 정리해보면, 하나님께서는 무한하시고 영원하시고 불변하시며 지혜로우시고 능력이 많으시고 거룩하시고 의로우시고 선하시고 진실하신 영이시다. 하나님의 열 가지 속성들 중, 무한하심, 영원하심, 불변하심은 하나님의 '비공유적'(非共有的) 속성들, 즉 하나님께만 있는 속성들이라고 부르고, 나머지 일곱 가지 속성들, 즉 영이심, 지혜로우심, 능력이 있으심, 거룩하심, 의로우심, 선하심, 진실하심은 하나님의 '공유적'(共有的) 속성들, 즉 피조물들에게도 나눠주신 속성들이라고 부른다. 하나님의 비공유적 속성들은 우리가 본받을 수 없고 단지 우리가 하나님을 경외하고 믿고 의지해야 할 것들이지만, 공유적 속성들은 우리가 본받아야 할 것들이다. 특히 우리는 하나님의 거룩하심과 의로우심과 선하심과 진실하심 등 하나님의 도덕적 속성들을 본받아 거룩하고 의롭고 선하고 진실한 인격자가 되어야 한다.

3. 삼위일체

하나님께서는 삼위일체(三位一體)이신 하나님이시다. 웨스트민스터 소요리문답 제6문답은 "하나님께는 세 인격 즉 아버지와 아들과 성령께서 계신데 이 셋은 본체에 있어서 동일하시고 능력과 영광에 있어서 동등하신 한 하나님이십니다"라고 말했다. 성경이 증거하는 하나님의 삼위일체이심은 다음과 같은 요점들을 포함한다.

한 하나님

첫째로, 하나님께서는 한 분이시다. 성경은 세상에 오직 한 하나님께서 계심을 증거한다. 출애굽기 20:3, "너는 나 외에는 다른 신들을 네게 있게 말지니라." 신명기 6:4, "우리 하나님 여호와께서는 오직 하나인 여호와시니." 이사야 44:24, "나는 만물을 지은 여호와라. 나와 함께한 자 없이 홀로 하늘을 폈으며 땅을 베풀었고." 고린도전서 8:6, "우리에게는 한 하나님 곧 아버지가 계시니 만물이 그에게서 났고 우리도 그를 위하며 또한 한 주 예수 그리스도께서 계시니 만물이 그로 말미암고 우리도 그로 말미암았느니라." 디모데전서 2:5, "하나님께서는 한 분이시요 또 하나님과 사람 사이에 중보도 한 분이시니 곧 사람이신 그리스도 예수라." 그러므로 웨스트민스터 소요리문답 제5문답은 "한 분 이상의 하나님들이 계십니까?"라는 질문에 대하여, "살아계시고 참되신 오직 한 하나님께서 계십니다"라고 대답했다.

하나님의 유일하심은 그의 본체의 유일하심이라고 이해된다. 하나님의 본체란 하나님의 모든 속성들과 활동들의 공통적 주체가 되는 객관적 존재를 의미한다. 본체(substance)와 본질(essence)은 약간 다른 뉘앙스를 가지는 것 같다. 본질은 하나님이라는 말이 의미하는 모든 것을 가리키는 비교적 추상적 개념이며 본체는 그러한 본질을 가지시는 구체적 존재를 가리키는 맛이 있다. 하나님께서는 본체에 있어서 하나이시며, 물론 그 본질에 있어서도 하나이시다.

초대교회의 니케야 신조는 성부와 성자께서 같은 본질을 가지신다고 진술했다. 촬스 핫지의 말대로, 니케야 신조의 '같은 본질의'(호모우시오스 ὁμοούσιος)라는 말은 단지 종류적 동일성만 가리키는 것이 아니고 수적 동일성(numerical identity)도 의미한다. "만일 호모우시오스 ὁμοούσιος가 종류적 동일성의 의미로 해석된다면, 니케야 신조는 삼신론(三神論, Tritheism)을 가르칠 것이다"(Charles Hodge, *Systematic Theology,* I, 460). 초대교회의 아다나시우스 신조는 다음과 같이 표현하였다: "아버지께서는 영원하시고 아들께서는 영원하시고 성령께서는 영원하시다. 그러나 그들은 세 영원자들이 아니고 한 영원자이시다. . . . 이와 같이 아버지께서는 전능하시고 아들께서는 전능하시고 성령께서는 전능하시다. 그러나 그들은 세 전능자들이 아니고 한 전능자이시다. 이와 같이, 아버지께서는 하나님이시고 아들께서는 하나님이시고 성령께서는 하나님이시다. 그러나 그들은 세 하나님들이 아니고 한 하나님이시다"(Philip Schaff, *Creeds of Christendom,* II, p. 67).

세 인격

둘째로, 하나님 아버지와 하나님의 아들과 성령께서 존재하시며 이 세 인격은 서로 구별되신다. 인격(person)이란 자의식(自意識)을 가지고 자신의 신분을 인식하는 이성적 존재를 가리킨다. 하나님께 있는 세 인격은 서로 구별되는 세 개체적 존재들이다. 칼빈은 "내가 의미하는 인격은 신적 본체 안의 한 실존 즉 다른 둘과 관계되어 있으나 함께 나누어 가질 수 없는 특성들로 구별되는 실존이다"라고 말하였다(기독교강요, 1. 3. 6). 웨스트민스터 신앙고백 2:3은 다음과 같이 말했다. "한 하나님 안에 한 본질과 능력과 영원성을 가진 세 인격들 즉 아버지 하나님과 아들 하나님과 성령 하나님께서 계시다. 아버지께서는 누구로부터 나시거나 나오시지 않으며, 아들께서는 아버지로부터 영원히 나시며, 성령께서는 아버지와 아들로부터 영원히 나오신다."

아버지와 아들과 성령께서는 서로 구별된 세 인격들이시다. 마태복음 3:16-17은, "예수께서 세례를 받으시고 곧 물에서 올라오실새 하늘이 열리고 하나님의 성령께서 비둘기같이 내려 자기 위에 오심을 보시더니 하늘로서 소리가 있어 말씀하시되 이는 내 사랑하는 아들이요 내 기뻐하는 자라 하시니라"고 증거했다. 요한복음 14:16에 보면, 예수께서는, "내가 아버지께 구하겠으니 그가 또다른 보혜사를 너희에게 주사 영원토록 너희와 함께 있게 하시리라"고 말씀하셨다.

하나님의 영원한 본체는 동일하게 세 인격들에 공통적이며 이런 점에서 그 셋은 하나이시다. 그러나 하나님의 본체는 인격적 특성들에 의해 구별되는 아버지와 아들과 성령님으로 영원히 존재하시며 이러한 점에서 그 셋은 셋이시다. 그러나 그 세 인격들은 하나님의 본체와 나란히 있는 어떤 존재들이 아니시고 하나님의 본체 안에 있으시며 하나님의 본체의 존재 양식이시다. 아버지께서는 참 하나님이시요 아들께서도 참 하나님이시요 성령께서도 참 하나님이시다. 또 각 인격은 하나님의 본체와 동일하시고, 만일 두 인격을 합한다 할지라도 나머지 하나보다 더 크지 않으시다. 왜냐면 그것은 각 인격에 하나님의 본체 전체가 있으시기 때문이다. 교회 역사상, 사벨리안주의(양태론)라 불린 자들은 아버지와 아들과 성령님의 구별을 부정했으나 이단으로 정죄되었다. 사벨리안주의는 세 인격이 한 하나님의 세 모습에 불과하다고 보았다. 아버지께서 십자가에 죽으셨다는 '성부(聖父) 수난설'은 이런 사상에서 나온 오류이었다.

아버지

아버지께서는 세 인격들을 대표하는 분으로서 단순히 하나님으로 표현된다. 고린도후서 13:13, "주 예수 그리스도의 은혜와 하나님의 사랑과 성령님의 교통하심이 너희 무리와 함께 있을지어다." 고린도전서 8:6, "우리에게는 한 하나님 곧 아버지가 계시니 만물이 그에게서 났고 우리도 그를 위하며 또한 한 주 예수 그리스도께서 계시니 만물이 그로 말미암고 우리도 그로 말미암았느니라."

그는 특히 아들과의 관계에서 아버지로 표현되신다. 요한복음 1:14, "아버지의 독생자." 요한복음 5:17, "내 아버지께서 이제까지 일하시니 나도 일한다 하시매." 요한복음 8:54, "내게 영광을 돌리시는 이는 내 아버지시니 곧 너희가 너희 하나님이라 칭하는 그이시라." 요한복음 17:2, "아버지께서 아들에게 주신 모든 자에게 영생을 주게 하시려고 만민을 다스리는 권세를 아들에게 주셨음이로소이다." 에베소서 1:3, "하나님 곧 우리 주 예수 그리스도의 아버지께서."

아들

아들께서는 아버지와의 관계에서 이해된다. 하나님의 아들은 그의 신성(神性)을 나타내는 명칭이다. 로마서 8:3, "율법이 육신으로 말미암아 연약하여 할 수 없는 그것을 하나님께서는 하시나니 곧 죄를 인하여 자기 아들을 죄 있는 육신의 모양으로 보내어." 갈라디아서 4:4, "때가 차매 하나님께서 그 아들을 보내사 여자에게서 나게 하시고." 특히 '독생자'(모노게네스 μονογενής)(요 1:14, 18; 3:16, 18; 요일 4:9)라는 명칭은, 신약성경에서 사람의 외아들이나 외동딸에게도 사용되었지만(눅 7:12; 8:42; 9:38), 아버지와 아들의 독특한 관계를 나타낸다. 물론 예수 그리스도의 신성(神性)을 증거하는 다른 여러 구절들도 아버지 하나님과 그의 아들의 독특한 관계를 암시한다(마 11:27; 요 5:18-25 등). 또 신성(神性)은 인격성을 내포한다. 요한복음 1:1의

'말씀'(로고스 λόγος)은 하나님의 영원하신 아들로 이해해야 한다.

하나님께서는 영원하시고 아들께서도 신성(神性)을 가진 자이시기 때문에, 아들의 출생은 영원하다고 이해된다. 웨스트민스터 신앙고백 2:3은 "아들께서는 아버지로부터 영원히 나셨다"라고 말한다. 주 예수께서는 "아버지시여, 창세 전에 내가 아버지와 함께 가졌던 영화로써 지금도 아버지와 함께 나를 영화롭게 하옵소서"라고 기도하셨다 (요 17:5). '창세 전'은 시간 세계 이전이며 곧 영원이라고 표현될 수 있다. 물론 영원 전의 출생이라는 생각은 신비하다. 그러나 아버지와 아들의 관계를 시간 세계 속에서 생각하고 아들의 영원 출생을 부정하는 것은 아들의 신성(神性)을 손상시키고 부정하는 잘못이 된다.

아들의 참된 신성(神性)에 대한 성경의 증거들은 풍성하다.

첫째로, 그는 신적 명칭들로 불리신다. 이사야 9:6, "이는 한 아기가 우리에게 났고 한 아들을 우리에게 주신 바 되었는데 . . . 그 이름은 기묘자라, 모사라, 전능하신 하나님이라, 영존하시는 아버지라, 평안의 왕이라 할 것임이라." 요한복음 1:1, "이 말씀은 곧 하나님이시니라." 디도서 2:13, "우리의 크신 하나님 구주 예수 그리스도." 요한일서 5:20, "그는 참 하나님이시요." 로마서 9:5, "육신으로 하면 그리스도가 저희에게서 나셨으니 저는 만물 위에 계셔 세세에 찬양을 받으실 하나님이시니라." 요한복음 20:28, "도마가 대답하여 말하기를 나의 주시며 나의 하나님이시니이다."

둘째로, 그는 신적 속성들은 가지고 계신다. (1) 그에게는 신성(神性)의 충만이 있으시다. 골로새서 2:9, "그 안에는 신성(神性)의 모든 충만이 육체로 거하시고." (2) 그는 원하시는 곳에 어디든지 계신다. 마태복음 18:20, "두세 사람이 내 이름으로 모인 곳에는 나도 그들 중에 있느니라." (3) 그는 영원하시다. 요한복음 1:1, "태초에 말씀께서 계셨더라." 요한복음 17:5, "아버지시여, 창세 전에 내가 아버지와 함께 가졌던 영화로써 지금도 아버지와 함께 나를 영화롭게 하옵소서." 요한계시록 22:13, "나는 알파와 오메가요 처음과 나중이요 시작과 끝이라." (4) 그는 전능(全能)하시다. 마태복음 8:3, "예수께서 손을 내밀어 저에게 대시며 말씀하시기를 내가 원하노니 깨끗함을 받으라 하신대 즉시 그의 나병이 깨끗하여진지라." (5) 그는 영광의 주이시다. 고린도전서 2:8, "이 지혜는 이 세대의 관원이 하나도 알지 못했나니 만일 알았더면 영광의 주님을 십자가에 못박지 아니하였으리라."

셋째로, 그는 신적 사역들을 행하신다. (1) 그는 만물을 창조하셨다. 요한복음 1:3, "만물이 그로 말미암아 지은 바 되었으니 지은 것이 하나도 그가 없이는 된 것이 없느니라." 고린도전서 8:6, "한 주 예수 그리스도께서 계시니 만물이 그로 말미암고 우리도 그로 말미암았느니라." 골로새서 1:16, "만물이 그에 의해 창조되되 하늘과 땅에서 보이는 것들과 보이지 않는 것들과 혹은 보좌들이나 주관들이나 정사들이나 권세들이나 만물이 다 그로 말미암고 그를 위하여 창조되었고." (2) 그는 만물을 보존하신다. 히브리서 1:3, "그의 능력의 말씀으로 만물을 붙드시며." (3) 그는 병들을 고쳐주셨다. 마태복음 9:35, "예수께서 모든 성과 촌에 두루 다니사 . . . 모든 병과 모든 약한 것을 고치시니라." 마태복음 11:5, "소경이 보며 앉은뱅이가 걸으며 나병환자가 깨끗함을 받으며 귀머거리가 들으며 죽은 자가 살아나며." (4) 그는 죄를 사하시며 죄로부터 자유함을 주신다. 마태복음 9:6, "인자(人子)가 세상에서 죄를 사하는 권세가 있는 줄을 너희로 알게 하려 하노라." 요한복음 8:34-36, "예수께서 대답하시되 진실로 진실로 너희에게 말하노니 죄를 범하는 자마다 죄의 종이라. 종은 영원히 집에 거하지 못하되 아들은 영원히 거하나니 그러므로 아들이 너희를 자유케 하면 너희가 참으로 자유하리라." 히브리서 1:3, "죄를 정결케 하는 일을 하시고." (5) 그는 우리에게 의(義)를 주신다. 고린도전서

1:30, "예수께서는 하나님께로서 나와서 우리에게 지혜와 의로움과 거룩함과 구속(救贖)함이 되셨으니." (6) 그는 영생(永生)을 주신다. 요한복음 10:28, "내가 저희에게 영생을 주노니 영원히 멸망치 아니할 터이요 또 저희를 내 손에서 빼앗을 자가 없느니라." 요한복음 11:25, "예수께서 말씀하시기를 나는 부활이요 생명이니 나를 믿는 자는 죽어도 살겠고." (7) 그는 우리에게서 기도를 들으시며 응답하신다. 요한복음 14:14, "내 이름으로 무엇이든지 내게 구하면 내가 시행하리라." 사도행전 7:59, "저희가 돌로 스데반을 치니 스데반이 부르짖어 말하기를 주 예수시여, 내 영혼을 받으시옵소서 하고."

넷째로, 그는 신적 영광을 받으신다. 히브리서 1:3, "이는 하나님의 영광의 광채시요 그 본체의 형상이시라. . . . 높은 곳에 계신 위엄의 우편에 앉으셨느니라." 마태복음 28:19, "너희는 가서 모든 족속으로 제자를 삼아 아버지와 아들과 성령의 이름으로 세례를 주라." 요한계시록 1:6, "그 아버지 하나님을 위해 우리를 나라와 제사장으로 삼으신 그에게 영광과 능력이 세세토록 있기를 원하노라." 요한계시록 5:12-13, "보좌에 앉으신 이와 어린양에게 찬송과 존귀와 영광과 능력을 세세토록 돌릴지어다."

하나님의 아들 예수 그리스도의 참된 신성(神性)은 이처럼 성경에 풍성히 증거되어 있다. 그러므로 예수 그리스도의 참되고 완전한 신성을 부정하는 초대교회 시대의 아리우스주의나 오늘날의 일위신론(一位神論, Unitarianism)이나 자유주의는 명백히 이단이다.

성령님

성령께서는 성경에서 '영,' '성령님,' '하나님의 영,' '그리스도의 영'(롬 8:9) 등으로 불린다. '영'(루아크 רוּחַ, 프뉴마 πνεῦμα)은 바람같이, 호흡같이 일하시는 그의 사역의 양식을 나타낸다. '성령(聖靈)님'이라는 명칭은 그의 거룩하심을 보인다. 그는 거룩하시며 거룩한 일을 이루신다. '하나님의 영'은 하나님과의 관계를 나타내고, '그리스도의 영'은 그리스도와의 관계를 나타낸다. 요한계시록 5:6, "[어린양에게] 일곱 뿔과 일곱 눈이 있으니 이 눈은 온 땅에 보내심을 입은 하나님의 일곱 영이더라." 삼위 상호간의 관계는 영원적이다.

하나님의 영이신 성령께서는 참 하나님이시다. 하나님께서는 영이시므로 그의 영께서 하나님이신 것은 당연한 일일 것이다. 성령님의 참된 신성에 대한 성경의 증거들은 다음과 같다.

첫째로, 성령께서는 하나님과 동일시되신다. 사도행전 5:3-4, "네가 성령님을 속이고 . . . 사람에게 거짓말한 것이 아니요 하나님께로다." 사도행전 28:25, "성령께서 선지자 이사야로 너희 조상들에게 말씀하신 것이 옳도다"(사 6:9, "여호와께서 가라사대").

둘째로, 성령께서 가지시는 신적 속성들은 그의 신성을 증거한다. 고린도전서 2:10, "성령께서는 모든 것 곧 하나님의 깊은 것이라도 통달하시느니라." 히브리서 9:14, "영원하신 성령님."

셋째로, 성령께서는 신적 사역을 하신다. 창세기 1:2, (창조 사역에서) "하나님의 영께서는 물위에서 움직이시니라." 욥기 26:13, "그 영으로 하늘을 단장하시고."

넷째로, 성령께서는 아버지와 아들과 함께 경배와 영광을 받으신다. 마태복음 12:32, "누구든지 말로 인자(人子)를 거역하면 사하심을 얻되 누구든지 말로 성령을 거역하면 이 세상과 오는 세상에도 사하심을 얻지 못하리라." 마태복음 28:19, "아버지와 아들과 성령의 이름으로 세례를 주고." 고린도전서 3:16, "너희가 하나님의 성전인 것과 하나님의 성령께서 너희 안에 거하시는 것을 알지 못하느뇨?"

교회 역사상, 성령님의 신성(神性)과 인격성을 부정하는 자들이 있었다(단일신론, 소시니안주의, 일위신론 등). 그들은 성령께서 인격적 하나님이심을 부정했다. 그러나 성경은 성령님의 신성(神性)을 증거하며 성령님의 신성은 그의 인격성을 내포한다. 또한 그의 인격성은 성경에서 그에게 사용된 인격적 명칭과 인격적 특성에서 확증된다.

첫째로, 성령께서는 인격적 명칭으로 불리신다. 예수께서는 성령께서 오시면 "그가 내 영광을 나타내리라"고 말씀하셨다(요 16:14). '영'이라는 말은 헬라어에서 중성명사이지만, 여기 '그가'(ἐκεῖνος)라는 말은 남성 지시대명사이다. 사도 바울도 성령님에 대해 "이는 우리의 기업에 보증이 되사"라고 말하였다(엡 1:14). 여기의 '이는'이라는 말(ὅς)은 남성 관계대명사이다. 이것들은 성령님의 인격성을 증거한다.

둘째로, 성령께서는 인격적 특성들을 가지신다. 예수께서는 성령께서 오시면 "그가 너희에게 모든 것을 가르치시고 내가 너희에게 말한 모든 것을 생각나게 하시리라"고 말씀하셨고(요 14:26) 또 "그가 나를 증거하실 것이라"고 말씀하셨다(요 15:26). 사도행전은 성령께서 신자들에게 말씀하셨다고 증거한다(행 8:29; 10:19; 13:2). 사도행전 16:7은 '예수님의 영께서 허락지 않으셨다'고 말한다. 바울은 '성령께서 친히 우리 영과 함께 우리가 하나님의 자녀인 것을 증거하신다'고 말했고(롬 8:16) 또 "성령께서도 우리 연약함을 도우시나니 우리가 마땅히 빌 바를 알지 못하나 오직 성령께서 말할 수 없는 탄식으로 우리를 위하여 친히 간구하시느니라"고 말하였다(롬 8:26). 또 그는 "하나님의 성령님을 근심하게 하지 말라"고 교훈하였다(엡 4:30).

초대교회는 성령께서 아버지로부터 나오실 뿐 아니라 '아들로부터도'(filioque = and from the son) 나오신다는 사실에 대해 논쟁했다. 이것은 동방교회와 서방교회의 분열의 한 원인이 되었다. 동방교회는 성령께서 아들로부터도 나오신다는 사실을 부정하였다. 그러나 성령께서 '하나님의 영'으로 뿐만 아니라 '그리스도의 영' 혹은 '아들의 영'으로도 불리신다는 사실은 성령께서 하나님 아버지로부터 나오실 뿐 아니라 하나님의 아들로부터도 나오심을 증거한다. 로마서 8:9,

"만일 너희 속에 하나님의 영이 거하시면 너희가 육신에 있지 아니하고 성령님 안에 있나니, 누구든지 그리스도의 영께서 없으시면 그리스도의 사람이 아니라." 갈라디아서 4:6, "너희가 아들인 고로 하나님께서 그 아들의 영을 우리 마음 가운데 보내사 아바 아버지라 부르게 하셨느니라." 빌립보서 1:19, "예수 그리스도의 영." 요한계시록 5:6은 어린양의 일곱 눈을 하나님의 일곱 영 곧 성령님이시라고 말한다.

세 인격 간의 관계

하나님 아버지와 하나님의 아들과 성령께서는 서로 어떤 관계를 가지시는가? 세 인격들은 신적 본체에서 동일하고 그 능력과 영광에서 동등하시지만, 그 인격적 특성과 사역에 있어서 어떤 종속적 관계를 생각할 수 있다. 즉 삼위들 간의 논리적 순서는 아버지-아들-성령님이시며, 아들께서는 아버지께 속하시고 성령께서는 아버지와 아들에게 속하신다. 그러므로 웨스트민스터 신앙고백 2:3은 "아버지께서는 누구로부터 나시지도 혹은 나오시지도 않으며, 아들께서는 아버지로부터 영원히 나시며, 성령께서는 아버지와 아들로부터 영원히 나오신다"라고 말한다. 아버지께서는 아들을 세상에 보내셨고 아버지와 아들께서는 성령님을 보내셨다. 주께서는 '하나님께서 그의 아들을 세상에 보내셨다'고 말씀하셨고(요 3:17), 성령님에 관해 "내가 아버지께로서 너희에게 보낼 보혜사 곧 아버지께로서 나오시는 진리의 성령께서 오실 때에"라고 표현하셨다(요 15:26).

세 인격들은 존재하심에 있어서 구별되신다. 아버지께서는 아들을 낳으신다. 낳으시는 일은 성부만의 독특한 행위이시다. 아들께서는 아버지로부터 낳으심을 받을 뿐이다. 또 아버지와 아들께서는 성령님을 보내신다. 성령께서는 그들로부터 나오신다. 그러나 이 세 인격들은 한 본체이시다(본체적 삼위일체). 또 그 세 인격들은 구원 사역에 있어서도 구별되신다. 아버지께서는 만세 전에 택자들을 예정하셨고, 아들께서는 2천년 전에 십자가 위에서 택자들의 구속(救贖)을 이루셨고, 성령께서는 그 구속을 택자들에게 적용하셔서 그 모두를 실제로 구원하신다. 중생(重生)과 성화는 주로 성령께 돌려진다. 그러나 이 세 인격들의 일은 한 분 하나님의 일이다(사역적 삼위일체).

결론적으로, 삼위일체 진리는 신비하지만 매우 중요하다. 이것은 기독교 교리 체계의 중심과 같아서 신학 전체에 영향을 미친다. 사람이 하나님의 삼위일체의 진리를 부정한다면, 예수 그리스도의 신성(神性)도 부정되고 속죄와 중생(重生) 같은 중요한 교리들도 큰 손상을 당할 수밖에 없다. 삼위일체를 부정하는 사상은 역사상 항상 사람의 전적 부패성과 하나님의 주권적 은혜를 부정하는 자력(自力) 구원 사상, 즉 행위 구원 사상과 같이 갔다.

그러나 이렇게 중요한 삼위일체의 진리는 매우 신비하다. 하나님의 삼위일체(三位一體) 교리는 하나님의 신비를 만족하게 설명하려는 시도라기보다 단지 하나님에 대한 잘못된 생각들, 예를 들어, 삼신론(三神論)(본체의 수적 단일성 부정), 단일신론(성자와 성령님의 신성 부정), 양태론(세 인격들의 구별 부정) 등을 방지하기 위한 노력이었다. 하나님의 삼위일체는 사람이 이해하기 어려운 신비이다. 그러나 하나님의 삼위일체는 성경에 명백하게 계시된 하나님의 진리이다. 그러므로 하나님의 삼위일체 교리를 부정하는 것은 하나님의 유일하심을 부정하거나 예수 그리스도의 신성(神性)을 부정하거나 아버지와 아들과 성령님의 인격적 구별을 부정하는 오류이며 이것은 확실히 이단적이다. 박형룡 박사는, "우리가 이것을 믿음은 우리가 이것을 이해하는 때문이 아니라 오직 하나님께서 자신을 이렇게 계시하신 때문이다"라고 말했다(교의신학: 제2권 신론, 202쪽). 우리는 성경에 계시된 대로 하나님의 삼위일체(三位一體) 진리를 믿어야 한다.

4. 예정

하나님께서는 무슨 일들을 하셨고 또 하고 계신가? 하나님의 하시는 일들은 예정과 창조와 섭리라는 말로 표현된다. 그 중, 예정(豫定)은 하나님께서 세상을 창조하시기 전에 세상의 모든 일들과 사람들의 구원을 미리 계획하시고 작정하셨다는 것을 말한다. 흔히, 작정(decree)이라는 말은 세상의 모든 일들에 대해 사용하며, 예정(豫定, predestination)이라는 말은 특히 사람의 구원에 대해 사용한다.

세상의 모든 일들을 미리 작정하심

하나님께서는 창세(創世) 전에 세상의 모든 일들을 미리 계획하시고 작정하셨다. 웨스트민스터 신앙고백 3:1은 다음과 같이 말한다.

하나님께서는 영원 전부터 가장 지혜롭고 거룩한 자신의 뜻의 계획에 의해 모든 일어날 일들을 자유롭고 불변적이게 정하셨다. 그러나 그것에 의해, 하나님께서 죄의 창조자이지 않으시며 피조물들의 의지가 침해되지도 않으며 또 제2 원인들의 자유나 우연함이 제거되지도 않고 오히려 확립된다.

증거

성경은 하나님의 영원불변적 작정과 의지에 대해 명백하고 충분하게 증거한다. 시편 115:3, "우리 하나님께서는 하늘에 계셔서 원하시는 모든 것을 행하셨나이다." 시편 135:6, "여호와께서 무릇 기뻐하시는 일을 천지와 바다와 모든 깊은 데서 다 행하셨도다." 이사야 14:24, 27, "만군의 여호와께서 맹세하여 말씀하시기를 나의 생각한 것이 반드시 되며 나의 계획한 것이 반드시 이루리라. . . . 만군의 여호와께서 계획하셨은즉 누가 능히 그것을 폐하며 그 손을 펴셨은즉 누가 능히 그것을 돌이키랴?" 이사야 37:26, "이 일들은 내가 태초부터 행한 바요 상고부터 정한 바로서 이제 내가 이루어." 이사야 41:4, "이 일을 누가 행하였느냐? 누가 이루었느냐? 누가 태초부터 만대(萬代)를 작정하였느냐? 나 여호와라." 이사야 46:10-11, "내가 종말을 처음부터 고하며 아직 이루지 아니한 일을 옛적부터 보이고 말하기를 나의 계획이 설 것이니 내가 나의 모든 기뻐하는 것을 이루리라," "내가 말하였은즉 정녕 이룰 것이요 계획하였은즉 정녕 행하리라." 다니엘 4:35, "땅의 모든 기민을 없는 것같이 여기시며 하늘의 군사에게든지, 땅의 거민에게든지 그는 자기의 뜻대로 행하시나니." 로마서 11:36, "이는 모든 것이 주님에게서 나오고 주님으로 말미암고."

이성적으로도, 사람이 무슨 일을 하기 전에 자세한 계획을 세우는 것을 생각한다면, 전지전능하시고 완전하신 하나님께서 세상을 창조하실 때 완전한 계획을 가지셨다는 것은 지극히 당연한 일이다. 더욱이, 모든 일들을 미리 아시는 하나님의 지혜와 능력은 그 일들이 확실히 일어날 것이라는 사실을 내포하며, 이 확실성은 단지 우연이나 사람들의 자유에 근거할 수 없다. 왜냐하면 하나님께서는 온 세상의 주권자이시기 때문이다. 또한 하나님의 선하심도 그의 영원한 작정을 후원한다. 하나님께서 세상을 창조하셨을 때 그것의 진행과 미래와 종말을 사람들의 자유나 불확실한 우연에 맡겨두셨다고 상상하는 것은 그의 선하심에 명백히 배치된다.

성격

하나님의 작정은 몇 가지의 성격을 가진다. 우선, 하나님의 작정은 **영원적**이다. 창조와 섭리는 논리적으로 작정 후에 그리고 시간 세계 속에서만 생각될 수 있다. 또 하나님의 작정은 **주권적**이다. 하나님의 작정은 하나님의 기쁘신 뜻이다. 그것은 피조물들의 어떤 조건들에 의존하지 않는 그의 주권적 행위이다. 또 하나님의 작정은 **불변적**이다. 하나님의 작정은 어떤 확고하게 정해진 계획을 의미한다. 그러나 하나님의 작정은 또한 **도덕적**이다. 그 작정은 하나님께서 마음대로 아무렇게나 행하신 어떤 전횡적 행위가 아니고 그의 가장 지혜롭고 거룩하고 의롭고 선한 뜻에 근거한 행위이다. 하나님의 작정은 지극히 거룩하고 의롭고 선하시다.

하나님의 작정의 진리는 세상 사람들이 생각하는 숙명론이나 결정론과는 다르다. 숙명론은 세상의 모든 일이 미리 결정된 어떤 운명이며 사람의 어떤 노력으로도 그것을 변경할 수 없다고 믿는 매우 소극적인, 현실도피적인 사상이다. 그러나 성경이 말하는 하나님의 작정의 진리는 사람의 자유롭고 자발적인 행위와 그것에 따르는 도덕적 책임을 부정하지 않고 인정한다. 잠언 16:33, "사람이 제비는 뽑으나 일을 작정하기는 여호와께 있느니라." 에스겔 36:37, "그래도 이스라엘 족속이 이와 같이 자기들에게 이루어 주기를 내게 구하여야 할지라." 마태복음 7:7, "구하라 그러면 너희에게 주실 것이요." 빌립보서 2:13, "너희 안에 행하시는 이는 하나님이시니 자기의 기쁘신 뜻을 위하여 너희로 소원을 두고 행하게 하시나니." 요한계시록 22:12, "내가 줄 상이 내게 있어 각 사람에게 그의 일한 대로 갚아 주리라."

또 성경은 사람편에서 볼 때 세상에 우연한 일들이 있다는 사실을 부정하지 않고 인정한다. 룻기 2:3, "(나오미의 며느리 모압 여자 룻은) 우연히 엘리멜렉의 친족 보아스에게 속한 밭에 이르렀더라." 열왕기상 22:34, "한 사람이 우연히 활을 당기어 이스라엘 왕(아합)의 갑옷 솔기를 쏜지라."

범위

하나님의 작정은 이 세상의 모든 일들을 포함한다. 로마서 11:36, "모든 것이 주님에게서 나오고." 에베소서 1:11, "모든 일을 그 마음의 원대로 활동하시는 자의 뜻을 따라 우리가 예정을 입어." 심지어 사람의 죄 문제도 하나님의 작정 속에 포함된다. 하나님의 뜻과 사람의 죄와의 관계는 이해하기 어려운 문제이지만, 성경은 사람들의 죄도 하나님의 작정 속에 포함시킨다. 세상의 그 어떤 것도 하나님의 뜻과 작정 밖에 있지 않다. 창세기 45:8, (요셉이 형들에게) "나를 이리로 보낸 자는 당신들이 아니요 하나님이시라." 사무엘상 2:25, "(엘리의 아들들이) 그 아비의 말을 듣지 아니하였으니 이는 여호와께서 그들을 죽이기로 뜻하셨음이었더라." 잠언 16:4, "여호와께서 온갖 것을 그 쓰임에 적당하게 지으셨나니 악인도 악한 날에 적당하게 하셨느니라." 누가복음 22:22, "인자(人子)는 이미 작정된 대로 가거니와 그를 파는 그 사람에게는 화가 있으리로다." 로마서 9:17, 22, "성경이 바로에게 말씀하시기를 내가 이 일을 위하여 너를 세웠으니," "만일 하나님께서 그 진노를 보이시고 그 능력을 알게 하고자 하사 멸하기로 준비된 진노의 그릇을 오래 참으심으로 관용하시고."

　　죄에 대한 하나님의 작정은 흔히 '허용적 작정'이라고 표현된다. 이 말은 피조물의 죄도 하나님의 주권적 작정 속에 있으나 죄의 책임은 하나님께 돌릴 수 없음을 나타낸다. 지극히 거룩하시고 죄를 벌하시는 하나님께서는 죄의 원인자가 되실 수 없다. 죄는 오직 피조물에게서 나온다. 하나님께서는 마귀의 존재와 그 활동들도 그의 작정 속에 두셨으나, 마귀를 마귀 되게 한 자는 하나님이 아니시고 마귀 자신이다. 마귀는 스스로 타락하였다. 하나님께서 그것을 허용하셨으나 그 허물의 책임은 마귀 자신에게 있지 하나님께 돌려질 수 없다. 사람의 범죄와 타락의 책임도 사람 자신에게 있지 하나님께 돌려질 수 없다.

목적

　　하나님의 작정의 목적은 무엇인가? 하나님의 작정은 궁극적으로 하나님 자신의 영광을 나타내시기 위함이다. 이사야 48:11, "내가 나를 위하며 내가 나를 위하여 이를 이룰 것이라. 어찌 내 이름을 욕되게 하리요! 내 영광을 다른 자에게 주지 아니하리라." 에베소서 1:6,

12, 14, "(예정(豫定)과 구속(救贖)과 중생(重生)은) 그의(하나님의) 은혜의 영광을 찬송하게 하려는 것이라." 로마서 11:36, "이는 모든 것이 주님(하나님)에게서 나오고 주님으로 말미암고 주님께로 돌아감이라. 영광이 그에게 세세에 있으리로다. 아멘."

창조와 심판의 궁극적 목적도 그러하다. 시편 19:1, "하늘이 하나님의 영광을 선포하고." 요한계시록 4:11, "우리 주 하나님이시여, 영광과 존귀와 능력을 받으시는 것이 합당하오니 주께서 만물을 지으신지라." 이사야 43:7, 21, "무릇 내 이름으로 일컫는 자 곧 내가 내 영광을 위하여 창조한 자를 오게 하라," "이 백성은 내가 나를 위하여 지었나니 나의 찬송을 부르게 하려 함이니라." 요한계시록 19:1-2, "할렐루야, 구원과 영광과 능력이 우리 하나님께 있도다. 그의 심판은 참되고 의로운지라."

사람들의 구원을 예정하심

하나님께서는 만세 전에 특별히 사람들의 구원을 미리 계획하시고 작정하셨다. 웨스트민스터 신앙고백 3:3-4는 이렇게 말한다: "하나님의 작정에 의해 그의 영광을 드러내기 위해 어떤 사람들과 천사들은 영원한 생명에 이르도록 예정되었고 그 밖의 사람들은 영원한 죽음에 이르도록 예정되었다," "이렇게 예정된 이 천사들과 사람들은 개별적으로 그리고 불변적으로 계획되어진 것이며 그들의 수는 매우 확실하고 명확해서 더해지거나 감해질 수 없다." 사람들에 대한 구원의 예정은 선택하심과 버려두심의 두 요소로 구성된다.

선택하심

사람들에 대한 구원 예정의 첫 번째 요소는 선택하심이다. 웨스트민스터 신앙고백 3:5는 다음과 같이 말한다.

4. 예정

하나님께서는 인류 중에서 생명에 이르도록 예정된 자들을 세상의 기초가 놓이기 전에 그의 영원하시며 불변하신 목적과 그의 은밀한 계획과 기쁘신 뜻에 따라 오직 그의 값없는 은혜와 사랑으로 영원한 영광에 이르도록 그리스도 안에서 선택하셨고; 신앙이나 선행들이나, 혹은 그것들 가운데서 끝까지 견딤이나, 혹은 피조물 안의 다른 어떤 것을 조건들로나 그를 그것으로 이끄는 원인들로 미리 아심이 없이 하셨으며; 모든 것이 그의 영광스러운 은혜를 찬송하게 하셨다.

증거

성경은 하나님의 선택하심에 대해 밝히 증거한다. 요한복음 6:37, "아버지께서 내게 주시는 자는 다 내게로 올 것이요." 요한복음 6:39, "나를 보내신 이의 뜻은 내게 주신 자 중에 내가 하나도 잃어버리지 아니하고 마지막 날에 다시 살리는 이것이니라." 요한복음 17:6, "세상 중에서 내게 주신 사람들에게 . . . . 저희는 아버지의 것이었는데 내게 주셨으며." 요한복음 17:9, 24, "내가 비옵는 것은 세상을 위함이 아니요 내게 주신 자들을 위함이니이다," "아버지여, 내게 주신 자도 나 있는 곳에 나와 함께 있어." '주신'이라는 헬라어들(데도케 δέδωκέ 혹은 데도카스 δέδωκάς)은 완료시제이며 하나님의 선택이 확정적임을 보인다. 사도행전 13:48, "영생을 주시기로 작정된 자는 다 믿더라." '작정된 자'라는 헬라어(테타그메노이 τεταγμένοι)도 완료시제다. 로마서 8:29, "하나님께서 미리 아신 자들로 또한 그 아들의 형상을 본받게 하기 위하여 미리 정하셨으니." 에베소서 1:3-5, "하나님 곧 우리 주 예수 그리스도의 아버지께서 . . . 창세 전에 그리스도 안에서 우리를 택하사 우리로 사랑 안에서 그 앞에 거룩하고 흠이 없게 하시려고 그 기쁘신 뜻대로 우리를 예정하사 예수 그리스도로 말미암아 자기의 아들들이 되게 하셨으니."

성격

하나님께서는 **영원 전에** 우리를 선택하셨다. 에베소서 1:4, "창세 전에 . . . 우리를 택하사." 또 그의 선택하심은 **불변적**이다. 요한복음 6:39, "내게 주신 자 중에 내가 하나도 잃어버리지 않고 마지막 날에 다시 살리는 이것이니라." 사도행전 13:48, "영생을 주시기로 작정된 자는 다 믿더라." 로마서 8:30, "미리 정하신 그들을 또한 부르시고 부르신 그들을 또한 의롭다 하시고 의롭다 하신 그들을 또한 영화롭게 하셨느니라." 디모데후서 2:19, "하나님의 견고한 터는 섰으니 인침이 있어 일렀으되 주께서 자기 백성을 아신다 하며."

하나님의 선택하심은 또한 **주권적, 무조건적**이다. 요한복음 6:37, "아버지께서 내게 주시는 자는 다 내게로 올 것이요" 예수께 오는 자들 곧 예수님 믿는 자들이 하나님께서 예수께 주시는 자들 곧 하나님의 선택을 받는 자들이 아니고, 하나님께서 예수께 주시는 자들 곧 하나님의 택함을 받은 자들이 예수께 나아와 믿는다. 요한복음 10:26, "너희는 내 양이 아니므로 믿지 아니하는도다." 유대인들은 예수님을 믿지 않기 때문에 예수님의 양들이 아닌 것이 아니고 예수님의 양들이 아니므로 예수님을 믿지 않았던 것이다. 로마서 9:11, "그 자식들이 아직 나지도 아니하고 무슨 선이나 악을 행하지 아니한 때에 택하심을 따라 되는 하나님의 뜻이 행위로 말미암지 않고 오직 부르시는 이에게로 말미암아 서게 하려 하사." 로마서 9:15-16, "내가 긍휼히 여길 자를 긍휼히 여기고 불쌍히 여길 자를 불쌍히 여기리라 하셨으니 그런즉 원하는 자로 말미암음도 아니요 달음박질하는 자로 말미암음도 아니요 오직 긍휼히 여기시는 하나님으로 말미암음이니라." 로마서 9:18, "그런즉 하나님께서 하고자 하시는 자를 긍휼히 여기시고 하고자 하시는 자를 강퍅케 하시느니라." 에베소서 1:5, "그 기쁘신 뜻대로 우리를 예정하사." 에베소서 1:11, "모든 일을 그 마음의 원

대로 활동하시는 자의 뜻을 따라 우리가 예정을 입어." 디모데후서
1:9, "하나님께서 우리를 구원하사 거룩하신 부르심으로 부르심은 우
리의 행위대로 하심이 아니요 오직 자기 뜻과 영원한 때 전부터 그리
스도 예수 안에서 우리에게 주신 은혜대로 하심이라."

만일 하나님의 선택하심이 사람들의 회개와 믿음에 대한 하나님의
미리 아심에 근거한 것이라면, 하나님께서 사람들을 택하신 것이 아
니고 사람들이 하나님을 택한 것이라고 말해야 할 것이다. 그러나 위
의 인용된 많은 구절들은 사람이 하나님을 택한 것이 아니고 하나님
께서 사람을 택하신 것이라고 분명히 말한다. 그러므로 로마서 8:29,
"하나님께서 미리 아신 자들로 또한 그 아들의 형상을 본받게 하기
위하여 미리 정하셨다"는 말씀이나, 베드로전서 1:2, "하나님 아버지
의 미리 아심을 따라 성령님의 거룩하게 하심으로 순종함과 예수 그
리스도의 피 뿌림을 얻기 위하여 택하심을 입은 자들"이라는 말씀은
하나님께서 사람들의 회개와 믿음을 보고 택하셨다는 소위 '예지(豫
知) 예정'을 보이는 것이 아니고 단지 하나님께서 구원하실 자들에
대한 그의 호의를 나타내는 뜻으로 이해해야 한다. 왜냐하면 성경의
다른 명백한 구절들이 주권적 예정과 선택을 증거하기 때문이다.

물론, 하나님의 선택하심 안에는 하나님께서 사용하시는 **구원의
수단들도 포함**된다. 웨스트민스터 신앙고백 3:6은 그러므로 다음과
같이 말한다.

하나님께서는 택하신 자들을 영광에 이르도록 정하셨을 때 그의
뜻의 영원하고 가장 자유로운 계획에 의해 그것을 위한 모든 수단
들도 예정하셨다. 그러므로 아담 안에서 타락했으나 택하심을 입은
그들은 그리스도에 의해 구속(救贖)되고, 정한 때에 활동하시는 그
의 영에 의해 효력 있게 부르심을 받아 그리스도를 믿고, 의롭다 하
심을 얻고 양자(養子)가 되고 거룩해지고 그의 능력으로 믿음을 통
해 구원에 이르도록 보존된다. 오직 선택된 자들 외에는, 아무도 그
리스도에 의해 구속(救贖)되거나 효력 있게 부르심을 받거나 의롭

다 하심을 얻거나 양자(養子)가 되거나 거룩해지거나 구원을 얻지 못한다.

특히 하나님의 선택하심은 예수 그리스도 안에서 즉 예수 그리스도의 속죄사역에 근거하여 이루어진 것이다. 죄인들의 구원은 전적으로 예수 그리스도의 속죄사역에 근거한 하나님의 은혜이다. 에베소서 1:4, "창세 전에 그리스도 안에서 우리를 택하사." 디모데후서 1:9, "자기 뜻과 영원한 때 전부터 그리스도 예수 안에서 우리에게 주신 은혜대로 하심이라." 이와 같이 하나님의 선택하심은 택하심을 받은 죄인들이 자동적으로 구원 얻는 것을 의미하는 것이 아니고 예수 그리스도의 속죄사역과 성령님의 거듭나게 하시고 거룩케 하시는 사역과 사람의 편에서 전도와, 회개와 믿음과, 순종 등의 자발적 행위들을 통해 이루어지는 것이다. 이 점을 잘 알지 못하면 하나님의 예정과 선택에 대해 바른 이해를 가지지 못할 것이다.

타락과의 관계

하나님의 선택하심과 사람의 타락의 관계는 어떠한가? 시간적으로, 하나님의 선택하심이 창세 전의 일이므로 타락 전에 이루어졌다는 것은 의문의 여지가 없다. 그러나 논리적으로, 하나님께서 사람들을 선택하셨을 때 그들을 죄 없는 상태의 사람들로 보셨는가, 아니면 그들을 앞으로 타락할 자들로 보셨는가라는 문제를 생각할 수 있다.

하나님의 선택하심을 논리적으로 사람의 창조와 사람의 타락 허용보다 앞에 두어, 하나님께서 사람을 선택하셨을 때 그를 무죄 상태의 사람들로 보셨다는 견해를 **전택설**(前擇說, supra-lapsarianism)이라고 한다. 이 견해는 하나님의 절대 주권을 강조하며 하나님께서 어떤 자들을 선택하지 않고 버리심을 하나님의 기쁘신 뜻으로 간주한다. 이 견해는 사도 바울의 토기장이 비유(롬 9장) 등에 나타난 하나님의 절대주권의 진리에 근거하며 그 진리에 비추어 다른 견해보다 더 논리적이게 보이고 천사들의 경우에는 적절해 보인다. 그러나 이 견해는 죄 없는 사람들의 일부를 영원한 멸망에 버리시는 것이 하나님의 사랑에 조화되는가 하는 어려운 문제를 안고 있다.

하나님의 선택하심을 논리적으로 사람의 창조와 사람의 타락 허용 후에 두어, 하나님께서 사람들을 선택하셨을 때 그를 장차 타락할 자로 보셨다는 견해를 **후택설**(後擇說, infra-lapsarianism)이라고 한다. 이 견해에 의하면 하나님께서 어떤 자들을 선택하시지 않고 버리심은 하나님의 공의의 행위로 간주된다. 이 견해는 선택이 죄로부터의 구원의 선택이므로 타락을 전제해야 한다고 본다. 에베소서 1:4, "창세 전에 그리스도 안에서 우리를 택하사 우리로 사랑 안에서 그 앞에 거룩하고 흠이 없게 하시려고." 후택설은 비록 하나님의 주권에 비추어 논리적으로 약해 보이지만 전택설의 어려운 문제를 극복할 수 있는 것 같다. 웨스트민스터 신앙고백은 후택설의 입장을 취하는 것 같다. 웨스트민스터 신앙고백 3:7, "[하나님께서는] 인류의 나머지 사람들을 지나쳐버리시고 그들의 죄로 인한 수욕과 진노에 이르도록 작정하셔서." 개혁파 신학의 주류는 후택설이다. 이 문제에 대해서는 전택설보다 후택설이 더 타당하다고 생각된다.

다른 파들의 견해들

하나님의 선택하심에 대한 다른 파들의 견해들은 어떠한가? 루터교회는 루터의 바른 견해를 저버렸다. 루터 자신은, 칼빈과 동일하게, 사람의 전적 부패와 함께 하나님의 절대적, 이중적 예정을 믿었다. 그러나 루터교회의 전통은, 그들의 일치신조에 진술된 대로, 어거스틴의 절대 예정의 교리를 부정한다. 그러나 루터교회의 전통은 천주교회의 신인(神人)협력설 즉 반(半)펠라기안주의(semi-Pelagianism)도 부정한다. 루터교회는 사람의 전적 부패와 무능력, 그리고 중생(重生)에서의 성령님의 주권적 단독 사역을 긍정하면서도 사람이 하나님의 이 은혜를 거부하고 저항할 수 있다고 주장한다.

한편, 17세기 초 화란에서 정죄된 알미니안주의(Arminianism)는 로마 천주교회의 입장이었던 신인협력설로 돌아갔다. 그 파는 사람의 전적 부패와 무능력을 인정하면서도 사람이 하나님의 구원하시는 은혜에 협력하는가 하지 않는가에 따라 구원이 결정된다고 주장한다. 그 후에 나타난 웨슬리안-알미니안주의(Wesleyan Arminianism)는 사람의 전적 부패와 무능력을 긍정하였으나 예수 그리스도의 보편적 속죄사역으로 인해 모든 사람의 원죄의 죄책과 무능력이 제거되어 이제는 모든 사람이 성령님의 구원 사역과 협력할 수 있다고 주장함으로써 알미니안주의의 오류와 비슷한 결론에 도달했다. 감리교회와 성결교회가 그리고 침례교회의 일부가 이런 견해를 취한다. 이들은 다 하나님의 주권적, 무조건적 선택을 부정하는 것이다.

버려두심

사람들에 대한 구원 예정의 두 번째 요소는 버려두심(reprobation)이다. 웨스트민스터 신앙고백 3:7은 다음과 같이 말한다.

> 하나님께서는, 그가 기뻐하시는 대로 긍휼을 베풀기도 하시고 거두기도 하시는 그 자신의 뜻의 측량할 수 없는 계획에 따라, 그의 피조물들 위에 가지는 그의 주권적 능력의 영광을 위해, 인류의 나머지 사람들을 지나쳐버리시고 그들의 죄로 인한 수욕과 진노에 이르도록 작정하셔서 그의 영광스런 공의를 찬송하게 하기를 기뻐하셨다.

버려두심의 교리는 천주교회, 루터교회의 다수, 알미니안주의, 웨슬리안주의 등의 심한 반대를 받아왔으나, 어거스틴, 루터, 칼빈 등이 밝히 주장하였고, 웨스트민스터 신앙고백과 도르트 신조 등이 밝히 진술하였다. 칼빈의 설명과 같이, "선택 자체는 버려두심과 대조시키지 않고는 생각할 수 없다"(기독교강요, 3. 23. 1).

4. 예정

증거

하나님의 선택하심은 버려두심을 내포한다. 하나님께서 어떤 이들을 선택하셨다는 것은 그가 나머지 사람들을 버려두셨다는 뜻이다. 그 뿐만 아니라, 악인들에 대한 하나님의 뜻을 증거하는 성경의 많은 말씀은 버려두심에 대한 명백한 증거들이다. 출애굽기는 반복하여 하나님께서 바로의 마음을 강퍅케 하셨다고 증거한다(출 4:21; 7:3; 9:12; 10:27; 11:10). 신명기 2:30, "여호와께서 그(헤스본 왕 시혼)를 네 손에 붙이시려고 그 성품을 완강케 하셨고 그 마음을 강퍅케 하셨음이라." 여호수아 11:20, "그들의 마음이 강퍅하여 이스라엘을 대적하여 싸우러 온 것은 여호와께서 그리하게 하신 것이라." 사무엘상 2:25, "그들(엘리의 아들들)이 그 아비의 말을 듣지 아니하였으니 이는 여호와께서 그들을 죽이기로 뜻하셨음이었더라." 잠언 16:4, "여호와께서 온갖 것을 그 쓰임에 적당하게 지으셨나니 악인도 악한 날에 적당하게 지으셨느니라." 이사야 6:9-10, "가서 이 백성에게 말하기를 너희가 듣기는 들어도 깨닫지 못할 것이요 보기는 보아도 알지 못하리라 하여 이 백성의 마음으로 둔하게 하여 그 귀가 막히고 눈이 감기게 하라." 이 마지막의 말씀은 신약성경에서 여섯 번 인용되었다(마 13:14-15; 막 4:12; 눅 8:10; 요 12:40; 행 28:27; 롬 11:9-10).

마태복음 7:6, "거룩한 것을 개에게 주지 말며 너희 진주를 돼지 앞에 던지지 말라." 마태복음 13:11, "천국 비밀을 아는 것이 너희에게는 허락되었으나 저희에게는 아니 되었나니." 요한복음 17:9, "내가 비옵는 것은 세상을 위함이 아니요 내게 주신 자들을 위함이니이다." 로마서 9:22, "만일 하나님께서 그 진노를 보이시고 그 능력을 알게 하고자 하사 멸하기로 준비된 진노의 그릇을 오래 참으심으로 관용하시고." 데살로니가후서 2:11-12, "이러므로 하나님께서 유혹을 저희 가운데 활동하게 하사 거짓 것을 믿게 하심은 진리를 믿지 않고 불의를 좋아하는 모든 자로 심판을 받게 하려 하심이니라." 베드로전서 2:8, "저희가 말씀을 순종치 아니하므로 넘어지나니 이는 저희를 이렇게 정하신 것이라." 유다서 4, "저희는 옛적부터 이 정죄를 받기로 미리 기록된 자니." 버려두심은 성경적 교리이다.

두 측면

버려두심에는 두 측면, 즉 지나쳐 버리심과 정죄하심이 있다. 지나쳐 버리심은 하나님께서 어떤 사람들을 선택하지 않고 지나쳐 버리신 것을 가리킨다. 이것은 하나님의 주권적 행위이며, 그 이유는 알려져 있지 않다. 정죄하심은 적극적 행위인데, 하나님께서 지나쳐 버리신 자들을 그들의 죄에 대해 공의로 정죄하시고 벌하시는 것을 말한다. 이것은 하나님의 공의의 행위이며, 그 이유는 그들의 죄들 때문이다. 그러므로 하나님께서 버리신 자들은 그들의 죄들 때문에 하나님의 진노와 형벌 아래 있게 된다.

실상, 모든 사람들이 하나님의 진노와 형벌 아래 있었으나, 그 중 일부는 하나님의 값없이 주시는 은혜로 구원을 얻고, 나머지는 그들의 죄 가운데 그냥 버려져서 그 죄의 형벌을 받는 것이다. 그러므로 하나님의 택하심을 받은 자들은 하나님의 크신 긍휼과 은혜를 감사하고 찬송할 것밖에 없고, 하나님의 지나쳐 버리심을 받고 정죄된 자들은 하나님의 공의의 심판에 대해 불평할 수 없다. 선택된 자들을 통해서는 하나님의 은혜의 영광이 드러나고, 버려진 자들을 통해서는 하나님의 공의의 영광이 드러날 뿐이다.

버려두심 즉 유기(遺棄)의 진리는 두려운 사실이지만, 모든 사람들이 죄 아래 있었다는 사실을 생각하면, 결코 불평거리가 될 수 없다. 하나님께서 모든 인류를 다 버리셨을지라도 인류는 불평할 수 없었을 것이다. 그러므로 버려두심 즉 유기의 진리는 비록 기쁨을 주는 진리가 아니지만 모든 성도들이 마땅히 믿어야 할 진리이다.

4. 예정

결론적으로, 예정 교리는 사람의 구원이 궁극적으로 하나님께로부터 나왔는가, 사람 자신에게서 나왔는가라는 근본적 문제에 관계된다. 역사적으로 이 문제는 개혁주의(칼빈주의) 신학과 기타 신학들을 구분하는 주요 논점이 되었다. 이것은 단순히 지엽적 문제가 아니고, 매우 중요한 문제이다. 이것은 사람의 구원에 있어서 하나님의 주권을 인정하는가, 인정하지 않는가라는 문제이다. 사람을 구원하시는 능력이 참으로 하나님께 있는가? 하나님께서 참으로 그의 기쁘신 뜻 가운데 어떤 사람들을 영생에 이르도록 선택하셨는가? 하나님께서 그 사람들을 참으로 구원하시는가? 하나님께서 참으로 구주이신가? 우리는 성경에 근거해 '확실히 그렇다'고 대답한다. 이 교리는 성경의 많은 구절들에 의해 분명하게 증거되고 있다. 우리는 이 심오한 교리가 바르게 가르쳐지고 강조되어야 한다고 믿는다.

하나님께서는 세상을 창조하시기 전에 세상의 모든 일들을 미리 작정하셨다. 이 세상의 모든 일들 곧 창조와 섭리의 모든 일들은 그의 작정하신 대로 이루어진다. 그는 특히 구원하실 자들을 예정하셨다. 이 예정의 교리는 구원 얻은 성도들에게 큰 유익을 준다. 이 교리는 구원 얻은 성도들로 하여금 오직 하나님의 은혜를 찬송하게 하고 그러나 또한 하나님의 공의 앞에 두려움을 가지게 하며 또 그들에게 참된 겸손과 흔들리지 않는 위로와 확신을 준다. 우리의 구원은 우리 자신에게서 나온 것이 아니고 우리 자신의 연약하고 변덕스러운 결심에 근거하는 것이 아니고 하나님의 영원하시고 불변적인 예정과 선택에 근거한 것이다. 우리의 구원은 하나님의 전적인 은혜이다. 그러므로 구원 얻은 우리는 오직 하나님의 은혜에 감사해야 하고 하나님께만 찬송과 영광을 돌려야 한다. 그러나 하나님의 주권적 예정과 선택을 믿는 우리는 또한 하나님의 모든 계명들에 즐거이 순종하여 거룩하고 의롭고 선한 삶을 살기를 힘써야 한다.

5. 창조

세상 창조는 세상과 인류 역사의 시작이다. 하나님께서는 영원 전에 모든 일을 계획하시고 작정하신 대로 세상을 창조하셨다. 성경은 "태초에 하나님께서 천지를 창조하시니라"는 말로 시작된다(창 1:1). 웨스트민스터 신앙고백 4:1은, "아버지, 아들, 성령 하나님께서는 그의 영원하신 능력과 지혜와 선하심의 영광을 나타내기 위하여 태초에 육일 동안에 세계와 그 안에 있는 모든 것들, 곧 보이는 것이든지 보이지 않는 것이든지 간에 다 무(無)로부터 창조하기를 기뻐하셨는데, 그것들은 다 매우 좋았다"라고 진술하였다.

창세기 1장과 2장은 창조에 대해 자세히 기록한다. 창세기 1장과 2장의 내용은 비유적으로 해석되어서는 안 된다. 왜냐하면 창세기 1, 2장은 역사적 서술의 책의 한 부분이며 시(詩)나 비유의 문체가 아니고 명백히 역사적 서술이기 때문이다. 그러나 창조는 우리가 경험할 수 있는 사건이나 이성이나 과학으로 증명할 수 있는 일이 아니고, 오직 하나님께서 주신 성경 계시에 의존하여 알고 믿어야 할 일이다.

창조주--"하나님"

창조는 삼위일체 하나님의 행위이었다. 삼위 하나님께서는 창조에서 함께 활동하셨다. 천지만물은 성부에 의해 성자로 말미암아 성령님 안에서 창조되었다고 말할 수 있다. 성경이 창조사역을 주로 성부께 돌리는 것이 사실이지만, 성자와 성령께도 돌린다. 고린도전서 8:6, "우리에게는 한 하나님 곧 아버지가 계시니 만물이 그에게서 났고 우리도 그를 위하며 또한 한 주 예수 그리스도께서 계시니 만물이 그로 말미암고 우리도 그로 말미암았느니라." 요한복음 1:3, "만물이 그로 말미암아 지은 바 되었으니 지은 것이 하나도 그가 없이는 된 것이 없느니라." 골로새서 1:16, "만물이 그에 의해 창조되되 . . . 만물이 다 그로 말미암고." 창세기 1:2, "하나님의 영께서는 물 위에 움직이시니라."

창조하신 때--"태초에"

창세기 1:1, "태초에 하나님께서 천지를 창조하시니라." '태초에'라는 원어(베레쉬스 בְּרֵאשִׁית)는 '맨 처음에'라는 뜻이다. 이 말은 세상의 시작을 가리킨다. 세상은 창조로부터 시작되며 사람의 시간 개념도 창조로부터 시작된다. 그러므로 창세기 1:1의 태초는 시간의 시작이다. 태초 이전은 시간의 시작 전이며 그것은 곧 영원이다. 어거스틴은 세계가 '시간 안에서' 창조되었다기보다 '시간과 함께' 창조되었다고 잘 말했다(Louis Berkhof, *Systematic Theology*, p. 130).

하나님께서 천지만물을 창조하신 때를 영원 전이라고 말하는 자들이 있었으나 그것은 잘못이다. 왜냐하면 성경은 하나님께서 '영원 전에' 창조하셨다고 말하지 않고 '태초에' 창조하셨다고 말하기 때문이다. 그러나 하나님께서 세상을 창조하시기 전에 오랜 세월 동안 아무 활동도 하지 않으신 상태로 계셨다고 상상할 필요는 없다. 하나님의 영원하심은 단순히 시간의 무한한 연장을 뜻하는 것이 아니고, '무(無)시간' 혹은 '비(非)시간'을 의미하기 때문이다. 하나님께서는 과거도 미래도 없이 영원한 현재로 존재하신다.

창세기 1장에 언급된 창조의 6일은, 비록 어떤 이들(Charles Hodge, William Shedd 등)이 진화론적 가설의 영향 아래 그것들을 '긴 시대들'로 보았지만, 24시간의 '하루들'로 보는 것이 가장 자연스럽다. 그 이유는, '날'이라는 히브리어(욤 יוֹם)의 기본적 의미가 24시간의 하루이며, '저녁이 되며 아침이 되니라'는 여섯 번 반복되는 표현이 24시간의 하루에 가장 적합하며, 또 하나님께서 6일 동안 창조하신 후에 안식하신 제7일이 문자적 하루이므로 그 전의 6일들도 문자적 하루로 보는 것이 가장 자연스럽기 때문이다. 창세기 2:3, "하나님께서 일곱째 날을 복 주사 거룩하게 하셨으니, 이는 하나님께서 그 창조하시며 만드시던 모든 일을 마치시고 이 날에 안식하셨음이더라." 출애굽기 20:11, "이는 엿새 동안에 나 여호와가 하늘과 땅과 바다와 그 가운데 모든 것을 만들고 제7일에 쉬었음이라. 그러므로 나 여호와가 안식일을 복되게 하여 그 날을 거룩하게 하였느니라."

창세기 1장의 6일을 24시간의 문자적 하루들로 해석한다면, 천지 창조와 사람 창조 사이에 긴 시대 간격이 없으며 창세기 1:1의 '태초'라는 시간은 성경에 근거한 문자적 연대 계산에 의해 추정될 수 있다. 창세기 5장과 11장에 근거해 아브라함의 생애는 아담 후 1948-2123년경이라고 추정된다. 물론 창세기 11:32과 12:4에 근거하여 데라가 130세에 아브라함을 낳았다고 가정한다면, 아브라함의 연대는 아담 후 2008-2183년경이라고 볼 수도 있을 것이다.

야곱이 130세에 애굽에 내려갔고(창 47:9) 그때는 아담 후 2238년경이다. 출애굽 사건은 이스라엘 자손이 애굽에 거주한 지 430년(출 12:40) 즉 아담 후 2668년경이다. 열왕기상 6:1에 "이스라엘 자손이 애굽 땅에서 나온 지 480년이요, 솔로몬의 이스라엘 왕이 된 지 4년 시브월 곧 2월에 솔로몬이 여호와를 위하여 전 건축하기를 시작하였더라"고 증거하므로, 솔로몬의 성전 건축의 시작은 아담 후 3148년경이 된다. 솔로몬의 통치 연대를 대략적으로 주전 970-931년경으로 보기 때문에, 솔로몬 통치 4년은 주전 967년경이 된다.

그렇다면 세상의 창조 연대는 거꾸로 계산하면 3148년과 967년을 더한 숫자 곧 주전 4115년경이 된다. 이렇게 계산하면, 창세기 1:1의 "태초"는 주전 4115년경이라고 볼 수 있다. 물론 이 계산은 아브라함이 아담 후 1948년에 출생했다는 추정에 근거한다.

5. 창조

창조의 방법--"무(無)로부터의 창조"

창조는 무(無)로부터의 창조이었다. 무(無)로부터의 창조란 하나님께서 아무 기존 재료의 사용 없이 우주만물을 창조하셨다는 뜻이다. 모든 것이 창조되었으므로 창조 이전에는 하나님 외에 아무도, 아무 것도, 아무 재료도 없었다. 요한복음 1:3, "만물이 그로 말미암아 지은 바 되었으니 지은 것이 하나도 그가 없이는 된 것이 없느니라." 히브리서 11:3, "믿음으로 모든 세계가 하나님의 말씀으로 지어진 줄을 우리가 아나니, 보이는 것은 나타난 것으로 말미암아 된 것이 아니니라." 보이는 세계는 그 자체가 영원하거나 다른 어떤 영원한, 물질적인 것에 의해 존재케 된 것이 아니다.

하나님께서 무(無)로부터 천지만물을 창조하실 수 있었던 것은 그의 전지(全知)하심과 전능하심 때문이다. 천지 창조는 하나님의 크신 지혜와 능력을 증거한다. 예레미야 10:12, "여호와께서 그 권능으로 땅을 지으셨고 그 지혜로 세계를 세우셨고." 로마서 1:20, "창세로부터 그의 보이지 아니하는 것들 곧 그의 영원하신 능력과 신성이 그 만드신 만물에 분명히 보여 알게 되나니." 로마서 4:17, "그의 믿은 바 하나님께서는 . . . 없는 것을 있는 것같이 부르시는 이시니라." 하나님께서는 무(無)로부터 온 세상을 창조하실 수 있는 능력자이시다.

하나님께서 능력의 말씀으로 천지만물을 창조하셨다. 한글개역 창세기 1장에는 '하나님께서 가라사대'(1:3, 6, 9, 11, 14, 20, 22, 24, 26, 29), '하나님께서 이르시되'(1:28)라는 표현이 열한 번 나온다. 시편 33:6, "여호와의 말씀으로 하늘이 지음이 되었으며 그 만상(萬象)이 그 입 기운으로 이루었도다." 요한복음 1:3, "만물이 그로 말미암아 지은 바 되었으니." 창세기 1장에 하나님의 창조의 방법으로 증거된 하나님의 말씀은, 요한복음 1장의 처음에 '말씀'(로고스 λόγος)으로 묘사된 하나님의 아들 예수 그리스도와 연관되었다고 본다.

창조의 대상--"천지만물"

창세기 1:1의 "태초에 하나님께서 천지를 창조하시니라"는 말씀은 단지 하나님의 창조 사역에 대한 제목이 아니고, 창조의 시작이라고 본다. 즉 그것은 제1일 창조에 포함될 것이다. 원문 2절의 시작에 웨 (ו)(그리고, 그런데)라는 말과 2절에 언급된 땅과 물('수면')은 창세기 1:1의 말씀이 단지 제목이 아니고 첫째 날의 실제 창조 사역에 대한 언급임을 증거한다. 또 창세기 1:1의 말씀을 3절 이하의 내용과 분리시켜 생각할 것도 아닌 것은 성경이 하나님께서 천지만물을 6일 동안에 창조하셨다고 말하기 때문이다(출 20:11).

어떤 이는 창세기 1:1에 창조된 천지가 천사들의 타락으로 파괴되어 2절의 언급대로 혼돈하고 공허하게 되었으므로 3절 이하의 말씀은 하나님께서 천지를 재(再)창조하셨거나 회복하신 것을 가리킨다고 말했다. 이것을 창세기 1:3 이하의 창조 사건 해석에 대한 '회복설'이라고 한다. 그러나 이런 생각은 근거 없는 추측에 불과하다.

천지 창조의 6일을 살펴보면, 첫째 날에 하나님께서는 하늘 공간, 땅의 원소들과 물, 그리고 특히 빛을 창조하셨다. 천사들도 아마 이날 창조되었을 것이다. 욥기 38:4, 7, "내가 땅의 기초를 놓을 때에 네가 어디 있었느냐? 네가 깨달아 알았거든 말할지니라," "그때에 새벽별들이 함께 노래하며 하나님의 아들들이 다 기쁘게 소리하였었느니라." 창세기 1:2의 땅의 혼돈과 공허, 흑암, 수면 등의 묘사는 하나님께서 천지를 창조하실 때의 처음 상태의 모습을 묘사한 것일 것이다. 그런 가운데 하나님께서는 먼저 빛(오르 אוֹר)을 창조하셨다.

둘째 날에 하나님께서는 궁창 곧 하늘을 창조하셨다. '궁창 위의 물'이라는 말씀은 오늘날 과학적으로도 이해할 만하다. 지구 대기층에 있는 수증기의 양은 약 14조 4,560억 톤이며, 또 바다와 육지에서 증발하는 수증기 양은 연간 약 519경 톤이며 1초당 약 1조 6,457억

톤이라고 한다(김영길 외 26인, **자연과학**, 수정판 (서울: 생능, 1991), 97, 100쪽).

셋째 날에 하나님께서는 땅과 바다와 각종 식물들을 창조하셨다. 궁창 아래의 물이 모여 바다가 되게 하셨고 뭍이 드러나 땅이 되게 하셨다. 또 땅에는 각종 식물들이 나게 하셨다. 식물들은 풀과 채소와 과목(果木)으로 분류되었다. '각기 종류대로'(레미노 לְמִינוֹ) 혹은 '그 종류대로'(레미네후 לְמִינֵהוּ)라는 표현이 세 번 반복된다.

넷째 날에 하나님께서는 하늘의 궁창(창공)에 광명들(메오로스 מְאֹרֹת, '빛들') 즉 해와 달과 별들을 창조하셨다. 그것들이 첫째 날에 창조되었다고 추측하는 것은 자연스럽지 않다. 과학적 '가설들'에 조화시키려고 성경의 단순한 보도들을 수정해서는 안 될 것이다.

다섯째 날에 하나님께서는 바다에 각종 물고기들과 하늘에 각종 새들을 창조하셨다. "그 종류대로"(레미네후 לְמִינֵהוּ 혹은 레미네헴 לְמִינֵהֶם)라는 표현이 두 번 더 나온다.

여섯째 날에 하나님께서는 땅에 사는 각종 동물들, 즉 가축들과 기는 것들과 들짐승들을 만드셨다. "종류대로"라는 말이 다섯 번(레미나흐 לְמִינָהּ 4번, 레미네후 לְמִינֵהוּ 1번) 더 나오며, 이와 같이 창세기 1장에서 그런 표현은 모두 열 번이나 반복해 사용된다. 모든 식물들과 물고기들과 새들과 동물들이 각기 종류대로 창조되었다. 여섯째 날에 맨 마지막으로 하나님께서는 사람을 만드셨다.

창세기 1장의 내용과 창세기 2장의 내용은 서로 충돌되거나 모순된 것이 아니고 상호 보충적이다. 창세기 1장은 천지만물의 창조를 전체적으로 서술하고, 창세기 2장은 사람의 창조에 초점을 두어 그것을 자세히 서술한다. 또 2장은, 1장에 보충하여, 사람뿐 아니라 각종 들짐승들과 새들도 흙으로 창조되었음을 알려준다(7, 19절).

하나님께서는 6일 동안의 창조 사역을 다 마치셨다. 창세기 2:1,

"천지와 만물이 다 이루니라." 창세기 2:2, "하나님의 지으시던 일이 일곱째 날이 이를 때에 마치니 그 지으시던 일이 다하므로 일곱째 날에 안식하시니라." 하나님께서 행하신 창조 사역은 다 끝났다. 그러므로 하나님의 창조의 활동이 오늘날도 계속된다고 생각하는 것은 성경과 조화되지 않는다. 창조는 일단 6일 창조로 끝났다고 본다.

천사들

천사들의 세계도 창조되었다. 시편 103:21-22, "여호와를 봉사하여 그 뜻을 행하는 너희 모든 천군이여, 여호와를 송축하라. 여호와의 지으심을 받고 그 다스리시는 모든 곳에 있는 너희여, 여호와를 송축하라." 시편 148:2, 5, "그의 모든 사자여 찬양하며 모든 군대여 찬양할지어다," "그것들이 여호와의 이름을 찬양할 것은 저가 명하시매 지음을 받았음이로다." 사도 바울은 "만물이 그에 의해 창조되되 하늘과 땅에서 보이는 것들과 보이지 않는 것들과 혹은 보좌들이나 주관들이나 정사들이나 권세들이나 만물이 다 그로 말미암고"라고 말한다(골 1:16). '보이지 않는 것들'은 천사 세계를 가리키고, '보좌들, 주관들, 정사들, 권세들'도 천사들을 가리킨다고 본다.

천사들의 수는 매우 많다. 천사들은 천군(天軍) 즉 하늘의 군대로 불린다. 그들의 수효는 셀 수 없이 많다. 요한계시록 5:11, "둘러 선 많은 천사의 음성이 있으니 그 수가 만만이요 천천이라."

천사들은 하늘의 거주자이므로 아마 첫째 날 하늘과 함께 창조되었을 것이다. 하나님께서 땅을 창조하실 때 그들은 이미 하나님 주위에서 찬양하고 있었다. 욥기 38:7, "(내가 땅의 기초를 놓을 때) 새벽 별들이 함께 노래하며 하나님의 아들들이 다 기쁘게 소리하였었느니라." 천지 창조 이전은 영원이므로, 천사들이 창조의 6일 이전에, 즉 영원 전에 창조되었다고 볼 근거나 이유는 없다.

5. 창조

천사는 영이다. 히브리서 1:14는 "모든 천사들은 부리는 영으로서 구원 얻을 후사들을 위하여 섬기라고 보내심이 아니뇨?"라고 말한다. 천사는 영이므로 물질적 몸이 없고 육신의 눈으로 볼 수 없고 남녀의 구별도 없고 결혼하는 일도 없다. 누가복음 24:39, "영은 살과 뼈가 없으되." 골로새서 1:16, "보이지 않는 것들과." 마태복음 22:30, "부활 때에는 장가도 아니 가고 시집도 아니 가고 하늘에 있는 천사들과 같으니라." 물론, 이 말씀은 사람이 부활하면 영이 된다는 뜻은 아니다. 역사상 천사가 때때로 사람처럼 나타나 말하고 행동한 것은 하나님께서 계시의 도구로 임시 사용하신 초자연적 사건들이었다. 또 천사는 제한된 공간 안에도 많은 수가 들어갈 수 있다. 마가복음 5:9, "내 이름은 군대니 우리가 많음이니이다." 그 귀신들이 귀신 들렸던 그 사람에게서 나와 거의 2천 마리 돼지 떼 속에 들어간 것을 보면, 한 사람 속에 거의 2천명의 천사들이 들어가 있었다고 보인다.

천사들은 뛰어난 지혜와 지식을 가지며 도덕성을 가진다. 이성적, 도덕적 성격은 영의 특질이다. 마태복음 24:36, "그 날과 그때는 아무도 모르나니 하늘의 천사들도 모르고." 누가복음 4:34, "나는 당신이 누구인 줄 아노니 하나님의 거룩한 자니이다." 베드로전서 1:12, "천사들도 살펴보기를 원하는 것이니라." 마가복음 8:38, "거룩한 천사들과 함께 올 때에." 에베소서 6:12, "하늘에 있는 악의 영들."

천사들은 능력이 많다. 시편 103:20, "능력이 있어 여호와의 말씀을 이루며 그 말씀의 소리를 듣는 너희 천사여." 베드로후서 2:11, "더 큰 힘과 능력을 가진 천사들이라도." 데살로니가후서 1:7, "주 예수께서 저의 능력의 천사들과 함께 나타나실 때." 사도행전 5:19, "주님의 사자가 밤에 옥문을 열고 끌어내어." 사도행전 12:7, "홀연히 주님의 사자가 곁에 서매 옥중에 광채가 조용하며 . . . 쇠사슬이 그 손에서 벗어지더라." 에베소서 1:21, "모든 정사와 권세와 능력과 주관하는

자"(엡 3:10; 골 1:16도). 에베소서 2:2, "공중에 권세 잡은 자." 요한계
시록 13:2, "용이 자기의 능력과 보좌와 큰 권세를 그에게 주었더라."
　천사의 직무는 하나님의 뜻을 수행하는 것이다. 시편 103:20-21,
"능력이 있어 여호와의 말씀을 이루며 ... 여호와를 봉사하여 그 뜻
을 행하는 너희 모든 천군이여, 여호와를 송축하라." 천사는 그 직무
에 따라 몇 부류로 나뉘는 것 같다. 그룹들(케루빔 **כְּרוּבִים**)은 호위
병 천사들이다. 창세기 3:24, "에덴동산 동편에 그룹들과 두루 도는
화염검을 두어 생명나무의 길을 지키게 하시니라." 출애굽기 25:18,
"금으로 그룹 둘을 속죄소 두 끝에 쳐서 만들되." 시편 18:10, "그룹을
타고 날으심이여." 스랍들(세라핌 **שְׂרָפִים**)은 찬양대 천사들이다. 이
사야 6:3, "(스랍들이) 서로 창화하여 말하기를 거룩하다, 거룩하다,
거룩하다, 만군의 여호와시여, 그 영광이 온 땅에 충만하도다." 또 '보
좌들'(드로노이 θρόνοι), '주관자들'(퀴리오테테스 κυριότητες), '정
사들'(알카이 ἀρχαί), 및 '권세들'(엑수시아이 ἐξουσίαι) 등의 명칭들
(골 1:16)은 천사 세계에서의 어떤 권위의 등급을 보이는 것 같다.
　가브리엘과 미가엘 등은 천사들 가운데 어떤 개인을 가리키는 듯
하다. 가브리엘은 하나님의 계시를 전달하고 해석하는 직무를 가진
다(단 8, 9장; 눅 1장). 스가랴서에는 여러 번 '내게 말하는 천사'라는
표현이 나온다(1:9, 13, 19; 2:3; 4:1, 4-5; 5:5, 10; 6:4). 미가엘은 천사
장으로 불리며 하나님의 원수들과 싸우는 천사로 나타난다(단 10장;
유 9; 계 12:7). 요한계시록 12:7, "하늘에 전쟁이 있으니 미가엘과 그
의 사자들이 용으로 더불어 싸울새."
　천사들은 심판을 수행한다. 하나님께서는 소돔과 고모라를 멸망시
키기 위해 천사들을 보내셨다. 창세기 19:1, "두 천사가 소돔에 이르
니." 창세기 19:13, "여호와께서 우리로 이 곳을 멸하려 보내셨나니."
　또 천사들은 성도들을 섬긴다. 히브리서 1:14, "모든 천사들은 섬기

는 영으로서 구원 얻을 후사들을 위하여 섬기라고 보내심이 아니뇨?"
시편 34:7, "여호와의 사자가 주님을 경외하는 자를 둘러 진치고 저희
를 건지시는도다." 시편 91:11, "저가 너를 위하여 그 사자들을 명하
사 네 모든 길에 너를 지키게 하심이라." 마태복음 18:10, "저희 천사
들이 하늘에서 하늘에 계신 내 아버지의 얼굴을 항상 뵈옵느니라."
천사가 성도를 섬기는 자이므로, 사람이 천사를 숭배하는 것은 옳지
않다. 요한계시록 22:8-9, "이것들을 보고 들은 자는 나 요한이니 내
가 듣고 볼 때에 이 일을 내게 보이던 천사의 발 앞에 경배하려고 엎
드렸더니 저가 내게 말하기를 나는 너와 네 형제 선지자들과 또 이
책의 말을 지키는 자들과 함께 된 종이니 그리하지 말고 오직 하나님
께 경배하라 하더라."

창조의 목적--"하나님의 영광을 나타내심"

창조의 목적은 하나님께서 자신의 영광을 나타내시기 위함이었다.
완전 충족하신 하나님께서는 피조물들을 통해 영광을 받기를 원하셨
을 뿐 아니라, 또한 자신의 영광을 온 우주에 나타내기를 원하셨다.
이사야 43:7, "무릇 내 이름으로 일컫는 자 곧 내가 내 영광을 위하여
창조한 자를 오게 하라. 그들을 내가 지었고 만들었느니라." 이사야
43:21, "이 백성은 내가 나를 위하여 지었나니 나의 찬송을 부르게 하
려 함이니라." 이사야 60:21, "네 백성이 다 의롭게 되어 영영히 땅을
차지하리니 그들은 나의 심은 가지요 나의 손으로 만든 것으로서 나
의 영광을 나타낼 것인즉." 로마서 11:36, "이는 만물이 주님에게서
나오고 주님으로 말미암고 주님에게로 돌아감이라. 영광이 그에게
세세에 있으리로다. 아멘." 골로새서 1:16, "만물이 다 그로 말미암고
그를 위하여 창조되었고." 요한계시록 4:11, "우리 주 하나님이시여,
영광과 존귀와 능력을 받으시는 것이 합당하오니 주께서 만물을 지

으신지라. 만물이 주님의 뜻대로 있었고 또 지으심을 받았나이다."

사람들의 행복, 특히 하나님께서 택하신 사람들의 행복은 창조의 부수적 목적일 뿐이다. 하나님의 영광의 선포라는 목적만 창조 세계의 현실에 맞다. 사람들의 일부는 현실적으로 행복을 누리지 못하고 있다. 그러나 하나님의 영광을 나타내신다는 사실은 사람의 행복과 불행에 다 적용될 수 있다. 의인의 구원은 하나님의 긍휼의 영광을 드러내고, 악인의 심판은 하나님의 공의의 영광을 나타낸다. 창조의 목적이 하나님의 영광을 나타내시기 위함이라고 해서, 창조가 단순히 하나님의 이기적 행위이거나 그의 어떤 결핍을 보충하는 행위는 아니다. 왜냐하면 우리는 그가 충만한 영광 가운데 계신 완전 충족하신 하나님이시며 지극히 공의롭고 선한 하나님이심을 알기 때문이다.

창조를 부정하는 이론들

창조를 부정하는 몇 가지 이론들이 있다. 첫째로, 물질이 영원하다는 이론이 있다. **물질영원설**이다. 세상의 근원을 물질에서 찾는 유물론(唯物論)이나 세상에 정신과 물질의 두 영원한 존재가 있다고 생각하는 이원론(二元論) 등이 그러하다. 그러나 신적이지도 자존적(自存的)이지도 못한 물질이 영원하다고 보는 것은 이치에 맞지 않다. 또 그 물질에서 이 오묘막측한 세상이 나왔다는 것은 더욱 이치에 맞지 않다. 물질영원설은 하나님을 모르는 자들이 막연하게 상상할 수 있는 생각에 불과하다. 성경은 천지만물이 하나님에 의해 창조되었음을 증거하며 창조자 하나님께서 자신을 계시하시고 증거하신 많은 일들을 증거하고 있다.

둘째로, 영의 세계와 물질 세계를 포함하여 세상이 신(神)에게서 유출(流出)되었고 그 둘은 본질적으로 크게 다르지 않다고 보는 이론이 있다. 이것을 **유출설**이라고 부른다. 그러나 하나님과 피조 세계는 질적으로 다르다. 무한자와 유한자의 차이는 무한(無限)하다. 유출설은, 만물이 신이라는 일종의 범신론(汎神論)에 불과하다.

셋째로, 물질영원설에 근거하여 생명이 자연 발생하여 가장 단순한 종류로부터 점점 더 복잡한 종류들로 진화(進化)되었다는 이론이 있다. 이것이 **진화론**이다. 그러나 물질영원설은 불합리하며, 또 생명의 자연 발생이나 진화의 생각들은 결코 확실한, 객관적 근거를 가진 과학적 이론이 아니고 무신론자들이 가지는 가설적 신념들에 불과하다. '종(種)들의 기원'에 관해 찰스 다윈이 가정한 명제들은 어느 것 하나도 증명된 것이 없다. 한 종에서 다른 종으로 진화하였다는 가정은 단 하나의 실례도 없다(한국창조과학회, 진화는 과학적 사실인가? (서울: 한국창조과학회 출판부, 1981)). 더욱이, 사람에 독특한 인격성, 도덕성, 종교성 등은 진화의 개념으로는 설명될 수 없다. 세상과 생명들의 기원과 그 움직임은 무신론자들에게는 여전히 큰 신비일 뿐이다.

넷째로, 하나님께서 진화의 방법을 사용하여 자연만물을 창조하셨다는 이론이 있다. 이것은 창조의 진리와 진화론을 조화시켜 보려는 타협적인 생각이다. 이것을 **유신진화론**(有神進化論, theistic evolutionism)이라고 부른다. 그러나 성경이 증거하는 창조는 진화의 개념과 결코 조화되지 않을 뿐만 아니라, 또한 진화론 자체도 증명되지 않은 혹은 증명될 수 없는 순전한 가설에 불과하다. 유신진화론이란 세상의 불신앙적 진화론과 타협하는 매우 위험한 잡종에 불과하다. 그것은 성경의 창조 진리를 믿지 않는 것이요 또 진화론이 증명될 수 없는 허구(虛構)에 불과하다는 사실을 알지 못하는 것이다.

태초에 하나님께서는 6일 동안 무(無)로부터 천지만물과 천사들과 사람을 창조하셨다. 천지창조의 6일은 각각 문자적 하루라고 보는 것이 가장 자연스럽다. 그는 창조를 통해 자신의 영광을 나타내셨다. 우리는 성경이 밝히 증거하는 천지 창조의 진리를 믿어야 한다.

6. 섭리

섭리는 하나님께서 창조하신 세상을 보존하시고 통치하시는 것을 말한다. 웨스트민스터 소요리문답 제11문답은 "하나님의 섭리의 일들은 그의 모든 피조물들과 그들의 모든 행위들에 대한 그의 가장 거룩하고 지혜롭고 능력 있는 보존하심과 통치하심입니다"라고 말한다. 웨스트민스터 신앙고백 5:1은 다음과 같이 말한다. "만물의 크신 창조자 하나님께서는 그의 가장 지혜롭고 거룩한 섭리에 의해 그의 무오(無誤)한 예지(豫知)와 그 자신의 뜻의 자유롭고 불변적인 계획을 따라 모든 피조물들과 그 행위들과 일들을 가장 큰 것부터 가장 작은 것까지 붙드시고 지도하시고 처리하시고 통치하셔서 그의 지혜와 능력과 의와 선과 자비의 영광을 찬송케 하신다."

섭리의 요소와 범위

하나님의 섭리하심의 두 요소는 보존하심과 통치하심이다. 하나님께서는 자연만물을 보존하신다. 하나님께서는 자연만물을 단지 자연법칙들에 맡겨두시는 것이 아니고 적극적으로 또 계속 보존하신다. 느헤미야 9:6은 "주께서는 여호와시라. 하늘과 하늘들의 하늘과 해와 달과 별들과 땅과 땅 위의 만물과 바다와 그 가운데 모든 것을 지으시고 다 보존하시오니 모든 천군이 주께 경배하나이다"라고 말한다. 또 시편 36:6은 "여호와시여, 주께서는 사람과 짐승을 보호하시나이다"라고 증거한다. 예수께서는 하나님께서 그 해를 악인과 선인에게 비춰게 하시며 비를 의로운 자와 불의한 자에게 내리우신다고 말씀하시고(마 5:45), 또 하늘에 계신 아버지께서 공중의 새를 먹이시고 들의 백합화를 입히신다고 하셨다(마 6:26, 28). 사도 바울은 만물이 예수 그리스도 안에 있다고 말하고(골 1:17), 또 히브리서 1:3은 그리스도께서 능력의 말씀으로 만물을 붙드신다고 말했다.

하나님께서는 자연만물을 보존하실 뿐만 아니라, 또한 통치하신다. 구약성경에서 하나님을 '주님'이라고 부르는 것은 그의 주권과 통치권을 나타낸다. '주님'이라는 말(아도나이 אֲדֹנָי)은 '통치한다'는 말 (둔 דון)에서 나왔다. 하나님을 '왕'이라고 부르는 것(시편 5:2; 24:7-10; 44:4; 47:2, 6-8; 48:2; 74:12; 84:3; 93:1, 2; 96:10; 97:1; 99:1; 103:19; 145:13; 146:10; 149:2 등)도 그의 주권과 통치권을 나타낸다. 시편 103:19는 "여호와께서 그 보좌를 하늘에 세우시고 그 정권으로 모든 것을 통치하시도다"라고 말한다. 주 예수께서는 "참새 두 마리가 한 앗사리온에 팔리는 것이 아니냐? 그러나 너희 아버지께서 허락지 아니하시면 그 하나라도 땅에 떨어지지 아니하리라"(마 10:29)고 말씀하셨는데, 이것은 보잘것없는 참새 한 마리가 땅에 떨어지는 것 같은 지극히 작은 일까지도 하나님의 섭리 속에 있음을 증거한다. 하나님의 섭리는 세상의 모든 일들을 포함한다. 하나님의 섭리에 포함되지 않는 일은 세상에 아무것도 없다.

특히, 하나님의 보존하심과 통치하심은 모든 사람들에게 관계된다. 하나님께서는 모든 사람과 그들의 행위들과 일들을 가장 큰 것부터 가장 작은 것까지 붙드시고 인도하시고 처리하시고 통치하신다. 다니엘 4:17은 "인생으로 지극히 높으신 자께서 인간 나라를 다스리시며 자기의 뜻대로 그것을 누구에게든지 주시며 또 지극히 천한 자로 그 위에 세우시는 줄을 알게 하려 함이니라"라고 말한다. 하나님께서는 세상의 모든 나라들을 다스리신다. 또 하나님께서는 세상의 모든 사람들의 모든 일들을 섭리하시며 통치하신다. 잠언 16:9는 "사람이 마음으로 자기의 길을 계획할지라도 그 걸음을 인도하는 자는 여호와시니라"고 말한다. 이 온 우주와 온 세상에 하나님의 섭리의 손길 밖에서 되어지는 일은 아무것도 없다.

섭리의 방식

하나님의 섭리에는 일반 섭리와 특별 섭리가 있다.

일반 섭리

일반 섭리는 하나님께서 자연법칙들과 사람들의 자유와 또 우연한 일들까지 사용하여 섭리하시는 것을 말한다. 웨스트민스터 신앙고백 5:2는, "비록 모든 일들은 제1 원인이신 하나님의 예지(豫知)와 작정과의 관계에서 불변적이고 무오(無誤)하게 일어나지만, 동일한 섭리에 의해 그는 제2 원인들의 성질에 따라 그것들을 필연적으로 혹은 자유롭게 혹은 우연하게 일어나게 정하신다"라고 말하였다.

하나님께서는 자연법칙과 자연적 수단들을 사용하여 섭리하신다. 하나님께서는 노아에게, "땅이 있을 동안에는 심음과 거둠과 추위와 더위와 여름과 겨울과 낮과 밤이 쉬지 아니하리라"고 말씀하셨다(창 8:22). 잠언 10:4의 증거대로, 손을 게으르게 놀리는 자는 가난하게 되고 손이 부지런한 자는 부하게 된다. 사도행전 27장에 보면, 하나님께서 그의 종 바울을 구원하시는 방법은 뱃사공들을 사용함으로써이었다. 그래서 사도 바울은 백부장과 군사들에게 "이 사람들이 배에 있지 아니하면 너희가 구원을 얻지 못하리라"고 말하였다(행 27:31).

또 하나님께서는 사람들의 자유로운 계획과 소원과 행동을 사용하여 섭리하신다. 사람들은 기계가 아니고 자유로운 인격들이다. 잠언 16:9는 "사람이 마음으로 자기의 길을 계획할지라도 그 걸음을 인도하는 자는 여호와시니라"고 말하였고, 잠언 21:1은 "왕의 마음이 여호와의 손에 있음이 마치 보(洑, 강)의 물과 같아서 그가 임의로 인도하시느니라"고 말하였다. 또 사도 바울은 '너희 안에서 행하시는 이는 하나님이시니 자기의 기쁘신 뜻을 위하여 너희로 소원을 두고 행하게 하시느니라'고 증거하였다(빌 2:12-13).

하나님께서는 우연한 일도 사용하여 섭리하신다. 룻기 2:3은 모압 여자 룻이 우연히 보아스에게 속한 밭에 이르렀다고 말하는데, 그로 인해 룻은 보아스를 만나게 되었고 메시아의 족보에까지 오르게 되었다. 또 열왕기상 22:34에 보면, 한 사람이 우연히 활을 당기어 이스라엘 왕 아합의 갑옷 솔기를 쏘았는데, 그로 인해 아합은 전사(戰死)하였고 엘리야 선지자를 통해 주셨던 하나님의 예언은 성취되었다.

이와 같이, 하나님께서는 자연법칙들과 자연적 수단들이나, 사람들의 자유로운 계획들과 소원들과 행동들이나, 또 우연한 일들까지도 사용하여 섭리하신다.

그러나 하나님의 섭리를 믿는 것은, 자연법칙만 믿는 견해(이신론)나 모든 일을 우연으로 돌리는 견해(우연론)와는 전혀 다르다. 그런 견해들에는 인격적 하나님이 있지 않다. 또 하나님의 섭리는, 모든 일들이 맹목적 운명의 지배를 받고 있고 사람의 자유와 책임이 없다는 견해(운명론)와도 다르다. 기독교는 결코 소극주의나 정적주의(靜寂主義)가 아니다. 섭리는 사람의 자유를 부정하는 개념이 아니다. 사람의 자발적 노력과 하나님의 섭리는 서로 모순되는 것이 아니다. 신자는 기도하며 일하고, 일하며 기도해야 한다. 우리는 하나님의 주권적 섭리를 믿지만, 동시에 우리의 의무를 다해 열심히 일해야 한다. 우리는 주권적 섭리자 하나님을 믿는 동시에 현실 생활에 충실해야 한다. 그것이 주권적 섭리자 하나님을 바로 아는 자의 태도이다.

특별 섭리

특별 섭리는 하나님께서 자연법칙들을 초월하거나 역행하여 섭리하시는 것을 말한다. 웨스트민스터 신앙고백 5:3은, "하나님께서는 그의 일반적 섭리에서 수단들을 사용하시지만, 그의 기쁘신 뜻대로 그것들 없이, 그것들을 초월하여 그리고 그것들을 역행하여 자유롭게 활동하신다"라고 말한다. 우리는 하나님의 특별 섭리를 기적이라 부른다. 즉 기적은 하나님께서 물질세계에서 제2 원인들이나 자연법칙을 사용하지 않고 직접 자신의 능력으로 행하시는 일을 가리킨다.

세상에서 기적은 가능한 일이다. 하나님께서 전능하시므로 하나님을 믿는 자들에게 기적은 결코 불가능한 일이거나 이상한 일이 아니다. 기적이 자연법칙을 어긴다는 이유 때문에 그 가능성을 부정하는 것은 전혀 전능하신 하나님을 고려치 않는 잘못된 생각과 태도이다. 그것은 불신앙이다. 비록 현재 우리의 제한된 지식으로는 기적이 어떤 미지의 고등한 자연법칙에 의한 것이라고 단정할 수 없을지라도, 하나님께서 무(無)로부터 말씀으로 천지만물을 창조하셨음을 믿는다면, 기적은 얼마든지 가능한 일이다.

성경은 하나님의 많은 기적들을 증거한다. 기적을 표현하는 성경의 세 단어는 능력(게부라 גְּבוּרָה, 뒤나미스 δύναμις)과 기사(니플라오스 נִפְלָאוֹת, 모페스 מוֹפֵת, 테라스 τέρας)와 표적(오스 אוֹת, 세메이온 σημεῖον)이다. 사도행전 2:22, "하나님께서 나사렛 예수로 큰 권능과 기사와 표적을 너희 가운데서 베푸사." '능력'은 사람의 힘으로는 불가능한 신적 능력이 나타났다는 뜻이며, '기사(奇事)'는 사람에게 놀라움을 준다는 뜻이다. 예를 들어, 엘리사는 나뭇가지를 베어 물에 던져 물에 빠진 도끼를 떠오르게 하였다(왕하 6:6). 다니엘의 세 친구들은 평소보다 일곱 배나 뜨겁게 한 풀무불에 던지웠으나 불이 그들의 몸을 해하지 못했고 머리털도 그슬리지 않았고 옷 빛도 변하지 않았고 불탄 냄새도 없었다(단 3:27). 예수께서는 물로 포도주를 만드셨고, 떡 다섯 개와 물고기 두 마리로 오천 명 이상을 먹이셨다. 그는 많은 불치의 병자들, 중풍병자, 나병환자, 소경 등을 고치셨고, 죽은 자들을 살리셨다. 이것들은 다 자연법칙들로 보면 불가능하고 오직 하나님의 능력으로만 가능한 놀라운 일들이었다.

'표적'은 하나님께서 기적들을 주신 목적을 보이는 말이다. '표적'

6. 섭리

(표, sign)이라는 말의 뜻대로, 기적은 하나님의 말씀과 진리를 확증하기 위한 표이었다. 신명기 4:35는 하나님께서 애굽에서와 출애굽 후 광야에서 이스라엘 백성에게 많은 기적들을 주신 목적이 여호와 하나님께서 유일하신 하나님이심을 알게 하기 위함이라고 증거한다. 사도행전 2:22는 "하나님께서 나사렛 예수님으로 큰 권능과 기사와 표적을 너희 가운데서 베푸사 너희 앞에서 그를 증거하셨느니라"고 말한다. 즉, 예수 그리스도께서 행하신 기적들은 그가 하나님의 아들 그리스도이심을 증거한 것이다. 요한복음 20:30-31, "예수께서 제자들 앞에서 이 책에 기록되지 아니한 다른 표적도 많이 행하셨으나 오직 이것을 기록함은 너희로 예수께서 하나님의 아들 그리스도이심을 믿게 하려 함이요 또 너희로 믿고 그 이름을 힘입어 생명을 얻게 하려 함이니라." 주 예수 그리스도의 사도들이 행한 기적들도 하나님의 진리를 증거하는 것이었다. 그러므로 히브리서 2:4는 "하나님께서도 표적들과 기사들과 여러 가지 능력과 및 자기 뜻을 따라 성령님의 나눠주신 것으로써 저희와 함께 [복음을] 증거하셨느니라"고 말한다.

하나님께서는 인류 역사상 주로 네 시대들에 기적들을 주셨다.

첫째는 하나님의 사람 모세와 그의 후계자 여호수아의 시대인데, 이스라엘 종교와 구약교회의 기초가 확립된 시대이었다. 특히, 하나님께서는 모세를 통해 율법들을 주셨고 그것들을 책들에 기록하게 하셨다. 모세가 쓴 다섯 권의 책들은 구약성경의 기초가 되었다.

둘째는 선지자 엘리야와 엘리사의 시대인데, 구약교회인 이스라엘 백성이 하나님의 진리를 떠나 배교(背敎)하였던 시대이었다. 하나님께 대한 신앙은 거의 사라졌고 이방인들이 의지하고 섬기는 바알과 아세라 숭배가 이스라엘 사회 속에서 널리 유행하고 세력을 가졌던 시대이었다. 그때, 하나님께서는 참된 선지자들을 통해 주신 기적들로 자신이 참 하나님이심을 이스라엘 백성에게 증거하셨다.

셋째는 다니엘과 그의 세 친구들의 시대인데, 유다 나라가 멸망하여 바벨론 나라에 포로로 잡혀가 생활하던 시대이었다. 또다시 하나님의 지식이 쇠하고 이방인들의 신들이 참 하나님보다 크게 보였던 시대이었다. 그때, 하나님께서는 다니엘과 그 친구들에게 주신 기적들을 통해 자신이 온 세상의 주관자요 참 신(神)임을 증거하셨다.

마지막 넷째는 예수 그리스도와 그의 사도들의 시대인데, 하나님께서 구약성경에 예언하신 메시아 곧 예수 그리스도를 보내신 시대이다. 예수 그리스도께서 친히 사람으로 오셨다. 이보다 더 큰 계시는 없었다. 그는 하나님의 특별계시들 중의 특별계시이었다. 그러므로 예수 그리스도께서는 많은 기적들을 행하셨고 자신을 증거하셨다. 또 그의 제자들도 많은 기적들을 행하며 예수 그리스도와 그의 속죄 사역을 증거하였다. 이로써 하나님의 특별계시들은 완성되었다. 그러므로 이때 하나님의 기적들이 많이 나타난 것은 당연한 일이었다.

섭리와 죄 문제

하나님의 섭리는 세상의 모든 일들에 관계된다. 주께서는 참새 한 마리가 땅에 떨어지는 것도 하나님의 섭리 속에 있다고 말씀하셨다 (마 10:29). 하나님께서는 심지어 사람들의 죄까지도 섭리하신다. 이 사실은 신비한 일이어서 우리가 다 이해할 수는 없다. 그러나 하나님께서 주권자로서 사람들의 죄 문제까지도 섭리하신다는 사실은 부정할 수 없다. 성경은 이 진리를 분명하게 증거한다.

창세기 45:5-8, "당신들이 나를 이 곳에 팔았으므로 근심하지 마소서. 한탄하지 마소서. 하나님께서 생명을 구원하시려고 나를 당신들 앞서 보내셨나이다. . . . 하나님께서는 큰 구원으로 당신들의 생명을 보존하고 당신들의 후손을 세상에 두시려고 나를 당신들 앞서 보내셨나니 그런즉 나를 이리로 보낸 자는 당신들이 아니요 하나님이시라." 출애굽기 4:21, "내가 그(바로)의 마음을 강퍅케 한즉 그가 백성을 놓지 아니하리니." 출애굽기 4-14장에서 '강퍅케 하다'(14회), '완강케 하다'(6회)는 표현 중에서, 하나님이나 여호와가 주어인 경우가 9번이다(4:21; 7:3; 9:12; 10:20, 27; 11:10; 14:4, 8, 17). 열왕기상 22:23, "여호와께서 거짓말하는 영을 왕의 이 모든 선지자의 입에 넣으셨고." 욥기 1:12, "여호와께서 사탄에게 말씀하시기를 내가 그의 소유물을 다 네 손에 붙이노라, 오직 그의 몸에는 네 손을 대지 말지니라." 데살로니가후서 2:11, "이러므로 하나님께서 유혹을 저희 가운데 활동하게 하사 거짓 것을 믿게 하심은."

그러나 이 문제에 있어서 죄의 책임이 사람 자신에게 있다는 사실을 부정해서는 안 된다. 왜냐하면 하나님께서는 지극히 거룩하시므로 결코 죄의 조성자, 즉 죄를 짓게 하는 자가 되실 수 없기 때문이다. 하나님께서는 사람들의 죄들을 그의 주권적 섭리로 허용하셨다. 우리는 하나님의 주권적 섭리와 사람들의 도덕적 책임을 둘 다 긍정해야 한다. 웨스트민스터 신앙고백 5:4는 이렇게 말한다:

하나님의 전능하신 능력과 측량할 수 없는 지혜와 무한하신 선이 그의 섭리에 크게 나타나, 섭리는 심지어 최초의 타락과, 천사들과 사람들의 다른 모든 죄들에까지 미치는데, 단순한 허용에 의해서가 아니고 그와 함께 자신의 거룩한 목적들을 위해 다양한 처리방식으로 지극히 지혜롭고 강력하게 그것들을 제한하시고 다른 경우들에는 그것들을 정하시고 통치하심으로써이다. 그러나 그 죄악성은 오직 피조물로부터 나오며 하나님께로부터 나오지 않으니, 그는 지극히 거룩하시고 의로우셔서 죄의 조성자나 승인자이시지도 않고 그런 자이실 수도 없다.

또 웨스트민스터 신앙고백 5:6은 이렇게 말한다:

의로우신 심판자로서 하나님께서 이전의 죄들 때문에 어둡고 강퍅케 하신 저 악하고 불경건한 사람들에 관하여는, 그가 그것으로 그들의 이해를 밝히시고 그들의 마음에 역사하셨을지도 모를 그의 은혜를 그들에게 주시지 않을 뿐만 아니라; 또한 그들이 가지고 있었던 은사들을 때때로 거두어 가시고 그들의 부패성이 죄의 기회로 삼는 대상들에게 그들을 드러내시며; 게다가 그들을 그들의 정욕들과 세상의 시험들과 사탄의 권세에 내어 주신다. 그래서 그들은 심지어 하나님께서 다른 사람들을 부드럽게 하시기 위해 사용하시는 수단들 아래서도 자신들을 강퍅케 하는 일이 생긴다.

섭리의 목적

하나님의 섭리는 일차적으로 택한 백성들의 구원을 위한다. 하나님께서는 택한 백성들을 위하여 예수 그리스도를 보내셨고 십자가에 죽음으로 속죄사역을 이루게 하셨고 성령님으로 그들을 불러 중생케 하시고 회개하며 주 예수 그리스도를 믿게 하시고 심령으로 거룩하게 되도록 변화시키신다. 로마서 8:30, "미리 정하신 그들을 또한 부르시고 부르신 그들을 또한 의롭다 하시고 의롭다 하신 그들을 또한 영화롭게 하셨느니라." 하나님께서 성도들의 죄를 허용하심도 그의 유익을 위함이다. 성도들은 이런 죄와 실수를 통해 자신의 죄악성이 얼마나 강한지를 깨닫고 겸손히 하나님과 예수님의 의(義)만 더 의지하게 된다. 그러므로 바울은 "우리가 알거니와 하나님을 사랑하는 자 곧 그 뜻대로 부르심을 입은 자들에게는 모든 것이 합력하여 선을 이루느니라"고 말했다(롬 8:28). 그가 말하는 '선'은 일차적으로 성화를 가리킨다. 택함 받은 자들의 구원과 영적 성장이 가장 큰 선이다.

또 하나님께서는 택한 자들의 연합체인 세계적 교회를 완전하게 세우신다. 그는 아주 특별한 방식으로 그의 교회를 보살피며 모든 일을 그것에 유익하도록 처리하신다. 사도 바울은 로마서 11:25-26에서 이스라엘 백성의 민족적 회심을 예언했다. "이 비밀은 이방인의 충만한 수가 들어오기까지 이스라엘의 더러는 완악하게 된 것이라. 그리하여 온 이스라엘이 구원을 얻으리라." 그는 이스라엘 백성과 이방인

6. 섭리

들의 구원을 포함한 하나님의 세계적 구원 계획을 증거하며 예언하였다. 하나님의 섭리는 세계적으로 모든 택한 자들의 구원을 목표로 한다. 세계복음화는 하나님의 섭리의 한 중요한 목표이다.

그러나 모든 인류와 온 세상을 향한 하나님의 섭리의 궁극적 목적은 하나님 자신의 영광을 나타내시기 위함이다. 세계와 인류 역사의 종말에, 하나님께서는 택한 백성의 구원을 통해 영광을 받으실 것이다. 그러므로 사도 바울은 로마서 11:36에서 "이는 만물이 주님에게서 나오고 주님으로 말미암고 주님에게로 돌아감이라. 영광이 그에게 세세에 있으리로다"라고 말했다. 이 세상의 모든 것은 다 창조주 하나님에게서 나왔고 그 모든 것은 다 섭리자 하나님으로 말미암으며 그 모든 것은 다 결국 하나님의 영광을 드러내는 것이다.

이와 같이, 하나님에 대한 지식은 그의 속성들에 대한 지식이며 그의 삼위일체 되심의 지식이며 그의 작정과 예정에 대한 지식이며 그가 천지만물의 창조자이시며 섭리자이시라는 지식이다. 하나님께서는 창조자이실 뿐만 아니라, 또한 섭리자이시다.

하나님의 섭리하심은 그가 세상을 보존하심과 통치하심이다. 그는 일반적으로 자연법칙들과 사람들의 자유와 또 우연한 일들을 사용하여 섭리하시지만, 역사상 특별한 방식, 즉 기적들을 통해 섭리하기도 하셨다. 그는 세상의 모든 일을 섭리하시고 사람들의 죄까지도 섭리하신다. 하나님의 섭리는 일차적으로 택한 백성들의 구원을 위하시고 궁극적으로 하나님 자신의 영광을 나타내신다. 잠언 3:5-6은, "너는 마음을 다하여 여호와를 의뢰하고 네 명철을 의지하지 말라. 너는 범사에 그를 인정하라. 그리하면 네 길을 지도하시리라"고 말한다. 우리는 창조주 하나님을 믿을 뿐만 아니라, 또 섭리자 하나님을 믿고 범사에 하나님을 인정하고 모든 일을 하나님께 의탁하고 그의 선한 인도하심을 기대하며 받으며 사는 자가 되어야 한다.

7. 후대 기적의 문제

하나님께서는 예수 그리스도와 사도들의 시대에 주셨던 기적들을 그 후의 시대에도 계속 주셨는가? 오늘날에도 기적이 있는가?

성령님의 초자연적 은사들은 영속적인가?

후대 기적의 문제는 성령님의 초자연적 은사들의 영속성 문제와 관계된다. 성령님의 초자연적 은사란, 고린도전서 12:8-10에 열거된 대로, 지혜와 지식의 말씀, 믿음, 병 고침, 능력 행함, 예언, 각종 방언 말함과 방언 통역함 등을 가리킨다. 그것들은, 로마서 12:6-8에 증거된, 섬기는 일, 가르치는 일, 권위(勸慰)하는 일, 구제하는 일, 다스리는 일, 긍휼을 베푸는 일 등 소위 자연적 은사들과 구별된다.

하나님께서는 성령님의 초자연적 은사들을 그의 특별계시의 전달과 확증을 위해 주셨다. 예를 들어, 지혜와 지식의 말씀, 예언, 방언과 방언 통역 등은 하나님의 특별계시를 전달하는 은사들이고, 병 고침, 능력 행함 등은 그 특별계시를 확증하는 은사들이었다.

성경 역사에서 말씀과 기적은 하나님의 특별계시의 방법들이었다. 그것은 구약시대에 모세와 선지자들과 신약시대에 사도들에게서 잘 증거된다. 특히 기적들은 선지자들과 사도들에게 주신 말씀이 진리임을 확증했다(출 4:8, 30; 요 20:30-31). 마가복음 16:17-20에 증거된 대로, 주께서는 귀신을 쫓아냄이나 방언이나 뱀을 집거나 독을 마셔도 해를 받지 않음이나 병 고침 등의 기적들을 통해 사도들이 증거하는 복음이 진리임을 증거하셨다. 그러므로 히브리서 2:3-4는 하나님께서 기적들과 성령님의 은사들을 통해 복음을 확증하셨다고 말했다. 이런 의미에서 기적은 '표적'(sign) 즉 표라고 불리었다.

사도행전 2:43과 5:12에 보면, 기적들은 주로 사도들이 행했다. 그들은 신약교회의 기초를 닦은 자들이었다(엡 2:20). 주 예수께서는 그가 친히 불러 세우신 사도들에게 성령님의 초자연적 은사들을 주셔서 자신의 뜻을 밝히 전달하고 확증케 하셨다. 그러므로 고린도후서 12:12는 기적 행함을 사도들의 표라고 말했다. B. B. 워필드(Warfield)는, "성령님의 초자연적 은사들은 특별히 사도들의 증명서이었다. 그것들은 교회를 설립하는 하나님의 권위적 도구들로서의 사도들의 신임장의 일부분이었다"라고 말했다(*Counterfeit Miracles*, p. 6).

그런데, 사도시대에 충만했던 성령님의 초자연적 은사들과 기적들은 사도시대가 끝날 때 사라졌다. 그것은 신약교회가 경험한 바이었고 따라서 그것은 교회의 전통적 견해가 되었다. 주후 4세기 말 콘스탄티노플 교회의 수장(首長, Patriarch)이었던 크리소스톰은 고린도전서 설교에서 방언은 이미 그쳤고 더 이상 일어나지 않는다고 말했고, 주후 5세기 초 교회의 지도적 인물인 어거스틴도 요한일서 설교에서 방언은 유대 기독교인들에게 주신 초기 표적이었고 이전 시대에 이미 사라졌다고 말하였다(David O. Beale, *"Lecture Notes on the History of Doctrines,"* Bob Jones University). 칼빈도 사도행전 10:44 주석에서 "방언의 은사와 및 그밖에 그와 같은 것들은 교회에서 오래 전에 중지되었다"고 말하였다.

교회의 역사는 성령님의 초자연적인 은사들과 기적들이 사도시대의 특징이며 오직 사도시대 교회에 속하고 그 후시대에는 그것들이 사라졌음을 증거한다. 그러므로 교회는 성령님의 초자연적 은사들과 기적들이 사도시대와 함께 끝났음을 인정하고 그렇게 가르쳐 왔던 것이다. 그러므로, 이것이 역사적 사실이라면, 누구든지 고린도전서 12-14장 같은 성경말씀에 근거해 성령님의 초자연적 은사들과 기적들에 대한 역사적 사실을 반대하려 해서는 안 될 것이다. 왜냐하면 하나님께서 교회역사상 성령님의 초자연적 은사들과 기적들을 거두셨다면, 우리는 그 사실을 겸손히 받아들여야 할 것이기 때문이다.

그러면 성령님의 초자연적 은사들과 기적들이 사라진 이유는 무엇일까? 우리는 성경에 근거해 두 가지로 대답할 수 있다. 첫째로, 성령님의 초자연적 은사들과 기적들은 그 독특한 목적 때문에 사라졌다고 보인다. 성령님의 초자연적 은사들과 기적들의 목적은 하나님의 특별계시들의 전달과 확증이었고 그 목적은 사도시대에 신약성경이 완성됨으로써 이루어졌다. 요한계시록 22:18-19는 성경의 충족성에 대하여 "내가 이 책의 예언의 말씀을 듣는 각인에게 증거하노니 만일 누구든지 이것들 외에 더하면 하나님께서 이 책에 기록된 재앙들을 그에게 더하실 터이요, 만일 누구든지 이 책의 예언의 말씀에서 제하여 버리면 하나님께서 이 책에 기록된 생명나무와 및 거룩한 성에 참여함을 제하여 버리시리라"고 증거하였다.

이와 같이 신약성경의 완성으로 하나님의 특별계시가 필요치 않으므로 하나님께서는 성령님의 초자연적 은사들과 기적들을 거두셨다는 말이다. 워필드는 "그것들의 기능이 그것들을 특히 사도시대 교회에 제한시켰고 그것들은 필연적으로 그 교회와 함께 사라졌다"고 말했다. 이것은 과거 오랫동안 자신의 뜻을 나타내신 하나님의 방식이었다. 하나님께서는 모세와 선지자들을 통해 자신의 뜻을 계시하신 후 그것을 책에 기록하게 하셨는데, 그것이 구약성경이었다. 모세에게 주셨던 기적들은 그 후시대에 반복되도록 의도된 것이 아니었고, 단지 모세에게 계시되었던 하나님의 말씀과 하나님의 하신 일들이 성경에 기록되어 후시대에 전달되도록 의도된 것이었다.

둘째로, 성령님의 초자연적인 은사들은 그것들의 일시적, 초보적 성격 때문에 사라졌다고 보인다. 성령님의 초자연적 은사들의 목적은 그것들의 일시적, 초보적 성격을 나타낸다. 그 은사들은 영속적인 것이 아니고, 또 하나님의 계시들에 관한 한 온전한 것도 아니었다.

그것들은 단지 일시적이고 부분적이며 초보적이었다.

고린도전서 13:8-12는 성령님의 초자연적 은사들의 이러한 성격을 증거한다: "사랑은 언제까지든지 떨어지지 아니하나 예언도 폐하고 방언도 그치고 지식도 폐하리라. 이는 우리가 부분적으로 알고 부분적으로 예언하나 온전한 것이 올 때에는 부분적으로 하던 것이 폐하여질 것임이니라. 내가 어렸을 때에는 말하는 것이 어린아이와 같고 깨닫는 것이 어린아이와 같다가, 장성한 사람이 되어서는 어린아이의 일들을 버렸노라. 우리가 이제는 거울로 보는 것같이 희미하나 그때에는 얼굴과 얼굴을 대하여 볼 것이요, 이제는 내가 부분적으로 아나 그때에는 내가 알려진 것같이 내가 알리라"(직역). 특히, 예언과 방언 등의 은사들은 '온전한 것'이 오면 사라질 것이다. 여기에 이 '온전한 것'은 적어도 하나님의 계시에 관한 한 신약성경의 완성과 관계가 있다고 본다. 신약성경은 하나님의 온전한 계시의 말씀이다. 그러므로 하나님의 뜻에 대한 충족하고 온전한 계시인 신약성경이 완성되었을 때, 성령님의 초자연적 은사들 곧 일시적, 부분적, 초보적 성격의 것들은 자연히 폐지되고 사라지게 된 것이라고 보인다.

이것은 마치 건물을 지을 때 임시로 설치하는 비계에 비교할 수 있다. 비계는 건물을 짓기 위해 임시로 설치하는 것에 불과하다. 일단 건물이 완성되면 비계는 철거되어야 한다. 성령님의 초자연적 은사들과 기적들도 그러하였다. 스펄전은 성령님의 초자연적 은사들과 기적들의 일시적, 초보적 성격을 나무의 지지대에 비유하였다. 그는 이렇게 말하였다. "만일 과수원에 나무를 심는다면 흔히 그 곁에 큰 지지대를 세워 붙들게 한다. 그러나 아무도 과거 50년 간 있었던 사과나무를 지지하기 위해 기둥을 세우려고 생각하지 않는다. 오늘날 하나님의 교회는 기적과 이상(異像)의 지지가 필요치 않는 나무다. 여러분은 이상보다 나은 하나님의 말씀을 가지고 있다."

그러므로 성령님의 초자연적 은사들이나 기적들과 성경말씀과의 관계는 마치 유치원과 대학교의 관계와 같다. 성령님의 초자연적인 은사들과 기적들은 마치 유아들을 위한 것, 즉 유아시절의 것과 같다. 그러므로 만일 신구약성경의 온전하고 충만한 계시 진리들을 가지고 있는 자들이 그러한 일시적, 초보적 은사들을 구한다면, 그것은 마치 대학생이 유치원에 등록하여 무엇을 배우려는 것과 다를 바 없을 것이다. 오늘날 우리는 성령님의 초자연적 은사들이나 기적들을 구할 것이 아니라, 성경을 읽고 배우고 묵상함으로 그 말씀을 바르게 충만하게 알고 그 말씀을 다 믿고 다 행하려고 힘써야 할 것이다.

오늘날의 은사주의에 대하여

오늘날 교회 안에는 예언, 방언, 병고침 등 성령님의 초자연적 은사들과 기적들이 교회 역사상 계속 있었고 오늘날도 있다고 주장하는 자들이 있다. 20세기 초엽 시작된 오순절 교단들뿐 아니라 그런 사상의 영향으로 전통적 교단들 내에도 그런 자들이 적지 않다. 교회들 안의 이런 견해와 입장을 신오순절주의 혹은 은사주의라고 부른다. 오늘날 은사주의의 한 현상은 신사도주의라고 불린다. 그러나 은사주의 혹은 신사도주의는 다음 몇 가지 요점으로 비평되어야 한다.

성경의 충족성과 종결성을 부정함

첫째로, 성령님의 초자연적 은사들이 계속 있었다거나 회복되었다는 주장, 특히 하나님께서 성경 외에 다른 계시들과 예언들을 주셨고 또 주신다는 주장은 성경이 하나님의 충족한 말씀이며 최종적 권위의 말씀, 즉 우리의 신앙과 생활의 유일한 규범이라는 것을 부정하는 것이다. 물론 그들이 그것을 부정하지 않는다고 말할지 모르나 하나님의 계시와 예언을 말하는 것이 곧 그것을 부정하는 것이다.

신사도운동은 오늘날 사도들이 있고 그들에게 하나님의 특별계시가 있다고 말하지만, 사도라는 말은 주 예수께서 친히 택하신 자들만 가리킨다. 누가복음 6:13, "밝으매 그 제자들을 부르사 그 중에서 열 둘을 택하여 사도라 칭하셨으니." 갈라디아서 1:1, "사람들에게서 난 것도 아니요 사람으로 말미암은 것도 아니요 오직 예수 그리스도와 및 죽은 자 가운데서 그리스도를 살리신 하나님 아버지로 말미암아 사도된 바울은." 바나바 한 사람이 예외적으로 바울과 함께 '사도들' 로 불렸으나(행 14:4, 14 원문), 사도들은 예수님의 십자가와 부활을 친히 본 자들이었고(행 2:21-22; 고전 9:1), 또 사도들의 표는 기적을 행한 것이었다(막 3:13-14 전통본문; 행 2:43; 5:12; 고후 12:12).

선지자들도 사도 시대에만 있었다고 보아야 할 이유는 요한계시록 22:18-19가 증거하는 대로 더 이상 하나님의 특별계시가 없을 것이기 때문이다. 그러므로 초대교회는 주님의 사도들이 직접 썼거나 사도들의 권위로 보증된 신약성경 27권만 하나님의 권위를 가진 정경(正經)으로 인정하였고 교회에서 읽혀져야 할 권위 있는 책으로 보았다. 즉 신약성경 27권만 하나님의 특별계시의 책으로 인정한 것이다.

어떤 이는 하나님께서 오늘날 성경과 동일한 내용을 계시하신다고 말할지 모른다. 그러나 그러한 계시의 필요성은 없다. 하나님께서는 사도 시대 후 1900년 기독교 역사상 성령님의 내면적 활동을 통해 그의 종들과 백성들에게 성경을 깨닫게 하시고 기억나게 하셨다. 그러므로 성령님의 새로운 계시를 통하여 동일한 내용을 받는다는 것은 전혀 불필요한 일이다. 성경은 하나님의 충족한 말씀이다.

성경 외의 계시를 말하는 자들은 성경의 건전한 교훈에서 이탈하는 자들이다. 주께서는 부자와 나사로의 이야기에서 "모세와 선지자들에게 듣지 아니하면 비록 죽은 자 가운데서 살아나는 자가 있을지라도 권함을 받지 아니하리라"(눅 16:31)고 말씀하심으로써 성경이 사람의 구원을 위해 충족하다는 사실을 증거하셨다. 또 요한계시록

22:18-19는 이 책에 가감하지 말라고 교훈했다: "내가 이 책의 예언의 말씀을 듣는 각인에게 증거하노니 만일 누구든지 이것들 외에 더하면 하나님께서 이 책에 기록된 재앙들을 그에게 더하실 터이요 만일 누구든지 이 책의 예언의 말씀에서 제하여 버리면 하나님께서 이 책에 기록된 생명 나무와 및 거룩한 성에 참여함을 제하여 버리시리라." 이것은 성경 외의 추가적 예언들의 부당성을 밝히 증거한다.

물론, 하나님의 주권을 부정할 자는 없다. 주신 이도, 거두신 이도 하나님이시다. 하나님께서 하고자 하시면 그가 거두신 은사도 다시 주실 수 있다. 그러나 하나님께서 1900년 동안 거두어 가신 것은 그의 섭리의 방식이었다. 사도 시대 이후 기독교 역사는 기적 행함의 역사가 아니고 십자가의 말씀을 전한 역사이었다. 사도 바울은 "유대인은 표적을 구하고 헬라인은 지혜를 찾으나 우리는 십자가에 못박히신 그리스도를 전한다"고 말하였다(고전 1:22-23). 중생과 회개의 내면적 기적은 늘 있었지만, 외적 기적은 오랫동안 사라졌다. 특별한 경우, 기도 응답으로 병 고침을 받는 것은 예외적인 일로 보인다.

하나님께서는 성경말씀으로 일해 오셨다. 성경은 사람의 구원과 변화된 삶을 위해 충족한 수단이었다. 성경을 믿고 성경대로 사는 삶은 조금도 부족함이 없는 삶이었다. 성경말씀을 통한 성령님의 잔잔한 내면적 활동들은 어느 시대든지 하나님의 백성을 떠난 적이 없었고, 신자들은 그 속에서 만족을 누리며 살아왔다.

그러므로 성령님의 초자연적 은사들의 계속을 말하는 은사주의는 성경의 충족성과 종결성에 모순되며 성경을 통해 역사하신 하나님의 섭리의 방식에도 반대된다. 우리에게 필요한 것은 성령님의 초자연적 은사들이 아니고, 성경말씀에 대한 바른 지식과 온전한 순종이다.

기독교의 본질을 왜곡함

둘째로, 은사주의는 기독교의 본질을 왜곡한다. 은사주의는 말씀

중심의 신앙생활을 무시하고 성령님 체험을 강조한다. 즉 신앙생활을 성경말씀의 바른 지식과 실천보다 은사 체험에 의존시키는 것이다. 그러나 기독교는 기적 체험에 근거하지 않고 속죄의 복음에 근거한 새 생활이다. 사도 바울은 기적을 전하지 않고 십자가에 못박힌 그리스도를 전했다(고전 1:22-23). 사도 시대의 성령님의 초자연적 은사들은 하나님의 진리들을 전달하고 확증하기 위함이었고 부분적, 일시적, 초보적 성격의 것들이었고 그에 비해 성경은 하나님의 온전한 계시의 말씀이다. 또 사도 바울이 고린도전서 13장에서 교훈한 대로, 방언, 예언 등의 은사보다 중요한 것은 사랑의 인격과 삶이다.

전통적으로 개혁교회는 하나님의 진리에 대한 바른 지식과 믿음, 또 진리대로 사는 바른 삶을 강조해 왔다. 그것이 옛 길이며 건전한 길이다. 그것이 성경적 기독교이다. 고린도교회는 성령님의 초자연적 은사들을 소유한 교회이었지만(고전 1:7) 영적인 어린아이이었다(고전 3:1). 신자들의 영성의 표는 바른 지식과 선한 인격과 삶에 있지, 어떤 은사에 있지 않다. 은사는 영성의 표나 척도가 될 수 없다.

성경은 성령님의 초자연적 은사들의 경험보다 성도들의 바른 지식과 선한 인격과 삶을 더욱 중시하고 강조한다.

신명기 13:1-5, "너희 중에 선지자나 꿈꾸는 자가 일어나서 이적과 기사를 네게 보이고 네게 말하기를 네가 본래 알지 못하던 다른 신들을 우리가 좇아 섬기자 하며 이적과 기사가 그 말대로 이룰지라도 너는 그 선지자나 꿈꾸는 자의 말을 청종하지 말라. 이는 너희 하나님 여호와께서 너희가 마음을 다하고 성품을 다하여 너희 하나님 여호와를 사랑하는 여부를 알려 하사 너희를 시험하심이니라. 너희는 너희 하나님 여호와를 순종하며 그를 경외하며 그 명령을 지키며 그 목소리를 청종하며 그를 섬기며 그를 꼭 붙잡고 그 선지자나 꿈꾸는 자는 죽이라." 기적보다 중요한 것은 바른 교리 사상이다.

이사야 8:20, "마땅히 율법과 증거의 말씀을 좇을지니, 그들의 말하는 바가 이 말씀에 맞지 아니하면, 그들 속에 빛이 없기 때문이라"(원문 직역). 우리는 성경의 바른 교리들과 교훈들에 맞지 않는 예언들이 거짓된 것이며 하나님께로부터 난 것이 아님을 알아야 한다.

마태복음 7:20-23, "이러므로 그의 열매로 그들을 알리라. 나더러 주님, 주님 하는 자마다 천국에 다 들어갈 것이 아니요 다만 하늘에 계신 내 아버지의 뜻대로 행하는 자라야 들어가리라. 그 날에 많은 사람이 나더러 말하기를 주님, 주님 우리가 주님의 이름으로 선지자 노릇하며 주님의 이름으로 귀신을 쫓아내며 주님의 이름으로 많은 권능을 행치 아니하였나이까 하리니 그때에 내가 저희에게 밝히 말하되 내가 너희를 도무지 알지 못하였으니 불법을 행하는 자들아, 내게서 떠나가라 하리라." 불법을 행하는 자들은 다 거짓된 자들이다.

고린도전서 13:1-2, 8, 13, "내가 사람의 방언과 천사의 말을 할지라도 사랑이 없으면 소리나는 구리와 울리는 꽹과리가 되고 내가 예언하는 능이 있어 모든 비밀과 모든 지식을 알고 또 산을 옮길 만한 모든 믿음이 있을지라도 사랑이 없으면 내가 아무것도 아니요," "사랑은 언제까지든지 떨어지지 아니하나 예언도 폐하고 방언도 그치고 지식도 폐하리라," "그런즉 믿음, 소망, 사랑, 이 세 가지는 항상 있을 것인데 그 중에 제일은 사랑이라." 은사보다 중요한 것은 사랑이다.

그러므로 우리는 성령님의 초자연적 은사들이나 기적들을 사모하거나 구하거나 중요하게 여기지 말고, 오직 성경말씀을 읽고 연구하고 그 바른 교리들을 믿고 순종하고 전파하는 것으로 충분한 줄 알아야 하며, 또 오늘날도 그 말씀을 통해 하나님의 구원하시는 활동과, 교회를 새롭게 하시고 부흥케 하시고 성장케 하시는 활동이 일어난다는 사실을 확신해야 한다. 교회의 참 부흥은 다른 것을 통해서가 아니고 오직 성경의 충실한 강론과 전파를 통해서 이루어질 것이다.

그러므로 우리는 오직 인내하며 말씀과 기도로 충성해야 한다.

초자연적 은사들의 실재성이 의문됨

셋째로, 은사주의는 성령님의 초자연적 은사들이 역사상 계속 있었고 오늘날에도 있다고 말한다. 그러나 교회가 성령님의 초자연적 은사들을 계속 경험했고 지금도 경험하고 있는지는 매우 의문된다.

계시와 예언

은사주의는 하나님의 계시와 예언을 주장하지만, 우리는 주의해야 한다. 초대교회에 몬타누스파는 초자연적 은사들을 주장했으나 이단으로 정죄되었다. 18세기 에드워드 어빙이 설립한 카톨릭 사도교회도 사도적 은사들을 주장하고 예언도 하였으나 어떤 예언들이 성경과 충돌하고 또 성취되지 않았으므로 정죄되었다. 19세기에, 안식교, 몰몬교, 및 여러 신비주의 집단들이 성경 외의 하나님의 계시와 예언들을 말했지만, 다 이단 혹은 불건전한 단체로 간주되었다.

오늘날 은사주의자들이 계시를 말하고 예언을 한다고 주장하지만, 만일 그것이 거짓이라면 그것은 큰 죄가 될 것이다. 거짓말은 마귀적인 죄악이다. 거짓말하는 것은 마귀의 종인 표가 될 것이다.

몇 가지 예들을 들어보자. 폴 케인, 마이크 비클, 밥 존스의 캔서스시티 예언그룹과 함께 7년간 사역했던 오순절 은사주의자 어니 그루엔(Ernie Gruen) 목사는 1990년, 캔사스시티 예언그룹의 예언사역이 조작된 가짜들이며 속임수에서 나온 이단이라고 폭로하였다(김재성. "I.H.O.P.[국제기도의집]과 신사도의 자칭 선지자들의 문제점들." 종교와 진리, 2012년 7월호, 81-82쪽). 그의 폭로 후, 캔사스시티 예언그룹은 해체되었다(김재성, "I.H.O.P. . . . ," 종교와 진리, 2012년 11월호, 68-71쪽). 또, 1997년 신년 첫날, 릭 조이너와 그의 동료들은 아홉 달 안에 재난이 미국의 남부 캘리포니아를 강타할 것이라고 예언했고 또 테러범들의 공격과 거대한 지진에 대한 암시를 가진 몇 가지 경고들도 했다. 그러나 아무 일도 일어나지 않았다(*Calvary Contender*, 15 April 2001). 또, 마이크 비클과 여러 자칭 선지자들은 중풍으로 몸이 마비된 마이크 비클의 동생 팻 비클이 어느 날 완전히 나을 것이라고 예언했으나 그는 수년간의 장애인 생활 후 2007년 5월 사망했다. 더욱이, 이 중요한 일은 은폐되었다(김재성, "I.H.O.P. . . . ," 종교와 진리, 2013년 4월호, 91-92쪽). 또, 피터 와그너는 2001년 10월 1일 유럽과 영국에서 광우병은 사라지라고 선포하였으나, 2007년경에도 영국에서 광우병으로 사망한 여성이 있었다(오명옥, "늦은 비 운동 재부활, 이단 신사도운동의 만행!," 교회와 이단, 2011년 7월호, 36쪽).

방언

또한 은사주의는 성령님의 세례의 증거가 방언이라고 주장하며 방언 은사를 모든 성도에게 필수적 은사인 것처럼 주장하고 있다.

그러나 성경에서 방언은 외국어이었다. '방언'이라는 원어 글로싸 γλῶσσα는 '언어'를 가리킨다(계 5:9; 7:9; 10:11; 11:9; 13:7; 14:6; 17:15; 구약 헬라어 70인역에서도, 창 10:5, 19, 31; 11:7; 단 7:14 등). 또 그 단어는 흔히 복수명사로 사용된다. 마가복음 16:17, "새 방언들을 말하며." 사도행전 2:4, "저희가 다 성령님의 충만함을 받고 성령께서 말하게 하심을 따라 다른 방언들로 말하기를 시작하니라." 이런 구절들은 방언들이 여러 개의 언어임을 나타낸다.

또한 고린도전서 14장에 언급된 방언이 사도행전에 증거된 방언과 다른 성격의 방언이라고 추측할 정당한 이유는 없다. 고린도교회가 경험한 방언 은사는 사도행전에 언급된 방언과 동시대의 현상이며, 따라서 사도행전의 방언과 동일한 것이라고 보는 것이 가장 자연스럽다. 또, 방언을 통역한다는 사실도 방언이 언어적 성격을 가졌음을 암시한다. 언어가 아닌 소리를 통역한다는 것은 불합리하다.

그러나 오늘날 방언 현상은 외국어의 성격을 갖지 않는 것 같다. 도날드 버딕(Donald W. Burdick)은 현대 방언의 특징을 다음과 같이 열거한다: ① 반복이 매우 심하다, ② 방언과 방언하는 사람의 언어적 배경이 비슷하다, ③ 한두 개의 모음을 지나치게 많이 사용한다, ④ 언어적 구조가 부족하다, ⑤ 방언에 비해 통역이 현저히 너무 길다, ⑥ 동일한 구절의 통역이 일치하지 않는다, ⑦ 영어 통역시 주로 17세기 초의 흠정역(KJV) 문체가 사용된다(*Tongues: To Speak or Not to Speak*, p. 65). 미쉬간 대학의 언어학자 케넷 파이크와 미국 성서공회의 언어학자 유진 니다 등은 오늘날의 방언이 언어학이 다룬 어떤 실제적 언어와도 비슷하지 않다고 지적하였다(Richard C. Schwab, *Let the Bible Speak about Tongues*, p. 108).

더욱이, 방언 현상은 역사상 기독교의 이름을 가진 어떤 불건전한 단체나 이단 종파에도 있었고 심지어 기독교 밖에도 있었다. 2세기의 몬타누스파는 방언을 하였다. 그 후 17세기 말까지 방언현상은 교회 역사에 나타나지 않는 것 같다. 그러다가 1776년 미국 뉴욕주 트로이 부근에 앤 리가 설립한 쉐이커 공동체는 남녀가 나체로 춤추며 방언을 했고, 카톨릭 사도교회에서도 방언을 했다. 몰몬교 장로들도 유타주 성전을 봉헌할 때 방언을 했다(Robert G. Gromacki, *The Modern Tongues Movement*, pp. 5-29; Schwab, pp. 4-7). 그러므로 방언 같은 현상들이 다 하나님께서 주신 방언 은사가 아니라는 것은 분명하다.

덧붙여서, 오늘날 은사주의자들은 흔히 방언 훈련을 시키는데, 그것은 분명히 인위적이며 비성경적이다. 사도시대의 방언은 훈련을 통한 것이 아니고 심지어 방언하기를 구한 것도 아니었다. 방언 훈련은 명백히 인위적인 일이다.

오늘날의 방언 현상은 하나님께서 주신 것일 가능성이 매우 작다. 많은 비평가들은 오늘날 방언 현상이 심리적 현상이거나 위조품이거나 심지어 마귀에게서 기원한 것일 것이라고 생각한다(Schab, pp. 104-108; Burdick; Gromacki, pp. 44-49). 특히, 오늘날 방언 현상의 비(非)언어적 성격이나 방언운동의 인위적 요소들은 그것이 성령께서 주신 초자연적 은사가 아님을 보인다.

병 고침과 기적 행함

또 은사주의는 병 고침과 기적 행함을 주장한다. 성경에서 주님과 사도들의 병 고침의 사례들은 즉각적이고 비제한적이었다. 존 맥아더(John MacArthur)는 예수님과 사도들의 병고침의 특징들을 이렇게 말하였다: ① 한마디의 말씀이나 한번의 만짐으로 치료하셨다(막 8:22-26에 소경에게 두 번 안수하신 경우 외에는). ② 즉시 치료하셨다. ③ 완전히 치료하셨다. ④ 모든 사람을 치료하셨고 하실 수 있었다. ⑤ 신체 기관의 질병들도 고치셨다. ⑥ 죽은 자들을 일으키셨다(*The Charismatics*, p. 151). 그러나 오늘날 은사주의의 병 고침의 은사들은 이런 특징을 가지지 않는 것 같다.

몇 가지 예들을 들어보자. 제이미 버킹햄은 40권 이상의 책을 저술 혹은 공동저술한 카리스마지의 자유 편집인이었다. 그는 1990년 4월 카리스마지에서 말하기를, 하나님께서 세미한 목소리로 "적어도 다른 하나의 50년의 삶을 네게 주는 것이 나의 소원이다"고 속삭이셨다고 했고 "나도 하나님께서 내가 적어도 100살까지 살 수 있도록 약속하셨다고 믿는다"고 말했다. 그러나 1990년 6월 그는 수술 불가능한 신장암이라는 진단을 받았고 7월 신장 수술 후 기적적 치료를 주장하였고 은사주의자 오랄 로버츠도 버킹햄이 치료받는 환상을 봤다고 주장했으나 1992년 2월 사망했다(*Calvary Contender*, 15 May 1992). 또, 레이클랜드의 부흥강사인 타드 벤틀리는 병을 고쳤다는 수십 명의 사람들의 가짜 전화번호를 언론에 내줬음이 드러났고, 죽었다가 살아났다는 32건의 보고서도 허위로 드러났다(김 삼, "드러나는 신사도 운동의 치부--피터 와그너와 벤틀리," 교회와 이단, 2011년 7월호, 91-92쪽). 이것은 매우 중요한 일이다. 또, 노스캐롤라이나의 한 교회에서 암, 백혈병, 당뇨병 등으로 고생하는 27명의 환자들이 그에게 찾아와 한 주간을 머물렀지만 단 한 명도 고침 받지 못하였고 귀가했을 때 더 악화되어 있었다고 한다. 또, 한 목사는 카리스마지 팀과 함께 조사한 결과 죽었다가 다시 살아났다는 경우들에 다양한 검증 노력에도 불구하고 전화나 이메일로 오간 제보일 뿐 구체적으로 입증된 것이 하나도 없었다고 말했다(김 삼, "드러나는 신사도운동의 치부--피터 와그너와 벤틀리," 교회와 이단, 2011년 8월호, 79-81쪽).

또 병 고침의 현상 자체가 성령님의 은사임을 증거하는 것은 아니다. 병 고침의 현상은 기독교 안팎의 신비주의적 집단들에서 있어 왔다. 신비주의 연구가 쿠르트 코흐는 사탄의 전술전략이라는 그의 책에서 악령에 의한 신비적 치료의 많은 사례들을 제시하였다.

또 기적을 행하는 일들이 있다고 해도, 그것이 반드시 하나님께서 하신 일이라는 것을 증거하는 것은 아니다. 이방종교에서도 기적을 행할 수 있다. 애굽의 술사들도 기적을 행했다(출 7:11; 8:7). 마귀와 악령들도 어느 정도 신비한 일을 할 수 있다.

실상, 병을 고치신 것은 예수께서 하나님의 아들이시니까 하신 것이지 우리가 흉내낼 수 있는 것이 아니다. 또 사도들은 특별한 사명과 권위를 가진 자들이었다. 사도행전 2:43, "사도들로 인하여 기사와 표적이 많이 나타나니." 고린도후서 12:12, "사도의 표된 것은 내가 너희 가운데서 모든 참음과 표적과 기사와 능력을 행한 것이라."

하나님께서는 구약시대나 신약시대나 거짓 선지자들을 경계하라고 말씀하셨고(신 13:1-5; 신 18:20-22; 사 8:20) 또 신약성경은 특히 말세에 거짓 기적운동을 조심하라고 말한다. 마태복음 24:24, "거짓 그리스도들과 거짓 선지자들이 일어나 큰 표적과 기사를 보이어 할

수만 있으면 택하신 자들도 미혹하게 하리라." 데살로니가후서 2:9-
12, "악한 자의 옴은 사탄의 활동을 따라 모든 능력과 표적과 거짓
기적과 불의의 모든 속임으로 멸망하는 자들에게 오리니 이는 저희
가 진리의 사랑을 받지 아니하여 구원을 얻지 못함이니라. 이러므로
하나님께서 유혹을 저희 가운데서 활동하게 하사 거짓 것을 믿게 하
심은 진리를 믿지 않고 불의를 좋아하는 모든 자로 심판을 받게 하려
하심이니라." 요한계시록 13:13, 15, "[거짓 선지자가] 큰 이적을 행하
되 심지어 사람들 앞에서 불이 하늘로부터 땅에 내려오게 하고," "저
가 권세를 받아 그 짐승의 우상에게 생기를 주어 그 짐승의 우상으로
말하게 하리라." 말세에 주님의 재림 직전의 중요한 한 징조로 거짓
선지자들이 나타날 것이며 그들이 거짓 기적을 행할 것이다. 우리는
은사주의자들의 거짓 기적들을 조심해야 한다.

교리적, 윤리적 탈선이 많음

넷째로, 은사주의자들은 교리적, 윤리적 탈선이 많다.

몇 가지 예들을 들어보자. 초기 은사주의자 윌리엄 브래넘은 삼위
일체, 원죄, 그리스도의 십자가의 필요성을 부인했고 사람은 스스로
완전해질 수 있는 작은 신이라고 믿었다(김 삼, "드러나는 신사도운동의
치부--피터 와그너와 벤틀리," 교회와 이단, 2011년 7월호, 92쪽). 또, 1980
년대 초 마이크 비클과 함께 교회를 개척했던 줄리 부부는 마이크 비
클이 십자가와 부활을 설교하지 않는다고 증언했다(김재성, "I.H.O.P.
[국제기도의집]과 신사도의 자칭 선지자들의 문제점들," 종교와 진리, 2012
년 7월호, 82쪽). 또, 변승우 목사는 "구원을 죄사함이라고 하는 것은
잘못된 것입니다. 예수님이 우리 죄를 사하시고 다 이루셨다는 것은
성경을 왜곡하는 겁니다"라고 말했고(오명옥, "큰믿음교회 변승우 목사
빈야드 이단 집회," 교회와 이단, 2007년 9월호, 57쪽), 또 오직 믿음으로
구원 얻는다는 교리는 사탄의 교리라고 말했다(정이철, "한국교회 신사

도운동의 현황"). 그것은 복음의 정면적 부정이다. 또, 은사주의자들은 중보기도를 강조하며 기도 시 '... 할지어다'라고 명령을 하도록 가르친다(정이철, "에스더기도운동(대표: 이용희)의 신사도운동," 종교와 진리, 2012년 8월호, 57-58쪽). 이것은 이용희의 에스더 기도운동과 손기철의 HTM 치유사역과 알파코스 등에서 볼 수 있다(오명옥, "빈야드가 알파코스라는 옷을 입고," 교회와 이단, 2007년 1월호, 44-66쪽). 그러나 이런 명령적 기도 방식은 매우 잘못된 것이다. 이런 명령적 기도 방식은 하나님 앞에서 매우 무례하고 건방진 일이다.

　은사주의자들은 윤리적 탈선도 많다. 내가 본 천국의 저자인 펄시 콜레의 한국 비서 전미란 씨는 콜레 박사가 주장하던 2천명 교인의 성경 교회나 750명의 학생이 선교 훈련을 받고 있는 선교대학은 모두 거짓말이라고 밝혔었다(기독신보, 1990. 10. 13, 4쪽). 할렐루야 기도원 김계화 원장과 함께 6년 동안 사역하였던 김정희 전도사는 할렐루야 기도원 김계화의 정체라는 책에서, 그의 성령 수술은 속임수요 주술 행위이며, 그는 헌금 갈취와 재물에 눈이 먼 자이며, 병자 안수를 가장하여 재산을 갈취했고, 언어폭력, 행동폭력을 지령했고, 현재도 유부남과 불륜을 맺고 있다고 증거했었다(기독신문, 1998. 2. 25, 15쪽). 또, 타드 벤틀리는 암을 고칠 때 사람들을 치거나 부츠를 신은 발로 걸어 차는 등의 행위를 했다(김 삼, "드러나는 신사도운동의 치부--피터 와그너와 벤틀리," 교회와 이단, 2011년 7월호, 90쪽). 또, 1991년 가을, 밥 존스의 부도덕한 섹스 행위가 폭로되었다(김재성, "I.H.O.P.[국제기도의집]과 ...," 종교와 진리, 2012년 12월, 72쪽). 2004년 폴 케인은 동성애와 알콜 중독에 빠져 있음이 동료들(마이크 비클, 릭 조이너, 잭 디르)에 의해 폭로되었다(정이철, "에스더기도운동(대표: 이용희)의 신사도운동," 종교와 진리, 2012년 9월호, 64쪽; 김재성, "I.H.O.P. ...," 종교와 진리, 2012년 10월호, 95-96쪽). 2008년, 벤틀리는 여자 문제로 몰락했다.

　거짓 선지자들은 그들의 행실로 분별된다. 마태복음 7:15-16, 23,

"거짓 선지자들을 삼가라. 양의 옷을 입고 너희에게 나아오나 속에는 노략질하는 이리라. 그의 열매로 그들을 알지니 가시나무에서 포도를, 또는 엉겅퀴에서 무화과를 따겠느냐?" "그때에 내가 저희에게 밝히 말하되 내가 너희를 도무지 알지 못하니 불법을 행하는 자들아, 내게서 떠나가라 하리라."

특히, 은사주의는 교회연합운동과 함께 가고 있다. 은사주의자들은 자유주의 교회들과 천주교회를 배격하지 않고 오히려 세계교회들이 성령님 안에서 하나됨을 강조하고 있다. 1993년 순복음 강남 신학원 모집광고에 보니까 그 신학원의 교수진에는 자유주의적 한신대, 감신대, 연대 신대의 교수들이 포함되어 있었다(크리스챤 저널, 1993년 5월호, 96쪽). 한국의 순복음교단은 한국교회협의회(KNCC)에 가입했고 또 WCC와 배교적 교회연합 운동에도 적극 참여하고 있다. 은사주의자 조용기 목사, 폴 크라우취, 잭 헤이포드, 존 윔버 등은 로버트 슐러의 자서전에 추천사를 실었는데(*Christian News*, 20 May 1996, p. 3; *Gist*, Spring 1996), 로버트 슐러는 자유주의적이고 혼합주의적이고 연합주의적인 인물이다.

1987년 성령님과 세계전도 대회에 관한 북미 대회에서 한 예언자는 하나님의 이름으로 심지어 개신교회와 천주교회의 통합을 선언하였다(*Foundation*, July-September 1987, pp. 16, 27). 이런 미혹의 영의 예언은 그 대회에서 제재되지 않았다.

성경은 마지막 시대에 교회가 혼합주의적, 연합주의적이게 될 것이라고 예언하였다. 요한계시록 18:2, "무너졌도다, 무너졌도다, 큰 성 바벨론이여, 귀신의 처소와 각종 더러운 영의 모이는 곳과 각종 더럽고 가증한 새의 모이는 곳이 되었도다."

은사주의의 문제점을 **요약**해보자. 첫째로, 은사주의는 성경이 우리의 신앙과 생활의 유일한 규범임을 부정한다. 신구약성경이 하나님

의 말씀이며 우리의 신앙과 행위에 있어서 정확무오한 유일의 규칙
이라는 것은 개신교 종교개혁의 유산을 받은 모든 교회들이 공통적
으로 가지는 기본적 신조이다. 그러므로 성경의 바른 근본적 교리들
과 생활 교훈에 위배되는 모든 사상들이 이단이다. 특히 성경 외에
하나님의 현재적 특별계시를 말하는 것은 이단적이다. 우리는 성경
의 교훈 안에 거해야 하고 성경 교훈을 넘어서지 말아야 한다.

둘째로, 은사주의는 기독교의 본질을 왜곡시킨다. 기독교는 예수
그리스도의 속죄의 복음을 중심으로 한 바른 교리들에 대한 믿음과
그 믿음에 근거한 경건하고 거룩하고 바르고 선한 생활이다. 그러나
은사주의는 성경말씀 중심의 경건하고 도덕적인 신앙생활을 무시하
고 성령님의 체험을 강조하며 신앙생활을 신비적 은사 체험에 의존
시키는 것이다. 이것은 기독교의 본질을 왜곡시키는 일이다.

셋째로, 은사주의는 성령님의 초자연적 은사들을 주장하지만 그
은사들, 즉 예언들과 방언들과 병 고침들의 실재성이 의문된다. 거짓
된 예언들, 외국어가 아닌 방언들은 그것의 참됨을 의문케 한다.

넷째로, 은사주의자들은 교리적, 윤리적 탈선이 많다. 성경적 정통
교리들에서의 이탈은 분명히 이단적이며, 윤리적 탈선도 그들의 이단
성을 보인다. 또 그들이 자유주의 신학과 천주교회를 배격하지 않고
세계교회들이 성령님 안에서 하나됨을 강조하는 것도 이단적이다.

그러므로 우리는 오늘날의 은사주의가 가짜 부흥운동이며 이상한
영의 역사라고 본다. 그것은 말세에 또 하나의 심각한 마귀와 악령들
의 미혹이라고 보인다. 우리는 영적으로 메마른 신앙생활을 해서는
안 되고 성령님의 충만하심 속에 살아야 하지만(엡 5:18; 살전 5:19),
오늘날 교회들의 영적 침체는 경직된 전통적 성령론 때문이 아니고
세상과 타협하는 죄와 불순종 때문이다. 교회들의 참된 부흥은 속죄
의 복음과 성경말씀에 근거한 철저한 회개와 온전한 순종에 있다.

3부: 인간론

인간론(Anthropology)은 사람과 죄에 관한 진리들을 정리한다. 그 주요 주제들은 사람의 기원, 사람의 본질, 죄의 본질, 죄의 구별, 하나님의 법, 죄의 형벌, 하나님의 언약 등을 포함한다.

인간론의 주요 주제들

1. 사람의 기원
2. 사람이란 무엇인가?
3. 죄란 무엇인가?
4. 원죄(原罪)와 자범죄(自犯罪)
5. 율법
6. 죄의 형벌
7. 하나님의 언약

1. 사람의 기원

하나님께서 창조하심

구약성경 창세기 1, 2장은 사람의 기원에 관해 증거하고 있다. 사람은 하나님께서 창조하셨다. 창세기 1:27, "하나님께서 자기 형상 곧 하나님의 형상대로 사람을 창조하시되 남자와 여자를 창조하시고." 창세기 2:7, "여호와 하나님께서 흙으로 사람을 지으시고 생기[생명의 호흡]를 그 코에 불어넣으시니 사람이 산 자가 된지라."

자유주의 신학은 창세기 1장과 2장을 부정하고 성경의 창조 기사를 비역사적인 신화로 본다. 자유주의 신학의 한 예는 소위 '문서설'이다. 자유주의자들은 창세기 1장의 천지만물의 창조 순서와 창세기 2:5, 7, 19, 22를 비교하면서 창세기 1장과 2장의 내용이 창조의 순서에 있어서 서로 모순된다고 주장한다. 그들은 구약성경의 처음 다섯 권을 하나님의 종 모세가 성령님의 감동 가운데 쓴 확실한 내용으로 믿지 않고, 후대의 익명의 저자들이 쓴 소위 J, E, D, P 등의 문서들에 의해 편집된 것이라고 주장한다. 그러나 이러한 사상은 성경의 영감과 신적 권위를 부정하는 이단이다. 우리는, 비록 모세가 전해 내려오는 구전(口傳)들이나 토판(土版)들을 사용했을 가능성을 부정하지는 않지만, 창세기가 하나님의 종 모세의 책들 중의 한 부분이며 성령님의 감동으로 기록된 내용임을 의심하지 않는다. 모세가 죽은 후, 그의 후계자 여호수아는 모세가 기록한 책들을 전달받았고(수 1:7, 8; 8:32, 34; 23:6), 여호수아 24:2에서 그는 창세기의 내용을 '여호와의 말씀'으로 증거했다: "이스라엘 하나님 여호와의 말씀에 옛적에 너희 조상들 곧 아브라함의 아비, 나홀의 아비 데라가 강 저편에 거하여 다른 신들을 섬겼으나."

창세기 1장과 2장은 사람의 기원에 관한 증거에 있어서 서로 보충적이다. 1장은 세상 창조 전반에 관해 증거하고, 2장은 그 중에 사람의 창조에 대해 좀더 자세히 증거하고 또 하나님께서 첫 사람 아담에게 주신 처음 명령에 대해 기록하였다.

사람 창조에 있어서 몇 가지 특별한 점들이 있다. 첫째로, 사람은 아버지와 아들과 성령님, 삼위 하나님의 의논 속에 창조되었다. 창세기 1:26, "하나님께서 말씀하시기를 우리의 형상을 따라 우리의 모양대로 우리가 사람을 만들고 그로 바다의 고기와 공중의 새와 육축과 온 땅과 땅에 기는 모든 것을 다스리게 하자 하시고."

둘째로, 사람은 하나님께서 직접 창조하셨다. 창세기 2:7, "여호와 하나님께서 흙으로 사람을 지으시고 생명의 호흡을 그 코에 불어넣으시니 사람이 산 자가 된지라." 창세기 2:21-22, "여호와 하나님께서 아담을 깊이 잠들게 하시니 잠들매 그가 그 갈비뼈 하나를 취하고 살로 대신 채우시고 여호와 하나님께서 아담에게서 취하신 갈비뼈로 여자를 만드시고."

셋째로, 사람은 몸과 영혼이 다 창조되었다. 하나님께서는 흙으로 사람의 몸을 만드셨고, 또 영을 창조하셨다. 창세기 2:7, "여호와 하나님께서 흙으로 사람을 지으시고 생명의 호흡을 그 코에 불어넣으시니 사람이 산 자가 된지라." '생명의 호흡을 그 코에 불어넣으셨다'는 말씀은 사람의 영혼의 창조를 보인다. 창세기 2:7은 창세기 1:27에 대한 자세한 보충적 설명이다. 하나님께서 '생명의 호흡을 그 코에 불어넣으셨다'고 해서, 사람의 영혼이 하나님께로부터 유출(流出)되었다고 생각해서는 안 된다. 성경은 사람의 영혼이 하나님과 본질적으로 다르고 신적 속성을 가지고 있지 않음을 말한다. 하나님께서는 범죄하실 수 없는 영이시다. '생령'(네페쉬 카야 נֶפֶשׁ חַיָּה)이라는 원어는 '생명체, 산 자'라는 뜻이다. 그것은 창세기 1:20과 24에서 물고기와 땅의 짐승에게도 사용된 '생물'이라는 단어이다. 하나님께서 흙으로 사람의 몸을 만드셨고 또 직접 영혼을 창조하여 그 코 속에 생명의 기운으로 넣으셨고 그래서 사람은 산 자가 되었던 것이다.

넷째로, 여자는 남자에게서 창조되었다. 창세기 2:21-22, "여호와 하나님께서 아담을 깊이 잠들게 하시니 잠들매 그가 그 갈비뼈 하나를 취하고 살로 대신 채우시고 여호와 하나님께서 아담에게서 취하신 그 갈비뼈로 여자를 만드시고." 여자는 남자를 돕는 자로 창조되었다. 창세기 2:18, "여호와 하나님께서 말씀하시기를 사람의 독처하는 것이 좋지 못하니 내가 그를 위하여 돕는 배필을 지으리라 하시니라." '돕는 배필'이라는 말은 단순히 '돕는 자'라는 뜻이다. 이 말씀은 여자의 역할을 증거한다. 여자는 남자를 돕는 자로 창조되었다. 이것이 하나님의 본래의 의도이었다. 여기에 하나님께서 여자를 만드심과 남녀의 질서에 대한 하나님의 뜻이 드러나 있다.

인류의 단일성

하나님께서 창조하신 인류의 시조는 하나이다. 맨 처음에 하나님께서는 한 남자와 한 여자를 창조하셨고 그들은 인류의 부모가 되었다. 온 인류는 그 한 부모로부터 나왔고, 넓은 의미에서 한 가족이며 한 친척이다.

인류의 단일성에 대한 성경 진리에 반대하여, 아담 이전에도 세상에 사람들이 있었다거나, 아담과 같은 시대에 사람들이 다른 곳들에도 있었다거나, 아담이 인류의 시조가 아니고 단지 유대인들의 시조에 불과하다는 추측들이 있었다. 어떤 이들은 성경에 아담의 첫 아들 가인이 사람들이 자기를 죽일까봐 두려워했다는 사실과 그가 결혼할 대상이 있었다는 사실(창 4:14, 17) 등에서 그런 추측의 근거를 찾으려 하였다. 그러나 인류의 단일성은 성경이 밝히 증거하는 사실이며 특히 원죄의 교리에 기초가 되므로 중요하다.

성경은 여러 구절들에서 인류의 단일성을 증거한다. 창세기 1:27, 28, "하나님께서 자기 형상 곧 하나님의 형상대로 사람을 창조하시되 남자와 여자를 창조하시고, 하나님께서 그들에게 복을 주시며 그들에게 말씀하시기를 생육하고 번성하여 땅에 충만하라." 창세기 3:20, "아담이 그 아내를 하와라 이름하였으니 그는 모든 산 자의 어미가 됨이더라." 창세기 9:19, "노아의 이 세 아들로 좇아 백성이 온 땅에 퍼지니라." 창세기 10:32, "이들은 노아 자손의 족속들이요 그 세계와 나라대로라. 홍수 후에 이들에게서 땅의 열국 백성이 나뉘었더라." 사도행전 17:26, "인류의 모든 족속을 한 혈통으로 만드사 온 땅에 거하게 하시고 저희의 연대를 정하시며 거주의 경계를 한하셨으니."

성경뿐 아니라, 또한 일반 학문들도 여러 각도에서 인류의 단일성에 대하여 증거한다.

첫째로, 역사학은 여러 인종들의 전설들에 근거해 인류가 공통적으로 중앙 아시아에서 기원했을 것이라고 증거한다. 유럽의 민족들은 아시아로부터 이주(移住)한 것으로 인정된다. 또한 아메리카 인디언들도 동부 아시아의 몽고족 중에서 폴리네시아(오스트렐리아 동북부 태평양의 섬들)를 경유하거나 알류시안 군도(알래스카와 러시아를 잇는 베링 해협의 섬들)를 밟아서 이주했다고 보통 인정된다.

둘째로, 비교언어학은 인류의 언어들의 공통적 기원을 증거한다. 특히, 고대 언어들의 어근의 유사성이 그것을 확증한다. 예를 들어, 곰은 애굽어로 뎁, 히브리어로 돕, 아르메니안어로 뎁바, 아라비아어로 둡이라고 한다.

셋째로, 심리학은 사람들의 영혼들의 공통적 특질들을 증거한다. 예를 들어, 사람들은 공통적으로 식욕과 성욕 등의 본능적 욕구들과 함께 도덕성과 종교성 등을 소유하고 있다. 특히, 사람은 공통적으로 하나님을 찾고 하나님께 기도하며 또 영생을 소망한다.

넷째로, 생리학은 인류가 단일 종류임을 증거한다. 예를 들어, ① 모든 종족들의 두뇌, 골격, 치아의 성질이 같다. ② 종족들 간의 결혼과 자녀 출산이 가능하다. ③ 몸의 온도, 맥박수, 혈액의 특질이 같다.

다섯째로, 생물학은 인류의 단일성을 증거한다. 진화론을 발표하였던 찰스 다윈(Charles Darwin)도 그 사실을 시인하여 말하기를, "나는 오늘날의 인류가 하나 이상의 부부들로부터 발생했다고 말하게 할 아무 증거도 없다고 믿는 자들 중 하나다. 나는 하나 이상의 인종이 있다고 믿을 만한 아무 좋은 근거도 혹은 아무 유지될 수 있는 증거도 보지 못한다고 말할 수밖에 없다"고 하였다(*Origin of Species*, pp. 426, 427). 인류는 한 부모의 자손이다.

인류의 연대

그러면 하나님께서는 언제 세상과 사람을 창조하셨는가? 지구는 얼마나 오래된 것인가? 많은 과학자들은 진화론적인 신념을 가지고 지구와 인류의 오랜 연대를 상상하고 주장한다. 지구의 나이를 수십억년 그리고 인류의 연대를 수십만년으로 보는 것이 일반화되어 있다. 그러나 우리는 그것이 지구와 인류의 참된 연대가 아니라고 본다. 성경은 지구와 인류가 그렇게 오래되지 않았음을 증거한다.

성경에 근거한 지구와 인류의 연대를 계산해보자. 우선, 하나님께서 천지와 만물을 창조하신 6일을 문자적 6일로 보면, 아담의 창조는 지구의 창조와 같은 해이다. 창세기 5장에는 아담의 자손들의 수명이 나오는데, 그것들에 근거하여 그들의 연대를 대략 계산할 수 있다. 그것에 의하면, 아담은 930년까지 살았고, 노아는 아담 후 1056경에 출생하여 2006년경에 죽었고, 노아 시대의 홍수 심판은 노아 600세 때 즉 아담 후 1656년경에 있었다. 물론 이런 연대들은 숫자를 그대로 더하거나 뺀 것이므로 대략적인 것이다.

또 창세기 11장에는 셈의 자손들의 수명이 나오는데, 그것에 근거하여 그들의 연대를 계산할 수 있다. 셈은 아담 후 1558년경에 출생하여 2158년경에 죽었고, 데라는 아담 후 1878년경에 출생하여 2083년에 죽었다. 창세기 11:26은, 데라가 70세에 아브람[아브라함]과 나홀과 하란을 낳았다고 말했는데, 그것이 데라가 70세에 아브라함을 낳았다는 뜻이면, 아브라함은 아담 후 1948년경에 출생하였고 175세를 살았으므로(창 25:7) 아담 후 2123년경에 죽었다는 말이 된다. 아브라함이 하란을 떠날 때 나이 75세이었으므로(창 12:4) 그때 데라는 145세로서 아직 죽기 전이었다고 보아야 할 것이다(창 11:32 비교).

아브라함의 아들 이삭은 아담 후 2048년경에 출생해 180세를 살았고(창 35:28) 아담 후 2228년경에 죽었고, 이삭의 아들 야곱은 아담 후 2108년경에 출생하여(창 25:26) 147세를 살았고(창 47:28) 아담 후 2255년경에 죽었다. 야곱이 요셉의 초청으로 애굽에 내려간 나이가 130세이었고(창 47:9) 그때는 아담 후 2238년경이었다.

출애굽기 12:40은, 이스라엘 자손들이 애굽에 거주한 지 430년에 애굽에서 나왔다고 증거하고 있으므로, 출애굽 사건은 아담 후 2668년경에 있었다. 또 열왕기상 6:1은 "이스라엘 자손들이 애굽 땅에서 나온 지 480년이요 솔로몬이 이스라엘 왕이 된 지 4년 시브월 곧 2월에 솔로몬이 여호와를 위하여 전 건축하기를 시작하였다"고 증거한다. 그러므로 솔로몬이 성전을 건축한 연대는 아담 후 3148년경이다. 그런데 솔로몬의 통치 연대는 세속 역사와 비교하여 주전 970-931년경으로 어느 정도 확정될 수 있다. 그러면 성전 건축의 연대인 아담 후 3148년경은 주전 967년경이 되고, 따라서 아담의 창조 연대는 주전 4115년경(3148+967)이며 이것은 또한 세상의 창조 연대가 된다. 이와 같이, 성경에 근거한 지구와 인류의 창조 연대는 주전 4천년 남짓하며, 인류의 역사는 이제까지 6천년 가량임을 알 수 있다.

17세기 영국교회 대주교 제임스 어쉬(James Ussher, 1581-1656)는 신구약 연대기(*Annales Veteris et Novi Testamenti*)라는 책에서 아담의 창조 연대를 주전 4004년으로 보았다. 근대에 보수적 구약학자인 발톤 페인(J. Barton Payne)은 인류의 창조 연대를 주전 4175년으로 보았다(*Zondervan Pictorial Encyclopedia of the Bible*, I, 831). 이들은 성경에 근거하여 인류의 연대를 계산한 것이다.

성경에 근거한 짧은 연대와 다르게, 오늘날 많은 과학자들은 지구와 인류의 오랜 연대를 주장한다. 그들의 연대 측정의 대표적 방법은 우라늄(U-238)에 의한 측정법과 방사성 탄소(C-14)에 의한 측정법이다. 전자(前者)는 암석의 연대 측정에, 후자(後者)는 생물체의 연대 측정에 주로 사용되는데, 그 두 방법의 원리는 동일하다. 방사성 탄소에 의한 측정법은 리비(W. F. Libby)가 발표한 방법으로서 가장 많이 사용되며 가장 널리 알려져 있다. 이것은 화석이나 오래된 생물체의 연대를 측정하는 거의 유일한 과학적 방법으로 알려져 있다.

방사성 탄소에 의한 연대측정법은 다음과 같은 원리에 근거한다.

① 우주에서 지구로 밤낮 없이 들어오는 높은 에너지의 미립자와 그 방사선들--그것을 우주선(宇宙線)이라 부름--은 공기 중에 있는 질소(N-14)에 흡수되어 방사성 탄소(C-14)를 만들어 낸다.

② 이 방사성 탄소는 공기 중에 있는 산소와 반응하여, 이산화탄소(CO_2)가 되어 동물들과 식물들 속에 들어간다.

③ 그런데 생물체들이 죽으면, 그 생물체들 속에 있던 이 방사성 탄소는 매우 천천히 붕괴되어 그 양이 줄어들게 되며, 그 양이 반으로 줄어드는 기간(반감기)은 약 5,700년이며 이 반감기에 근거하여 어떤 생물체의 화석의 연대를 측정할 수 있다는 것이다.

그러나 방사성 탄소에 의한 연대측정법은 두 가지 증명할 수 없는 가설들에 근거하고 있다.

① 지구에 들어오는 우주선의 양, 공기 중에 있는 질소의 양, 그들 간의 반응으로 만들어지는 방사성 탄소의 양이 어느 시대나 동일하다는 것은 아무도 증명할 수 없다. 옛날 생물체들 속에 오늘날과 똑같은 양의 방사성 탄소가 들어 있었다는 것은 아무도 확인할 수 없다.

② 방사성 탄소의 반감기가 어떤 환경 조건에서도 항상 동일하다는 것도 증명할 수 없다. 이 두 가지는 객관적 확실성을 가질 수 없는 가설들이므로, 이 연대 측정 방법은 객관적 확실성을 가질 수 없다.

더구나, 이 측정 방법이 불확실하다는 증거들도 있다. 예를 들면, 이 측정 방법으로 측정하였는데, 살아 있는 달팽이 껍질이 2,300년 된 것으로 나타난다거나, 산 나무의 일부가 10,000년 된 고목으로 나타난다거나, 갓 잡은 물개가 1,300년 된 것으로 나타나는 우스꽝스러운 결과들도 있었다. 또 어떤 이들은 방사성 탄소의 생성 속도와 붕괴 속도가 시간에 따라 변한다는 연구 결과를 발표했고, 어떤 이는 대기 중으로 유입되는 우주선의 양, 물리적 압력, 화학 결합 상태, 전기 및 다른 외적 요인들에 의해서도 방사성 탄소를 포함한 모든 방사성 원소들의 붕괴 속도가 달라짐을 입증하였다(한국 창조 과학회, 진화는 과학적 사실인가?, 178-180쪽).

또, 지구의 나이가 오래되지 않았다는 과학적 증거들도 여러 가지 제시되어 있다(최영상, "창조론을 뒷받침하는 과학의 연대," 과학적 증거는 진화를 부정한다, 한국창조과학회 편, 23-27쪽). 그 중에 몇 가지를 들어보자.

첫째는 지구의 자기(磁氣) 능률의 감소이다. 나침판의 지침이 항상 일정한 방향을 가리키는 데서 입증되듯이 지구는 하나의 자장(磁場)인데, 지구의 자기 능률이 점점 줄어들고 있고 그 붕괴 속도의 반감기가 1,400년임이 알려졌다. 그러나 자장의 붕괴 시 높은 온도가 생기므로, 만일 지구의 연대를 2만년으로 가정할지라도 큰 자장의 붕괴를 상상해야 하고 그때의 고온 때문에 지구는 액체로 변했을 것이며, 100만년을 가상한다면 지구는 완전히 기체가 되었을 것이라고 한다. 또 자장이 크면 클수록 우주선(宇宙線)의 유입은 작아지며 그렇다면 수천 년 전의 지구에서의 방사성 탄소(C-14)의 생성량은 오늘날에 비해 매우 작았을 것이라고 추측된다.

둘째는 지구의 회전 속도의 감소이다. 지구의 회전 속도는 조금씩 점점 느려진다고 알려졌다. 만일 지구의 연대가 10억년이고 그때의 자전 속도를 현재와 같이만 보아도, 현재 지구의 자전은 멈추었을 것이고, 만일 지구의 현재 자전 속도에서 거꾸로 더해가면 10억년 전의 지구는 상상할 수 없이 빨리 돌아 지구의 모양은 구형이 아니라 빈대떡 모양이었을 것이라고 한다.

셋째는 우주진(宇宙塵)의 두께이다. 우주진(cosmic dust)이란, 우주 공간에 흩어져 있는 미세한 석질(石質) 혹은 철질(鐵質) 미립자들(먼지들)을 가리키는데, 이러한 우주진이 지구에 연간 약 1,400만 톤이나 떨어진다고 한다. 특히 니켈의 함량은 지구의 물질 속에 있는 것보다 매우 많다고 한다. 만일 지구의 나이가 10억년이라면, 지구는 지금 약 15m 이상의 우주진으로 뒤덮혔을 것이지만, 현재 지구와 달에 있는 우주진의 양은 단지 몇 천년의 역사에 해당한다고 한다.

넷째는 방사성 탄소(C-14)의 생성 속도와 붕괴 속도의 차이이다. 방사성 탄소의 생성 속도와 붕괴 속도는 다르며, 그 차이를 계산한 결과 지구는 약 8,000년 전에 시작된 것이라고 한다.

다섯째는 지구상의 지표흙의 두께이다. 지구상의 평균 지표흙의 깊이는 약 20센티미터라고 한다. 여러 실험 조사에 의하면, 지표흙이 2.5센티미터 쌓이는데 약 300-1,000년이 걸린다고 추산되는데, 이 추산에 의하면, 지구의 나이는 수천년에 불과하다.

결론적으로, 우리는 지구와 인류 연대에 대한 성경의 증거를 포기할 이유가 없다. 그리스도인 과학자 헨리 모리스(Henry Morris)는, "어쉬의 일반적 방법, 즉 성경의 자료들에만 의존한 방법은 창조의 때를 결정하는 유일 합법적 방법이라는 것을 인정하지 않으면 안 된다. ... 사실, 전통적인 주전 4004년 연대의 완전한 불가능성이나 불합리성은 없다"고 말한다(진화론과 현대기독교, 81-82쪽). 우리는 성경의 연대를 믿음으로 그대로 받아들여야 한다.

진화론 비평

오늘날 유행하는 진화론은 사람의 기원에 관한 성경 진리를 대항하고 도전한다. 진화론의 영향은 교회 안에도 매우 커서, 많은 신학자들과 청년들이 그 영향 때문에 창조의 기본 신앙을 잃어버리고 있다. 오늘날 세상과 교회에 강한 영향력을 끼치고 있는 진화론은 도대체 무엇이며 과연 확실한 이론인가?

진화론(進化論)이란 영국의 박물학자 찰스 다윈(1809-82)이 종들의 기원(*The Origin of Species* (1859))이라는 책에서 주장한 이론이다. 그는 몇 가지 점들을 가정했다: ① 생명은 무생물에서 자연 발생하였으며, 그것은 역사상 단 한번만 일어났다. ② 바이러스, 박테리아, 식물들, 동물들은 모두 서로 연결되어 있다. ③ 단세포 생물(아메바 등)에서 모든 동물이 진화되어 나왔다. ④ 무척추동물에서 척추동물이, 척추동물에서 양서류(물과 육지 양쪽에 사는 것들, 개구리 등)가, 양서류에서 파충류(뱀 종류)가, 파충류에서 조류나 포유류가 진화되어 나왔다. ⑤ 사람은 고릴라, 침팬지, 오랑우탄, 기번 등 유인원(類人猿)의 자손이거나 그들과 공통의 조상을 가졌을 것이다.

그러나 이러한 진화론은 불확실한 가설(假說)에 불과하다. 그것은 확실한 사실들에 근거한 것이거나 증명된 것이 아니다. 다윈의 가정

1. 사람의 기원

들을 살펴보자(한국창조과학회 편, 진화는 과학적 사실인가?).

다윈이 가정했던 생명의 자연발생설에 대하여, 오늘날 과학자들은 오히려 부정적이다. 1862년 파스테르는 실험을 통해 생명체의 자연발생론을 반박하고, 생물은 생물에게서 생긴다는 소위 '생물발생론'의 타당성을 증거하였다. 또 가장 간단한 생명체 하나가 우연히 생성될 확률은 한계점인 10의 50제곱분의 1보다 훨씬 작으며 이 사실은 그것의 불가능성을 보인다. 더욱이, 생명의 신비를 담고 있다고 오늘날 알려진 DNA의 매우 복잡하고 정교한 구조와 작용은 고도의 지적인 존재, 즉 전지 전능하신 하나님의 손길을 증거하고 있다.

생물학적 변론에 대하여, 다윈이 가정하는 대로 바이러스, 박테리아, 식물들, 동물들, 사람이 서로 연결되어 있다는 것, 즉 한 종에서 다른 종으로 변이하는 것은 결코 생물학적으로 관찰되지 않았다. 어떤 종이 그 종 안에서 가지는 작은 변이('소진화'라고 함)는 보통 인정되지만, 한 종에서 다른 종으로의 변이('대진화'라고 함)는 결코 생물학적으로 관찰되지 않았다.

또 후천적으로 얻어진 형질들은 유전되지 않는다는 것이 확인되었다. 19세기 말, 바이스만은 생쥐꼬리 실험을 통해 후천적으로 얻어진 형질이 유전되지 않는다는 것을 증명했다. 돌연변이의 유전도 한계가 있다는 사실이 알려졌다. 같은 종 안에서는 변이의 유전은 가능하지만, 종과 종 사이의 유전 변이는 일어나지 않는다. 멘델은 돌연변이가 결코 새 종이 되지 못함을 발견하였다. 또한, 뮬러는 돌연변이가 대부분 해로운 방향으로 일어난다는 사실도 알아내었다. 이런 사실들과 결론들은 진화의 개념과 반대되는 것이다.

또 생물들 간의 유사성, 특히 해부학적 유사성이나 태생학적 유사성은 진화를 증명하지 않는다. 그 유사성은 하나님의 창조의 방식으로 얼마든지 설명된다. 또한 그것은 물건들이나 기계들의 유사성이 서로간의 진화를 증명하지 않는 것과 같다. 특히, 최근의 혈액 시험은 사람의 피와 동물의 피가 본질적으로 다르다는 사실을 증명하였다.

또 퇴화 기관들이 진화의 증거라는 주장도 타당치 않다. 오래 전에는 학자들이 사람의 신체에서 180여개의 퇴화 기관들을 말하였으나, 최근에는 모두 6개뿐이라고 한다. 그것은 의학의 발달로 그 기관들의 기능을 알게 되었기 때문이다. 즉 주장된 퇴화 기관들은 그 기관들의 기능들에 대한 무지에서 나온 잘못된 가정들이었다. 예를 들어, 이전에는 맹장이 쓸데없다고 생각되었으나, 오늘날엔 그것이 창자에 염증이 생기지 않게 하는 역할을 하고 있음을 알게 되었다고 한다.

화석학적 변론에 대하여, 화석학적 증거들은 전혀 진화론을 증명하지 못한다. 화석이란 퇴적암 지층에 보존되어 있는 생물의 유해나 자취를 말한다. 화석의 연대를 측정하는 한 방법에 의하면, 이미 생물들의 긴 시대 동안의 진화를 가정하고 화석들을 여러 지층으로 분류하고, 어떤 지층에 있는 화석의 종류에 따라 그 지층의 연대를 측정한다. 이것은 순환 논법이므로 아무것도 증명하지 못한다. 특히, 종과 종 간의 연결 고리가 될 수 있는 중간 형태의 생물들의 화석은 발견되지 않았다. 다시 말해, 진화의 화석학적 증거는 없다고 한다.

또 유인원과 사람의 중간 형태라고 주장된 화석들이 있었지만, 그 어느 것도 참된 증거가 되지 못했다.

① 인도에서 발견된 1,400만년 전의 것이라고 주장된 라마피테쿠스는 몇 개의 치아와 턱 조각들인데, 예일 대학의 데이빗 R. 필빔은 그것이 멸종된 원숭이에 불과하다고 말하였다.

② 동부 아프리카에서 발견된 200-300만년 전의 것이라고 주장된 오스트랄로피테쿠스에 대해서, 영국의 유명한 해부학자 솔리 로드 주커만은 그것이 원숭이에 불과하다고 진술하였다.

③ 자바에서 발견된 50만년 전의 것이라고 주장된 자바인 혹은 피

테칸트로푸스 에렉투스(직립 원인)는 그 뼈들을 발견하고 발표했던 듀보아 자신에 의해 긴팔원숭이라고 선언되었다.

④ 북경 부근 주구점(저우커우뎬)에서 발견된 북경인 혹은 신안트로푸스 페키넨시스는 치아 두 개를 제외한 모든 자료들이 분실되어 확인이 불가능한 경우이다.

⑤ 미국 서부 네브라스카에서 발견된 네브라스카인 혹은 헤스페로피테쿠스 헤롤드쿠키는 치아 한 개에 근거했는데, 후에 그것은 멸종된 멧돼지로 판명되었다.

⑥ 영국 필트다운 근처에서 발견된 50만년 전의 것이라고 주장된 필트다운인 혹은 이안트로푸스 도소니는 턱뼈와 두개골의 일부에 근거하였는데, 그것은 후에 완전히 조작된 작품임이 드러났다.

⑦ 독일 뒤셀돌프 부근 네안데르 계곡의 한 동굴에서 발견된 네안데르탈인 혹은 네안데르탈렌시스는 관절염으로 인한 불구와 및 비타민 D 부족으로 인한 곱추병 환자이었거나 미토콘드리아 DNA가 오늘날의 인류와 전혀 다른 것을 보면 사람이 아니었을 것이라고 한다.

⑧ 독일 마우어에서 발견된 25만년 전의 것으로 주장된 하이델베르그인은, 그런 턱뼈를 가진 종족이 오늘날에도 뉴 칼레도니아 지방에 있고, 그러한 두개골 형태를 오늘날의 흑인들 중에서 발견할 수 있으므로 유인원이라 볼 수 없음이 판명되었다.

⑨ 프랑스 크로마뇽의 바위 밑에서 발견된 크로마뇽인은 현대인으로 밝혀졌다.

진화론은 이같이 과학적으로 증명되지 못했을 뿐 아니라, 오히려 과학적으로 반박되기도 한다. 특히 진화의 개념은 물리학의 열역학 제1, 2 법칙에 배치된다고 한다. 열역학(熱力學, thermodynamics)이란 다양한 형태들의 에너지(힘)와 그 변화에 관한 학문인데, 열역학 제1 법칙은 보통 '에너지 보존 법칙'으로 알려져 있다. 그것은 단순한 물건이든지 복잡한 기계든지 한 조직체 속에 있는 에너지는 생성되거나 파괴될 수 없고, 단지 한 조직체에서 다른 조직체로 이전되거나, 한 형태에서 다른 형태로 변환될 수 있을 뿐이며, 에너지의 총량은 불변적이라는 법칙이다. 이 법칙에 의하면, 최초의 물질이 하나님에 의해 창조되었다는 것은 가능하지만, 진화론은 최초의 물질의 존재를 결코 설명할 수 없다.

열역학 제2 법칙은 보통 '에너지 감소 법칙'으로 알려져 있는데, 그것은 에너지의 질적 쇠퇴 현상을 말한다. 자연적으로 발생하는 모든 현상은 그 자유 에너지를 가장 낮은 상태로 유지하는 방향으로 진행한다고 한다. 열 에너지는 자연적으로 더 뜨거운 것으로부터 더 차가운 것으로 흐른다. 증기 기관에서의 열 에너지의 일부는 주위의 차가운 것들에 이전되므로 연료의 모든 열 에너지가 기계 에너지로 변환되지 못한다. 이때 감소된 에너지의 양을 '엔트로피'(entropy)라고 부른다. 이 '엔트로피'는 물체의 내적 무질서의 정도를 나타내기도 한다. 열역학 제2 법칙에 의하면, 우주는 시간이 감에 따라 쓸 수 있는 에너지가 감소되고 '엔트로피'가 증가되고 있다고 한다. 다시 말해, 우주는 낡아지고 있다는 것이다. 이 법칙은 성경말씀에 정확하게 일치하지만, 진화의 개념에는 정면으로 반대된다. 시편 102:26-27, "천지는 없어지려니와 주께서는 영존하시겠고 그것들은 다 옷같이 낡으리니 의복같이 바꾸시면 바뀌려니와 주께서는 동일하시고 주님의 연대는 무궁하리이다."

무엇보다, 진화론은 성경 진리에 명백히 반대된다. 성경은 태초에 하나님께서 천지를 창조하셨다고 증거한다(창 1:1). 또한 창세기 1장은 하나님께서 식물들, 물고기들, 동물들을 '각각 그 종류대로' 창조하셨음을 열 번이나 반복하여 증거한다. 특히 사람의 창조에 관하여, 성경은 하나님께서 사람의 몸을 흙으로 만드셨고 그의 영혼을 직접 창조하셨음을 증거한다. 창세기 2:7, "여호와 하나님께서 흙으로 사람을 지으시고 생명의 기운을 그 코에 불어넣으시니 사람이 산 자가 된지라." 성경의 이런 증거에는 진화의 여지가 도무지 있을 수 없다.

또 성경은 사람의 몸과 동물의 몸이 질적으로 다름을 말한다. 고린도전서 15:39, "육체는 다 같은 육체가 아니니 하나는 사람의 육체요 하나는 짐승의 육체요 하나는 새의 육체요 하나는 물고기의 육체라." 또 하나님께서 사람에게 죄의 형벌을 선언하실 때에도, 동물의 상태로 돌아가라고 하시지 않고, 흙으로 돌아가라고 말씀하셨다. 창세기 3:19, "필경은 흙으로 돌아가리니 그 속에서 네가 취함을 입었음이라. 너는 흙이니 흙으로 돌아갈 것이니라."

근래에는 '유신 진화론'(有神進化論, Theistic Evolutionism)이라는 사상까지 나타났는데, 이것은 하나님께서 사람을 창조하시되 진화의 방법으로 하셨다는 이론이다. 이것은 창조와 진화를 조화시켜 보려는 생각이다. 유신 진화론은 지구의 긴 연대설과 인류의 긴 연대설을 수용한다. 유신 진화론은 흔히 무기물과 유기물 사이에, 또 비이성적 동물들과 이성적 인간 존재 사이에 하나님의 특별한 활동을 인정한다. 그러나, 이런 유신 진화론은 진화론의 영향을 입은 이론에 불과하다. 진화론이 객관적, 과학적 근거를 가진 이론이 아닌데, 진화론의 세력에 굴복해 성경의 창조의 진리를 포기한 것이다. 유신 진화론은 진화론도, 창조론도 아닌 괴이한 잡종이며, 현대적 불신앙의 한 형태에 불과하며, 성경을 믿는 교회들에서 결코 용납될 수 없는 이론이다.

사람은 하나님의 창조물이다. 하나님께서는 사람을 그의 형상대로 창조하셨고 직접 창조하셨고 몸과 영혼을 창조하셨고 남자와 여자로 창조하셨다. 인류는 한 부모 아담과 하와에게서 나왔다. 지구와 인류의 연대는 주전 4천년 정도에 불과하다. 진화론은 무신론자들이 만들어 낸 가설에 불과하다. 우리는 창조의 진리를 믿고 확신해야 한다.

2. 사람이란 무엇인가?

사람이란 무엇인가? 성경에 계시된 사람에 대한 진리들 중에 중요한 내용은 첫째로 사람이 몸과 영혼으로 구성되었다는 것과 둘째로 사람이 본래 하나님의 형상대로 창조되었다는 사실이다.

몸과 영혼으로 구성됨

성경에 계시된 사람에 대한 진리들 중에 중요한 내용은 사람이 몸과 영혼으로 구성되었다는 것이다. 사람은 눈에 보이고 손으로 만질 수 있는 몸과 볼 수 없고 만질 수 없는 영혼, 이 두 실체로 구성되었다. 이것을 '이분설'(二分說)이라고 부른다. 이것은 사람이 몸과 영과 혼으로 구성되었다는 '삼분설'(三分說)과 구별된다. 이분설은 교회의 전통적 견해이며 성경적 견해이다. 초대교회의 터툴리안과 어거스틴, 중세의 안셈, 종교개혁 시대의 루터와 칼빈 등은 다 이 견해를 가졌고 그 후 개신교회들의 절대 다수가 이 견해를 취하였다.

이분설의 근거는 영혼 혹은 혼(네페쉬 נֶפֶשׁ, 프쉬케 ψυχή)이라는 말과 영이라는 말(루아크 רוּחַ, 프뉴마 πνεῦμα)이 성경에 구별 없이, 교대적으로 사용되고 있다는 데 있다. 확실히, 그 두 말은 성경에서 한 실체를 나타내는 두 개의 용어에 불과하다고 보인다.

첫째로, 성경은 사람 전체를 묘사할 때 어떤 때는 몸과 영이라고 말하고 어떤 때는 몸과 영혼(혼)이라고 말함으로써 영혼(혼)이라는 말과 영이라는 말을 구별하지 않는다. 전도서 12:7, "흙(몸)은 여전히 땅으로 돌아가고 영은 그 주신 하나님께로 돌아가기 전에 기억하라." 마태복음 10:28, "몸은 죽여도 영혼(혼)은 능히 죽이지 못하는 자들을 두려워하지 말고 오직 몸과 영혼을 능히 지옥에 멸하시는 자를 두려워하라." 고린도전서 5:3, "내가 실로 몸으로는 떠나 있으나 영으로는 함께 있어서."

둘째로, 성경은 사람의 죽음을 묘사할 때 어떤 때는 혼이 떠난다고 표현하고 어떤 때는 영이 떠난다고 말한다. 창세기 35:18, "그가 죽기에 임하여 그 혼이 떠나려 할 때에." 누가복음 23:46, "아버지시여, 내 영혼[영]을 아버지 손에 부탁하나이다." 사도행전 7:59, (스데반의 말) "주 예수님이시여, 내 영혼[영]을 받으시옵소서."

셋째로, 성경은 사람이 죽었다가 다시 살아나는 것을 묘사할 때도 어떤 때는 영혼(혼)이 돌아온다고 말하고 어떤 때는 영이 돌아온다고 말한다. 열왕기상 17:22, "여호와께서 엘리야의 소리를 들으시므로 그 아이의 혼[영혼]이 몸으로 돌아오고 살아난지라." 누가복음 8:55, "그 영이 돌아와 아이가 곧 일어나거늘."

넷째로, 성경은 죽은 자들을 묘사할 때도 어떤 때는 죽은 자들의 영들이라고 표현하고 어떤 때는 죽은 자들의 영혼들이라고 표현한다. 히브리서 12:23, "온전케 된 의인의 영들." 요한계시록 6:9, "죽임을 당한 영혼들(혼들)." 요한계시록 20:4, "목 베임을 받은 자의 영혼들."

다섯째로, 삼분설에 의하면, 혼은 흔히 동물적 차원의 저급한 기능을 하고 영은 좀더 고상한 기능을 한다고 주장되지만, 성경은 동물에게도 영이라는 말을 사용하고, 하나님께도 혼이라는 말을 사용함으로써 그런 구별을 인정하지 않는다. 전도서 3:21, "인생의 혼[영]은 위로 올라가고, 짐승의 혼[영]은 아래 곧 땅으로 내려가는 줄을 누가 알랴?" 시편 11:5, "여호와께서는 (악인을) . . . 마음[영혼]에 미워하시는도다." 이사야 1:14, "내 마음[영혼]이 너희의 월삭과 정한 절기를 싫어하나니 그것이 내게 무거운 짐이라." 이사야 42:1, "내 마음[영혼]에 기뻐하는 나의 택한 사람을 보라." 예레미야 6:8, "예루살렘아, 너는 훈계를 받으라. 그리하지 아니하면 내 마음[영혼]이 너를 싫어하고." 예레미야 9:9, "내 마음[영혼]이 이런 나라에 보수하지 않겠느나?" 아모스 6:8, "주 여호와가 자기를 가리켜[자기의 영혼으로] 맹세 하였노라." 또 성경은 사람의 종교적 활동들을 영에게만 돌리지 않고 영혼에게도 돌림으로써 영과 영혼의 기능에 차별을 두지 않는다. 신 명기 6:5, "너는 마음을 다하고 영혼을 다하고 힘을 다하여 네 하나님 여호와를 사랑하라." 누가복음 1:46-47, "내 영혼이 주님을 찬양하며 내 영이 하나님 내 구주를 기뻐하였음은."

사람의 구성 요소에 대해 사람이 몸과 혼과 영의 세 개의 실체로 구성되었다고 하는 '삼분설(三分說)'은 잘못된 견해이다. 그것은 아리 스토텔레스 같은 고대의 헬라 철학자들의 견해이었다. 그들은 사람 이 몸과 동물적 혼과 이성적 영의 세 개의 실체로 구성되었다고 생각 하였다. 초대교회에 알렉산드리아의 클레멘트, 오리겐, 닛사의 그레 고리, 다메섹의 요한 등의 교부들이 이런 견해를 취하였다. 삼분설은 초대교회의 어떤 이단자들과도 관련이 있다. 그노시스주의는 사람의 영이 신적 본질의 일부분이므로 범죄할 수 없다고 주장했고, 아폴리 내리스는 예수 그리스도께서 사람의 영혼(혼)만을 가지셨고 신적인 로고스가 그의 영을 대신했다고 생각하였다.

성경에 삼분설을 가리키는 듯한 구절들이 있는 것은 사실이다. 그 러나 이런 구절들은 성경의 전체적인 그리고 보다 명확한 빛 아래서 해석되어야 한다. 예를 들어, 데살로니가전서 5:23의 "너희 온 영과 혼과 몸이 우리 주 예수 그리스도 강림하실 때에 흠 없게 보전되기를 원하노라"는 말씀은 사람의 인성(人性) 전체의 성화(聖化)를 강조하 면서 영과 혼을 반복한 것으로 볼 수 있다. 또 히브리서 4:12의 "하나 님의 말씀은 살았고 운동력이 있어 ... 혼과 영과 관절과 골수를 찔 러 쪼개기까지 하며 또 마음의 생각과 뜻을 감찰한다"는 말씀도 하나 님의 말씀이 사람의 영혼의 깊은 곳을 꿰뚫어 감찰하심을 강조하면 서 영과 혼을 반복한 경우라고 볼 수 있다.

영혼의 활동

그러면 영혼의 활동은 무엇인가? 몸은 물질적 실체이며 영혼과의 결합으로만 생명체로서 기능을 한다. 죽음은 몸에서 영혼이 떠나는 현상이며, 죽은 몸은 몸의 특질을 잘 나타낸다. 영혼 혹은 영의 특질은 생명과 인격성이다. 사실, '영'이라는 원어는 '영'이라는 뜻 외에 '호흡, 생명의 기운'도 의미하며, 또 '영혼'이라는 원어도 '영혼' 외에 성경에서 빈번히 '생명'을 가리킨다. 사람의 생명 원리인 영혼은 또한 사람의 인격적 요소를 형성한다. 일반적으로 영혼의 활동은 마음(레브 ‎לֵב‎ 카르디아 καρδία)이라고 표현된다. 사람의 마음은 지식, 감정, 의지의 요소들로 구성되며, 그것에 양심이 덧붙여질 수 있다. 영혼은 어떤 외적 세력에 억압받지 않고 자발적으로 활동한다는 의미에서 자유로우며 따라서 자신의 행위에 대한 도덕적 책임을 가진다.

양심이란 사람의 마음에 있는 도덕적 분별력과 선한 성향이다. 그것은 사람의 영혼에 심겨진 하나님의 음성이요 하나님의 율법이다. 로마서 2:14-15, "율법 없는 이방인이 본성으로 율법의 일을 행할 때는 이 사람은 율법이 없어도 자기가 자기에게 율법이 되나니 이런 이들은 그 양심이 증거가 되어 그 생각들이 서로 혹은 송사하며 혹은 변명하여 그 마음에 새긴 율법의 행위를 나타내느니라." 양심은 사람의 영혼의 법정이다. 그러나 양심은 선하고 깨끗한 마음이지만 약해지고 더러워질 수 있고 심지어 완전히 마비될 수도 있다. 고린도전서 8:7, "어떤 이들은 지금까지 우상에 대한 습관이 있어 우상의 제물로 알고 먹는 고로 그들의 양심이 약하여지고 더러워지느니라." 디모데전서 4:1, 2, "성령께서 밝히 말씀하시기를 후일에 어떤 사람들이 믿음에서 떠나 미혹케 하는 영과 귀신의 가르침을 좇으리라 하셨으니 자기 양심이 화인 맞아서 외식함으로 거짓말하는 자들이라."

마음은 몸과 밀접하게 연관되어 있다. 지식은 뇌와 감각 기관들의 활동과 연결되어 있다. 사람의 감정도 몸의 감각 기관들과 분리시켜 생각하기 어렵다. 그러므로 사람의 마음은 몸과 분리된 영혼의 순수한 활동이 아니고 영육의 결합 상태에서의 영혼의 활동이다. 마음은 몸에 영향을 주고 몸으로부터 영향을 받는다. 마음이 기쁘면 몸도 힘이 나고 마음이 슬프면 몸도 약해진다. 그러므로 잠언 18:14는 "사람의 심령은 병을 능히 이기려니와 심령이 상하면 그것을 누가 일으키겠느냐?"고 말한다. 몸이 아프면 마음도 약해지지 쉽다. 마음의 즐거움은 얼굴을 빛나게 한다(잠 15:13).

특히, 사람이 구원 얻은 후 성화(聖化)의 불완전함은 단순히 중생한 영 자체의 문제이거나 몸의 문제가 아니고, 몸과 결합된 영혼 즉 영육의 통일된 인격의 문제이다. 로마서 7:25, ". . . 그런즉 내 자신이 마음으로는 하나님의 법을, 육신으로는 죄의 법을 섬기노라." 중생한 자의 심령은 본성의 남은 부패성과의 끊임없는 싸움이 있다. 그러나 하나님의 말씀의 교훈과 성령님의 도우심으로 성도는 조금씩 선한 인격으로 변화된다. 물론, 성도는 성화를 위해 힘써야 한다.

개인 영혼의 기원

첫 사람 아담과 하와 이후에, 각 사람의 영혼은 어디로부터 오는가? 개인 영혼의 기원에 관해 세 가지 견해가 있다.

첫째로, **선재설**(先在說)은 개인의 영혼이 세상에 출생하기 전부터 존재했다고 본다(플라톤, 필로, 오리겐, 칸트 등). 이 견해를 취하는 자들은 보통 각 개인의 영혼이 전세(前世)에서 범죄하였다고 본다. 그러나 선재설은 성경적 근거가 없으며 성경에 반대된다. 말라기 2:15, "여호와께서는 영이 유여하실지라도 오직 하나를 짓지 아니하셨느냐? 어찌하여 하나만 지으셨느냐? 이는 경건한 자손을 얻고자 하심이니라." 더욱이, 선재설은 인류의 단일성과 원죄(原罪) 교리에 충돌한다. 사도행전 17:26, "인류의 모든 족속을 한 혈통으로 만드사." 로마서 5:12, "이러므로 한 사람으로 말미암아 죄가 세상에 들어오고 죄로 말미암아 사망이 왔나니." 더욱이, 사람은 전세(前世)에 대한 아무 기억도 갖고 있지 않다. 물론 범죄에 대한 기억도 없다. 이런 사실들을 생각할 때, 선재설은 잘못이다.

둘째로, **유전설**(遺傳說)은 개인의 영혼이 부모로부터 출생되었다고 본다. 초대교회에 터툴리안과 어거스틴, 종교개혁 이후 루터, 델리취, 로버트 댑니, 윌리암 쉐드, A. H. 스트롱 등이 이런 견해를 가졌다. 유전설을 주장하는 이들이 제시하는 근거는 다음과 같다. (1) 성경에는 자손들이 조상의 허리에 있다고 표현하는데, 이것은 개인의 영혼이 조상에게서 유전됨을 암시한다는 것이다. 창세기 46:26, "이는 다 야곱의 몸(야레크 יָרֵךְ)[넓적다리, 허리]에서 나온 자며." 히브리서 7:9-10, "레위도 아브라함으로 말미암아 십분의 일을 바쳤다고 할 수 있나니 이는 멜기세덱이 아브라함을 만날 때에 레위는 아직 자기 조상의 허리(오스퓌스 ὀσφύς)(생식기관의 자리)에 있었음이니라." (2) 성경에는 자손들이 죄 중에 출생한다고 표현하는데, 이것은 개인의 영혼과 그것의 죄악성이 부모에게서 나옴을 보인다는 것이다. 욥기 14:4, "누가 깨끗한 것을 더러운 것 가운데서 낼 수 있으리이까? 하나도 없나이다." 시편 51:5, "내가 죄악 중에 출생하였음이여, 모친이 죄 중에 나를 임신하였나이다." 요한복음 3:6, "육으로 난 것은 육이요, 성령님으로 난 것은 영이니."

그 외에도, (3) 자녀의 출산은 사람에게 맡겨졌다. 창세기 1:27-28, "생육하고 번성하여 땅에 충만하라." (4) 성경이 하와의 영혼 창조에 대해 침묵한다. 창세기 2:22, "여호와 하나님께서 아담에게서 취하신 그 갈비뼈로 여자를 만드시고." 고린도전서 11:8, "남자가 여자에게서 난 것이 아니요 여자가 남자에게서 났으며." (5) 하나님의 창조 사역은 창조의 6일 이후 중지되었다. 창세기 2:2, "하나님의 지으시던 일이 . . . 마치니." (6) 가정의 정신적 특성들은 자손들에게 유전된다.

그러나 이런 점들에도 불구하고, 유전설에는 다음과 같은 어려운 점들이 있다. (1) 개인 영혼의 전달 방식에 대한 적절한 대답이 가능해 보이지 않는다. 자녀의 영혼이 부모로부터 어떤 방식으로 전달되는가? 부모가 자녀 영혼의 창조자인가? 혹은 자녀의 영혼이 부모의 영혼으로부터 물질처럼 분할(分割)되는가? 자녀 영혼이 부모 영혼 안에 선재(先在)했는가? 그 어느 대답도 적절해 보이지 않는다. 부모는 자녀들의 영혼들의 창조자가 아니다. 또 사람의 영혼이 물질처럼 분할될 수 있다는 생각도 적절해 보이지 않는다. 또 자녀의 영혼이 부모의 영혼 안에 존재해 있었다는 것도 매우 부자연스럽다.

(2) 인류가 첫 사람 아담 안에 실제로 존재했다는 가정은 불합리해 보인다. 사람은 부모나 자식의 마음을 아는 공통적 의식을 가지고 있지 않다. 또 각 사람은 자신의 행위에 대해 책임을 지는 독립적 인격이며, 성경이 비록 원죄에 대해 말하지만 선조들의 누적된 죄책(罪責)의 전가(轉嫁)에 대해서는 말하지 않는다.

(3) 예수 그리스도의 무죄성(無罪性)을 설명하기 어려워 보인다. 예수 그리스도의 참된 인성에서 마리아의 원죄의 죄책과 부패성을 어떻게 배제할 수 있을지 어려워 보이는 것이다.

셋째로, **창조설**(創造說)은 개인의 영혼이 하나님에 의해 직접 창조되었다고 본다(칼빈, 베자, 투레틴, 핫지, 박형룡 등). 이것은 고대의 동방교회의 견해이었고 서방교회도 제롬과 힐러리 이후 거의 보편적으로 이 견해를 받아들였다. 중세교회도 일반적으로 이 견해를 취했고, 종교개혁 이후, 대다수의 개혁신학자들은 이 견해를 가졌다.

창조설을 지지하는 성경구절들은 다음과 같다. 민수기 16:22, "모든 육체의 생명[영들]의 하나님이시여"(민수기 27:16도 같음). 전도서

12:7, "흙은 여전히 땅으로 돌아가고 영은 그 주신 하나님께로 돌아가기 전에 기억하라." 이사야 42:5, "땅에 행하는 자들에게 영을 주시는 하나님." 스가랴 12:1, "사람 안에 영을 지으신 자." 히브리서 12:9, "모든 영들의 아버지." 예레미야 38:16, (시드기야 왕의 말) "우리에게 이 영혼을 지으신(아사 עָשָׂה) 여호와께서 사시거니와."

이 외에도, 성경은 하나님께서 세상의 모든 사람을 창조하셨다고 증거한다. 욥기 31:15, "나를 태 속에 만드신 자가 그도 만들지 아니하셨느냐? 우리를 뱃속에 지으신 자가 하나가 아니시냐?" 시편 100:3, "그는 우리를 지으신 자시요." 잠언 14:31, "가난한 사람을 학대하는 자는 그를 지으신 이를 멸시하는 자요." 하나님께서 사람들의 몸만 만드셨다고 볼 수 없다. 우리는 하나님께서 사람들의 몸만 창조하셨고 그들의 영혼들은 부모로부터 나왔다고 생각할 수 없다.

그러나 창조설에도 다음과 같은 어려운 점들이 있다. (1) 창조설은 죄의 책임에 대한 문제를 일으킨다. 하나님께서 죄악된 영혼을 창조하실 수는 없으나 깨끗한 영혼을 창조하여 즉시 원죄의 죄책과 부패성을 갖는 죄인이 되게 함으로써 죄악의 간접적 책임자가 되시는 것은 아닌가? (2) 창조설은 원죄(原罪)의 진리와 조화되기 어려운 점이 있다. 창조된 영혼은 어떻게 원죄의 죄책과 부패성을 가지게 되는가? 특히, 원죄의 부패성은 부모에게서 자녀들에게 어떻게 전달되는가? 그것이 단지 자녀들의 몸들에만 전달된다고 볼 수 있겠는가? 만일 그것이 자녀들의 영들에도 전달된다면, 언제, 어떻게 그것이 가능한 것인가? (3) 가정의 정신적 유전도 어려운 문제의 하나이다.

결론적으로, 개인 영혼의 기원에 관하여 선재설(先在說)은 성경적 근거가 없고 성경 진리들에 배치되므로 받아들일 수 없으나 유전설(遺傳說)과 창조설(創造說)은 둘 다 상당한 성경적인 또한 합리적인 근거를 가지고 있다. 우리는 창조설이 더 성경적이라고 생각하지만,

자녀의 출생 과정에서 하나님과 인간 부모의 역활이 신비하게 관련되어 있음을 인정해야 할 것이다.

하나님의 형상

성경에 계시된 사람에 대한 진리들 중 중요한 또 한 내용은 사람이 하나님의 형상대로 창조되었다는 사실이다. 창세기 1:26-27, "하나님께서 말씀하시기를 우리의 형상을 따라 우리의 모양대로 우리가 사람을 만들고 그로 바다의 고기와, 공중의 새와, 육축과, 온 땅과, 땅에 기는 모든 것을 다스리게 하자 하시고 하나님께서 자기 형상 곧 하나님의 형상대로 사람을 창조하시되 남자와 여자를 창조하시고."

하나님께서는 영이시므로, 하나님의 형상과 모양은 어떤 물질적 형상이나 모양을 의미할 수 없고 하나님의 영의 특성들을 가리킴이 분명하다. '형상'과 '모양'이라는 말은 의미상 차이가 없다고 본다(창 1:27; 5:1; 9:6; 고전 11:7; 골 3:10; 약 3:9). 사람이 하나님께로부터 받은 가장 중요한 특성은 지식과 도덕성이다. 웨스트민스터 신앙고백 4:2는 "(하나님께서 사람에게) 자신의 형상을 따라 지식과 의와 참된 거룩을 주셨다"라고 말한다. 지식은 하나님을 알고 하나님의 창조하신 세계를 아는 것을 말하며 그 지식을 적절히 활용하는 지혜를 포함한다. 하나님께서 첫 사람 아담과 하와에게 땅을 정복하고 땅의 생물들을 다스리라고 명령하셨을 때, 그것은 하나님의 형상대로 지음 받은 사람에게 지식과 지혜가 있음을 증거한다. 과연 첫 사람 아담은 하나님께서 만드신 들짐승들과 새들의 이름을 지음으로써 그의 지식과 지혜를 잘 나타내 보였다(창 2:19-20).

도덕성이란 이성적 판단과 의지적 자유를 가지고 하나님을 섬기며 그의 뜻에 순종하는 것을 말한다. 이것이 사람이 본래 가졌던 거룩과 의(義)이다. 이것을 '본래의 의'(original righteousness)라고 부른다.

전도서 7:29는 "나의 깨달은 것이 이것이라. 곧 하나님께서 사람을 정직하게 지으셨으나 사람은 많은 꾀를 낸 것이니라"고 말하였다.

아담이 창조되었을 때 도덕적 중립 상태에 있었다는 추측은 타당하지 않은 것 같다. 아담은 선과 악을 알게 하는 나무의 열매를 먹지 말라는 하나님의 명령을 어느 기간 동안 지켰고, 그가 하나님의 명령을 지킨 동안 그의 행위는 하나님 앞에 의로운 행위이었다. 첫 사람은 얼마 동안 거룩하고 의로운 삶을 살았다.

하나님의 형상의 내용인 지식과 도덕성은 사람의 범죄로 인하여 상실되었다. 사람이 다른 생물들에 비하여 여전히 지혜롭고 상당한 지식을 갖고 있는 것도 사실이지만, 사람이 알아야 할 가장 기본적인 사실인 창조주 하나님을 알지 못하고 있다는 것을 생각할 때, 사람에게 참 지식이 없다고 말할 수 있다. 또 도덕성은 두말할 것도 없다. 사람들은 본래의 그 거룩과 의를 다 잃어버렸다. 사람들은 지금 심히 죄악된 상태에 있다. 그러므로 구원은 지식과 의의 회복이다. 골로새서 3:10은 "새 사람을 입었으니 이는 자기를 창조하신 자의 형상을 좇아 지식에까지 새롭게 하심을 받는 자니라"고 말하였고, 에베소서 4:24는 "하나님을 따라 의와 진리의 거룩함[참된 거룩]으로 지으심을 받은 새 사람을 입으라"고 증거하였다.

그러나 아담이 범죄한 후에는 사람들이 더 이상 하나님의 형상이 아닌가? 그렇지 않다고 본다. 성경은 사람들에 대해 하나님의 형상이라는 표현을 여전히 사용한다. 창세기 9:6, "무릇 사람의 피를 흘리면 사람이 그 피를 흘릴 것이니 이는 하나님께서 자기 형상대로 사람을 지었음이니라." 또 고린도전서 11:7은 "남자는 하나님의 형상과 영광이니 그 머리에 마땅히 쓰지 않거니와 여자는 남자의 영광이니라"고 말하였고, 또 야고보서 3:9는 "이것(우리의 혀)으로 우리가 주 아버지를 찬송하고 또 이것(우리의 혀)으로 하나님의 형상대로 지음을 받은 사람을 저주한다"고 말한다.

이와 같이, 아담의 타락 이후에도 사람들을 하나님의 형상이라고 부르는 것은 하나님의 형상이라는 말이 단지 지식과 도덕성 뿐만 아니라 또한 그 외의 요소들도 포함하는 넓은 개념임을 나타낸다. 하나님의 형상에 포함시킬 수 있는 요소들은 다른 피조물들과 달리 사람들에게만 있는 독특한 점들일 것이다. 그것들은 사람의 영혼의 불멸성, 인격성, 양심 등을 포함하며 영혼의 활동 기관 혹은 표현 기관으로서의 몸도 거기에 포함될 것이다. 특히 창세기 9:6에 살인을 하나님의 형상을 해치는 것으로 정죄한 것을 보면, 몸도 하나님의 형상에 포함시키는 것이 타당해 보인다. 또 창세기 1:26-28이 하나님의 형상과 생물통치권을 연관시키는 것을 보면, 생물통치권도 하나님의 형상의 요소들에 포함시킬 수 있다고 본다.

하나님의 형상에 대해 다른 견해들을 살펴보자. 천주교회는 하나님의 형상과 모양을 구별하여 하나님의 형상은 사람의 영성, 의지의 자유 등 자연적 재능들을 가리키고, 하나님의 모양은 사람의 욕망들을 통제할 수 있는 하나님의 초자연적 은사를 가리킨다고 본다. 그러나 하나님의 형상과 하나님의 모양을 그렇게 구별하는 것은 성경적인 근거가 없다. 헬라 정교회는 하나님의 형상이 사람의 이성적 성질뿐이며 도덕성은 제외된다고 본다. 그러나 그것은 성경적으로 타당하지 않다고 본다. 구원은 하나님의 형상의 회복이다. 골로새서 3:10, "새 사람을 입었으니 이는 자기를 창조하신 자의 형상을 좇아 지식에까지 새롭게 하심을 받는 자니라." 에베소서 4:24, "하나님을 따라 의와 참된 거룩함으로 지으심을 받은 새 사람." 위의 성경말씀이 보이는 하나님의 형상의 회복은 도덕성을 포함한다. 루터교회는 하나님의 형상이 사람의 본래의 의뿐이라고 보나, 위에서 살펴본 대로, 성경은 하나님의 형상에 대한 좀더 넓은 개념을 가진다.

사람의 본래의 상태

사람은 몸과 영혼을 가진 존재로 창조되었다. 영혼은 불멸적이다. 사람은 죽어도 그 영혼이 소멸되지 않는다. 의인의 영혼은 천국에서 쉼과 기쁨을 누리고, 악인의 영혼은 흑암 중에서 고통을 당하고 최종 심판을 기다린다. 사람은 불멸적 영혼에 더 큰 가치를 두어야 한다.

또 사람은 하나님의 형상대로 창조되었다. 그 핵심은 지식과 도덕성이다. 사람의 본래의 상태 즉 타락 전 사람은 성숙한 인격이었다. 첫 사람 아담과 하와는 어린 시절이 없는 성인으로 창조되었다. 그들은 지식과 감정과 의지를 조화 있게 조절하는 인격자들이었고 도덕적으로 거룩하고 의로운 상태에 있었다. 그들이 하나님의 뜻에 복종하는 동안 그들은 확실히 하나님의 충만한 기쁨과 평안을 누렸다.

타락 전 아담과 하와의 몸은 완전하고 아름답고 건강했다고 본다. 그들의 몸에는 허약과 피곤과 질병과 고통이 없었을 것이다. 그런 것들은 사람이 범죄한 이후 형벌로 내려진 것들이었다. 또 비록 죽음의 가능성이 전혀 없지는 않았지만, 그들의 몸은 죽지 않을 수 있는 몸이었다. 아담과 하와는 이런 몸으로 에덴 동산에서 얼마 동안 즐거운 삶을 살았을 것이다. 아담과 하와는 건강한 몸으로 생물들을 다스리는 그의 직무를 잘 수행하였을 것이다.

그러나 타락하기 전의 사람의 본래의 상태는 최종적으로 완전한 상태는 아니었다. 아담과 하와는 그들이 도달할 수 있는 최상의 상태에 있었던 것은 아니었다. 에덴 동산에서 사람은 예비적 시험 단계에 있었다. 만일 아담과 하와가 하나님께서 정하신 기간 동안 그가 주신 처음 명령(창 2:16-17)에 순종하였더라면, 그들은 더 큰 존귀와 영광에 도달할 수 있었을 것이다. 즉 그들은 다시 범죄할 수도 없고 죽을 수도 없는 영원한 생명의 복을 누렸을 것이다. 그러나 첫 사람 아담과 하와는 범죄함으로써 본래의 복된 상태에서 떨어졌다.

3. 죄란 무엇인가?

첫 사람 아담과 하와의 본래의 상태의 영광은 오래 지속되지 않았던 것 같다. 그들이 에덴 동산에서 내보냄을 받은 후 가인과 아벨을 낳았고, 가인이 아벨을 죽인 후 아담이 130세에 셋을 얻었기 때문에, 그들의 무죄한 상태는 대략 100년을 넘지 못했을 것이다.

천사들의 타락

세상의 악은 근원적으로 천사들의 타락에서 기원했다. 창세기 3장은 에덴 동산에서 뱀이 하와를 속였다고 말하는데, 그 뱀은 마귀이었다. 요한계시록 12:9, "큰 용이 내어쫓기니 옛 뱀 곧 마귀라고도 하고 사단이라고도 하는 온 천하를 꾀는 자라."

천사들의 타락은 인류의 역사 초기에 있었다고 보인다. 요한일서 3:8, "죄를 짓는 자마다 마귀에게 속하나니 마귀는 처음부터 범죄함이니라." '처음부터'라는 말은 '인류 역사 시초부터'라는 뜻으로 보인다. 마귀는 인류 역사 초기에 범죄했고 그 후 오래지 않아서 아담과 하와를 범죄케 했다고 보인다. 그러나 그들의 타락은 천지 창조 이전의 어느 때라고 볼 수는 없을 것이다. 왜냐하면 천사 세계를 포함하여 천지만물이 6일 동안에 창조되었고(창 2:1), 창조된 세계는 모두 하나님 보시기에 선하였다고 보이기 때문이다. 창세기 1:31, "하나님께서 그 지으신 모든 것을 보시니 보시기에 심히 좋았더라."

천사는 어떻게 타락하였는가? 천사들의 타락은, 비록 하나님의 뜻 안에서 되어진 일이지만, 하나님께 직접적 원인이나 책임을 돌릴 수는 없다. 왜냐하면 하나님께서는 모든 피조세계를 선하게 창조하셨을 뿐만 아니라, 또한 의로우시고 선하신 하나님 자신이 악의 창조자가 되실 수 없기 때문이다. 천사들의 타락은 그 자신들 밖에서 원인을 찾을 수 없다. 성경은 마귀의 죄를 교만이라고 말한다. 디모데전서 3:6, "교만하여져서 마귀를 정죄하는 그 정죄에 빠질까 함이요." 그렇다면, 천사 타락의 원인은 그들의 우두머리인 마귀가 교만하고 하나님께 반역하고 다수의 천사들이 그를 따랐기 때문일 것이다. 유다서 6절에는, "자기 지위를 지키지 아니하고 자기 처소를 떠난 천사들"이라는 표현이 나온다. 이사야 14:12-15과 에스겔 28:12-16의 말씀을 마귀의 타락을 묘사한 것으로 이해하는 자들이 있지만, 그 구절들은 문맥이 보이듯이 바벨론 왕과 두로 왕에 대한 예언일 뿐이라고 본다.

타락한 천사들은 마귀와 그의 사자들로 분류된다. 마귀는 타락한 천사들의 두목이다. 그는 '사탄'(욥 1:6, 대적자), '마귀'(계 12:10, 디아볼로스 διάβολος, 참소자), '바알세불'(마 12:24, 더러움의 주), '벨리알'(고후 6:15, 무가치한 자, 악한 자), 아밧돈(אֲבַדּוֹן) 혹은 아폴뤼온('Απολλύων)(계 9:11, 파괴자), '귀신들(demons)의 왕'(마 12:24), '이 세상 임금'(요 12:31), '이 세상 신'(고후 4:4), '공중의 권세 잡은 자'(엡 2:2), '악한 자'(요일 5:19), '큰 용, 옛 뱀'(계 12:9; 20:2) 등으로 불린다.

그 외의 타락한 천사들은 '마귀의 사자들'(마 25:41), '하늘에 있는 악의 영들'(엡 6:12), 혹은 빈번히 '귀신들'로 불린다. '귀신'(다이모니온 δαιμόνιον)이나 '악한 천사'나 '악한 영'은 다 동일한 존재를 가리킨다. 타락한 천사들의 일부는 이미 지옥에 던져져 있는 것 같다. 베드로후서 2:4, "하나님께서 범죄한 천사들을 용서치 아니하시고 지옥(타르타로스 τάρταρος)에 던져 어두운 구덩이에 두어 심판 때까지 지키게 하셨으며." 그러나 나머지 천사들은 지금 마귀의 지휘 아래 하나님을 대항해 활동하고 있다고 보인다. 에베소서 6:12, "우리의 싸움은 혈과 육에 대한 것이 아니요 정사(政事)와 권세와 이 세상의 어두움의 주관자들과 하늘에 있는 악의 영들에게 대함이라." 요한계시록 12:7-9, "하늘에 전쟁이 있으니 미가엘과 그의 사자들이 용으로 더불어 싸울새 용과 그의 사자들도 싸우나 이기지 못하여 다시 하늘에서 저희의 있을 곳을 얻지 못한지라. 큰 용이 내어쫓기니 옛 뱀 곧 마귀라고도 하고 사단이라고도 하는 온 천하를 꾀는 자라. 땅으로 내어쫓기니 그의 사자들도 저와 함께 쫓기니라.”

타락한 천사들의 활동은 한마디로 하나님의 일을 방해하고 혼란시키고 대항하는 것이다. 그들은 온 세상에 사상적 오류들, 정신적 문란 및 도덕적 불결을 일으킨다. 타락한 천사들은 본래의 거룩하고 선하고 진실한 성품을 잃어버렸고 더럽고 악하고 거짓된 영들이 되었다. 마태복음 10:1, “더러운 귀신들을 쫓아내며.” 열왕기상 22:22, “내가 나가서 거짓말하는 영이 되어 그 모든 선지자의 입에 있겠나이다.” 디모데전서 4:1, “후일에 어떤 사람들이 믿음에서 떠나 속이는 영들과 귀신들의 가르침을 좇으리라.” 요한일서 4:1, 3, “영을 다 믿지 말고 오직 영들이 하나님께 속하였나[하나님께로부터 왔는가] 시험하라. . . . 적그리스도의 영.” 에베소서 2:2, “그때에 너희가 그 가운데서 행하여 이 세상 풍속을 좇고 공중의 권세 잡은 자를 따랐으니 곧 지금 불순종의 아들들 가운데서 활동하는 영이라.”

또 타락한 천사들은 육체의 질병들과 환경적 재난들도 일으킨다. 욥기 1, 2장을 보면, 욥에게 임한 재난들, 즉 재산의 큰 손실과 자녀들의 죽음과 몸에 난 악창은 사탄이 준 것이었다. 누가복음 9:42, “예수께서 더러운 귀신[영]을 꾸짖으시고 아이를 (간질병으로부터) 낫게 하사.” 누가복음 13:11, 16, “18년 동안을 귀신 들려 앓으며[연약의 혹은 질병의 영을 가지고] 꼬부라져 조금도 펴지 못하는 한 여자가 있더라. . . . 18년 동안 사단에게 매인 바된.” 고린도후서 12:7, “내 육체의 가시 곧 사단의 사자를 주셨으니.”

모든 타락한 천사들은 마침내 지옥 불못에 던지울 것이다. 마태복음 8:29, “(귀신들이 말하기를) 때가 이르기 전에 우리를 괴롭게 하려고 여기 오셨나이까?" 마태복음 25:41, "저주를 받은 자들아, 나를 떠나 마귀와 그 사자들을 위하여 예비된 영영한 불에 들어가라." 성경은 타락한 천사들이 본래의 상태로 회복될 수 있다고 암시하지 않는다. 그들의 어두운 미래의 상태는 고정되어 있다고 보인다. 이 점에 있어서, 천사의 타락과 사람의 타락은 성격상 크게 다르다.

인류의 타락

인류의 타락은 마귀의 유혹에 넘어진 첫 사람 아담과 하와의 범죄로 이루어졌다. 오늘날 불신앙적 신학자들은 아담의 첫 범죄를 역사적 사건이 아니라고 생각하나, 그것은 매우 잘못이다. 창세기 3장은 역사적 문체(文體)로 기록된 역사적 내용인 창세기라는 책의 한 부분이다. 그러므로 창세기 3장의 내용을 창세기 전체와 분리시켜 비역사적 내용으로 간주하는 것은 부당하다. 또 신약성경의 여러 구절들은 첫 사람의 범죄 사건을 언급한다. 로마서 5:12, 18-19, "한 사람으로 말미암아 죄가 세상에 들어오고 . . . 한 범죄로 . . . 한 사람의 순종치 아니함으로." 고린도전서 15:21, "사망이 사람으로 말미암았으니." 고린도후서 11:3, "뱀이 그 간계로 이와를 미혹케 한 것같이." 디모데전서 2:14, "아담이 꾀임을 보지 아니하고 여자가 꾀임을 보아 죄에 빠졌음이니라." 이러한 말씀들은 창세기 3장의 사건이 역사적 사건임을 전제하고 있다. 만일 그것이 역사적 사건이 아니었다면, 위에 인용된 신약성경의 구절들은 의미를 잃어버릴 것이다. 또한 성경은 사람의 죄와 마귀가 관련이 있음을 가르친다. 요한일서 3:8, "죄를 짓는 자는 마귀에게 속하나니." 만일 창세기 3장의 사건이 역사적 사실이 아니었다면, 죄와 마귀의 관련은 아무런 근거를 갖지 못할 것이다. 그러나 성경의 증거대로, 마귀는 첫 사람의 아담의 범죄와 관련이 있다.

첫 사람 아담의 범죄의 내용은 무엇이었는가? 아담의 범죄는 하나님의 명령을 어긴 것이었다. 하와는 뱀(사탄)의 유혹에 빠져, 그리고 아담은 아내의 권함을 받아, 하나님의 명령(창 2:16-17)을 어겼다. 창세기 3:6, 11, 17, "여자가 그 실과를 따먹고 자기와 함께한 남편에게도 주매 그도 먹은지라. . . . (하나님께서 말씀하시기를) 내가 너더러 먹지 말라 명한 그 나무 실과를 네가 먹었느냐? . . . . 아담에게 말씀하시기를 네가 네 아내의 말을 듣고 내가 너더러 먹지 말라 한 나무 실과를 먹었은즉."

그러나 첫 사람의 불순종은 교만과 불신앙을 포함했다고 보인다. '너희가 그것을 먹는 날에는 너희 눈이 밝아 하나님과 같이 되리라'는 마귀의 말은 사람의 교만을 부추기는 말이었다. 하와는 마귀의 말을 듣고 교만의 죄에 빠져 들어갔다. 또 하와가 하나님의 말씀을 저버리고 마귀의 말을 따랐고 아담이 하나님의 말씀을 버리고 아내의 말을 따른 것은 하나님과 그의 말씀에 대한 불신앙이었다. 교만과 불신앙은 불순종을 가져온다. 이것은 영적인 공식과 같다. 불순종은 교만과 불신앙에서 나오며, 순종은 겸손과 신앙에서 나온다.

아담과 하와의 첫 범죄의 결과는 무엇이었나? 첫째로, 아담과 하와는 창조될 때 하나님께서 주셨던 지혜와 지식과 거룩과 의를 잃어버렸다. 그들의 본성은 죄악된 경향성 곧 부패성을 갖게 되었다. 둘째로, 그들은 그들에게 본래 없었던 죄 의식과 수치감을 갖게 되었다. 창세기 2:25, "(범죄하기 전) 아담과 그 아내 두 사람이 벌거벗었으나 부끄러워 아니하니라." 창세기 3:7, "(범죄한 후) 그들이 눈이 밝아 자기들의 몸이 벗은 줄을 알고 무화과나무 잎을 엮어 치마를 하였더라." 창세기 3:8, "하나님의 낯을 피하여 동산 나무 사이에 숨은지라."

셋째로, 그들은 영적으로 하나님과 분리되었고 하나님을 떠나게 되었다. 하나님과의 교제는 크게 손상되었다. 그들은 하나님의 낯을 피하여 숨는 자가 되었다. 창세기 3:8, "여호와 하나님의 음성을 듣고 아담과 그 아내가 여호와 하나님의 낯을 피해 동산 나무 사이에 숨은 지라." 또 하나님께서도 그들을 에덴 동산에서 내보낼 수밖에 없으셨다. 창세기 3:23-24, "여호와 하나님께서 에덴 동산에서 그 사람을 내보내어 . . . 이같이 하나님께서 그 사람을 쫓아내시고."

넷째로, 그들은 세상에 사는 동안 많은 수고와 고통을 경험하리라는 선언을 들었다. 창세기 3:16, "내가 네게 임신하는 고통을 크게 더하리니, 네가 수고하고 자식을 낳을 것이며." 창세기 3:17, 19, (아담에게) "너는 종신토록 수고하여야 그 소산을 먹으리라 . . . 네가 얼굴에 땀이 흘러야 식물을 먹고." 다섯째로, 땅은 그들로 인하여 저주를 받았다. 창세기 3:17-18, "땅은 너로 인하여 저주를 받고 . . . 네게 가시덤불과 엉겅퀴를 낼 것이라." 여섯째로, 그들은 마침내 죽으리라는 선언을 받았다. 창세기 3:19, "(네가) 필경은 흙으로 돌아가리니."

어떤 이들은 "하나님께서 왜 마귀의 시험을 허용하셨는가? 하나님께서 마귀의 시험을 허용치 않으셨더라면 인류의 불행도 없었을 것이 아닌가?"라고 질문할지 모른다. 그러나 하나님께서는 사람을 인격적 존재로 대우하셨다. 그는 사람이 기계적으로가 아니고 자발적으로 하나님을 선택하고 하나님께 순종하기를 원하셨다. 시험 자체는 악이 아니다. 더욱이, 첫 사람이 이 시험에서 자발적으로 순종하였다면, 그와 온 인류는 더 영광된 상태로 나아갈 수 있었을 것이다.

또 어떤 이들은 "하나님께서 왜 사람의 범죄를 허용하셨는가? 그는 그의 주권적 능력으로 사람의 범죄를 막으실 수도 있지 않았는가?"라고 질문할지 모른다. 그러나 우리는 하나님께서 그의 주권으로 자신의 영광을 위해 죄를 허용하셨다고 대답할 수 있다. 잠언 16:4, "여호와께서 온갖 것을 그 쓰임에 적당하게 지으셨나니 악인도 악한 날에 적당하게 하셨느니라." 로마서 9:22, "하나님께서 그 진노를 보이시고 그 능력을 알게 하고자 하사 멸하기로 준비된 진노의 그릇을 오래 참으심으로 관용하시고." 물론 우리는 하나님의 높으신 뜻을 다 이해하지 못한다. 그러나 하나님께서는 주권적 섭리자이시며 그의 모든 일은 다 정당한 목적이 있을 것이기 때문에 우리는 함부로 섭리 자 하나님을 비난해서는 안 된다. 로마서 9:14, 20, "그런즉 우리가 무슨 말 하리요? 하나님께 불의가 있느뇨? 그럴 수 없느니라. . . . 이 사람아, 네가 뉘기에 감히 하나님께 말대답하느뇨?"

죄에 대한 성경적 개념

이제, 죄가 무엇인지 정리해보자. 죄는 다음 세 가지로 요약된다. 첫째로, 죄는 하나님의 법을 어기는 것이다. 아담의 범죄는 하나님 의 명령을 어긴 것이었다. 요한일서 3:4, "죄를 짓는 자마다 불법을 행하나니 죄는 불법이라." '죄'라는 히브리어(캇타스 חַטָּאת)는 '표적 을 맞히지 못한 행동'이라는 뜻이다. 웨스트민스터 소요리문답 제14 문답, "죄는 하나님의 법을 순종함에 부족한 것이나 혹은 어기는 것 입니다." 하나님의 법을 어긴 것(commission, 범한 것)이나 지키지 못한 것(omission, 태만)이나 둘 다 실상 하나님의 법을 어긴 것이다.

하나님의 법을 어긴 것이 죄이므로, 죄는 하나님 앞에서의 문제이 며 하나님과의 관계의 문제이다. 특히, 하나님의 법은 하나님의 인격 과 속성과 권위를 반영하므로, 죄는 그 성격상 하나님의 인격과 속성 을 모독하는 것이요 그의 권위를 침해하는 것이다. 여기에 죄의 사악 성과 심각성이 있다. 창세기 39:9, "내가 어찌 이 큰 악을 행하여 하나 님께 죄를 얻으리이까?" 시편 51:4, "내가 주께만 범죄하여 주님 앞에 악을 행하였사오니." 또한 죄는 항상 적극적 성격을 가진다. 소극적 죄, 불이행과 태만(ommission)의 죄도 결국 하나님의 법을 어긴 죄 가 된다. 또한, 죄와 죄 아닌 것 간의 선이 분명하다. 그 둘 사이에 중립지대는 없다. 선이 아니면 악이요 의가 아니면 불의이다.

3. 죄란 무엇인가?

<u>둘째로, 죄는 죄책(罪責, guilt)과 부패성(corruption)으로 구성된다.</u> 죄책이란, 하나님의 법을 어겼다는 법적 책임을 가리키며, 그것은 도덕적으로 비난받아야 마땅하다는 사실과 또 하나님의 공의에 따라 벌을 받아야 한다는 사실을 포함한다. 죄에서 중요한 점은 바로 이 죄책이다. 부패성이란, 죄인이 가지고 있는 죄악된 성질(죄성, 罪性), 죄를 향한 경향성 혹은 죄를 짓기 쉬운 연약성을 가리킨다. 우리가 흔히 자신이 죄인이라고 느끼는 것은 이 부패성 때문이다. 예레미야 17:9, "만물보다 거짓되고 심히 부패한 것은 마음이라."

<u>셋째로, 사람의 말과 행동뿐 아니라, 죄악된 마음의 상태와 습관도 죄로 간주된다.</u> 특히 이 점에서 잘못된 견해들이 있다. 반(半)펠라기 안주의는 죄가 항상 사람의 의지의 의식적 행동이어야 하며 부모에게서 받는 죄악된 성질과 습관은 죄로 간주되지 않는다고 본다. 사람의 죄악된 욕구(concupiscence)는 죄의 기회일 뿐이며 그것 자체가 형벌 받을 죄는 아니라고 본 것이다. 알미니안주의도, 죄가 하나님의 법을 어기는 사람의 자발적인 행위라고 보며, 비(非)자발적 범죄는 인성의 자연적 결과로서 죄책을 돌릴 수 없으며 엄밀히 말해 죄가 아니라고 보았다. 반펠라기안주의와 알미니안주의는 공통적으로 사람의 죄악된 마음의 상태와 습관을 죄로 간주하지 않는다. 그것이 의식적 행위로 나타날 때만 죄로 간주된다는 것이다.

그러나 성경은 죄악된 마음의 상태와 습관도 죄라고 말한다. 예레미야 17:9, "만물보다 거짓되고 심히 부패한 것은 마음이라. 누가 능히 이를 알리요마는." 마태복음 15:19-20, "마음에서 나오는 것은 악한 생각과 살인과 간음과 음란과 도적질과 거짓 증거와 훼방이니 이런 것들이 사람을 더럽게 하는 것이요 씻지 않은 손으로 먹는 것은 사람을 더럽게 하지 못하느니라." 로마서 7:17, "내 속에 거하는 죄."

예를 들어, 탐심의 죄가 그러하다. 출애굽기 20:17, "네 이웃의 집을 탐내지 말지니라. 네 이웃의 아내나 그의 남종이나 그의 여종이나 그의 소나 그의 나귀나 무릇 네 이웃의 소유를 탐내지 말지니라.” 탐심에서 여러 죄가 나오지만, 탐심 자체도 죄로 간주되는 것이다. 골로새서 3:5, “탐심은 우상숭배니라.” 또한, 교만이나 미움 등의 죄도 마찬가지이다. 잠언 6:16-17, “여호와의 미워하시는 것 곧 그 마음에 싫어하시는 것이 6, 7가지니 곧 교만한 눈과 거짓된 혀와.” 잠언 21:4, “눈이 높은 것과 마음이 교만한 것[은] . . . 다 죄니라.” 마태복음 5:22, 28, “나는 너희에게 이르노니 형제에게 노하는 자마다 심판을 받게 되고 형제를 대하여 라가라 하는 자는 공회에 잡히게 되고 미련한 놈이라 하는 자는 지옥 불에 들어가게 되리라.” 요한일서 3:15, “그 형제를 미워하는 자마다 살인하는 자니 살인하는 자마다 영생이 그 속에 거하지 아니하는 것을 너희가 아는 바라.”

역사상, 죄에 대한 잘못된 생각들이 많이 있었다. 예를 들어, 죄를 물질적 몸의 특질, 진화되지 못한 동물적인 성질, 존재의 부정 혹은 제한, 단순한 결핍, 실재(實在)하지 않는 착각, 정신의 불건전한, 병적 상태, 선에 대한 필요한 대립 원리, 사람의 이기심, 하나님 의식에 대한 사람의 자아 의식의 투쟁, 하나님께 대한 불신앙 등으로 보는 것들이 그러하다. 그러나 그것들은 죄에 대한 바른 개념이 아니다.

말씀을 정리해보자. 세상의 악은 근원적으로 천사들의 타락에서 기원하였다. 인류의 타락은 타락한 천사인 마귀의 유혹에 넘어진 첫 사람 아담과 하와의 범죄로 이루어졌다. 죄는 하나님의 법을 어기는 것이다. 그 죄는 죄책(罪責)과 부패성으로 구성된다. 또 사람의 말과 행동뿐 아니라, 죄악된 마음의 상태와 습관도 죄로 간주된다. 사람들은 다 죄인이며 이 죄에서, 즉 그들의 죄책과 부패성으로부터, 그리고 그들의 죄악된 마음의 상태와 습관으로부터 구원을 얻어야 한다. 이것이 하나님께서 우리에게 은혜로 주신 구원의 내용이다.

4. 원죄(原罪)와 자범죄(自犯罪)

모든 사람들의 죄는 원죄(原罪)와 자범죄(自犯罪)를 포함한다.

원죄(原罪)

원죄란, 아담의 범죄로 인해 모든 사람이 태어날 때부터 갖고 있는 죄책(罪責)과 부패성을 가리킨다. 웨스트민스터 신앙고백 6:3, "그들(아담과 하와)이 모든 인류의 뿌리이었으므로, 이 죄의 죄책(罪責)은 일반 출생법으로 그들에게서 태어나는 모든 후손에게 전가(轉嫁)되었고, 죄로 인한 그 동일한 죽음과 부패성이 전달되었다."

죄책의 전가(轉嫁)

우선, 아담의 첫 범죄의 죄책이 모든 인류에게 돌려졌다. 그러므로 아담의 후손인 인류는 죄책을 가진 죄인의 신분으로 출생한다. 아담의 죄책이 모든 인류에게 전가되었다는 사실은 로마서 5장이 한 사람의 범죄로 인하여 많은 사람이 죽었고 많은 사람이 정죄되었고 많은 사람이 죄인되었음을 강조할 때 밝히 증거되었다. 15, 17절, "이 은사는 그 범죄와 같지 아니하니 곧 한 사람의 범죄를 인해 많은 사람이 죽었은즉 더욱 하나님의 은혜와 또는 한 사람 예수 그리스도의 은혜로 말미암은 선물이 많은 사람에게 넘쳤으리라," "한 사람의 범죄를 인하여 사망이 그 한 사람으로 말미암아 왕노릇하였은즉 더욱 은혜와 의의 선물을 넘치게 받는 자들이 한 분 예수 그리스도로 말미암아 생명 안에서 왕노릇하리로다." 16, 18절, "이 선물은 범죄한 한 사람으로 말미암은 것과 같지 아니하니 심판은 한 사람을 인하여 정죄에 이르렀으나 은사는 많은 범죄를 인하여 의롭다 하심에 이름이니라," "그런즉 한 범죄로 많은 사람이 정죄에 이른 것같이 의의 한 행동으로 말미암아 많은 사람이 의롭다 하심을 받아 생명에 이르렀느니라."
19절, "한 사람의 순종치 아니함으로 많은 사람이 죄인된 것같이 한
사람의 순종하심으로 많은 사람이 의인이 되리라."

뿐만 아니라, 성경과 경험이 증거하는 죄의 보편성, 정죄(定罪)의
보편성, 그리고 죽음의 보편성은 그 사실을 확증한다.

죄는 보편적 현상이다. 열왕기상 8:46, "범죄치 아니하는 사람이 없
사오니." 욥기 14:4, "누가 깨끗한 것을 더러운 것 가운데에서 낼 수
있으리이까? 하나도 없나이다." 시편 51:5, "내가 죄악 중에 출생하였
음이여, 모친이 죄 중에 나를 잉태하였나이다." 시편 58:3, "악인은 모
태에서부터 멀어졌음이여 나면서부터 곁길로 나아가 거짓을 말하는
도다." 전도서 7:20, "선을 행하고 죄를 범치 않는 의인은 세상에 아주
없느니라." 로마서 3:10, 23, "의인은 없나니 하나도 없으며 . . . 모든
사람이 죄를 범하였으매." 죄의 보편성은 사람의 이성과 경험으로도
인정된다. 플라톤은 "눈멀고 머리 많은 맹수와 같은 만 가지의 악이
네 속에 있다"고 말했다. 괴테는 "나는 나 역시 범하지 않을 수 있는
허물을 보지 못한다"고 말했다. 이방 종교들에서 볼 수 있는 고행(苦
行)이나 금욕주의는 모든 사람이 죄인이라는 유력한 증거이다.

또 모든 사람들은 하나님의 심판과 정죄(定罪) 아래 있다. 로마서
3:19, "이는 모든 입을 막고 온 세상으로 하나님의 심판 아래 있게 하
려 함이니라." 에베소서 2:3, "우리도 다른 이들과 같이 진노의 자녀
이었더니." 모든 사람들에게 구원이 필요하다는 사실은 모든 사람들
이 정죄 아래 있다는 사실을 전제하고 있다. 주께서는 "사람이 물과
성령으로 나지 아니하면 하나님의 나라에 들어갈 수 없느니라. 육으
로 난 것은 육이라"고 말씀하셨다(요 3:5-6).

또 모든 사람은 죽는다. 사도 바울은 로마서 5:12에서 "이러므로 한
사람으로 말미암아 죄가 세상에 들어오고 죄로 말미암아 사망이 왔

나니, 이와 같이 모든 사람이 죄를 지었으므로 사망이 모든 사람에게 이르렀느니라"고 말했다. 본문 후반절은 다시 번역하면 '이와 같이 사망이 모든 사람에게 이르렀으니, 이는 모든 사람이 죄를 지었음이 니라'이다. '이는'(ἐφ' ᾧ)은 ① '왜냐하면,' ② '그것(아담의 범죄)에 근 거하여,' 혹은 ③ '그(아담) 안에서'로 번역될 수 있다. 심지어 자신의 의지로 죄를 지을 수 없어 보이는 유아들까지도 죽는다.

<u>죄의 전가의 방식</u>에 대해서는 세 가지 견해가 있다. 첫째로, **실재론**(實在論)은 모든 사람이 하나의 통일체로서 아담 안에 존재했고 그가 범죄하였을 때 그 안에서 함께 실제적으로 혹은 실체적(實體的)으로 범죄했다는 견해이다. 터툴리안, 어거스틴, 칼빈, 윌리암 쉐드 등의 견해이다. 그러나 '사람의 공통적 실체'라는 개념은 성경적인 근거와 합리적인 타당성을 가지는 것 같지 않다. 또 로마서 5장에서의 원죄 와 칭의의 대조가 실재론의 생각에 부합해 보이지 않는다. 예수 그리 스도와 성도들의 관계는 실체적 관계라기보다 언약적 관계라고 보이 기 때문이다. 또 아담의 최초의 범죄 외의 다른 죄들에 대한 책임은 어떻게 설명되겠는가? 또 특히, 사람으로 오신 예수 그리스도께서 죄 가 없으셨다는 사실은 실재론으로는 설명하기 어려워 보인다.

둘째로, **간접 전가론**은 아담의 자손이 출생할 때 아담의 부패성을 전달받으며 아담의 자손은 그 부패성 때문에 실제로 범죄함으로써 그들에게 죄책이 전가되었다는 견해이다. 그러나 아담의 자손에게 그의 부패성이 전달되는 것은 아담의 죄책이 전가된 결과로 보인다. 즉 그의 죄책의 전가가 없이 그의 부패성의 전달이 허용될 수 없다고 보인다. 또 로마서 5장은 모든 사람의 죄와 정죄와 죽음을 한 사람 아담의 죄에 기인한다고 말하지, 그 자손들의 실제적 죄에 기인한다 고 말하지 않으며, 또 원죄와 칭의(稱義)의 대조는 이 견해에 부합해 보이지 않는다. 즉 성도의 칭의는 그리스도의 의로운 성질을 전달받

아서 의롭게 살므로 받는 의가 아니기 때문이다.

셋째로, **직접 전가론**은 첫 사람 아담이 모든 사람의 언약적 대표자로서 하나님과 언약 관계에 있었으므로 아담의 죄책은 모든 사람에게 즉시 전가(轉嫁)되었고 그의 부패성은 그 자손에게 유전되었다는 견해이다. 이것을 '언약론적 견해'라고도 부른다. 프란시스 투레틴, 촬스 핫지, 로버트 댑니, 루이스 벌코프, 박형룡 등 대다수 개혁신학자들의 견해이다. 이 견해의 근거는 로마서 5장에 증거된 대로 한 사람 아담의 죄와 많은 사람의 죄와 정죄와 죽음이 직접 관련된다는 점과, 아담의 죄의 전가와 그리스도의 의(義)의 전가가 직접 대조된다는 점에 있다. 또 성경에는 이런 연대 책임과 형벌의 예들이 있다. 출애굽기 20:5-6, "나 여호와 너의 하나님은 질투하는 하나님인즉 나를 미워하는 자의 죄를 갚되 아비로부터 아들에게로 3, 4대까지 이르게 하거니와." 민수기 14:33, "너희 자녀들은 너희의 패역한 죄를 지고 너희의 시체가 광야에서 소멸되기까지 40년을 광야에서 유리하는 자가되리라." 여호수아 22:20, "세라의 아들 아간이 바친 물건에 대하여 범죄하므로 이스라엘 온 회중에 진노가 임하지 아니하였었느냐?" 신명기 24:16에 아버지의 죄로 아들이 죽임을 당하지 않는다는 말씀이 있으나, 그것은 사회의 공적 재판 규례를 가리킨 것이며, 또 에스겔 18:4에 범죄하는 그 영혼이 죽으리라는 말씀도 죄 없이 죽는 법이 없다는 하나님의 공의를 증거하는 말씀이다. 이 말씀들은 성경의 다른 곳에서 증거된 죄의 전가(轉嫁)의 진리와 모순되지 않는다.

부패성의 전달

아담의 첫 범죄의 죄책이 아담의 자손들 즉 모든 사람들에게 전가되었을 뿐만 아니라, 또한 그 범죄로 인해 생긴 부패성이 그들에게 전달되었다. 아담의 첫 범죄로 인한 사람 본성의 부패성은 전적 부패성과 전적 무능력이라 부른다. 아담의 자손인 모든 사람은 지정의(知

情意) 전체에 있어서 전적으로 부패되어 하나님을 알지 못하고 하나님을 사랑하는 마음을 잃어버렸고 그 대신에 육신적이고 세상적인 욕망들의 지배를 받게 되었다. 사람은 때때로 사람의 표준에서 선하게 보이는 일을 하지만, 하나님 앞에서 회개와 믿음이나, 구원에 이르게 할 선과 의를 행하기에 무능력해졌다. 웨스트민스터 신앙고백 6:2는 말하기를, "그들은 이 죄로 말미암아 그들의 본래의 의(義)와 하나님과의 교제로부터 떨어졌고, 죄로 인하여 죽게 되었으며, 영혼과 몸의 모든 기능들과 부분들에 있어서 전적으로 더러워졌다"라고 했다.

성경은 **사람의 전적 부패성**을 밝히 증거한다. 대표적 성경구절들은 다음과 같다. 창세기 6:5, "여호와께서 사람의 죄악이 세상에 가득함과 그 마음의 생각의 모든 계획이 항상 악할 뿐임을 보시고." 창세기 8:21, "사람의 마음의 계획하는 바가 어려서부터 악함이라." 이사야 64:6, "대저 우리는 다 부정한 자 같아서 우리의 의(義)는 다 더러운 옷 같으며." 예레미야 17:9, "만물보다 거짓되고 심히 부패한(아누쉬 אָנֻשׁ)[절망적이게 사악한(KJV), 치료할 수 없는(NIV)] 것은 마음이라." 시편 58:3, "악인은 모태에서부터 멀어졌음이여 나면서부터 곁길로 나아가 거짓을 말하는도다." 로마서 3:10-12, "기록한 바, 의인은 없나니 하나도 없으며, 깨닫는 자도 없고 하나님을 찾는 자도 없고, 다 치우쳐 한가지로 무익하게 되고 선을 행하는 자는 없나니 하나도 없도다." 고린도전서 2:14, "육에 속한 사람은 하나님의 영의 일을 받지 아니하나니 저에게는 미련하게 보임이요 또 깨닫지도 못하나니 이런 일은 영적으로 분별됨이니라." 에베소서 4:18-19, "저희 총명이 어두워지고 저희 가운데 있는 무지함과 저희 마음이 굳어짐으로 말미암아 하나님의 생명에서 떠나 있도다. 저희가 감각 없는 자 되어 자신을 방탕에 방임하여 모든 더러운 것을 욕심으로 행하되."

성경은 또 **사람의 전적 무능력**도 증거한다. 다음의 여러 성경구절은 사람의 전적 무능력을 직접 언급하고 있다. 예레미야 13:23, "구스인이 그 피부를, 표범이 그 반점(斑點)을 변할 수 있느뇨? 할 수 있을진대[만일 할 수 있다면] 악에 익숙한 너희도 선을 행할 수 있으리라." 신명기 30:11, 14, "내가 오늘날 네게 명한 이 명령은 네게 어려운 것도 아니요 먼 것도 아니라 . . . 오직 그 말씀이 네게 심히 가까와서 네 입에 있으며 네 마음에 있은즉 네가 이를 행할 수 있느니라." 여기에 '어려운 것이 아니라'는 말은 '이해하기 어려운 것이 아니라'는 뜻이며, '네가 이를 행할 수 있다'는 말은 '네가 이를 행하도록 [네 마음에 있다]'는 뜻이라고 본다. 요한복음 15:5, "나는 포도나무요 너희는 가지니 저가 내 안에, 내가 저 안에 있으면, 이 사람은 과실을 많이 맺나니 나를 떠나서는 너희가 아무것도 할 수 없음이라." 로마서 5:6, "우리가 아직 연약할 때에 기약대로 그리스도께서 경건치 않은 자를 위하여 죽으셨도다." 로마서 7:18, "내 속 곧 내 육신에 선한 것이 거하지 아니하는 줄을 아노니 원함은 내게 있으나 선을 행하는 능력은 없노라." 로마서 8:7, 8, "육신의 생각은 하나님과 원수가 되나니 이는 하나님의 법에 굴복치 아니할 뿐 아니라 할 수도 없음이라. 육신에 있는 자들은 하나님을 기쁘시게 할 수 없느니라." 에베소서 2:1, "너희의 허물과 죄로 죽었던 너희를 살리셨도다."

그러므로 웨스트민스터 신앙고백은 사람의 전적인 부패와 무능력을 다음과 같이 진술한다.

우리로 모든 선에 대해 완전히 싫증나고 무능력하고 반대하게 하고 모든 악에 전적으로 기울어지게 하는 이 본래의 부패성으로부터 모든 실제적 범죄들이 나온다(6:4).

본성의 이 부패성은, 이 세상에 사는 동안, 중생한 자들 안에 남아 있으며, 비록 그것이 그리스도로 말미암아 용서되고 극복된다 할지라도, 그것 자체뿐 아니라 그것의 모든 움직임들도 참으로 그리고 엄격히 죄이다(6:5).

사람이 죄의 상태로 떨어짐으로 구원에 수반하는 모든 영적 선에 대한 의지의 모든 능력을 전적으로 잃어버렸기 때문에, 본성적 사람은 그 선을 전혀 싫어하며 죄 안에 죽어 있어서 자신의 힘으로 자신을 회개시키거나 회개하도록 준비시킬 수 없다(9:3).

사실, 사람의 전적 부패와 무능력은 구약성경의 역사 전체가 증거하는 진리이다. ① 창세기는 노아 시대에 세상 사람들이 강포하고 죄가 가득함으로 결국 홍수 심판으로 멸망했음을 증거한다. ② 민수기는 이스라엘 백성이 광야 40년 동안 계속 하나님을 믿지 않고 그에게 불평하고 거역하였음을 증거한다. ③ 사사기는 그 시대에 이스라엘 백성의 반복된 범죄와 징벌의 역사를 증거한다. ④ 왕국의 역사서들(열왕기, 역대기)은 이스라엘 왕국이 우상숭배와 부도덕의 죄로 인해 결국 멸망하였고 많은 사람들이 앗수르와 바벨론에 포로로 잡혀갔음을 증거한다. ⑤ 에스라서와 느헤미야서는 바벨론 포로생활로부터 돌아온 이스라엘 백성이 또다시 범죄하였음을 증거한다. ⑥ 말라기서는 이스라엘 백성이 구약시대의 마지막 때까지 여전히 하나님께 범죄하고 불순종했음을 증거한다. 이와 같이, 성경은 사람의 전적인 부패와 무능력을 밝히 증거한다.

펠라기안주의

원죄를 부정했던 초대교회의 펠라기우스의 사상은 다음과 같다.

① 아담은 본래 도덕적 중립 상태로 창조되었다.

② 아담의 타락 후에도, 모든 사람들은 선을 행할 수 있는 본성적 능력, 즉 자유 의지를 부여받았다. "만일 내가 해야 한다면, 나는 할 수 있다(If I ought, I can)."

③ 죄는 사람의 의지의 개별적 행동이며, '죄악된' 성질이나 습관이라는 것은 없고, 사람은 자기가 할 수 있는 것에만 책임을 진다.

④ 원죄(原罪)나 부패성의 유전(遺傳) 같은 것은 없다.

⑤ 어린아이는 죄 없이 출생하므로 유아세례는 죄씻음과는 상관이

없고 단지 유아를 하나님께 드리는 표일 뿐이다.

⑥ 죄의 보편성은 죄악된 본(本)에 의한 것이다.

⑦ 신체적 죽음은 죄의 형벌이 아니고 자연적 현상이다.

⑧ 사람은 누구든지 죄 없는 생활을 할 수 있고 율법을 행함으로 구원을 얻을 수 있다. 구원을 위한 하나님의 특별한 은혜는 필요하지 않다.

한마디로, 펠라기우스의 사상은 "사람의 본성은 건전하다"는 것이며 행위주의이며 율법주의이다. 이 사상은 종교개혁 시대에 소시너스에 의해 주장되었고 오늘날에는 자유주의 신학에 의해 주장된다. 그러나 이러한 사상은 명백히 비성경적이요 이단적이다.

자범죄(自犯罪)

자범죄(自犯罪)란, 원죄의 부패성을 가진 모든 사람들이 실생활 속에서 짓는 죄를 가리킨다. 원죄와 자범죄는 몇 가지 측면에서 서로 구별된다. 첫째로, 그 둘은 인과(因果) 관계가 있다. 원죄는 원인이요 자범죄는 그 결과이다. 웨스트민스터 신앙고백 6:4는 "우리로 모든 선에 대해 완전히 싫증나고 무능력하며 반대하게 하며 모든 악에 전적으로 기울어지게 하는 이 본래의 부패성으로부터 모든 실제적 죄들이 나온다"라고 말했다. 원죄는 하나이지만, 자범죄는 여러 개이다. 둘째로, 원죄와 자범죄는 인식의 측면에서도 서로 다르다. 원죄는 모든 사람에게 다 인식되는 것이 아니기 때문에 믿음 없는 자들은 빈번히 그것의 존재를 부정하지만, 자범죄의 존재는 일반적으로 인정된다. 물론 오늘날 진화론의 영향으로 사람들은 죄 의식을 많이 잃어버렸다. 진화론자들은 사람의 죄를 동물성의 잔재(殘在) 정도로 간주하기 때문에, 사람들은 그것을 하나님께 대한 악으로 보기보다는 단순히 다른 사람들에 대한 악 정도로 생각한다. 셋째로, 원죄와 자범죄는 죄책의 측면에서도 서로 다르다. 원죄는 날 때부터 가지고 있는 본성의 죄이며 죄책을 포함하지만, 자범죄는 자신의 의지적인 악행이기 때문에 원죄보다 더 큰 죄책을 가진다고 생각된다.

사람의 자범죄들은 다 똑같은 무게를 가지는 것이 아니고, 그 종류에 따라 죄책의 경중(輕重)이 있다. 모든 죄가 다 죽음의 형벌을 받을 만하지만, 모든 죄가 다 똑같이 극악한 것은 아니다. 웨스트민스터 대요리문답 제150문답은 말하기를, "하나님의 법에 대한 모든 범죄들이 똑같이 극악한 것은 아니고, 어떤 죄들은 그 자체에 있어서 그리고 몇 가지 더 가중된 이유로 하나님 앞에서 다른 죄들보다 더 극악합니다"라고 했다. 성경은 죄와 심판에 정도의 차이가 있음을 증거한다. 예수께서는 "주인의 뜻을 알고도 예비치 아니하고 그 뜻대로 행치 아니한 종은 많이 맞을 것이요, 알지 못하고 맞을 일을 행한 종은 적게 맞으리라"고 말씀하셨고(눅 12:47-48) 또 자신을 빌라도에게 넘겨준 자들의 죄가 더 크다고 표현하셨다(요 19:11). 하나님께서 각 사람의 행한 대로 보응하실 것이라고 말한 사도 바울의 증거도 죄와 심판의 차등(差等)을 전제하는 말씀이다(롬 2:6).

사람의 자범죄들은 죄책의 정도에 따라 크게 둘로 나눌 수 있다. 첫째는 알지 못하거나 연약하여서 짓는 죄이다. 레위기 4:2, "누구든지 여호와의 금령 중 하나라도 그릇 범하였으되." 레위기 4:22, "만일 족장이 그 하나님 여호와의 금령 중 하나라도 부지(不知) 중에 범하여 허물이 있었다가." 레위기에서 여러 번 '그릇' 혹은 '부지중에' 등으로 번역된 히브리어(비쉐가가 בִּשְׁגָגָה)는 '부지중에, 무심코, 실수로, 부주의하여' 등의 뜻이다. 누가복음 12:47-48, "주인의 뜻을 . . . 알지 못하고 맞을 일을 행한 종은 적게 맞으리라." 둘째는 고의적으로 짓는 죄이다. 민수기 15:29-30, "이스라엘 자손 중 본토 소생이든지 그들 중에 우거하는 타국인이든지 무릇 그릇 범죄한 자에게 대한 법이 동일하거니와, 본토 소생이든지 타국인이든지 무릇 짐짓 무엇을 행하면 여호와를 훼방하는 자니 그 백성 중에서 끊어질 것이라." '짐짓'이라는 히브리어(베야드 라마 בְּיָד רָמָה)는 '높은 손을 들고'라는 말로 '뻔뻔스럽게, 도전적이게, 반항적이게'라는 뜻이다. 시편 19:13, "주님의 종으로 고범죄(故犯罪)를 짓지 말게 하사 그 죄가 나를 주장치 못하게 하소서. 그리하시면 내가 정직하여 큰 죄과에서 벗어나겠나이다." '고범죄'라는 말도 '뻔뻔스런 죄, 고의적인 죄'를 가리킨다.

또, 신약성경은 사망에 이르는 죄에 대해 말한다. 이것들은 고의적인 죄의 극단적 형태라고 생각된다. 모든 고의적 죄가 다 용서받지 못할 죄라고 보기 어렵지만, 아래의 네 구절들에 언급된 죄는 특별한 죄로 보인다. 마태복음 12:31, 32, "사람의 모든 죄와 훼방은 사하심을 얻되 성령을 훼방하는 것은 사하심을 얻지 못하겠고." 히브리서 6:4-6, "한번 비췸을 얻고 하늘의 은사를 맛보고 성령님에 참여한 바 되고 하나님의 선한 말씀과 내세의 능력을 맛보고 타락한 자들은 다시 새롭게 하여 회개케 할 수 없나니, 이는 자기가 하나님의 아들을 다시 십자가에 못박아 현저히 욕을 보임이라." 히브리서 10:26-27, "우리가 진리를 아는 지식을 받은 후 짐짓(헤쿠시오스 ἑκουσίως, 고의적으로) 죄를 범한즉 다시 속죄하는 제사가 없고 오직 무서운 마음으로 심판을 기다리는 것과 대적하는 자를 소멸할 맹렬한 불만 있으리라." 요한일서 5:16-17, ". . . 사망에 이르는 죄가 있으니 이에 대하여 나는 구하라 하지 않노라. 모든 불의가 죄로되 사망에 이르지 아니하는 죄도 있도다."

위의 네 구절들에 대해서는 여러 가지 해석들이 있다.

① 어떤 이들은 성령님 훼방의 죄가 그리스도께서 세상에 계실 동안에만 사람들이 범할 수 있었던 죄로서 사람들이 그리스도께서 성령님의 권능으로 기적 행하심을 마귀의 일로 돌린 죄만을 가리킨다

고 보았다(제롬과 크리소스톰). 그러나 성경 다른 곳, 예를 들어 요한
일서 5:16의 죄 같은 것을 생각하면 다른 죄들에도 해당되는 것 같다.

② 어떤 이들은 위의 죄들을 '끝까지 회개치 않는 죄'라고 보았다
(어거스틴과 찰머). 그러나 위의 네 구절들에 나타난 죄들은 일반적
성격의 죄가 아니고 특수한 성격의 죄를 가리킨 것 같다.

③ 다른 이들은 이것을 거듭난 사람들이 범하는 죄라고 보았다(후
기의 루터파 신학자들). 그러나 거듭난 사람들도 죄를 범하지만 그들
의 범죄를 성령님에 대항하는 죄 또는 결코 용서받을 수 없는 죄라고
생각할 수는 없다고 본다.

④ 우리는, 칼빈이나 투레틴과 더불어, 위의 네 구절들의 죄가 다
동일한 죄로서 성령님의 사역을 고의적으로 멸시하고 훼방하는 죄,
혹은 하나님의 복음의 핵심적인 내용을 알면서도 고의적으로 그것을
부정하며 대항하고 참된 신앙으로부터 완전히 돌아서는 배교(背敎)
의 죄를 가리킨다고 본다. 이단자들이 여기에 해당한다. 예수 그리스
도를 믿고 구원 얻은 성도들은 이런 죄를 범해서는 안 된다.

정리해보자. 사람들의 죄는 원죄(原罪)와 자범죄(自犯罪)를 포함한
다. 원죄는 아담의 범죄로 인해 모든 사람이 태어날 때부터 가지고
있는 죄책(罪責)과 부패성을 말한다. 죄책은 죄인으로서의 신분과 죄
의 법적 책임 즉 죄인으로서 하나님의 벌을 받을 수밖에 없다는 법적
책임을 가리키며, 부패성은 죄의 경향성 즉 죄성을 가리킨다. 아담의
첫 범죄로 인하여 모든 사람은 죄인이 되었고 죄인으로, 즉 죄인이라
는 신분과 죄인으로서 하나님의 공의의 벌을 받을 법적 책임을 가진
자로 출생한다. 또 아담의 첫 범죄로 인한 부패성이 아담의 자손들에
게 전달되었다. 그 부패성의 본질은 전적인 부패성과 무능력함이다.
이것이 원죄이다. 자범죄(自犯罪)는 원죄의 부패성을 가진 사람들이
실생활 속에서 짓는 죄들을 말하며 그것들에는 경중(輕重)이 있다.

5. 율법

율법은 도덕법과 의식법(儀式法)과 재판법으로 구성되어 있다.

도덕법(moral laws)

도덕법은 사람들이 하나님과의 관계와 다른 사람들과의 관계에서 지켜야 할 도덕적 규범이다. 그것은 하나님의 도덕적 속성에서 나온 것으로서 사람들을 위한 하나님의 뜻이다. 도덕법은 사람의 양심에 기록되어 있으며 모세의 율법으로 명문화되었다. 그것은 십계명에 요약되어 있는데 출애굽기 20장과 신명기 5장에 기록되어 있다.

십계명의 구분에 대하여, 유대인들은 출애굽기 20:2를 제1계명으로, 우리의 제1, 2계명을 제2계명으로 보았고, 천주교회와 루터교회는 우리의 제1, 2계명을 제1계명으로, 그리고 우리의 제10계명을 둘로 나누어 '네 이웃의 집을 탐내지 말라'는 것을 제9계명으로, '네 이웃의 아내 등을 탐내지 말라'는 것을 제10계명으로 본다. 그러나 개혁교회는 현재 우리의 구분대로 구분한다.

십계명에 대한 간략한 해석

십계명의 해석 원리는 웨스트민스터 대요리문답 99문답에 잘 진술되어 있는데 다음과 같은 요점들을 포함한다. ① 하나님께 대한 의무가 사람에 대한 의무보다 우선된다. 제1-4계명은 하나님께 대한 의무를, 제5-10계명은 사람에 대한 의무를 보인다. ② 같은 종류의 죄들을 대표적으로 간결히 표현하였다. 십계명은 도덕법 전반의 요약이다. ③ '하라'는 명령과 '하지 말라'는 금지는 다 고려되어야 한다. 무엇을 하라는 명령은 무엇을 하지 말라는 금지의 내용을 포함하고, 무엇을 하지 말라는 명령은 무엇을 하라는 명령을 포함한다. ④ 행위뿐 아니라, 생각과 마음에도 적용된다. 율법은 영적이다(롬 7:14).

제1계명: "너는 나 외에는 다른 신들을 네게 있게 말지니라."

제1계명은 여호와 하나님의 유일하심을 증거한다. 그것은 하나님께서 계시다는 사실을 부정하는 무신론과, 유일하신 여호와 하나님 외에 다른 신과 우상을 인정하는 다신론, 다원주의 등의 모든 생각을 정죄한다. 뿐만 아니라, 그것은 마리아와 성인들과 천사들에게 기도하고 종교적 경의를 표하게 하는 천주교회의 가르침도 정죄한다.

제2계명: "너를 위하여 새긴 우상을 만들지 말고 . . . 그것들에게 절하지 말며 그것들을 섬기지 말라."

제2계명은 하나님을 섬기는 방법에 관한 것이다. 하나님께서는 영이시므로 하나님을 물질적 존재로 형상화하는 것은 큰 오류요 죄악이다. 예수님이나 마리아의 상이나 그림을 만드는 것도 비록 그것이 제2계명을 어기는 죄는 아닐지라도 삼가는 것이 좋다. 또한 예배당 안 강단 뒷벽에 십자가를 세우는 것도 바람직하지 않다고 생각된다. 그런 것은 연약한 성도들에게 우상이 될 수 있다고 본다.

제3계명: "너는 너의 하나님 여호와의 이름을 망령되이 일컫지 말라."

'망령되이'라는 말은 '헛되이, 함부로, 무의미하게'라는 뜻이다. 제3계명은 우리가 일상생활이나 찬송과 기도 등의 종교 의식에서 하나님의 이름을 헛되이, 함부로, 무의미하게 불러서는 안 된다고 말한다. 특히, 우리는 하나님의 이름이나 성경구절을 농담거리로 사용해서는 안 된다. 그런 것은 하나님께 큰 죄를 짓는 일이 된다.

제4계명: "안식일을 기억하여 거룩히 지키라. . . . 이는 엿새 동안에 나 여호와가 하늘과 땅과 바다와 그 가운데 모든 것을 만들고 제7일에 쉬었음이라."

제4계명은 하나님께 예배하는 날에 대해 명령한다. 구약시대에는 한 주간 중 제7일을 안식일로 거룩히 구별하여 지키라고 명령되었다. 제7일 안식일을 거룩하게 구별하기 위하여 미리 구울 것은 굽고 삶을 것은 삶아야 했고(출 16:23) 그 날을 더럽히는 자나 그 날에 일하는 자는 반드시 죽임을 당해야 했다(출 31:14, 15). 이스라엘 백성이 애굽에서 나와서 광야를 통과할 때 안식일에 나뭇가지를 줍던 한 사람은 실제로 공적으로 죽임을 당한 적이 있었다(민 15:32-36).

'오늘날 안식일 계명이 유효한가?'라는 문제는 제4계명이 도덕법인가 의식법인가 하는 문제와 결부되어 있다. 루터나 칼빈은 제4계명을 도덕적 교훈을 가진 의식법으로 보았다. 칼빈은 제4계명의 의식적(儀式的) 부분은 골로새서 2:16-17에 증거된 대로 예수 그리스도의 오심으로 폐지되었으나, 교회의 공적 집회와 휴식의 필요성은 오늘날도 유효하며 따라서 신약교회는 열심히 주일을 공적 집회의 날로 지켜야 한다고 강조하였다(기독교강요, 2. 8. 28, 31-34).

1618-19년 화란에서 열린 개혁교회의 도르트 대회는 다음과 같이 진술했다(J. K. van Baalen, *The Chaos of Cults*, 4th rev. ed. (Wm. B. Eerdmans Publishing Co., 1938), pp. 246, 247).

하나님의 율법의 제4계명에는 의식적 요소와 도덕적 요소가 있다. 의식적 요소는 창조 이후 제7일의 휴식과, 특별히 유대인들에게 부과된 그 날의 엄격한 준수이었다. 도덕적 요소는 어떤 특정한 날이 종교를 위해 적합하다는 사실과, 그 목적을 위해 종교와 그것의 거룩한 묵상을 위해 필요한 만큼의 휴식이 요구된다는 사실에 있다. 유대인들의 안식일이 폐지되었으므로, 주일은 마땅히 그리스도인들에 의해 엄숙하게 성별되어야 한다. 사도들의 시대 이후, 그 날은 이미 원시 카톨릭 교회에 의해 지켜져 왔다.

웨스트민스터 신앙고백 21:7은 안식일에 관하여 ". . . 그것은 세상의 시초부터 그리스도의 부활 때까지는 주간의 마지막 날이었고; 그리스도의 부활 때부터는 주간의 첫째 날로 바뀌었으며, 성경에서 주님의 날로 불리우고, 그리스도인의 안식일로서 세상 끝날까지 계속되어야 한다"고 말했다.

그리스도인들이 주일을 공적 집회의 날로 구별하게 된 것은 우리에게 참 안식을 주신 주 예수 그리스도의 부활하심을 기념하는 데서 비롯되었다. 사도시대에 이미 안식 후 첫날인 주일이 구별되기 시작했고 집회의 날이 되었다. 주께서는 주일에 부활하셨고 그 다음 주일에 또 제자들에게 나타나셨다(요 20:19, 27). 성령께서는 주일에 처음 제자들 가운데 내려오셨다(행 2:1-4). 사도 요한이 성령님의 감동 중 예수 그리스도의 재림과 종말 사건들에 대한 특별한 계시를 받은 날은 주일이었다(계 1:10). 또 드로아 성도들은 주일에 모여 떡을 떼며 사도 바울의 설교를 들었다(행 20:7). 또 사도 바울은 고린도교회에게 매 주일 정기적으로 헌금하라고 교훈하였다(고전 16:1-2).

사도시대 직후의 교부들도 주일 집회에 대해 증거하였다. 바나바서신의 저자는 "그러므로 또한 우리는 예수께서 부활하신 제8일을 기뻐하기 때문에 그 날을 지킨다"고 썼다(15). 익나시우스는 "만일 옛 습관들로 살았던 자들이 새로운 소망에 이르러, 더 이상 안식일들을 지키지 않고 주님의 날(주일)을 따라 그들의 삶을 산다면 . . . 만일 그러하다면, 우리가 어떻게 그를 떠나 살 수 있겠는가?"라고 말했다(마그네시아 사람들에게 보낸 서신, 9). 주후 2세기 순교자 저스틴도 "그 도시에 사는 자들뿐 아니라 그 나라에 사는 자들도 다 일요일이라고 불리는 날에 성경 읽기와 기도와 권면과 성찬을 위하여 모이곤 하였다. 그 회중은 일요일에 모였는데, 그것은 이 날이 하나님께서 어두움을 변화시켜 세상을 창조하신 첫째 날이기 때문이며 우리 주 예수께서 이 날에 부활하셨기 때문이다"라고 말했다(트리포와의 대화).

그러므로 신약성도인 우리는 구약성경의 모범과 장로교회의 예배 모범대로 주일에 온 가족이 세속 직업의 일들을 중단하고 매매(賣買)를 금하며 오락을 금해야 할 것이다(느 13:15-22; 사 58:13, 14). 신약 성도들은 복음적 자유를 가지고 주일을 거룩하게 지키되 구약시대의 성도들보다 못하게가 아니고 더 풍성한 방식으로 지켜야 할 것이다.

제5계명: "네 부모를 공경하라."

제5계명은 자녀들이 부모에게 대해 가져야 할 태도를 가르친다. 이것은 부모와 자녀들의 관계 뿐만 아니라, 또한 노인과 청년, 스승과 제자들, 고용주와 피고용인들, 정부와 국민의 관계 등 연령적, 지위적 상하 관계에도 적용된다. 레위기 19:32, "너는 센머리 앞에 일어서고 노인의 얼굴을 공경하며 네 하나님을 경외하라." 베드로전서 2:13, 14, "인간에 세운 모든 제도를 주님을 위하여 순복하되 혹은 위에 있는 왕이나 혹은 악행하는 자를 징벌하고 선행하는 자를 칭찬하기 위하여 그의 보낸 방백에게 하라."

제6계명: "살인하지 말지니라."

제6계명은 사람의 생명의 중요성을 가르친다. 살인은 결투, 폭동, 자살, 낙태, 안락사 등의 행위도 포함한다. 출애굽기 21:22-25, "사람이 서로 싸우다가 아이 밴 여인을 다쳐 조산케(원문) 하였으나 다른 해가 없으면 그 남편의 청구대로 반드시 벌금을 내되 재판장의 판결을 좇아 낼 것이니라. 그러나 다른 해가 있으면 갚되 생명은 생명으로, 눈은 눈으로, 이는 이로, 손은 손으로, 발은 발로, 데운 것은 데움으로, 상하게 한 것은 상함으로, 때린 것은 때림으로 갚을지니라." 또 성경은 형제를 미워하는 것이 곧 살인이라고 말한다(요일 3:15).

그러나 사형, 정당 방위, 정당한 전쟁, 동물의 살해 등은 성경적으로 허용된다. 출애굽기 22:2, "도적이 뚫고 들어옴을 보고 그를 쳐죽이면 피 흘린 죄가 없으나 해 돋은 후이면 피 흘린 죄가 있으리라."

제7계명: "간음하지 말지니라."

제7계명은 사람의 순결성 곧 정조의 중요성을 가르친다. 부부 관계를 벗어난 모든 성행위들은 간음에 해당한다. 또 행위로 간음하는 것뿐 아니라, 마음에 음욕을 품는 것도 간음으로 정죄된다(마 5:28). 또 본문은 간음 외에도 부당한 이혼과 중혼(마 5:32), 근친 상간, 동성애 등의 모든 성적 탈선 행위를 정죄한다.

제8계명: "도적질하지 말지니라."

제8계명은 개인의 사유 재산권을 인정하며 도둑질, 강도 뿐만 아니라, 사기, 횡령, 과분한 빚, 땅이나 집 등의 계약 위반, 거짓된 도량형, 투기, 고리 대금 등의 부당한 경제 활동을 정죄한다. 레위기 19:35-36, "너희는 재판에든지 도량형에든지 불의를 행치 말고 공평한 저울과 공평한 추와 공평한 에바와 공평한 힌을 사용하라." 시편 15:5, "변리로 대금치(혹은 '고리대금하지') 아니하며."

제9계명: "네 이웃에 대하여 거짓 증거하지 말지니라."

제9계명은 말로 다른 사람의 명예를 손상시키는 것을 금한다. 이것은 다른 사람의 명예를 손상시키는 거짓된 비난, 중상 모략, 거짓된 증언, 불공정한 판결, 아첨, 과장 등을 포함한 모든 종류의 거짓말을 정죄한다. 출애굽기 23:1-3, "너는 허망한 풍설[헛소문]을 전파하지 말며 악인과 연합하여 무함[모함]하는 증인이 되지 말며 다수를 따라 악을 행하지 말며 송사[재판 사건]에 다수를 따라 부정당한 증거를 하지 말며 가난한 자의 송사라고 편벽되이 두호하지 말지니라."

제10계명: "네 이웃의 집이나 아내나 기타 소유물을 탐내지 말지니라."

제10계명은 살인, 간음, 도적질, 거짓 증거 등의 죄의 근원이 되는 탐하는 마음을 품지 말라고 명한다. 탐심은 자기가 가지고 있는 것으로 만족하지 않고 더 가지려는 마음이며 그것은 여러 죄들의 뿌리가 된다. 야고보서 1:15는 '욕심이 잉태한즉 죄를 낳는다'고 말했다. 모든 불평과 불만, 음욕이나 부정한 욕망, 또 물질로 인한 지나친 근심 등도 탐심의 결과이다. 탐심은 우상숭배의 죄이다(골 3:5). 그것은 하나님 대신 물질이나 육신의 쾌락을 최고 가치로 삼는 것이다. 성도는 탐심을 버리고 하나님께서 주신 것으로 만족하며 살아야 한다.

도덕법의 목적

도덕법의 목적은 세 가지로 요약할 수 있다. 첫째, 도덕법은 사람에게 하나님의 뜻을 알려준다. 하나님의 율법은 의의 법이다. 그 법을 지키는 것이 우리에게 의가 된다. 신명기 6:25, "우리가 그 명하신 대로 이 모든 명령을 우리 하나님 여호와 앞에서 삼가 지키면 그것이 곧 우리의 의로움이니라." 그러므로 사도 바울은 로마서 7:12에서 "율법은 거룩하며 계명도 거룩하며 의로우며 선하도다"라고 말했고 또 로마서 7:14에서는 "우리가 율법은 영적인 줄 안다"고도 말했다.

둘째, 도덕법은 사람들의 죄악됨을 깨닫게 해준다. 로마서 3:20, "율법의 행위로 그의 앞에 의롭다 하심을 얻을 육체가 없나니 율법으로는 죄를 깨달음이니라." 로마서 4:15, "율법은 진노를 이루게 하나니 율법이 없는 곳에는 범함도 없느니라." 로마서 5:20, "율법이 가입한 것은 범죄를 더하게 하려 함이라." 로마서 7:7, "율법으로 말미암지 않고는 내가 죄를 알지 못하였으니." 율법은 우리의 죄악된 모습, 부족하고 누추한 모습을 보게 하고 깨닫게 하는 거울과 같다.

셋째, 도덕법은 사람을 그리스도께로 인도한다. 갈라디아서 3:24, "이같이 율법이 우리를 그리스도에게로 인도하는 몽학선생(파이다고고스 παιδαγωγòς, 교사)이 되어 우리로 하여금 믿음으로 말미암아 의롭다 함을 얻게 하려 함이니라." 죄에 대한 깨달음은 우리의 마음을 구주에게로 향하게 만든다.

도덕법의 영속성

도덕법은 영속성을 가진다. 그것은 신약시대에도 폐지되지 않았다. 성화의 목표는 의(義)와 거룩, 즉 죄 없는 상태이다. 이것이 하나님의 형상이며, 구원은 하나님의 형상의 회복이다.

신약시대에도 율법을 어긴 죄는 죄이다. 신약성경은 여러 곳에서 도덕법을 어긴 죄들을 열거한다. 우리는 그런 죄들을 버려야 한다.

로마서 1:29-31, "곧 모든 불의, 음란(전통사본), 추악, 탐욕, 악의가 가득한 자요 시기, 살인, 분쟁, 사기, 악독이 가득한 자요 수군수군하는 자요 비방하는 자요 하나님의 미워하시는 자요 능욕하는[거만한] 자요 교만한 자요 자랑하는 자요 악을 도모하는 자요 부모를 거역하는 자요 우매한 자요 약속을 어기는 자요 무정한 자요 원통함을 풀지 아니하는 자요(전통사본) 무자비한 자라."

고린도전서 6:9-10, "미혹을 받지 말라[속지 말라]. 음란하는 자나 우상숭배하는 자나 간음하는 자나 탐색하는 자(동성애자)나 남색하는 자(동성애자)나 도적이나 탐하는 자나 술 취하는 자나 욕하는 자나 강탈하는 자들은 하나님의 나라를 유업으로 받지 못하리라."

갈라디아서 5:19-21, "육체의 일은 현저하니 곧 간음과(전통사본) 음행과 더러운 것과 호색과 우상숭배와 술수와 원수를 맺는 것과 분쟁과 시기와 분냄과 당 짓는 것과 분리함과 이단과 투기와 살인과 술 취함과 방탕함과 또 그와 같은 것들이라."

그러므로 도덕법은 구원 얻은 자들에게도 유익하다. 로마서 7:12, 14, "율법은 거룩하며 계명도 거룩하며 의로우며 선하도다. . . . 우리가 율법은 영적인 줄 알거니와." 디모데전서 1:8, "사람이 율법을 법 있게 쓰면 율법은 선한 것인 줄 우리는 아노라." 마태복음 5:17, 19, "내가 율법이나 선지자나 폐하러 온 줄로 생각지 말라. 폐하러 온 것이 아니요 완전케 하려 함이로라. . . . 그러므로 누구든지 이 계명 중에 지극히 작은 것 하나라도 버리고 또 그같이 사람을 가르치는 자는 천국에서 지극히 작다 일컬음을 받을 것이요 누구든지 이를 행하며 가르치는 자는 천국에서 크다 일컬음을 받으리라."

웨스트민스터 신앙고백 19:5, 6은 다음과 같이 말한다.

도덕법은 모든 사람들, 즉 다른 이들뿐 아니라, 또한 의롭다 하심을 받은 자들도, 영원히 그것을 순종할 의무 아래 두는데; 그것은 단지 그것에 포함된 내용을 생각해서 뿐만 아니라, 또한 그것을 주신 창조주 하나님의 권위를 생각해서도 그러하다. 그리스도께서도 복음 안에서 어떤 방식으로도 이 의무를 해제하지 않으시고, 크게 강화하신다.

비록 참 신자들이 행위언약으로서의 법 아래 있어서 그것에 의해 의롭다 하심을 얻거나 정죄되는 것이 아니지만; 그것은 다른 이들에게 뿐만 아니라 또한 그들에게도 크게 유익하다. 왜냐하면 그것은 생활의 규칙으로서 그들에게 하나님의 뜻과 그들의 의무를 알려 줌으로 그들이 그것에 따라 행하도록 지도하며 속박하고; 또한 그들의 본성과 마음과 삶의 죄악된 부패성들을 드러냄으로, 그들이 그로 인해 자신들을 살펴 죄를 더 깨달으며, 죄 때문에 겸손해지며, 죄를 미워하게 하고; 그것들과 함께, 그들이 그리스도와 그의 순종의 완전함을 필요로 한다는 것을 더 분명하게 보게 하기 때문이다.

마찬가지로, 그것은 중생한 자들이 그들의 부패성들을 제어하는 데도 유익하다. 왜냐하면 그것은 죄를 금하기 때문이며; 또 그것의 경고들은, 비록 그들이 법 안에 경고된 저주로부터 자유함을 얻었을지라도, 심지어 그들의 죄들도 마땅히 무엇을 받아야 하며, 그들이 이 세상에서 그것들 때문에 어떤 고난들을 기대할 수 있는지를 보여 주기 때문이다. 같은 방식으로, 그것의 약속들은 순종에 대한 하나님의 인정과, 그것을 행한 경우에, 비록 행위언약으로서의 법에 의해 그들에게 당연한 것으로서는 아니지만, 어떤 복들을 그들이 기대할 수 있는지를 보여 준다. 따라서, 법이 선을 장려하고 악을 제지하기 때문에, 사람이 선을 행하고 악을 피하는 것은 그가 법 아래 있고 은혜 아래 있지 않다는 증거는 아니다.

의식법(儀式法, ceremonial laws)

둘째로, 의식법은 할례, 성막 제도, 제사들, 절기들, 십일조, 정결 부정결의 음식들 등에 대한 법들이다. 웨스트민스터 신앙고백 19:3은 의식법에 대해 다음과 말했다.

보통 도덕법이라고 불리는 이 법 외에, 하나님께서는 미성년의 교회로서의 이스라엘 백성에게 몇 가지 모형적 규례들을 담고 있는 의식법(儀式法)들을 주시기를 기뻐하셨는데; 그것들은 부분적으로 그리스도와 그의 은혜들, 행위들, 고난들, 은택들을 예시(豫示)하는 예배에 관한 것들과; 부분적으로 도덕적인 의무들에 대한 여러 가지 교훈들을 제시하는 것들이다. 이 모든 의식법들은 이제 신약 아래서 폐지되었다.

의식법들의 한 부분은 예배에 관한 것들인데, 그것들은 예수 그리스도와 그의 사역들을 예표한다. 예를 들어, 성막 제도에서 번제단은 대제사장이신 예수 그리스도의 필요성을, 물대야는 그의 성결함을, 떡상은 그가 생명의 떡 되심을, 촛대는 그가 세상의 빛 되심을, 향단은 그의 중보 기도를, 속죄소는 그의 대속 사역을 예표한다. 제사들에서 번제는 그의 완전한 순종과 속죄사역을, 소제는 그가 자신을 즐거이 드리심을, 화목제는 그가 십자가에 죽으심으로 하나님과 우리를 화목케 하심을, 속죄제와 속건제는 그의 속죄사역을 예표한다.

절기들에서 안식일은 그가 우리에게 참 안식을 주셨음을, 유월절은 그가 친히 우리에게 유월절 어린양 되심을, 보리 초실절은 그의 부활을, 맥추절은 그의 속죄사역에 근거해 유대인들과 이방인들 가운데 구원의 열매들이 맺힘을, 나팔절은 그의 속죄의 복음을 전파함을, 속죄일은 그의 단번 속죄사역을, 수장절은 그의 속죄사역으로 구원 얻은 자들이 천국에 들어감을, 안식년은 그의 속죄사역으로 인한 참 안식을, 그리고 희년은 그의 속죄사역으로 인한 만물의 회복을 예표한다. 도덕법은 우리의 죄를 깨닫게 하며, 의식법은 예수 그리스도의 속죄사역으로 말미암은 죄씻음의 길을 보여주는 것이다.

의식법은 또한 도덕적 교훈도 준다. 예를 들어, 할례는 언약에 당연히 내포된 성결과 순종을 교훈한다. 제사들은 일차적으로 그리스도의 속죄를 예표하지만 그것들은 또한 하나님께 대한 우리의 순종과 헌신과 감사와 교제도 교훈한다. 절기들은 모든 시간이 하나님의 것임을 교훈하며, 또 십일조는 모든 물질이 하나님의 것임을 교훈한다. 정결 부정결의 음식법은 세상과 구별된 거룩한 삶을 교훈한다.

의식법들이 보이는 도덕적 교훈들은 신약 아래서도 여전히 중요하고 강조되어야 한다. 우리는 눈과 귀와 마음의 할례를 받아 거룩하고 순종하는 삶을 살아야 하고, 항상 순종과 헌신과 감사와 교제의 예배를 하나님께 드려야 하고, 날마다 하나님을 기억하며 섬겨야 한다. 우리는 물질적 소득의 십분의 일뿐 아니라 그 이상을 하나님께 드릴 수 있어야 한다. 십일조는 구약성경이 보여주는 헌금에 대한 최소한의 규정이다. 구약시대보다 더 풍성한 은혜를 받은 신약시대의 성도들은 소득의 십일조 이상을 하나님께 드리도록 힘써야 할 것이다. 또 우리는 세상과 구별된 거룩한 삶을 살아야 한다.

그러나 구약성경의 의식법 자체는 신약 아래서 폐지되었고 그것은 더 이상 신약시대의 성도들을 속박하지 않는다. 신약시대의 성도들은 더 이상 구약성경의 의식법들의 의무 아래 있지 않다. 웨스트민스터 신앙고백 19:3, "이 모든 의식법들은 이제 신약 아래서 폐지되었다." 사도 바울은 의식법의 폐지를 교훈하였다. 골로새서 2:16-17, "먹고 마시는 것과 절기나 월삭이나 안식일들을 인해 누구든지 너희를 판단하지 못하게 하라. 이것들은 장래 일의 그림자이나 몸은 그리스도의 것이니라." 로마서 14:5-6, "혹은 이 날을 저 날보다 낫게 여기고 혹은 모든 날을 같게 여기나니 각각 자기 마음에 확정할지니라. 날을 중히 여기는 자도 주님을 위하여 중히 여기고 날을 중히 여기지 않는 자도 주님을 위하여 중히 여기지 아니하고(전통사본) 먹는 자도 주님을 위하여 먹으니 이는 하나님께 감사함이요 먹지 않는 자도 주님을 위하여 먹지 아니하며 하나님께 감사하느니라."

히브리서는 의식법을 포함한 율법제도의 폐지에 대해 분명히 가르쳤다. 히브리서 7:18-19, "전엣 계명이 연약하며 무익하므로 폐하고 (율법은 아무것도 온전케 못할지라) 이에 더 좋은 소망이 생기니 이것으로 우리가 하나님께 가까이 가느니라." 히브리서 8:13, "새 언약이라 말씀하셨으매 첫 것은 낡아지게 하신 것이니 낡아지고 쇠하는 것은 없어져 가는 것이니라." 히브리서 10:1, "율법은 장차 오는 좋은 일의 그림자요 참 형상이 아니므로 해마다 늘 드리는 바 같은 제사로는 나아오는 자들을 언제든지 온전케 할 수 없느니라."

그러므로 어떤 이가 오늘날 유월절을 지키는 것이 성경에 명령된 바라고 주장한다면, 그 주장은 잘못이다. 성경에는 유월절만 지키라고 명령하지 않고 열 가지 절기들에 대해 다 명령하였고 그뿐 아니라 할례와 제사에 대해서도 명령했다. 우리가 의식법을 지키지 않는 것은 성경에 계시된 하나님의 뜻을 거역하는 것이 아니고 순종하는 것이다. 왜냐하면 구약의 의식법은 예수 그리스도 안에서 성취되었기 때문이다(골 2:16-17). 그러므로 신약시대에는 구약의 절기들을 지키는 것이 성경적인 것이 아니고 지키지 않는 것이 성경적이다.

신약교회가 부활절, 성탄절, 추수감사절 등을 지키는 것은 성경에 명령되었기 때문이 아니고 단지 그것이 가지는 유익 때문이다. 부활절은 예수 그리스도의 부활에 대한 감사의 뜻이 있고, 성탄절은 그의 성탄에 대한 감사의 뜻이 있고, 추수감사절은 가을에 하는 모든 추수에 대한 감사의 뜻이 있다. 이런 절기들은 교회들이 스스로 정하여 지키고 있는 것뿐이다. 그러므로 그런 절기들을 지키거나 안 지키는 것 때문에 서로를 판단하거나 정죄하는 일이 없어야 할 것이다.

재판법(judicial laws)

셋째로, 재판법은 신정(神政) 국가로서 이스라엘에서의 민법, 상법, 형법 등 사회 생활에 관한 법들이다. 출애굽기 21:1의 '율례'라는 원어 (미슈파팀 מִשְׁפָּטִים)는 '판단들'이라는 뜻으로 재판법을 의미한다고 본다. 재판법의 한 예는 출애굽기 22:1, "사람이 소나 양을 도적질하여 죽이거나 팔면 그는 소 하나에 소 다섯으로 갚고 양 하나에 양 넷으로 갚을지니라." 구약성경의 어떤 법이 도덕법에 속하는지, 재판법에 속하는지 판단하기 어려운 경우도 있지만, 구약성경의 어떤 법이 신약성경에서 인정되거나 혹은 그 이유가 영구적이면 신약시대에서도 유효한 도덕법이라고 보고 그 외에는 재판법으로 볼 수 있다(박형룡, 교의신학: 인간론, 312쪽).

구약성경의 재판법들은 신약 아래서 역시 폐지되었다. 신정 국가인 이스라엘 나라에서 사용되었던 법들은 오늘날 세속 사회들에 그대로 적용되기 어렵다. 웨스트민스터 신앙고백 19:4, "또한 한 정치적 집단으로서의 이스라엘 백성에게, 하나님께서는 여러 가지 재판법들을 주셨는데, 그것들은 그 백성의 국가와 함께 끝났고, 지금은 그것들의 일반적 정당성이 요구할 수 있는 것 외에는 다른 아무에게도 의무를 지우지 않는다."

구약의 율법은 도덕법, 의식법, 재판법 등 세 가지 내용들로 구성되어 있다. 도덕법은 사람들의 죄들을 깨닫게 하고 의식법은 죄인들을 구주 예수 그리스도께로 인도한다. 사람들은 죄로부터 구원 얻어야 하고, 구주 예수 그리스도를 믿고 죄씻음과 의롭다 하심의 구원을 얻은 자들은 이제 도덕법을 지켜야 한다. 도덕법은 하나님의 백성에게 여전히 경건하고 거룩하고 의롭고 선한 삶의 규칙이 된다. 신약 성도들은 경건하고 거룩하고 의롭고 선한 삶을 살아야 한다.

6. 죄의 형벌

율법은 죄인들의 죄에 대한 하나님의 형벌을 증거한다.

형벌의 목적

하나님께서 사람의 죄에 대해 벌하시는 목적은 무엇인가? 사람의 죄에 대한 하나님의 형벌은 성경에 밝히 계시된 대로 하나님의 공의의 만족을 위함이다. 하나님께서는 지극히 공의로우시므로 사람의 죄는 하나님의 공의의 처벌을 필요로 한다. 하나님께서 구약성경의 율법에서 보이신 의는 엄격한 보응의 의이었다. 출애굽기 21:23-25, "다른 해가 있으면 갚되 생명은 생명으로, 눈은 눈으로, 이는 이로, 손은 손으로, 발은 발로, 데운 것은 데움으로, 상하게 한 것은 상함으로, 때린 것은 때림으로 갚을지니라." 신명기 19:21, "네 눈이 [그 거짓 증인을] 긍휼히 보지 말라. 생명은 생명으로, 눈은 눈으로, 이는 이로, 손은 손으로, 발은 발로니라."

하나님의 공의는 적당한 형벌로 만족되지 않는다. 그러므로 이사야는 이사야 9장에서 "그럴지라도 여호와의 노가 쉬지 아니하며 그 손이 여전히 펴지리라"는 말을 세 번이나 반복하였다(12, 17, 21절). 또 예레미야는 "보라, 나 여호와의 노가 발하여 폭풍과 회리바람처럼 악인의 머리를 칠 것이라. 나 여호와의 노는 내 마음의 뜻하는 바를 행하여 이루기까지는 쉬지 아니하나니 너희가 말일에 그것을 완전히 깨달으리라"라고 말했다(렘 23:19, 20; 30:23, 24). 또 성경은 하나님의 심판을 '각 사람의 행한 대로 보응하시는 것'으로 표현하였다. 시편 62:12, "주께서 각 사람이 행한 대로 갚으심이니이다." 전도서 12:14, "하나님께서는 모든 행위와 모든 은밀한 일을 선악간에 심판하시리라." 로마서 2:5-6, "하나님의 의로운 판단이 나타나는 그 날에 . . .

하나님께서는 각 사람에게 그 행한 대로 보응하시리라." 죄에 대한 하나님의 형벌은 하나님의 공의를 만족시키는 행위이다.

어떤 이들은 죄의 형벌의 목적이 죄인들의 개선(改善)을 위함이라고 말한다. 이런 생각에서 사형 반대론이 나온다. 그러나, 이런 견해는 죄에 대한 하나님의 형벌과 징계를 혼동한 것이다. 징계는 죄에 대해 내리는 것이기는 하나 그 정도가 약하며 징계받는 자들의 개선을 위한다. 징계는 거룩하고 의롭고 선한 삶을 위해 유익하다. 그러나 하나님의 형벌은 죄인들의 개선을 위한 것이 아니다. 노아 시대 홍수 심판이나 소돔 고모라 성의 유황불 심판 같은 사건은 죄에 대한 하나님의 형벌이 죄인들의 개선을 위함이 아님을 잘 보인다. 또 하나님의 최종적 지옥 심판이 죄인들의 개선을 위한 것일 수 없음도 자명하다. 물론, 노아 시대의 홍수 심판이나 소돔 고모라 성의 유황불 심판이 후대 사람들에게 교훈이 되며 그들의 회개에 도움이 되겠지만, 심판 당한 당사자들에게는 그렇지 않다. 그러므로 죄에 대한 하나님의 벌이 죄인들의 개선을 위한 것이라는 생각은 올바른 생각이 아니다.

어떤 이들은 하나님께서 죄인들을 벌하시는 목적이 그들의 범죄를 예방하기 위함이라고 말한다. 그러나 이런 생각도 죄에 대한 하나님의 형벌과 징계를 혼동한 것이다. 죄에 대한 하나님의 징계는 징계 당하는 본인들에게 미래의 범죄 예방을 위해 유익이 있을 것이나, 죄에 대한 하나님의 형벌은 당사자들에게 최종적이다. 심판 받아 죽었는데 무슨 범죄 예방의 의미를 가질 수 있겠는가? 물론, 죄의 형벌이나 징계가 다른 사람들에게는 범죄 예방의 효과와 유익을 줄 것이다. 그러나 그것도 완전한 대답이 될 수 없다. 마지막 심판 때에 내리시는 하나님의 형벌은 더 이상 범죄 예방과 관계가 없다. 그러므로 죄의 형벌이 범죄 예방을 위함이라는 생각도 올바른 생각이 아니다. 죄에 대한 하나님의 형벌은 하나님의 공의의 만족을 위한 것이다.

6. 죄의 형벌

형벌의 내용--죽음

죄에 대한 하나님의 형벌의 내용은 무엇인가? 하나님께서 역사상 사람의 죄에 대한 여러 가지 형벌을 내리셨으나 그것들은 죄에 대한 엄격한 형벌이 아니었다. 죄에 대한 하나님의 형벌은 죽음이다. 그것은 하나님께서 에덴 동산에서 첫 사람 아담에게 처음 명령을 주셨을 때에 하신 경고의 말씀 속에 들어 있었다. 창세기 2:16-17, "여호와 하나님께서 그 사람에게 명하시기를 동산 각종 나무의 실과는 네가 임의로 먹되 선악을 알게 하는 나무의 실과는 먹지 말라. 네가 먹는 날에는 정녕 죽으리라 하시니라." 하나님께서는 아담에게 그가 하나님의 명령을 어기고 범죄하면 '정녕 죽으리라'고 경고하셨었다. 그런데 아담은 하나님의 명령을 어기고 범죄하였으며 그 결과 죽음이라는 하나님의 벌을 받게 된 것이다.

그러므로 성경은 아담 한 사람으로 말미암아 죄가 세상에 들어왔고 죄로 말미암아 죽음이 왔다고 말한다. 로마서 5:12, "이러므로 한 사람으로 말미암아 죄가 세상에 들어오고 죄로 말미암아 사망이 왔나니 이와 같이 모든 사람이 죄를 지었으므로 사망이 모든 사람에게 이르렀느니라." 고린도전서 15:21-22, "사망이 사람으로 말미암았으니 죽은 자의 부활도 사람으로 말미암는도다. 아담 안에서 모든 사람이 죽은 것같이 그리스도 안에서 모든 사람이 삶을 얻으리라." 이와 같이, 죄에 대한 하나님의 형벌은 죽음이다. 사도 바울은 "죄의 삯은 사망이요"라고 말했다(롬 6:23). 그런데 이 죽음은 단지 몸의 죽음을 의미하지 않고 보다 더 깊고 포괄적인 의미를 가진다.

우선, 죄의 형벌로서의 죽음은 영적 죽음을 의미한다. 그것은 하나님과 교제가 단절되고 하나님과 멀어지는 것, 하나님을 떠나는 것을 의미한다. 영적으로 죽었다는 말은 사람에게 영 혹은 영혼이 없다거나 영 혹은 영혼이 아무 기능을 하지 않는다는 뜻이 아니고 그의 영

혹은 영혼이 하나님과 단절되어 있다는 뜻이다. 물론 하나님과 단절된 자가 영원한 생명을 소유하지 못한다는 것은 당연한 일이다. 왜냐하면 하나님께서는 생명의 근원이시기 때문이다. 그러므로 선지자 예레미야는 말하기를, "내 백성이 두 가지 악을 행하였나니 곧 생수의 근원되는 나를 버린 것과 스스로 웅덩이를 판 것인데 그것은 물을 저축지 못할 터진 웅덩이니라"고 했다(렘 2:13). 하나님께서는 생수의 근원 곧 생명의 근원이시다. 또 주께서는 요한복음 15장의 포도나무 비유에서 사람이 주 안에 거하지 못하면 마치 포도나무에서 잘린 가지와 같이 생명이 없다고 말씀하셨다(요 15:4, 6).

그러므로 예수께서는 하나님을 알지 못하는 자들을 '죽은 자들'로 표현하셨다. 누가복음 9:60, "말씀하시기를 죽은 자들로 자기의 죽은 자들을 장사하게 하고 너는 가서 하나님의 나라를 전파하라 하시고." 여기에 처음 말씀하신 '죽은 자들'은 하나님을 모르는 일반 사람들을 가리켰다. 또 탕자의 비유에서 아버지는 그의 품을 떠나갔다가 돌아온 아들을 "이 내 아들은 죽었다가 다시 살아났으며 내가 잃었다가 다시 얻었노라"고 말했다(눅 15:24). 또 주께서 요한복음 5:25에서 "진실로 진실로 너희에게 이르노니 죽은 자들이 하나님의 아들의 음성을 들을 때가 오나니 곧 이때라. 듣는 자는 살아나리라"고 말씀하셨을 때, 그것은 영적으로 죽은 자들이 거듭날 것을 뜻하셨다고 본다.

이런 의미에서 사도 바울은 에베소서 2:1에서 "너희의 허물과 죄로 죽었던 너희를 살리셨도다"라고 말하였고, 또 에베소서 2:5에서도 "허물로 죽은 우리를 그리스도와 함께 살리셨고 (너희가 은혜로 구원을 얻은 것이라)"고 하였다. 우리는 이전에 다 영적으로 죄 가운데서 죽어 있었던 자들이었다. 그러나 성령님으로 거듭나 예수 그리스도를 구주로 믿었다. 또 바울은 에베소서 4:18에서는 "저희 총명이 어두워지고 저희 가운데 있는 무지함과 저희 마음이 굳어짐으로 말미암아 하나님의 생명에서 떠나 있도다"라고 말하였다. 구원 얻지 못한 사람들은 지금 영적으로 하나님과 떠나 있고 그를 알지 못하고 그를 섬길 줄도 모르고 하나님 없이 살고 있다. 사람의 모든 정신적 문제들, 예를 들어 양심의 가책과 고통, 공허함, 우울함, 슬픔, 공포 등은 다 하나님과의 교제가 단절된 영적 죽음의 결과들이었다.

둘째로, 죄의 형벌로서의 죽음은 물론 영적 죽음뿐 아니라, 또한 몸의 죽음도 포함한다. 몸의 죽음은 사람의 영 혹은 영혼이 그의 몸을 떠나는 것을 말한다(창 35:18; 왕상 17:22; 눅 8:55). 그것은 흙과 생기 곧 몸과 영이 분리되어서 몸은 다시 땅으로 돌아가고 영은 그 주신 하나님께로 돌아가는 것을 의미한다(창 2:7; 3:19; 전 12:7).

사람의 육체적 죽음은 어떤 불신앙적 학자들의 주장대로 자연적 현상이 아니고 사람의 범죄함 때문에 왔다. 첫 사람 아담이 범죄한 후, 하나님께서는 그에게 선언하시기를, "네가 얼굴에 땀이 흘러야 식물을 먹고 필경은 흙으로 돌아가리니 그 속에서 네가 취함을 입었음이라. 너는 흙이니 흙으로 돌아갈 것이니라"고 하셨다(창 3:19). 그것은 그가 아담에게 첫 명령을 주시면서 이 명령을 어기면 '정녕 죽으리라'(창 2:17)고 경고하셨던 말씀 그대로이었다. 죽음은 아담의 범죄 때문에 왔다. 그러므로 창세기 5장은 아담으로부터 노아까지 아담의 후손들의 명단을 기록하면서 '죽었더라'는 말을 8번이나 반복함으로써 사람이 하나님의 경고하신 말씀대로, 즉 죄의 형벌로 죽게 되었음을 증거하였다. 아담의 범죄로 아담과 하와와 그 후손들은 다 죽게 되었고 그 죽음은 몸의 죽음을 포함하였다. 로마서 5:12, "한 사람으로 말미암아 죄가 세상에 들어오고 죄로 말미암아 사망이 왔나니." 사람의 몸의 노쇠, 각가지 질병들, 자연적 재난들로 인한 육체적 고통들은 몸의 죽음의 전조(前兆)들이며 죽음으로 가는 과정이다.

셋째로, 죄의 형벌로서의 죽음은 영적인 죽음과 몸의 죽음 정도가 아니고 또한 영원한 지옥 형벌을 포함한다. 이것은 '둘째 사망'이라고 불린다. 요한계시록 21:8, "두려워하는 자들과 믿지 아니하는 자들과 흉악한 자들과 살인자들과 행음자들과 술객들과 우상숭배자들과 모든 거짓말하는 자들은 불과 유황으로 타는 못에 참여하리니 이것이 둘째 사망이라." 사람의 영혼은 몸이 죽을 때 멸절(滅絶)하는 것이 아니다. 만일 그렇지 않다면, 의인들의 부활이나 악인들의 지옥 형벌은 무의미한 말이 되고 말 것이다. 주께서는 "몸은 죽여도 영혼은 능히 죽이지 못하는 자들을 두려워하지 말고 오직 몸과 영혼을 능히 지옥에 멸하시는 자를 두려워하라"고 말씀하셨다(마 10:28). 주님의 말씀은 영혼의 불멸성과 함께 지옥의 교리를 증거한다. 지옥 교리는 주님 자신의 입에서 나온 진리이다. 그러므로 우리는 우리 마음대로 지옥 교리를 부정하거나 변경해서는 안 된다.

마가복음 9:43-49에 보면, 주께서는 지옥에 대해 친히 가장 강하게, 또 명백하게 증거하셨다. 특히 한글개역성경에 생략된 44절과 46절은 전통본문에 분명히 들어 있고 이 구절은 고대 사본들과 역본들의 충분한 증거를 가지고 있다(Byz A D vg it[a b d ff2] syr[p] Irenaeus[lat] Diatessaron 등).

43절, "만일 네 손이 너를 범죄케 하거든 찍어버리라. 불구자로 영생에 들어가는 것이 두 손을 가지고 지옥 꺼지지 않는 불에 들어가는 것보다 나으니라."

[44절, "거기는 그들의 구더기도 죽지 않고 불도 꺼지지 아니하느니라"](전통사본).

45절, "만일 네 발이 너를 범죄케 하거든 찍어 버리라. 절뚝발이로 영생에 들어가는 것이 두 발을 가지고 지옥 [꺼지지 않는 불](전통사본)에 던지우는 것보다 나으니라."

[46절, "거기는 그들의 구더기도 죽지 않고 불도 꺼지지 아니하느니라"](전통사본).

47절, "만일 네 눈이 너를 범죄케 하거든 빼어버리라. 한 눈으로 하나님의 나라에 들어가는 것이 두 눈을 가지고 [불의](전통사본) 지옥에 던지우는 것보다 나으니라."

48절, "거기는 [그들의] 구더기도 죽지 않고 불도 꺼지지 아니하 느니라."

49절, "사람마다 불로서 소금 치듯함을 받으리라."

주 예수께서는 또 마태복음 25장에서도 지옥의 영영한 불에 대해 밝히 증거하셨다. 41절, "왼편에 있는 자들에게 말씀하시기를 저주를 받은 자들아, 나를 떠나 마귀와 그 사자들을 위하여 예비된 영영한 불에 들어가라." 46절, "저희는 영벌(永罰)에, 의인들은 영생에 들어 가리라." 영생과 대조되는 영벌 곧 영원한 형벌은 지옥을 가리킨다.

사도 바울도 데살로니가후서 1장에서 영원한 멸망에 대해 증거했 다. 1:8, 9, "하나님을 모르는 자들과 우리 주 예수님의 복음을 복종치 않는 자들에게 형벌을 주시리니 이런 자들이 주님의 얼굴과 그의 힘 의 영광을 떠나 영원한 멸망의 형벌을 받으리로다." 여기에서 '영원 한 멸망의 형벌'은 지옥을 가리킴이 분명하다.

사도 요한도 요한계시록 마지막 부분에서 지옥에 대해 밝히 증거 했다. 요한계시록 19:20, "짐승(적그리스도)이 잡히고 그 앞에서 이적 을 행하던 거짓 선지자도 함께 잡혔으니 이는 짐승의 표를 받고 그의 우상에게 경배하던 자들을 이적으로 미혹하던 자라. 이 둘이 산 채로 유황불 붙는 못(지옥)에 던지우고." 20:10, "저희를 미혹하는 마귀가 불과 유황 못에 던지우니 거기는 그 짐승과 거짓 선지자도 있어 세세 토록 밤낮 괴로움을 받으리라." 20:13-15, "바다가 그 가운데서 죽은 자들을 내어주고 또 사망과 음부(무덤)도 그 가운데서 죽은 자들을 내어주매 각 사람이 자기의 행위대로 심판을 받고 사망과 음부(무덤) 도 불못에 던지우니 이것은 둘째 사망 곧 불못이라. 누구든지 생명책 에 기록되지 못한 자는 불못에 던지우더라." 21:8, "두려워하는 자들 과 믿지 아니하는 자들과 흉악한 자들과 살인자들과 행음자들과 술객들과 우상숭배자들과 모든 거짓말하는 자들은 불과 유황으로 타는 못에 참여하리니 이것이 둘째 사망이라."

이와 같이, 죄의 값은 죽음이며(롬 6:23), 죄의 형벌로서의 죽음은 깊고 포괄적인 의미를 가진다. 그것은 첫째로 영적 죽음 곧 하나님과의 교제의 단절과 그 결과로 오는 영원한 생명의 상실과 온갖 정신적 문제들을 포함하며, 둘째로 몸의 죽음 곧 몸의 생명 원리인 영 혹은 영혼이 육체를 떠남으로써 몸이 생명을 잃는 것을 포함하며, 셋째로 영원한 지옥 형벌 곧 '둘째 사망'을 포함한다. 사람의 죄에 대한 하나님의 엄격한 공의는 바로 이런 죽음이었다. 우리는 원죄와 자범죄를 가진 죄인으로서 영적으로 죽었었고 또 몸이 죽을 것이며 또 영원한 지옥 형벌을 받아야 마땅하였던 자들이었다.

그러나 하나님의 아들 우리 구주 예수 그리스도께서 우리를 구원하시기 위해, 우리의 죄 문제를 해결하시기 위해, 우리를 죄의 형벌인 죽음, 특히 영원한 지옥 형벌에서 구원하시기 위해 사람으로 세상에 오셨고 우리의 죄를 짊어지시고 십자가에 죽으셨다. 주 예수 그리스도께서 우리를 위해 율법의 요구를 만족시키시고 완전한 의를 이루셨다(롬 10:4; 고전 1:30). 하나님께서는 죄를 알지도 못하신 예수님으로 우리를 대신하여 죄를 삼으심으로 우리가 그 안에서 의롭다 하심을 얻게 하셨다(고후 5:21). 주 예수께서는 우리를 위해 십자가 위에서 저주의 죽음을 죽으심으로 율법의 저주에서 우리를 건져내셨다(갈 3:13). 하나님께서는 예수 그리스도 안에서 우리를 의롭다고 여기심으로써 자신의 의로우심을 나타내셨다(롬 3:23-26). 이것이 우리가 하나님의 은혜로, 값없이 얻은 구원이다. 주 예수 그리스도를 믿는 자마다 죄의 형벌로부터 구원함을 얻는다. 구원 얻은 자들은 죄로부터의 구원, 죄의 형벌로부터의 구원을 인해 하나님께 감사해야 한다.

7. 하나님의 언약

사람에 관한 또 하나의 중요한 진리는 하나님께서 사람과 언약을 맺으셨다는 사실이다. 하나님께서는 자신을 낮추시고 사람들과 언약을 맺으셨다. 그것은 그가 사람들을 인격적으로 대우하신 것이었다.

행위언약

하나님께서는 첫 사람 아담에게 시험하는 한 명령을 주셨다. 창세기 2:16-17, "여호와 하나님께서 그 사람에게 명하여 말씀하시기를 동산 각종 나무의 실과는 네가 임의로 먹되 선악을 알게 하는 나무의 실과는 먹지 말라. 네가 먹는 날에는 정녕 죽으리라." 이것은 하나님께서 다른 피조물들에게는 주지 않고 오직 사람에게만 주신 명령이었다. 하나님께서 아담에게 주신 처음 명령은 '행위언약'이라고 표현된다. 웨스트민스터 신앙고백 7:2는, "사람과 맺으신 첫 언약은 행위언약이었는데, 거기에서 완전한 개인적 순종을 조건으로 아담과 그 안에서 그의 후손들에게 생명이 약속되었다"라고 진술한다.

처음 명령의 언약성

하나님께서 아담에게 주신 처음 명령을 '행위언약'이라고 부르는 까닭은 그것이 언약의 요소들을 가지고 있기 때문이다. 즉 그 명령에는 언약의 두 당사자, 언약의 조건, 언약의 내용, 언약의 벌칙 등이 있다. 그러므로 호세아 6:7은 "저희가 아담처럼(케아담 כְּאָדָם) 언약을 어겼다"고 말했다. 예수 그리스도로 말미암은 하나님의 은혜언약은 행위언약을 전제한 것이라고 볼 수 있다. 우리가 행위로 구원을 얻을 수 없었기 때문에 구주 예수 그리스도께서 오셔서 우리를 위하여 십자가에 죽으셨다. 즉 은혜언약은 행위언약의 실패에 근거한 것이었다. 또한 로마서 5:15-21의 아담과 그리스도의 대조는 행위언약을 전제하며 행위언약의 개념을 증거한다. 그 구절은, 한 사람 아담이 인류를 대표하였으므로 그의 죄가 온 인류의 죄가 되었으나, 한 사람 그리스도께서 모든 택함 받은 자들을 대표했으므로 그의 의의 행위가 모든 택함 받은 자들의 의가 되었다는 것을 대조적으로 증거하는 것이다. 즉 한 사람 아담이 온 인류의 대표의 위치에 있었던 사실은 행위언약을 증거하는 것이다.

행위언약의 요소들

행위언약의 요소들을 좀더 살펴보자. 언약의 두 당사자는 하나님과 아담이었다. 물론, 그 하나님의 언약은 일방적이었다. 그것은 하나님께서 사람에게 일방적으로 하신 명령이며 하나님의 주권적 조치이었다. 행위언약의 당사자인 하나님과 아담의 관계는 삼중적이었다. 피조물인 아담은 창조주 하나님께 절대 순종해야 할 위치에 있었다. 이것은 본질적 관계이었다. 하나님께서는 이러한 본질적 관계 위에 약속의 한 명령을 주심으로 그와 언약을 맺으셨다. 이것은 하나님께서 자신을 낮추심으로써만 가능한 관계이었다. 웨스트민스터 신앙고백 7:1은 다음과 같이 말한다.

하나님과 피조물의 차이는 매우 크기 때문에, 비록 이성적 피조물들이 그들의 창조자로서 그에게 마땅히 순종할 의무가 있을지라도, 그들은 결코 그에게서 나오는 어떤 열매도 그들의 복과 상급으로 가질 수 없으며, 오직 그가 언약의 방식으로 표현하기를 기뻐하신 하나님 편에서의 어떤 자원적 낮추심에 의해서 뿐이다.

그러나 하나님의 언약은 단지 아담 개인과의 언약이 아니었고, 인류 전체와의 언약이었다. 아담은 온 인류의 대표자이었다. 이처럼 하나님과 아담의 관계는 본질적 관계, 언약적 관계, 대표적 관계이었다.

언약의 조건은 순종이었다. 그것은 하나님의 뜻에 대한 완전하고 무조건적인 순종이어야 했다. 이것은 구약의 도덕법에서 다시 강조되었고 신약의 교훈에서도 확증된다. 신명기 27:26, "이 율법의 모든 말씀을 실행치 아니하는 자는 저주를 받을 것이라." 갈라디아서 3:10, "무릇 율법 행위에 속한 자들은 저주 아래 있나니 기록된 바 누구든지 율법 책에 기록된 대로 온갖 일을 항상 행치 않는 자는 저주 아래 있는 자라 하였음이라." 야고보서 2:10, "누구든지 온 율법을 지키다가 그 하나에 거치면 모두 범한 자가 되나니."

이 순종의 명령은 시험의 일정한 기간에 제한되었을 것이다. 만일 그 시험이 일정한 기간에 제한되지 않았다면, 아담은 비록 그 기간 동안에 범죄치 않았다 할지라도 우리가 장차 누릴 것과 같은 영생 즉 다시는 죽을 수 없는 영생을 누리지 못했을 것이다. 그러나 하나님의 구원은 그가 사람에게 다시 잃어버릴 수 없는 완전한 생명을 주기를 의도하셨음을 보이며, 그 의도는 일정한 시험 기간을 요구한다.

언약의 내용은 생명, 곧 영원한 생명이었다. 이것은, "먹으면 정녕 죽으리라"는 벌칙의 경고 속에 암시되어 있다. 만일 아담이 하나님의 정하신 시험 기간 동안 하나님의 금하신 열매를 먹지 않았다면, 그는 영원히 살았을 것이다. 하나님께서 약속하신 생명이 아담이 소유하고 있었던 생명과 다른 점은 무엇인가? 그것은 그 생명이 범죄할 수 없고 죽을 수 없는 생명이라는 데 있다. 그러므로 하나님께서 약속하신 생명은 아담이 이미 소유한 생명보다 더 영광스러운 생명이었다.

언약의 벌칙은 죽음이었다. 그 죽음은, 성경에 계시된 대로, 영적 죽음 곧 하나님과 분리와, 육신적 죽음 곧 영혼과 몸의 분리와, 영원한 죽음 곧 둘째 사망이라고 불리는 지옥 형벌을 다 포함한다.

언약의 표는 생명나무이었다. 에덴 동산 중앙에 있었던 생명나무는 약속된 생명을 상징하였다. 생명나무의 열매 자체가 어떤 효능을 가졌었는지는 확실치 않으며, 사람이 타락 전에 그 열매를 먹었는지

도 단정키 어렵다. 창세기 3:22에 "그가 그 손을 들어 생명나무 실과
도 따먹고 영생할까 하노라"는 말씀은 문자적으로 혹은 비유적으로
해석될 수 있을 것이다.

행위언약의 영속성 문제

하나님께서 첫 사람 아담과 맺으신 행위언약은 오늘날도 유효한
가? 우선, 행위언약은 구원의 방법으로는 폐지되었다. 세상에 율법의
행위로 의롭다 하심을 얻을 자는 아무도 없다. 사람은 예수 그리스도
를 믿음으로만 의롭다 하심을 얻는다. 로마서 3:21-22, "이제는 율법
외에 하나님의 한 의가 나타났으니 율법과 선지자들에게 증거를 받
은 것이라. 곧 예수 그리스도를 믿음으로 말미암아 모든 믿는 자에게
미치는 하나님의 의니 차별이 없느니라." 로마서 10:4, "그리스도께서
는 모든 믿는 자에게 의를 이루기 위하여 율법의 마침이 되시니라."
예수 그리스도를 믿는 자들은 이제 하나님의 은혜 아래 있고, 하나님
의 율법 아래 있지 않다. 로마서 6:14, "죄가 너희를 주관치 못하리니
이는 너희가 법 아래 있지 아니하고 은혜 아래 있음이니라."

그러나 행위언약은 하나님의 공의의 법으로서는 영원하다. 그것은
하나님께 대한 사람의 순종의 기본적 의무를 보이고, 하나님의 뜻을
거역하고 불순종하는 자들, 즉 구원 얻지 못한 자들에 대한 하나님의
마지막 심판의 정당성을 증거해 준다. '죄의 값은 죽음이라'는 대명제
는 폐기될 수 없는 진리이다. 우리가 하나님의 은혜로 예수 그리스도
를 믿음으로 구원 얻은 것은 하나님의 아들 예수 그리스도께서 우리
의 모든 죄의 형벌을 짊어지셨고 우리를 위해 완전한 순종과 완전한
의가 되셨기 때문이다. 그러나 마지막 심판의 때에 그 공의의 법은
믿지 않는 죄인들, 회개치 않은 죄인들을 심판할 것이다. 죄인들은 그
공의의 법에 따라 영원한 지옥 불못에 던지울 것이다. 하나님의 공의
의 법는 결코 폐지되지 않았다.

은혜언약

모든 사람은 행위로는 하나님 앞에서 죄인들이며 죄의 형벌을 받기에 합당한 자들이었다. 그러나 자비의 하나님께서는 죄인들 중에 일부분을 구원하기를 기뻐하셨고 구원의 방법은 은혜의 언약이라는 방법이었다. 은혜언약이란, 하나님께서 그의 택한 자들을 그의 은혜와 예수 그리스도께 대한 믿음으로 구원하시고 영생을 주시겠다는 약속이다. 웨스트민스터 신앙고백 7:3, "사람이 타락으로 그 언약(행위언약)에 의해 생명을 얻을 수 없게 되었으므로, 주께서는 보통 '은혜언약'이라고 불리는 둘째 언약을 맺기를 기뻐하셨는데, 그것에 의해 그는 죄인들에게 예수 그리스도로 말미암는 생명과 구원을 값없이 주시고, 그들에게 구원 얻도록 그를 믿으라고 요구하시며, 생명에 이르도록 작정된 모든 사람에게 그의 성령님을 주시기로 약속하셔서 그들로 하여금 믿을 마음과 힘을 얻게 하신다." 로마서 3:24, "그리스도 예수 안에 있는 구속(救贖)으로 말미암아 하나님의 은혜로 값없이 의롭다 하심을 얻은 자 되었느니라." 마태복음 26:28, "이것이 죄사함을 얻게 하려고 많은 사람을 위하여 흘리는 바 나의 피 곧 언약[새언약](전통사본)의 피니라."

예수 그리스도 안에서 계획됨

하나님께서 택자들을 구원하시는 일은 만세 전에 예수 그리스도 안에서 계획되어진 것이었다. 에베소서 1:4, "창세 전에 그리스도 안에서 우리를 택하사 우리로 사랑 안에서 그 앞에 거룩하고 흠이 없게 하시려고." 에베소서 3:11, "(복음의 은혜는) 영원부터 우리 주 그리스도 예수 안에서 계획하신 영원하신 뜻대로 하신 것이라." 디모데후서 1:9, "하나님께서 우리를 구원하사 거룩하신 부르심으로 부르심은 우리의 행위대로 하심이 아니요 오직 자기 뜻과 영원한 때 전부터 그리스도 예수 안에서 우리에게 주신 은혜대로 하심이라."

하나님의 뜻은 예수 그리스도의 속죄사역에 근거하여 택자들에게 영생을 주는 것이었다. 요한복음 6:39-40, "나를 보내신 이의 뜻은 내게 주신 자 중에 내가 하나도 잃어버리지 아니하고 마지막 날에 다시 살리는 이것이니라. 내 아버지의 뜻은 아들을 보고 믿는 자마다 영생을 얻는 이것이니 마지막 날에 내가 이를 다시 살리리라." 요한복음 17:2-3, "아버지께서 아들에게 주신 모든 자에게 영생을 주게 하시려고 만민을 다스리는 권세를 아들에게 주셨음이로소이다. 영생은 곧 유일하신 참 하나님과 그의 보내신 자 예수 그리스도를 아는 것이니이다." 디도서 1:2, "영생의 소망을 인함이라. 이 영생은 거짓이 없으신 하나님께서 영원한 때 전부터 약속하신 것인데."

이런 사실은 하나님께서 택자들의 구원을 위해 아들 예수 그리스도와 언약을 맺으셨음을 나타낸다. 하나님과 아들 예수 그리스도와의 언약은 '구속언약'이라고 불리기도 한다. 코체유스 이후 프란시스 투레틴, 찰스 핫지, 윌리암 쉐드, 게할더스 보스, 헤르만 바빙크 등의 신학자들은 '구속언약'이라는 말을 사용하며 그것을 은혜언약과 구별했다. 구속언약에서 아들 예수 그리스도께서는 택자들을 대표하신다. 하나님께서는 아들이 택자들을 위해 속죄사역을 이루기를 원하셨고, 아들께서는 죄 없는 사람으로 태어나시고 율법에 복종하시고 모든 택자들의 죄의 형벌을 받으심으로 완전한 의(義)를 이루셔야 했다.

마태복음 20:28, "인자(人子)가 온 것은 섬김을 받으려 함이 아니라 도리어 섬기려 하고 자기 목숨을 많은 사람의 대속물로 주려 함이니라." 마태복음 26:28, "이것은 죄사함을 얻게 하려고 많은 사람을 위해 흘리는 바 나의 피 곧 새 언약의 피니라." 갈라디아서 4:4-5, "하나님께서 그 아들을 보내사 여자에게서 나게 하시고 율법 아래 나게 하신 것은 율법 아래 있는 자들을 속량하시고." 로마서 5:18-19, "그런

즉 한 범죄로 많은 사람이 정죄에 이른 것같이 의(義)의 한 행동으로 말미암아 많은 사람이 의롭다 하심을 받아 생명에 이르렀느니라. 한 사람의 순종치 아니함으로 많은 사람이 죄인된 것같이 한 사람의 순종하심으로 많은 사람이 의인이 되리라." 로마서 10:4, "그리스도께서는 모든 믿는 자에게 의를 이루기 위하여 율법의 마침이 되시니라." 히브리서 5:8-9, "그가 아들이시라도 받으신 고난으로 순종함을 배워서 온전하게 되었은즉 자기를 순종하는 모든 자에게 영원한 구원의 근원이 되시고."

하나님의 아들 예수 그리스도께서 속죄사역을 통하여 얻을 복은 택자들의 영생이었다. 요한복음 6:40, "내 아버지의 뜻은 아들을 보고 믿는 자마다 영생을 얻는 이것이니 마지막 날에 내가 이를 다시 살리리라." 또 예수께서는 십자가의 죽음으로 이 일을 이루셨고 3일 만에 부활하시고 40일 후에 승천하심으로 영광을 받으셨다. 요한복음 17:5, "아버지여, 창세 전에 내가 아버지와 함께 가졌던 영화로써 지금도 아버지와 함께 나를 영화롭게 하옵소서." 빌립보서 2:9-11, "이러므로 하나님께서 그를 지극히 높여 모든 이름 위에 뛰어난 이름을 주사 하늘에 있는 자들과 땅에 있는 자들과 땅 아래 있는 자들로 모든 무릎을 예수님의 이름에 꿇게 하시고 모든 입으로 예수 그리스도를 주님이라 시인하여 하나님 아버지께 영광을 돌리게 하셨느니라."

은혜언약의 요소들

하나님께서는 예수 그리스도의 속죄사역에 근거해 택자들을 은혜로 구원하시겠다고 약속하셨다. 은혜언약의 당사자들은 하나님과 그의 택하신 사람들이다. 은혜언약의 조건은 택하신 사람들의 믿음이다. 그러나 이 믿음은 결코 구원을 위한 공로가 아니고 단지 구원을 위한 수단에 불과하다. 요한복음 3:16, "하나님이 세상을 이처럼 사랑하사 독생자를 주셨으니 이는 저를 믿는 자마다 멸망치 않고 영생을 얻게 하려 하심이니라." 로마서 3:22, "곧 예수 그리스도를 믿음으로 말미암아 모든 믿는 자에게[믿는 모든 자에게 그리고 모든 자 위에] (전통사본) 미치는 하나님의 의니 차별이 없느니라." 에베소서 2:8-9, "너희가 그 은혜를 인하여 믿음으로 말미암아 구원을 얻었나니 이것이 너희에게서 난 것이 아니요 하나님의 선물이라. 행위에서 난 것이 아니니 이는 누구든지 자랑치 못하게 함이니라."

은혜언약의 중보자는 예수 그리스도이시다. 디모데전서 2:5, "하나님께서는 한 분이시요 또 하나님과 사람 사이에 중보도 한 분이시니 곧 사람이신 그리스도 예수라." 예수 그리스도께서는 죄인들의 유일한 중보자이시다. 히브리서 8:6, "이제 그가 더 아름다운 직분을 얻으셨으니 이는 더 좋은 약속으로 세우신 더 좋은 언약의 중보시라."

은혜언약에 담긴 약속의 내용은 택자들의 영생이다. 요한복음 3:16, "하나님이 세상을 이처럼 사랑하사 독생자를 주셨으니 이는 저를 믿는 자마다 멸망치 않고 영생을 얻게 하려 하심이니라." 이 영생은 죄사함과 하나님과의 바른 관계의 회복에 근거한다. 인류는 아담의 범죄로 하나님과의 바른 관계가 깨어졌으나 그리스도를 믿음으로 그 관계가 회복되고 하나님의 자녀가 되고 영생을 얻는 것이다.

예레미야 31:33, "그 날 후에 내가 이스라엘 집에 세울 언약은 이러하니 곧 내가 나의 법을 그들의 속에 두며 그 마음에 기록하여 나는 그들의 하나님이 되고 그들은 내 백성이 될 것이라." 에스겔 36:28, "내가 너희 열조에게 준 땅에 너희가 거하여 내 백성이 되고 나는 너희 하나님이 되리라." 요한복음 1:12, "영접하는 자[영접한 자] 곧 그 이름을 믿는 자들에게는 하나님의 자녀가 되는 권세를 주셨으니." 요한계시록 21:3, 7, "보라, 하나님의 장막이 사람들과 함께 있으매 하나님께서 저희와 함께 거하시리니 저희는 하나님의 백성이 되고 하나님께서는 친히 저희와 함께 계셔서," "이기는 자는 이것들을 유업으로 얻으리라. 나는 저의 하나님이 되고 그는 내 아들이 되리라."

은혜언약의 두 측면

은혜언약에는 법적 측면과 생명적 측면이 있다. 법적인 측면에서 볼 때, 신자의 자녀들은 구약시대에 법적으로 은혜언약 안에 참여했다. 이것은 할례의 규례에서 증거되었다. 창세기 17:7, 10, 12, "내가 내 언약을 나와 너와 네 대대 후손의 사이에 세워서 영원한 언약을 삼고 너와 네 후손의 하나님이 되리라," "너희 중 남자는 다 할례를 받으라. 이것이 나와 너희와 너희 후손 사이에 지킬 내 언약이니라," "대대로 남자는 . . . 난 지 8일 만에 할례를 받을 것이라." 신명기 29:10-12, "오늘날 너희 곧 너희 우두머리들과 너희 지파와 너희 장로들과 너희 유사와 이스라엘 모든 남자와 너희 유아들과 너희 아내와 및 네 진중에 있는 객과 무릇 너를 위하여 나무를 패는 자로부터 물 긷는 자까지 다 너희 하나님 여호와 앞에 선 것은 너의 하나님 여호와의 언약에 참여하며."

은혜언약의 법적 측면은 신약 아래서도 유지된다. 사도행전 2:39, "이 약속은 너희와 너희 자녀와 모든 먼 데 사람 곧 주 우리 하나님께서 얼마든지 부르시는 자들에게 하신 것이라." 사도행전 16:31, "주 예수 [그리스도]를 믿으라. 그리하면 너와 네 집이 구원을 얻으리라." 고린도전서 7:14, "믿지 아니하는 남편이 아내로 인하여 거룩하게 되고 믿지 아니하는 아내가 남편으로 인하여 거룩하게 되나니 그렇지 아니하면 너희 자녀도 깨끗지 못하니라. 그러나 이제 거룩하니라."

법적 측면에서 볼 때 은혜언약 안에는 세 부류의 사람들이 있다. 첫째는 예수 그리스도를 주와 구주로 진실히 믿는 성인들이며, 둘째는 예수 그리스도를 믿는 사람들의 자녀들이고, 셋째는 언약 안에 들어와 있는 비(非)중생자들이다. 이 세 번째 부류의 사람들은 형식적 교인들이거나 위선자들이다. 구약시대에 아브라함의 아들 이스마엘이나 이삭의 아들 에서나 불신앙적 유대인들은 다 할례를 받았고 그 은혜언약의 책임 아래 있었고 어느 정도 그 언약의 특권을 누렸으나 참된 의미에서 은혜언약의 백성이 아니었다. 그들은 "언약 안에 있을 지라도 언약의 본질적인 참여자들이 아니고"(카이퍼) "언약 안에 있으나 언약에 속한 자들이 아니다"(바빙크).

그러나 은혜언약에는 생명적 측면이 있다. 참으로 택함 받은 모든 사람은 중생하고 예수 그리스도를 믿고 실제로 새 생명을 얻고 새 삶, 거룩하고 의롭고 선한 삶을 산다. 형식적 교인들과 중생한 성도들은, 비록 우리가 그들을 정확히 구별할 수는 없어도, 그들의 행위를 통해 확인된다. 데살로니가전서 1:3-4, "너희의 믿음의 역사(役事)[활동]와 사랑의 수고와 우리 주 예수 그리스도에 대한 소망의 인내를 . . . 기억함이니, 하나님의 사랑하심을 받은 형제들아, 너희를 택하심을 아노라." 요한일서 3:10, "이러므로 하나님의 자녀들과 마귀의 자녀들이 나타나나니, 무릇 의를 행치 아니하는 자나 또는 그 형제를 사랑치 아니하는 자는 하나님께 속하지[하나님께로서 나지] 아니하니라." 우리는 단지 법적으로만 아니고 생명적으로 언약 백성이 되어야 한다.

은혜언약의 시대들

은혜언약은 구약시대와 신약시대에 다르게 집행되었다. 옛 언약과 새 언약은 언약의 집행 방식에 차이가 있으나 본질적으로 동일하다.

먼저, **구약시대**를 살펴보자. 은혜언약은 에덴 동산에서 하나님께서 뱀 곧 마귀에게 하신 선언에서 제일 처음 암시되었다. 창세기 3:15, "여자의 후손은 네 머리를 상하게 할 것이요 너는 그의 발꿈치를 상하게 할 것이니라." 이 구절은 죄인들의 구원을 암시하는 '원시 복음'이라고 불린다. 어떤 이들은 '여자의 씨'를 인격체적 의미가 아니고 비인격체적, 집합체적 의미로 보지만(게할더스 보스) 일반적으로는 메시아 예언으로 이해한다. 사도 바울이 갈라디아서 4:4에서 "때가 차매 하나님께서 그 아들을 보내사 여자에게서 나게 하시고"라고 말했을 때 그는 이 원시 복음을 염두에 둔 것이 확실하다. 또 하나님께서 아담과 하와를 에덴 동산에서 내보내실 때 가죽옷을 입히신 것은 (창 3:21) 예수 그리스도의 속죄를 예표하는 것이 분명하다. 구약시대의 짐승 제사는 이때 계시되었다고 보인다.

은혜언약은 또한 노아와의 언약에서도 나타났다. 노아와의 언약은 두 가지이었다. 첫 번째는 홍수 심판으로부터의 구원의 약속이었다 (창 6:17-18). 그 구원은 방주를 통해 이루어질 것이었다. 그 방주는 분명히 예수 그리스도로 말미암는 은혜의 구원을 예표한다. 두 번째는 홍수 심판 후, 하나님께서 노아에게 더 이상 홍수로 멸망시키는 일이 없을 것이라는 약속이었다(창 9:8-13). 이 언약의 표로 하나님께서는 무지개를 주셨다. 이 언약은 하나님께서 노아와 그 후손들 및 모든 생물들과 맺으신 언약이었고 '자연 언약'이라고 불린다. 이 자연적, 전세계적 복(福)은 은혜언약의 첨가물이었다.

은혜언약은 또 아브라함과의 언약에서도 아주 명료하고 충분하게 나타났다. 아브라함과의 언약은 몇 가지 특징들을 가진다.

① 이 언약은 하나님과 정식으로 맺어졌고 그 표로 할례 규례가 주어졌다(창 17:9-14). 이로써 할례는 언약 백성의 공식적 표가 되었다.

② 이 언약은 아브람이 하나님을 믿음으로 얻은 의(義)에 근거하였다. 창세기 15:6, "아브람이 여호와를 믿으니 여호와께서 이를 그의 의로 여기시고." 이것은 이 언약이 은혜언약임을 잘 증거한다.

③ 이 언약은 민족적이며 세계적이었다. 창세기 12:2-3, "내가 너로 큰 민족을 이루고 네게 복을 주어 네 이름을 창대케 하리니 너는 복의 근원이 될지라. . . . 땅의 모든 족속이 너를 인하여 복을 얻을 것이니라." 창세기 22:18, "네 씨로 말미암아 천하 만민이 복을 얻으리니."

④ 이 언약은 물질적이며 영적이었다. 이 언약의 영적 성격은 그것

이 신약교회 성도들에도 적용된다는 사실에서 나타난다. 창세기 17:8, "내가 너와 네 후손에게 너의 우거하는 이 땅 곧 가나안 일경으로 주어 영원한 기업이 되게 하고." 로마서 4:16, "이는 그 약속을 그 모든 후손에게 굳게 하려 하심이라. 율법에 속한 자에게뿐 아니라 아브라함의 믿음에 속한 자에게도니 아브라함은 하나님 앞에서 우리 모든 사람의 조상이라." 갈라디아서 3:29, "너희가 그리스도께 속한 자면 곧 아브라함의 자손이요."

은혜언약은 또 시내산 언약에서도 나타났다. 시내산 언약은 구약 시대를 대표하였다. **구약(舊約, 옛 언약)**은 하나님께서 시내산에서 모세를 통하여 이스라엘 백성과 맺으신 언약으로 정의된다. 모세는 하나님의 모든 말씀을 책에 기록하고 그 책을 백성 앞에서 낭독하였으며 그 책을 '언약서'라고 불렀고 또 제물의 피를 백성 앞에 뿌렸는데 그 피를 '언약의 피'라고 불렀다(출 24:1-8).

시내산 언약은 율법[법]의 형식으로 주어졌다. 모세를 통해 주신 하나님의 법은 도덕법, 재판법, 의식법으로 구성되었는데, 여기에서 특히 도덕법과 의식법이 중요하였다.

도덕법은 외적으로는 행위언약적 요구를 강조하는 듯했다. 도덕법의 요구는 '행하라 그리하면 살리라'는 말로 요약된다. 그러나 도덕법의 의도(意圖)는 행위언약의 갱신이 아니고 은혜언약을 위한 보조이었다. 사람이 율법으로는 하나님 앞에서 의롭다 하심을 얻지 못한다. 로마서 3:20, "율법의 행위로 그의 앞에 의롭다 함을 얻을 육체가 없나니 율법으로는 죄를 깨달음이니라." 로마서 4:15, "율법은 진노를 이루게 하나니."

한편, 의식법은 예수 그리스도와 그 속죄의 은혜를 증거한다. 예를 들어, 제사 제도와 성막 제도, 특히 지성소의 법궤와 속죄소의 규례들은 예수 그리스도의 속죄의 은혜를 예표하였다. 여기에 시내산 언약

혹은 구약의 은혜언약적 성격이 증거된다. 레위기 4:20, "제사장이 그것[속죄제물]으로 회중을 위하여 속죄한즉 그들이 사함을 얻으리라." 웨스트민스터 신앙고백 7:5, "그들[구약의 이스라엘 백성]은 그 약속된 메시아로 말미암아 완전한 죄사함과 영원한 구원을 얻었다."

신약(新約, 새 언약)이란 하나님께서 예수 그리스도를 통해 그를 믿는 사람들과 맺으신 언약이다. 예레미야 31:31은 신약시대를 예언하였다: "보라, 날이 이르리니 내가 이스라엘 집에 새 언약을 세우리라." 예수 그리스도께서는 마지막 유월절 저녁식사 때에서 새 언약을 선포하셨다. 누가복음 22:20, "이 잔은 내 피로 세우는 새 언약이니." 고린도전서 11:25, "식후에 또한 이와 같이 잔을 가지시고 말씀하시기를 이 잔은 내 피로 세운 새 언약이니 이것을 행하여 마실 때마다 나를 기념하라." 그러므로 바울은 율법 시대와 복음 시대를 '구약'과 '신약'(새 언약)이라는 말로 구별했다. 고린도후서 3:6, 14, "우리를 새 언약의 일꾼 되기에 만족케 하셨으니 . . . 구약을 읽을 때에."

신약의 특징들은 다음과 같다. 첫째로, 구약성경에 예표(豫表)되었고(가죽옷, 제사 제도, 성막 제도, 절기들 등) 예언되었던(사 53:6, 11; 단 9:24; 슥 3:9 등) 예수 그리스도의 단번 속죄사역이 실제로 이루어졌다. 요한복음 19:30, "예수께서 신포도주를 받으신 후 말씀하시기를 다 이루었다 하시고." 로마서 10:4, "그리스도께서는 모든 믿는 자에게 의를 이루기 위해 율법의 마침이 되시니라." 히브리서 9:12, "[주께서] 자기 피로 영원한 속죄를 이루사 단번에 성소에 들어가셨느니라." 그러므로 구약은 예표적, 그림자적, 임시적, 가변적 내용이었다면, 신약은 성취적, 실체적(實體的), 최종적, 영원불변적 내용이다.

둘째로, 구약은 사람의 율법적 행위를 강조하나, 신약은 복음 안에 계시된 하나님의 은혜를 강조한다. 요한복음 1:17, "율법은 모세로 말미암아 주신 것이요, 은혜와 진리는 예수 그리스도로 말미암아 온 것이라." 로마서 3:21-22, "이제는 율법 외에 하나님의 한 의가 나타났으니 율법과 선지자들에게 증거를 받은 것이라. 곧 예수 그리스도를 믿음으로 말미암아 모든 믿는 자에게 미치는 하나님의 의니 차별이 없느니라." 로마서 3:23-24, "모든 사람이 죄를 범하였으매 하나님의 영광에 이르지 못하더니 그리스도 예수 안에 있는 구속(救贖)으로 말미암아 하나님의 은혜로 값없이 의롭다 하심을 얻은 자 되었느니라." 그러나 율법 특히 도덕법은 신약 아래서도 유익하다(딤전 1:8).

셋째로, 구약은 외적이고 의식적(儀式的)인 면이 많았으나 신약은 내적이며 영적이다. 예레미야 31:31, 33, "보라, 날이 이르리니 내가 이스라엘 집과 유다 집에 새 언약을 세우리라. . . . 내가 나의 법을 그들의 속에 두며 그 마음에 기록하여." 고린도후서 3:6, "저가 또 우리로 새 언약의 일군 되기에 만족케 하셨으니 의문(儀文)[율법 조문]으로 하지 아니하고 오직 영[성령님]으로 함이니 의문은 죽이는 것이요 영은 살리는 것임이니라[성령께서는 살리심이니라]."

넷째로, 구약은 민족적이었으나 신약은 세계적이다. 오늘날 은혜의 복음은 온 세계의 모든 나라들과 족속들에게 전파되고 있다. 마태복음 28:19, "모든 족속으로 제자를 삼아 아버지와 아들과 성령의 이름으로 세례를 주고." 요한계시록 7:9, "내가 보니 각 나라와 족속과 백성과 방언에서 아무라도 능히 셀 수 없는 큰 무리가 흰옷을 입고 손에 종려가지를 들고 보좌 앞과 어린양 앞에 서서." 물론, 신약 시대에 하나님께서는 선택의 진리를 분명하게 증거하셨다. 요한복음 17:9, "내가 비옵는 것은 세상을 위함이 아니요 내게 주신 자들을 위함이니이다. 저희는 아버지의 것이로소이다." 로마서 9:16, "그런즉 원하는 자로 말미암음도 아니요 달음박질하는 자로 말미암음도 아니요 오직 긍휼히 여기시는 하나님으로 말미암음이니라." 로마서 11:5, "그런즉 이와 같이 이제도 은혜로 택하심을 따라 남은 자가 있느니라." 에베소서 1:4, "창세 전에 그리스도 안에서 우리를 택하사."

"이스라엘 민족과 국가는 신약시대에도 하나님의 선민(選民)인가? 하나님께서는 오늘날도 이스라엘 백성을 이방인들과 구별하시는가?" 이 문제는 흥미로운 문제이다. 로마서 11장, 특히 25, 26절은 이 문제에 대해 '그렇다'는 긍정적 답변에 대한 암시를 준다: "이 비밀은 이방인의 충만한 수가 들어오기까지 이스라엘의 더러는 완악하게 된 것이라. 그리하여 온 이스라엘이 구원을 얻으리라."

구약과 신약의 본질적 동일성

역사상, 구약과 신약을 전혀 별개의 언약으로 이해하려는 견해가 있었다. 종교 개혁 시대에, 소시너스파는 구약에는 영생의 약속이 없었고 구원의 조건도 예수 그리스도를 믿는 믿음이 아니라고 생각했다. 재세례파도 구약에는 복음의 내용이 없다고 보았다. 오늘날 어떤 세대주의자들도 구약과 신약의 시대적 차이의 특성을 너무 강조한 나머지 구약과 신약을 대립시키고 구약의 은혜성을 부정하였다.

그러나 구약과 신약은 본질적으로 동일하다고 본다. 우선, 택자들을 구원하시는 구주와 중보자가 동일하시다. 요한계시록 13:8, "죽임을 당하신 어린양의 생명책에 창세 이후로 기록되지 못하고 이 땅에 사는 자들은 다 짐승에게 경배하리라." 사도행전 4:12, "다른 이로서는 구원을 얻을 수 없나니 천하 인간에 구원을 얻을 만한 다른 이름을 우리에게 주신 일이 없음이니라." 디모데전서 2:5, "하나님께서는 한 분이시요 또 하나님과 사람 사이에 중보도 한 분이시니 곧 사람이신 그리스도 예수라." 히브리서 13:8, "예수 그리스도께서는 어제나 오늘이나 영원토록 동일하시니라."

또한, 하나님의 은혜로 구원 얻는다는 진리가 동일하다. 아브라함은 하나님을 믿음으로 의롭다 하심을 얻었다(창 15:6). 출애굽은 하나님의 은혜의 사건이었다. 구약시대의 의식법, 특히 제사 제도와 성막

제도는 사람이 하나님의 긍휼과 은혜로 그리고 하나님의 예비하신 속죄제물로 구원 얻는다는 사실을 증거한다. 구약시대의 성도들은, 히브리서 11장이 증거하는 대로, 믿음의 사람들이었다. 선지자들도 의인이 믿음으로 살 것을 말씀하였다. 이사야 7:9, "만일 너희가 믿지 아니하면 정녕히 굳게 서지 못하리라." 하박국 2:4, "의인은 그 믿음으로 말미암아 살리라." 사람은 하나님 앞에서 율법을 행함으로 의롭다 하심을 얻지 못한다. 사람은 오직 하나님의 은혜로, 주 예수 그리스도를 믿음으로, 그의 속죄사역으로만 구원을 얻을 수 있다.

그러므로 구약과 신약은 본질적으로 서로 다른 두 개의 언약들이 아니고, 본질적으로 동일한 한 언약, 즉 은혜언약의 두 가지의 표현이라고 보아야 한다. 그러므로 웨스트민스터 신앙고백 7:6은, "본질이 다른 두 개의 은혜언약들이 있는 것이 아니요, 여러 시대들 아래의 동일한 한 언약이 있을 뿐이다"라고 진술하였다.

우리는 이 은혜언약으로 구원을 얻었다. 죄인들은 어느 시대에나 하나님의 자비와 은혜로 그리고 유일하신 중보자와 구주이신 예수 그리스도의 속죄사역으로 구원을 얻는다. 구약시대에는 오실 메시아를 믿음으로 구원을 얻었고 신약시대에는 오신 메시아를 믿음으로 구원을 얻는다. 그들은 다 하나님의 은혜로 구원을 얻는다. 그러므로 구원 얻은 모든 성도들은 항상 하나님과 예수 그리스도의 은혜 안에 거해야 한다. "우리의 의는 이것뿐 예수님의 피밖에 없다!" 또 우리는 예수 그리스도 안에서 얻은 완전한 의(義) 안에서 의의 삶을 구하며, 하나님의 사랑 안에서 하나님과 형제 사랑하기를 실천해야 한다.

모든 사람은 하나님 앞에서 다 죄인이며 죄의 형벌을 받기에 합당하였으나 은혜의 하나님께서는 죄인들 중 일부분을 은혜의 언약으로 구원하기를 기뻐하셨다. 죄인들은 하나님의 은혜로 예수 그리스도의 속죄사역으로 그리고 오직 그를 믿음으로 구원을 얻는다.

4부: 기독론

    기독론(Christology)은 예수 그리스도와 그의 사역에 관한 진리들을 정리한다. 그 주요 주제들은 예수 그리스도의 성육신(成肉身), 그의 신성(神性)과 인성(人性), 그의 일인격성(一人格性), 그의 낮아지심과 높아짐, 그의 세 가지 직분, 그의 속죄사역 등을 포함한다.

기독론의 주요 주제들

1. 예수 그리스도의 성육신(成肉身)

2. 예수 그리스도의 신성(神性)과 인성(人性)

3. 예수 그리스도의 일인격성(一人格性)

4. 예수 그리스도의 낮아지심

5. 예수 그리스도의 높아지심

6. 예수 그리스도의 세 가지 직분

7. 예수 그리스도의 속죄사역

1. 예수 그리스도의 성육신(成肉身)

예수 그리스도께서는 성경의 중심 인물이시다. 성경은 예수 그리스도를 증거한다. 요한복음 5:39, "너희가 성경에서 영생을 얻는 줄 생각하고 성경을 상고[자세히 연구]하거니와 이 성경이 곧 내게 대하여 증거하는 것이로다." 또 예수 그리스도께서는 복음의 내용이시다. 로마서 1:2, "이 복음은 하나님께서 선지자들로 말미암아 그의 아들에 관해 성경에 미리 약속하신 것이라." 또 주 예수 그리스도께서는 전도의 내용이시다. 고린도전서 1:23, "우리는 십자가에 못박힌 그리스도를 전하니." 고린도전서 2:1-2, "내가 너희에게 나아가 하나님의 증거를 전할 때 말과 지혜의 아름다운 것으로 아니하였나니, 내가 너희 중에서 예수 그리스도와 그의 십자가에 못박히신 것 외에는 아무것도 알지 아니하기로 작정하였음이라."

예수 그리스도께서는 어떤 분이신가? 사도 요한은 예수 그리스도의 인격에 대해 "말씀께서 육신이 되셨다"는 말(성육신(成肉身)이라고 말함)로 증거했다(요 1:14). '말씀'은 '태초부터 계신 하나님'이라고 불리신 분이시고(요 1:1), '육신'은 사람의 영과 몸으로 구성된 사람의 본질을 가리킨다. 이 말씀은 예수 그리스도의 신성(神性)과 인성(人性)이 한 인격 예수 그리스도 안에 결합된 신비를 잘 증거한다. 본래 하나님이신 그가 사람의 영혼과 몸으로 구성된 사람의 본질 즉 인성(人性)을 취하셨다. 초대교회의 정통적 신조들은 성경에 계시되어 있는 예수 그리스도의 인격에 대한 진리들을 다음과 같이 증거했다. 첫째, 예수 그리스도께서는 참 하나님이시다. 둘째, 예수 그리스도께서는 참 사람이시다. 셋째, 예수 그리스도께서는 한 인격 즉 한 분이시다. 이와 같이 우리 구주 예수 그리스도께서는 신적 구주이시다.

예수 그리스도의 인성(人性)의 필요성

우리 구주 예수 그리스도께서는 왜 사람이어야 하셨는가? 그것은 무엇보다 사람들의 죄의 형벌을 담당해야 하셨기 때문이다. 사람이 범죄했으므로 사람이 죽어야 했다. 더욱이, 그는 죄 없는 사람이어야 하셨다. 만일 그가 죄가 있으셨다면, 그는 자기 죗값으로 죽어야 하셨을 것이다. 그가 다른 사람들의 죄를 대신하는 속죄제물이 되시려면 그는 당연히 죄 없는 사람이어야 하셨다.

주 예수 그리스도께서는 죄가 없으셨다. 고린도후서 5:21, "하나님께서 죄를 알지도 못하신 자로 우리를 대신하여 죄를 삼으신 것은." 히브리서 4:15, "[주 예수께서는] 모든 일에 우리와 한결같이 시험을 받은 자로되 죄는 없으시니라." 요한일서 3:5, "그에게는 죄가 없느니라." 또 죄가 없으신 주 예수 그리스도께서는 우리의 죄를 짊어지신 속죄제물이 되셨다. 갈라디아서 3:13, "그리스도께서 우리를 위하여 저주를 받은 바 되사 율법의 저주에서 우리를 속량하셨으니."

예수 그리스도께서 죄가 없으시다는 그의 무죄성(無罪性)은 그가 성령님의 능력으로 처녀 마리아의 몸에 잉태되어 탄생하심과 관계된다고 본다. 그는 거룩한 자로 탄생하셨다. 누가복음 1:35, "이러므로 나실 자는 거룩한 자요." 만일 그가 요셉과 마리아의 관계에서 출생하셨다면, 그가, 아담에게서 전가(轉嫁)되고 유전(遺傳)되어 내려오는 원죄로부터 제외되신 것은 합당하지 않을 것이다.

또 예수 그리스도께서는 사람이 되셔서 부수적으로 마귀의 권세를 폐하셨다. 히브리서 2:14-15, "자녀들은 혈육에 함께 속하였으매 그도 또한 한 모양으로 혈육에 함께 속하심은 사망으로 말미암아 사망의 세력을 잡은 자 곧 마귀를 없이하시며 또 죽기를 무서워하므로 일생에 매여 종노릇하는 모든 자들을 놓아주려 하심이니." 죽음의 위협은 사람에게 매우 큰 위협이며 마귀가 사용하는 도구이지만, 사람이 되신 예수 그리스도께서는 마귀의 권세를 폐하시고 그 죽음의 위협에서 우리를 건져주셨다. 또 사람이 되신 예수 그리스도께서는 사람의 연약성을 체험하셨기 때문에 연약한 우리를 동정하시고 도우시는 구주가 되셨다. 히브리서 2:18, "자기가 시험을 받아 고난을 당하셨은즉 시험받는 자들을 능히 도우시느니라."

예수 그리스도의 신성(神性)의 필요성

그러면 우리 구주 예수 그리스도께서는 왜 하나님이어야 하셨는가? 구주가 단순히 사람이시면 안 되는가? 그것은 그가 죄 없는 속죄제물로서 속죄사역을 완수해야 하셨기 때문이다. 모든 사람이 죄인이지만, 사람이 되신 그는 우리와 똑같이 죄의 유혹과 시험을 받으셨으나 그의 신성(神性)의 도움으로 범죄치 않고 하나님의 율법을 완전히 순종할 수 있으셨다. 그의 인성(人性)의 범죄 가능성은 변론할 수 있을지 몰라도, 그 자신이 범죄하기 불가능하셨다는 것은 확실하다. 왜냐하면 그는 신성(神性)을 소유한 분이시기 때문이다.

더욱이, 그의 신성(神性)은 그의 속죄사역이 많은 사람들을 위한 가치가 있는 사역이 되게 하였다. 신적 인격이신 한 분 예수 그리스도의 죽음의 가치는 인류 전체의 가치보다 더 가치 있다. 여기에 한 사람 예수 그리스도께서 어떻게 많은 사람들의 죄, 곧 그들의 죄책과 죄의 형벌을 담당할 수 있으셨는가 하는 이치가 있다. 하나님의 아들 예수 그리스도 한 분의 죽음으로 많은 사람들이 구원을 얻었다.

예수 그리스도의 신성(神性)은 그의 속죄사역을 택자들에게 적용하는 데도 필요했다. 주 예수께서는 지금 그의 영을 보내심으로 죄인들을 죄에서 실제로 불러내시고 실제로 구원하신다. 즉 신적인 구주께서는 죄인들의 '실제적' 구주이신 것이다. 그는 피 흘려 사신 백성들을 하나도 잃어버리지 않고 다 구원하시는 것이다(요 6:39-40).

2. 예수 그리스도의 신성(神性)과 인성(人性)

신성(神性) 또는 인성(人性)에서 성(性, nature)이라는 말은 '속성들의 총체'를 가리킨다. 신성은 하나님의 속성들의 총체이며, 인성은 사람의 속성들의 총체이다. '본질'이라는 말과 비슷하다고 본다.

예수 그리스도의 신성(神性)

성경은 예수께서 참 하나님이심을 증거한다. 우리는 성경의 풍성한 증거들에 근거하여 예수 그리스도의 참된 신성(神性)을 확신해야 한다. 예수 그리스도의 신성(神性)은 다음 네 가지 점에서 확증된다.

첫째로, 신적 명칭들이 예수 그리스도께 돌려진다. 우선, 예수께서는 매우 빈번히 '주님'이라는 명칭으로 불리신다. 신약성경에서 '주님'이라는 명칭은 예수님께 약 667회 사용되었다. 신약성경의 '주님'이라는 명칭(퀴리오스 κύριος)은 구약성경의 '여호와'라는 명칭에 해당하는 것으로 우주와 사람의 참 주인이시요 주관자이신 하나님의 명칭이다. 고린도전서 2:8, "영광의 주님." 로마서 10:9, "네 입으로 예수님을 주님으로 시인하며." 빌립보서 2:11, "모든 입으로 예수 그리스도를 주님이라 시인하여."

그는 또 빈번히 '하나님의 아들'로 불리신다. '하나님의 아들'이라는 명칭은 신약성경에서 예수님께 125회 가량 사용되었는데, 그것은 단순히 존칭어가 아니고, 신성(神性)을 가진 분이라는 뜻으로 사용되었다. 예를 들면, 마태복음 4:3, (마귀의 말) "네가 만일 하나님의 아들이어든 명하여 이 돌들이 떡덩이가 되게 하라." 마태복음 11:27, "아버지 외에는 아들을 아는 자가 없고." 마태복음 14:33, "(제자들이 예수님 앞에 엎드려 말하되) 진실로 하나님의 아들이로소이다." 요한복음 1:14, "아버지의 독생자(獨生子)." 그 뿐만 아니라, 요한복음 5:17-18

에 보면, 유대인들은 예수께서 하나님을 '내 아버지'라고 부름으로써 자신을 하나님과 동등하다고 주장하였다고 이해했다.

더욱이, 그는 '하나님' '참 하나님' '전능하신 하나님' '크신 하나님' 등으로 불리셨다. 요한복음 1:1, "이 말씀께서는 곧 하나님이시라." 요한일서 5:20, "그는 참 하나님이시요." 이사야 9:6, "전능하신 하나님, 영존하시는 아버지." 디도서 2:13, "우리의 크신 하나님 구주 예수 그리스도." 요한복음 20:28, "나의 주님이시며 나의 하나님." 로마서 9:5, "만물 위에 계셔 세세에 찬양을 받으실 하나님." 만일 예수께서 하나님이 아니시라면, 그를 '하나님,' '참 하나님,' '전능하신 하나님,' '크신 하나님'이라고 부른 것은 심각한 거짓말이며 이단적 오류일 것이다. 그러나 성경은 예수께서 참 하나님이심을 확실히 증거하고 있다.

둘째로, 신적 속성들이 예수 그리스도께 돌려진다. 예수께서는 우리와 항상 함께 계신다. 마태복음 18:20, "두세 사람이 내 이름으로 모인 곳에는 나도 그들 중에 있느니라." 마태복음 28:20, "내가 세상 끝날까지 너희와 항상 함께 있으리라." 승천하신 그가 땅 위에 있는 제자들과 항상 함께 계신다는 것은 하나님의 속성을 증거하는 것이다. 피조물은 장소의 제약을 받지만, 하나님께서는 어디에나 계신다.

또 그는 영원하시다. 이사야 9:6, "영존하시는 아버지." 미가 5:2, "그의 근본은 상고에, 태초[영원 전]에니라." 요한복음 1:1, "태초에 말씀께서 계셨더라(엔 ἦν)". '계셨더라'는 원어는 미완료과거시제로서 이전부터 계속 계셨음을 뜻한다. 요한복음 17:5, "아버지여, 창세 전에 내가 아버지와 함께 가졌던 영화로써." '창세 전'은 시간의 시작 이전 즉 영원이다. 요한계시록 22:13, "나는 알파와 오메가요 처음과 나중이요 시작과 끝이라." 이 말씀은 그의 영원하심을 증거한다.

또 그는 신적 지식을 가지셨다. 마태복음 9:4, "예수께서 그 생각(자신을 참람하다고 판단하는 어떤 서기관들의 생각)을 아시고." 요한복음 2:24-25, "이는 친히 모든 사람을 아심이요 또 친히 사람 속에 있는 것을 아시므로." 마태복음 17:27, "바다에 가서 낚시를 던져 먼저 오르는 고기를 가져 입을 열면 돈 한 세겔을 얻을 것이요."

또 그는 신적 능력과 천지의 모든 권세를 가지셨다. 요한복음 10:37 -38, "만일 내가 내 아버지의 일을 행치 아니하거든 나를 믿지 말려니와 내가 행하거든 나를 믿지 아니할지라도 그 일은 믿으라. 그러면 너희가 아버지께서 내 안에 계시고 내가 아버지 안에 있음을 깨달아 알리라." 마태복음 11:27, "내 아버지께서 모든 것을 내게 주셨으니." 마태복음 28:18, "하늘과 땅의 모든 권세를 내게 주셨으니."

이와 같이, 예수께서는 하나님의 속성들을 가지고 계셨다. 골로새서 2:9는 이 사실을 요약하여 "그(예수 그리스도) 안에는 신성(神性)의 모든 충만이 육체로 거하셨다"고 증거하였다.

셋째로, 신적 사역들이 예수 그리스도께 돌려진다. 예수 그리스도께서는 천지만물을 창조하신 자이시다. 요한복음 1:3, "만물이 그로 말미암아 지은 바 되었으니 지은 것이 하나도 그가 없이는 된 것이 없느니라." 골로새서 1:16, "하늘과 땅에서 보이는 것들과 보이지 않는 것들[이] . . . 다 그로 말미암고." 그는 만물의 창조자이시다.

또 그는 만물을 보존하는 자이시다. 만물을 보존함은 하나님의 섭리 사역이다. 히브리서 1:3, "그의 능력의 말씀으로 만물을 붙드시고."

또 그는 신적 권위로 말씀하시고 교훈하셨다. 마태복음 5:22, 28, "나는 너희에게 이르노니 . . . . 나는 너희에게 이르노니."

특히 그는 나병, 중풍병, 열병, 혈루병, 소경, 벙어리, 앉은뱅이 등 많은 병자들을 고쳐주셨고, 나인 성 과부의 외아들, 회당장 야이로의 외동딸, 나사로 등 죽은 자들을 살리셨고, 떡 기적들을 행하셨고 바다의 풍랑을 잔잔케 하셨다. 그것들은 다 하나님께서만 하실 수 있는 일들이었다. 요한복음 10:37-38, "만일 내가 내 아버지의 일을 행치 아니하거든 나를 믿지 말려니와 내가 행하거든 나를 믿지 아니할지라도 그 일은 믿으라. 그러면 너희가 아버지께서 내 안에 계시고 내가 아버지 안에 있음을 깨달아 알리라."

예수께서는 또 사람들의 죄를 용서하셨다. 마가복음 2:5, 7, 10, "네 죄사함을 받았느니라. . . . (유대인들이 말하되) 참람하도다. 오직 하나님 한 분 외에는 누가 능히 죄를 사하겠느냐? . . . 그러나 인자(人子)가 땅에서 죄를 사하는 권세가 있는 줄을 너희로 알게 하려 하노라." 히브리서 1:3, "죄를 정결케 하는 일을 하시고." 요한복음 8:36, "아들이 너희를 [죄에서] 자유케 하면 너희가 참으로 자유하리라."

또 그는 사람들에게 참된 안식을 주신다. 마태복음 11:28, "수고하고 무거운 짐 진 자들아, 다 내게로 오라. 내가 너희를 쉬게 하리라." 하나님 외에 사람에게 참 안식을 줄 수 있는 자는 없다.

또 그는 우리들의 기도를 들어주신다. 요한복음 14:13-14, "내 이름으로 무엇을 구하든지 내가 시행하리니 . . . 내게 구하면 내가 시행하리라." 기도의 응답은 확실히 하나님께서만 하실 수 있는 일이다.

또 그는 우리에게 성령님을 보내신다. 요한복음 15:26, "내가 아버지께로서 너희에게 보낼 보혜사." 요한복음 16:7, "내가 그를(성령을) 너희에게 보내리니." 하나님께서만 성령님을 보내주실 수 있다.

또 그는 마지막 날에 세상의 모든 사람들을 심판하실 것이다. 그는 심판자이시다. 요한복음 5:22, "아버지께서 아무도 심판하지 아니하시고 심판을 다 아들에게 맡기셨으니." 마태복음 25:31, "인자(人子)가 자기 영광으로 모든 천사와 함께 올 때 자기 영광의 보좌에 앉으리니." 디모데후서 4:1, "산 자와 죽은 자를 심판하실 그리스도 예수."

넷째로, 신적 영광이 예수 그리스도께 돌려진다. 예수께서는 아버지와 함께 언급되심으로 신적 영광을 받으신다. 마태복음 28:19, "아버지와 아들과 성령의 이름으로 세례를 주고." 고린도후서 13:13, "주 예수 그리스도의 은혜와 하나님의 사랑과 성령님의 교통하심이 너희 무리와 함께 있을지어다." 그는 친히 자신의 신적 영광을 선포하셨다. 마태복음 12:6, "성전보다 더 큰이가 여기 있느니라." 요한복음 10:30, "나와 아버지는 하나이니라." 요한복음 16:15, "무릇 아버지께 있는 것은 다 내 것이라." 예수께서 자신을 하나님과 동등으로 여기신다는 사실 때문에 유대 지도자들은 그를 죽이려 했다(요 5:18; 10:31-33).

예수께서는 아버지와 함께 찬송과 영광을 받으실 자이시다. 빌립보서 2:10, 11, "하늘에 있는 자들과 땅에 있는 자들과 땅 아래 있는 자들로 모든 무릎을 예수의 이름에 꿇게 하시고 모든 입으로 예수 그리스도를 주라 시인하여 하나님 아버지께 영광을 돌리게 하셨느니라." 특히 요한계시록은 주 예수께 아버지와 동등한 영광을 돌린다. 요한계시록 1:6, "그 아버지 하나님을 위하여 우리를 나라와 제사장으로 삼으신 그에게 영광과 능력이 세세토록 있기를 원하노라. 아멘." 요한계시록 5:12-13, "모든 만물이 말하기를 보좌에 앉으신 이와 어린양에게 찬송과 존귀와 영광과 능력을 세세토록 돌릴지어다 하니."

이처럼 성경은 예수 그리스도께 하나님의 명칭들, 하나님의 속성들, 하나님의 사역들, 하나님의 영광을 돌림으로써 그가 참 하나님이심을 증거한다. 우리는 우리 구주와 주님이신 예수 그리스도의 신적 영광을 알고 확신해야 한다. 신적 구주께서 벌레와 같은 우리를 위해 십자가 위에서 죽으셨다. 아, 이것은 우리가 감당할 수 없는 놀라운 사실이며 하나님의 놀라운 은혜이다! 이 사실과 이 은혜를 깨닫는 자마다 우리 위해 죽으시고 다시 사신 그를 위해 살게 될 것이다.

예수 그리스도의 인성(人性)

영원하신 하나님의 아들께서 사람이 되셨다. 그는 사람처럼 보이신 것이 아니고 참으로 사람의 영혼과 몸을 취하시고 사람이 되셨다.

물론 이 말씀은 그가 더 이상 하나님이 아니시라는 뜻은 아니다. 그는 여전히 참 하나님이시다. 그의 신성(神性)은 변할 수 없으시다. 그러나 성경은 예수께서 참 하나님이심을 증거할 뿐 아니라, 그가 또한 참 사람이심을 증거한다. 주 예수 그리스도께서 참 사람이심, 즉 예수 그리스도의 인성(人性)은 다음 세 가지 점에서 확증된다.

첫째로, <u>사람의 명칭들</u>이 예수 그리스도께 돌려진다. 구약성경은 메시아께서 오실 것을 예언하며 그를 "여자의 후손"(창 3:15), "아브라함의 씨"(창 22:18), "한 아기"(사 9:6), "이새의 줄기"(사 11:1) 등으로 불렀다. 그것들은 다 그가 사람으로 오실 것을 예언한 것이다.

또 예수께서는 자신을 '인자'(人子, 사람의 아들)라고 자주 부르셨고(복음서들에서 약 84회) 요한복음 8:40에는 자신을 '사람'이라고도 부르셨다. 사도 바울은 예수님을 '사람'이라고 표현했다. 로마서 5:15, "한 사람 예수 그리스도." 고린도전서 15:21, "죽은 자의 부활도 사람으로 말미암는도다." 디모데전서 2:5, "사람이신 그리스도 예수."

둘째로, <u>사람의 속성들</u>이 예수 그리스도께 돌려진다. 그는 사람으로, 어린 아기로 출생하셨고 그 지혜와 키가 자라셨다(눅 2:40, 52). 또 그는 몸의 연약하심도 보이셨다. 그는 40일 금식하셨을 때나 어느 날 아침에 배가 고프셨고(마 4:2; 21:18) 갈릴리 호수를 지날 때 배에서 주무셨고(마 8:24) 길을 걸으실 때 피곤하여 우물곁에 앉으셨고(요 4:6) 십자가에 못박혀 달리셨을 때 목마르셨다(요 19:28).

또 그는 영과 몸을 가지고 계셨다. 요한복음 1:14, "말씀께서 육신이 되셔서." 여기에 '육신'이라는 원어(살크스 σάρξ)는 '사람의 본질 즉 인성(人性)'을 가리킨다고 본다. 히브리서 2:14, "그도 또한 한 모양으로 혈육에 함께 속하심." 누가복음 23:46, "아버지여, 내 영을 아버지 손에 부탁하나이다." 그는 창으로 옆구리를 찔렸을 때 피와 물을 흘리셨다(요 19:34). 부활하신 예수께서는 제자들에게 나타나

손과 발을 보이셨고 구운 생선 한 토막을 드셨다(눅 24:39-43).

또 그는 지식의 제한을 보이셨다. 마태복음 8:10, "예수께서 들으시고 기이히 여겨 좇는 자들에게 말씀하시기를 내가 진실로 너희에게 말하노니 이스라엘 중 아무에게서도 이만한 믿음을 만나보지 못하였노라." 마가복음 11:13, "멀리서 잎사귀 있는 한 무화과나무를 보시고 혹 그 나무에 무엇이 있을까 하여 가셨더니 가서 보신즉 잎사귀 외에 아무것도 없더라." 마가복음 13:32, "그러나 그 날과 그때는 아무도 모르나니 하늘에 있는 천사들도, 아들도 모르고."

셋째로, <u>사람의 행위들</u>이 예수 그리스도께 돌려진다. 그는 마귀에게 시험을 받으셨다. 마태복음 4:1, "그때에 예수께서 성령님께 이끌리어 마귀에게 시험을 받으러 광야로 가사." 히브리서 4:15, "우리에게 있는 대제사장은 우리 연약함을 동정하지 아니하는 자가 아니요 모든 일에 우리와 한결같이 시험을 받은 자로되 죄는 없으시니라."

또 예수 그리스도께서는 하나님 아버지께 자주, 오랫동안, 때때로 밤새도록 기도하셨다. 마가복음 1:35, "새벽 오히려 어두울 때에 예수께서 일어나 나가 한적한 곳으로 가사 거기서 기도하시더니." 누가복음 6:12, "이때에 예수께서 기도하시러 산으로 가사 밤새도록 하나님께 기도하시고." 마태복음 14:23, "무리를 보내신 후에 기도하러 따로 산에 올라가시다." 누가복음 22:44, "예수께서 힘쓰고 애써 더욱 간절히 기도하시니 땀이 땅에 떨어지는 피방울같이 되더라." 히브리서 5:7, "그는 육체에 계실 때에 자기를 죽음에서 능히 구원하실 이에게 심한 통곡과 눈물로 간구와 소원을 올렸고."

우리는 예수 그리스도께서 참 하나님이시며 참 사람이심을 믿는다. 그의 신적 명칭들, 신적 속성들, 신적 사역들, 신적 영광은 그의 신성을 증거하며, 또 그의 인적 명칭들, 인적 속성들, 인적 행위들은 그의 인성을 증거한다. 우리는 신적 구주를 주신 하나님께 감사해야 한다.

3. 예수 그리스도의 일인격성(一人格性)

예수 그리스도께서는 신성(神性)과 인성(人性)을 가지고 계시지만, 한 인격, 즉 한 분이시다. 웨스트민스터 소요리문답 제21문답, "그는 하나님의 영원하신 아들로서 사람이 되셨고, 그래서 두 구별된 본질(성, nature)에 있어서 하나님과 사람이시며 한 인격이셨고, 영원히 계속 그러하십니다." 인격(person)은 지식과 감정과 의지를 가진 행동 주체를 가리킨다. 그러나 지정의(知情意)의 특질 자체는 인격에 속한다기보다 성(nature)에 속한다고 본다.

일인격성(一人格性)의 증거

예수 그리스도께서는 한 분이시다. 그것은 다음과 같이 증거된다.

첫째로, 신약성경에서 예수 그리스도를 위해 항상 단수 인칭대명사가 사용된다. 즉 성경에서 그를 위하여 '나는, 나의, 나를, 당신은, 당신의, 당신을, 그는, 그의, 그를' 등의 단수 인칭대명사가 사용되지, '우리는, 우리의, 우리를, 당신들은, 당신들의, 당신들을, 그들은, 그들의, 그들을' 등의 복수 인칭대명사가 사용되지 않는 것이다. 요한복음 3:11이나 17:11 등에서 '우리'라는 표현은 '아버지와 함께'라는 뜻이다.

둘째로, 신약성경 어디에도 예수 그리스도의 신성(神性)과 인성(人性) 사이에 어떤 인격적 구별이나 교제의 증거가 없다.

셋째로, 신약성경에서 예수 그리스도의 신성과 인성은 한 분 예수님께 돌려진다. 로마서 1:3-4, "이 아들로 말하면, 육신으로는 다윗의 혈통에서 나셨고, 성결의 영으로는 죽은 가운데서 부활하여 능력으로 하나님의 아들로 인정되셨으니 곧 우리 주 예수 그리스도시니라."

넷째로, 신약성경에서 예수 그리스도의 신적 속성과 사역이 인적 명칭에 돌려지고 또 반대로 그의 인적 속성과 사역이 신적 명칭에 돌려지는 경우가 있다. 마가복음 2:10, "인자(人子)가 땅에서 죄를 사하는 권세가 있는 줄을 너희로 알게 하려 하노라." 요한복음 3:13, "하늘에서 내려온 자 곧 하늘에 있는(전통본문) 인자(人子) 외에는." 고린도전서 2:8, "이 지혜는 이 세대의 관원이 하나도 알지 못하였나니 만일 알았더면 영광의 주님을 십자가에 못박지 아니하였으리라."

'한 인격' 안에서의 2성 연합

예수 그리스도께서는 본래 신적 인격이셨고, 신적 인격이신 그가 인성(人性) 혹은 인적 본질을 취하신 것이다. 요한복음 1:1, "태초에 말씀(로고스 λόγος)께서 계셨더라. . . . 이 말씀은 곧 하나님이시니라." 요한복음 1:14, "말씀께서 육신이 되셔서." 그러면 예수 그리스도의 인성(人性)은 인격이신가? 예수 그리스도의 인성은 하나의 독립적 인격이 아니시고, 신적 인격이신 말씀과 결합함으로 그 인격 안에서 인격이 되셨다. 그러므로 우리는 그리스도의 인성을 '비인격'(안휘포스타시스 ἀνυπόστασις, impersonality)이라고 생각할 것이 아니고, 신적 인격과 결합하자마자 인격이 되셨다고 생각해야 할 것이다. 이것을 초대교회의 레온티우스나 8세기 중엽의 다메섹의 요한 같은 이들은 '내(內)인격'(엔휘포스타시스 ἐνυπόστασις, in-personality)이라는 말로 표현하였다. '내(內)인격'이라는 표현은 예수 그리스도의 인성(人性)이 신적 인격 안에서 인격이 되셨다는 것을 뜻한다.

지식과 감정과 의지는 성(性, nature)('본질'이라고 번역할 수 있다고 봄)에 속한 특질이라고 보기 때문에, 예수 그리스도께서는 신적 의지뿐 아니라 인적 의지도 가지고 계셨다고 볼 수 있다. 그러나 그의 신적 의지와 그의 인적 의지는 조화를 이루셨고 그의 인적 의지는 그의 신적 의지에 항상 복종하신다고 이해해야 할 것이다. 주후 680년, 제3 콘스탄티노플 회의는 이러한 내용을 진술하였다.

성육신하신 예수 그리스도께서는 지금 신인적(神人的, theanthropic) 인격, 즉 신인(神人, God-man)이시며 영원히 그러하시다. 웨스트민스터 소요리문답 21문답, "그는 하나님의 영원한 아들로서 사람이 되셨고, 그래서 두 구별된 본질들에 있어서 하나님과 사람이시며, 한 인격이셨고, 영원히 계속 그러하십니다." 히브리서 13:8, "예수 그리스도께서는 어제나 오늘이나 영원토록 동일하시니라."

2성 연합의 결과--삼중적(三重的) 전달

신성과 인성이 한 인격 안에 연합된 결과, 삼중적(三重的) 전달이 있다. <u>첫째는 속성의 전달이다.</u> 예수께서는 신적 속성과 인적 속성을 함께 갖고 계시며, 그것들은 한 인격에 전달된다. 마가복음 13:32, "그러나 그 날과 그때는 아무도 모르나니 하늘에 있는 천사들도, 아들도 모르고 아버지만 아시느니라." 요한복음 2:24, "예수께서는 그 몸을 저희에게 의탁지 아니하셨으니 이는 친히 모든 사람을 아심이요." 요한복음 3:13, "하늘에서 내려온 자 곧 하늘에 있는(전통본문) 인자(人子) 외에는." 로마서 1:3-4, "이 아들로 말하면, 육신(인성(人性))으로는 다윗의 혈통에서 나셨고, 성결의 영(신성(神性))으로는 죽은 가운데서 부활하여 능력으로 하나님의 아들로 인정되셨으니, 곧 우리 주 예수 그리스도시니라."

<u>둘째는 사역의 전달이다.</u> 예수 그리스도의 신적 사역과 인적 사역은 다 한 인격 예수 그리스도께 돌려진다. 그러므로 예수 그리스도의 속죄사역은 신인적(神人的) 성격을 가진다. 마가복음 2:10, "인자(人子)가 땅에서 죄를 사하는 권세가 있는 줄을 너희로 알게 하려 하노라." 요한복음 5:22, "아버지께서 아무도 심판하지 아니하시고 심판을 다 아들에게 맡기셨으니." 고린도전서 2:8, "영광의 주님을 십자가에 못박지 아니하였으리라."

셋째는 은혜의 전달이다. 예수 그리스도의 신적 은혜와 영광은 한 인격 예수 그리스도께 돌려진다. 그 결과로, 예수 그리스도의 인성(人性)은 존귀하게 된다. 그러므로 사람이신 예수 그리스도께서는 오늘날 우리의 기도를 들으시며 우리의 찬송과 경배를 받으신다. 요한복음 14:13, "너희가 내 이름으로 무엇을 구하든지 내가 시행하리니." 사도행전 7:59, "주 예수님이시여, 내 영혼을 받으시옵소서." 요한계시록 5:12, "죽임을 당하신 어린양이 능력과 부와 지혜와 힘과 존귀와 영광과 찬송을 받으시기에 합당하도다."

정통적 신조들의 진술들

우리 주 예수 그리스도의 참된 신성(神性)과 참된 인성(人性), 그리고 한 인격성에 관한 성경적 바른 개념과 견해와 사상은 초대교회와 개신교회의 역사적 신조들에 잘 진술되어 있다.

니케야-콘스탄티노플 신조(주후 381년), ". . . 또 우리는 한 주 예수 그리스도를 믿는다. 그는 모든 세상이 있기 전에 하나님에게서 나신 하나님의 독생자, 빛에서 나신 빛, 참 하나님에게서 나신 참 하나님이시고, 창조되지 않으시고 나셨으며, 아버지와 동일한 본질을 가지셨고, 그를 통해 만물이 있게 되었고, 우리 사람들을 위해 그리고 우리의 구원 때문에 하늘에서 내려오셨고 성령님과 처녀 마리아에 의해 성육신하셨고 사람이 되셨다. 본디오 빌라도 아래서 우리를 위해 십자가에 달리셨으며 고난을 당하셨고 장사되었고 제3일에 성경대로 부활하셨고 하늘에 오르셨고 아버지의 오른편에 앉아 계시고 산 자와 죽은 자를 심판하시기 위해 영광 중에 다시 오실 것이다."

칼케톤 신조(주후 451년), "그러므로 우리는 거룩한 선조들을 따라 모든 한 마음으로 사람들이 유일하신 아들 우리 주 예수 그리스도를 고백하도록 가르치니, 그는 신성(神性)에 있어서 완전하시며 인성(人

3. 예수 그리스도의 일인격성(一人格性)

性)에 있어서도 완전하시고; 참으로 하나님이시고 참으로 이성적 영혼과 몸을 가진 사람이시고; 신성(神性)에 있어서 아버지와 동일한 본질이시며(호모우시온 ὁμοούσιον), 인성(人性)에 있어서 우리와 동일한 본질이시고(호모우시온 ὁμοούσιον); 모든 일에 있어서 우리와 비슷하시되 죄는 없으시고; 신성(神性)에 의하면 만세 전에 아버지에게서 나셨으며, 인성(人性)에 의하면 이 마지막 날에 우리를 위해서와 우리의 구원을 위해서 처녀 마리아에게서 나셨고; 두 성(性)에 있어서 혼동 없이(아성퀴토스 ἀσυγχύτως), 변화 없이(아트렙토스 ἀ-τρέπτως), 분할 없이(아디아이레토스 ἀδιαιρέτως), 분리 없이(아코리스토스 ἀχωρίστως) 인정되실 유일한 그리스도, 아들, 주, 독생자이시고; 성들의 구별은 그 연합에 의해 결코 제거되지 않고 오히려 각 성의 특성이 보존되고 한 인격과 한 위(位) 안에서 동시에 발생하므로 두 인격들로 나누이거나 분리되지 않고 유일하신 아들이시요, 독생자, 말씀이신 하나님, 주 예수 그리스도이시니, 처음부터 선지자들이 그에 대해 선언하였고 주 예수 그리스도 자신께서 우리에게 가르치셨고 거룩한 선조들의 신경이 우리에게 전달해준 대로이다."

웨스트민스터 신앙고백 8:2, "삼위일체의 제2위이신 하나님의 아들께서는 영원하신 참 하나님이시요 아버지와 한 본질이시며 그와 동등하신데 때가 차서 성령님의 능력으로 처녀 마리아의 태에서 그의 본질을 받아 잉태되심으로 그 모든 근본적 특성들과 공통적 연약성들을 가진, 그러나 죄는 없는, 인성(人性)을 취하셨다. 그래서 두 개의 전체적, 완전한, 구별된 본질들 즉 신성(神性)과 인성(人性)이 한 인격 안에 변화나 혼합이나 혼동 없이 분리할 수 없이 결합되었다. 그 분은 참 하나님이시요 참 사람이시며 그러나 한 그리스도 즉 하나님과 사람 사이의 유일한 중보자이시다."

웨스트민스터 소요리문답 제21문답, "하나님의 선택하신 자들의 유일한 구속자는 주 예수 그리스도이신데, 그는 하나님의 영원하신 아들로서 사람이 되셨고, 두 구별된 본질들에 있어서 하나님과 사람이시며, 한 인격이셨고, 영원히 계속 그러하십니다."

그리스도의 인격에 대한 여러 가지 오해들

역사상, 예수 그리스도의 인격에 대한 여러 가지 오해들이 있었다.

에비온파(Ebionites)와 알로기파(Alogi)

에비온파와 알로기파는, 예수께서 요셉과 마리아의 아들로서 단순히 사람이셨고, 그가 세례 받을 때 그리스도께서 그에게 내려오셔서 그에게 메시아 의식을 주셨으나, 그가 십자가에 죽으셨을 때 그리스도께서는 그를 떠나셨다고 생각했다. 이런 생각은 예수와 그리스도를 분리시킴으로써 예수께서 하나님이심을 부정하는 것이며 또 예수 그리스도께서 한 분이심도 부정하는 것이다. 결국, 예수 그리스도의 성육신(成肉身)(요 1:14)을 부정하는 것이다. 그러나 요한복음 1:14는 분명히 "말씀께서 육신이 되셨다"고 성육신의 진리를 증거한다.

도케테파(Docetism) 혹은 가현설(仮現設)

도케테파는 영지주의자들(Gnostics), 게린더스(100년경), 말시온, 사벨리우스파 등의 생각으로서, 위의 견해와 비슷하지만, 그리스도의 신성(神性)의 입장에서, 예수께서는 요셉과 마리아의 아들로서 단순히 사람이셨고 신적인 그리스도께서 그의 세례 받을 때 내려오셨다가 십자가에 달리실 때 그를 떠나셨다고 보았다. 그러므로 그리스도의 인성은 하나의 환영(幻影, phantasm)에 불과했다는 것이다. 그래서 가현설이라고 불린다. 이런 생각도 역시 예수와 그리스도를 분리시킴으로써 그리스도께서 참 사람이심을 부정하는 것이며 예수 그리스도께서 한 분이심도 부정하는 것이다. 결국, 예수 그리스도의 성육신을 부정하는 것이다. 그러나 성경은 말씀이 육신이 되셨음을 분명히 증거하고(요 1:14) 또 예수 그리스도께서 육체로 오신 것을 고백하지 않는 영은 적그리스도의 영이라고 말했다(요일 4:2, 3; 요이 7).

아리안파(Arianism)

아리우스(250-336년경)는 육신이 되신 '말씀'(요 1:14)이 하나님이 아니시며 사람보다 나은 첫 피조물, 즉 하나님도 아니고 사람도 아닌 반신반인(半神半人)이라고 생각했다. 초대교부 오리겐은 그리스도께서 스스로 하나님은 아니시며 영원 전에 하나님에게서 나신 하나님이시며 그의 본질이 하나님 아버지에게 종속되어 있다고 보았는데, 아리우스는 오리겐의 이러한 견해에서 한걸음 더 나아간 것이었다. 아리우스는 예수 그리스도의 참되고 완전한 신성(神性)을 부정한 것이다. 그러나 성경은 예수 그리스도를 '참 하나님'(요일 5:20)이시요 '크신 하나님'(딛 2:13)이라고 증거하였다.

아리우스는 아다나시우스의 반박을 받았다. 아다나시우스는 예수께서 아버지 하나님과 동일한 본질이심을 주장했다. 주후 321년 니케야에서의 세계 종교회의는 예수 그리스도께서 하나님과 동일한 본질이시라(호모우시오스 ὁμοούσιος)는 견해가 바른 견해라고 선언하였다. 성경이 풍성히 증거하는 예수 그리스도의 참된 신성은 그 외의 혹은 그 이하의 어떤 말로도 표현될 수 없다고 보았기 때문이다.

한편, 중도적 입장을 취하였던 반(半)아리우스파는 예수 그리스도께서 하나님과 비슷한 본질이시라(호모이우시오스 ὁμοιούσιος)고 주장하였다. 호모이우시오스라는 말이 호모우시오스와 이오타(ι)라는 글자 하나만 다른 말이지만, 그러나 그 말은 예수 그리스도의 참된 신성(神性)을 표현하지 못한다. 즉 반(半)아리우스파도 예수 그리스도의 참되고 완전한 신성을 부정하기는 마찬가지이었다. 예수 그리스도의 신성(神性)은 성경이 명백히 증거하는 기본적인 진리이다.

아폴리내리안파(Apollinarianism)

아폴리내리우스(310-390년경)는, 사람이 영과 혼과 몸의 3실체로 구성되었다고 보고, 예수 그리스도께서 사람이 되실 때 신적인 '말씀'이 사람의 영의 자리에 들어오셨고 단지 사람의 구성요소들 중 혼과 몸만을 취하셨다고 보았다. 그러나 이것은 결국 예수 그리스도께서 완전한 사람이심을 부정한 것이었다. 그러나 앞에서 살펴본 바대로, 성경은 예수께서 참 사람이심을 밝히 증거한다.

네스토리안파(Nestorianism)

네스토리우스(451년경 사망)는, 신적 '말씀'이 인성과 한 인격체로 유기적 결합을 하신 것이 아니고 단지 사람 속에 거하셨다고 생각하였다. 즉 예수 그리스도의 신성과 인성의 연합이, 비록 정도에 있어서는 다르지만, 그리스도인들 속에 성령께서 내주(內住)하심과 비슷하였다는 말이다. 네스토리우스는 예수 그리스도의 신성과 인성을 두 인격 곧 '사람 안에 계신 하나님'으로 이해한 것이다. 그러나 이러한 주장은 예수 그리스도께서 한 인격이심을 부정하는 것이요 또 참된 성육신을 부정하는 것이다. 성경은 예수 그리스도의 신성과 인성뿐 아니라, 그가 한 분이심, 즉 한 인격이심을 밝히 증거한다.

유티키안파(Eutychianism)

유티커스(378-454년경)는, 신성을 가지신 하나님의 아들께서 사람이 되심으로 신성과 인성이 하나로 혼합된 제3의 성(性)이 되셨으며, 이때 인성이 신성에 압도되지만 동시에 신성도 이전과 같지 않았다고 보았다. 이 견해는 '일성설'(一性說, monophysitism)이라고 불린다. 이 견해는 예수 그리스도의 신성과 인성의 구별을 부정한 것이다. 그러나 신성과 인성의 구별과 차이는 성경의 기본적인 진리이다.

3. 예수 그리스도의 일인격성(一人格性)

일의설(一意說, Monothelitism)

일의설(一意說)은, 일성설(一性說)에서 한 걸음 더 나아가 예수 그리스도께서 한 의지(意志)만 가지고 계신다는 견해이었다. 그러나 주후 680년 제3 콘스탄티노플 회의는, 예수 그리스도께서 구별된 신성과 인성을 가지고 계시며, 의지는 성(性, nature)에 속하므로 그가 또 신적 의지와 인적 의지를 가지고 계시다고 선언하였다. 즉 예수 그리스도의 두 본질(신성과 인성)과 두 의지를 고백한 것이었다.

양자설(養子說)

비잔티움의 데오도터스(주후 2세기)는, 예수께서 처녀 마리아에게서 난 사람이시며 세례 받을 때 성령님의 초자연적 능력을 받으셨고, 그의 훌륭한 인품과 업적에 대한 상급으로 부활하여 하나님의 아들로 인정되셨다고 생각하였다. 이 견해도 예수 그리스도의 참된 신성과 성육신(成肉身)을 부정한 것이었다.

그 후, 스페인의 감독 펠릭스(주후 818년 사망)는, 예수 그리스도께서 그의 신성에 있어서는 본래 하나님의 아들이시지만, 그의 인성에 있어서는 하나님의 아들로 입양(入養)되셨다고 생각하였다. 그도 참된 성육신을 부정한 것이요, 두 아들을 말함으로써 두 인격을 말할 위험을 가지고 있었다.

속성 전달설

중세시대에 다메섹의 요한(675-745년경)이나 종교개혁 이후 루터파는 예수 그리스도의 성육신으로 신성의 속성들(전지, 전능, 편재 등)이 인성에 전달된다고 생각하였다. 그러나 이것은 예수 그리스도의 신성과 인성의 혼합을 가져오는 일성론적 오류이다. 복음서들에 나타난 예수 그리스도의 모습에는 신성과 인성의 구별이 있다.

인성 중심의 기독론

칸트(1724-1804)는, 예수 그리스도께서 이상적인 윤리적 완전을 실현하셨다는 의미에서 하나님의 아들이라 불리실 수 있다고 생각했다. 또한 그는 예수님의 인격에 대한 신앙은 무의미하고, 그의 도덕적 교훈을 따르는 것이 구원이라고 보았다. 그러나 이것은 예수 그리스도의 신성을 부정하고 복음 진리를 부정하는 사상이다.

헤겔(1770-1831)은, 인류 역사가 절대자의 자기 전개의 과정이며, 예수 그리스도께서는 그 과정의 절정이며, 그의 성육신은 하나님과 사람의 하나됨을 나타내는 것뿐이라고 생각하였다. 그러나 이것은 범신론적 사상에 불과하다.

쉴라이엘마허(1768-1834)는, 예수 그리스도께서 하나님과의 끊임없는, 완전한 연합 의식을 가지고 계셨고, 하나님께서 그 안에 완전히 거하셨고, 이런 의미에서 그는 하나님이셨다고 생각하였다. 또 그는 예수께서 무죄 완전한 인격으로 이상적 인간성을 충분히 실현하셨으며, 그의 처녀 탄생, 부활, 승천, 재림 등은 중요하지 않다고 생각했다. 이것은 예수 그리스도의 참된 신성과 성육신을 부정하는 것이다.

릿츨(1822-89)은, 예수 그리스도께서 단순히 사람이셨으나, 하나님의 마음과 뜻을 나타내시고 그것에 죽기까지 순종하셨음으로 하나님의 아들이라 불리셨고, 예수님의 선재(先在), 성육신, 신성과 인성의 연합 등의 교리들은 종교적으로 무가치하며 신앙에 방해거리가 될 뿐이라고 생각했다. 그러나 이것도 예수님의 신성을 부정하는 도덕주의에 불과하다. 칸트, 헤겔, 쉴라이엘마허, 리츨 등은 다 예수 그리스도의 성육신과 참된 신성을 부정하는 이단적 사상이다.

게노시스설(Kenoticism)

19세기 어떤 루터파 학자들이 주장한 게노시스설은 빌립보서 2:7의 "자기를 비어(에케노센 ἐκένωσεν)"라는 말의 잘못된 해석에서 나

3. 예수 그리스도의 일인격성(一人格性)

왔다. 이 견해는, 이 말씀에 근거하여, 예수 그리스도께서 성육신으로 신적 속성들의 일부 혹은 전부를 포기하셨으나, 부활하여 승천하신 후 그 모든 속성들을 회복하셨다고 보았다. 그러나 이 견해는 하나님의 불변성에 충돌된다(말 3:6; 약 1:17). 또한 이 세상에서 생활하셨던 예수 그리스도의 참된 신성을 부정하는 것이 된다. 빌립보서의 '자기를 비어'라는 말은 예수 그리스도께서 사람이 되셨을 때 그의 신성의 영광을 감추시고 신적 속성들의 사용을 포기하심으로써 마치 신성이 없으신 자처럼 행동하셨다는 뜻으로 이해할 수 있다.

점진적 성육신설

도르너(1885)는, 게노시스설에 반대하여 성육신을 순간적 사건이 아니고 점진적 과정이라고 보았다. 그는, '말씀'(로고스)께서 인성의 수용성의 성장에 따라 점점 더 많이 인성과 연합되셨고, 그 연합이 부활 때 완성되었고, 그 이후 예수 그리스도께서 한 의식과 한 의지를 가지신 신인(神人)이 되셨다고 생각하였다. 그러나 이것도 예수 그리스도의 참된 성육신을 부정한 것이다.

우리 주 예수 그리스도의 인격에 관한 이상의 정통적인 신조들의 진술들의 요지는 ① 예수 그리스도의 참된 신성(神性), ② 예수 그리스도의 참된 인성(人性), ③ 예수 그리스도의 일인격성(一人格性), 즉 예수 그리스도께서 한 분이시라는 것이다. 우리 주 예수 그리스도께서는 참으로 놀라운 구주이시다. 그는 참 하나님이시며 또한 참 사람이시다. 그러나 그는 한 분이시다. 이것은 놀라운 신비이다. 하나님께서 우리에게 주신 구주와 중보자는 이와 같이 놀라운 신인적(神人的) 인격이신 것이다. 예수 그리스도께서는 우리의 놀라운 구주이시며 능력의 주이시다. 우리는 우리 주 예수 그리스도의 2성 1인격의 교리를 성경에 계시된 대로 잘 이해하고 굳게 붙들어야 한다.

4. 예수 그리스도의 낮아지심

예수 그리스도에 관한 성경 진리의 한 내용은 그의 생애에 관한 것이다. 사복음서는 예수 그리스도의 생애에 관해 증거한다. 예수 그리스도의 생애는 그의 낮아지심과 그의 높아지심으로 정리할 수 있다.

우리 주 예수 그리스도께서는 사람의 본질 곧 인성(人性)을 취하시기 전에 즉 성육신(成肉身)하시기 전에 영광스러운 하나님의 아들 즉 신적(神的) 인격이셨다. 그는 이런 상태에서 자신을 낮추셔서 사람으로 이 세상에 탄생하셨고 율법에 복종하셨고 많은 고난을 당하셨고 마침내 십자가에 못박혀 죽으셨고 무덤에 묻히셨다.

그러나 그는 죽은 지 삼일 만에 부활하셨고 40일 만에 승천하셨고 하나님의 오른편에 앉으셨고 지금도 그러하시며 장차 세상을 심판하시기 위해 엄위하신 심판주의 영광스런 모습으로 다시 오실 것이다.

예수 그리스도의 낮아지심은 본래 영광스런 상태로 선재(先在)하심, 사람으로 탄생하심, 율법을 지키심, 고난 당하심, 죽으심, 및 무덤에 묻히심 등을 포함한다. 빌립보서 2:6-8, "그는[예수 그리스도께서는] 하나님의 형체로 존재하셨고 하나님과 동등됨을 탈취물(획득물, 상급)로 생각하지 않으셨으나 오히려 자기를 비어 종의 형체를 가져 사람들과 같이 되었고 사람의 모양으로 나타나셨으매 자기를 낮추시고 죽기까지 복종하셨으니 곧 십자가에 죽으심이라."

선재(先在)하심

예수 그리스도께서는 이 세상에 사람으로 탄생하시기 전부터 존재하셨다. 그는 영원 전부터 계셨다. 미가 5:2, "그의 근본은 상고(上古)에, 태초에(미메 올람 מִימֵי עוֹלָם)[영원 전에]니라." 요한복음 1:1, "태초에 말씀께서 계시니라(엔 ἦν)(미완료과거)[(이전부터 계속) 계셨더라]." 요한복음 8:58, "아브라함이 나기 전부터 내가 있느니라." 요한복음 17:5, "아버지시여, 창세 전에 내가 아버지와 함께 가졌던 영화로써 . . ." 요한계시록 22:13, "나는 알파와 오메가요."

영원 전부터 계셨던 그는 천지만물을 창조하신 자이시다. 요한복음 1:1-3, "태초에 말씀께서 계셨더라. 이 말씀이 하나님과 함께 계셨으니 이 말씀은 곧 하나님이시니라. 그가 태초에 하나님과 함께 계셨고 만물이 그로 말미암아 지은 바 되었으니 지은 것이 하나도 그가 없이는 된 것이 없느니라." 골로새서 1:16, "만물이 그에 의하여 창조되되 하늘과 땅에서 보이는 것들과 보이지 않는 것들과 . . . 만물이 다 그로 말미암고." 바로 그가 사람이 되신 것이다.

탄생하심

본래 신적 인격이신 아들께서 때가 되어 사람의 본질을 취해 사람으로 탄생하셨다. 이것을 성육신(成肉身, incarnation)이라고 한다.

그리스도의 성육신은 구약시대에도 암시되었었다. 하나님께서는 구약시대에 때때로 사람의 모습 혹은 천사의 모습으로 나타나셨다. 이것은 하나님의 아들의 성육신에 대한 암시로 이해된다. 창세기 17:1, 22, "아브람의 99세 때에 여호와께서 아브람에게 나타나서 그에게 말씀하시되," "하나님께서 아브라함과 말씀을 마치시고 그를 떠나 올라가셨더라." 창세기 18:1-2, "여호와께서 마므레 상수리 수풀 근처에서 아브라함에게 나타나시니라. 오정 즈음에 그가 장막 문에 앉았다가 눈을 들어 본즉 사람 셋이 맞은편에 섰는지라." 창세기 35:13, "하나님께서 그와 말씀하시던 곳에서 그를 떠나 올라가시는지라." 또한 구약성경에는 신적 메시아의 탄생이 예언되어 있다. 이사야 7:14, "처녀가 잉태하여 아들을 낳을 것이요 그 이름을 임마누엘(하나님께서 우리와 함께하심)이라 하리라." 이사야 9:6, "이는 한 아기가 우리

에게 났고 한 아들을 우리에게 주신 바 되었는데 그 어깨에는 정사
(政事)를 메었고 그 이름은 기묘자라 모사라 전능하신 하나님이라 영
존하시는 아버지라 . . . 할 것임이라." 미가 5:2, "베들레헴 에브라다
야 너는 유다 족속 중에 작을지라도 이스라엘을 다스릴 자가 네게서
내게로 나올 것이라. 그의 근본은 상고에, 태초에니라." 뿐만 아니라,
구약시대의 성막제도는 예수 그리스도를 암시했다(출 25-40). 성막
은 일차적으로 예수 그리스도의 인격과 사역을 증거하였다.

신약성경은 예수 그리스도의 성육신(成肉身)을 증거한다. 요한복
음 1:14, "말씀께서 육신이 되셔서 우리 가운데 거하시매 우리가 그
영광을 보니 아버지의 독생자의 영광이요 은혜와 진리가 충만하더
라." 요한복음 3:13, "하늘에서 내려오신 자." 요한복음 16:28, "내가
아버지께로 나와서 세상에 왔고." 갈라디아서 4:4, "때가 차매 하나님
께서 그 아들을 보내사 여자에게서 나게 하시고." 빌립보서 2:6-8,
"그는 하나님의 형체로 존재하고 계셨고 하나님과 동등됨을 탈취물
(상급)로 생각지 않으셨으나 오히려 자기를 비어 종의 형체를 가져
사람들과 같이 되었고 사람의 모양으로 나타나셨으매." 디모데전서
3:16, "하나님께서는(전통본문) 육신으로 나타난 바 되시고."

하나님의 아들께서는 성령님의 능력으로 처녀 마리아의 몸에 잉태
되어 탄생하셨다. 신약성경 마태복음과 누가복음은 예수 그리스도의
이 독특한 잉태와 탄생의 사실을 밝히 증거했다. 또 요한복음은 예수
그리스도의 독특한 인격을 밝히 증거하였다.

마태복음 1:18-25, ① 18절, "그 어머니 마리아가 요셉과 약혼하고
동거하기 전에." ② 19절, "그 남편 요셉은 저를 드러내지 않고 가만
히 끊고자 하여." ③ 20절, "이 일을 생각할 때 주님의 사자가 꿈에
나타나 말하기를." ④ 22-23절, "이 모든 일의 된 것은 주께서 선지자
로 하신 말씀을 이루려 하심이니 . . . 보라, 처녀가 잉태하여 아들을

낳을 것이요." ⑤ 25절, "아들을 낳기까지 동침치 아니하더니."

누가복음 1:26-38, ① 27절, "다윗의 자손 요셉이라 하는 사람과 약혼한 처녀에게 이르니." ② 34절, "나는 남자를 알지 못하니 어찌 이 일이 있으리이까?" ③ 35절, "천사가 대답하여 말하기를 성령께서 네게 임하시고 지극히 높으신 이의 능력이 너를 덮으시리니 이러므로 나실 바 거룩한 자는 하나님의 아들이라 일컬으리라." ④ 37절, "대저 하나님의 모든 말씀은 능치 못하심이 없느니라."

요한복음은, 비록 그리스도께서 처녀 마리아에게서 탄생하셨음을 직접 증거하지는 않지만, 그의 탄생의 독특성을 증거하였다. 요한복음 3:13, "하늘에서 내려온 자." 요한복음 3:31, "위로부터 오시는 이." 요한복음 8:23, "너희는 아래서 났고 나는 위에서 났으며."

처녀 마리아를 통한 예수 그리스도의 탄생은 기독교의 초자연성을 증거하는 중요성을 가진다. 오늘날 교회 속에 들어온 자유주의 신학은 하나님의 전능하심을 부정하는 사두개파적 사상이다. 자유주의적 불신앙이 교회에 널리 퍼져 있는 오늘날, 처녀 마리아를 통한 탄생의 사실은 하나님의 초자연적 능력을 믿는 믿음의 시금석이 된다.

뿐만 아니라, 내용적으로도 처녀 마리아를 통한 예수 그리스도의 탄생은 그의 신성(神性)에 적합한다. 예수 그리스도께서 요셉과 마리아의 부부 관계에서 출생하셨다면, 그가 하나님이시라는 사실은 증거되기 어려웠을 것이다. 그러나 그가 성령님의 능력으로 처녀 마리아를 통하여 잉태되고 탄생하신 것은 그의 신성(神性)과 인성(人性)에 가장 적합하였다. 누가복음 1:35도 이 사실을 증거하였다: "천사가 대답하여 말하기를 성령께서 네게 임하시고 지극히 높으신 이의 능력이 너를 덮으시리니 이러므로 나실 바 거룩한 자께서는 하나님의 아들이라 일컬으리라."

율법을 지키심

사람으로 탄생하신 예수 그리스도께서는 친히 율법을 다 지키셨다. 율법을 주신 하나님 자신이신 그가 친히 율법에 복종하신 것이다. 그는 나신 지 8일 만에 할례를 받으셨고, 어릴 때부터 부모에게 순종하셨다. 누가복음 2:21, "할례할 8일이 되매 그 이름을 예수라 하니." 누가복음 2:51, "예수께서 부모와 함께 내려가사 나사렛에 이르러 순종하여 받드시더라." 또 그는 전도의 일을 시작하실 때 세례 요한에게 세례를 받으셨다. 누가복음 3:21, "백성이 다 세례를 받을 때 예수님도 세례를 받으시고."

예수께서 율법을 다 지키신 것은 우리의 의를 이루고 율법의 저주로부터 우리를 건져내시기 위함이다. 마태복음 5:17, "내가 율법이나 선지자나 폐하러 온 줄로 생각지 말라. 폐하러 온 것이 아니요 이루려 함이로라." 로마서 10:4, "그리스도께서는 모든 믿는 자에게 의를 이루기 위해 율법의 마침이 되시니라." 갈라디아서 4:4-5, "때가 차매 하나님께서 그 아들을 보내사 여자에게서 나게 하시고 율법 아래 나게 하신 것은 율법 아래 있는 자들을 속량하시고 우리로 아들의 명분을 얻게 하려 하심이라."

고난 당하심과 죽으심

예수 그리스도의 전(全) 생애는 고난의 생애이었다. 신적 인격이신 그가 사람이 되신 것 자체가 큰 고난이셨다. 또 그는 그의 공적 사역 기간 동안 유대인 지도자들에게 거절과 배척을 당하시고 많은 비난을 받으셨다. 요한복음 5:18, "유대인들이 이를 인하여 더욱 예수님을 죽이고자 하니." 7:20, "무리가 대답하되 당신은 귀신이 들렸도다." 10:31, "유대인들이 다시 돌을 들어 치려 하거늘." 11:53, "이 날부터는 저희가 예수님을 죽이려고 모의하니라." 마태복음 26:3-4, "그때에 대제사장들과 백성의 장로들이 가야바라 하는 대제사장의 관저에 모여 예수님을 은밀하게 잡아죽이려고 의논하되." 그러나 그의 고난의 절정은 십자가에 달려 죽으심이다. 하이델베르크 요리문답 37문답, "땅 위에 사신 모든 시간에, 그러나 특별히 그 생애의 끝에, 그는 영육으로 전 인류의 죄에 대한 하나님의 진노를 담당하셨다."

예수께서는 신성(神性)으로가 아니고, 인성(人性)으로 죽으셨다. 즉 그는 하나님으로서가 아니고 사람으로서 죽으신 것이었다. 비록 그의 신성과 그의 인성이 분리될 수 없이 항상 연합되어 있으셨지만, 예수께서는 십자가 위에서 사람이 측량할 수 없는 고난, 즉 하나님께 버림을 받는 하나님의 극심한 진노를 경험하셨다. 마태복음 27:46, "제9시 즈음에 예수께서 크게 소리질러 말씀하시기를 엘리 엘리 라마 사박다니 하시니 이는 곧 나의 하나님, 나의 하나님, 어찌하여 나를 버리셨나이까 하는 뜻이라." 갈라디아서 3:13, "그리스도께서 우리를 위하여 저주를 받은 바 되사 율법의 저주에서 우리를 속량하셨으니 기록된 바 나무에 달린 자마다 저주 아래 있는 자라 하였음이라."

서방교회의 사도신경에는 '그리스도께서 지옥에 내려가셨다'는 말이 있다. 이것은 그리스도께서 십자가에서 지옥의 고통을 경험하셨음을 표현한 것이라고 본다. 하이델베르크 요리문답 44문답은, '음부에 내려가시사'라는 말은 왜 첨가되었는가라는 질문에 대해, 그것은 "가장 큰 시험 중에서도 나로 하여금 나의 주 그리스도께서 십자가 위에서와 그 전에 그의 영혼으로 당하신 말할 수 없는 고통과 아픔과 공포로 말미암아 나를 지옥의 고통과 괴로움에서 구속(救贖)하셨음을 확신하게 하기 위함입니다"라고 말했다. 또 웨스트민스터 대요리문답 50문답도, "그리스도의 죽음 후의 낮아지심은 장사되심과 죽은 상태에 머무심과 제3일까지 죽음의 권세 아래 있으심인데, 그것은 다른 말로 '지옥에 내려가시사'라고 표현됩니다"라고 말하였다.

천주교회는 그리스도께서 구약시대 성도들의 영혼들이 머문 곳인 '선조 림보'에 내려가 그들을 구원하셨다고 가르친다. 그러나 그러한 가르침은 성경적 근거를 가지지 않는다. 루터교회는 그리스도께서 음부에 내려가 승리를 선포하셨다고 해석하지만, 그것도 성경적으로 확실치 않다. 그들의 주장의 근거로 제시하는 베드로전서 3:19, "저가 또한 영으로 옥에 있는 영들에게 전파하시니라"는 말씀에서 '영으로'라는 말은 문맥상 예수 그리스도의 인성(人性)의 영을 가리키지 않고 그의 신성(神性)의 영 곧 성령님을 가리킨다. 또 '전파하시니라'는 원어(포류데이스 에케뤽센 πορευθεὶς ἐκήρυξεν)는 '가서서 전파하셨느니라'는 말로 그리스도께서 노아 시대에 성령님으로 아마 노아를 통해 사람들에게 회개를 전파하셨다는 뜻으로 이해할 수 있다.

무덤에 묻히심

예수 그리스도께서는 죽으신 후 무덤에 묻히셨다. 무덤은 범죄한 사람이 세상에서 마지막으로 내려가는 곳이다. 그 곳은 죄의 결과로 주어진 감옥과 같다. 고린도전서 15:3, "이는 성경대로 그리스도께서 우리 죄를 위하여 죽으시고 장사 지낸 바 되었다가." 예수께서 무덤에 묻히셨다는 사실은 그가 참으로 죽으셨음을 증거하는 동시에, 또 영광의 주께서 세상에서 가장 비천한 곳까지 내려가셨음을 보인다. 무덤은 죄의 결과로서 세상에서 가지는 사람의 불행의 가장 마지막 단계이다. 존귀하게 보이는 사람의 몸은 거기에 묻혀 썩으며 냄새가 난다. 예수 그리스도께서는 바로 그 곳에까지 묻히셨던 것이다.

영원하신 하나님의 아들께서 성육신하셔서 사람으로 탄생하셨고 율법을 지키셨고 고난을 당하셨고 십자가에 죽으셨고 무덤에 묻히셨다. 예수 그리스도의 낮아지심은 오직 우리를 위한 대속 제물이 되시기 위함이었다. 그의 낮아지심으로 우리는 구원과 영생을 얻었다.

5. 예수 그리스도의 높아지심

예수 그리스도께서는 자신을 낮추어 사람이 되셨고 죽기까지 복종하신 후에 높임을 받으셨다. 빌립보서 2:6-11, "그는 근본 하나님의 본체시나 하나님과 동등됨을 취할 것으로 여기지 아니하시고 오히려 자기를 비어 종의 형체를 가져 사람들과 같이 되었고 사람의 모양으로 나타나셨으매 자기를 낮추시고 죽기까지 복종하셨으니 . . . . 이러므로 하나님께서 그를 지극히 높여 모든 이름 위에 뛰어난 이름을 주사 하늘에 있는 자들과 땅에 있는 자들과 땅 아래 있는 자들로 모든 무릎을 예수님의 이름에 꿇게 하시고 모든 입으로 예수 그리스도를 주님이라 시인하여 하나님 아버지께 영광을 돌리게 하셨느니라."

부활하심

예수 그리스도께서는 십자가에 못박혀 죽으신 지 삼일 만에 다시 살아나셨다. 부활이란 죽었던 몸이 다시 살아남을 뜻한다. 예수 그리스도의 부활은 어떤 이들이 생각하듯이 단지 정신적 사건이 아니고 십자가에 달려 상하셨고 무덤에 묻히셨던 바로 그 몸의 부활이었다. 그의 부활은 그의 무덤이 빈 무덤이 되었음을 의미한다. 물론, 그의 몸은 단순히 회생(回生)하신 것이 아니고 영광스럽게 변화되셨다.

확실성

예수 그리스도의 부활은 성경에 확실히 증거되어 있다.

첫째로, 예수 그리스도의 부활은 네 권의 복음서에 확실히 증거되어 있다. 마태복음 28장, 마가복음 16장, 누가복음 24장, 요한복음 20장, 21장을 요약해 보면, 다음과 같다: ① 천사들의 증거(마 28:6, "그가 여기 계시지 않고 그의 말씀하시던 대로 살아나셨느니라. 와서 그의 누우셨던 곳을 보라"). ② 여자들의 빈 무덤 확인. ③ 베드로와 요한의 빈 무덤 확인(눅 24장, 요 20장). ④ 막달라 마리아에게 나타나심(막 16장, 요 20장). ⑤ 여자들에게 나타나심(마 28장). ⑥ 두 제자에게 나타나심(막 16장, 눅 24장). ⑦ 베드로에게 나타나심(눅 24장). ⑧ 제자들에게 나타나심(막 16장, 눅 24장, 요 20장). ⑨ 또 나타나심(요 20장). ⑩ 갈릴리에서 또 나타나심(요 21장, cf. 마 28장).

둘째로, 예수 그리스도의 부활은 사도행전에 확실히 증거되어 있다. 사도행전의 저자 누가는 이렇게 증거했다. 사도행전 1:3, "해 받으신 후 또한 저희에게 확실한 많은 증거로 친히 사심을 나타내사 40일 동안 저희에게 보이시며 하나님 나라의 일을 말씀하시니라."

사도 베드로는 전도할 때마다 예수 그리스도의 부활을 밝히 증거하였다. 사도행전 2:22-24, "이스라엘 사람들아, 이 말을 들으라 너희도 아는 바에 하나님께서 나사렛 예수로 큰 권능과 기사와 표적을 너희 가운데서 베푸사 너희 앞에서 그를 증거하셨느니라. 그가 하나님의 정하신 뜻과 미리 아신 대로 내어준 바 되었거늘 너희가 법 없는 자들의 손을 빌어 못박아 죽였으나 하나님께서 사망의 고통을 풀어 살리셨으니 이는 그가 사망에게 매여 있을 수 없었음이라." 사도행전 2:32, "이 예수를 하나님께서 살리신지라. 우리가 다 이 일에 증인이로다." 사도행전 3:14-15, "너희가 거룩하고 의로운 자를 부인하고 도리어 살인한 사람을 놓아주기를 구하여 생명의 주님을 죽였도다. 그러나 하나님께서 죽은 자 가운데서 살리셨으니 우리가 이 일에 증인이로다." 사도행전 5:30-32, "너희가 나무에 달아 죽인 예수를 우리 조상의 하나님께서 살리시고 이스라엘로 회개케 하사 죄사함을 얻게 하시려고 그를 오른손으로 높이사 임금과 구주를 삼으셨느니라. 우리는 이 일에 증인이요." 사도행전 10:39-41, "우리는 유대인의 땅과 예루살렘에서 그의 행하신 모든 일에 증인이라. 그를 저희가 나무에

5. 예수 그리스도의 높아지심

달아 죽였으나 하나님께서 사흘 만에 다시 살리사 나타내시되 모든 백성에게 하신 것이 아니요 오직 미리 택하신 증인 곧 죽은 자 가운데서 일어나신 후 모시고 음식을 먹은 우리에게 하신 것이라."

사도 바울도 전도할 때 예수 그리스도의 부활을 밝히 증거하였다. 사도행전 13:30-31, "후에 나무에서 내려다가 무덤에 두었으나 하나님께서 죽은 자 가운데서 저를 살리신지라. 갈릴리로부터 예루살렘에 함께 올라간 사람들에게 여러 날 보이셨으니 저희가 이제 백성 앞에 그의 증인이라." 사도행전 17:31, "이는 정하신 사람으로 하여금 천하를 공의로 심판할 날을 작정하시고 이에 저를 죽은 자 가운데서 다시 살리신 것으로 모든 사람에게 믿을 만한 증거를 주셨음이니라."

셋째로, 예수 그리스도의 부활은 바울 서신들에 밝히 증거되어 있다. 로마서 1:4, "성결의 영으로는 죽은 가운데서 부활하여 능력으로 하나님의 아들로 인정되셨으니 곧 우리 주 예수 그리스도시니라." 로마서 10:9, "네가 만일 네 입으로 예수를 주로 시인하며 또 하나님께서 그를 죽은 자 가운데서 살리신 것을 네 마음에 믿으면 구원을 얻으리니." 고린도전서 15:3-4, "내가 받은 것을 먼저 너희에게 전하였노니 이는 성경대로 그리스도께서 우리 죄를 위하여 죽으시고 장사 지낸 바 되었다가 성경대로 사흘 만에 다시 살아나사." 특히, 고린도전서 15:5-8에는 그리스도의 부활의 증인들의 목록이 기록되어 있다: ① 게바, ② 12제자들, ③ 500여 형제들, ④ 야고보, ⑤ 모든 사도들, ⑥ 바울 자신. 고린도전서 15:14, "그리스도께서 만일 다시 살지 못하셨으면 우리의 전파하는 것도 헛것이요 또 너희 믿음도 헛것이며."

넷째로, 예수 그리스도의 부활에 대한 추가적 증거들도 있다. 우선, 예수께서는 제자들 앞에서 공적으로 자신의 부활을 친히 예언하셨다. 마태복음 16:21, "이때로부터 예수 그리스도께서 자기가 예루살렘에 올라가 장로들과 대제사장들과 서기관들에게 많은 고난을 받고 죽임을 당하고 제3일에 살아나야 할 것을 제자들에게 비로소 가르치시니." 마태복음 17:22-23, "갈릴리에 모일 때에 예수께서 제자들에게 말씀하시기를 인자가 장차 사람들의 손에 넘기워 죽임을 당하고 제3일에 살아나리라 하시니." 마태복음 20:17-19, "예수께서 예루살렘으로 올라가려 하실 때에 열두 제자를 따로 데리시고 길에서 말씀하시기를 보라 우리가 예루살렘으로 올라가노니 인자가 대제사장들과 서기관들에게 넘기우매 저희가 죽이기로 결안하고 이방인들에게 넘겨 주어 그를 능욕하며 채찍질하며 십자가에 못박게 하리니 제3일에 살아나리라." 누가복음 24:5-9, "두 사람이 말하기를 어찌하여 산 자를 죽은 자 가운데서 찾느냐? 여기 계시지 않고 살아나셨느니라. 갈릴리에 계실 때에 너희에게 어떻게 말씀하신 것을 기억하라. 이르시기를 인자가 죄인의 손에 넘기워 십자가에 못박히고 제3일에 다시 살아나야 하리라 하셨느니라 한대, 저희가 예수의 말씀을 기억하고 무덤에서 돌아가." 마태복음 27:63, "대제사장들과 바리새인들이 함께 빌라도에게 모여 말하기를 주여, 저 유혹하던 자가 살았을 때에 말하되 내가 사흘 후에 다시 살아나리라 한 것을 우리가 기억하노니."

또한 예수 그리스도의 승천하심은 그의 부활을 전제하며 증거한다. 그가 부활하지 않으셨다면, 그가 하늘로 올리우신 것은 전혀 불가능한 일이다. 그의 부활과 승천은 연결되어 있다. 덧붙여, 그의 재림의 약속도 그의 부활을 증거한다. 그의 재림도 그의 부활, 그의 승천과 연결되어 있다. 그의 부활과 승천이 전제되지 않고서는 그의 재림은 무의미하게 되고 만다. 그는 다시 사셔서 하늘로 올리우셨기 때문에 "저리로서 산 자와 죽은 자를 심판하러" 다시 오실 것이다.

의미

예수 그리스도의 부활은 몇 가지 중요한 의미를 가진다.

첫째로, 예수 그리스도의 부활은 그가 하나님의 아들이시며 그의 속죄사역이 참되다는 것을 확증한다. 로마서 1:4, "성결의 영으로는 죽은 가운데서 부활하여 능력으로 하나님의 아들로 인정[선언]되셨으니." 사도행전 17:31, "이는 정하신 사람으로 하여금 천하를 공의로 심판할 날을 작정하시고 이에 저를 죽은 자 가운데서 다시 살리신 것으로 모든 사람에게 믿을 만한 증거를 주셨음이니라 하니라."

둘째로, 예수 그리스도의 부활은 우리의 구원을 실제로 이루시는 과정이었다. 로마서 4:25, "예수께서는 우리 범죄함을 위하여 내어줌이 되시고 또한 우리를 의롭다 하심을 위하여 살아나셨느니라." 예수 그리스도의 부활은 그리스도인의 영적 부활 즉 중생을 상징하며 몸의 부활을 확증한다. 베드로전서 1:3, "예수 그리스도의 죽은 자 가운데서 부활하심으로 말미암아 우리를 거듭나게 하사 산 소망이 있게 하시며." 고린도전서 15:20, "그리스도께서 죽은 자 가운데서 다시 살아 잠자는 자들의 첫 열매가 되셨도다."

셋째로, 예수 그리스도의 부활은 그가 지금 살아계심을 증거한다. 예수 그리스도께서는 부활하신 후 하늘로 승천하셨고 지금도 하나님의 오른편에서 살아계신다. 요한계시록 1:18, "볼지어다. 이제 세세토록 살아 있어 사망과 음부의 열쇠를 가졌노니." 히브리서 7:25, "이는 그가 항상 살아서 저희를 위하여 간구하심이니라." 히브리서 9:24, "그리스도께서는 참 것의 그림자인 손으로 만든 성소에 들어가지 아니하시고 오직 참 하늘에 들어가사 이제 우리를 위하여 하나님 앞에 나타나시고."

잘못된 설명들

역사상, 예수 그리스도의 부활에 대해 잘못된 설명을 하는 자들이 있었다.

첫째로, 어떤 이들은 예수께서 기절하셨다가 회생(回生)한 것이라고 주장했다. 그러나 성경은 예수께서 창으로 옆구리를 찔리셨다고 증거하고 있다(요 19:34-35). 부상자가 무덤문을 열 기력이 있었겠는가? 더욱이 예수님의 제자들이 그 연약한 부상자를 생명의 주로 전파할 수 있었겠는가? 또한 예수님은 그 후 어디로 가셨는가?

둘째로, 어떤 이들은 예수님의 제자들이 선생의 시체를 훔쳐내어 숨겨두고 거짓말로 부활을 전파했다고 주장했다. 이것은 예수께서 부활하신 후 군병들이 널리 퍼뜨린 소문이기도 했다(마 28:11-15). 그러나 유대 지도자들은 예수님의 시체 분실의 염려 때문에 군병들을 동원해 무덤을 굳게 지켰었다(마 27:62-66). 또 성경은 무덤 안에 세마포와 수건이 있었다고 증거한다(눅 24:12; 요 20:6-7). 또 만일 수비하던 군인들이 다 잠들어 있었다면, 그들은 예수님의 제자들이 그의 시체를 훔쳤다는 것을 어떻게 알았는가? 더욱이, 예수님의 제자들은 부활을 증거하다가 핍박을 당하고 순교까지 했는데, 그들이 자기들이 지어낸 거짓말을 위해 핍박과 순교도 당할 수 있었다는 말인가?

셋째로, 어떤 이들은 예수님의 부활이 제자들의 환상이나 착각에 불과하였다고 주장하였다. 그러나 성경은 예수님의 부활의 유력한 증거로 빈 무덤을 제시한다. 빈 무덤은 환상이나 착각으로 설명될 수 없다. 또한 예수님의 제자들은 그의 부활을 기대하지 않았었다. 그런 상황에서도 환상이나 착각이 일어나겠는가? 더욱이, 예수님의 제자들 500여명이 동시에 주님의 부활을 목격하였다(고전 15:6). 그렇게 많은 사람들이 동시에 동일한 환상이나 착각을 경험할 수 있겠는가? 덧붙여, 예수님의 제자들은 자신들을 증인들로 자처하였다. 진실한 증인들이 환상이나 착각을 부활의 '사건'으로 증거할 수 있겠는가?

넷째로, 오늘날 자유주의 신학자들은 예수님의 부활을 신화(myth)에 불과하다고 주장한다. 그러나 성경은 예수께서 무덤에 묻히신 지 제3일에 무덤에서 부활하셨고 그의 무덤이 비어 있었음을 증거한다. 빈 무덤에 대한 증거들은 단순히 신화로 설명되기 어렵다. 또 예수님의 제자들은 진실한 증인들이었다. 그들은 그들의 증거를 위해 핍박을 받았고 순교도 당했다. 순교의 피로 인쳐진 그들의 증거의 진실성은 모든 종류의 의심에 대한 강력한 반증이다.

승천(昇天)하심

예수 그리스도께서는 죽은 지 3일 만에 부활하셨고 그 후 40일 후에 하늘로 올리우셨다. 승천은 성경에 밝히 증거된 사실이다.

구약시대에 에녹의 승천과 엘리야의 승천은 예수 그리스도의 승천에 대한 모형적 예시(豫示)이었다(창 5:24; 히 11:5; 왕하 2:11).

또 예수께서는 자신의 승천(昇天)을 여러 번 예언하셨다. 요한복음 6:62, "그러면 너희가 인자(人子)의 이전 있던 곳으로 올라가는 것을 볼 것 같으면 어찌 하려느냐?" 요한복음 16:28, "내가 아버지께로 나와서 세상에 왔고 다시 세상을 떠나 아버지께로 가노라."

예수 그리스도의 제자들은 그의 승천을 밝히 증거했다. 누가복음 9:51, "예수께서 승천하실 기약이 차가매." 누가복음 24:51, "축복하실 때에 저희를 떠나 하늘로 올리우시니(전통본문; Byz, P75, A, B, C 등)." 사도행전 1:1-2, "데오빌로여, 내가 먼저 쓴 글에는 무릇 예수님의 행하시며 가르치시기를 시작하심부터 그의 택하신 사도들에게 성령님으로 명하시고 승천하신 날까지의 일을 기록하였노라." 사도행전 1:9-11, "이 말씀을 마치시고 저희 보는 데서 올리워가시니 구름이 저를 가리워 보이지 않게 하더라. 올라가실 때에 제자들이 자세히 하늘을 쳐다보고 있는데 흰옷 입은 두 사람이 저희 곁에 서서 말하기를 갈릴리 사람들아, 어찌하여 서서 하늘을 쳐다보느냐? 너희 가운데서 하늘로 올리우신 이 예수께서는 하늘로 가심을 본 그대로 오시리라 하였느니라." 에베소서 4:10, "내리셨던 그가 곧 모든 하늘 위에 오르신 자니." 디모데전서 3:16, "영광 가운데서 올리우셨음이니라." 히브리서 4:14, "승천하신 자, 곧 하나님의 아들 예수 그리스도시라."

승천의 성격에 관하여, 성경은 예수 그리스도의 승천이 눈으로 볼 수 있었던 사건임을 증거한다. 사도행전 1:9, "저희 보는 데서 올리워 가시니." 또한 예수 그리스도의 승천은 분명히 땅에서 하늘로 올리우신 장소적 이동의 사건이었다. 루터교회는 예수 그리스도의 승천을 단지 장소적 이동으로보다 상태의 변화로 본다. 그들은 승천을 통해 예수 그리스도의 인성(人性)이 신성화(神性化) 되어 온 세상에 편재(遍在)하게 되었다고 본다. 그러나 성경은 예수 그리스도의 승천을 장소적 이동으로 증거한다. 그것은 구약시대의 에녹이나 엘리야의 승천과 같다. 또 그의 인성(人性)의 신성화(神性化)라는 생각은 신성과 인성의 구별을 부정하는 오류라고 본다. 예수 그리스도의 신성은 온 세상에 편재하시지만, 그의 인성은 그렇지 않다고 보아야 한다.

하나님 오른편에 앉으심

예수 그리스도께서는 승천하신 후 하나님의 오른편에 앉으셨다. 하나님께서는 영이시므로, 예수께서 하나님 오른편에 앉으셨다는 것은 문자적 의미가 아니고 신인동형적(神人同形的), 즉 비유적 표현이라고 이해된다. 성경은 여러 곳에서 예수 그리스도께서 하나님 오른편에 앉아계심을 증거한다. 시편 110:1, "내가 네 원수로 네 발등상 되게 하기까지 내 우편에 앉으라." 로마서 8:34, "그는 하나님 우편에 계신 자요." 에베소서 1:20, "그 능력이 그리스도 안에서 활동하셔서 죽은 자들 가운데서 다시 살리시고 하늘에서 자기의 오른편에 앉히사." 골로새서 3:1, "너희가 그리스도와 함께 다시 살리심을 받았으면 위엣 것을 찾으라. 거기는 그리스도께서 하나님 우편에 앉아 계시느니라." 히브리서 1:3, "높은 곳에 계신 위엄의 우편에 앉으셨느니라." 히브리서 8:1, "이제 한 말의 중요한 것은 이러한 대제사장이 우리에

게 있는 것이라. 그가 하늘에서 위엄의 보좌 우편에 앉으셨으니.” 히
브리서 10:12, “그리스도께서는 죄를 위하여 한 영원한 제사를 드리
시고 하나님 우편에 앉으사.” 히브리서 12:2, “하나님 보좌 우편에 앉
으셨느니라.” 베드로전서 3:22, “저는 하늘에 오르사 하나님 우편에
계시니 천사들과 권세들과 능력들이 저에게 순복하느니라.”

예수께서 하나님 오른편에 앉으셨다는 것은 그가 하나님과 동등한
권위와 영광을 받으시며 교회와 우주에 왕권을 행사하심을 의미한다.
예수께서는 지금 하나님 오른편에서 선지자와 제사장의 일을 계속하
실 뿐만 아니라, 특히 왕으로서 일하신다. 즉 그는 그의 영 즉 성령님
을 통하여 선지자의 사역을 계속하시고, 또 대제사장으로서 아버지
앞에 나아가 자기 백성들을 위해 중보 사역을 하시며, 특히 교회의
머리로서 교회를 세우시고 다스리고 보호하시는 것이다.

재림하심

예수 그리스도께서는 세상 끝에 하늘의 영광의 처소로부터 이 땅
에 다시 내려오실 것이다. 그것이 성도들의 소망인 예수 그리스도의
재림이다. 사도신경, “저리로서 산 자와 죽은 자를 심판하러 오시리
라.” 예수 그리스도의 재림은 확실하게 이루어질 사건이다.

예수 그리스도의 재림은 주 예수 그리스도 자신의 약속이다. 마태
복음 24:30, “인자(人子)가 구름을 타고 능력과 큰 영광으로 오는 것
을 보리라.” 요한복음 14:1-3, “너희는 마음에 근심하지 말라. 하나님
을 믿으니 또 나를 믿으라. 내 아버지 집에 거할 곳이 많도다. 그렇지
않으면 너희에게 일렀으리라. 내가 너희를 위하여 처소를 예비하러
가노니 가서 너희를 위하여 처소를 예비하면 내가 다시 와서 너희를
내게로 영접하여 나 있는 곳에 너희도 있게 하리라.”

사도들도 주님의 재림에 대해 분명하게 증거했다. 데살로니가전서

와 후서는 매장마다 예수 그리스도의 재림을 증거하였다(살전 1:10; 2:19; 3:13; 4:16; 5:23; 살후 1:7; 2:8). 예를 들어, 데살로니가전서 4:16, "주께서 친히 외치는 소리와 천사장의 목소리와 하나님의 나팔 소리와 함께 하늘로부터 내려오시며 그리스도 안에 있는 죽은 자들이 먼저 일어나고." 요한계시록 1:7, "볼지어다, 구름을 타고 오시리라. 각 인의 눈이 그를 보겠고 그를 찌른 자들도 볼 터이요 땅에 있는 모든 족속이 그를 인하여 애곡하리니 그러하리라. 아멘."

예수 그리스도의 재림은 눈으로 볼 수 있게, 영광스럽게, 갑작스럽게 이루어질 것이다. 이것은 성경에 밝히 증거된 진리이다. 사도행전 1:11, "너희 가운데서 하늘로 올리우신 이 예수께서는 하늘로 가심을 본 그대로 오시리라." 마태복음 24:30, "그때에 인자(人子)의 징조가 하늘에서 보이겠고 그때에 땅의 모든 족속들이 통곡하며 그들이 인자(人子)가 구름을 타고 능력과 큰 영광으로 오는 것을 보리라." 마태복음 24:36-39, 42-43, "그러나 그 날과 그때는 아무도 모르나니 . . . 그러므로 깨어 있으라, 어느 날에 너희 주가 임할는지 너희가 알지 못함이니라. 너희도 아는 바니 만일 집 주인이 도적이 어느 경점에 올 줄을 알았더면 깨어 있어 그 집을 뚫지 못하게 하였으리라."

예수 그리스도의 재림의 징조에 관한 내용들을 포함한 그의 재림에 관한 진리들은 내세론에서 좀더 자세히 정리해 볼 것이다.

영원하신 영광의 하나님의 아들, 부요하신 주께서 사람이 되셔서 이 세상에 오셨고 고난을 당하셨고 십자가에 피흘려 죽으심으로 우리의 대속(代贖)을 이루셨고 무덤에 묻히셨으나, 3일 만에 부활하셨고 40일 후에 승천하셨고 지금 하나님 오른편에 앉아계시다가 장차 영광과 권능을 가지고 심판자로 재림하실 것이다. 우리는 그를 믿고 구원을 얻었고 그를 사랑하며 그에게 충성하고 그를 따른다.

6. 예수 그리스도의 세 가지 직분

예수 그리스도께서 세상에 오셔서 하신 일은 죄인들의 구원이다. 정확히 말하면, 하나님께서 만세 전에 택하신 자들의 구원이다. 하나님의 아들 예수께서는 죄인들의 구주로 이 세상에 오셨다. 마태복음 1:21, "아들을 낳으리니 이름을 예수라 하라. 이는 그가 자기 백성을 저희 죄에서 구원할 자이심이라." 마태복음 9:13, "내가 의인을 부르러 온 것이 아니요 죄인을 불러 회개시키러 왔노라"(전통본문). 마태복음 20:28, "인자(人子)가 온 것은 섬김을 받으려 함이 아니라 도리어 섬기려 하고 자기 목숨을 많은 사람의 대속물로 주려 함이니라." 요한복음 3:16, "하나님이 세상을 이처럼 사랑하사 독생자를 주셨으니 이는 저를 믿는 자마다 멸망치 않고 영생을 얻게 하려 하심이니라." 디모데전서 1:15, "신실하도다 모든 사람이 받을 만한 이 말이여, 그리스도 예수께서 죄인을 구원하시려고 세상에 오셨다 하였도다." '구주'라는 명칭은 예수 그리스도의 사역을 잘 나타낸다.

예수 그리스도의 구원 사역이 어떻게 이루어졌는가라고 물을 때, 그의 '그리스도'라는 명칭이 그것을 잘 나타낸다. 이 명칭은 신약성경에 569회나 사용되었다(J. B. Smith, *Greek-English Concordance to the New Testament*, p. 375). 헬라어 그리스도(크리스토스 Χριστός)나 히브리어 메시아(마쉬아크 מָשִׁיחַ)는 '기름 부음을 받은 자'라는 뜻이다. 이것은 구약시대에 선지자와 제사장과 왕 등 세 직분자에게 해당하는 명칭이었는데, 구약시대의 이 세 직분은 장차 오실 한 인물을 예표하였다. 메시아께서는 참 선지자, 참 제사장, 참 왕으로 오실 자이었다. 이것은 우리 주 예수 그리스도의 사역을 잘 나타낸다. 우리 주 예수 그리스도께서는 참 선지자이시며 참 제사장이시요 참 왕으로 이 세상에 오셨다.

선지자직

첫째로, 예수 그리스도께서는 참 선지자이시다. 선지자는 하나님의 대변자로서 하나님의 뜻, 특히 구원을 위한 그의 뜻을 하나님의 백성에게 전달하는 자이었다. 예수 그리스도께서는 세상에 계실 때 친히 하나님의 뜻을 우리에게 가르치셨고 지금도 하나님 오른편에서 그의 말씀과 성령님을 통해 그 일을 계속하신다. 소요리문답 24문답, "그리스도께서는 그의 말씀과 성령님으로 우리의 구원을 위한 하나님의 뜻을 우리에게 계시하심으로써 선지자의 직분을 수행하십니다."

그리스도께서 선지자의 일을 하실 것이라는 것은 구약성경에 이미 예언된 바이었다. 모세는, "네 하나님 여호와께서 너의 중 네 형제 중에서 나와 같은 선지자 하나를 너를 위하여 일으키시리니 너희는 그를 들을지니라"고 말했다(신 18:15). 사도 베드로는 모세의 이 말을 메시아 예언으로 이해하며 인용하였다(행 3:22-23). 신약성경은 예수 그리스도의 선지자직을 밝히 증거한다. 예수께서는 세상에 계실 때 많은 무리를 가르치셨다. 마태복음 4:23, "온 갈릴리에 두루 다니사 저희 회당에서 가르치시며." 그의 가르치신 말씀들은 하나님의 뜻을 밝히 전달했다. 그는 자신을 선지자라고 표현하기도 하셨다. 누가복음 13:33, "선지자가 예루살렘 밖에서는 죽는 법이 없느니라." 또 그는 자신의 가르침이 아버지께로부터 직접 받은 말씀임을 강조하셨다. 요한복음 8:26, 28, "내가 그에게 들은 그것을 세상에게 말하노라," "내가 스스로 아무것도 하지 아니하고 오직 아버지께서 가르치신 대로 이런 것을 말하는 줄도 알리라." 요한복음 12:49-50, "내가 내 자의로 말한 것이 아니요 나를 보내신 아버지께서 나의 말할 것과 이를 것을 친히 명령하여 주셨으니 . . . 그러므로 나의 이르는 것은 내 아버지께서 내게 말씀하신 그대로 이르노라." 요한복음 15:15, "내가 내 아버지께 들은 것을 다 너희에게 알게 하였음이니라."

제사장직

둘째로, 예수 그리스도께서는 참 제사장이시다. 제사장은 하나님의 백성의 대표자로 그 백성을 대신해 하나님께 제사와 기도를 드리는 자이다. 예수 그리스도께서는 세상에 오셔서 우리 죄를 위해 십자가에 죽으심으로 한 영원한 제사를 드리셨고 지금도 하나님 오른편에서 우리를 위해 중재하시고 기도하신다. 소요리문답 25문답, "그리스도께서는 하나님의 의를 만족시키시고 우리를 하나님과 화목시키기 위하여 자신을 단번에 제물로 드리심으로써 또한 우리를 위해 계속 중보사역을 하심으로써 제사장의 직분을 수행하십니다."

예수 그리스도의 제사장직에 대한 성경적 증거는 많다. 구약성경은 장차 오실 메시아께서 제사장이 되시고 제사장의 일을 하실 것을 예언했다. 시편 110:4, "여호와께서는 맹세하고 변치 아니하시리라. 이르시기를 너는 멜기세덱의 모습을 좇아 영원한 제사장이라 하셨도다." 스가랴 6:13, "그가 여호와의 전을 건축하고 영광도 얻고 그 왕위에 앉아서 다스릴 것이요 또 제사장이 자기 보좌에서 제사장이 되리니." 이사야 53:10, 12, "여호와께서 그로 상함을 받게 하시기를 원하사 질고를 당케 하셨은즉 그 영혼을 속건 제물로 드리기에 이르면 그가 그 씨를 보게 되며," "그러나 실상은 그가 많은 사람의 죄를 지며 범죄자를 위하여 기도하였느니라."

신약성경은 예수 그리스도께서 죽으심으로 하나님 아버지께 속죄의 제사를 올리셨음을 밝히 증거한다. 로마서 3:25, "이 예수님을 하나님께서 그의 피로 인하여 믿음으로 말미암는 유화제물(힐라스테리온 ἱλαστήριον)로 세우셨으니." 에베소서 5:2, "그는 우리를 위하여 자신을 버리사 향기로운 제물(프로스포라 προσφορὰ)과 생축(뒤시아 θυσία)으로 하나님께 드리셨느니라." 요한일서 2:2, "저는 우리 죄를 위한 유화제물(힐라스모스 ἱλασμός)이니."

특히 히브리서는 예수님을 '제사장'이라고 부르고(히 5:6; 7:15, 17, 21; 10:21) 또 더 빈번히 '대제사장'이라고 부른다(히 2:17; 3:1; 4:14; 5:10; 6:20; 7:26; 8:1; 9:11). 또한 그의 십자가에 죽으심을 제사 혹은 제물이라고 증거한다. 히브리서 9:26, "자기를 단번에 제사(뒤시아 θυσία)로 드려." 히브리서 10:10, "이 뜻을 좇아 예수 그리스도의 몸(프로스포라 προσφορά, 몸의 예물, 제물)을 단번에 드리심으로 말미암아 우리가 거룩함을 얻었노라." 히브리서 10:12, "오직 그리스도께서는 죄를 위하여 한 영원한 제사를 드리시고." 히브리서 10:14, "저가 한 제물로 거룩하게 된 자들을 영원히 온전케 하셨느니라."

또, 제사장이 백성을 위해 기도하듯이, 그는 지금도 우리를 위하여 중보의 기도를 아버지께 드리신다. 그것이 그의 중보사역이다. 로마서 8:34, "그는 하나님 우편에 계신 자요 우리를 위하여 간구하시는 [탄원하시는](엔팅카네이 ἐντυγχάνει) 자시니라." 히브리서 7:25, "그는 항상 살아서 저희를 위하여 간구하심이니라." 히브리서 9:24, "그리스도께서는 참 것의 그림자인 손으로 만든 성소에 들어가지 아니하시고 오직 참 하늘에 들어가사 이제 우리를 위하여 하나님 앞에 나타나시고." 요한일서 2:1, "만일 누가 죄를 범하면 아버지 앞에서 우리에게 대언자가 있으니 곧 의로우신 예수 그리스도시라."

왕직

셋째로, 예수 그리스도께서는 참 왕이시다. 왕은 자기 백성을 다스리고 보호하는 자이다. 예수 그리스도께서는 하나님의 백성 곧 교회를 다스리시고 보호하신다. 소요리문답 26문답, "그리스도께서는 우리를 그 자신에게 복종시키심으로써, 우리를 보호하심으로써, 그리고 그와 우리의 모든 원수들을 제압하시고 정복하심으로써 왕의 직분을 수행하십니다."

성경은 그리스도의 왕직에 대해 많이 말한다. 구약성경은 장차 한 왕이 오실 것을 예언하였다. 민수기 24:17, "한 별이 야곱에게서 나오며 한 홀이 이스라엘에게서 일어나서." 사무엘하 7:16, "네 집과 네 나라가 네 앞에서 영원히 보전되고 네 왕위가 영원히 견고하리라." 이사야 9:6-7, "[그 이름은] 평안의 왕이라 할 것임이라. 다윗의 보좌에 앉아서 그 나라를 굳게 세우고." 시편 110:1-2, 5, "여호와께서 내 주에게 말씀하시기를 내가 네 원수로 네 발등상 되게 하기까지 너는 내 우편에 앉으라 하셨도다. 여호와께서 시온에서부터 주님의 권능의 홀을 내어 보내시리니 주께서는 원수 중에서 다스리소서. . . . 주님의 오른편에 계신 주께서 그 노하시는 날에 열왕을 쳐서 파하실 것이라." 다니엘 7:13-14, "(인자 같은 이에게) 권세와 영광과 나라를 주고 . . . 그 나라는 폐하지 아니할 것이니라." 미가 5:2, "이스라엘을 다스릴 자가 네게서 내게로 나올 것이라." 스가랴 9:9, "시온 딸아, 크게 기뻐하라. 보라 네 왕이 네게 임하나니." 이와 같이, 구약성경에 예언된 메시아께서 오셨는데, 그가 우리 주 예수 그리스도이시다.

신약성경은 예수 그리스도께서 유대인의 왕으로 오셨고 하나님의 백성인 교회를 다스리는 머리 곧 주님이 되심을 증거한다. 누가복음 1:32-33, "하나님께서 그 조상 다윗의 보좌를 저에게 주시리니 영원히 야곱의 집에 왕노릇하실 것이며 그 나라가 무궁하리라." 마태복음 2:2, "유대인의 왕으로 나신 이가 어디 계시뇨?" 마태복음 27:11, "네가 유대인의 왕이냐? 예수께서 대답하시되 네 말이 옳도다." 요한복음 18:37, "네 말과 같이 내가 왕이니라." 마태복음 28:18, "하늘과 땅의 모든 권세를 내게 주셨으니." 에베소서 1:22, "만물을 그 발아래 복종케 하시고 그를 만물 위에 교회의 머리로 주셨느니라." 요한계시록 1:5, "땅의 임금들의 머리가 되신 예수 그리스도." 요한계시록 11:15, "세상 나라가 우리 주님과 그 그리스도의 나라가 되어 그가 세세토록 왕노릇하시리로다." 요한계시록 17:14; 19:16, "만왕의 왕." 요한계시록 22:1, 3, "하나님과 및 어린양의 보좌."

예수 그리스도의 왕직은 주로 교회 안에서 나타난다. 예수 그리스도께서는 교회의 머리로서 그를 믿는 자들의 심령과 삶을 주관하신다. 그는 우리의 주님이시요 왕이시다. 이것은 하나님의 은혜로 구원 얻은 모든 성도들에게 해당된다. 소요리문답은 예수 그리스도의 이 왕권을 '은혜의 나라'라는 말로 표현하였다. 이것은 세속적, 정치적 왕권이 아니고, 교회적, 영적 왕권이다. 오늘날 예수께서는 칼과 창으로가 아니고 말씀과 성령님으로 교회를 다스리신다. 요한복음 3:3, 5, "사람이 물과 성령님으로 나지 아니하면 하나님의 나라에 들어갈 수 없느니라." 요한복음 18:36, "내 나라는 이 세상에 속한 것이 아니라." 골로새서 1:13, "그가 우리를 흑암의 권세에서 건져내사 그의 사랑의 아들의 나라로 옮기셨으니."

그러나 예수 그리스도의 왕권은 교회 안에 국한된 것은 아니다. 그는 온 세계의 왕이시다. 그는 오늘도 온 세계 안에서 참 교회를 설립하시고 보호하신다. 그의 왕권은 온 세계에 미친다. 마태복음 28:18, "하늘과 땅의 모든 권세를 내게 주셨으니." 에베소서 1:22, "만물을 그[예수 그리스도의] 발아래 복종케 하시고." 고린도전서 15:25, "저가 모든 원수를 그[예수 그리스도의] 발아래 둘 때까지 불가불 왕노릇하시리니." 요한계시록 1:5, "땅의 임금들의 머리가 되신 예수 그리스도로 말미암아." 요한계시록 11:15, "세상 나라가 우리 주님과 그 그리스도의 나라가 되어 그가 세세토록 왕노릇하시리로다." 요한계시록 17:14, "어린양은 만주의 주님이시요 만왕의 왕이시므로."

세대주의(Dispensationalism)는 예수 그리스도께서 유대인의 왕으로 세상에 오셨으나 유대인들이 그를 거절하며 십자가에 죽게 함으로써 메시아의 왕국이 좌절되었고 신약교회는 그리스도의 나라가 아니며 지금 교회의 시대에 그리스도께서는 왕이 아니시라고 말한다. 그러나 신약성경은 신약교회가 하나님의 나라이며 예수 그리스도께서 지금 왕이심을 증거한다. 예수 그리스도께서는 하늘과 땅의 모든 권세를 가지고 계신다. 그는 지금 그의 백성을 다스리시며 능력으로 보호하신다. 물론 그의 보호하심은 육적, 물질적 차원보다 영적 차원에 있다. 마태복음 13:31, "천국은 마치 사람이 자기 밭에 갖다 심은 겨자씨 한 알 같으니." 누가복음 17:20-21, "하나님의 나라는 볼 수 있게 임하는 것이 아니요 또 여기 있다, 저기 있다고도 못하리니 하나님의 나라는 너희 안에 있느니라." 골로새서 1:13, "그가[하나님께서] 우리를 흑암의 권세에서 건져내사 그의 사랑의 아들의 나라로 옮기셨으니." 요한복음 18:36, "내 나라는 이 세상에 속한 것이 아니라."

예수 그리스도의 왕권은 현재 다 드러나 있지 않다. 그것은 그가 영광 가운데 재림하실 때 완전히 드러날 것이다. 그는 영광의 왕으로 나타나실 것이다. 그의 은혜의 나라는 장차 영광의 나라로 드러날 것이다. 마태복음 25:31, "인자(人子)께서 자기 영광으로 모든 천사와 함께 올 때에 자기 영광의 보좌에 앉으리니." 베드로후서 1:11, "예수 그리스도의 영원한 나라에 들어감을 넉넉히 너희에게 주시리라." 요한계시록 11:15, "세상 나라가 우리 주님과 그 그리스도의 나라가 되어 그가 세세토록 왕노릇하시리로다."

우리 주 예수 그리스도께서는 참 선지자시요 참 제사장이시요 참 왕이시다. 우리는 그를 통해 하나님의 뜻을 배우고 깨닫고, 그의 대속 사역을 통해 죄사함과 의롭다 하심을 받았고 또 그를 통해 하나님 앞에 날마다 담대히 나가고, 또 그에게 순종하며 마귀의 시험과 세상의 악으로부터 보호함을 얻는다. 그러므로 우리는 지금도 살아계신 우리 주 예수 그리스도를 전심으로 의지하며 사랑하며 그에게 기도하고 그를 통해 힘을 얻고 하나님께 감사와 영광을 돌려야 한다.

7. 예수 그리스도의 속죄사역

예수 그리스도의 제사장직의 중심적 내용은 그의 속죄사역이다. 속죄의 진리는 하나님의 복음의 핵심이다. 고린도전서 1:23, "우리는 십자가에 못박힌 그리스도를 전하니." 15:3, (복음의 내용) "성경대로 그리스도께서 우리 죄를 위하여 죽으시고." 박형룡 박사, "속죄 교리는 기독교 신앙의 중심이며 초점이다."

속죄사역의 원인

예수 그리스도의 속죄사역은 하나님의 기쁘신 뜻에 기인하였다. 하나님의 아들 예수 그리스도께서 하나님께서 택하신 자들의 모든 죄를 대속(代贖)하신 것은 하나님의 기쁘신 뜻이었다. 갈라디아서 1:4, "그리스도께서 하나님 곧 우리 아버지의 뜻을 따라 이 악한 세대에서 우리를 건지시려고 우리 죄를 위하여 자기 몸을 드리셨으니." 에베소서 1:4, "곧 창세 전에 그리스도 안에서 우리를 택하사." 속죄사역은 하나님의 뜻이었고 창세 전에 계획된 일이었다.

예수 그리스도의 속죄사역은 하나님의 공의 때문에 필요하였다. 하나님의 공의는 죄인들의 죄에 대한 공의의 형벌을 요구한다. 출애굽기 34:7, "형벌 받을 자는 결단코 면죄하지 않고." 신명기 27:26, "이 율법의 모든 말씀을 실행치 아니하는 자는 저주를 받을 것이라." 어떤 이들은 사람들의 구원을 위해 그리스도의 속죄가 반드시 필요하지 않다고 생각하였다. 그러나 하나님의 공의는 우리의 구원을 위해 그리스도께서 우리 대신 우리 죄의 형벌을 받으셔야 함을 증거한다. 그리스도께서 우리 대신 우리 죄의 형벌을 받지 않으셨다면, 우리가 우리 죄의 형벌을 피할 길은 없었을 것이다.

성경은 예수 그리스도의 죽음이 하나님의 공의를 만족시키는 속죄의 죽음이었음을 분명히 증거한다. 로마서 3:25-26, "이 예수를 하나님께서 그의 피로 인하여 믿음으로 말미암는 유화제물로 세우셨으니, 이는 하나님께서 길이 참으시는 중에 전에 지은 죄를 간과하심으로 자기의 의로우심을 나타내려 하심이니 곧 이때에 자기의 의로우심을 나타내사 자기도 의로우시며 또한 예수 믿는 자를 의롭다 하려 하심이니라." 갈라디아서 3:13, "그리스도께서 우리를 위하여 저주를 받은 바 되사 율법의 저주에서 우리를 속량하셨으니, 기록된 바 나무에 달린 자마다 저주 아래 있는 자라 하였음이라." 고린도후서 5:21, "하나님께서 죄를 알지도 못하신 자로 우리를 대신하여 죄를 삼으신 것은 우리로 하여금 저의 안에서 하나님의 의가 되게 하려 하심이니라."

예수 그리스도의 속죄사역은 또한 하나님의 사랑 때문에 필요했다. 예수 그리스도께서 십자가 위에서 속죄의 죽음을 죽으신 것은 하나님의 사랑의 절정적 표현이었다. 요한복음 3:16, "하나님이 세상을 이처럼 사랑하사 독생자를 주셨으니." 로마서 5:8, "우리가 아직 죄인 되었을 때에 그리스도께서 우리를 위하여 죽으심으로 하나님께서 우리에게 대한 자기의 사랑을 확증하셨느니라." 요한일서 4:9-10, "하나님의 사랑이 우리에게 이렇게 나타난 바 되었으니 하나님께서 자기의 독생자를 세상에 보내심은 저로 말미암아 우리를 살리려 하심이니라. 사랑은 여기 있으니 우리가 하나님을 사랑한 것이 아니요 오직 하나님께서 우리를 사랑하사 우리 죄를 위하여 유화제물로 그 아들을 보내셨음이니라."

속죄의 의미

속죄는 무엇을 의미하는가? 성경은 그것을 네 개의 단어로 표현한다. 첫 번째 단어는 '제사'이다. 성경은 예수 그리스도의 죽음을 '제사'라고 표현한다. 히브리서 10:12, "오직 그리스도께서는 죄를 위하여

한 영원한 제사를 드리시고 하나님 우편에 앉으사." 구약시대의 제사
의 기본적 의미는 제물이 죄인의 죄를 대신 담당하는 것이었다. 그것
을 속상(贖償, expiation)이라고 부른다. 속상이란 제물이 죄인을 대
신해 벌을 받음으로써 죄인의 죄책과 죄의 형벌을 보상하고 하나님
의 공의를 만족시킨다는 뜻이다. 레위기 1:4, "그가 번제물의 머리에
안수할지니 그리하면 열납되어 너를 위하여 속죄가 될 것이라." 속죄
일의 아사셀 염소에 대한 규례는 안수가 죄의 전가(轉嫁)를 의미함을
잘 증거한다. 레위기 16:21-22, "아론은 두 손으로 산 염소의 머리에
안수하여 이스라엘 자손의 모든 불의와 그 범한 모든 죄를 고하고 그
죄를 염소의 머리에 두어 미리 정한 사람에게 맡겨 광야로 보낼지니
염소가 그들의 모든 불의를 지고 한적한 곳에 이르거든 그는 그 염소
를 광야에 놓을지니라." 이 '산 염소'는 '아사셀'이라고 불리었는데(레
16:10), '아사셀'(아자젤 עֲזָאזֵל)은 '내어놓는 염소'라는 뜻으로서 죄
의 완전한 제거와 용서를 상징했다.

예수께서는 선택된 자들을 위해 한 영원한 속죄제사를 드리심으로
그들의 죄책과 형벌을 담당하셨고, 하나님의 공의를 만족시키셨다.
고린도후서 5:21, "하나님께서 죄를 알지도 못하신 자로 우리를 대신
하여 죄를 삼으신 것은 우리로 하여금 저의 안에서 하나님의 의가 되
게 하려 하심이니라." 갈라디아서 3:13, "그리스도께서 우리를 위하여
저주를 받은 바 되사 율법의 저주에서 우리를 속량하셨으니, 기록된
바 나무에 달린 자마다 저주 아래 있는 자라 하였음이라."

성경이 그리스도의 속죄를 표현하는 두 번째 단어는 **'구속'**(救贖)
이다. '구속(救贖)'이라는 단어는 값을 주고 사서 건져낸다는 뜻이다.
예수 그리스도께서는 십자가의 죽으심으로 선택된 자들의 죗값을 다
지불하시고 그들을 사서서 그들의 죄책과 형벌로부터 건져내셨다.
마태복음 20:28, "인자가 온 것은 섬김을 받으려 함이 아니라 도리어

섬기려 하고 자기 목숨을 많은 사람의 대속물(代贖物)(뤼트론 안티 폴론 λύτρον ἀντὶ πολλῶν)로 주려 함이니라." 사도행전 20:28, "하나님께서 자기 피로 사신 교회." 로마서 3:24, "그리스도 예수 안에 있는 구속(아포뤼트로시스 ἀπολύτρωσις)으로 말미암아 하나님의 은혜로 값없이 의롭다 하심을 얻은 자 되었느니라." 고린도전서 6:19-20, "너희는 너희의 것이 아니라 값으로 산 것이 되었으니 그런즉 너희 몸으로 하나님께 영광을 돌리라." 디모데전서 2:6, "그가 모든 사람을 위하여 자기를 속전(贖錢, 안티뤼트론 ἀντίλυτρον)으로 주셨으니." 디도서 2:14, "그가 우리를 대신하여 자신을 주심은 모든 불법에서 우리를 구속(救贖)하시고 우리를 깨끗하게 하사 선한 일에 열심하는 친 백성이 되게 하려 하심이니라."

성경이 그리스도의 속죄를 표현하는 세 번째 단어는 '**유화**'(宥和, propitiation)이다. '유화'란 진노를 가라앉힌다, 누그러뜨린다는 뜻이다. '유화' 개념은 '속죄'를 나타내는 구약성경의 용어 킵페르 כִּפֶּר에서도 나타나 있다. 창세기 32:20, "내가 내 앞에 보내는 예물로 형의 감정을 푼(킵페르 כִּפֶּר)(직역--그의 얼굴을 가리운) 후에 대면하면 형이 혹시 나를 받으리라 함이었더라." 예수 그리스도께서는 십자가의 죽음으로 우리 죄에 대한 하나님의 진노를 가라앉히셨다. 로마서 3:25, "이 예수를 하나님께서 그의 피로 인하여 믿음으로 말미암는 유화제물(힐라스테리온 ἱλαστήριον)로 세우셨으니." 히브리서 2:17, "이는 하나님의 일에 자비하고 충성된 대제사장이 되어 백성의 죄를 유화하려(힐라스케스다이 ἱλάσκεσθαι) 하심이라." 요한일서 2:2, "저는 우리 죄를 위한 유화제물(힐라스모스 ἱλασμός)이니." 요한일서 4:10, "오직 하나님께서 우리를 사랑하사 우리 죄를 위하여 유화제물로 그 아들을 보내셨음이니라."

성경이 예수 그리스도의 속죄를 표현하는 네 번째 단어는 '**화목**'이다. 예수 그리스도께서는 십자가에 죽으심으로 우리와 하나님과의 적대 관계를 좋은 관계로 회복시키셨다. 로마서 5:10, "우리가 원수되었을 때에 그 아들의 죽으심으로 말미암아 하나님으로 더불어 화목되었은즉." 로마서 5:11, "이제 우리로 화목을 얻게 하신 우리 주 예수 그리스도로 말미암아." 고린도후서 5:18, "(하나님께서) 그리스도로 말미암아 우리를 자기와 화목하게 하시고 화목하게 하는 직책을 주셨으니." 에베소서 2:16, "또 십자가로 이 둘[유대인과 이방인]을 한 몸으로 하나님과 화목하게 하려 하심이라."

속죄사역의 성격

예수 그리스도의 속죄사역은 몇 가지 중요한 성격을 가지고 있다. 첫째로, 그것은 **역사적**이었다. 예수 그리스도의 속죄사역은 2000년 전에 유대 땅에서 이루어진 역사적 사건이었다. 이 역사적인 사건이 기독교 진리에 있어서 생명같이 중요하다. 왜냐하면 그것은 하나님의 아들이신 그가 택자들의 구속(救贖)을 이루신 사건이기 때문이다. 기독교는 예수 그리스도께서 죄인을 위해 십자가에 죽으신 이 역사적 사건을 되돌아보며 이 사건을 믿고 이 사건을 전파한다. 고린도전서 1:23, "우리는 십자가에 못박힌 그리스도를 전하니." 고린도전서 2:2, "내가 너희 중에서 예수 그리스도와 그의 십자가에 못박히신 것 외에 아무것도 알지 아니하기로 작정하였음이라." 디모데전서 1:15, "신실하도다 모든 사람이 받을 만한 이 말이여, 그리스도 예수께서 죄인을 구원하시려고 세상에 오셨다 하였도다." 히브리서 9:12, "염소와 송아지의 피로 아니하고 오직 자기의 피로 영원한 속죄를 이루사 단번에 성소에 들어가셨느니라."

둘째로, 예수 그리스도의 속죄사역은 **객관적**이었다. 그것은 하나님을 향하여 이루어진 일이었다. 아직 죄인들의 심령에 그 사실이 알려지기 전에, 아직 죄인들 자신에게 구원이 적용되기 전에, 아직 죄인들의 심령 속에 그 죽음의 효력이 미치기 전에, 그가 우리의 죄 문제를 해결하셨다. 그리스도께서는 그가 죽으셨던 그 십자가 위에서 택자들을 위한 구속(救贖)을 다 이루셨다. 요한복음 19:30, "예수께서 신 포도주를 받으신 후 말씀하시기를 다 이루었다 하시고." 요한복음 1:29, "보라, 세상 죄를 지고 가는 하나님의 어린양이로다." 로마서 5:8, "우리가 아직 죄인되었을 때 그리스도께서 우리를 위하여 죽으심으로 하나님께서 우리에게 대한 자기의 사랑을 확증하셨느니라." 앞에서 고찰한 속죄의 네 가지 의미들은 다 속죄의 객관성을 증거한다.

셋째로, 예수 그리스도의 속죄사역은 **대리적**(代理的)이었다. 한 분 예수 그리스도께서 선택된 많은 사람들을 위해 죽으셨다. 그의 대속의 공로는 많은 죄인들을 구원하기에 충족하였다. 그의 속죄의 대리적 충족성은 그의 신성(神性)에 근거한다. 그의 독특한 신인(神人)적 인격은 그의 속죄사역을 무한한 가치를 가진 행위로 만들었다. 이사야 53:5-6, "그가 찔림은 우리의 허물을 인함이요 그가 상함은 우리의 죄악을 인함이라," "여호와께서는 우리 무리의 죄악을 그에게 담당시키셨도다." 마태복음 20:28, "많은 사람의 대속물(代贖物)(뤼트론 안티 폴론 λύτρον ἀντὶ πολλῶν)." 마태복음 26:28, "이것은 죄사함을 얻게 하려고 많은 사람을 위하여 흘리는 바 나의 피 곧 언약의 피니라." 고린도후서 5:14, "한 사람이 모든 사람을 대신하여 죽었은즉 모든 사람이 죽은 것이라." 고린도후서 5:21, "하나님께서 죄를 알지도 못하신 자로 우리를 대신하여 죄를 삼으신 것은 우리로 하여금 저의 안에서 하나님의 의가 되게 하려 하심이니라." 갈라디아서 3:13, "그리스도께서 우리를 위하여 저주를 받은 바 되사 율법의 저주에서 우리를 속량하셨으니." 베드로전서 3:18, "그리스도께서도 한번 죄를 위하여 죽으사 의인으로서 불의한 자를 대신하셨으니."

넷째로, 예수 그리스도의 속죄사역은 **완전**하였다. 그것은 더 이상 속죄의 제사가 필요치 않을 정도로 완전했다. 그것은 다른 어떤 것이 덧붙여질 필요가 없을 정도로 완전했다. 죄인들은 오직 예수 그리스도의 십자가 공로로만 구원을 얻는다. 예수 그리스도께서는 택자들을 위한 속죄를 다 이루셨다. 그 속죄사역은 택자들의 죗값의 완전한 지불이며 그들의 죄책과 죄의 형벌의 완전한 보상이었다.

다니엘 9:24, "네 백성과 네 거룩한 성을 위하여 70이레로 기한을 정하였나니 허물이 마치며 죄가 끝나며 죄악이 영속(永贖)되며 영원한 의가 드러나며." 요한복음 19:30, "예수께서 신 포도주를 받으신 후 말씀하시기를 다 이루었다 하시고 머리를 숙이시고 영혼이 돌아가시니라." 로마서 10:4, "그리스도께서는 모든 믿는 자에게 의를 이루기 위하여 율법의 마침이 되시니라." 고린도전서 1:2, "고린도에 있는 하나님의 교회 곧 그리스도 예수 안에서 거룩하여지고(헤기아스메노이스 ἡγιασμένοις)(완료분사)[거룩해졌고] 성도라 부르심을 입은 자들과." 고린도전서 1:30, "예수께서는 하나님께로서 나와서 우리에게 지혜와 의로움과 거룩함과 구속(救贖)함이 되셨으니." 히브리서 9:12, "염소와 송아지의 피로 아니하고 오직 자기 피로 영원한 속죄를 이루사 단번에(에파팍스 ἐφάπαξ) 성소에 들어가셨느니라." 히브리서 10:10, "예수 그리스도의 몸을 단번에 드리심으로 말미암아 우리가 거룩함을 얻었노라(헤기아스메노이 ἡγιασμένοι)." 히브리서 10:14, "저가 한 제물로 거룩케 된 자들을 영원히 온전케 하셨느니라(테텔레이오켄 τετελείωκεν)(완료시제)." 히브리서 10:18, "이것을 사하셨은즉 다시 죄를 위하여 제사드릴 것이 없느니라."

예수 그리스도께서는 택자들의 죄책과 형벌의 문제를 다 해결하셨다. 그는 택자들을 위해 완전한 대속 제물이 되셨다. 이제 예수 그리스도를 믿는 자들은 예수 그리스도의 대속 사역으로 죄씻음과 의를 받았다. 여기에 그리스도인의 참 자유와 평안이 있고 구원의 확신이 있다. 여기에 하나님께 대한 참 감사와 사랑과 헌신의 이유가 있다.

잘못된 속죄설들

역사상, 잘못된 속죄설들 중 대표적인 것들은 다음과 같다.

어떤 이들은 예수 그리스도의 죽음이 사탄에게 속전(贖錢, ransom)으로 내어준 죽음이었다고 생각하였다(순교자 저스틴, 오리겐, 이레니우스, 어거스틴 등). 이것을 **'사탄 배상설'**이라고 부른다.

그러나 이 견해는 성경적 근거가 없으며, 사람들의 죄에 대한 법적 권한을 사탄에게 돌리는 것은 잘못이다. 이 견해가 의지하는 성경구절인 히브리서 2:14("자녀들은 혈육에 함께 속하였으매 그도 또한 한 모양으로 혈육에 함께 속하심은 사망으로 말미암아 사망의 세력을 잡은 자 곧 마귀를 없이 하시며")는 이 견해를 지지하지 않는다.

어떤 이들은 예수 그리스도의 죽음이 하나님의 자기 희생적 사랑과 모범의 죽음이었다고 생각하였다(아벨라드, 소시너스, 쉴라이엘마허, 릿츨, 부쉬넬, 특히 오늘날 대부분의 자유주의 신학자들 등). 그들에 의하면, 예수 그리스도께서는 한 모범적 선생이요 한 고귀한 순교자이셨으며 그의 모범적 사랑이 죄인을 구원에 이르도록 감동한다고 한다. 이것을 **'도덕 감화설'** 혹은 **'모범설'**이라고 부른다.

그러나, 비록 예수 그리스도의 십자가의 죽음이 하나님의 사랑의 표현이요 확증인 것이 사실이지만(요 3:16; 롬 5:8; 요일 4:7-10), 십자가의 의미가 그것뿐이라면 복음이란 있을 수 없다. 하나님의 공의를 만족시키는 대속이 없다면, 여전히 우리의 죄는 우리 스스로 해결할 수밖에 없다. 이 견해는 결국 그리스도의 죽음과 우리의 죄가 엄밀한 의미에서 아무 관계가 없다고 보는 것이며, 그것은 하나님의 복음의 핵심을 부정하는 큰 오류, 이단적인 오류이다.

어떤 이들은 예수 그리스도의 죽음이 사람들의 죄에 대한 하나님의 미워하심의 표시이었을 뿐이라고 생각했다(그로티우스, 반즈 등). 즉 도덕 세계의 통치자 하나님께서 사람들의 행복과 유익을 위하여 예수 그리스도의 죽음을 통하여 그가 얼마나 죄를 미워하시는지를 교훈하셨다는 것이다. 이것을 '**도덕적 통치설**'이라고 부른다.

그러나, 이 견해는 하나님의 형벌적 공의의 개념과 조화되지 않는다. 하나님께서는 죄에 대해 공의의 심판을 내리신다. 그것은 단순히 피조물의 유익을 위한 것이 아니다. 또 그리스도의 죽음이 그런 교훈적 의미뿐이라면, 그리스도의 죽음과 우리의 죄는 엄밀한 의미에서 아무 관계가 없으며 따라서 이런 견해에는 참된 의미의 속죄가 없고 하나님의 복음도 없다. 이 견해도 복음을 부정하는 이단적 오류이다.

어떤 이들은 예수 그리스도께서 그의 성육신으로 그의 인성(人性)이 정결케 되셨고, 사람들이 그를 믿음으로 그의 새 인성에 신비적으로 연합됨으로써 의(義)를 주입받아 구원에 이른다고 생각하였다. 이것을 '**신비설**'이라고 부른다.

그러나, 이 견해는 예수 그리스도의 대속의 죽음보다 예수 그리스도의 성육신을 중시함으로써 그의 죽음의 속죄적 의미와 중요성을 부정하며, 또한 하나님의 형벌적 공의의 개념을 바르게 가지지 못한다. 이 견해도 바른 속죄 개념이 아니고 여기에도 참된 복음은 없다.

예수 그리스도의 속죄는 하나님의 기쁘신 뜻이며 그의 공의와 그의 사랑 때문에 필요하였다. 성경에서 예수 그리스도의 죽음의 속죄적 의미는 네 단어로 표현되는데, 제사, 구속(救贖), 유화(宥和), 화목이 그것들이다. 제사는 속상(贖償, expiation; 죄책과 형벌의 보상)이라는 뜻이며, 구속(救贖)은 속전을 내고 건져낸다는 뜻이며, 유화(宥和, propitiation)는 하나님의 진노를 가라앉힌다는 뜻이며, 화목은 하나님과의 적대 관계를 회복시킨다는 뜻이다. 이 중요한 네 단어들은 성경적 속죄 개념을 잘 나타낸다. 또 예수 그리스도의 속죄는 역사적, 객관적, 대리적, 완전한 성격을 가진다. 우리는 예수 그리스도의 속죄 사역으로 죄사함과 의롭다 하심과 자유와 평안과 영생을 얻었다.

제한 속죄

예수 그리스도께서 피흘려 속량하신 자들은 누구이었는가? 구주 예수 그리스도께서는 세상 모든 사람들의 죄를 속(贖)하신 것인가, 아니면 하나님의 택하신 자들의 죄를 속(贖)하신 것인가? 예수 그리스도께서 이루신 속죄의 대상은 누구이었는가?

예수 그리스도의 속죄의 대상에 대해서, 역사상 두 가지 견해가 있다. 하나는 보편속죄설이고, 다른 하나는 제한속죄설이다. 보편속죄설은 예수 그리스도께서 세상의 모든 사람들의 죄를 속(贖)하셨다고 보는 견해이다. 그 견해의 전제는 하나님께서 세상의 모든 사람들을 구원하기를 원하신다는 것이고, 그 견해의 핵심적인 생각은 구원이 궁극적으로 사람의 결정에 달려 있다는 것이다. 이런 견해를 알미니안주의라고 부른다. 이와 구별하여, 제한속죄설은 예수 그리스도께서 하나님의 택하신 자들의 죄를 속(贖)하셨다는 견해이다.

하나님께서 참으로 인류 전체를 구원하기를 원하셨는가, 아니면 인류 중 일부 즉 그가 영원 전에 선택하신 자들만을 구원하기를 원하셨는가? 예수 그리스도께서는 인류 전체를 위해 즉 인류 전체의 죄책과 죄의 형벌을 담당하시기 위해 돌아가셨는가, 아니면 오직 하나님의 택하신 자들의 죄만을 위해 돌아가셨는가? 이것은 하나님의 구원의 의지를 이해하는 데 매우 중요하다. 또 이것은 전도할 때 전도자의 실제적 마음가짐에 관계되는 문제이며 또 구원 얻은 자들의 구원의 보장(保障)의 문제와도 관계되는 문제이다. 그러나 그것들보다 더 중요한 문제는, 구원이 단지 사람의 결심에 달려 있는가, 혹은 달리 표현하여, 하나님께서 실제로 죄인을 구원하시는가라는 문제이다.

제한 속죄의 근거

개혁교회는 이 세상의 모든 일들에 있어서와 특히 사람들의 구원 문제에 있어서 하나님의 주권을 믿고 예수 그리스도의 속죄의 제한적 대상, 즉 제한적 속죄를 성경적 진리로 고백해 왔다. 예수 그리스도의 제한적 속죄의 근거는 무엇인가? 예수 그리스도의 제한적 속죄는 다음 세 가지 요점으로 서술될 수 있다.

구원은 하나님께 달려 있다

첫째로, 예수 그리스도의 제한적 속죄는 구원이 하나님께 달려 있다는 사실에 근거한다. 성경은 하나님의 주권의 진리를 밝히 가르치며 구원에 있어서도 사람의 구원이 하나님께 달려 있음을 밝히 가르친다. 시편 3:8, "구원은 여호와께 있사오니." 요나 2:9, "구원은 여호와께로서 말미암나이다." 마태복음 19:24-26, "다시 너희에게 말하노니 약대가 바늘귀로 들어가는 것이 부자가 하나님의 나라에 들어가는 것보다 쉬우니라 하신대 제자들이 듣고 심히 놀라 말하기를 그런즉 누가 구원을 얻을 수 있으리이까? 예수께서 저희를 보시며 말씀하시기를 사람으로는 할 수 없으되 하나님으로서는 다 할 수 있느니라." 요한복음 6:44, "나를 보내신 아버지께서 이끌지 아니하면 아무라도 내게 올 수 없으니." 로마서 9:16, 18, "그런즉 원하는 자로 말미암음도 아니요 달음박질하는 자로 말미암음도 아니요 오직 긍휼히 여기시는 하나님으로 말미암음이니라," "하나님께서 하고자 하시는 자를 긍휼히 여기시고 하고자 하시는 자를 강퍅케 하시느니라." 야고보서 4:12, "[그는] 능히 구하기도 하시며 멸하기도 하시느니라."

그 외에도, 마태복음 16:17, "바요나 시몬아, 네가 복이 있도다. 이를 네게 알게 한 이는 혈육이 아니요 하늘에 계신 내 아버지시니라."

사도행전 11:18, "하나님께서 이방인에게도 생명 얻는 회개를 주셨도다." 사도행전 16:14, "주께서 그[루디아의] 마음을 열어 바울의 말을 청종하게 하신지라." 신명기 29:4, "그러나 깨닫는 마음과 보는 눈과 듣는 귀는 오늘날까지 여호와께서 너희에게 주지 아니하셨느니라."

또 사람들의 구원에 대한 하나님의 예정과 선택이 효력이 있다는 사실도 구원이 하나님께 달려 있음을 확증한다. 요한복음 6:39, "하나님의 뜻은 내게 주신 자 중에 내가 하나도 잃어버리지 않고 마지막 날에 다시 살리는 이것이니라." 하나님의 그 뜻은 실패치 아니하고 다 이루어질 것이다. 요한복음 10:26, "너희가 내 양이 아니므로 믿지 아니하는도다." 사도행전 13:48, "이방인들이 듣고 기뻐하여 하나님의 말씀을 찬송하며 영생을 주시기로 작정된 자는 다 믿더라."

이런 모든 말씀들을 볼 때, 사람의 구원이 오직 사람 자신의 결심(회개와 믿음)에 달렸다고 생각해서는 안 되며, 또 사람의 구원에 있어서 하나님의 능력을 부정하거나 제한해서도 안 된다. 만일 하나님께서 인류 전체를 구원하시려고 뜻하셨다면, 인류 전체를 구원하실 능력이 하나님께 있다. 하나님께는 능치 못하시는 일이 없다. 사람의 구원의 일도 그러하다. 그런데 보편속죄설은 사람의 구원이 자신의 결심에 달렸다고 주장함으로써 구원에 있어서의 하나님의 절대 주권과 구원의 능력을 부정하는 잘못를 범하고 있다. 그들은, 하나님께서 전능하긴 하시지만 사람의 마음과 의지를 변화시키실 수 없고 변화시키려고도 하지 않으신다고 잘못 생각하고 있는 것이다.

하나님의 구원은 제한적이다

둘째로, 예수 그리스도의 제한적 속죄는 하나님의 구원 의지와 그 행위가 제한적이라는 사실에 근거한다. 하나님의 선택하심의 진리와 하나님의 선택하심이라는 말 자체가 하나님의 구원의 제한성을 보인다. 하나님의 구원이 제한적이지 않으시다면, 선택이라는 용어 자체가 사용될 필요가 없을 것이다. 성경은 인류 전체와 구별하여 하나님께서 구원하실 자들, 자기 백성, 자기 사람들, 자기 양들에 대해 분명히 증거한다. 마태복음 1:21, "아들을 낳으리니 이름을 예수라 하라. 이는 그가 자기 백성을 저희 죄에서 구원할 자이심이라." 요한복음 6:37, "아버지께서 내게 주시는 자는 다 내게로 올 것이요." 요한복음 17:9, "내가 비옵는 것은 세상을 위함이 아니요 내게 주신 자들을 위함이니이다." 요한복음 10:15, "나는 양을 위하여 목숨을 버리노라." 요한복음 10:26, "너희가 내 양이 아니므로 믿지 아니하는도다.".

하나님께서 구약시대에 이스라엘 백성을 이방 민족들과 구별하여 사랑하심도 하나님의 구원의 제한성을 증거한다. 호세아 11:8, "에브라임이여, 내가 어찌 너를 놓겠느냐? 이스라엘이여, 내가 어찌 너를 버리겠느냐? 내가 어찌 너를 아드마같이 놓겠느냐? 어찌 너를 스보임같이 두겠느냐? 내 마음이 내 속에서 돌아서 나의 긍휼이 온전히 불붙듯하도다."

그리스도께서 '우리를' 위하여 죽으셨다는 말씀도 구원의 제한성을 암시한다. 이사야 53:5, 6, 8, "그가 찔림은 우리의 허물을 인함이요 그가 상함은 우리의 죄악을 인함이라. 그가 징계를 받음으로 우리가 평화를 누리고 그가 채찍에 맞음으로 우리가 나음을 입었도다. 우리가 다 양 같아서 그릇 행하여 각기 제 길로 갔거늘 여호와께서는 우리 무리의 죄악을 그에게 담당시키셨도다. . . . 그 세대 중에 누가 생각하기를 그가 산 자의 땅에서 끊어짐은 마땅히 형벌 받을 내 백성의 허물을 인함이라 하였으리요." 고린도후서 5:21, "하나님께서 죄를 알지도 못하신 자로 우리를 대신하여 죄를 삼으신 것은 우리로 하여금 저의 안에서 하나님의 의가 되게 하려 하심이니라." 갈라디아서 3:13, "그리스도께서 우리를 위하여 저주를 받은 바 되사 율법의 저주에서 우리를 속량하셨으니."

또한 그리스도께서 '많은' 사람을 위하여 죽으셨다는 말씀도 구원의 제한성을 암시한다. 이사야 53:11-12, "나의 의로운 종이 자기 지식으로 많은 사람을 의롭게 하며[의롭다 하며] 또 그들의 죄악을 친히 담당하리라. . . . 실상은 그가 많은 사람의 죄를 지며." 마태복음 20:28, "자기 목숨을 많은 사람의 대속물로 주려 함이니라." 마태복음 26:28, "이것은 죄사함을 얻게 하려고 많은 사람을 위하여 흘리는 바 나의 피 곧 언약의 피니라."

알미니안주의는 하나님의 사랑이 무한히 크심을 옹호하기 위하여 하나님의 구원 의지의 제한성을 부정한다. 그들은 어떻게 선하신 하나님, 사랑이 풍성하신 하나님께서 인류의 일부분만 구원하기를 원하시고 그 나머지를 영원한 멸망 가운데 버려두실 수 있겠는가라고 반문한다. 그러나, 알미니안주의가 세상의 모든 사람이 구원 얻을 것이라고 믿는 보편 구원을 주장하지 않는 한--보편 구원론은 명백히 비성경적이고 알미니안주의는 그런 주장을 하지 않는다--그들의 보편적 속죄설은 하나님의 사랑을 참으로 옹호할 수 없다. 왜냐하면 모든 사람을 구원할 능력을 가진 전능하신 하나님께서 죄로 멸망하는 사람들을 구원하지 않으시고 쳐다보고만 있다고 생각하는 것은 결코 하나님의 사랑을 옹호하는 일이 될 수 없기 때문이다. 두려운 사실이지만, 하나님께서 인류의 일부분을 영원한 멸망에 버려두셨다는 것은 성경이 증거하는, 부정할 수 없는 사실이다.

속죄는 실제로 죄의 형벌을 대신 받는 것이다

셋째로, 예수 그리스도의 제한적 속죄의 가장 중요한 근거는 속죄의 본질적 성격에 있다. 속죄란 예수 그리스도께서 우리의 죄책과 죄의 형벌을 담당하신 것을 말한다. 이것은 앞에서 속죄의 의미나 성격을 말할 때 생각한 바이다. 예수 그리스도께서는 실제로 우리의 죗값을 지불하고 사서서 우리를 구원하셨다. 고린도후서 5:21, "하나님께서 죄를 알지도 못하신 자로 우리를 대신하여 죄를 삼으신 것은." 갈라디아서 3:13, "그리스도께서 우리를 위하여 저주를 받은 바 되사." 사도행전 20:28, "주 하나님께서 자기 피로 사신 교회를."

예수 그리스도의 피 공로는 결코 헛될 수 없다. 다시 말해, 예수께서 어떤 사람을 위하여 속죄의 피를 흘리셨는데 그 사람이 멸망한다는 것은 있을 수 없는 일이며 불가능한 일이다. 예수 그리스도께서는 아버지께서 그에게 주신 자들, 영원 전에 선택된 자들, 곧 그의 양들을 위해 속죄의 피를 흘리셨고, 아버지께서 그에게 주신 그들, 바로 그가 피흘려 사신 자들을 하나도 잃어버리지 않으시고 다 구원하신다. 요한복음 6:39-40, "나를 보내신 이의 뜻은 내게 주신 자 중에 내가 하나도 잃어버리지 아니하고 마지막 날에 다시 살리는 이것이니라. 내 아버지의 뜻은 아들을 보고 믿는 자마다 영생을 얻는 이것이니 마지막 날에 내가 이를 다시 살리리라 하시니라."

만일 예수 그리스도께서 세상의 모든 사람들의 죄를 대속하셨다면, 멸망 받을 죄인이 세상에 한 사람도 남지 않아야 하고 모든 사람이 다 구원받아야 할 것이다. 그것이 논리적이다. 왜냐하면 속죄의 본질적 성격상 핏값을 주고 사신 자들은 다 구원을 얻어야 하기 때문이다. 보편속죄설은 논리적으로 보편구원론에 도달해야 한다. 그러나 보편구원론은 성경적 진리일 수 없다. 마태복음 7:13, "멸망으로 인도하는 문은 크고 그 길이 넓어 그리로 들어가는 자가 많고." 누가복음 13:23, 24, "구원 얻는 자가 적으니이까? . . . 들어가기를 구하여도 못하는 자가 많으리라."

존 오웬(John Owen)은 제한 속죄의 진리를 다음과 같이 증명했다.

성부께서 그의 진노를 부과하시고 성자께서 그 형벌을 받으신 것은 (1) 모든 사람들의 모든 죄들을 위해서든지, (2) 일부분의 사람들의 모든 죄들을 위해서든지, 혹은 (3) 모든 사람들의 일부분의 죄들을 위해서이다. 각 경우에 대하여 다음과 같이 말할 수 있다.

만일 마지막 경우가 참되다면, 모든 사람은 책임을 져야 할 어떤 죄를 가지고 있을 것이며 따라서 아무도 구원을 얻을 수 없을 것이다. 만일 두 번째가 참되다면, 그리스도께서는 온 세상의 모든 선택된 자들의 모든 죄를 위해 그들을 대신하여 고난을 당하셨을 것이고 이것이 진리이다.

그러나 만일 첫 번째가 참되다면, 왜 모든 사람들이 그들의 죄로 인한 형벌로부터 자유하지 못하는가? 불신앙 때문이라고 여러분은 대답한다. 나는 묻는다. 이 불신앙은 죄인가 죄가 아닌가? 만일 그것이 죄라면, 그리스도께서는 그것으로 인한 형벌을 받으셨거나 그렇지 않거나 할 것이다. 만일 주께서 받으셨다면, 왜 그것이 주께서 대속하신 그들의 다른 죄들 이상으로 그들에게 방해가 되어야 하는가? 만일 주께서 그것의 형벌을 받지 않으셨다면, 그는 그들의 모든 죄들을 위해 죽지 않으셨다는 말이 될 것이다.

보편속죄설을 지지하는 듯한 구절들

예수 그리스도의 제한적 속죄의 진리는 이와 같이 논리적일 뿐만 아니라, 성경에 충분한 근거 구절들을 가지고 있다. 성경에 보편속죄설을 지지하는 듯한 구절들이 있는 것은 사실이다. 그러나 그 구절들은 앞에 말한 제한 속죄의 논리적 근거와 성경의 근거 구절들에 비추어서 해석되어야 한다고 본다. 우리는 성경이 한 하나님의 영의 감동으로 된 책임을 믿는다. 그것은 성경의 상호간의 모순을 배제한다. 그러면 보편속죄설을 지지하는 듯한 구절들을 검토해보자.

에스겔 18:23, "나 주 여호와가 말하노라. 내가 어찌 악인의 죽는 것을 조금인들 기뻐하랴! 그가 돌이켜 그 길에서 떠나서 사는 것을 어찌 기뻐하지 아니하겠느냐?"

에스겔 33:11, "주 여호와의 말씀에 나의 삶을 두고 맹세하노니 나는 악인의 죽는 것을 기뻐하지 아니하고 악인이 그 길에서 돌이켜 떠나서 사는 것을 기뻐하노라. 이스라엘 족속아, 돌이키고 돌이키라. 너희 악한 길에서 떠나라. 어찌 죽고자 하느냐 하셨다 하라."

이 말씀은 하나님의 심판의 공평함과 의로움을 강조하시면서 하신 말씀이다. 하나님께서 악인의 멸망을 기뻐하시지 않기 때문에 그들에게 회개를 촉구하셨다. 이것은 하나님의 율법에 나타난 하나님의 일반적 의지이다. 하나님께서는 공의로우시고 그의 심판은 의롭고 공평하다. 그러나 모든 사람에게 의롭게 살라고 명하시는 하나님의 일반적 의지가 그가 세상 모든 사람들을 구원하기를 원하신다는 그의 적극적 의지를 뜻하는 것은 아니라고 보아야 한다. 왜냐하면 이제까지 위에서 언급된 진리들, 특히 선택의 진리가 분명하기 때문이다. 요한복음 6:39, "나를 보내신 이의 뜻은 내게 주신 자 중에 내가 하나도 잃어버리지 아니하고 마지막 날에 다시 살리는 이것이니라." 에베소서 1:4, "창세 전에 그리스도 안에서 우리를 택하사."

요한복음 1:29, "이튿날 요한이 예수께서 자기에게 나아오심을 보고 말하기를 보라, 세상 죄를 지고 가는 하나님의 어린양이로다."

이 구절은 예수 그리스도께서 세상 사람들의 모든 죄를 짊어지신 하나님의 어린양인 것처럼 해석되어서는 안 된다. 왜냐하면 예수께서 세상 모든 사람의 모든 죄들을 짊어지신 대속 제물이셨다면, 모든 사람은 다 구원에 이르러야 하고 마지막 심판과 지옥 형벌은 없어야 할 것이기 때문이다. 그러나 그것은 성경의 진리가 아니다. 그러므로 이 구절은 선택과 제한 속죄를 증거하는 성경 진리에 비추어 해석해야 한다. 그러므로 본문의 세상은 온 인류를 대표하는 하나님의 택하신 사람들을 가리키는 대략적인 의미로 해석해야 한다.

요한복음 3:16, "하나님이 세상을 이처럼 사랑하사 독생자를 주셨으니 이는 저를 믿는 자마다 멸망치 않고 영생을 얻게 하려 하심이니라."

이 구절은 믿는 자가 멸망치 않고 영생을 얻음을 증거할 뿐이며, 모든 사람이 믿을 수 있다는 것을 증거하는 구절로 해석되어서는 안 된다. 또 하나님께서 택하신 자들은 세상을 대표한다고 보아야 한다.

그러므로 이 유명한 구절도 사람의 전적인 부패와 무능력, 하나님의 선택, 예수 그리스도의 제한 속죄 등의 성경 진리의 빛 아래 해석되어야 하고, 성경의 그런 진리들과 충돌되게 해석되어서는 안 된다.

디모데전서 2:4, "하나님께서는 모든 사람이 구원을 받으며 진리를 아는 데 이르기를 원하시느니라."

이 구절은 하나님의 보편적 구원 의지를 보이는 구절로 해석되어서는 안 된다. 왜냐하면 만일 그러하다면 이 말씀은 하나님의 구원 의지의 제한성을 보이는 많은 구절들, 즉 선택의 진리를 보이는 구절들과 모순될 것이기 때문이다. 우리는 이 구절도 다른 구절들과 조화시켜 해석되어야 한다고 본다. 세 가지의 가능한 해석이 있다.

(1) 이 구절은 에스겔 18:23과 비슷하게 율법에 나타난 하나님의 일반적 의지를 나타낼지도 모른다. 그러나 율법에 나타난 하나님의 일반적 의지가 곧 그의 적극적 구원 의지와 동일하지는 않다.

(2) '모든 사람'이라는 말이 대략적 의미를 가지고 있을지도 모른다. 성경에서 특히 디모데전후서에서 '모든'이 대략적 의미로 사용된 예들이 많다. 디모데전서 2:1, "모든 사람을 위하여 간구[하되]." 디모데전서 4:15, "너의 진보를 모든 사람에게 나타나게 하라." 디모데전서 5:20, "범죄한 자들을 모든 사람 앞에 꾸짖어." 디모데후서 1:15, "아시아에 있는 모든 사람이 나를 버린 이 일을 네가 아나니." 디모데후서 4:16, "내가 처음 변명할 때에 나와 함께한 자가 하나도 없고 다 나를 버렸으나." '모든'이라는 말은 흔히 대략적 의미로 잘 사용된다.

(3) '모든 사람'이라는 말이 '하나님께서 선택하신 모든 사람'이라는 제한적 의미를 가질지도 모른다. 요한복음 12:32, "내가 땅에서 들리면 모든 사람을 내게로 이끌겠노라."

디모데전서 2:6, "그가 모든 사람을 위하여 자기를 속전(贖錢)으로 주셨으니."

이 구절도 보편 속죄를 증거하는 구절로 해석되어서는 안 된다. 왜 냐하면 성경은 제한 속죄를 분명히 보이며 또 이 구절도 다른 구절들 과 조화시켜 이해할 수 있기 때문이다. '모든 사람'은 대략적 의미나 제한적 의미를 가질 수 있다. 다시 말해, '모든 사람'은 (1) 이방인과 유대인 모두를 가리키든지, (2) 각계 각층의 모든 사람을 가리키든지, 혹은 (3) 택함 받은 모든 사람들을 가리킬 수 있다.

베드로후서 3:9, "주의 약속은 어떤 이의 더디다고 생각하는 것같이 더딘 것이 아니라 오직 너희를 대하여 오래 참으사 아무도 멸망치 않고 다 회개하기에 이르기를 원하시느니라."

이 구절에서 '너희'는 예수 그리스도를 믿는 신자들을 가리킨다고 볼 수 있으므로 문제될 것이 없다.

요한일서 2:2, "저는 우리 죄를 위한 화목 제물이니 우리만 위할 뿐 아 니요 온 세상의 죄를 위하심이라."

이 구절도 제한 속죄를 가르치는 성경 구절들과 조화시켜 해석될 수 있다. 즉 본절의 '온 세상'은 대략적 표현이든지 세상의 모든 택자 들을 가리킬 수 있다. 우리는 한 성령께서 동일한 진리를 사도들을 통해 신약교회에 주셨으므로 성경 진리간에 모순될 수 없다고 본다.

마지막으로, 제한 속죄의 진리는 어떤 이들이 오해하듯이 전도의 필요성을 약화시키지 않는다. 하나님의 구원의 방법은 선택과 속죄 뿐 아니라, 또한 전도를 통해 예수 그리스도를 믿는 것이다. 그러므로 전도는 죄인을 구원하는 필수 과정이다. 전도는 하나님의 죄인 구원 의 방법이다. 그러므로 우리는 하나님의 선택과 그리스도의 제한적 속죄를 믿는 동시에 복음을 전해야 하고, 또 우리가 예수 그리스도의 제한적 속죄를 믿기 때문에, 우리는 전도할 때에 오히려 더욱 담대히, 낙심치 않고 복음을 전할 수 있는 것이다. 이와 같이, 예수 그리스도 의 제한적 속죄의 진리는 성경에 풍성한 근거가 있고 또 논리적이다.

5부: 구원론

구원론(Soteriology)은 성령께서 그리스도의 속죄사역을 하나님의 택하신 자들에게 적용하시는 과정에 대해 정리한다. 그것은 성령님의 사역론이다. 구원에 관한 진리는 구원의 필요성과 구원의 방법과 구원의 결과 등의 주제들을 포함한다. 이 주제들은 하나님의 복음의 내용이다. 이 셋 중에, 구원의 필요성은 신론과 인간론에서, 구원의 방법의 일부인 선택과 속죄는 신론과 기독론에서 다루어졌다. 구원의 방법의 나머지는 구원론에서, 구원의 결과는 교회론과 종말론에서 다루어질 것이다. 구원론의 주요 주제는 하나님의 은혜, 부르심, 신비적 연합, 중생(重生), 회개와 믿음, 칭의(稱義), 양자(養子), 성화(聖化), 성도의 견인(堅忍)과 영화(榮化) 등을 포함한다.

구원론의 주요 주제들

1. 하나님의 은혜
2. 부르심과 신비적 연합
3. 중생(重生)
4. 회개와 믿음
5. 칭의(稱義)와 양자(養子)
6. 성화(聖化)
7. 성도의 견인(堅忍)과 영화(榮化)

1. 하나님의 은혜

사람의 구원은 하나님의 은혜에서 나온다. 하나님의 은혜란 하나님께서 사람에게 값없이 베푸시는 호의를 가리킨다. 하나님의 은혜를 말할 때, 하나님의 일반은혜와 특별은혜를 구분하는데, 일반은혜(common grace)는 하나님의 선택 여부와 관계없이 모든 사람들에게 일반적으로 베푸시는 은혜를 가리키며, 특별은혜(special grace)는 하나님께서 택하신 자들에게 주시는 구원의 은혜를 가리킨다.

초대교회의 펠라기우스(Pelagius)는 성령께서 사람의 의지에 직접 역사하지 않으시고 간접적으로만 역사하신다고 주장했으나, 어거스틴(Augustine)은, 원죄와 사람의 전적인 부패성과 무능력에 대한 교리와 더불어, 구원에 있어서의 성령님의 주권적 활동을 주장하였다.

중세 신학자들은 구원에 있어서의 하나님의 주권적 활동을 인정하는 어거스틴주의를 취하든지, 구원을 하나님과 사람의 협력의 결과로 보는 반(半)펠라기안주의(Semi-Pelagianism)를 취했고, 거기에 더해 하나님의 은혜가 성례를 통해 주입된다는 성례주의를 발전시켰다.

16세기 종교개혁자 루터와 칼빈은 어거스틴이 주장한 성경적 은혜의 개념으로 돌아갔고 성례주의를 배격했다. 그러나 후에 루터파는 루터의 입장을 떠나 반(半)펠라기안주의적 신인협력설(神人協力說)의 경향을 보였다. 개혁교회는 성경적 은혜의 개념을 보존하였다. 칼빈은 또 하나님의 일반은혜와 특별은혜를 구별했다. 유아세례를 부정했던 재세례파(再洗禮派, Anabaptists)는 일반은혜를 부정했고, 자연과 은혜를 대립시켰고 자연 질서를 불결하다고 보았다.

17세기 알미니안주의(Arminianism)는 하나님께서 모든 사람에게 회개와 구원을 위해 충족한 은혜를 주신다고 주장했다. 그들은 일반은혜와 특별은혜를 구별하지 않았고, 하나님께서 모든 사람에게 주신 충족한 은혜가 곧 일반은혜요 구원하시는 은혜라고 보았고, 만일 이 충족한 은혜가 구원의 은혜가 아니라면 그것은 은혜가 아닐 것이라고 보았다. 따라서 사람의 회개의 원인은 성령님과 협력하는 사람 자신의 의지뿐이라고 한다. 이것은 반(半)펠라기안주의와 똑같은 신인협력설이다. 개혁교회의 도르트 회의는 알미니안주의를 정죄하고 사람의 구원에 하나님의 주권적, 단독적 사역을 고백하였다.

일반은혜

하나님의 일반은혜는 몇 가지 점들에서 고찰될 수 있다.

첫째로, 하나님께서는 모든 사람에게 여러 가지 자연적 혜택들을 주신다. 그는 모든 사람에게 생명과 호흡을 주신다. 사도행전 17:25, "만민에게 생명과 호흡과 만물을 친히 주시는 자." 그는 선인과 악인에게 햇빛과 비를 주신다. 마태복음 5:45, "하나님께서 그 해를 악인과 선인에게 비취게 하시며 비를 의로운 자와 불의한 자에게 내리우심이니라." 그는 또 모든 사람에게 때를 따라 먹을 것을 주시며 여러 식물로 사람의 마음에 기쁨과 만족을 주신다. 사도행전 14:17, "너희에게 하늘로서 비를 내리시며 결실기를 주시는 선한 일을 하사 음식과 기쁨으로 너희 마음에 만족케 하셨느니라."

둘째로, 하나님께서는 모든 사람에게 지혜와 재능을 주심으로써 문화적 혜택을 누리게 하신다. 그는 첫 사람 아담과 하와에게 생육하고 번성하여 땅에 충만하며 '땅을 정복하라'고 명령하셨다(창 1:28). 사람은 하나님께로부터 이런 문화 명령을 받아 땅을 정복하며 문화와 문명을 건립했다. 가인의 자손들 가운데 야발은 목축을 시작했고, 유발은 악기들과 음악을, 두발가인은 철공업을 개발했다(창 4:20-22). 하나님께서는 사람들에게 지혜의 영을 주셔서 아론의 옷을 만들게 하셨고(출 28:3) 브사렐과 오홀리압을 세워 성막의 기구들을 만들게 하셨다(출 31:1-11). 우리가 누리는 주택, 전기와 수도, 교통과 통신, 출판, 의술 등의 문화적 혜택들은 다 하나님의 일반은혜이다.

셋째로, 하나님께서는 모든 사람에게 종교심, 즉 하나님에 대한 약간의 지식과 생각을 주셨다. 사도행전 17:27, "이는 사람으로 하나님을 혹 더듬어 찾아 발견케 하려 하심이로되 그는 우리 각 사람에게서 멀리 떠나 계시지 아니하도다." 로마서 1:19, "이는 하나님을 알 만한 것이 저희 속에 보임이라."

넷째로, 하나님께서는 모든 사람에게 도덕의식을 주셨다. 그것은 사람의 양심에서 나타나며 역사 속에서 하나님의 선악 보응의 일들을 통해 강화된다. 양심은 사람의 마음 속에 기록해 두신 하나님의 율법이다(롬 2:14-15). 사도행전 28:3-4에 보면, 멜리데 섬의 토인들 속에도 살인자는 공의의 보응을 받는다는 도덕의식이 있었다. 세상의 정부들이나 사회적 여론은 사람들의 도덕의식을 반영한다. 로마서 13:3-4, "그[세상 관원]는 하나님의 사자가 되어 네게 선을 이루는 자니라," "그가 공연히 칼을 가지지 아니하였으니 곧 하나님의 사자가 되어 악을 행하는 자에게 진노하심을 위하여 보응하는 자니라."

이런 종교심과 도덕 의식 때문에, 사람들은 세상에서 어느 정도 선과 의를 행하며 이 세상의 악들은 어느 정도 억제되고 극단적 부패나 혼란이 방지되고 세상에 대한 하나님의 심판도 어느 정도 지연된다.

특별은혜

하나님의 특별은혜는 하나님께서 택하신 자들에게 주시는 구원의 은혜이다. 인류가 범죄한 후, 창조주 하나님께서 세상에서 하시는 일들 중 가장 중요한 일은 죄인들을 구원하시는 일이다. 우리는 하나님의 은혜로 구원을 얻었다(엡 2:8-9).

죄인들을 구원하시는 일은 삼위일체이신 하나님께서 하시는 일이다. 하나님께서는 만세 전에 인류 중에서 구원하실 대상들을 택하셨고 하나님의 아들께서는 아버지의 뜻을 따라 세상에 사람으로 오셔서 속죄제물로 십자가에 죽으심으로 그들을 위한 속죄를 이루셨고, 성령께서는 그 속죄사역에 근거하여 죄인들을 실제로 구원해내신다.

그러므로 오늘날 죄인들의 구원은 성령께서 하시는 일이다. 성령께서 이 세상에 오셔서 하시는 주된 일은 죄인들을 구원하시는 일이다. 그 일은 죄인들을 불러 중생시키는 일로부터 구원 얻은 자들을 성화시켜 온전함에 이르게 하는 일 전체를 포함한다. 성도들의 구원의 전 과정은 성령님의 활동이다. 구원론은 성령님의 사역론이다.

성경은 성령께서 죄인들을 구원하시는 일을 성령님의 세례, 성령님의 인치심, 성령님의 내주(內住)하심, 성령님의 교통, 성령님의 인도하심, 성령님의 충만하심 등의 말들로 표현한다.

성령님의 세례

성령께서 죄인들을 구원하시는 일은 성령님의 세례라는 말로 표현된다. 사도 바울은 고린도전서 12:13에서 "우리가 유대인이나 헬라인이나 종이나 자유자나 다 한 성령님으로 세례를 받아 한 몸이 되었고 또 다 한 성령님을 마시게 하셨느니라"고 말했다.

세례(洗禮)는 씻는 예식이라는 뜻이다. 성령님의 세례는 성령께서 죄인들을 불러 죄를 깨닫고 회개시키고 구주 예수 그리스도를 믿음으로 죄씻음을 얻게 하시고 새 생명을 주시는 것을 가리킨다. 그것은 우리의 죽었던 영혼이 죄씻음을 통해 다시 살아나는 중생(重生) 사건이다. 죄씻음을 의미하는 물세례는 성령님의 세례를 상징한다.

사도 바울은 우리가 성령님으로 세례 받아 한 몸이 되었다고 말한다. 우리는 성령님의 활동으로 중생할 때 예수 그리스도의 몸된 교회에 편입된다. 이것을 신비적 연합이라고 부른다. 주 예수 그리스도를 믿고 구원 얻은 모든 성도는 예수 그리스도 안에서 한 몸을 이루며 머리 되신 예수 그리스도와 신비적 연합을 이루는 것이다.

성령님의 세례를 받은 자는 성령님을 모시게 된다. 바울은 우리가 성령님으로 세례를 받아 한 몸이 되었고 또 다 한 성령님을 마시게 하셨다고 말한다. 우리가 성령님의 세례를 받을 때 하나님 자신께서 우리 속에 들어오시는 것이다. 성령께서 우리의 옛 죄악들을 깨끗케 하시는 것도 놀라운 은혜인데 우리가 하나님의 영, 곧 성령님을 모시게 되는 것은 말할 수 없는 특권이며 복이다.

성령님의 인치심

성령께서 죄인들을 구원하시는 일은 성령님의 인치심이라는 말로도 표현된다. 사도 바울은 에베소서 1:13-14에서 "그[그리스도] 안에서 너희도 진리의 말씀 곧 너희의 구원의 복음을 듣고 그 안에서 또한 믿어[그를 혹은 그것을 믿어] 약속의 성령님으로 인치심을 받았으니 이는 우리의 기업에 보증이 되사 그 얻으신 것을 구속(救贖)하시고 그의 영광을 찬송하게 하려 하심이라"고 말했다.

인치심은 보증을 의미한다. 집 매매 계약을 하는 사람은 계약서에 도장을 찍는다. 도장은 문서를 인정하는 표이다. 우리가 예수 그리스도를 믿을 때 성령께서 우리 속에 오시는 것은 우리의 구원에 대한 하나님의 보증, 즉 우리가 죄씻음의 구원과 영생을 얻었고 하나님의 자녀가 되었고 천국을 기업으로 받을 것이라는 확증이다.

성령님의 내주(內住)하심

성령께서 죄인들을 구원하시는 일은 성령님의 내주(內住)하심이라는 말로도 표현된다. 성령님의 세례와 성령님의 인치심과 성령님의 내주(內住)하심은 동일한 사건이다. 이것은 사람이 구원을 얻을 때 일어나는 일이다. 요한복음 14:16-17에 보면, 주께서는 "내가 아버지께 구하겠으니 그가 또다른 보혜사[위로자]를 너희에게 주사 영원토록 너희와 함께 있게 하시리니 저는 진리의 영이라. 세상은 능히 저를 받지 못하나니 이는 저를 보지도 못하고 알지도 못함이라. 그러나 너희는 저를 아나니 저는 너희와 함께 거하심이요 또 너희 속에 계시겠음이라"고 말씀하셨다. 예수께서 승천하신 지 40일 후 보혜사 성령께서 오셨다(행 2장). 성령께서는 보혜사, 곧 위로자와 돕는 자로 이 세상에 오셨고 그 후에 영원히 믿는 성도들 속에 거하시는 것이다.

사도 바울은 로마서 8:9에서 "만일 너희 속에 하나님의 영께서 거하시면 너희가 육신에 있지 아니하고 성령님 안에 있나니 누구든지 그리스도의 영이 없으면 그리스도의 사람이 아니라"고 말했다. 모든 그리스도인은 다 그리스도의 영을 모신 자이다. 고린도전서 12:3, "그러므로 내가 너희에게 알게 하노니 하나님의 영으로 말하는 자는 누구든지 예수님을 저주받은 자라 하지 않고 또 성령님으로 아니하고는 누구든지 예수님을 주님이시라 할 수 없느니라." 로마서 8:15-16, "너희는 다시 무서워하는 종의 영을 받지 아니하였고 양자의 영을 받았으므로 아바 아버지라 부르짖느니라. 성령께서 친히 우리 영으로 더불어 우리가 하나님의 자녀인 것을 증거하시나니."

이것은 구약 예언의 성취이었다. 에스겔 36:27, "내 영을 너희 속에 두어 너희로 내 율례를 행하게 하리니 너희가 내 규례를 지켜 행할지라." 요엘 2:28-29, "그 후에 내가 내 영을 만민에게 부어 주리니 너희 자녀들이 장래 일을 말할 것이며 너희 늙은이는 꿈을 꾸며 너희 젊은이는 이상(異像)을 볼 것이며 그때에 내가 또 내 영으로 남종과 여종에게 부어줄 것이라."

성령님의 교통

성도는 또한 성령님의 교통하심을 받는다고 표현된다. 사도 바울은 고린도후서 13:13에서 "주 예수 그리스도의 은혜와 하나님의 사랑과 성령님의 교통하심이 너희 무리와 함께 있을지어다"라고 말했다.

성령께서는 성도 속에 거하시며 감화하시고 감동하시고 위로하신다.

주께서는 "보혜사 곧 아버지께서 내 이름으로 보내실 성령 그가 너희에게 모든 것을 가르치시고 내가 너희에게 말한 모든 것을 생각나게 하시리라"고 말씀하셨고(요 14:26), "성령께서 오셔서 죄에 대하여, 의에 대하여, 심판에 대하여 세상을 책망하시리라"고 말씀하셨고, 또 "진리의 성령께서 오시면 그가 너희를 모든 진리 가운데로 인도하시리라"고 하셨다(요 16:8, 13). 성령께서는 우리에게 진리를 가르치시고 깨닫게 하시고 우리를 모든 진리 가운데로 인도하신다.

사도 바울은 고린도후서 6:6에서 '성령님의 감화'라는 말을 했다. 또 그는 에베소서 4:30에서는 "성령님을 근심하게 하지 말라"고 말했다. 또 그는 데살로니가전서 5:19에서는 "성령님을 소멸치 말라"고 말했다. 이 말씀들은 다 성령께서 우리 속에 계셔서 활동하심을 말한다. 성령께서는 우리 속에 거하시며 우리와 친밀한 교제를 나누기를 원하신다. 그는 성경말씀으로 우리를 깨우치시며 감화 감동하시며 위로하신다. 우리는 그의 친밀한 교제를 물리치지 말고 항상 응답해야 하고 그를 근심시키거나 그의 감동을 소멸시키지 말아야 한다.

성령님의 인도하심

성도는 또한 성령님의 인도하심을 받는다고 표현된다. 사도 바울은 로마서 8:13-14에서 "너희가 육신대로 살면 반드시 죽을 것이로되 성령님으로 몸의 행실을 죽이면 살리니 무릇 하나님의 영으로 인도함을 받는 그들은 곧 하나님의 아들이라"고 말했다. '육신'은 죄악된 몸을 가리킨다고 본다. 구원 얻은 성도는 우리에게 남은 죄성을 따라 살아서는 안 되고 하나님의 영의 인도하심을 따라 살아야 한다.

사도 바울은 로마서 8:1, 4, 6에서도 "그러므로 이제 그리스도 예수 안에 있는 자 [곧 육신을 좇지 않고 성령님을 좇아 행하는 자들](전통 본문)에게는 결코 정죄함이 없나니," "육신을 좇지 않고 성령님을 좇아 행하는 우리에게 율법의 요구를 이루어지게 하려 하심이니라,"
"육신의 생각은 사망이요 성령님의 생각은 생명과 평안이니라"고 말
했다. 성도는 몸의 죄성을 따라 살지 않고 성령님을 따라 사는 자들
이며 그때 율법을 행할 수 있고 그 결과는 영원한 생명과 평안이다.

이것은 성화(聖化)의 방법이다. 갈라디아서 5:16도 "내가 이르노니
너희는 성령님을 좇아 행하라. 그리하면 육체의 욕심을 이루지 아니
하리라"고 말했다. 이것은 에스겔 36:27에 예언된 바다. 거기에 보면,
하나님께서는 "내 영을 너희 속에 두어 너희로 내 율례를 행하게 하
리니 너희가 내 규례를 지켜 행할지라"고 말씀하셨다. 성도는 성령님
의 인도하심을 따라 살므로 율법을 지키고 성화를 이루게 된다. 이와
같이 성도의 성화(聖化)는 성령께서 우리 속에서 이루시는 일이다.

우리 속에 계신 성령께서는 우리의 지정의(知情意)를 주관하신다.
특히 그는 우리의 마음에 선한 소원을 주시고 우리의 길을 인도하신
다. 사도 바울은 빌립보서 2:13에서 "너희 안에서 행하시는 이는 하나
님이시니 자기의 기쁘신 뜻을 위하여 너희로 소원을 두고 행하게 하
시느니라"고 말했다. 우리가 세상적 욕심을 따라 품는 소원이 아니고
하나님의 영광과 교회와 하나님의 일을 위해 품는 선한 소원은 우리
안에 계신 성령께서 주시는 소원일 것이다. 우리는 성경말씀의 교훈
과 성령님의 감동 속에서 우리의 선한 소원을 하나님께 아뢰고 하나
님의 선한 인도하심을 받아 그 소원을 이루게 될 것이다.

성령님의 충만하심

성도는 또한 성령님의 충만하심을 얻어야 한다. 사도 바울은 에베
소서 5:18에서 "술 취하지 말라. 이는 방탕한 것이니 오직 성령님의
충만을 받으라(플레루스데 πληροῦσθε, 현재 수동태 명령법)[계속 혹
은 반복해서 충만을 받으라]"고 교훈했다. 성령께서 우리 안에 계시
지만, 우리의 심령이 무지하고 완고하여 하나님의 뜻과 그의 말씀을

잘 깨닫지 못하고 그 뜻에 즐거이 순종하지 못하는 경우가 많다. 우리가 하나님과 예수님을 믿는다고 하지만 우리의 믿음은 너무 보잘 것없고 연약하다. 또 우리 마음은 약해서 세상의 부귀 영광 권세를 작게 여기거나 세상의 악의 세력과 마귀 시험을 대항하여 의와 선을 행하거나 하나님의 복음을 사람들에게 담대히 전할 능력이 없다.

이럴 때마다 성령님의 충만이 필요하다. 성령님의 충만은 목마른 사람이 물을 충분히 마셔 목마르지 않음과 같다. 예수께서는 성령님을 물로 비유하셨다. 요한복음 7:37-39, "명절 끝날 곧 큰 날에 예수께서 서서 외쳐 말씀하시기를 누구든지 목마르거든 내게로 와서 마시라. 나를 믿는 자는 성경에 이름과 같이 그 배에서 생수의 강이 흘러나리라 하시니 이는 그를 믿는 자의 받을 성령님을 가리켜 말씀하신 것이라. (예수께서 아직 영광을 받지 못하신 고로 성령께서 아직 저희에게 계시지 아니하시더라)." 고린도전서 12:13, "우리가 유대인이나 헬라인이나 종이나 자유자나 다 한 성령님으로 세례를 받아 한 몸이 되었고 또 다 한 성령님을 마시게 하셨느니라."

성령께서 우리 안에 계시지만, 우리의 무지하고 연약하고 죄악된 생각과 감정과 의지는 성령님의 활동들을 방해한다. 그리하여 우리는 성령님을 근심시키기도 하고 소멸시키기도 하고 성령께서 주시는 기쁨과 평안을 잃어버리기도 한다. 그러나 우리가 성령님의 충만을 입으면, 성령께서 우리의 영육의 모든 기능들을 주장하셔서 우리의 무지와 연약과 죄성을 이기게 하시고 우리로 하나님의 뜻을 즐거이 행하며 그가 주시는 기쁨과 평안과 능력을 풍성히 누리게 하신다.

그러므로 성령님의 충만은 모든 성도가 성화의 삶을 위해 필요하다. 우리는 성령님의 충만을 입으면 그의 큰 도우심을 받게 될 것이며 특히 교회 직분자들의 전도와 봉사의 일을 위해 필요하다. 누가복음 24:49, "볼지어다, 내가 내 아버지의 약속하신 것을 너희에게 보내

리니 너희는 위로부터 능력을 입히울 때까지 이 성에 유하라." 사도
행전 1:8, "성령께서 너희에게 임하시면 너희가 권능을 받고 예루살
렘과 온 유대와 사마리아와 땅끝까지 이르러 내 증인이 되리라." 성
령님의 충만을 받은 사도들과 성도들은 담대히 말씀을 전파하였다.
사도행전 4:8, 31, "이에 베드로가 성령님이 충만하여 말하기를 백성
의 관원과 장로들아," "빌기를 다하매 모인 곳이 진동하더니 무리가
다 성령님이 충만하여 담대히 하나님의 말씀을 전하니라."

　성령님의 충만은 어떤 이상한 체험이 아니고, 성도의 정상적 경건
생활의 과정이다. 성도들은 그의 모든 죄악과 연약을 철저히 고백하
고 버리며 예수 그리스도의 대속(代贖)의 의만 믿고 의지하며 하나님
께 간절히 기도하고 하나님의 말씀을 묵상하며 순종할 때 성령님의
충만함을 받게 된다고 본다. 성도들 안에 거하시는 성령께서는 정상
적으로 말하면 성도들 속에서 충만히 활동하실 것이다. 단지 우리가
믿음 없이 행하거나 범죄하면 성령께서는 우리 속에서 근심하시고
(엡 4:30) 성령님의 감동은 소멸될 수 있을 것이다(살전 5:19). 그러므
로 우리는 철저히 회개하고 또 성령님의 충만하심을 사모해야 한다.

　우리의 구원은 하나님의 특별은혜로 성령님의 활동으로 시작되었
고 진행되고 완성된다. 하나님의 은혜와 성령님의 활동이 아니고서
는 아무도 구원을 얻을 수 없다. 성령께서는 우리 속에 오셔서 우리
의 죄를 정결케 하셨다. 그것이 성령님의 세례이다. 우리는 성령님의
인치심을 받았다. 그것은 죄씻음과 구원과 영생과 하나님의 자녀 됨
과 천국 기업을 받음의 보증이다. 또 성령께서는 우리 안에 영원히
거하신다. 그는 우리의 위로자로 우리 안에 거하신다. 구원 얻은 성도
는 또 성령님의 교통하심을 체험하며 산다. 또 우리는 성령님의 인도
하심을 받는다. 그것이 성화의 방법이다. 또 우리는 성령님의 충만을
받아 기쁨과 평안을 누리고 능력 있는 봉사자가 되어야 한다.

2. 부르심과 신비적 연합

구원의 순서

하나님의 은혜로 받는 구원은 크게 말하면 하나님의 예정하심과 예수 그리스도의 속죄 사역과 성령께서 택자들에게 그리스도의 속죄를 적용하심으로 이루어진다. 로마서 8:30은 예정된 자들의 구원을 부르심, 칭의(稱義), 영화(榮化)로 표현했다. 구원의 과정을 좀더 자세히 구분하면, 부르심, 신비적 연합, 중생, 회개와 믿음, 칭의, 양자(養子), 성화(聖化), 성도의 견인(堅忍), 영화 등으로 말할 수 있다.

천주교회는 구원의 은혜를 셋으로 나누었다. 첫째는 하나님께서 사람의 마음에 깨달음을 주시고 의지를 새롭게 하시는 충족 은혜이며 사람이 이 은혜에 저항할 수 있다고 보았다. 둘째는 사람이 하나님과 협력하여 그의 말씀을 믿고 자신의 죄악을 깨닫고 그의 긍휼을 바라고 그를 사랑하고 죄를 미워하며 그의 계명을 순종하려고 결심하고 세례를 받는 협력 은혜이다. 셋째는 세례를 통해 초자연적 덕성이 주입되는 은혜이다. 이 은혜로 사람이 중생하고 의로움을 얻는다고 한다. 그 의로움은 순종과 선행으로 보존되고 불신앙과 죽음에 이르는 죄로 잃어버릴 수 있지만 고해성사(告解聖事)와 관면(寬免)과 보속(補贖)으로 다시 얻을 수 있다고 한다. 관면(寬免)은 죄책과 영원한 형벌을 제거하고 보속(補贖)은 현세적 형벌을 제거한다고 한다.

루터교회는 구원의 순서를 외적 부르심, 깨닫게 하심, 회개, 중생(重生), 믿음, 칭의(稱義), 양자(養子), 신비적 연합, 성화(聖化), 보전 등으로 본다. **알미니안파**는 구원의 순서를 외적 부르심, 회개(복음에 대한 순종), 믿음, 칭의(稱義), 중생(重生), 성화(계속 순종할 때), 성도의 견인(믿고 순종할 때만) 등으로 본다.

부르심

사람의 구원은 하나님의 부르심으로 표현되었다. 로마서 1:6-7, "너희도 그들 중에 있어 예수 그리스도의 것으로 부르심을 입은 자니라. 로마에 있어 하나님의 사랑하심을 입고 성도로 부르심을 입은 모든 자에게." 로마서 8:30, "미리 정하신 그들을 또한 부르시고." 고린도전서 1:9, "너희를 불러 그의 아들 예수 그리스도 우리 주로 더불어 교제케 하시는 하나님께서는 . . ." 베드로후서 1:10, "너희 부르심과 택하심을 굳게 하라."

외적 부르심

하나님께서는 복음으로 모든 사람을 부르신다. 이것은 하나님의 **외적 부르심**이라고 표현될 수 있다. 마가복음 16:15, "온 천하에 다니며 만민에게 복음을 전파하라." 예수께서는 구원을 잔치의 초청으로 비유하셨다. 마태복음 22:1-2, "천국은 마치 자기 아들을 위하여 혼인 잔치를 베푼 어떤 임금과 같으니 그 종들을 보내어 그 청한 사람들을 혼인 잔치에 오라 하였더니 오기를 싫어하거늘." 마태복음 22:9, "사거리 길에 가서 사람을 만나는 대로 혼인 잔치에 청하여 오너라." 마태복음 22:14, "청함을 받은 자는 많되 택함을 입은 자는 적으니라." 누가복음 14:16, "어떤 사람이 큰 잔치를 베풀고 많은 사람을 청하였더니." 누가복음 14:23, "주인이 종에게 말하기를 길과 산울가로 나가서 사람을 강권하여 데려다가 내 집을 채우라."

이 부르심은 세상 모든 사람들에게 차별 없이 주어진다. 마태복음 11:28, "수고하고 무거운 짐 진 자들아, 다 내게로 오라." 이사야 55:1, "너희 목마른 자들아, 물로 나아오라. 돈 없는 자도 오라." 요한계시록 22:17, "목마른 자도 올 것이요 또 원하는 자는 값없이 생명수를 받으라." 마가복음 16:15, "온 천하에 다니며 만민에게 복음을 전파하라." 율법의 기본적 요청처럼, 하나님께서는 모든 사람에게 회개하고 구원을 얻으라고 부르시며 초청하신다.

하나님의 택하신 자들은 이 부르심을 받고 구원을 얻는다. 마가복음 16:15-16, "너희는 온 천하에 다니며 만민에게 복음을 전파하라. 믿고 세례를 받는 사람은 구원을 얻을 것이요." 로마서 10:17, "믿음은 들음에서 나며 들음은 하나님의 말씀으로 말미암았느니라."

그러나 외적 부르심은, 비록 구원 얻으라는 부르심이기는 하지만, 하나님의 택함을 받지 못한 자들에게는 구원하는 부르심은 아니다. 외적 부르심은 그들에게 하나님의 긍휼과 오래 참으심을 나타낼 뿐이다. 로마서 2:4-5, "네가 하나님의 자비하심이 너를 인도하여 회개케 하심을 알지 못하여 그의 자비하심과 용납하심과 길이 참으심의 풍성함을 멸시하느뇨?"

초대교회의 펠라기우스는 하나님의 외적 부르심이 사람의 완전한 자유 의지의 응답으로 효력 있게 된다고 보았다. 중세시대의 반(半)펠라기안파(천주교 신학자들)나 종교개혁 이후의 알미니안파도 하나님의 외적 부르심이 사람의 협력으로 효력 있게 된다고 보았다. 그러나 성경이 사람의 전적 부패와 무능력을 증거하기 때문에, 하나님의 외적 부르심은 사람의 심령 속에 일하시는 하나님의 특별한 은혜와 성령님의 활동이 없이는 효력을 가질 수 없다는 것이 분명하다.

내적 부르심(효력 있는 부르심)

성경이 사람의 구원을 하나님의 부르심으로 표현하는 것은 단지 외적 부르심이 아니고 하나님께서 택하신 죄인들을 구원에 이르도록 효력 있게 부르시는 것을 의미한다. 이것은 하나님의 **내적 부르심**이라고 표현될 수 있다. 웨스트민스터 신앙고백과 대소요리문답은 이것을 '**효력 있는 부르심**'이라고 표현하였다. 이 부르심은 중생(重生)과 동일한 사건이라고 볼 수 있다.

웨스트민스터 소요리문답 제31문답, "효력 있는 부르심이란 하나님의 영께서 하시는 일인데, 그것에 의해 그는 우리의 죄와 비참을 깨닫게 하시고, 우리의 마음을 밝혀 그리스도를 알게 하시고, 우리의 의지를 새롭게 하시고, 우리를 권면하사 복음 안에서 값없이 주시는 예수 그리스도를 믿을 수 있게 하십니다."

하나님의 내적 부르심은 주권적이다. 그것은 '성령님의 불가항력적(不可抗力的)[저항할 수 없는] 은혜'라고 불린다. 하나님께서 은혜 주셔서 구원하려고 부르시고 이끄시면 죄인들은 그에게로 나아와 믿고 구원 얻을 것이다. 요한복음 6:44, "나를 보내신 아버지께서 이끌지 아니하면 아무라도 내게 올 수 없으니." 또 이 부르심은 불변적이다. 그가 한번 불러 구원하시면 그 구원은 확실하다. 로마서 8:30, "미리 정하신 그들을 또한 부르시고 부르신 그들을 또한 의롭다 하시고 의롭다 하신 그들을 또한 영화롭게 하셨느니라."

신비적 연합(mystical union)

사람의 구원은 또한 예수 그리스도와의 연합으로 표현된다. 그것은 '예수 그리스도와의 신비적 연합'이라고 불린다. 예수 그리스도와의 영적, 신비적 연합은 구원 얻은 자들이 성령님의 초자연적 활동으로 예수 그리스도와 영적으로 연합되는 것을 가리킨다. 예수 그리스도와의 영적 연합은 죄로 인하여 잃어버렸던 하나님의 생명을 다시 얻고 그 생명 안에 포함된 모든 복과 특권을 회복하는 것이다.

어떤 이들은 신비적 연합을 구원 과정 전체의 기초로 보지만, 다른 이들은 이것을 부르심이나 중생(重生)과 동일한 사건으로 본다. 벌코프는 말하기를, "신비적 연합은 중생과 칭의(稱義)보다 논리적으로 선행하나, 시간적으로는 동시적이다"라고 한다. 예수 그리스도와의 영적, 신비적 연합으로 구원의 충만한 복이 성도들에게 전달된다.

성례주의는 예수 그리스도와의 연합이 성찬에서 그의 몸과 그의 피를 먹고 마심으로써 이루어진다고 생각한다. 그러나 그것은 성경의 영적 의미를 문자적으로 잘못 이해한 것이다. **소시니안파**는 예수 그리스도와의 연합을 선생과 제자, 혹은 친구들 사이의 사랑의 교제 같은 정도로 생각한다. **신비주의**는 예수 그리스도와의 연합을 그와의 육신적 연합으로 생각하는 경향이 있다. 거기에서는 예수 그리스도와 성도들 간의 인격적 구별이 없어진다. 그러나 **개혁교회**는 예수 그리스도와의 연합을 예수 그리스도와 성도들 간의 영적이며 신비적인 연합, 그러나 인격적 구별이 있는 연합이라고 생각한다.

성경적 근거

성경은 성도와 예수 그리스도의 연합을 여러 구절들에서 증거한다.

<u>첫째로, 성경은 예수 그리스도와 성도들의 연합을 포도나무와 몸의 비유로 말한다.</u> 요한복음 15:5, "나는 포도나무요 너희는 가지니." 로마서 6:3, "무릇 그리스도 예수와 합하여(에이스 εἰς)(into) 세례를 받은 우리는 그의 죽으심과 합하여 세례 받은 줄을 알지 못하느뇨?" 고린도전서 12:13, "우리가 유대인이나 헬라인이나 종이나 자유자나 다 한 성령님으로 세례를 받아 한 몸(그리스도의 몸)이 되었고." 에베소서 1:22-23, "그(그리스도)를 만물 위에 교회의 머리로 주셨느니라. 교회는 그의 몸이니 만물 안에서 만물을 충만케 하시는[자신을 위해 완성시키시는] 자의 충만[완성]이니라."

<u>둘째로, 성경은 예수 그리스도께서 성도들 안에 계신다고 말한다.</u> 성도들은 예수 그리스도께서 성령님으로, 영으로, 생각으로, 정신으로, 마음으로, 말씀으로 그들 속에 계심을 인정한다. 요한복음 15:4-5, "나도 너희 안에 거하리라. . . . 내가 저 안에 있으면." 로마서 8:9-10, "누구든지 그리스도의 영께서 계시지 않으면 그리스도의 사람이 아니라. 또 그리스도께서 너희 안에 계시면 몸은 죄로 인하여 죽은 것

이냐." 고린도후서 13:5, "예수 그리스도께서 너희 안에 계신 줄을 너희가 스스로 알지 못하느냐?" 갈라디아서 2:20, "이제는 내가 산 것이 아니요 내 속에 그리스도께서 사신 것이라." 빌립보서 1:21, "내게 사는 것이 그리스도니." 골로새서 1:27, "너희 안에 계신 그리스도, 곧 영광의 소망." 이 신비적, 영적 연합은 참으로 놀라운 복이다.

셋째로, 성경은 또한 성도들이 예수 그리스도 안에 있다고 말한다. 예수 그리스도 안에 있는 자들은 그의 사랑과 능력과 보호 안에 있다. 요한복음 15:4, "내 안에 거하라." 로마서 16:3, "그리스도 예수 안에서 나의 동역자들인 브리스가와." 고린도전서 3:1, "그리스도 안에서 어린아이들." 고린도전서 15:18, "그리스도 안에서 잠자는 자들." 고린도후서 5:17, "누구든지 그리스도 안에 있으면 새로운 피조물이라." 갈라디아서 1:22, "유대에 그리스도 안에 있는 교회들." 에베소서 3:6, "이방인들이 복음으로 말미암아 그리스도 예수 안에서 함께 후사가 되고 함께 지체가 되고 함께 약속에 참여하는 자가 됨이라." 빌립보서 4:21, "그리스도 예수 안에 있는 성도에게 각각 문안하라." 골로새서 1:28, "각 사람을 그리스도 안에서 완전한 자로 세우려 함이라." 데살로니가전서 2:14, "그리스도 예수 안에서 유대에 있는 하나님의 교회들." 데살로니가전서 4:16, "그리스도 안에서 죽은 자들." 성도들이 예수 그리스도 안에 있다는 것은 놀라운 사실이요 특권이다.

우리는 복음으로 부르심을 받았을 때 효력 있는 내적 부르심을 받아 주 예수 그리스도를 믿고 구원 얻었고, 예수 그리스도와 영적으로 신비적으로 연합되었다. 그는 참 포도나무이시며 우리는 그의 가지이며 그는 교회의 머리이시며 우리는 그의 몸의 지체들이다. 또 그는 지금 성령님으로 우리 안에 계시고 우리는 예수 그리스도 안에 있는 자들이 되었다. 우리는 이 놀라운 은혜를 하나님께 늘 감사해야 한다.

3. 중생(重生, 거듭남)

성경은 구원을 중생(重生, 거듭남)이라는 말로도 표현한다. 중생은 예수님 믿는 성도들이 이미 받은 은혜, 즉 구원의 과거적 단계이다.

중생(重生, 거듭남)의 의미

중생(重生, 거듭남)이란 죄로 인해 죽은 영혼이 다시 살아나는 것이다. 에베소서 2:1, "너희의 허물과 죄로 죽었던 너희를 살리셨도다." 모든 사람은 죄인이며 죄로 인해 영적으로 죽어 있기 때문에, 모든 사람에게 중생(거듭남)이 필요하다.

중생은 '하나님께로서 남,' '거듭남,' 혹은 '성령님으로 남'으로 표현된다. 요한복음 1:13, "오직 하나님께로서 난 자들이니라." 요한복음 3:3, "사람이 거듭나지 아니하면 하나님 나라를 볼 수 없느니라." 요한복음 3:5-6, "사람이 물과 성령님으로 나지 아니하면 하나님의 나라에 들어갈 수 없느니라. 육으로 난 것은 육이요 성령님으로 난 것은 영이니." 야고보서 1:18, "진리의 말씀으로 우리를 낳으셨느니라 (아페퀴에센 ἀπεκύησεν)." 디도서 3:5, "중생(重生)의(팔링게네시아스 παλιγγενεσίας) 씻음과 성령님의 새롭게 하심으로 하셨나니."

중생은 중생한 자의 이전 영혼이 새 영혼으로 교체되는 것은 아니라고 본다. 그는 여전히 그 자신이다. 또한 초대교회의 펠라기우스는 중생을 사람이 자기 생활과 습관을 도덕적으로 개선하는 행위 정도로 보았고 오늘날 자유주의 신학도 본질적으로 비슷한 견해를 가지지만, 중생은 영혼의 지정의의 기능들 중의 일부 혹은 전부가 단지 새로워지는 정도도 아니라고 본다. 죽은 영혼이 다시 산다는 것은 그 이상의 것을 의미한다고 본다. 그러나 중생은 중생한 자가 범죄할 수 없는 존재로 변화되는 사건은 아니다. 사람은 중생한 이후에도 여전히 죄를 짓는다. 그것은 성경도, 경험도 증거하는 바이다.

중생은 영혼의 지배적 성향의 근본적 변화이다. 벌코프는 중생을, "새 생명의 원리(principle)를 사람에게 심으심과 영혼의 지배적 성향(governing disposition)의 근본적 변화이며 그것은 성령님의 감동 아래 하나님을 향해 움직이는 생명이 된다"고 말한다. 중생 사건에서 성령께서는 영적으로 죽은 죄인들 속에 새 생명의 원리를 심으셨고, 죽었던 영혼이 다시 산 결과, 중생한 자의 영혼의 성향, 의향, 즉 마음이 근본적으로 새로워진다. 옛사람은 무지(無知)와 불결 가운데 있었으나, 중생한 사람은 비록 죄성(罪性)이 몸에 남아 있어 자주 실수하고 실패하기도 하지만(롬 7장) 그 영혼이 의를 지향하고 의만 지향한다. 그 성향은 다시 죄에 굴복할 수 없는 새 생명의 원리이다.

요한일서 3:9, "하나님께로서 난 자마다 죄를 짓지 아니하나니 이는 하나님의 씨가 그의 속에 거함이요 저도 범죄치 못하는 것은 하나님께로서 났음이라." 중생의 새 생명은 '하나님의 씨'로서 다시 범죄할 수 없는 원리라고 본다. 에스겔 36:26, "새 영을 너희 속에 두고 새 마음을 너희에게 주되 너희 육신에서 굳은 마음을 제하고 부드러운 마음을 줄 것이며." 에베소서 4:22-23, "유혹의 욕심을 따라 구습(舊習)을 좇는 옛사람을 벗어버리고 심령으로 새롭게 되어."

중생(重生)의 방법

중생의 방법은 오직 성령님에 의해서이다. 중생은 하나님의 단독적(單獨的, monergistic), 주권적 활동이다. 사람은 영적으로 죽어 있고 전적으로 부패되고 무능력해져 있다. 로마서 3:11, "깨닫는 자도 없고 하나님을 찾는 자도 없고." 예레미야 17:9, "만물보다 거짓되고 심히 부패한 것은 마음이라." 예레미야 13:23, "구스인이 그 피부를, 표범이 그 반점을 변할 수 있느뇨? 할 수 있을진대 악에 익숙한 너희도 선을 행할 수 있으리라." 죽은 영혼은 스스로 살아날 수 없고 성령님의 활동에 협력할 수도 없다. 죽은 영혼은 중생 시 스스로를 도울 수 없다. 중생에 있어서 그는 전적으로 피동적(被動的), 수동적(受動的)이다. 중생에 있어서 사람의 의지는 협력적 원인이 될 수 없다. 그것은 마치 예수께서 죽은 나사로를 '나사로야, 나오라'고 불러내실 때 죽은 나사로가 예수님의 음성을 들을 수 없고 협력할 수 없는 것과 똑같다. 선지자 에스겔이 에스골 골짜기의 마른 뼈들을 향해 대언할 때도 마른 뼈들이 무슨 역할을 할 수 없고 오직 하나님께서만 그것들을 다시 살아나게 하실 수 있었다(겔 37:1-6, 12-14).

에스겔 11:19, "내가 그들에게 일치한 마음을 주고 그 속에 새 영을 주며 그 몸에서 굳은 마음을 제하고 부드러운 마음을 주어서 내 율례를 좇으며 내 규례를 지켜 행하게 하리니." 요한복음 1:13, "이는 혈통으로나 육정으로나 사람의 뜻으로 나지 아니하고 오직 하나님께로서 난 자들이니라." 요한복음 3:5, "물과 성령님으로 나지 아니하면." '물과 성령님으로'(엑스 휘다토스 카이 프뉴마토스 ἐξ ὕδατος καὶ πνεύματος)라는 말은 중생에서 성령께서 원인자이심을 보인다. 에베소서 2:1, "[하나님께서] 허물들과 죄들로 죽었던 너희들을 살리셨도다." 에베소서 2:4-5, "긍휼에 풍성하신 하나님께서 우리를 사랑하신 그 큰 사랑을 인하여 허물로 죽은 우리를 그리스도와 함께 살리셨고." 에베소서 2:10, "우리는 그의 만드신 바라. 그리스도 예수 안에서 선한 일을 위하여 지으심을 받은 자니." 디도서 3:5, "[하나님께서] 우리를 구원하시되 . . . 중생(重生)의 씻음과 성령님의 새롭게 하심으로 하셨나니."

물론 하나님께서 단독으로 이 일을 하실 수 있는 것은 예수 그리스도의 속죄사역 때문이다. 사람을 중생시키시는 분은 하나님의 영 곧 성령님이시다. 성령께서 친히 예수 그리스도의 대속 사역을 죄인들에게 적용하시는 것이다. 죄인들은 예수 그리스도의 보혈로 죄 씻음을 받고 새 생명을 얻게 되는 것이다. 죄의 형벌은 죽음이며 죄씻음은 생명이다. 우리의 죄가 씻음을 받은즉 죽었던 영이 다시 살아나는 것이다. 베드로전서 1:3, "예수 그리스도의 죽은 자 가운데서 부활하심으로 말미암아 우리를 거듭나게 하사 산 소망이 있게 하시며." 요한복음 3:5, "사람이 물과 성령님으로 나지 아니하면." 에베소서 5:26, "물로 씻어 말씀으로 깨끗하게 하사." 히브리서 10:22, "우리가 마음에 뿌림을 받아 몸을 맑은 물로 씻었으니." 물은 예수 그리스도의 피로 죄를 씻는 것을 상징하며 그것은 세례 의식으로 표현된다.

중생은 하나님의 단독 사역이지만, 하나님께서는 사람을 중생시키실 때 주로 말씀을 사용하신다. 따라서 성경은 말씀을 중생의 수단으로 표현하기도 한다. 야고보서 1:18, "[하나님께서] 자기의 뜻을 좇아 진리의 말씀으로 우리를 낳으셨느니라." 베드로전서 1:23, "너희가 거듭난 것이 썩어질 씨로 된 것이 아니요 썩지 아니할 씨로 된 것이니, 하나님의 살아 있고 항상 있는 말씀으로 되었느니라." 유아들의 경우는 다르나, 성인들의 경우, 중생은 복음을 듣고 믿는 것과 동시적이다. 그러므로 우리편에서는 오직 전도에 힘써야 한다.

초대교회의 어거스틴은 중생이 마음의 시초적 변화로서 하나님의 단독적(單獨的) 사역이며 회심은 중생에 따라오는 것이라고 보았다. 종교개혁자 루터나 칼빈, 그리고 개혁신학도 중생을 하나님의 단독적 사역으로 보았다. 이런 사상이 성경적이다. 교회 역사상 어떤 이들은 중생을 하나님과 사람의 협력으로 되는 사건으로 보았다. 이런 견해를 반(半)펠라기안주의(Semi-Pelagianism) 혹은 신인협력설(神人協力說, synergism)이라고 부른다. 천주교회의 구원론이 그렇고 17세기의 알미니안주의도 비슷하다. 이런 사상은 비성경적이다. 천주교회는 또한 사람이 세례를 통해 부패성이 제거되고 의가 주입(注入)됨으로써 중생된다는 세례중생설을 주장한다. 물론 이런 성례주의적, 의식주의적 사상도 비성경적이다.

중생의 증거

중생의 증거는 회개와 믿음이다. 중생한 사람은 죄를 깨닫고 죄를 미워하고 죄로부터 돌이키며, 예수 그리스도를 자신의 구주로 영접하고 믿고 의지하게 된다. 회개와 믿음에 대해서는 다음에 자세히 살펴보기로 하며 여기에서는 성경적 근거 구절만 몇 개 들어본다.

요한일서 2:29, "너희가 그의 의로우신 줄을 알면 의를 행하는 자마다 그에게서 난 줄을 알리라." 요한일서 3:10, "이러므로 하나님의 자녀들과 마귀의 자녀들이 나타나나니 무릇 의를 행치 아니하는 자나 또는 그 형제를 사랑치 아니하는 자는 하나님께로서 나지 아니하였느니라." 요한일서 4:7, "사랑하는 자마다 하나님께로 나서 하나님을 알고." 요한복음 1:12-13, "영접하는[영접한] 자 곧 그 이름을 믿는 자들에게는 하나님의 자녀가 되는 특권을 주셨으니, 이는 혈통으로나 육정으로나 사람의 뜻으로 나지 아니하고 오직 하나님께로서 난 자들이니라." 유명한 요한복음 3:16도 요한복음 3:3, 5에 언급된 중생에 대한 진리와 관련해 생각하면, 중생으로 얻게 되는 영원한 새 생명이 예수 그리스도를 믿음으로 확증됨을 보인다. 요한일서 5:1, "예수께서 그리스도이심을 믿는 자마다 하나님께로서 난 자니."

그러므로 죄인들이 중생한 증거는 회개와 믿음이라고 요약해 말할 수 있다. 그러므로 사람들 중에 자신의 모든 죄를 회개하고 주 예수 그리스도를 자신의 구주와 주님으로 믿는 자는 구원 얻은 자요 중생한 자이지만, 자신의 모든 죄를 회개하지 않고 주 예수 그리스도를 믿지 않는 자는 구원 얻지 못한 자요 중생치 못한 자라고 보아야 할 것이다. 그러므로 사람에게 실제로 회개와 믿음이 중요하다.

중생한 영의 범죄 여부

중생한 영이 범죄치 않는다는 견해가 있는데, 그 견해를 요약하면 다음과 같다: "(1) 중생한 영은 예수 그리스도의 대속 사역으로 다시 살았으므로 그것이 범죄한다면 다시 죽어 그리스도의 대속이 무효가 될 것이다. 그러므로 중생한 영은 범죄할 수 없다. (2) 중생한 사람이 범죄하는 것은 영이 범죄하는 것이 아니고 심신(心身, 몸과 마음)이 범죄하는 것이다. 영과 심신(心身)은 분리해서 생각해야 하며 죄성은 심신에게만 있고 영은 완전 성결하다. (3) 믿는 사람에게 영의 구원은 이루어졌으나 육의 구원은 아직 안 이루어졌다. 그러므로 그의 심신은 중생한 영의 지배를 받아 날마다 새로워져야 한다."

이 견해는 주로 요한일서의 다음 몇 구절을 의지한다: 요한일서 3:6, "그 안에 거하는 자마다 범죄하지 아니하나니 범죄하는 자마다 그를 보지도 못하였고 그를 알지도 못하였느니라." 요한일서 3:9, "하나님께로서 난 자마다 죄를 짓지 아니하나니 이는 하나님의 씨가 그의 속에 거함이요 저도 범죄치 못하는 것은 하나님께로서 났음이라." 요한일서 5:18, "하나님께로서 난 자마다 범죄치 아니하는 줄을 우리가 아노라. 하나님께로서 나신 자가 저를 지키시매 악한 자가 저를 만지지도 못하느니라."

그러나 이 견해의 문제점은, 영과 마음이 별개의 존재로 분리될 수 없다는 데 있다. 전통적 개혁신학이 이해하는 대로, 사람은 영(프뉴마 πνεῦμα) 혹은 영혼(프쉬케 ψυχή)과, 육체(소마 σῶμα)의 두 실체로 구성되었고, 마음은 영의 기능이다. 육체는 물질적 실체이며 스스로 지정의(知情意)의 기능은 없다. 물론, 영육의 결합체로서의 사람의 마음은 순전히 영의 활동만은 아닐 것이다. 세상에 살아 있는 동안 사람의 마음은 육체와의 결합 속에서 생성된 마음이다. 사람이 죽기 전에는 영육의 존재적 분리는 불가능하며, 따라서 육체와 분리된 영

3. 중생(重生)

에 대해서 무엇을 논하는 것도 가능하지 않아 보인다.

또 주석적으로 볼 때, 요한일서의 구절들은 실상 중생한 영의 문제가 아니고, 중생한 사람의 문제이다. 더욱이, 만일 그 구절들이 중생한 영에 대해 말하고 있다면, 그것들은 요한일서 전체 교훈에 비추어 볼 때 필요성이 없다. 왜냐하면 요한일서는 중생한 성도가 의를 행하고 서로 사랑해야 할 것을 강조하고 있기 때문이다. 그러므로 중생한 영이 범죄하는가 하지 않는가 하는 문제는 요한일서의 교훈의 강조점에서 볼 때 의미가 없다. 실제적으로 중요한 것은 중생한 사람이 범죄치 않고 의를 행하는 것이다. 이것이 요한일서의 강조점이다.

그러므로 요한일서의 표현들은 헬라어 동사의 현재시제의 현재진행적, 반복적 의미로 보아야 한다(NIV 영어성경은 이 점에서 잘 번역했다고 본다). "그 안에 거하는 자마다 범죄하지 않는다"는 요한일서 3:6의 말씀은 주 안에 거하는 자, 즉 중생한 사람이 현재진행적으로 혹은 반복적으로 범죄하고 있을 수 없다는 뜻이다. 그는 잠시 넘어졌을지라도 즉시 일어나 회개하고 의롭게 살 것이다. "하나님께로서 난 자마다 죄를 짓지 않나니 이는 하나님의 씨가 그의 속에 거함이요"라는 요한일서 3:9도 중생한 자가 죄 가운데 살고 있을 수 없는 것은 하나님의 새 생명이 그 속에 심어져 있고 그 새 생명은 거룩하고 의롭게만 살려는 새 성향이기 때문이라는 뜻이라고 보아야 할 것이다.

또 중생한 자가 범죄하면 예수 그리스도의 대속 사역이 무효화되리라는 생각은 타당하지 않다. 왜냐하면 그것은 법적 칭의와 실제적 성화를 오해한 것이기 때문이다. 중생한 자가 예수 그리스도의 대속 사역에 근거해 의롭다 하심을 얻었을 때, 하나님 앞에서의 그의 법적 책임은 이미 제거되었다. 그는 예수 그리스도로 말미암아 완전하고 영원한 의를 받았다(롬 3:21-22). 그러므로 중생한 자는 아직 죄성을 가지고 있고 때때로 범죄하기도 하지만, 그의 성화의 전 과정은 실상 죄책이 없는, 즉 결코 정죄될 수 없는 과정이다(롬 6:14; 8:1).

더욱이, 예수 그리스도의 대속 사역은 단지 중생한 자의 영에게만 적용되지 않고 영육의 인격 전체에 적용된다. 예수 그리스도로 말미암은 구원은 전인적(全人的) 구원이다. 성도의 중생과 칭의뿐 아니라 성화와 영화도 전적으로 하나님의 은혜이며 예수 그리스도의 대속 사역에 근거한 것이다. 그러므로 사람의 영의 구원과 육체의 구원을 분리시켜 중생한 자의 현실적 죄 문제를 설명하려는 것은 적절하지 못하다. 왜냐하면 예수 그리스도께서는 택자들의 모든 죄 곧 영육의 모든 죄, 즉 그들의 죄책과 죄의 형벌을 담당하셨기 때문이다.

그러므로 중생한 영이 범죄치 않는다는 말은 성경적 근거가 약하다. 역사적 개혁신학은 그런 말을 하지 않았다. 그러나 중생한 자에게 있어서 육과 분리된 영의 순결성 혹은 완전성을 추론하는 것은 가능하다. 베드로전서 2:11, "나그네와 행인 같은 너희를 권하노니 영혼을 거슬러(카타 테스 프쉬케스 κατὰ τῆς ψυχῆς) 싸우는 육체의 정욕(톤 살키콘 에피뒤미온 τῶν σαρκικῶν ἐπιθυμιῶν)을 제어하라." 이 구절은 '육체의 정욕'과 '영혼'을 구별하고 대조시킨다. 이것은, 육신의 원하는 것과 성령님의 원하시는 것을 대조시키는 로마서 8:4-6이나 갈라디아서 5:16-17의 구절들과 다르다.

또한, 웨스트민스터 소요리문답 제37문답은 "신자들은 죽을 때 그리스도께로부터 어떤 유익을 얻습니까?"라는 질문에 대답하기를, "신자들이 죽을 때 그 영혼들은 완전히 거룩해지며 즉시 영광으로 들어가고, 그 몸들은 그리스도와 여전히 연합된 채 부활 때까지 그들의 무덤들에서 쉽니다"라고 하였다. 신자가 죽을 때 그 영혼이 완전히 거룩해진다는 생각은, 육체와 분리된 중생한 영의 완전한 순결성의 가능성을 생각하게 만든다. 비록 성경이 육체와 분리된 중생한 영의 순결성을 말하지는 않지만 그 가능성은 추론할 수 있다.

3. 중생(重生)

유아들의 구원 문제

죄를 회개하거나 신앙을 고백할 수 없는 유아 때에 죽는 사람들은 구원을 얻을 수 있는가? 어떤 이들은 유아 때 죽는 모든 사람이 구원을 얻을 것이라고 보았다. 미합중국 장로교회는, "우리는 유아 때에 죽는 모든 사람이 은혜의 선택에 포함되고 그리스도에 의해 어느 때나 어느 곳에서나 어느 방법으로나 그가 기뻐하시는 대로 활동하시는 성령님을 통해 중생하며 구원 얻는다고 믿는다"라고 진술하였다. 찰스 핫지는, 유아 때에 죽는 모든 사람이 구원 얻는다는 것이 복음주의적 개신교인들의 공통적 교리라고 말하였다. 그는 그 근거 구절로 로마서 5:18-19의 아담 안에서의 인류의 정죄와 그리스도 안에서의 많은 사람들의 칭의를 든다. 그는 말하기를, "아담의 모든 후손은, 하나님의 나라를 기업으로 받을 수 없다고 명백히 드러난 자들 외에는 다 구원을 얻는다"라고 하였다(*Systematic Theology*, I, 26).

그러나, 다른 이들은 하나님의 택함을 받은 유아들만 구원을 얻는다고 보았다. 웨스트민스터 신앙고백 10:3-4, "유아 시에 죽는 선택된 유아들은 그가 기뻐하시는 때에, 기뻐하시는 곳에서, 또한 기뻐하시는 방식으로 활동하시는 성령님을 통해 그리스도에 의해 중생하고 구원을 얻는다. 또 말씀의 사역에 의해 외적 부르심을 받을 수 없는 그 외의 선택된 사람들도 그러하다." 우리는 이 견해가 성경의 전체 진리에 맞는다고 생각한다. 요한복음 6:39, "나를 보내신 이의 뜻은 내게 주신 자 중에 내가 하나도 잃어버리지 아니하고 마지막 날에 다시 살리는 이것이니라." 에베소서 1:4-5, "창세 전에 그리스도 안에서 우리를 택하사 우리로 사랑 안에서 그 앞에 거룩하고 흠이 없게 하시려고 그 기쁘신 뜻대로 우리를 예정하사 예수 그리스도로 말미암아 자기의 아들들이 되게 하셨으니." 하나님의 택함 받지 못한 유아들은 그들의 원죄의 죄책과 부패성 때문에 멸망한다고 보아야 할 것이다.

4. 회개와 믿음

중생은 죄로 인해 죽은 영혼이 다시 살아나는 것이며, 그것은 성령님의 주권적, 단독적 사역이며, 중생(重生)의 증거는 회개와 믿음이다. 중생은 회개와 믿음으로 증거된다. 회심(回心, conversion)이라는 말이 이 둘을 포함하는 뜻으로 사용되기도 한다. 회개와 믿음은 하나님의 정하신 구원의 방법이다. 사람은 죄를 회개하고 하나님과 예수 그리스도를 믿음으로 구원을 얻는다. 중생은 하나님의 전적인 은혜로서 사람의 무의식 세계에서 시작되지만, 그것이 의식 세계로 나타나는 것이 죄를 회개하고 예수 그리스도를 믿는 것이다. 그러나 회개와 믿음은 인간편의 어떤 공로적 행위가 아니다. 회개와 믿음은 하나님께서 주신 새 생명의 당연한 표현일 뿐이다.

죄를 회개하는 것과 예수 그리스도를 믿는 것, 이 둘 중에 어느 것이 먼저인가? 어떤 이들은 믿음을 먼저로 보고(칼빈, 핫지 등), 다른 이들은 회개를 먼저로 본다(존 머리, 박형룡 등). 논리적으로는 죄를 회개하는 것이 먼저일 것이다.

회개

회개는 사람이 죄악된 생활을 청산하고 죄로부터 떠나는 마음의 변화를 가리킨다.

세 가지 요소들

회개는 세 가지 요소를 가진다. 첫째는 죄에 대한 깨달음이다. 사람이 죄를 떠나려면 먼저 자기가 지은 죄에 대해 바른 깨달음이 있어야 한다. 죄에 대한 바른 깨달음은 율법과 성령님의 역사로 된다. 로마서 3:20, "율법으로는 죄를 깨달음이니라."

둘째는 죄에 대한 상한 마음이다. 사람이 자기가 지은 죄를 미워하고 슬퍼하지 않고서는 죄로부터 돌이킬 수 없다. 회개하는 자는 상한 마음을 가진다. 시편 51:17, "하나님의 구하시는 제사는 상한 심령이라." 고린도후서 7:10, "하나님의 뜻대로 하는 근심은 후회할 것이 없는 구원에 이르게 하는 회개를 이루는 것이요." 욥기 42:6, "내가 스스로 한(恨)하고 티끌과 재 가운데서 회개하나이다(나캄 נָחַם)." 히브리어 나캄 נָחַם과 헬라어 메타멜로마이 μεταμέλλομαι는 '후회하다,' '뉘우치다'는 뜻으로서 회개의 이런 요소를 묘사한다.

셋째는 죄로부터 돌이키며 죄를 청산하는 결심이다. 이것이 회개의 핵심이다. 회개는 생각의 변화에서 시작된 행위의 변화이다. 그것은 하나님께로 돌아오는 것이다. 예레미야 3:12, 14, 22, "배역한 자식들아, 돌아오라." 시편 51:13, "그러하면 내가 범죄자에게 주님의 도를 가르치리니 죄인들이 주께 돌아오리이다." 마태복음 4:17, "회개하라 (메타노에이테 μετανοεῖτε)." 누가복음 15:20, "(탕자가) 이에 일어나서 아버지께로 돌아가니라." 누가복음 24:47, "회개와 죄사함." 사도행전 3:19, "너희가 회개하고(메타노에사테 μετανοήσατε) 돌이켜 (에피스트렙사테 ἐπιστρέψατε) 너희 죄 없이 함을 받으라." 사도행전 11:18, "하나님께서 이방인에게도 생명 얻는 회개를 주셨도다." 사도행전 15:3, "이방인들이 주께 돌아온 일을 말하여." 데살로니가전서 1:9, "너희가 어떻게 우상을 버리고 하나님께로 돌아와서." 헬라어 메타노이아 μετάνοια와 메타노에오 μετανοέω는 생각의 변화를 뜻하며, 에피스트로페 ἐπιστροφή와 에피스트레포 ἐπιστρέφω는 돌아옴이나 돌이킴을 뜻한다. 회개는 생각의 변화이며 행위의 변화이다.

회개는 단지 죄에 관한(페리 περί) 혹은 죄로 인한(에피 ἐπί) 슬픔의 감정 정도가 아니고 죄로부터(아포 ἀπό 혹은 에크 ἐκ) 돌아서는 의지적 결단과 행위이다. 그러므로 참된 회개는 반드시 회개의 열매를 동반한다. 마태복음 3:8, "그러므로 회개에 합당한 열매를 맺으라."
누가복음 19:8, (삭개오) "내 소유의 절반을 가난한 자들에게 주겠사
오며 만일 뉘 것을 속여 빼앗았으면 4배나 갚겠나이다."

성격

첫째로, 회개는 구주 하나님께서 우리 속에 일으키신 선한 일, 곧
하나님의 재창조의 행위이다. 시편 85:4, "우리 구원의 하나님이시여,
우리를 돌이키소서." 예레미야 31:18-19, "주께서는 나의 하나님 여호
와시니, 나를 이끌어 돌이키소서, 그리하시면 내가 돌아오겠나이다.
내가 돌이킴을 받은 후에 뉘우쳤고." 예레미야 애가 5:21, "여호와시
여, 우리를 주께로 돌이키소서, 그리하시면 우리가 주께로 돌아가겠
사오니, 우리의 날을 다시 새롭게 하사 옛적 같게 하옵소서." 사도행
전 11:18, "하나님께서 이방인에게도 생명 얻는 회개를 주셨도다." 디
모데후서 2:25, "거역하는 자를 온유함으로 징계할지니 혹 하나님께
서 저희에게 회개함을 주사 진리를 알게 하실까 하며."

둘째로, 중생(重生)은 사람의 무의식적 세계에서 시작되지만, 회개
는 의식 세계에서의 변화이다. 회개에 대한 성경 용어들은 주로 사람
의 행위에 대해 사용되었다. 회개는 사람의 능동적, 의식적 행위이다.
이런 의미에서, 사람은 회개에 있어서 '협력자'이며 '피동적인 동시에
또한 능동적'이라고 표현되기도 한다(박형룡, 교의신학. 제5권 구원론,
217-218쪽).

셋째로, 성화(聖化)는 점진적이지만, 중생(重生), 회개, 칭의(稱義)
는 모두 단회적(單回的)이다. 성경에서 '반복적 회개'를 보이는 듯한
구절들은 구원의 순서 혹은 단계로서의 회개가 아니고, 이미 구원 얻
은 자들이 일시적인 범죄와 방황으로부터 돌아오는 것을 가리킨다.
이런 회개는 갑작스러울 수도 있고 또한 점진적일 수도 있다. 누가복
음 22:32, "내가 너를 위하여 네 믿음이 떨어지지 않기를 기도하였노

니 너는 돌이킨 후에 네 형제를 굳게 하라." 요한계시록 2:5, 16, "어디서 떨어진 것을 생각하고 회개하여 처음 행위를 가지라. . . . 그러므로 회개하라." 요한계시록 3:3, 19, "네가 열심을 내라, 회개하라."

중요성

회개는 기독교가 전하는 복음의 본질적 내용이다. 기독교 복음은 하나님의 은혜로 예수님을 믿음으로 구원 얻는 은혜의 말씀일 뿐만 아니라, 죄로부터 떠나 주께로 돌아오게 하는 회개의 말씀을 포함한다. 마태복음 3:2, "회개하라. 천국이 가까웠느니라." 마태복음 4:17, "이때부터 예수께서 비로소 전파하여 말씀하시기를 회개하라. 천국이 가까웠느니라 하시니라." 마가복음 1:15, "말씀하시기를 때가 찼고 하나님 나라가 가까웠으니 회개하고 복음을 믿으라." 누가복음 24:47, "또 그의 이름으로 회개와 죄사함이 예루살렘으로부터 시작하여 모든 족속에게 전파될 것이 기록되었으니." 사도행전 17:30, "알지 못하던 시대에는 하나님께서 허물치 아니하셨거니와 이제는 어디든지 사람을 다 명하사 회개하라 하셨으니." 사도행전 20:21, "하나님께 대한 회개와 우리 주 예수 그리스도께 대한 믿음을 증거한 것이라."

회개는 또한 구원에 필수적이다. 회개는 죄의 깨달음과 돌이킴뿐이므로 죄책과 죄의 형벌에 대한 보상이 되거나 구원의 공로가 될 수는 없다. 그러나 회개는 죄 용서와 죄로부터의 구원을 위해 필수적 조건이다. 사람이 구원 얻으려면 반드시 죄를 회개해야 한다. 회개가 없이는 구원도 없다. 마태복음 18:3, "너희가 돌이켜[회개하여] 어린 아이들과 같이 되지 아니하면 결단코 천국에 들어가지 못하리라." 누가복음 13:3, 5, "너희도 만일 회개치 아니하면 다 이와 같이 망하리라." 웨스트민스터 신앙고백 15:3, "비록 회개가, 그리스도 안에서의 하나님의 값없는 은혜의 행위인, 죄를 위한 어떤 만족이나 죄 용서의 어떤 원인으로 의지되어서는 안되지만; 그것은 모든 죄인들에게 매우 필수적이어서, 아무도 그것 없이는 용서를 기대할 수 없다."

고해성사(告解聖事) 비평

천주교회의 고해성사(告解聖事, penance)는 성경이 말하는 회개와 다르다. 고해성사는 덕과 성례를 포함한다. 덕(德)은 죄를 인한 근심과, 죄를 버리려는 결심과, 하나님께 만족을 드리려는 의도를 말한다. 성례(聖禮)는 통회(痛悔, contrition)와 고명(告明, confession)과 보속(補贖, satisfacion)을 가리키는데, 통회는 범죄에 대해 슬퍼하는 행위요, 고명(告明)은 신부에게 죄를 고백하는 것이다. 16세기 천주교회의 트렌트 회의는 고명이 신자의 구원에 필수적이라고 선언하였다. 보속(補贖)은 죄를 갚기 위해 행하는 고행이나 선행을 말한다.

그러나 성경은 성도가 자신의 죄를 목회자에게 고백해야 한다고 가르치지 않는다. 특히, 자신의 죄를 갚기 위해 고행이나 선행을 한다는 것은 구주 예수 그리스도의 유일 완전한 속죄제사에 대한 불신앙이요 모독이다. 히브리서 10:10, 14, "이 뜻을 좇아 예수 그리스도의 몸을 단번에 드리심으로 말미암아 우리가 거룩함을 얻었노라. . . . 저가 한 제물로 거룩하게 된 자들을 영원히 온전케 하셨느니라."

믿음

믿음은 하나님의 아들이시며 우리의 구주와 주님이신 예수 그리스도를 믿는 것이다. 그것이 구원에 이르는 믿음이다.

원천

믿음은 하나님께서 은혜로, 성령님의 도우심으로 심어주신다. 알미니안주의는 믿음을 단지 사람의 행위로만 본다. 그러나 성경은 우리가 하나님의 은혜로 믿게 되었다고 증거한다. 하나님께서는 우리로 하여금 하나님과 예수 그리스도를 믿게 하신다. 그는 우리의 믿음의 조성자이시며, 우리의 믿음은 그의 은혜의 선물이다.

성경은 여러 곳에서 이 사실을 분명히 계시한다. 마태복음 11:27, "내 아버지께서 모든 것을 내게 주셨으니 아버지 외에는 아들을 아는 자가 없고 아들과 또 아들의 소원대로 계시를 받는 자 외에는 아버지를 아는 자가 없느니라." 마태복음 15:13, "예수께서 대답하여 말씀하시기를 심은 것마다 내 하늘의 아버지께서 심으시지 않은 것은 뽑힐 것이니." 마태복음 16:16-17, "시몬 베드로가 대답해 말하기를 주께서는 그리스도시요 살아계신 하나님의 아들이시니이다. 예수께서 대답해 말씀하시기를 바요나 시몬아, 네가 복이 있다. 이를 네게 알게 한 이는 혈육이 아니요 하늘에 계신 내 아버지시니라." 요한복음 6:44, "나를 보내신 아버지께서 이끌지 아니하면 아무라도 내게 올 수 없으니 오는 그를 내가 마지막 날에 다시 살리리라."

고린도전서 12:3, "하나님의 영으로 말하는 자는 누구든지 예수님을 저주 받은 자라고 하지 않고 또 성령님으로 아니하고는 누구든지 예수님을 주님이시라 할 수 없느니라." 고린도후서 4:4, 6, "그들 안에서 이 세상 신이 믿지 아니하는 자들의 마음을 어둡게 하여 하나님의 형상인 그리스도의 영광의 복음의 광채가 비춰지 못하게 하느니라," "이는 어두운데서 빛이 비춰라 하시던 그 하나님께서 예수 그리스도의 얼굴에 있는 하나님의 영광을 아는 빛을 우리 마음에 비춰셨음이니라." 에베소서 1:19, "그의 힘의 강력으로 일하심을 따라 믿는 우리에게 베푸신 능력의 지극히 크심이 어떠한 것을 너희로 알게 하시기를 구하노라." 에베소서 2:8-9, "이는 너희가 그 은혜를 인하여 믿음을 통해 구원을 얻었으며 이것(이 구원의 사실)이 너희에게서 난 것이 아니요 하나님의 선물임이라. 행위에서 난 것이 아니니 이는 누구든지 자랑치 못하게 함이니라." 히브리서 12:2, "믿음의 주[조성자]요 또 온전케 하시는 이[완성자]인 예수님을 바라보자."

소요리문답 86문답, "예수 그리스도를 믿는 것은 곧 구원 얻는 은혜인데, 이로 말미암아 우리가 구원을 얻기 위하여 복음 중에 우리에게 주신 대로 예수님을 영접하고 그에게만 의지하는 것입니다." 웨스트민스터 신앙고백 14:1, "선택된 자들이 그들의 영혼의 구원에 이르도록 믿을 수 있게 되는 믿음의 은혜는 그들의 마음 속에서의 그리스도의 영의 활동이시며, 일반적으로 말씀의 사역에 의해 생겨나고; 또한 그것에 의해 또 성례들의 집행과 기도에 의해 자라고 강해진다."

대상

우리의 믿음의 대상은 무엇인가? 우리의 믿음의 첫 번째 대상은 주 예수 그리스도이시다. 요한복음 3:16, "이는 저를 믿는 자마다 멸망치 않고 영생을 얻게 하려 하심이니라." 사도행전 16:31, "주 예수 그리스도를 믿으라. 그리하면 너와 네 집이 구원을 얻으리라"(전통사본).

우리의 믿음의 두 번째 대상은 복음이다. 복음은 예수 그리스도의 인격과 사역에 관한 설명이다. 예수 그리스도와 복음 간에 어떤 대립이나 충돌은 있을 수 없다. 마가복음 1:15, "회개하고 복음을 믿으라." 마가복음 16:15-16, "너희는 온 천하에 다니며 만민에게 복음을 전파하라. 믿고 세례를 받는 사람은 구원을 얻을 것이요 믿지 않는 사람은 정죄를 받으리라." 로마서 10:17, "믿음은 들음에서 나며 들음은 그리스도의[하나님의](전통사본) 말씀으로 말미암았느니라."

우리의 믿음의 세 번째 대상은 성경이다. 성경은 하나님의 계시들의 기록들, 곧 하나님의 말씀이기 때문이다. 구약성경은 오실 메시아 즉 그리스도를 증거하였고 신약성경은 오신 메시아 곧 예수 그리스도를 증거한다. 요한복음 5:39, "성경책들을 자세히 연구하라. 이는 그것들을 통해 너희가 영생을 얻는 줄 생각함이니, 그것들은 곧 내게 대하여 증거하는 것이니라"(원문직역). 사도행전 24:14, "나는 저희가 이단이라 하는 말씀을 좇아 조상의 하나님을 섬기고 율법과 및 선지자들의 글에 기록된 것을 다 믿으며." 디모데후서 3:15-16, "네가 어려서부터 성경을 알았나니 성경은 능히 너로 하여금 그리스도 예수 안에 있는 믿음으로 말미암아 구원에 이르는 지혜가 있게 하느니라. 모든 성경은 하나님의 감동으로 된 것으로 교훈과 책망과 바르게 함과 의로 교육하기에 유익하니." 성경을 믿는 사람들은 복음을 믿고 복음의 핵심인 예수 그리스도와 그의 속죄사역을 믿을 수 있다. 사람은 회개하고 예수 그리스도를 믿을 때 구원을 얻는다.

세 가지 요소들

구원을 얻는 믿음은 세 가지 요소를 가진다. 믿음의 첫 번째 요소는 지식이다. 성경은 우리의 믿음을 위해 역사적 사실들을 기록하며 증거하고 있다. 누가복음 1:1-4, "우리 중에 이루어진 사실에 대하여 처음부터 말씀의 목격자 되고 일꾼된 자들의 전하여 준 그대로 내력을 저술하려고 붓을 든 사람이 많은지라. 그 모든 일을 근원부터 자세히 살핀 나도 데오빌로 각하에게 차례대로 써 보내는 것이 좋은 줄 알았노니, 이는 각하로 그 배운 바의 확실함을 알게 하려 함이로다." 요한복음 20:31, "오직 이것을 기록함은 너희로 예수께서 하나님의 아들 그리스도이심을 믿게 하려 함이요 또 너희로 믿고 그 이름을 힘입어 생명을 얻게 하려 함이니라."

칼빈은, "믿음이란 우리에게 향하신 하나님의 자비에 대한 견고하고 확실한 지식인데, 그것은 그리스도 안에서 값없이 주시는 약속의 진리에 기초하며 성령님에 의해 우리 마음에 계시되며 확인된다"고 말하였다(기독교강요 3. 2. 7). 메이천(J. G. Machen)은, 믿음에 대한 오늘날 비(非)지성적 관념을 비평하면서, "모든 참된 믿음은 지적 요소를 가진다. . . . 어떤 인격에 대한 믿음을 가지는 것은 그 인격에 대한 지식을 가짐이 없이는 불가능하다"라고 바르게 강조하였다(*What Is Faith?*, p. 40).

천주교회는 '명시적 믿음'(explicit faith)에 대해 말할 뿐 아니라, 또한 '묵시적 믿음'(implicit faith)에 대해서도 말한다. 묵시적 믿음이란, 신자가 종교의 몇 가지 기본 진리들에 대해서는 알아야 하지만, 그 외의 것들에 대해서는 지식 없이, 교회가 가르치는 것을 믿으려는 태도만 가지고서 믿는 믿음을 가리킨다. 그러나 성경은 참 믿음이 확실한 지식을 동반한다는 것을 분명히 가르치기 때문에, 묵시적 믿음은 잘못된 개념이다. 지식 없는 믿음은 참 믿음이 아니다.

그러면 사람이 구원을 얻기 위해 어느 정도의 믿음의 지식이 필요한가? 사람은 구원을 위하여 적어도 예수 그리스도께서 누구이시며 그가 우리를 위해 무엇을 그리고 왜 하셨으며, 또 그가 장차 우리를 위해 무엇을 하실 것인지에 대해서 알아야 할 것이다(박형룡, 교의신학. 제5권 구원론, 252쪽).

믿음의 두 번째 요소는 찬동이다. 찬동은 복음 진리에 대해 기쁘게 동의하는 것이다. 성경에서 '믿는다'는 말은 어떤 사실에 대해 동의함을 의미한다. 출애굽기 4:8, "여호와께서 말씀하시기를 그들이 너를 믿지 아니하며 그 처음 이적의 표징을 받지 아니하여도 둘째 이적의 표징은 믿으리라." 히브리어 헤에민 레 הֶאֱמִין לְ는 어떤 증거에 대하여 승인함을 가리킨다. 존 오웬은, "모든 믿음은 증언에 대한 찬동이요, 신적 믿음은 신적 증언에 대한 찬동이다"라고 말하였다.

믿음의 세 번째 요소는 신뢰이다. 신뢰란 믿는 내용을 자기 것으로 확신하고 그 내용을 주신 하나님과 예수 그리스도를 의지하는 것이다. 창세기 15:6, "아브람이 여호와를 믿으니 여호와께서 이를 그의 의로 여기시고." 아브람은 하나님의 인격과 그 약속을 믿고 의지하였다. 히브리어 헤에민 베 הֶאֱמִין בְּ는 사람이 어떤 인물이나 사물을 의지함을 나타낸다. 시편 37:3, "여호와를 의뢰하여 선을 행하라." 바타크 베 בָּטַח בְּ도 신뢰의 요소를 강조하는 말이다. 또 그 외에, 카사

פָּסַה는 '자신을 숨긴다, 감춘다'는 말로서 역시 신뢰의 요소를 강조한다(시 5:11; 7:1; 11:1; 16:1; 17:7 등). 신약성경에서 피스튜오 에이스 πιστεύω εἰς는 가장 특징적 구문이다(49회 사용됨). 이 구문은 자신을 버리고 하나님과 예수 그리스도를 신뢰함을 표현한다. 요한복음 3:16, 18, 36, "저를 믿는 자마다," "아들을 믿는 자는." 존 머리는, "지식은 찬동으로 옮겨가고 찬동은 신뢰로 옮겨간다. . . . 믿음은 하나님의 아들이시며 구주이신 그리스도의 인격을 신뢰함이다. 이것은 우리 자신을 그에게 맡기는 것이다"라고 말하였다.

믿음의 의지적 요소와 관련하여, 신약성경은 믿음을 여러 가지로 표현한다. ① 예수님을 영접하는 것(요 1:12, "영접하는 자 곧 그 이름을 믿는 자"), ② 예수님을 우러러 보는 것(요 3:14-15, 구리뱀을 우러러 보듯이 믿음), ③ 예수께로 나아오는 것(요 6:44, 65), ④ 예수 그리스도의 살을 먹고 피를 마시는 것(요 6:50-58)(속죄 신앙).

믿음의 의지적 요소는 믿음과 행위의 관계를 잘 드러낸다. 참 믿음은 순종과 사랑의 행위로 나타난다. 갈라디아서 5:6, "그리스도 예수 안에서는 할례나 무할례가 효력이 없되 사랑으로써 역사하는 믿음뿐이니라." 야고보서 2:17, 26, "이와 같이 행함이 없는 믿음은 그 자체가 죽은 것이라," "영혼 없는 몸이 죽은 것같이 행함이 없는 믿음은 죽은 것이니라." 사람은 오직 믿음으로만 구원을 얻지만, 행위로 그 구원을 확증한다. 성도의 의롭고 선한 행위는 구원을 위한 조건은 아니지만, 구원 얻은 확실한 증거와 표가 된다. 마태복음 7:21, "나더러 주여, 주여 하는 자마다 천국에 다 들어갈 것이 아니요 다만 하늘에 계신 내 아버지의 뜻대로 행하는 자라야 들어가리라."

중생의 증거는 회개와 믿음이다. 죄인은 죄를 회개하고 예수 그리스도를 믿을 때 구원을 얻는다. 회개는 자신의 죄를 깨닫고 슬퍼하고 미워하며 그것을 청산할 결심을 하는 것이며, 믿음은 예수 그리스도와 복음과 성경을 믿는 것이며, 복음을 이해하고 찬동하고 예수 그리스도를 의지하는 것이다. 참된 회개와 믿음은 죄인들이 중생한 증거이며 죄와 죽음과 지옥 형벌에서 구원을 얻은 표가 된다.

잘못된 믿음들

구원에 이르지 못하는 잘못된 믿음들이 있다. 첫째는 성경의 역사적 내용이나 정통적 신조들을 지식적으로만 믿는 것이다. 이런 믿음은 지식에 불과하며 사람을 구원에 이르게 하는 참 믿음이 아니다. 야고보서 2:19에 "네가 하나님께서는 한 분이신 줄을 믿느냐? 잘하는도다. 귀신들도 믿고 떠느니라"는 말씀은 이런 믿음을 가리킨다.

둘째는 하나님의 진리에 대한 확고한 지식이 없는 믿음이다. 이런 믿음은 하나님의 진리에 대한 어느 정도의 관심과 열정이 있지만 그 진리에 대한 뿌리가 없어 환난과 핍박을 견디지 못하고 실패한다. 이 믿음은 주로 감정에 근거하며, 하나님의 영광보다 자신의 영광을 더 추구한다. 이런 믿음은 주께서 주신 씨 뿌리는 자의 비유에서 돌밭에 떨어진 씨와 같다. 마태복음 13:20-21, "돌밭에 뿌리웠다는 것은 말씀을 듣고 즉시 기쁨으로 받되 그 속에 뿌리가 없어 잠시 견디다 말씀을 인하여 환난이나 핍박이 일어나는 때에는 곧 넘어지는 자요."

셋째는 기적을 경험했거나 기적을 행하는 믿음이다. 이것은 구원을 동반할 수도 있고 하지 않을 수도 있다. 주께서는 "그 날에 많은 사람이 나더러 주님, 주님, 우리가 주님의 이름으로 선지자 노릇하며 주님의 이름으로 귀신을 쫓아내며 주님의 이름으로 많은 권능을 행치 아니하였나이까 말하리니, 그때에 내가 저희에게 밝히 말하되 내가 너희를 도무지 알지 못했으니 불법을 행하는 자들아, 내게서 떠나가라 하리라"고 말씀하셨다(마 7:22-23). 누가복음 17:11-19에 기록된 대로, 열 명의 나병환자들은 다 병고침의 기적을 경험했지만, 사마리아 사람 한 명만 예수께 나아와 감사하였다.

5. 칭의(稱義)와 양자(養子)

칭의(稱義)

의미

성경에서 구원은 칭의(稱義, 의롭다 하심)로 표현된다. 웨스트민스터 신앙고백 11:1은 칭의(稱義)에 대해 다음과 같이 말한다.

하나님께서는 효력 있게 부르신 자들을 또한 값없이 의롭다 하시되, 그들 속에 의(義)를 부어 넣으심으로써가 아니고, 그들의 죄를 사하시며 그들 자신을 의롭게 여기시고 받아들이심으로써이며; 그들 안에 이루어진 혹은 그들에 의해 행해진 어떤 것 때문이 아니고, 오직 그리스도 때문이며; 믿음 자체 즉 믿는 행위나, 다른 어떤 복음적 순종을 그들의 의로 그들에게 전가(轉嫁)시킴으로써가 아니고, 그들이 믿음으로 그리스도와 그의 의를 받아들이고 의지할 때, 그의 순종과 만족(satisfaction, 속상[贖償])을 그들에게 전가(轉嫁)시킴으로써인데; 그 믿음도 그들 자신에게서 난 것이 아니고 하나님의 선물이다.

웨스트민스터 소요리문답 제33문답, "칭의(稱義)는 하나님의 값없으신 은혜의 행위인데, 그것에서 그는, 우리에게 전가(轉嫁)되고 믿음으로만 받는 그리스도의 의 때문에 우리의 모든 죄를 용서하시고 우리를 그 앞에서 의로운 자로 용납하십니다."

성격

칭의(稱義)는 몇 가지 성격을 가진다. 첫째로, 칭의는 **법정적**(法廷的, forensic)이다. 즉 그것은 하나님의 법정에서의 선언이다. 온 세상의 심판자 하나님께서는 하늘 법정에서, 예수님 믿는 자들을 의롭다고 선언하신다. 그것은 죄인의 죄책(罪責, guilt; 법적 책임)이 없어지고 죄인이 의인이 되는 것이다. 성화와 비교해 볼 때, 칭의는 죄책이 없어지는 것이며, 성화는 부패성이 극복되는 것이다. 또 중생, 회심, 성화는 사람의 내면적, 인격적 변화이지만, 칭의는 사람의 법적, 신분적 변화이다. 칭의는 사람 속에서 일어나는 일이 아니고 사람 밖에서, 법적으로, 객관적으로 일어나는 일이다.

16세기 종교개혁 이전에는 칭의의 법정적 성격이 명확히 인식되지 못했었다. 천주교회는 신자가 하나님의 은혜의 주입(注入)을 받음으로 의롭게 된다고 보았고 따라서 칭의와 성화를 명확히 구별하지 못했다. 그러나 성경은 칭의가 법정적 선언임을 보인다.

칭의 혹은 '의롭다 하다'는 성경 용어가 사람을 실제로 의롭게 만든다는 뜻이 아니고 '의롭다고 인정한다'는 뜻이라는 것은 다음의 구절들에서 분명하다. 출애굽기 23:7, "나는 악인을 의롭다 하지 아니하겠노라." 신명기 25:1, "사람과 사람 사이에 시비가 생겨서 재판을 청하거든, 재판장은 그들을 재판하여 의인은 의롭다 하고 악인은 정죄할 것이며." '의롭다 하다'는 원어(히츠디크 הִצְדִּיק)는 사람의 내면적 덕을 서술하는 것이 아니고, 정죄라는 말과 대조되는 재판적 용어이다. 잠언 17:15, "악인을 의롭다 하며 의인을 악하다 하는 이 두 자는 다 여호와의 미워하심을 입느니라." 이사야 5:23, "그들은 뇌물로 인하여 악인을 의롭다 하고 의인에게서 그 의를 빼앗는도다."

로마서 8:33-34, "의롭다 하신 이는 하나님이시니 누가 정죄하리요?" '의롭다 하다'는 원어 디카이오오 δικαιόω도 법적, 재판적 의미를 가진다. 갈라디아서 2:16, "사람이 의롭게 되는[의롭다 하심을 얻는] 것은 율법의 행위에서 난 것이 아니요." 로마서 3:21-22, "이제는 율법 외에(코리스 노무 χωρὶς νόμου)[율법과 별개로, 율법과 관계 없이] 하나님의 한 의가 나타났으니 . . . 곧 예수 그리스도를 믿음으로 말미암아 모든 믿는 자에게 미치는 하나님의 의니 차별이 없느니라." 로마서 4:5, "일을 아니할지라도 경건치 아니한 자를 의롭다 하시는 이를 믿는 자에게는 그의 믿음을 의로 여기시나니."

둘째로, 칭의는 **하나님의 전적 은혜**이다. 왜냐하면 그것은 오직 주 예수 그리스도의 속죄사역에 근거하기 때문이다. 로마서 3:24, "그리스도 예수 안에 있는 구속(救贖)으로 말미암아 하나님의 은혜로 값없이 의롭다 하심을 얻은 자 되었느니라." 로마서 5:18, "그런즉 한 범죄로 많은 사람이 정죄에 이른 것같이 의의 한 행동으로 말미암아 많은 사람이 의롭다 하심을 받아 생명에 이르렀느니라."

그러므로 사람은 율법을 행함으로써가 아니고 오직 주 예수 그리스도를 믿음으로써 의롭다 하심을 얻는다. 이것이 하나님의 은혜의 복음의 골자이다. 로마서 3:28, "그러므로 사람이 의롭다 하심을 얻는 것은 율법의 행위에 있지 않고 믿음으로 되는 줄 우리가 인정하노라." 로마서 4:4-5, ". . . 일을 아니할지라도 경건치 아니한 자를 의롭다 하시는 이를 믿는 자에게는 그의 믿음을 의로 여기시나니." 에베소서 2:8, "너희가 그 은혜를 인하여 믿음으로 말미암아 구원을 얻었나니 이것이 너희에게서 난 것이 아니요 하나님의 선물이라."

셋째로, 칭의는 **즉각적**이며 **완전하다**. 로마서 5:1, 9, "우리가 믿음으로 의롭다 하심을 얻었은즉." '의롭다 하심을 얻었다'는 원어(디카이오덴테스 δικαιωθέντες, 부정과거분사)는 반복이나 진행의 의미가 아니고 단순한 사건을 나타낸다. 로마서 8:1, "이제 그리스도 예수 안에 있는 자들 [곧 육신을 좇아 행하지 않고 성령님을 좇아 행하는 자들](전통본문)에게는 결코 정죄함이 없나니." 히브리서 10:10, "이 뜻을 좇아 예수 그리스도의 몸을 단번에 드리심으로 말미암아 우리가 거룩함을 얻었노라(헤기아스메노이 ἡγιασμένοι, 완료시제)." 히브리서 10:14, "저가 한 제물로 거룩하게 된 자들을 영원히 온전케 하셨느니라(테텔레이오켄 τετελείωκεν, 완료시제)."

그러므로 칭의는 믿음의 크고 작음 혹은 많고 적음의 정도에 관계되지 않는다. 작은 믿음일지라도 진실한 믿음이라면 칭의를 얻기에 충분한 믿음이다. 우리의 믿음이 우리를 의롭게 하는 것이 아니고 우리가 믿는 구주 예수 그리스도께서 그의 보혈로 우리의 죄를 깨끗이 씻으시고 우리를 하나님 앞에서 의로운 자로 인정받게 하신다.

천주교회는 사람이 세례를 통해 원죄와 및 세례 받기 전의 모든 죄의 용서를 받고 의롭게 되지만, 세례받은 후의 죄들에 대해서는 고해성사(告解聖事)로 용서를 받아야 한다고 말한다. 이것은 계속적 칭의라고 불린다. 그러나 이러한 교리는 성경적이지 않다.

방법

사람은 어떻게 의롭다 하심을 얻는가? 칭의는 우리의 선행들로 말미암지 않고 오직 예수 그리스도를 믿음으로 얻는다. 이사야 64:6, "우리는 다 부정한 자 같아서 우리의 의는 다 더러운 옷 같으며." 로마서 3:20, "율법의 행위로 그의 앞에 의롭다 하심을 얻을 육체가 없나니." 로마서 3:21-22, "율법 외에"(코리스 노무 χωρὶς νόμου)[율법과 별개로, 율법과 관계없이] 하나님의 한 의가 나타났으니 . . . 곧 예수 그리스도를 믿음으로 말미암아 모든 믿는 자에게 미치는 하나님의 의니." 로마서 4:5, "일을 아니할지라도 경건치 아니한 자를 의롭다 하시는 이를 믿는 자에게는 그의 믿음을 의로 여기시나니." 로마서 3:28, "그러므로 사람이 의롭다 하심을 얻는 것은 율법의 행위에 있지 않고 믿음으로 되는 줄 우리가 인정하노라." 갈라디아서 2:16, "사람이 의롭게 되는[의롭다 하심을 얻는] 것은 율법의 행위에서 난 것이 아니요 오직 예수 그리스도를 믿음으로 말미암는 줄 아는 고로 우리도 그리스도 예수를 믿나니, 이는 우리가 율법의 행위에서 아니고 그리스도를 믿음으로서 의롭다 함을 얻으려 함이라. 율법의 행위로서는 의롭다 함을 얻을 육체가 없느니라." 우리의 칭의는 율법의 행위들에서 나온 것(엑스 에르곤 노무 ἐξ ἔργων νόμου)이 아니고,

믿음을 통해서(디아 피스데오스 διὰ πίστεως) 얻은 것이다.

그러나 믿음이 의로 간주된다고 해서(롬 4:3, 9), 믿음 자체가 의로 간주된다거나 믿음 자체가 효력을 가진다고 볼 것은 아니다. 믿음은 단순히 칭의의 수단일 뿐이며 그 효력은 믿음의 대상이신 하나님과 그리스도께 있다고 보아야 할 것이다. 로마서 3:24, "그리스도 예수 안에 있는 구속(救贖)으로 말미암아." 에베소서 2:5, "허물로 죽은 우리를 그리스도와 함께 살리셨고." 우리가 의롭다 하심을 얻는 것은 '믿음 때문에'(디아 피스틴 διὰ πίστιν)가 아니고 단지 '믿음을 통해' (디아 피스테오스 διὰ πίστεως)이다. 알미니안주의는 믿음 자체가 의로 간주된다고 본다. 그러나 믿음은 단지 기관차와 객차를 연결하는 연결쇠와 같을 뿐이다. 물론 객차가 가려면 먼저 연결쇠로 기관차와 연결되어야 하지만, 객차를 끄는 것은 연결쇠가 아니고 기관차이다(박형룡, 구원론, 299쪽).

야고보서 2:14-26의 말씀은 사도 바울이 로마서와 갈라디아서에 밝히 증거한 이신칭의(以信稱義)의 복음과 충돌한다고 보일지도 모른다: "만일 사람이 믿음이 있노라 하고 행함이 없으면 무슨 이익이 있으리요? 그 믿음이 능히 자기를 구원하겠느냐?. . . 이와 같이 행함이 없는 믿음은 그 자체가 죽은 것이라. . . . 우리 조상 아브라함이 그 아들 이삭을 제단에 드릴 때에 행함으로 의롭다 하심을 받은 것이 아니냐? 네가 보거니와 믿음이 그의 행함과 함께 일하고 행함으로 믿음이 온전케 되었느니라. . . . 이로 보건대 사람이 행함으로 의롭다 하심을 받고 믿음으로만 아니니라. 또 이와 같이 기생 라합이 사자 (使者)를 접대하여 다른 길로 나가게 할 때에 행함으로 의롭다 하심을 받은 것이 아니냐? 영혼 없는 몸이 죽은 것같이 행함이 없는 믿음은 죽은 것이니라."

그러나 우리는 사도 바울의 복음과 야고보의 교훈을 충돌시켜서는 안 된다고 본다. 사도 바울은, 율법을 행함으로 구원을 얻는다는 소위 율법주의에 반대하여, 우리가 의롭다 하심을 얻는 것이 율법적 행위로가 아니고 오직 믿음으로임을 강조한 것이다. 즉 그는 율법적 행위의 의와 예수 그리스도를 믿는 믿음의 의를 구별하며 복음을 설명한 것이다. 그러나 그는 동시에 참 믿음이 의에 순종하는 것이며 사랑으로 행동하는 것임을 강조하였다. 로마서 6:17-18, "너희가 본래 죄의 종이더니 너희에게 전하여 준 바 교훈의 본을 마음으로 순종하여 죄에게서 해방되어 의에게 종이 되었느니라." 갈라디아서 5:6, "그리스도 예수 안에서는 할례나 무할례가 효력이 없되 사랑으로써 역사하는 믿음뿐이니라."

한편, 야고보는, 율법 폐기론이나 행함 없는 죽은 믿음에 반대하여, 행함이 없는 믿음과 행함이 있는 믿음을 구별하며 의롭다 하심을 얻는 믿음이 하나님께 대한 순종과 선행을 동반함을 강조한 것이다. 그런 의미에서, 그는 죄인이 행함이 없는 믿음만으로는 의롭다 하심을 얻지 못하며 행함이 없는 믿음은 그 자체가 죽은 것이라고 표현했고, 이런 문맥에서 그는 아브라함이 이삭을 하나님께 바친 순종의 행위를 인용한 것이다.

율법주의도 잘못이지만, 반(反)율법주의의 오류도 조심해야 한다. 율법을 지켜야 구원을 받는다는 율법주의적 사상은 성도에게서 확신과 기쁨과 자유를 빼앗아가고 우리를 율법의 멍에 아래 둘 것이지만, 반대로 율법을 소홀히 하고 율법을 범하는 것을 큰 죄로 여기지 않는 반(反)율법주의 사상도 경계해야 할 큰 오류이다.

의롭다 하심을 받은 성도가 마음대로 죄를 지어도 되는 것은 아니다(롬 6:1-2, 15). 우리는 죄에게서 해방되어 의에게 그리고 하나님께 종이 되었다(롬 6:18, 22). 성도는 하나님께서 주신 자유로 죄의 기회를 삼지 말고 사랑으로 서로 종노릇해야 하며(갈 5:13), 만일 우리가 육신대로 살면, 우리는 반드시 죽을 것이다(롬 8:13). 야고보서는 선한 행함이 없는 입술만의 믿음의 고백은 헛된 것이라고 분명히 말한다. 선행은 구원의 조건은 아니지만, 분명히 구원의 증거이다. 사도 요한도 하나님의 계명을 지키는 자만 하나님을 아는 자이며(요일 2:3, 4), 중생한 자는 계속 죄 가운데 살 수 없고 하나님의 자녀들의 특징은 의를 행하고 형제를 사랑하는 것이라고 강조했다(요일 3:6, 9-10). 칼빈은 "선행 없는 믿음이나 선행 없이 존재하는 칭의는 꿈에도 생각할 수 없다"고 말했다(기독교강요, 3. 16. 1).

이 모든 말씀을 통해 분명한 것은, 의롭다 하심을 확신하고 그 복을 누리는 자마다 반드시 한가지를 기억해야 한다는 것이다. 그것은, 이제는 하나님의 계명을 순종해야 한다는 것이다. 즉 이제는 죄 짓지 말고 의를 행하고 형제를 사랑해야 하는 것이다.

믿음으로 의롭다 하심을 얻는다는 진리는 구약시대에도 성도들에게 적용되었는가? 그렇다고 본다. 하나님께서 범죄한 아담과 하와를 에덴 동산에서 내어보내시기 전 가죽옷을 지어 입히신 것(창 3:21)은 이 은혜의 구원을 암시했다. 아담의 아들 아벨은 양을 죽여 하나님께 제사를 드렸는데(창 4:4) 이것은 그가 하나님의 은혜의 구원에 대한 하나님의 계시를 받았음을 의미한다. 특히, 아브라함의 경우는 구약시대 성도들에게도 이 원리가 적용됨을 증거한다. 창세기 15:6, "아브람이 여호와를 믿으니 여호와께서 이를 그의 의로 여기시고." 사도 바울은 율법의 행위로 하나님 앞에 의롭다 하심을 얻을 자가 없다고 말한다(롬 3:20). 또 요한계시록은 "죽임을 당한 어린양의 생명책에 창세 이후로 녹명되지 못하고 이 땅에 사는 자들은 다 짐승에게 경배하리라"(계 13:8)고 말한다. 그러므로 웨스트민스터 신앙고백은 말하기를, "구약 아래서 믿는 자들의 칭의는, 이 모든 점들에서, 신약 아래서 믿는 자들의 칭의와 동일하다"(11:6)고 했다.

때

그리스도인들은 언제 의롭다 하심을 얻는가? 택한 백성들을 위한 칭의는 하나님의 영원하신 작정 속에 계획되어진 것이고 역사적으로 우리 주 예수 그리스도의 십자가 대속의 죽음과 부활로 확립되었지만(롬 4:25), 그들을 위한 칭의가 영원 전에 이루어졌다거나 십자가 위에서 이루어졌다고 말하기는 어렵다. 또 온 세상의 심판자 하나님께서는 마지막 심판의 날에 우리를 의롭다고 공적으로 선포하실 것이지만, 우리의 칭의가 그때 이루어진다고 보아서도 안 될 것이다.

성경은 사람이 예수 그리스도를 믿을 때 의롭다 하심을 얻는다고 말한다. 로마서 5:1, "그러므로 우리가 믿음으로 의롭다 하심을 얻었은즉." 마지막 심판 때 하나님께서 성도들에게 내리실 의롭다는 선언은 그들이 믿음으로 이미 받은 칭의의 확인이라고 보아야 할 것이다.

결과

로마서 5장은 칭의의 세 가지 결과를 증거한다. 첫째로, 의롭다 하심을 얻은 자는 하나님과 화목하며 교제한다. 로마서 5:1, "그러므로 우리가 믿음으로 의롭다 하심을 얻었은즉 우리 주 예수 그리스도로 말미암아 하나님으로 더불어 화평을 누리자[누리느니라](전통본문)." 구원 얻은 성도는 그를 억눌렀던 무거운 죄의 짐이 벗겨졌고 죄에서 자유함을 얻었으므로 과거의 죄 때문에 낙망하지 말고 성경말씀의 묵상과 기도로 하나님과 교제하며 담대히 의와 선을 행해야 한다.

둘째로, 의롭다 하심을 얻은 자는 미래의 영광스러운 구원을 확신하며 기뻐한다. 로마서 5:2, "그로 말미암아 우리가 믿음으로 서 있는 이 은혜에 들어감을 얻었으며 하나님의 영광을 바라고 즐거워하느니라." 로마서 5:9, "이제 우리가 그 피를 인하여 의롭다 하심을 얻었은즉 더욱 그로 말미암아 진노하심에서 구원을 얻을 것이니."

셋째로, 의롭다 하심을 얻은 자는 영생을 소유하며 장차 누릴 것이다. 로마서 5:18, "그런즉 한 범죄로 많은 사람이 정죄에 이른 것같이 의의 한 행동으로 말미암아 많은 사람이 의롭다 하심을 받아 생명에 이르렀느니라." 죄의 형벌은 죽음이요 죄사함과 의롭다 하심의 결과는 영생이다. 의롭다 하심의 결과는 이와 같이 복되다.

칭의는 매우 보배로운 진리이다. 사도 바울은 주 예수 그리스도와 그를 믿는 믿음으로 말미암는 의 때문에 이 귀한 의의 보화와 비교할 때 자기에게 유익했던 세상의 모든 것들을 다 해로 여기며 다 배설물로 여긴다고 고백했다(빌 3:7-9). 또 그것은 그가 빌립보서에서 강조한 기쁨의 이유요 성도의 감사와 감격의 삶의 원천이다.

양자(養子)

소요리문답 34문답, "양자(養子, 자녀로 삼으심)란 하나님의 값없으신 은혜의 행위인데, 그것에 의해 우리는 하나님의 아들들의 수에 들고 그 모든 특권을 누릴 권리를 가집니다." 중생(重生)이 새 생명의 시작이라면, 양자(養子)는 새 신분의 시작이다.

근거

성도가 하나님의 양자(養子)가 된 것은 자연적 관계에 근거한 것이 아니다. 자연적 관계로 말하면, 창조주 하나님께서는 피조물된 모든 사람들의 아버지시라고 말할 수 있다. 성경도 두어 구절에서 그렇게 표현하기도 한다. 사도행전 17:28-29, "너희 시인 중에 어떤 사람들의 말과 같이 우리가 그의 소생이라 하니 이와 같이 신의 소생이 되었은즉." 히브리서 12:9, "모든 영의 아버지."

그러나 성경에서 하나님을 아버지라 부를 때는 보통 특별한 언약적 관계에서이다. 신명기 32:6, "우매무지한 백성아, 여호와께 이같이 보답하느냐? 그는 너를 얻으신 너의 아버지가 아니시냐? 너를 지으시고 세우셨도다." 예레미야 31:9, "나는 이스라엘의 아버지요 에브라임은 나의 장자니라." 요한복음 1:12, "영접한 자 곧 그 이름을 믿는 자들에게는 하나님의 자녀가 되는 권세를 주셨으니." 요한일서 3:1, "보라, 아버지께서 어떠한 사랑을 우리에게 주사 하나님의 자녀라 일컬음을 얻게 하셨는고, 우리가 그러하도다."

성도들이 하나님의 자녀가 된 것은 중생과 칭의의 구원에 근거한다. 요한복음 1:12-13, "하나님의 자녀가 되는 권세를 주셨으니 이는 혈통으로나 육신의 뜻으로나 사람의 뜻으로 나지 아니하고 오직 하나님께로서 난 자들이니라." 로마서 8:9, 13-14, "만일 너희 속에 하나님의 영이 거하시면 너희가 육신에 있지 아니하고 영에[성령님 안에] 있나니 누구든지 그리스도의 영이 없으면 그리스도의 사람이 아니라," "너희가 육신대로 살면 반드시 죽을 것이로되 영[성령]으로써 몸의 행실을 죽이면 살리니 무릇 하나님의 영으로 인도함을 받는 그들은 곧 하나님의 아들이라." 갈라디아서 3:26, "너희가 다 그리스도 예수께 대한 믿음으로 말미암아 하나님의 아들이 되었으니." 갈라디아서 4:4-5, "때가 차매 하나님께서 그 아들을 보내사 여자에게서 나게 하시고 율법 아래 나게 하신 것은 율법 아래 있는 자들을 속량하시고 우리로 아들의 명분을 얻게 하려 하심이라."

특권

양자(養子)된 자들은 하나님의 자녀들로서의 특권을 누린다. 요한복음 1:12, "영접한 자 곧 그 이름을 믿는 자들에게는 하나님의 자녀가 되는 권세를 주셨으니." 에베소서 2:19, "그러므로 너희는 더 이상 외인(外人)도 아니요 손[이방인]도 아니요 오직 성도들과 동일한 시민[함께 동료 시민들]이요 하나님의 권속[가족들]이라."

하나님의 자녀의 복된 특권들은 다음과 같다: (1) 양자의 영이신 성령님을 받아 담대히 아버지께 나아간다. 로마서 8:15, "너희는 다시 무서워하는 종의 영을 받지 아니하였고 양자의 영(프뉴마 휘오데시아스 πνεῦμα υἱοθεσίας)을 받았으므로 '아바('Αββᾶ) 아버지'라 부르짖느니라." 히브리서 4:16, "그러므로 우리가 긍휼하심을 받고 때를 따라 돕는 은혜를 얻기 위하여 은혜의 보좌 앞에 담대히 나아갈 것이니라." 히브리서 10:19, "그러므로 형제들아, 우리가 예수님의 피를 힘입어 성소[지성소]에 들어갈 담력을 얻었나니." (2) 하나님의 긍휼과 보호와 공급함을 얻는다. 마태복음 6:31-32, "염려하여 이르기를 무엇을 먹을까, 무엇을 마실까, 무엇을 입을까 하지 말라. 이는 다 이방인들이 구하는 것이라. 너희 천부(天父)께서 이 모든 것이 너희에게 있어야 할 줄을 아시느니라." 로마서 8:32, "자기 아들을 아끼지 아니하시고 우리 모든 사람을 위하여 내어주신 이가 어찌 아들과 함께 모든 것을 우리에게 은사로 주지 아니하시겠느뇨?" (3) 징계는 받으나 버림을 당하지 않고 구속(救贖)의 날까지 인치심을 얻는다. 히브리서 12:8, "징계는 다 받는 것이거늘 너희에게 없으면 사생자요 참 아들이 아니니라." 에베소서 1:13, "또한 믿어 약속의 성령님으로 인치심을 받았으니." (4) 영광의 천국을 기업으로 받는다. 로마서 8:17, "자녀이면 또한 후사(後嗣) 곧 하나님의 후사요 그리스도와 함께 한 후사니 우리가 그와 함께 영광[천국]을 받기 위하여 고난도 함께 받아야 될 것이니라." 갈라디아서 3:29, "너희가 그리스도께 속한 자면 곧 아브라함의 자손이요 약속대로 유업[천국]을 이을 자니라."

우리는 구주 예수 그리스도를 믿음으로 죄사함을 얻었고 의롭다 하심을 얻었다. 이것은 예수 그리스도의 대속 사역으로 말미암은 것이다. 그것은 하나님의 법정적(法廷的) 선언이며 그의 전적인 은혜이며 즉각적이고 완전하다. 또 우리는 예수 그리스도를 믿음으로 하나님의 자녀가 되었고 담대히 하나님께 나아가며 그의 긍휼과 보호와 공급하심을 얻으며 징계를 받으나 버림을 당하지 않고 구속(救贖)의 날까지 인치심을 얻었고 장차 영광의 천국을 기업으로 받을 것이다.

6. 성화(聖化)

죄인들을 구원하시는 하나님의 구원은 과거와 현재와 미래의 세 단계로 이루어진다. 구원의 과거적 단계는 중생(重生)과 칭의(稱義)이며 그것은 예수님 믿는 자들에게 이미 이루어졌다. 구원의 현재적 단계는 성화(聖化)이며 그것은 예수님 믿는 자들 속에서 지금 진행 중이다. 구원의 미래적 단계, 곧 구원의 완성은 영화(榮化)이다.

성화의 의미와 성격

성화(聖化, 거룩하여짐; sanctification)가 무엇인가? 성화는 예수 그리스도와 성령님으로 말미암아 거듭나고 의롭다 하심을 얻은 자들이 그 인격과 삶에 있어서 실제로 거룩해지는 것이다. 소요리문답 제35문답, "성화란 하나님의 값없으신 은혜의 일인데, 그것으로 우리는 하나님의 형상을 따라 전인(全人)이 새로워지고, 죄에 대해 점점 더 죽고 의(義)에 대해 살 수 있게 됩니다."

전인(全人)의 실제적 변화

성화는 전인(全人)이 새로워지는 것, 즉 영육 전체, 지정의(知情意)의 전 인격, 전 생활이 죄에 대해 점점 더 죽고 의(義)에 대해 사는 것이다. 죄는 죄책(guilt)과 부패성(corruption)으로 구성된다. 칭의는 우리의 죄책이 법적으로 제거되는 것이지만, 성화는 칭의에 근거하여 우리의 부패성이 실제로 극복되는 과정이다. 또 칭의는 객관적 사건이지만, 성화는 내면적인 사건이다. 성화는 사람의 인격과 삶의 실제적 변화이다. 그것은 예수 그리스도께서 이미 십자가 위에서 이루시고 성령께서 적용하신 법적 의(義)를 성도들이 인격과 삶에서 실제로 나타내는 것이다. 성도들은 법적으로는 이미 의롭다 하심을 받았고 거룩해졌다. 그러므로 그들은 실제로도 의롭고 거룩하고 선한 삶을 살아야 한다. 데살로니가전서 5:23, "평안의 하나님께서 친히 너희로 온전히 거룩하게 하시고 또 너희 온 영과 혼과 몸이 우리 주 예수 그리스도 강림하실 때에 흠 없게 보전되기를 원하노라."

하나님의 형상의 회복

성화는 하나님의 형상의 회복이다. 하나님의 형상의 주요 내용은 지식과 도덕성이다. 사람은 범죄함으로 하나님의 형상을 잃어버렸었다. 그러나 그는 구원을 통해 그것을 회복하는 것이다. 사람에게 있어서 평생 성화의 정도는 그렇게 크지 않은 듯하지만, 지식과 깨달음의 차원에서 그것은 상당히 진전된다. 성도들은 평생 성화 과정을 통해 무엇보다 자신의 죄성과 무능함, 그리고 하나님의 크신 은혜와 긍휼을 깨닫는다. 물론 그는 그것과 함께 거룩함과 의로움, 선함과 사랑과 진실함 등의 도덕성에 있어서도 상당한 열매를 맺을 것이다.

성화는 하나님의 거룩한 형상을 닮는 것이다. 레위기 11:45, "내가 거룩하니 너희도 거룩할지어다." 에베소서 1:4, "창세 전에 그리스도 안에서 우리를 택하사 우리로 사랑 안에서 그 앞에 거룩하고 흠이 없게 하시려고." 골로새서 3:10, "새 사람을 입었으니 이는 자기를 창조하신 자의 형상을 좇아 지식에까지 새롭게 하심을 받는 자니라." 에베소서 4:22-24, "(받았으니) 곧 옛 생활방식에 관하여 너희가 유혹의 욕심을 따라 썩어져 가는 옛 사람을 벗어버리고 오직 심령으로 새롭게 되어 하나님을 따라 참된 의와 거룩으로 지으심을 받은 새 사람을 입으라는 것이라"(원문 직역). 데살로니가전서 4:3, "하나님의 뜻은 이것이니 너희의 거룩함이라." 베드로전서 1:15, "오직 너희를 부르신 거룩한 자처럼 너희도 모든 행실에 거룩한 자가 되라."

성화는 성경에서 때때로 예수 그리스도를 본받는 것이라고 표현된다. 에베소서 4:13, 15, "우리가 다 하나님의 아들을 믿는 것과 아는 일에 하나가 되어 온전한 사람을 이루어 그리스도의 장성한 분량이 충만한 데까지 이르리니," "오직 사랑 안에서 참된 것을 하여 범사에 그에게까지 자랄지라. 그는 머리니 곧 그리스도라." 에베소서 5:2, "그리스도께서 우리를 사랑하시며 우리를 위하여 자신을 버리사 향기로운 예물과 제사로 하나님께 드리셨음같이 너희도 사랑으로 행하라"(원문 직역). 골로새서 3:13, "피차 용서하되 그리스도께서 너희를 용서하신 것과 같이 너희도 그리하고." 베드로전서 2:21, "그리스도도 우리를 위하여 고난을 받으사 우리에게 본을 끼쳐 그 자취를 따라 오게 하려 하셨느니라."

점진적이며 불완전함

성화는 점진적이다. 중생은 영적 출생이며 성화는 영적 성장이다. 사람이 출생한 후 자라듯이, 성도는 영적으로 중생한 후에 점점 성화된다. 중생(重生)과 회개와 칭의(稱義)는 단회적(單回的)이며 즉각적이지만, 성화(聖化)는 중생에서 시작되어 일평생 동안 계속되는 점진적 과정이다. 야곱의 생애를 흔히 성화에 비교하듯이, 성도의 일생은 성화의 훈련 과정이다. 채소가 자라려면 단지 수개월이 필요하나 참나무는 백 년이 필요하듯이, 성도들의 성화는 오랜 기간과 많은 훈련들이 필요하다. 구원 얻은 성도는 점점 더 죄에 대해 죽고 의에 대해 살지만, 성화의 과정은 매우 더디어 보인다.

또한 성화는 땅 위에 사는 동안 불완전하다. 몸의 죄성은 죽을 때까지 완전히 극복되지 않는다. 이것은 성경이 증거하며 경험이 인정하는 바이다. 그러나 감사하게도 성도의 구원은 이런 불완전한 성화에 의존하지 않고 그리스도의 완전한 단번 속죄의 의(義)에 의존한다. 성도들의 성화가 아무리 높은 단계에 도달했다 할지라도 그것은 그리스도께서 그들을 위해 이루어주신 의(義)에 미치지 못한다. 성도들의 구원은 오직 그리스도의 속죄사역과 의 때문에 완전하며 성도들은 최종적 영화의 단계에 이를 수 있는 것이다.

성도들은 죽을 때 그 영혼들이 거룩함에 있어서 완전케 되어 즉시 영광의 천국에 들어간다. 그것은 성도들이 죽을 때 그 영들이 즉시 천국에 들어갈 것을 가르친 성경의 여러 구절들(눅 23:43; 고후 5:8; 빌 1:23 등)에 당연히 내포된 진리이다. 거룩한 영이 아니고서는 결코 천국에 들어갈 수 없기 때문이다. 그러므로 히브리서 12:23은 천국에 올라간 영들을 "온전케 된 의인의 영들"이라고 불렀다. 소요리문답 [제37문] 신자들은 죽을 때 그리스도로부터 어떤 혜택을 받습니까? [답] 신자들은 죽을 때 그 영혼들이 거룩함에 있어서 완전케 되어 즉시 영광에 들어가고, 그 몸들은 여전히 그리스도와 연합되었으므로 부활 때까지 그 무덤들에서 안식합니다.

그러므로 어떤 이들이 구원 얻은 성도들이 지상에서 완전 성화 될 수 있다고 주장하는 것은 성경과 경험에 배치된다. 마태복음 6:12-13, "우리 죄를 사하여 주옵시고, 우리를 시험에 들게 하지 마옵시고 다만 악에서 구하옵소서." 로마서 7:22-26, "내 속 사람으로는 하나님의 법을 즐거워하되 내 지체 속에서 한 다른 법이 내 마음의 법과 싸워 내 지체 속에 있는 죄의 법 아래로 나를 사로잡아 오는 것을 보는도다. 오호라, 나는 곤고한 사람이로다. 이 사망의 몸에서 누가 나를 건져내랴? . . . . 그런즉 내 자신이 마음으로는 하나님의 법을, 육신으로는 죄의 법을 섬기노라." 갈라디아서 5:17, "이는 육신은 성령님을 거슬러 욕심을 내고 성령께서는 육신을 거스르시며, 이 둘이 서로 대적함으로 너희의 원하는 것을 하지 못하게 함이니라"(원문 직역).

알미니안주의는 의식적 죄만 죄로 간주한다. 그들은 마치 10미터 사다리를 놓고 그 꼭대기에 올라가 '나는 완전하다'고 말하는 자들과 같다. 그러나 하나님의 도덕적 표준은 우리가 오를 수 없을 정도로 높다. 디 엘 무디는 "사람들은 무죄(無罪)에 더 가까워질수록 그것에 대해 더욱 적게 말한다"고 말하였다.

그러므로 다음 성경구절들은 잘 해석되어야 한다. 마태복음 5:48, "그러므로 하늘에 계신 너희 아버지의 온전하심과 같이 너희도 온전 하라." 이 구절은 하나님의 요구하시는 바를 보일 뿐이다. 야고보서 1:4, "인내를 온전히 이루라, 이는 너희로 온전하고 구비하여 조금도 부족함이 없게 하려 함이라." 고린도전서 2:6, "그러나 우리가 온전한 자들 중에서(엔 토이스 텔레이오이스 ἐν τοῖς τελείοις) 지혜를 말 하노니." 여기의 온전함은 완전 무죄가 아니고, 영적 성숙함을 의미 한다. 노아(창 6:9)나 욥(욥 1:1)도 완전 무죄한 자는 아니었다.

요한일서 3:6, 8, "그 안에 거하는 자마다 범죄하지 아니하나니, 범 죄하는 자마다 그를 보지도 못하였고 그를 알지도 못하였느니라." '범죄치 아니하나니(우크 하말타네이 οὐχ ἁμαρτάνει, 현재형)'라는 말은 중생한 성도가 계속 죄 가운데 머물러 있을 수 없다는 뜻이다. 중생한 성도가 계속 죄 가운데 머물러 있을 수 없는 까닭은 하나님의 씨 곧 새 생명의 원리가 그 속에 있기 때문이다(요일 3:9).

성화의 중요성

성도는 왜 성화 되어야 하는가? 우리가 성화 되어야 할 근본적인 이유는 성화가 **구원의 당연한 열매**이기 때문이다. 갓난아기가 자라 는 것은 당연한 일이며 정상적인 일이다. 기형아가 아니라면, 아기는 자라게 마련이다. 영적으로도 비슷하다. 성화는 반드시 중생, 회개, 칭의를 따른다. 각 사람의 성화의 정도는 다를지라도 성화 없는 구원 이란 있을 수 없다. 로마서 6:22, "이제는 너희가 죄에게서 해방되고 하나님께 종이 되어 거룩함에 이르는 열매를 얻었으니 이 마지막은 영생이라." 히브리서 12:14, "모든 사람으로 더불어 화평함과 거룩함 을 좇으라. 이것이 없이는 아무도 주님을 보지 못하리라." 하나님께

6. 성화(聖化)

서 주시는 구원은 결코 성화에 실패치 않는 구원이다.

요한계시록 2-3장에 나오는 '이기는 자'라는 말은 성도들 중에 이기는 자가 있고 지는 자가 있음을 의미하는가? 거듭나고 의롭다 하심을 얻은 자들 중에 성화에 실패하는 자가 있을 수 있는가? 그렇지 않다. 참으로 중생한 자, 참으로 믿고 의롭다 하심을 얻은 자는 세상을 이길 것이다. 요한일서 5:4, "대저 하나님께로서 난 자마다 세상을 이기느니라. 세상을 이긴 이김은 이것이니 우리의 믿음이니라." 로마서 8:30, "미리 정하신 그들을 또한 부르시고 부르신 그들을 또한 의롭다 하시고 의롭다 하신 그들을 또한 영화롭게 하셨느니라." 로마서 8:35-37, "누가 우리를 그리스도의 사랑에서 끊으리요? 환난이나 곤고나 핍박이나 기근이나 적신이나 위험이나 칼이랴! . . . 그러나 이 모든 일에 우리를 사랑하시는 이로 말미암아 우리가 넉넉히 이기느리라."

성도가 성화 되어야 할 또 하나의 중요한 이유는 성화가 하나님의 아들 예수 그리스도의 **십자가 대속(代贖) 은혜에 대한 합당한 보답**이기 때문이다. 우리는 너무 귀하고 완전하고 영광스러운 구원을 얻었다. 그러므로 성도의 삶의 목표는 그 은혜에 보답하여 이제는 하나님의 계명을 지키고 죄 짓지 않고 오직 하나님의 영광을 위해서만 살고 그의 선하시고 기뻐하시고 온전하신 뜻만 행하는 것이다.

로마서 8:12, "그러므로 형제들아, 우리가 빚진 자로되 육신에게 져서 육신대로 살 것이 아니니라." 로마서 12:1-2, "그러므로 형제들아, 내가 하나님의 모든 자비하심으로 너희를 권하노니 너희 몸을 하나님께서 기뻐하시는 거룩한 산 제사로 드리라. 이는 너희의 드릴 영적 예배니라. 너희는 이 세대를 본받지 말고 오직 마음을 새롭게 함으로 변화를 받아 하나님의 선하시고 기뻐하시고 온전하신 뜻이 무엇인지 분별하도록 하라." 고린도전서 6:19-20, "너희 몸은 너희가 하나님께로부터 받은 바 너희 가운데 계신 성령님의 전인 줄을 알지 못하느냐?

너희는 너희의 것이 아니라. 값으로 산 것이 되었으니 그런즉 너희 몸으로 하나님께 영광을 돌리라." 고린도후서 5:14-15, "그리스도의 사랑이 우리를 강권하시는도다. 우리가 생각건대 한 사람이 모든 사람을 대신하여 죽었은즉 모든 사람이 죽은 것이라. 저가 모든 사람을 대신하여 죽으심은 산 자들로 하여금 다시는 저희 자신을 위하여 살지 않고 오직 저희를 대신하여 죽었다가 다시 사신 자를 위하여 살게 하려 함이니라." 성화는 구원의 당연한 열매이며 예수 그리스도의 대속 은혜에 대한 보답이므로 성도는 자신의 성화를 위해 분발해야 한다.

성화의 방법

하나님의 전적인 은혜와 성령님의 도우심으로 됨

성화는 하나님의 전적인 은혜이다. 성도는 의롭다 하심을 얻었고 새 생명을 얻었다. 칭의는 성화의 원동력이다. 로마서 3:24, "그리스도 예수 안에 있는 구속(救贖)으로 말미암아 하나님의 은혜로 값없이 의롭다 하심을 얻은 자 되었느니라." 로마서 5:17, "한 사람의 범죄를 인하여 사망이 그 한 사람으로 말미암아 왕노릇하였은즉 더욱 은혜와 의의 선물을 넘치게 받는 자들이 한 분 예수 그리스도로 말미암아 생명 안에서 왕노릇하리로다." 에베소서 2:4-5, "긍휼에 풍성하신 하나님께서 우리를 사랑하신 그 큰 사랑을 인하여 허물로 죽은 우리를 그리스도와 함께 살리셨고." 요한일서 3:9, "하나님께로서 난 자마다 [계속] 죄를 짓지 아니하나니 이는 하나님의 씨가 그의 속에 거함이요 저도 [계속] 범죄치 못하는 것은 하나님께로서 났음이라."

성화는 삼위일체 하나님께서 친히 하시는 일이다. 요한복음 15:4, "내 안에 거하라. 나도 너희 안에 거하리라. 가지가 포도나무에 붙어 있지 아니하면 절로 과실을 맺을 수 없음같이 너희도 내 안에 있지 아니하면 그러하리라." 빌립보서 1:6, "너희 속에 착한 일을 시작하신

이가 그리스도 예수의 날까지 이루실 줄을 우리가 확신하노라." 데살로니가전서 5:23-24, "평안의 하나님께서 친히 너희로 온전히 거룩하게 하시고." 히브리서 13:20-21, "평안의 하나님께서 모든 선한 일에 너희를 온전케 하사 자기 뜻을 행하게 하시고 그 앞에 즐거운 것을 예수 그리스도로 말미암아 우리 속에 이루시기를 원하노라."

특히, 성령께서는 택자들의 구원을 위해 세상에 오셨고 이제 중생시킨 성도들 속에 거하신다. 에스겔 36:27, "내 영을 너희 속에 두어 너희로 내 율례를 행하게 하리니 너희가 내 규례를 지켜 행할지라." 성령께서 성도들 속에 오신 것은 그들로 하나님의 말씀을 깨닫고 그것을 믿고 행하게 하시기 위함이다.

성도들은 성령님의 인도하심을 받으며 성령께서는 그들을 도우신다. 로마서 8:4, "육신을 좇지 않고 그 영[성령]을 좇아 행하는 우리에게 율법의 요구를 이루어지게 하려 하심이니라." 로마서 8:13-14, "너희가 육신대로 살면 반드시 죽을 것이로되 영[성령]으로써 몸의 행실을 죽이면 살리니, 무릇 하나님의 영으로 인도함을 받는 그들은 곧 하나님의 아들이라." 갈라디아서 5:16, "너희는 성령님을 좇아 행하라. 그리하면 육신의 욕심을 이루지 아니하리라." 갈라디아서 5:22-23, "오직 성령님의 열매는 사랑과 기쁨과 평안과 오래 참음과 친절과 선함과 충성과 온유와 절제니."

사람편에서의 충실한 노력도 필요함

성화는 사람의 충실한 노력도 필요하다. 성화는 하나님의 은혜이며 우리의 선행의 능력은 우리 안에 계시는 성령께로부터 나오지만, 하나님께서는 성도를 인격적 존재로 취급하신다. 사람은 중생에서 전적으로 수동적이며 소극적이었지만, 성화에서는 능동적, 자발적, 협력적이어야 한다. 성화에서 성도의 노력은 당연한 의무이다.

빌립보서 2:12-13, "나의 사랑하는 자들아, 너희가 나 있을 때뿐 아니라 더욱 지금 나 없을 때에도 항상 복종하여 두렵고 떨림으로 너희 구원을 이루라. 너희 안에서 행하시는 이는 하나님이시니 자기의 기쁘신 뜻을 위하여 너희로 소원을 두고 행하게 하시나니." 매튜 풀 (Matthew Poole)은 이 구절을 다음과 같이 해석하였다. 우리는 구원에 있어서 게으르지 말고 하나님과 함께 일함으로써 그의 은혜를 헛되이 받지 않는다는 것을 증거해야 한다. 그러나 이런 협력은 구원의 공로가 되는 것이 아니고 단지 주께서 이루신 것을 적용하는 것이며 구원의 원인이나 근거가 아니고 우리가 구원에 참여하는 과정과 수단일 뿐이다(*Commentary on the Holy Bible*, III, 691).

로마서 6:12-13, "그러므로 너희는 죄로 너희 죽을 몸에 왕노릇하지 못하게 하여 몸의 사욕을 순종치 말고 또한 너희 지체를 불의의 도구로 죄에게 드리지 말고 오직 너희 자신을 죽은 자 가운데서 다시 산 자같이 하나님께 드리며 너희 지체를 의의 도구로 하나님께 드리라." 로마서 6:19, "너희 육신이 연약하므로 내가 사람의 예대로 말하노니 . . . 이제는 너희 지체를 의에게 종으로 드려 거룩함에 이르라." 로마서 8:13, "너희가 육신대로 살면 반드시 죽을 것이로되 성령님으로 몸의 행실을 죽이면 살리니." 고린도후서 7:1, "사랑하는 자들아, 이 약속을 가진 우리가 하나님을 두려워하는 가운데서 거룩함을 온전히 이루어 육과 영의 온갖 더러운 것에서 자신을 깨끗케 하자." 데살로니가전서 4:1-3, "너희가 마땅히 어떻게 행하며 하나님께 기쁘시게 할 것을 우리에게 받았으니 더욱 많이 힘쓰라," "하나님의 뜻은 이것이니 너희의 거룩함이라." 베드로후서 1:5-10, "이러므로 너희가 더욱 힘써 너희 믿음에 덕을, 덕에 지식을, 지식에 절제를, 절제에 인내를, 인내에 경건을, 경건에 형제 우애를, 형제 우애에 사랑을 공급하라," "그러므로 형제들아, 더욱 힘써 너희 부르심과 택하심을 굳게 하라."

6. 성화(聖化)

성화의 수단들

하나님께서는 우리의 성화를 위해 몇 가지 수단을 주셨다. 그것은 하나님의 말씀과 성례와 기도, 및 하나님의 섭리적 지도 등이다.

성화의 가장 중요한 수단은 **하나님의 말씀 곧 성경말씀**이다. 골로새서 1:28-29, "우리가 그를 전파하여 각 사람을 권하고 모든 지혜로 각 사람을 가르침은 각 사람을 그리스도 안에서 완전한 자로 세우려 함이니." 사실, 하나님께서 우리에게 성경을 주신 목적이 여기에 있다. 디모데후서 3:16-17, "모든 성경은 하나님의 감동으로 된 것으로 교훈과 책망과 바르게 함과 의로 교육하기에 유익하니 이는 하나님의 사람으로 온전케 하며 모든 선한 일을 행하기에 온전케 하려 함이니라." 성경은 우리의 성화를 위해 유익한 책이다.

성화의 또 하나의 수단은 **성례**이다. 바르게 집행된 성례는 말씀 속에 담긴 예수 그리스도의 속죄의 은혜를 증거하고 기억케 하기 때문에, 그것은 그 의식에 참여하는 자들에게 큰 은혜와 유익을 준다.

성화의 또 하나의 수단은 **기도**이다. 기도는 하나님께 영적 도움과 능력을 받을 수 있는 수단이다. 성도는 하나님 아버지께 무엇이든지 구할 수 있는 특권을 부여받았다. 성도의 기도 제목들 가운데 성화는 매우 중요한 제목이며 하나님께서는 그 기도를 들어주실 것이다. "주님이시여, 우리를 거룩하게 하시고 주님의 형상을 이루소서."

그 외에도 하나님의 여러 가지 **섭리적 훈련과 지도**는 성도의 성화를 위한 수단이다. 직업 현장에서의 훈련, 시험과 유혹, 고난 등이 그렇다. 그것들은 다 성도를 겸손케 하고 거룩케 하는 수단들이다. 시편 119:67, "고난 당하기 전에는 내가 그릇 행했더니 이제는 주님의 말씀을 지키나이다." 로마서 8:28, "우리가 알거니와 하나님을 사랑하는 자 곧 그 뜻대로 부르심을 입은 자들에게는 모든 것이 합력해 선을 이루느니라." 성화가 바로 그 선이다. 성도들은 이런 수단들을 잘 사용함으로써 영적으로 점점 더 자라며 거룩해져야 한다.

성화와 상(賞)

선행은 구원의 목표이며 성화의 열매이다. 에베소서 2:10, "우리는 그의 만드신 바라. 그리스도 예수 안에서 선한 일을 위하여 지으심을 받은 자니 이 일은 하나님께서 전에 예비하사 우리로 그 가운데서 행하게 하려 하심이니라." 디도서 2:14, "그가 우리를 대신하여 자신을 주심은 모든 불법에서 우리를 구속(救贖)하시고 우리를 깨끗하게 하사 선한 일에 열심하는 친 백성이 되게 하려 하심이니라."

요한복음 15:5, "나는 포도나무요 너희는 가지니 저가 내 안에 내가 저 안에 있으면 이 사람은 과실을 많이 맺나니 나를 떠나서는 너희가 아무것도 할 수 없음이라." 로마서 6:22, "이제는 너희가 죄에게서 해방되고 하나님께 종이 되어 거룩함에 이르는 열매를 얻었으니 이 마지막은 영생이라." 갈라디아서 5:22-23, "오직 성령님의 열매는 사랑과 희락과 화평과 오래 참음과 자비와 양선과 충성과 온유와 절제니 이 같은 것을 금지할 법이 없느니라." 에베소서 5:9, "빛[성령](전통사본)의 열매는 모든 착함과 의로움과 진실함에 있느니라."

성경은 선행의 상(미스도스 μισθός)에 관해 많이 말한다. 예수께서는 상에 대해 자주 말씀하셨다. 마태복음 6:3-4, "너는 구제할 때에 오른손의 하는 것을 왼손이 모르게 하여 네 구제함이 은밀하게 하라. 은밀한 중에 보시는 너의 아버지가 [드러나게] 갚으시리라." 마태복음 10:41-42, "선지자의 이름으로 선지자를 영접하는 자는 선지자의 상을 받을 것이요 의인의 이름으로 의인을 영접하는 자는 의인의 상을 받을 것이요 또 누구든지 제자의 이름으로 이 소자 중 하나에게 냉수 한 그릇이라도 주는 자는 내가 진실로 너희에게 이르노니 그 사람이 결단코 상을 잃지 아니하리라 하시니라."

상(賞)은 각각 다를 것

상(賞)은 선행과 봉사의 정도에 따라 각각 다를 것이다. 다니엘 12:3, "지혜 있는 자는 궁창[하늘]의 빛과 같이 빛날 것이요 많은 사람을 옳은 데로 돌아오게 한 자는 별과 같이 영원토록 비취리라." 마태복음 5:11-12, "나를 인하여 너희를 욕하고 핍박하고 거짓으로 너희를 거슬러 모든 악한 말을 할 때에는 너희에게 복이 있나니 기뻐하고 즐거워하라. 하늘에서 너희의 상이 큼이라. 너희 전에 있던 선지자들을 이같이 핍박하였느니라." 누가복음 19:16-17, "그 첫째가 나아와 말하기를 주님이시여, 주님의 한 므나로 열 므나를 남겼나이다. 주인이 말하기를 잘하였다, 착한 종이여. 네가 지극히 작은 것에 충성하였으니 열 고을 권세를 차지하라 하고."

마태복음 16:27, "인자가 아버지의 영광으로 그 천사들과 함께 오리니 그때에 각 사람의 행한 대로 갚으리라." 마태복음 25:19-21, "오랜 후에 그 종들의 주인이 돌아와 저희와 회계할새 다섯 달란트 받았던 자는 다섯 달란트를 더 가지고 와서 말하기를 주여, 내게 다섯 달란트를 주셨는데 보소서 내가 또 다섯 달란트를 남겼나이다. 그 주인이 말하기를 잘하였도다, 착하고 충성된 종아! 네가 작은 일에 충성하였으매 내가 많은 것으로 네게 맡기리니 네 주인의 즐거움에 참여할지어다 하고." 요한계시록 22:12, "보라, 내가 속히 오리니 내가 줄 상이 내게 있어 각 사람에게 그의 일한 대로 갚아 주리라."

특히, 복음을 위해 수고하는 자들에게 각각 수고하고 충성한 만큼의 상이 약속되어 있다. 고린도전서 3:8, 14, "심는 이와 물 주는 이가 일반이나 각각 자기의 일하는 대로 자기의 상을 받으리라," "만일 누구든지 그 위에 세운 공력이 그대로 있으면 상을 받고." 고린도전서 3:12-15의 말씀은 종종 잘못 해석되는 것 같다: "만일 누구든지 금이나 은이나 보석이나 나무나 풀이나 짚으로 이 터 위에 세우면 각각 공력[일한 바]이 나타날 터인데 그 날이 공력[일한 바]을 밝히리니 이는 불로 나타내고 그 불이 각 사람의 공력[일한 바]이 어떠한 것을 시험할 것임이니라. 만일 누구든지 그 위에 세운 공력[일한 바]이 그대로 있으면 상을 받고 누구든지 공력[일한 바]이 불타면 해를 받으리니 그러나 자기는 구원을 얻되 불 가운데서 얻은 것 같으리라." 이 말씀은 일반 성도의 성화에 대해 말하는 것이 아니고, 목사의 사역에 대해 말하는 것이다. 금과 은과 보석은 바른 성경적 교훈을 말하고, 나무나 풀이나 짚은 그릇된 인간적 교훈을 말한다. 이 말씀의 요지는, 목사가 바른 교훈으로 사역하면 마지막 날 상을 받을 것이지만, 목사가 바른 교훈으로 사역하지 않으면 자신은 구원 얻을지 모르나 자기의 교훈을 받던 자들의 멸망으로 인하여 부끄러움을 당할 것이라는 뜻이다.

상(賞)은 하나님의 은혜임

그러나 우리는 우리의 선행이 하나님께 상을 받을 만한 공로가 되지 못한다는 사실도 알아야 한다. 왜냐하면 우리의 성화는 하나님의 은혜이며 우리의 선행은 예수 그리스도의 대속(代贖)과 성령님의 활동으로 말미암은 것이기 때문이다. 우리가 선을 행할 수 있는 능력은 우리에게서 나오지 않고 오직 우리 안에 계신 성령께서 주신 것이다.

그러므로 포도나무 비유에서, 주께서는 "너희는 가지니 저가 내 안에, 내가 저 안에 있으면 이 사람은 과실을 많이 맺나니 나를 떠나서는 너희가 아무것도 할 수 없음이라"고 말씀하셨다(요 15:5). 또 사도 바울은 주님을 위해 많은 고난을 받았고 역사상 아마 가장 귀하게 쓰임 받은 종이었지만 "나의 나된 것은 하나님의 은혜로 된 것이라"고 말했다(고전 15:10). 또 사도 요한이 본 천국의 환상 중에 24장로들은 보좌에 앉으신 영원하신 하나님께 경배하고 자기들의 면류관을 보좌 앞에 던지며 "우리 주 하나님이시여, 영광과 존귀와 능력을 받으시는 것이 합당하오니 주께서 만물을 지으신지라. 만물이 주님의 뜻대로 있었고 또 지으심을 받았나이다"라고 말했던 것이다(계 4:10-11).

더욱이, 우리의 선행이 하나님께 상을 받을 만한 공로가 되지 못하는 까닭은 그것이 하나님의 도덕적 기준에 비추어볼 때 여전히 부족하고 불완전하기 때문이다. 우리의 의는 여전히 예수님의 보혈 공로밖에 없다. '나의 의는 이것뿐 예수의 피밖에 없네.' 그러므로 웨스트민스터 신앙고백 16:4는, "그들의 순종에 있어서 이 세상에서 가능한 최고의 경지에 이른 자들이라도 공로를 쌓고 하나님께서 요구하시는 것 이상을 할 수 있기는커녕, 그들이 의무상 해야 할 만큼에도 미치지 못한다"라고 진술하였다.

그러므로 우리의 선행은 하나님께 상을 받을 만한 공로가 될 수 없다. 하나님께서 주실 상도 그의 은혜이다. 우리는 하나님의 명령받은 것을 다 행한 후에도 "우리는 무익한 종이라. 우리의 하여야 할 일을 한 것뿐이라"고 말해야 마땅한 자들이다(눅 17:10).

내용을 정리해보자. 성화(聖化, 거룩해짐, sanctification)는 거듭나고 의롭다 하심을 얻은 자들이 그 인격과 삶에 있어서 실제로 거룩해지는 것이다. 그것은 전인(全人)의 실제적 변화이며 하나님의 형상의 회복이다. 그것은 점진적이며 땅 위에 사는 동안 불완전하다.

성도들이 성화 되어야 할 이유는 성화가 구원의 당연한 열매이기 때문이다. 거듭난 자는 자라야 한다. 또 성화가 예수 그리스도의 대속은혜에 대한 합당한 보답이기 때문에 성도들은 성화 되어야 한다.

성화는 하나님의 전적 은혜이며 성령님의 도우심으로 이루어진다. 그러나 우리도 성화를 위해 힘써야 한다. 새 생명을 가진 자들마다 거룩을 위해 힘써야 한다. 또 하나님께서는 우리의 성화를 위해 성경 말씀과 성례와 기도, 또 섭리적 훈련과 지도 등의 수단들을 주셨다.

선행은 성화의 열매이며 거기에 상이 약속되어 있다. 상은 선행과 봉사의 정도에 따라 다를 것이지만, 그것도 하나님의 은혜이다.

7. 성도들의 견인(堅忍)과 영화(榮化)

성도들의 견인(堅忍)

성도들의 견인(堅忍, perseverance; 끝까지 견딤)은 주 예수 그리스도를 믿고 구원 얻은 사람들이 은혜의 상태 안에서 끝까지 견디어 영광에 이른다는 것이다. 웨스트민스터 신앙고백 17:1은 "하나님께서 그의 사랑하시는 자 안에서 받으시고 그의 영으로 효력 있게 부르시며 거룩케 하신 자들은 은혜의 상태로부터 완전히 또 최종적으로 떨어져 버릴 수 없고; 그 안에서 확실히 끝까지 견디며 영원히 구원을 얻을 것이다"라고 말한다. 성도들의 견인의 진리는 다른 말로 성도들의 구원의 보장에 대한 진리이다. 어떤 이들은 성도들의 구원의 보장이라는 것은 있을 수 없고 구원은 성도들이 끝까지 믿음을 지킬 때만 유지된다고 말한다. 그러나 성경은 구원의 보장에 대해 가르친다.

근거

성경은 성도들의 견인(堅忍, 끝까지 견딤)을 명백하게 가르친다. 요한복음 10:27-28, "내 양은 내 음성을 들으며 . . . 내가 저희에게 영생을 주노니 영원히 멸망치 아니할 터이요, 또 저희를 내 손에서 빼앗을 자가 없느니라." 로마서 11:29, "하나님의 은사와 부르심에는 후회하심이 없느니라." 빌립보서 1:6, "너희 속에 착한 일(구원의 일)을 시작하신 이가 그리스도 예수의 날까지 이루실 줄을 우리가 확신하노라." 고린도전서 1:8, "주께서 너희를 우리 주 예수 그리스도의 날에 책망할 것이 없는 자로 끝까지 견고케 하시리라." 데살로니가후서 3:3, "주께서는 신실하셔서 너희를 굳게 하시고 악한 자들에게서 지키시리라." 디모데후서 1:12, "이를 인하여 내가 또 이 고난을 받되 부끄러워하지 아니함은 나의 의뢰한 자를 내가 알고 또한 나의 의탁한 것(구원의 일을 포함함)을 그 날까지 저가 능히 지키실 줄을 확신함이라." 디모데후서 4:18, "주께서 나를 모든 악한 일에서 건져내시고 또 그의 천국에 들어가도록 구원하시리니." 베드로전서 5:10, "모든 은혜의 하나님 곧 그리스도 안에서 너희를 부르사 자기의 영원한 영광에 들어가게 하신 이가 잠깐 고난을 받은 너희를 친히 온전케 하시며 굳게 하시며 강하게 하시며 터를 견고케 하시리라."

이런 명백한 구절들뿐 아니라, 성도들의 견인의 교리를 **지원하는 몇 가지 중요한 진리들**이 있다. 첫째, 하나님의 선택의 불변성이다. 요한복음 6:37, "아버지께서 내게 주시는 자는 다 내게로 올 것이요 내게 오는 자는 내가 결코 내어쫓지 아니하리라." 로마서 8:30, "미리 정하신 그들을 또한 부르시고 부르신 그들을 또한 의롭다 하시고 의롭다 하신 그들을 또한 영화롭게 하셨느니라." '영화롭게 하셨다'는 말(에독사세 $\dot{\epsilon}\delta\delta\xi\alpha\sigma\epsilon$)은 부정과거시제로서 미래의 확실한 사건을 나타낸다. 예정된 자들은 남김없이 다 영화롭게 된다. 디모데후서 2:19, "하나님의 견고한 터는 섰으니 인침이 있어 일렀으되 주께서 자기 백성을 아신다 하며."

둘째, 예수 그리스도의 속죄와 중보의 완전성이다. 마태복음 20:28, "인자가 온 것은 . . . 자기 목숨을 많은 사람의 대속물(代贖物)로 주려 함이라." 요한복음 6:39, "나를 보내신 이의 뜻은 내게 주신 자 중에 내가 하나도 잃어버리지 아니하고 마지막 날에 다시 살리는 이것이니라." 로마서 8:34, "누가 정죄하리요? 죽으실 뿐 아니라 다시 살아나신 이는 그리스도 예수시니, 그는 하나님 우편에 계신 자요 우리를 위하여 간구하시는 자시니라." 로마서 8:38-39, "내가 확신하노니 사망이나 생명이나 천사들이나 권세자들이나 . . . 다른 아무 피조물이라도 우리를 우리 주 그리스도 예수 안에 있는 하나님의 사랑에서 끊을 수 없으리라." 히브리서 7:25, "그러므로 자기를 힘입어 하나님께 나아가는 자들을 온전히 구원하실 수 있으니 이는 그가 항상 살아서 저희를 위하여 간구하심이니라."

셋째, 성령님의 인치심이다. 고린도후서 1:22, "저가 또한 우리에게 인치시고 보증으로 성령님을 우리 마음에 주셨느니라." 에베소서 1:13-14, "너희도 진리의 말씀 곧 너희의 구원의 복음을 듣고 그를 바라며 그를 또한 믿어 약속의 성령님으로 인치심을 받았으니 그는 그 얻으신 것의 구속(救贖)의 때까지 우리의 기업의 보증이 되사"(재번역). 에베소서 4:30, "성령님을 근심하게 하지 말라. 그 안에서 너희가 구속(救贖)의 날까지 인치심을 받았느니라." '인치심'은 보증이다. 이렇게 보증된 자들은 중도에 실패할 수 없다.

천국의 기업을 약속하심도 이와 관련된다. 로마서 8:17, "자녀이면 또한 상속자 곧 하나님의 상속자요." 갈라디아서 3:29, "너희가 그리스도께 속한 자면 곧 아브라함의 자손이요 약속대로 유업을 이을 자니라." 베드로전서 1:3-4, "산 소망이 있게 하시며, 썩지 않고 더럽지 않고 쇠하지 아니하는 기업을 잇게 하시나니 곧 너희를 위하여 하늘에 간직하신 것이라." 그러므로 물과 성령님으로 거듭나고 믿음으로 의롭다 하심을 얻은 성도들은 끝까지 견디어 영광에 이를 것이다.

구원의 확신

천주교회는 성도들이 자신의 구원을 확신하는 것은 의무적이지 않고 원할 만한 것도 아니며 또 가능하지도 않다고 가르친다. 이것은 사람의 구원이 하나님과 사람의 협력으로 되며 고해성사(告解聖事)가 죄사함에 필수적이라는 그들의 사상의 당연한 결과이다. 그러나 개신교회는 성경의 가르침대로 성도들의 구원의 확신을 가능한 것으로 본다. 구원의 확신을 증거하는 성경구절들은 다음과 같다.

요한복음 5:24, "내가 진실로 진실로 너희에게 이르노니 내 말을 듣고 또 나 보내신 이를 믿는 자는 영생을 얻었고 심판에 이르지 아니

7. 성도의 견인(堅忍)과 영화(榮化)

하나니 사망에서 생명으로 옮겼느니라(메타베베켄 μεταβέβηκεν) (완료시제)." 로마서 8:1, "그러므로 이제 그리스도 예수 안에 있는 자에게는 결코 정죄함이 없나니." 로마서 8:35, 37-39, "누가 우리를 그리스도의 사랑에서 끊으리요 환난이나 곤고나 핍박이나 기근이나 적신이나 위협이나 칼이랴! . . . 이 모든 일에 우리를 사랑하시는 이로 말미암아 우리가 넉넉히 이기느니라. 내가 확신하노니 사망이나 생명이나 천사들이나 권세자들이나 현재 일이나 장래 일이나 능력이나 높음이나 깊음이나 다른 아무 피조물이라도 우리를 우리 주 그리스도 예수 안에 있는 하나님의 사랑에서 끊을 수 없으리라." 데살로니가전서 1:4, "형제들아, 너희를 택하심을 아노라."

성도들의 구원의 확신이 성도들의 믿음에 본질적인 요소인가라는 문제에 관해서는 두 가지 견해가 있다. 아브라함 카이퍼, 헤르만 바빙크, 게할더스 보스, 루이스 벌코프 등은 구원의 확신을 믿음에 본질적인 것으로 보았다. 그러나 프란시스 투레틴, 찰스 핫지, 로버트 댑니 등은 그것이 믿음에 본질적이지 않고 단지 믿음의 열매라고 보았다. 웨스트민스터 신앙고백 18:1, 3, 4는 후자의 입장을 취한다:

> . . . 주 예수님을 참으로 믿으며 그를 진실히 사랑하며 그 앞에서 모든 선한 양심으로 행하기를 힘쓰는 자들은 그들이 은혜의 상태에 있음을 이 세상에서 확신할 수 있고 하나님의 영광의 소망을 기뻐할 수 있으며; 그 소망은 결코 그들을 부끄럽게 만들지 않을 것이다. . . . 이 무오한 확신은 믿음의 본질에 속하지 않기 때문에, 참 신자라도 그것에 참여하기 전에 오래 기다리며 많은 어려운 일들과 싸울 수 있지만 . . . . 참 신자들이라도 그들의 구원의 확신이 여러 방식으로 흔들리고 감소되고 중단될 수 있는데 . . . .

찰스 핫지는 "자신의 구원의 확신을 믿음에 본질적인 것으로 만드는 것은 성경과 하나님의 백성의 경험에 반대된다"고 말했다(*Systematic Theology*, III, 106). 그러나 구원 얻은 성도가 믿음과 순종의 삶 가운데서 자신의 구원을 확신하고 또 자신의 구원에 대한 보장도 확신하는 것은 확실히 복된 일이다.

잘못된 반론들

성도들의 견인의 교리에 대하여 여러 가지 잘못된 반론들이 있다. 어떤 이들은 성도들의 견인의 교리가 성화에 대한 성경의 권면들에 반대된다고 반론한다. 물론 성경에는 성화에 대한 권면들이 많이 있다. 로마서 2:7, "참고 선을 행하여 영광과 존귀와 썩지 아니함을 구하는 자에게는 영생으로 하시고." 요한복음 15:10, "내가 아버지의 계명을 지켜 그의 사랑 안에 거하는 것같이 너희도 내 계명을 지키면 내 사랑 안에 거하리라." 요한계시록 2:10, "네가 죽도록 충성하라, 그리하면 내가 생명의 면류관을 주리라." 그러나 이 말씀들은 권면받는 신자들 중에 어떤 사람이 끝까지 견디지 못하리라는 것을 증명하는 것이 아니고, 오직 하나님께서 구원의 완성을 위하여 사람의 자발적 행위를 수단으로 사용하신다는 사실을 증명할 뿐이다.

또 어떤 이들은 성도들의 견인의 교리가 성도들을 나태와 방종으로 인도한다고 비난한다. 그러나 그것은 오해이다. 왜냐하면 성경은 하나님께서 우리편의 근면과 진실한 노력 없이 우리를 보호하신다고 가르치지 않기 때문이며, 성도들의 견인의 확신은 도리어 성화를 위해 큰 위로와 힘이 되기 때문이다. 성도들의 견인의 교리는 어떤 이의 표현과 같이 '위험한 시간에 불기둥'과 같다.

또 어떤 이들은 성도들의 견인의 교리가 성경에 있는 배교의 경고에 반대된다고 반론한다. 물론 성경에는 배교에 대한 경고의 말씀들이 많이 나온다. 마태복음 24:4-5, "너희가 사람의 미혹을 받지 않도록 주의하라." 로마서 11:20-21, "높은 마음을 품지 말고 도리어 두려워하라. 하나님께서 원가지들도 아끼지 아니하셨은즉 너도 아끼지 아니하시리라." 고린도전서 10:12, "그런즉 선 줄로 생각하는 자는 넘어질까 조심하라." 그러나 이 말씀들은 신자들 중에 어떤 이가 배교하리라는 것을 증명하는 것이 아니고, 단지 구원의 완성을 위해 경고가 수단으로 사용됨을 증명할 뿐이다. 성경에 나오는 배교에 대한 경고가 구원 얻은 성도들의 배교의 가능성을 증명하지는 않는다.

또 어떤 이들은 견인 교리가 <u>배교의 실례들에 반대된다</u>고 반론한다. 성경에는 배교의 실례들이 없지 않다. 디모데전서 1:19-20, "믿음과 착한 양심을 가지라. 어떤 이들이 이 양심을 버렸고 그 믿음에 관하여는 파선하였느니라. 그 가운데 후메내오와 알렉산더가 있으니." 디모데전서 4:1, "후일에 어떤 사람들이 믿음에서 떠나 미혹케 하는 영과 귀신의 가르침을 좇으리라 하셨으니." 디모데후서 2:17-18, "저희 말은 독한 창질의 썩어져감과 같은데 그 중에 후메내오와 빌레도가 있느니라." 베드로후서 2:1-2, "이와 같이 너희 중에도 거짓 선생들이 있으리라. 저희는 멸망케 할 이단을 가만히 끌어들여 자기들을 사신 주님을 부인하고." 그러나 배교자들이 한 때 교회 안에 있었던 것은 사실이지만, 그것이 그들이 참으로 중생하고 구원 얻은 자들이었다는 증거는 아니다. 예를 들어, 가룟 유다는 예수님의 제자들 중에 속하였지만, 그는 처음부터 믿지 않은 자요 도적이요 깨끗지 않은 자이었다(요 6:64; 12:6; 13:10-11). 주께서는 "심은 것마다 내 천부께서 심으시지 않은 것은 뽑힐 것이라"고 말씀하셨다(마 15:13). 사도 요한도 "저희[적그리스도적 이단들]가 우리에게서 나갔으나 우리에게 속하지 아니하였다"고 말했다(요일 2:19). 히브리서 6:4-6과 10:26-29의 말씀들도 배교의 경고 혹은 실례들에 관련된다고 본다.

영화(榮化)

영화(榮化, glorification)란, 단지 성도가 죽을 때 그 영혼이 완전히 거룩하게 되는 것을 가리키지 않고 그의 부활 때 그의 몸까지도 완전하고 영화롭게 되는 것을 가리킨다. 성도의 영화된 몸은 죄성이 없고 범죄하지 않고 범죄할 수도 없는 몸이라고 생각된다.

구원의 최종적 단계

성도는 죽을 때 그 영혼이 완전히 거룩한 상태로 천국에 들어간다. 천국은 완전히 거룩한 자들만 들어갈 수 있는 곳이다. 소요리문답 37 문답, "신자들은 죽을 때, 그 영혼들이 완전히 거룩해지며 즉시 영광 안으로 들어가고." 누가복음 23:43, "오늘 네가 나와 함께 낙원에 있으리라." 고린도후서 5:8, "우리가 담대하여 원하는 바는 차라리 몸을 떠나 주와 함께 거하는 그것이라." 빌립보서 1:23, "내가 그 두 사이에 끼였으니 떠나서 그리스도와 함께 있을 욕망을 가진 이것이 더욱 좋으나." 히브리서 12:23, "온전케 된 의인의 영들과."

그러나 우리의 구원의 최종적 단계는 몸의 구속(救贖), 곧 우리의 몸이 영광스런 몸이 되는 것이다. 로마서 8:23, "양자(養子) 될 것 곧 우리 몸의 구속(救贖)을 기다리느니라." 성도의 부활의 몸은 첫 사람 아담과 하와가 가졌던 범죄할 수 있고 죽을 수 있는 몸이 아니고, 다시 범죄할 수 없고 다시 죽을 수도 없는 몸이다. 누가복음 20:36, "저희는 다시 죽을 수도 없나니 이는 천사와 동등이요 부활의 자녀로서 하나님의 자녀임이니라." 부활의 몸은 썩지 아니하고 영광스럽고 강하고 영적인 몸이다(고전 15:42-44, 49). 그 몸은 주 예수 그리스도의 부활체를 닮은 몸이다. 로마서 8:29, "그 아들의 형상을 본받게 하기 위하여 미리 정하셨으니." 빌립보서 3:21, "그가 . . . 우리의 낮은 몸을 자기 영광의 몸의 형체와 같이 변케 하시리라." 요한일서 3:2, "사랑하는 자들아, 우리가 지금은 하나님의 자녀라. 장래에 어떻게 될 것은 아직 나타나지 아니하였으나 그가 나타내심이 되면 우리가 그와 같을 줄을 아는 것은 그의 계신 그대로 볼 것을 인함이니."

구원 얻은 성도들은 이런 영광스러운 몸을 가지고 새 하늘과 새 땅 곧 새 세계에서 영원히 살게 된다. 그것이 영생이다. 로마서 8:18-23에 증거한 대로, 모든 피조물들은 하나님의 자녀들이 영광의 자유에 이르기를 바라며 탄식하고 있다. 마침내 새 하늘과 새 땅이 온다. 그곳에는 눈물도, 사망도, 애통도, 아픈 것도 없다. 그 세계는 현재의 이 세계와 완전히 다른 새 세계, 완전히 새로워진 세계이다(계 21:1-5).

은혜성

우리가 받은 구원은 완전하고 영광스러운 구원이다. 우리는 예수 그리스도를 믿을 때 그로 말미암아 이미 법적으로 거룩해졌고(고전 1:2; 히 10:10) 도덕적으로 완전해졌다(히 10:14). 그것이 칭의(稱義)이다. 성화란 구원 얻은 성도들에게 법적으로 이루어진 그 거룩과 의를 그의 인격과 삶 속에서 실제적으로 나타내는 것이다. 비록 성도들의 성화가 이 땅 위에서 매우 더디게 이루어지고 심히 불완전하지만, 우리는 구주 예수 그리스도께서 우리를 위해 이루신 완전한 의 때문에 장차 하나님의 심판대 앞에서 의인으로 간주될 것이다. 성도들의 미래의 영광은 그의 불완전한 성화의 정도에 근거하지 않고 주 예수 그리스도의 대속 사역으로 말미암은 완전한 의에 근거한다.

영화는 그러므로 전적으로 하나님의 은혜이다. 영화는 예수 그리스도께서 이루신 구속(救贖)에 내포된 바이다. 주 예수 그리스도의 구속(救贖)은 성도들의 영에만 관계된 것이 아니고 몸에도 관계된다. 장차 성도들이 가질 영광스런 몸은 하나님의 전적인 은혜이며 예수 그리스도의 속죄사역의 결과이다. 마태복음 13:43, "그때에 의인들은 자기 아버지 나라에서 해와 같이 빛나리라." 로마서 8:29-30, "하나님께서 미리 아신 자들로 또한 그 아들의 형상을 본받게 하기 위하여 미리 정하셨으니 이는 그로 많은 형제 중에서 맏아들이 되게 하려 하심이니라. 또 미리 정하신 그들을 또한 부르시고 부르신 그들을 또한 의롭다 하시고 의롭다 하신 그들을 또한 영화롭게 하셨느니라." 빌립보서 3:20-21, "우리의 시민권은 하늘에 있는지라. 거기로서 구원하는 자 곧 주 예수 그리스도를 기다리노니 그가 만물을 자기에게 복종케 하실 수 있는 자의 역사로 우리의 낮은 몸을 자기 영광의 몸의 형체와 같이 변케 하시리라."

그러므로 성경은 우리의 거룩한 삶의 결과를 단순히 '영생'이라고 말하고 그것을 '부르심의 상'이라고 표현하기도 한다. 로마서 6:22-23, "이제는 너희가 죄에게서 해방되고 하나님께 종이 되어 거룩함에 이르는 열매를 얻었으니 이 마지막은 영생이라. 죄의 삯은 사망이요 하나님의 은사는 그리스도 예수 우리 주 안에 있는 영생이니라." 갈라디아서 6:8, "자기의 육체를 위하여 심는 자는 육체로부터 썩어진 것을 거두고 성령님을 위하여 심는 자는 성령님으로부터 영생을 거두리라." 빌립보서 3:14, "푯대를 향하여 그리스도 예수 안에서 하나님께서 위에서 부르신 부름의 상(브라베이온 βραβεῖον, prize)을 위하여 좇아가노라."

하나님께서 우리의 선행에 대하여 주실 상은 예수 그리스도께서 이루신 구속(救贖)에 비교될 수 없다. 성도들의 거룩한 행실은 부족이 많으며 불완전하나, 하나님의 구원은 영화롭고 완전하다. 하나님께서 마지막 심판 날에 성도들에게 주실 상은 그의 은혜일 뿐이다. 그러므로 성화는 하나님께서 주신 영화롭고 완전한 구원에 무엇을 더하는 것이 아니다. 그것은 더 나은 구원을 만드는 것이 아니다.

상급과 영광의 차등

그러나, 성경은 내세의 상급과 영광의 차등을 암시한다. 성도들이 지상에서 행한 선행과 봉사에 대해 천국에서 차등하게 보상을 받을 것이므로 성도가 내세에 누릴 영광도 차등이 있으리라고 추론할 수 있다. 상급의 차등에 대한 성경적 증거는 성화에 대한 교리에서 살펴본 바가 있으나, 몇 구절을 다시 열거한다면 다음과 같다.

마태복음 16:27에 보면, 주께서는 "인자가 아버지의 영광으로 그 천사들과 함께 오리니 그때에 각 사람의 행한 대로 갚으리라"고 말씀하셨다. 이 말씀은 성도의 순종과 선행의 정도에 따라 보상이 다를 것을 보인다. 또 마태복음 25:21에서 그는, "그 주인이 이르되 잘하였도다, 착하고 충성된 종아! 네가 작은 일에 충성하였으매 내가 많은 것으로 네게 맡기리니 네 주인의 즐거움에 참여할지어다"라고 말씀하셨고, 더욱이 누가복음 19:16-17에서는, "그 첫째가 나아와 말하기를 주님이시여, 주님의 한 므나로 열 므나를 남겼나이다. 주인이 말하기를 잘하였다, 착한 종이여. 네가 지극히 작은 것에 충성했으니 열 고을 권세를 차지하라"고 말씀하신 것은 분명히 주님의 종들의 순종과 봉사와 충성의 정도에 따라 보상이 다를 것을 보인다. 사도 바울도 고린도전서 3:8에서, "심는 이와 물 주는 이가 일반이나 각각 자기의 일하는 대로 자기의 상을 받으리라"고 말했고, 사도 요한의 요한계시록 22:12에서 주께서는 "보라, 내가 속히 오리니 내가 줄 상이 내게 있어 각 사람에게 그의 일한 대로 갚아 주리라"고 말씀하셨다.

그러나 내세의 영광의 차등을 위해 인용되는 고린도전서 15:39-44과 히브리서 11:35는 적절치 않아 보인다. 고린도전서의 말씀은 죽은 자들의 부활체들의 영광의 차등을 말한다기보다, 현재의 몸과 장차 누릴 부활의 몸과의 현격한 차이를 말한다고 보이며, 또 히브리서의 '더 좋은 부활'이라는 말도 마지막 날에 있을 부활체들 중에 더 좋은 것이 있고 덜 좋은 것이 있다는 뜻이 아니고 이 세상에서 죽은 자의 회생(回生)보다 마지막 날의 부활이 더 좋다는 뜻이라고 본다.

하인리히 헵페(Heinrich Heppe)는 그의 개혁파 교의학에서 개혁파 신학자들 중 피스카토(Piscator), 부칸(Bucan), 코체유스(Cocceius) 등을 인용했는데 그들은 구원 얻은 성도들이 내세에 누릴 영광의 차등에 대해 말하였다(*Reformed Dogmatics Set Out and Illustrated from* the Sources (Baker, 1978), pp. 709-710). 아브라함 카이퍼(Abraham Kuyper)와 헤르만 바빙크(Herman Bavinck)와 헐만 획스마도 비슷한 견해를 가졌다(Herman Hoeksema, Reformed Dogmatics, p. 516). 바빙크는 성경이 각 사람의 행위에 따르는 상에 대해 말할 때 장차 그가 누릴 영광의 차등함을 가르친다고 말했고(Reformeerde Dogmatiek, 4. 711; Hoeksema, p. 516; 박형룡, 교의신학: 제5권 구원론, 375쪽), 또 "사람은 그에게 주어진 재능을 사용하는 충성의 정도에 따라서 하나님의 나라에서 더 큰 영예와 통치권을 받을 것이다(마 24:14 이하). . . . 따라서, 물론 모두가 동일한 복, 동일한 영생, 하나님과의 동일한 교제를 나누지만, 그럼에도 불구하고 영광과 광휘에 있어서 그들 가운데 차이가 있다. 교회들은 그들의 충성과 열심에 비례하여 그들의 주님과 왕으로부터 다른 면류관과 상을 받는다(계 2-3장)"고 말했다(Our Reasonable Faith (Baker, 1956), p. 567). 박형룡 박사는 성도들이 장차 받을 상은 영생에 추가되는 특별한 선물이며(박형룡, 교의신학: 제5권 구원론, 374쪽) 그 상이 성도들의 순종과 충성의 행위들에 근거하는 것이지만 그 행위들은 여전히 하나님의 은혜이며 그 상의 약속은 우리의 선행을 장려하는 하나님의 방법이라고 말했다(위의 책, 375쪽).

구원 얻은 성도들은 은혜의 상태에서 끝까지 견디어 영광에 이를 것이다. 성경은 이 사실을 명백히 가르치며 하나님의 선택의 불변성, 예수 그리스도의 속죄와 중보의 완전성, 성령님의 인치심 등의 진리가 그 교리를 지원한다. 성도들은 자신의 미래의 영원한 구원을 확신할 수 있다. 예수 그리스도를 믿고 의롭다 하심의 구원을 얻은 성도들은 장차 그의 재림 때 완전하고 영화로운 몸, 죄성이 없고 범죄할 수도 없는 몸을 가진 자로 부활할 것이다. 그러나 부활한 성도들은 천국에서 상급과 영광에 있어서 차등이 있을 것이다.

6부: 교회론

교회론(Ecclesiology)은 하나님의 교회에 관한 진리들과 하나님의 은혜의 수단들에 관한 진리들을 정리한다. 그 주요 주제들은 교회의 본질, 교회의 속성, 참 교회의 표, 교회의 권세와 임무, 교회의 운영과 조직, 은혜의 수단, 성례 등을 포함한다.

교회론의 주요 주제들

1. 교회란 무엇인가?
2. 하나의 거룩한 세계적인 교회
3. 참 교회의 표
4. 교회의 권세와 임무
5. 교회의 운영과 조직
6. 은혜의 수단들
7. 성례(聖禮)

1. 교회란 무엇인가?

교회란 무엇인가? 교회는 무엇이라고 정의(定義)될 수 있는가?

역사적 고찰

사도시대 이후 초대교회에 로마의 클레멘트, 익나시우스, 폴리갑, 순교자 저스틴 같은 교부들과 변증가들은 교회를 단순히 하나님께서 택하신 백성의 모임이라고 보았다. 그러나 2세기 후반부터 초대교회의 교부들은 분파들과 이단들에 대항해 교회의 외형적 일치와 감독(교구를 맡은 성직자)의 역할을 점점 더 강조하게 되었다.

키프리안

주후 3세기에, 터툴리안의 제자이며 칼타고의 감독이었던 키프리안(Cyprian, 258년경 사망)은 처음으로 감독교회 교리를 발전시켰다. 그의 생각은 다음과 같다: ① 감독(bishop)은 사도들의 후계자이다. ② 감독은 교회의 기초이며 주인이다. 따라서 교인이 교회에 가입하거나 나가는 일은 감독의 결정에 맡겨져 있다. ③ 감독은 제사장이며, 그가 집행하는 예배는 제사이다. ④ 감독들은 모두 다 동등하다. 로마 감독의 우월권은 아직 주장되지 않았다. ⑤ 감독에게 대항하는 것은 하나님께 대항하는 것이다. 그러므로 감독에게 대항하는 자는 교회의 교제를 잃고 따라서 구원을 잃어버린다. ⑥ 교인들은 교회에 복종해야 하고 교회 안에 머물러 있어야 하고, 교회 밖에는 구원의 가능성이 없다. ⑦ 감독들의 연합체인 감독회는 교회의 하나 됨의 기초이다. 여기에 감독회를 통해 '카톨릭'(전세계적) 교회라는 개념이 나타난다. 이것은 천주교회가 자신들의 교회만 카톨릭 교회 즉 전세계적인 유일한 참된 교회라고 생각하는 잘못된 생각의 씨앗이다.

천주교회

주후 4, 5세기, 어거스틴(Augustine, 354-430년)은 교회를 하나님의 은혜로 선택된 성도들의 모임이라고 보면서도, 키프리안의 생각을 그대로 받아들였다. 그의 교회관은 그의 구원관과 맞지 않았다. 어거스틴은 구원관에서는 정통적이지만, 교회관에서는 부족이 있었다.

중세 스콜라 신학자들은 성도들의 모임이라는 생각보다 교직제도와 같은 외적 조직을 점점 강조하였다. 이것은 키프리안의 교회관을 이어받은 것이었다. 교직제도에 대한 강조는 결국 교황제도로 발전되었다. 감독직은 로마, 콘스탄티노플, 알렉산드리아, 안디옥, 예루살렘의 대도시 총대주교(Patriarch)직으로 발전되고, 주후 533년 비잔틴 황제 유스티니안은 로마 감독의 수위성(首位性)을 인정했고, 607년 로마 감독 보니페이스 3세는 역사상 처음으로 자신을 '세계적 감독'(Universal Bishop)이라고 불렀고 이것이 교황제도의 시작이다.

천주교회의 교회관은 중세시대에 상당히 확립되어 있었으나 공식적으로는 종교개혁 이후 작성되었다. 트렌트 요리문답은, 교회는 "한 무형적 머리이신 그리스도와 한 유형적 머리인 로마 교황청의 베드로의 후계자를 가진 지금까지 지구상에 살았던 모든 신실한 자들의 단체"라고 정의하였다. 이와 같이, 천주교회는 교황을 우두머리로 한 교회의 외적 조직을 교회의 본질적 요소로 본다.

천주교회는 또한 '가르치는 교회'와 '듣고 배우는 교회'를 구별하며, 가르치는 교회를 더 중시하고 교회의 유일성, 보편성, 사도성, 무오성 등의 속성들을 그것에 돌린다. 또한 예수 그리스도께서 교회를 통해 구원의 은혜와 복들을 나눠주시며 오직 자기들의 교회 즉 천주교회만 구원의 기관이며 구원의 중보자라고 주장한다.

헬라 정교회

11세기에 서방교회에서 분리되었던 헬라 정교회는 천주교회같이

1. 교회란 무엇인가?

외적 조직을 중시하지만, 교황제도를 인정치 않고 그 대신 감독회와 대회들에 무오적(無誤的) 권위를 둔다. 그들은, 교회의 권위의 궁극적 원천이 '성령님에 의해 인도되는 교회의 공통적, 불변적 마음'이며, 오직 자기들의 교회만 세상에서 유일한 참 교회라고 본다.

그러나, 교회의 조직을 교회의 본질이라고 보는 천주교회나 헬라 정교회의 교회관은 성경적으로 옳지 않다. 교회의 조직은 필요하며 존중하며 지켜야 하지만, 교회의 본질은 아니라고 본다. 교회는 성경이 증거하는 대로 구원 얻은 성도들의 모임이다. 더욱이, 교회의 목사나 회의들이나 전통이 성경교훈에서 이탈하였을 경우, 그것은 결코 권위를 가질 수 없다. 참 교회는 어떤 교회 지도자나 회의나 전통에 있지 않다. 참 교회는 하나님의 은혜로 구원 얻은 성도들 가운데 있다. 그 외의 요소들은 교회의 본질에 속한 것이 아니며, 성경의 바른 교훈에 일치할 때만 존중될 수 있고 또 존중되어야 한다.

개혁교회

종교개혁자 루터나 칼빈은 성경적 교회관으로 돌아가 교회를 성도들의 교통이라고 바르게 이해하였다. 그들은 하나님의 말씀이 바르게 전파되며 성례가 바르게 시행되는 곳에 참 교회가 있고 하나님의 바른 말씀을 떠난 외적 조직의 계승은 무의미하다고 보았다.

개혁교회의 신앙고백들에 나타난 교회관은 성경적이다.

벨직 신앙고백 27조는 "[교회는] 예수 그리스도 안에서 그들 모두의 구원을 기대하고 그의 피로 죄씻음을 받고 성령님으로 거룩케 되고 인침을 받은 참 그리스도인 신자들의 거룩한 회중이요 모임이다"라고 고백하였다.

제2 스위스 신앙고백 17장은 "교회는 세상에서 불러모으신 신실한 자들의 무리이다," "모든 성도들의 교통이다"라고 고백하였다.

웨스트민스터 신앙고백 25:1-2는 다음과 같이 고백한다:

무형적(無形的)인 보편적 혹은 전세계적 교회는 그것의 머리이신 그리스도 아래 하나로 모여진, 모여지는, 혹은 모여질 선택된 자들의 수 전체로 구성되며, 만물 안에서 만물을 충만케 하시는 자의 아내요 몸이요 충만이다.

이전에 율법 아래서와 같이 한 국가에 국한되지 않으므로, 복음 아래서 역시 보편적 혹은 세계적 유형적(有形的) 교회는 참 종교를 고백하는 세계에 흩어져 있는 모든 자들과 그들의 자녀들로 구성되며, 주 예수 그리스도의 나라요, 하나님의 집과 가족이니, 이 교회 밖에는 구원의 일반적 가능성이 없다.

이와 같이, 개혁신학은 교회를 구원 얻은 성도들의 모임으로 보며, '성도들의 교통'(communio sanctorum)이라는 말로 표현하였다. '교통'이라는 라틴어 콤무니오는 '연합과 교제'를 의미한다. 교회는 건물이나 외적 조직을 의미하는 것이 아니고, 하나님께 예배드리려고 모인 성도들의 연합된 상태를 의미한다. 교회는 성도들의 연합과 교제다.

성경적 재세례파

종교개혁 시대에 재세례파(Anabaptists) 중에 '성경적 재세례파'가 있었다. 그들은, 당시의 신령파(Spiritualists)나 합리주의파와 달리, 성경의 권위를 믿었다. 그러나 그들은 루터나 칼빈처럼 옛날 교회들을 성경적으로 개혁하려 하지 않고 성경에 근거해 새 교회를 건립하려 하였다. 그들의 지도자들로는 콘라드 그레벨(Conrad Grebel), 펠릭스 만츠(Felix Mantz), 조지 블러럭(George Blaurock), 미카엘 새틀러(Michael Sattler) 등이 있었다. 만츠는 강에 던지웠고, 블러럭은 매맞고 화형을 당했으며, 새틀러는 고문과 화형을 당했다(David O. Beale, "Lectures on the History of Doctrines" (Bob Jones University, 1986). 초기에는 천주교 신부가 많았다.

그들의 사상은 새틀러가 작성한 "슐라이템(Schleitheim) 신앙고백"에 잘 나타나 있다. 그 신앙고백에 의하면, 그들은 중생을 강조하였고 순종하는 신자들에게만 세례를 베풀었으며 유아세례를 부정하였다. 또 그들은 교회에서의 권징의 시행과 개인적으로 가증한 것들로부터의 성별과 불순종하는 형제들로부터의 분리를 강조하였다. 그들은 또 '자유교회'의 원리, 즉 교회와 국가의 분리를 주장했고 칼과 저항을 부정하였으며 신자의 맹세나 공무원직을 부정하였다. 또 그들은 하나님의 사랑으로 불붙는 변화된 마음을 강조하였다.

오늘날 메노파(the Mennonites; Menno Simons의 추종자들)나 아만파(the Amish; J. Ammann의 추종자들)나 후터파(the Hutterites; Jacob Hutter의 추종자들) 등이 그들의 후예들이다. 역사적으로, 침례교회는 재세례파와 직접적 연관이 없어 보인다.

성경적 개념

용어

구약성경에서 '교회'에 해당하는 카할(קָהָל)과 에다(עֵדָה)라는 말은 흩어져 있거나 혹은 모여 있는 이스라엘 백성 전체를 가리키는 말로 사용됐다. 한글개역성경에서 카할(קָהָל)은 주로 '총회'로(신 5:22), 에다(עֵדָה)는 주로 '회중'으로 번역된 것 같다(출 12:3)

(카할(קָהָל)은, '소집하다'는 뜻인 동사 카할(קָהַל)에서 파생되었고 구약성경에 123회 사용되었다(congregation 86회, assembly 17회 등). 이 말은 헬라어 70인역에서 에클레시아 ἐκκλησία로 68회 번역되었고, 쉬나고게 συναγωγή로 35회 번역되었다. 또 에다(עֵדָה)는 '약속하여 모인다'는 뜻인 동사 야아드(יָעַד)에서 파생되었고 구약성경에 149회 사용되었다(congregation 124회, assembly 9회 등). 헬라어 70인역에서는 131회 전부 쉬나고게 συναγωγή로 번역됐다. 헬라어 70인역에서 에클레시아 ἐκκλησία는 거의 전부(68회) 카할(קָהָל)의 번역어이며(4회는 같은 어근의 변형어의 번역임), 쉬나고게 συναγωγή는 주로(131회) 에다(עֵדָה)의 번역어이지만, 카할(קָהָל)의 번역어로도 35회 사용되었다)(*Young's Analytical Concord-*

ance; Edwin Hatch and Henry A. Redpath, *A Concordance to the Septuagint* (Baker Book House, 1983).

신약성경에 약 115회 사용된 '교회'라는 헬라어 에클레시아(ἐκκλη-σία)는 '부른다'는 의미의 동사 칼레오(καλέω)에서 파생된 말로서 '불러낸 무리'라는 뜻이다. 이 말은 신약성경에서 '민회'나 기타 세속적 모임을 가리키기도 하였으나(행 19:39, 41), 주로 예수 그리스도를 믿는 성도들의 무리를 가리키는 말로 쓰였다.

마태복음 16:18에 보면, 주 예수께서는 "내가 이 반석 위에 내 교회를 세우리라"고 말씀하셨다. 이 구절은 신약성경에서 처음으로 '교회'라는 말이 나온 곳이다. 주께서는 이 말씀에서 교회의 건립이 자신을 세상에 보내신 하나님의 계획이며 자신의 중요한 사역임을 증거하셨다. '내 교회'라는 말은 구약시대의 하나님의 백성인 이스라엘과 구별하여 예수 그리스도를 믿고 따르는 무리를 가리켰다고 본다.

사도행전에서 '교회'라는 말이 처음 나오는 곳은 사도행전 2:47이다: "주께서 구원 얻는 사람을 날마다 그 교회에 더하게 하시니라"(전통본문). 이 구절에서 교회는 특별한 뜻을 가졌다기보다 단순히 예수 그리스도를 따르며 예루살렘의 다락방에 모였던 제자들과, 또 베드로의 설교를 듣고 회개하고 세례 받았던 3천명의 신입교인들의 모임을 가리키는 뜻으로 사용되었다고 본다. 이 구절은 교회가 예수 그리스도를 믿는 성도들의 모임을 가리킴을 잘 나타낸다.

사도행전의 다른 구절들도 교회가 예수님 믿는 성도들의 모임임을 보인다. 사도행전 5:11, "온 교회와 이 일을 듣는 사람들이 다 크게 두려워하니라." 9:31, "온 유대와 갈릴리와 사마리아 교회들이 평안하여 든든히 서 가고 주님을 경외함과 성령님의 위로로 진행하여 수가 더 많아지니라." 13:1, "안디옥 교회에 선지자들과 교사들이 있으니."

사도 바울은 교회를 그리스도의 몸이라고 표현했다. 에베소서 1:23, "교회는 그의 몸이니 만물 안에서 만물을 충만케 하시는 자의 충만이니라." 예수 그리스도를 믿고 구원 얻은 성도들이 그리스도의 몸을 이룬다. 이것은 신비적 연합이라고 불린다. 고린도전서 12:13, "우리가 . . . 다 한 성령님으로 세례를 받아 한 몸이 되었고."

이와 같이, 교회는 구주 예수 그리스도를 믿고 구원 얻은 성도들의 모임이다. 교회의 구성원은 주 예수 그리스도를 믿고 구원 얻은 성도들이다. 그들은, 에베소서 1:4-14에 증거된 대로, 창세 전에 하나님의 택하심을 입고 구주 예수 그리스도의 죽으심으로 구속(救贖)함을 얻고 하나님의 복음을 믿음으로 성령님의 인치심을 받은 자들이다. 그들이 교제하며 하나님께 예배 드리는 곳에 교회가 있다.

가정교회

신약성경은 집에서 모인 교회, 즉 가정교회에 대해 말한다. 로마서 16:5, "저의 교회[그들의 집에 있는 교회]에게도 문안하라." 고린도전서 16:19, "아굴라와 브리스가와 및 그 집에 있는 교회가 주 안에서 너희에게 간절히 문안하고." 골로새서 4:15, "라오디게아에 있는 형제들과 눔바와 그 여자의 집에 있는 교회에 문안하고." 빌레몬서 1-2, "동역자 빌레몬과 및 자매 압비아와 및 우리와 함께 군사된 아킵보와 네 집에 있는 교회에게 편지하노니."

위의 성경구절들은 사도시대의 교회가 어떤 성도의 집에 모였음을 보인다. 사도시대의 교회들은 오늘날처럼 어떤 특별한 명칭을 가진 것이 아니었고 특별한 예배당도 없었다. '성도의 집에 있는 교회'라는 표현은 교회가 어느 성도의 집에서 하나님께 예배드리며 서로 교제하기 위해 모인 모임임을 잘 나타낸다. 초기의 교회는 어떤 조직체라기보다 단순히 구원 얻은 성도들의 모임이었다.

무형교회와 유형교회

교회를 성도들의 교통이라고 정의할 때, 우리는 교회를 무형교회와 유형교회로 구분해야 한다. 현실 교회들의 불완전함을 생각할 때 이러한 구분은 더욱 필요하다. 우선, 교회는 무형적(無形的)인 면이 있다. 무형교회는 웨스트민스터 신앙고백의 진술대로, 하나님의 택하심을 받은 모든 사람들, 즉 이미 구원 얻었고 지금 구원 얻고 있고 또 장차 구원 얻을 모든 사람들로 구성되며 그들의 수는 충만하다. 우리는 이미 천국에 들어간 자들이나 장차 구원 얻을 자들이나 현재 온 세계에 흩어져 있는 모든 성도들을 다 볼 수 없다. 또 우리는 현실 교회 속에서 구원 얻은 자들과 구원 얻지 못한 자들을 명확히 구분할 수도 없다. 그런 점들에서 참 교회는 무형적이다.

그러나 참 교회는 또한 유형적(有形的)이다. 교회는 기독교 신앙을 고백하는 자들과 그 자녀들로 구성되며 그들로 구성된 교회는 눈으로 볼 수 있다. 교회는 특히 공동적 신앙고백과 예배, 성례, 그리고 외적 조직과 교제와 봉사 등에서 그 유형적 모습을 드러낸다.

그러나 유형교회의 한 특징은 회중 가운데 구원 얻지 못한 자들이 포함될 수 있다는 데 있다. 마태복음 13장의 곡식과 가라지의 비유는 세상에서의 교회의 모습을 나타낸다. 교회 속에는 종종 위선자들이나 가룟 유다 같은 교인들이 섞여 있다. 구약시대나 예수님 당시의 교회의 모습에서나, 고린도 교회와 갈라디아 교회 및 아시아의 일곱 교회들과 그 이후 교회 역사에서 볼 수 있듯이, 교회는 많은 교리적, 윤리적 문제들을 안고 있었고 교회답지 않은 모습들을 보여왔다. 이와 같이, 유형교회는 참 교회답지 않은 요소나 모습을 가지고 있다.

교회의 기초와 건립

기초

신약성경은 다음의 몇 구절들에서 교회의 기초에 대해 언급한다. 마태복음 16:18, "내가 네게 이르노니 너는 베드로라. 내가 이 반석 위에 내 교회를 세우리니 지옥의 권세가 이기지 못하리라." 교회의 기초인 '이 반석'은, "주께서는 그리스도시요 살아계신 하나님의 아들이시니이다"라는 사도 베드로의 신앙고백을 가리켰음이 분명하다.

고린도전서 3:11, "이 닦아 둔 것 외에 능히 다른 터를 닦아 둘 자가 없으니 이 터는 곧 예수 그리스도라." 세상에 사람으로 오셨고 십자가에 죽으심으로 택자들의 대속(代贖)을 이루신 주 예수께서는 교회의 기초이시며 그를 믿는 믿음은 교회의 기둥이며 시작이다.

에베소서 2:20, "너희는 사도들과 선지자들의 터 위에 세우심을 입은 자라. 그리스도 예수께서 친히 모퉁이 돌이 되셨느니라." 사도 바울이 교회의 기초로 언급한 이 '사도들과 선지자들의 터'는 사도들과 선지자들의 교훈의 터를 가리킴이 분명하다. 우리가 믿는 예수 그리스도께서는 사도들과 선지자들을 통하여 전파되고 증거되고 해설된 예수 그리스도이시며 그 예수 그리스도께서 교회의 기초이시다.

건립

신약교회는 지금 건설 중에 있다. 에베소서 2:20-22, "너희는 사도들과 선지자들의 터 위에 세우심을 입은 자라. 그리스도 예수께서 친히 모퉁이 돌이 되셨느니라. 그의 안에서 건물마다 서로 연결하여 주 안에서 성전이 되어가고 너희도 성령 안에서 하나님의 거하실 처소가 되기 위하여 예수 안에서 함께 지어져 가느니라." 주 예수 그리스도께서 교회에 목사들과 교사들을 세우신 것은 그의 몸을 세우려 하심이다. 에베소서 4:12, "이는 성도를 온전케 하며 봉사의 일을 하게 하며 그리스도의 몸을 세우려 하심이라."

교회는 어떻게 건립되어야 하는가? 교회는 단순히 조직체가 아니므로, 교회 건립은 단순히 외형적 건립이어서는 안 된다. 다시 말해, 교회의 건립이 단순히 예배당 건축이나 교인수의 증가이어서는 안 된다는 것이다. 하나님께서는 구약시대에 성전 건축을 명하셨듯이 신약시대에 예배당 건축을 명령하신 적이 없다. 신약교회의 예배당은 교회의 모임을 위해 필요해서 건축하는 것뿐이다. 교인들의 숫자나 헌금 액수 등도 비록 그것들이 복음의 결실을 측정하는 요소들이 될 수 있을지라도 교회의 본질적 요소는 아니다.

교회 건립은 영적이어야 한다. 교회는 거룩하고 흠이 없는 영광스러운 교회가 되어야 한다. 에베소서 5:26-27, "이는[교회는] 곧 물로 씻어 말씀으로 깨끗하게 하사 거룩하게 하시고 자기 앞에 영광스러운 교회로 세우사 티나 주름잡힌 것이나 이런 것들이 없이 거룩하고 흠이 없게 하려 하심이니라." 그것은 순수한 복음을 선포하여 결신자들을 얻고 그들을 성경말씀으로 충실히 가르쳐 영적으로, 도덕적으로, 인격적으로 성장하도록 양육하는 것이다. 교회 건립에 있어서는 한 명의 영혼의 구원과 그 영혼의 영적 성장이 가장 중요하다. 골로새서 1:28-29, "우리가 그를 전파하여 각 사람을 권하고 모든 지혜로 각 사람을 가르침은 각 사람을 그리스도 안에서 완전한 자로 세우려 함이니 이를 위하여 나도 내 속에서 능력으로 역사하시는 이의 역사를 따라 힘을 다하여 수고하노라."

그러므로 교회는 교인들, 즉 세례교인 혹은 입교인을 신중히 받아들여야 한다. 지교회의 목사와 당회는 교인들의 신앙고백을 확인해야 한다. 만일 지교회가 이 기본적 의무에 충실하지 않는다면 교회와 세상을 구별하는 선이 흐려지고 말 것이다. 교회들의 부패는 부분적으로 이 점에 있어서 그들이 불충실하였기 때문에 왔다. 신명기 23:2-3, "사생자(私生子)는 여호와의 총회에 들어오지 못하리니 . . . 암몬 사람과 모압 사람은 여호와의 총회에 들어오지 못하리니." 신명기 22:9, "네 포도원에 두 종자를 섞어 뿌리지 말라."

또 비록 교회에 직분이나 회의 등의 조직이 필요하지만, 그것들은 교회에 본질적이지 않고 부수적일 뿐이다. 천주교회는 교황과 주교

1. 교회란 무엇인가?

회의를 중심한 소위 '가르치는 교회'의 조직을 교회의 본질로 보며, 따라서 이 조직을 떠나서는 교회가 없다고 말한다. 그러나 외적 조직은 본질적이지 않고 더욱이 하나님의 진리에서 이탈된 조직은 하나님 앞에서 무의미하고 무가치할 뿐 아니라 오히려 가증스럽다.

또 교회에서 성경적, 역사적 바른 교훈의 계승은 조직의 계승보다 비교할 수 없이 매우 중요하다. 교회는 주님의 사도들로부터 전수되어 온 역사적 기독교 신앙을 믿고 고백하고 전파해야 한다. 교회에서 바른 교훈의 계승이 없는 단순한 조직의 계승은 아무런 의미가 없다. 어떤 교회 혹은 교단이 아무리 찬란한 역사적 전통을 가지고 있다 할지라도, 사도들로부터 전달된 역사적 기독교 신앙의 유산이 계승되지 않는다면 그들의 역사와 전통은 전혀 무의미하며 참 교회의 계승이 되지 못한다. 예를 들어, 한국의 보수적 장로교회들이 평양신학교의 초대 교장이었던 마포삼열(Samuel A. Moffett) 박사나 총회신학교의 기둥과 같았던 박형룡 박사의 바른 신앙을 지키고 전수하지 못한다면, 그 전통과 역사는 아무런 의미가 없고 가치도 없다.

그러므로 교회에서 바른 신학의 교육과 전수는 생명같이 중요하다. 신학은 하나님의 진리들의 체계적 지식이다. 개혁신학이 성경적으로 바른 신학이다. 그러므로 장로교 목사들은 개혁신학을 파악하고 더욱 연구하고 후대에게 충실하게 전달해야 한다. 모든 진실한 목사들과 성도들은 참 교회 건립을 위해 힘써야 한다.

교회는 구주 예수 그리스도를 믿고 구원 얻은 성도들의 모임이다. 개혁신학은 그것을 '성도들의 교통'(communio sanctorum)이라는 말로 표현하였다. 이 교회는 만세 전 그리스도 안에서 택함 받은 모든 사람들로 구성된다. 교회의 기초는 예수 그리스도이며 예수 그리스도를 증거한 사도들의 교훈이다. 그러므로 신약교회는 택자들을 다 구원하고 그들을 바른 교훈 안에서 온전한 자로 양육해야 한다.

2. 하나의 거룩한 세계적인 교회

교회는 하나의 거룩한 세계적인 교회이다. 이것은 교회의 세 가지 속성이라고 불린다. 주후 381년의 니케야-콘스탄티노플 신조는 "우리는 하나의 거룩한, 세계적, 사도적 교회를 믿는다"라고 말하였다.

하나됨

첫째로, 교회는 하나이다. 세계에 많은 교회들, 교단들과 교파들이 있어도 하나님의 모든 선택된 자들로 구성된 교회는 과거와 현재와 미래를 통틀어 세계에 오직 하나이다. 창세 전에 하나님의 택하심을 받고 예수 그리스도의 피로 구속(救贖)함을 얻고 성령님의 인치심을 받은 모든 그리스도인은 그 교회에 속한다. 웨스트민스터 신앙고백 25:1은 교회가 '하나님께서 택하신 자들의 총수로 구성된다'고 말하였고, 벨직 신앙고백 27조는 "이 교회는 세상 처음부터 있었고 세상 끝까지 있을 것이다"라고 말하였다.

구약교회와 신약교회

구약교회와 신약교회는 하나이다. '세대주의'(dispensationalism)는 이스라엘과 교회를 별개로 보고, 교회를 신약시대에 비로소 시작된 것으로 간주한다. 그러나 교회가 인류 창조 때부터 있었다고 보는 것이 타당하다. 물론, 그 구성원과 예배 방식과 하나님의 은혜의 나타남에 있어서 교회는 구약시대와 신약시대에 시대적 독특성을 가진다. 구약교회는 하나님의 율법을 지키고 성막 혹은 성전 예배를 드리는 이스라엘 백성들로 구성되었으나, 신약교회는 예수 그리스도를 믿고 따르는 모든 나라의 사람들로 구성된다. 구약교회에서는 하나님의 은혜가 율법을 통해 예표(豫表)되었으나, 신약교회에서는 하나님의 은혜가 주 예수 그리스도의 십자가 대속 사역을 통해 밝히 증거되었다. 그러나 그 둘은 본질적으로 다른 두 개의 교회가 아니고 동질적(同質的)인 한 교회이다.

구약교회와 신약교회가 동질적인 한 교회라는 근거는 무엇인가?

첫째로, 구약교회와 신약교회는 동일한 명칭을 가진다. 구약성경에 '회중'이나 '총회'로 번역된 히브리어 카할(קָהָל)과 에다(עֵדָה)라는 단어는 헬라어 70인역에서 에클레시아(ἐκκλησία)로 번역되었는데, 이 단어는 신약성경에서 '교회'로 번역된 바로 그 단어이다.

둘째로, 성경에 계시된 하나님의 구원 원리는 모든 시대에 동일하다. 아담 이후로 모든 죄인들은 오직 하나님의 은혜와 예수 그리스도의 속죄로만 죄씻음과 의롭다 하심의 구원을 얻는다. 비록 구약시대에 도덕법이 강조되었지만, 하나님의 긍휼과 은혜가 성막제도와 제사제도 등 의식법을 통해 밝히 증거되었다. 요한복음 14:6, "예수께서 말씀하시기를 나는 길이요 진리요 생명이니 나로 말미암지 않고는 아버지께로 올 자가 없느니라." 디모데전서 2:5, "하나님께서는 한 분이시요 또 하나님과 사람 사이에 중보도 한 분이시니 곧 사람이신 그리스도 예수라." 요한계시록 13:8, 창세 이후로 죽임을 당한 어린양의 생명책에 녹명되지 못하고 이 땅에 사는 자들은 다 짐승에게 경배하리라."

셋째로, 성경에 계시된 대로 구약시대와 신약시대의 교인들의 신분과 특권이 같다. 마태복음 8:11, "동서로부터 많은 사람이 이르러 아브라함과 이삭과 야곱과 함께 천국에 앉으려니와." 로마서 4:16, "후사가 되는 이것이 은혜에 속하기 위하여 믿음으로 되나니 이는 그 약속을 그 모든 후손에게 굳게 하려 하심이라. 율법에 속한 자에게 뿐 아니라 아브라함의 믿음에 속한 자에게도니 아브라함은 하나님 앞에서 우리 모든 사람의 조상이라." 로마서 11:17, "또한 가지 얼마가 꺾여졌는데 돌감람나무인 네가 그들 중에 접붙임이 되어 참감람나무 뿌리의 진액을 함께 받는 자 되었은즉." 갈라디아서 3:29, "너희가 그리스도께 속한 자면 곧 아브라함의 자손이요 약속대로 유업을 이을 자니라." 에베소서 2:19, "그러므로 이제부터 너희가 외인도 아니요 손도 아니요 오직 성도들과 동일한 시민[동료 시민]이요 하나님의 권속[가족]이라." 에베소서 3:6, "이는 이방인들이 복음으로 말미암아 그리스도 예수 안에서 함께 후사가 되고 함께 지체가 되고 함께 약속에 참여하는 자가 됨이라."

하나됨의 성격

교회가 하나라는 사실은 세 가지 측면에서 이해해야 할 것이다.

첫째로, 교회가 하나라는 것은 영적인 사실이다. 예수 그리스도의 몸된 교회(엡 1:23; 고전 12:27)는 이미 영적으로 하나다. 고린도전서 12:13, "우리가 다 한 성령님으로 세례를 받아 한 몸이 되었고." 비록 교회들이 세상에서 여러 형태로 나뉘어 있다 할지라도, 예수 그리스도의 몸된 교회는 영적으로 나뉠 수 없이 이미 하나가 되어 있다. 이것은 아무도 깨뜨릴 수 없는 사실이다.

둘째로, 교회는 교리적으로 하나다. 교리는 진리를 말로 표현한 것을 가리킨다. 성도들은 하나님의 진리 안에서 즉 바른 교리 안에서 하나다. 디도서 1:4, "같은 믿음(코이네 피스티스 κοινὴ πίστις)[공통적 믿음]을 따라 된 나의 참 아들 디도에게." 교회의 하나됨은 바른 교리를 떠나서 생각할 수 없다. 그러므로 교회들은 하나님의 진리에 대한 공동적인 이해와 공동적인 고백을 위해 힘써야 한다.

예수 그리스도께서는 요한복음 17:11, 20-21에서 "우리와 같이 저희도 하나가 되게 하옵소서," "내가 비옵는 것은 이 사람들만 위함이 아니요 또 저희 말을 인하여 나를 믿는 사람들도 위함이니 아버지께서 내 안에, 내가 아버지 안에 있는 것같이 저희도 다 하나가 되어 우리 안에 있게 하사 세상으로 아버지께서 나를 보내신 것을 믿게 하옵소서"라고 기도하셨다. 예수 그리스도의 이 기도에서 성도들의 하나됨은 아버지와 아들의 하나되심과 같은 종류의 하나됨이며 그것은 분명히 진리를 떠나서 생각할 수 없다. 사도 바울도 에베소서 4:3-6에서 성도들의 하나됨의 근거로서 성령과 소망과 주와 믿음과 세례와 하나님 등의 여섯 가지가 각각 하나임을 들었다. 이것은 성도들의 하나됨이 교리적임을 잘 증거한다.

그러므로 워필드는 "참된 교회 일체성"이라는 글에서 "신약시대의 그리스도인의 하나됨은 신자들의 공통적인 기독교 신앙에 기초하였다"라고 바르게 말했고(*Selected Shorter Writings of Benjamin B. Warfield*, p. 302), 마틴 로이드 존스도 그리스도인의 일체성의 기초라는 책에서 "진리와 교리를 떠난 일체성은 없다"라고 바르게 말했다 (Martyn D. Lloyd-Jones, *The Basis of Christian Unity*, p. 50).

현실적으로, 교회들은 사람의 무지와 오해로 인해 하나님의 모든 진리들에 대한 동일한 이해와 신앙고백을 가지지 못하고 있고 그것이 교파가 생긴 주요 이유이다. 그러나 복음적 개신교단들은 적어도 그들이 공통적으로 고백하는 근본적 교리들에서 하나임을 나타낸다. 하지만, 교회들은 이 정도에만 머물지 말고 하나님의 모든 진리들에 대한 같은 이해와 신앙고백을 하도록 노력해야 할 것이다.

셋째로, 교회는 외적으로도 하나되기를 힘써야 한다. 이것은 성경에 계시된 하나님의 분명한 뜻이다. 교회나 교인들의 분열과 파당은 하나님 앞에서 큰 죄악이다. 사도 바울은 분쟁하는 고린도 교회에 대해, "다 같은 말을 하고 너희 가운데 분쟁이 없이 같은 마음과 같은 뜻으로 온전히 합하라"고 말하면서 "그리스도께서 어찌 나뉘었느뇨?"라고 지적하였다(고전 1:13). 또 그는 에베소 교회에게 "성령님의 하나되게 하신 것을 힘써 지키라"고 권면했고(엡 4:3), 갈라디아 교회에게는 "원수를 맺는 것과 분쟁과 시기와 분냄과 당 짓는 것과 분리함과 이단과 투기"를 하나님 나라에 들어가지 못할 육체의 죄악된 일들이라고 열거하였다(갈 5:19-21). 그러므로 우리는 할 수 있는 대로 교회의 유형적 하나됨도 힘써 지켜야 한다.

교회의 유형적인 하나됨은 교회들의 동일한 신앙고백, 연합예배, 성도들 간의 참된 교제, 복음전파를 위한 초교파적 협력, 순수한 동기와 건전한 방법에 의한 조직체적 연합 등으로 나타날 수 있을 것이다. 그러나 이러한 교회들의 하나됨은 교회의 교리적, 윤리적 거룩함을 손상시키는 방식으로 이루어져서는 안 될 것이다.

거룩함

둘째로, 교회는 거룩하다. 에베소서 5:26-27, "이는 [그가 그것을] 물로 씻어 말씀으로 깨끗하게 하사 거룩하게 하시고 자기 앞에 영광스러운 교회로 세우사 티나 주름잡힌 것이나 이런 것들이 없이 거룩하고 흠이 없게 하려 하심이니라." 거룩하고 영광스러운 교회, 흠과 점이 없는 완전한 교회는 하나님의 구원 계획의 목표이다. 하나님의 이 목표는 법적으로 이미 성취되었다. 그러나 그 목표는 실제적으로도 성취되고 있고 또 성취될 것이다.

교회는 법적으로 이미 거룩하다. 예수 그리스도를 믿는 성도들은 하나님 앞에서 이미 의롭다 하심을 얻었고 거룩해진 자들이다. 고린도전서 1:2, "그리스도 예수 안에서 거룩하여졌고(헤기아스메노이스 ἡγιασμένοις; 완료수동태분사)(원문직역)." 히브리서 10:10, "예수 그리스도의 몸을 단번에 드리심으로 말미암아 우리가 거룩함을 얻었노라(헤기아스메노이 ἡγιασμένοι, 완료수동태분사)." 신약 성도들이 거룩하여졌다는 것은 그들이 하나님께로부터 이미 받은 칭의(稱義, 의롭다 하심을 얻음)의 진리에 내포된 은혜이다.

2. 하나의 거룩한 세계적인 교회

그러나 교회는 실제적으로도 거룩해져야 한다. 예수 그리스도께서는 교회의 머리이시며 교회는 그의 몸이다(엡 1:22-23). 몸은 머리의 명령에 복종해야 한다. 또 교회는 하나님의 성전, 즉 거룩한 집이다(고전 3:16). 성전은 거룩하며 또 거룩해야 한다. 또 교회는 주 예수 그리스도의 신부이다(아가서). 교회는 신랑 되신 주 예수 그리스도를 향해 순결한 사랑을 가져야 한다. 한마디로, 교회는 주 예수 그리스도를 사랑하고 그의 명령에 순종하는 거룩한 교회가 되어야 한다.

교회는 우선 교리적으로 거룩함을 지켜야 한다. 하나님께서는 그의 거룩한 진리들을 교회에 맡기셨다. 교회는 '진리의 기둥과 터'로서(딤전 3:15) 이 진리들을 보수(保守)하며 보존하고 모든 사람들 앞에 전달하고 변호해야 할 의무를 가지고 있다.

그러나 오늘날 많은 교회들은 교리적으로 매우 해이하고 부패되어 있다. 오늘날 역사적 개신교회들의 다수가 이단적 자유주의 신학을 포용하고 있는데, 현대 자유주의 신학은 교회 역사상 유례 없이, 심지어 천주교회보다도 더 진리에서 이탈한 이단적이고 배교적인 사상이다. R. B. 카이퍼는, "우리 시대의 거의 모든 대교단들과 그 밖의 많은 작은 교단들이 신학적 자유주의의 침해를 받아 왔는데, 그것은 성경이 하나님의 말씀이며 그리스도께서 하나님의 아들이시며 초자연적 중생(重生)이 구원의 본질임을 부정하는 것이다"라고 바르게 말하였다(R. B. Kuiper, *The Glorious Body of Christ*, p. 89). 자유주의 신학자들은 장로교회, 감리교회 등 기존의 역사적 교회들의 신학교들 속에 들어와 목사후보생들의 사상을 부패시키고 변질시켰고 지금도 계속 그렇게 하고 있다. 교회는 이 문제를 바르게 대처해야 한다.

교회는 또한 윤리적으로도 거룩함을 지켜야 한다. 오늘날 교회들은 윤리적으로도 매우 해이하고 부패되어 있다. 교권주의와 명예심으로 인한 교회들의 분열, 교인들의 세속적인 생활과 돈 사랑, 술과 담배, 영화와 춤 등의 무절제한 허용, 특히 근래에 낙태, 동성애, 안락사(安樂死)의 허용, 여자 목사와 여자 장로 용납, 전도와 목회에 있어서 세상적 방법론을 도입한 록 형식의 현대기독교음악(CCM)과 열린 예배 등이 물밀듯이 들어와 교회들을 부패시키고 속화시키고 있다. 그러나 참 교회들은 이런 교리적, 윤리적 오류들을 배격해야 한다.

지상교회는 흔히 '전투하는 교회'로 표현된다. 세상에 있는 교회 곧 성도들은 항상 마귀와 악령들과 싸운다. 이 세상은 영적 전쟁터이다. 에베소서 6:10-13, "너희가 주 안에서와 그 힘의 능력으로 강건하여지고 마귀의 궤계를 능히 대적하기 위하여 하나님의 전신갑주를 입으라. 우리의 씨름은 혈과 육에 대한 것이 아니요 정사와 권세와 이 어두움의 세상 주관자들과 하늘에 있는 악의 영들에게 대함이라. 그러므로 하나님의 전신갑주를 입으라."

세상에서 믿음의 선한 싸움을 마치고 이미 천국에 들어간 성도들은 '승리한 교회'라고 불린다. 그들은 지금 천국에서 안식을 누리고 있다. 히브리서 4:10, "이미 안식에 들어간 자는 . . . 자기 일을 쉬느니라." 히브리서 12:22-23, "하늘의 예루살렘," "하늘에 기록한 장자들의 총회와 교회와 . . . 온전케 된 의인의 영들." 교회는 땅 위에서 모든 마귀의 시험과 죄악된 세상적 풍조를 배격하고 교리적으로, 윤리적으로 온전한 거룩함을 지키기 위해 힘써 싸워야 한다.

세계적임

셋째로, 교회는 세계적이다. 주 예수 그리스도의 교회는 전 세계에 퍼져 있고 각 족속, 각계 각층의 사람들로 구성되어 있다. 구원 얻은 성도들의 수효는 세상에 충만하게 될 것이다. 에베소서 1:23, "교회는 그의 몸이니 만물 안에서 만물을 충만케 하시는 자의 충만이니라." 교회는 유대인들과 이방인들을 포함하는 하나님의 큰 가족이며 집이다. 에베소서 2:19-22, "그러므로 이제부터 너희가 외인도 아니요 손도 아니요 오직 성도들과 동일한 시민이요 하나님의 권속이라. 너희는 사도들과 선지자들의 터 위에 세우심을 입은 자라. 그리스도 예수께서 친히 모퉁이 돌이 되셨느니라. 그의 안에서 건물마다 서로 연결하여 주 안에서 성전이 되어가고 너희도 성령 안에서 하나님의 거하실 처소가 되기 위하여 예수 안에서 함께 지어져 가느니라."

특히, 충만한 수의 이방인들이 구원을 얻어 교회 안으로 들어올 것이다. 로마서 11:25-26, "이 비밀을 너희가 모르기를 내가 원치 아니하노니 이 비밀은 이방인의 충만한 수가 들어오기까지 이스라엘의 더러는 완악하게 된 것이라. 그리하여 온 이스라엘이 구원을 얻으리라." 요한계시록 7:9, "이 일 후에 내가 보니 각 나라와 족속과 백성과 방언에서 아무라도 능히 셀 수 없는 큰 무리가 흰옷을 입고 손에 종려가지를 들고 보좌 앞과 어린양 앞에 서서."

사도신경에서 '거룩한 공회'라는 말의 '공회'(the catholic church)는 이 세계적 교회를 의미한다. 천주교회가 자신을 '카톨릭 교회'라고 부르는 것은 그것이 부당한 적용이지만 이런 의미에서이다. 하나님의 참 교회는 세계적이다. 교회의 세계적인 성격을 생각할 때, 우리는 교회를 생각하는 우리의 시야를 좀더 넓게 가져야 하고 우리의 마음을 좀더 포용적이게 가져야 할 것이다.

교회는 처음에 세계적인 모습을 가지지 않았다. 주께서는 교회를 하나님의 나라로 묘사하시며 그것이 작은 형태로부터 세계적인 형태로 성장할 것을 암시하셨다. 교회는 "적은 무리"(눅 12:32)로 시작되었다. 그것은 하나님의 나라의 시작이었다. 하나님의 나라는 씨앗과 같이 세상에 뿌려졌고 시작되었고 자라간다. 마태복음 13장의 씨 뿌리는 비유, 곡식과 가라지 비유, 겨자씨 비유, 누룩 비유, 그물 비유 등은 하나님의 나라가 작은 형태로 시작되고 성장할 것을 보여준다. 예수 그리스도께서는 "세례 요한의 때부터 지금까지 천국이 침노를 당하고 있다"고 표현하셨다(마 11:12).

사람은 거듭남으로 하나님의 나라에 들어간다. 요한복음 3:5, "예수께서 대답하시되 진실로 진실로 네게 이르노니 사람이 물과 성령님으로 나지 아니하면 하나님 나라에 들어갈 수 없느니라." 하나님의 나라는 예수 그리스도를 믿는 신자들 속에 있다. 마태복음 12:28, "하나님의 나라가 이미 너희에게 임하였느니라." 누가복음 17:20-21, "하나님의 나라는 볼 수 있게 임하는 것이 아니요 . . . 하나님의 나라는 너희 안에 있느니라." 구원 얻은 성도는 이미 하나님의 나라에 들어왔고 성도들은 하나님의 나라라고 불린다. 골로새서 1:13, "그가 우리를 흑암의 권세에서 건져내사 그의 사랑의 아들의 나라로 옮기셨으니." 베드로전서 2:9, "오직 너희는 거룩한 나라요 그의 소유된 백성이니." 요한계시록 1:6, "우리를 나라와 제사장으로 삼으신 그에게."

그러나 세계적인 교회는 장차 오는 영광스런 하나님의 나라에서 완성될 것이다. 교회는 하나님의 나라의 미래적 단계를 소망한다. 영광의 천국은 아직 오지 않았다. 그 나라는 예수 그리스도의 재림으로 올 것이다. 마태복음 25:34, "창세로부터 너희를 위하여 예비된 나라를 상속하라." 빌립보서 3:20, "우리의 시민권(폴리튜마 πολίτευμα) [나라]은 하늘에 있는지라." 히브리서 11:16, "저희가 이제는 더 나은 본향을 사모하니 곧 하늘에 있는 것이라. 그러므로 하나님께서 저희 하나님이라 일컬음 받으심을 부끄러워 아니하시고 저희를 위하여 한 성(城)을 예비하셨느니라." 베드로후서 1:10-11, "그러므로 형제들아, 더욱 힘써 너희 부르심과 택하심을 굳게 하라. 너희가 이것을 행한즉 언제든지 실족지 아니하리라. 이같이 하면 우리 주 곧 구주 예수 그리스도의 영원한 나라에 들어감을 넉넉히 너희에게 주시리라." 요한계시록 11:15, "세상 나라가 우리 주와 그 그리스도의 나라가 되어 그가 세세토록 왕노릇하시리로다." 요한계시록 22:5, "저희가 세세토록 왕노릇하리로다."

이와 같이, 교회는 하나의 거룩한 세계적인 교회이다. 우리는 교회가 하나라는 것을 기억하고 그 하나됨, 특히 교리적, 유형적 하나됨을 힘써 지켜야 한다. 또 우리는 교회가 거룩하다는 것을 기억하고 그 거룩함, 특히 교리적, 윤리적 거룩함을 힘써 지켜야 한다. 또 우리는 교회가 세계적이라는 것을 기억하고 우리의 시야를 좀더 넓게 가져야 하고 우리의 마음을 좀더 포용적이게 가져야 한다.

우리는 특히 교회의 하나됨과 거룩함을 둘 다 잘 지키도록 힘써야 한다. 교회는 그 거룩함을 위해 하나됨을 쉽게 버려서도 안 되지만, 또한 그 하나됨을 위해 거룩함을 쉽게 버려서도 안 된다. 물론 이것은 실제로 참 어려운 일이다. 이것은 하나님께 대한 사랑과 충성, 또 다른 형제들에 대한 사랑과 용서, 인내와 관용이 필요한 일이다.

에베소서 4:1-3, "그러므로 주 안에서 갇힌 내가 너희를 권하노니 너희가 부르심을 입은 부름에 합당하게 행하여 모든 겸손과 온유로 하고 오래 참음으로 사랑 가운데서 서로 용납하고 평안의 매는 줄로 성령님의 하나되게 하신 것을 힘써 지키라." 에베소서 5:8-11, "너희가 전에는 어두움이더니 이제는 주 안에서 빛이라. 빛의 자녀들처럼 행하라. 빛[성령]의 열매는 모든 착함과 의로움과 진실함에 있느니라. 주께 기쁘시게 할 것이 무엇인가 시험하여 보라. 너희는 열매 없는 어두움의 일에 참여하지 말고 도리어 책망하라."

교회는 하나됨과 거룩함을 둘 다 지키고자 힘쓸 때 참 교회다워질 것이다. 지교회나 한 교단이나 전체교회가 하나됨과 거룩함을 둘 다 지키는 것은 현실적으로 어려운 일처럼 보이지만, 우리는 성경 교훈에 대한 순종과 충성을 가지고 하나님의 은혜와 성령님의 도우심을 구하며 사랑과 인내로 이 둘을 힘써 지켜야만 한다.

3. 참 교회의 표

성도는 참 교회에 속하여 주님을 섬길 의무가 있다. 그러나 세상에는 다양한 교회들이 있고, 그 순결성의 정도도 다양하여 그 중에는 비교적 순결한 교회도 있으나 심히 타락한 교회도 있다. 참 교회의 표는 무엇인가? 교회의 순결성 정도를 판단하는 기준, 즉 참 교회를 분별할 기준은 무엇인가?

우선, 참 교회의 표가 외적인 것들이어서는 안 된다는 것은 분명하다. 교회의 크기나 교인수나 예배당 규모가 참 교회의 표는 아니다. 만일 그러한 것이 참 교회의 표라면, 세계에서 교인수가 가장 많은 천주교회는 참 교회일 것이다. 그러나 우리는 천주교회가 참 교회라고 생각하지 않는다. 박형룡 박사는 말하기를, "참 교회는 대다수가 문제를 결정하듯이 그것의 크기나 사람 수에 의해 구별되기 불능하다," "교회가 세계에서 자라서 커지고 왕성함에 따라 통상으로 배교하며 부패하여지고, 참 교회는 흔히 육체와 세상의 표준에 따라 약하고 멸시받는 소수로 된다"라고 하였다(교회론, 98쪽).

세 가지 표

개혁교회는 전통적으로 참 교회의 세 가지 표로 하나님의 말씀의 바른 전파, 성례들의 바른 시행, 권징의 충실한 실행을 들어왔다(스코틀랜드 신앙고백 18항; 벨직 신앙고백 29항; Herman Hoeksema, *Reformed Dogmatics*, p. 620). 이 셋 중 첫 번째 표가 가장 중요하다.

참 교회의 첫 번째 표는 하나님의 말씀의 바른 전파이다. 앞에서 생각한 대로, 교회의 본질은 성도들의 교통이며, 성도들은 하나님의 말씀 곧 사도들과 선지자들이 증거한 예수 그리스도의 속죄의 복음으로 구원 얻은 자들이다. 그러므로 교회는 예수 그리스도의 터 위에 세워져 있다고 표현되기도 하고 사도들과 선지자들의 교훈의 터 위에 세워져 있다고 표현되기도 한다. 고린도전서 3:11, "이 터는 곧 예수 그리스도라." 에베소서 2:20, "너희는 사도들과 선지자들의 터 위에 세우심을 입은 자라."

또 교회는 '진리의 기둥과 터'라고 불린다(딤전 3:15). 하나님께서는 교회에게 그의 진리를 위탁하셨다. 그러므로 교회는 진리의 수호자요 전파자로서 이 진리를 보수(保守)하며 보존하고 모든 사람들 앞에 제시하며 증거하고 변호하는 의무를 충실히 수행해야 한다.

교회의 본질과 임무를 생각할 때, 하나님의 말씀의 바른 전파는 참 교회의 표이며, 이것은 가장 중요하다. 한 교회의 순결성의 정도는, 그 교회에서 하나님의 말씀, 즉 예수 그리스도의 복음과 성경의 모든 교훈들이 얼마나 순수하고 바르게 전해지느냐에 따라 결정될 것이다. 따라서, 성경의 어떤 근본교리를 부정하거나 왜곡시킨 교회들, 예를 들어, 천주교회, 여호와의 증인, 몰몬교회, 안식교회 등은 참 교회일 수 없다. 또한 오늘날 자유주의 신학들을 포용하는 교회들도 분명히 참 교회의 표를 잃어버리고 있다.

참 교회의 두 번째 표는 성례들의 바른 시행이다. 세례와 성찬의 성례들은 예수 그리스도의 복음의 유형적 표현이다. 세례는 죄씻음을 상징하고 성찬은 예수 그리스도의 속죄의 죽음을 상징한다. 그러므로 성례들의 바른 시행은 예수 그리스도의 속죄의 복음을 바르게 선포하고 성경적 복음 신앙을 바르게 고백하는 것과 같다. 마태복음 28:19, "모든 족속으로 제자를 삼아 아버지와 아들과 성령의 이름으로 세례를 주라." 고린도전서 11:27-29, "누구든지 주님의 떡이나 잔을 합당치 않게 먹고 마시는 자는 주님의 몸과 피를 범하는 죄가 있느니라," "주님의 몸을 분변치 못하고 먹고 마시는 자는 자기의 죄를 먹고 마시는 것이니라." 그러므로 성례들을 성경적 의도대로 바르게 시행하지 않고 미신적이게 하거나 그것들을 소홀히 취급하는 교회는 큰 잘못을 범하는 것이며 참 교회의 표를 잃어버릴 것이다. 이런 점에서 예수 그리스도의 단번 속죄사역을 부정하고 모독하는 미신적 미사를 행하는 천주교회는 참 교회의 표를 잃었다고 할 수 있다.

참 교회의 세 번째 표는 권징의 바른 실행이다. 권징(discipline)은 성도들의 생활 훈련을 포함한다. 성도들의 신앙은 생활과 일치해야 한다. 성도들에게 합당치 않은 교리적, 윤리적 오류는 마땅히 책망을 받고 제거되어야 한다. 그러므로 충실한 신앙 훈련과 권징은 참 교회의 표이며, 권징을 폐하는 교회는 참 교회의 표를 상실하고 있는 것이다. 주 예수께서는, "내가 너희에게 명한 모든 것을 가르쳐 지키게 하라"고 말씀하셨다(마 28:20).

성경은 권징에 대해 밝히 가르친다. 마태복음 18:15-18, "네 형제가 죄를 범하거든 가서 너와 그 사람과만 상대하여 권고하라. 만일 들으면 네가 네 형제를 얻은 것이요 만일 듣지 않거든 한두 사람을 데리고 가서 두세 증인의 입으로 말마다 증참케 하라. 만일 그들의 말도 듣지 않거든 교회에 말하고 교회의 말도 듣지 않거든 이방인과 세리와 같이 여기라. 진실로 너희에게 이르노니 무엇이든지 너희가 땅에서 매면 하늘에서도 매일 것이요 무엇이든지 땅에서 풀면 하늘에서도 풀리리라." 로마서 16:17, "너희의 교훈[너희가 배운 교훈]을 거슬러 분쟁을 일으키고 거치게 하는 자들을 살피고 저희에게서 떠나라." 고린도전서 5:6, 11-13, "너희의 자랑하는 것이 옳지 아니하도다. 적은 누룩이 온 덩어리에 퍼지는 것을 알지 못하느냐?," "이 악한 사람은 너희 중에서 내어쫓으라." 데살로니가후서 3:6, 14, "형제들아, 우리 주 예수 그리스도의 이름으로 너희를 명하노니 규모 없이 행하고 우리에게 받은 유전대로 행하지 아니하는 모든 형제에게서 떠나라," "누가 이 편지에 한 우리 말을 순종치 아니하거든 그 사람을 지목하여 사귀지 말고 저로 하여금 부끄럽게 하라."

2세기의 몬타누스파, 3세기의 노바시안파, 4세기의 도나투스파 등이 교회의 부패와 세속화에 강하게 반대하며 참 교회의 표가 교인들의 거룩함이라고 본 것은 옳은 생각이었다. 그러나 그들에게는 성경의 교훈을 넘어서는 견해들이 있었던 것 같다. 몬타누스파는 사람이 세례 받은 후에 범하는 큰 죄는 순교를 통하지 않고서는 용서받을 수 없다고 가르쳤다고 알려진다. 노바시안파는 로마 황제 데시우스의 대 박해 때 변절했던 자들을 받지 않다가 후에 재세례를 베풀고 받았다고 한다. 또 도나투스파는 로마 황제 디오클레시안의 박해 때 같은 경향을 보였다고 한다.

현대교회문제

오늘날 교회들 안에 여러 가지 문제들이 있지만, 그 중에서도 가장 심각한 문제는 **자유주의 신학**의 문제이다. 기독교의 근본 교리들을 부정하는 현대 자유주의 신학들은 한마디로 이단들인데, 이런 신학들이 오늘날 기독교 대교단들과 신학교들 속에 들어와 널리 퍼져 있는 실정이다. 자유주의 신학은 ① 성경의 신빙성, 신적 권위, 무오(無誤), ② 하나님의 공의의 진노와 형벌, ③ 예수 그리스도의 성육신(成肉身) 및 처녀 탄생, ④ 그의 기적들, ⑤ 그의 형벌적 대속(代贖), ⑥ 그의 육체적 부활, ⑦ 그의 재림 등 기독교의 기본 교리들을 전체적으로 혹은 부분적으로 부정하고 있다. 그러므로 이러한 신학 사상들은 명백히 마귀에게서 나온 적그리스도적 이단 사상인 것이다(김효성, 자유주의 신학의 이단성, 2판 (서울: 옛신앙, 2019) 참조).

기독교는 불변적인 진리들 위에 기초해 있기 때문에, 참 교회들과 성도들은 기독교의 바른 교리들을 보수하고, 자유주의 신학을 단호히 배격해야 한다. 디모데후서 1:13-14, "너는 내게 들은 바 바른 말을 본받아 지키라." 디도서 3:10, "이단에 속한 사람을 한두 번 훈계한 후에 멀리하라." 요한이서 7, 10-11, "미혹하는[속이는] 자가 많이 세상에 나왔나니 이는 예수 그리스도께서 육체로 임하심을 부인하는 자라. 이것이 미혹하는[속이는] 자요 적그리스도니," "누구든지 이 교훈을 가지지 않고 너희에게 나아가거든 그를 집에 들이지도 말고 인사도 말라. 그에게 인사하는 자는 그 악한 일에 참여하는 자임이니라." 유다서 3, "성도에게 단번에 주신 믿음의 도를 위하여 힘써 싸우라."

현대 교회들의 또 하나의 심각한 문제는 **에큐메니칼(ecumenical) 운동** 즉 **교회연합운동**이다. 교회연합운동은 세계의 모든 교회들의 연합을 추구한다. 교회연합운동의 문제는, 모든 교회들이 하나라는 생각 아래 기독교계 안에 존재하는 신학사상들을 무비판적으로 용납하는 데 있다. 오늘날 기독교계는 이단적 자유주의 신학에 깊이 물들어 있으므로, 이러한 신학적 포용주의 입장은 자유주의 신학을 포용하는 데 있고 자유주의 신학의 포용은 이단 포용의 큰 잘못이다.

또 교회연합운동은 천주교회에 대해서도 매우 우호적이며 궁극적으로 천주교회와의 연합을 원하고 있다. 그러나 16세기의 종교개혁자들은 천주교회를 우상숭배적이고 적그리스도적인 교회라고 증거했고 지금까지 천주교회는 그 근본적 교리들에 있어서 변하지 않았다. 그러므로 오늘날 교회들이 천주교회와의 연합을 추구한다면, 그것은 종교개혁 자체를 부정하는 매우 배신적인 행위인 것이다.

뿐만 아니라, 교회연합운동은 심지어 이방종교에 대해서도 포용적인 경향을 지니고 있다. 교회연합운동의 중심적 기관인 세계교회협의회(WCC)의 지도자들 중에는 기독교의 유일성과 절대성을 부정하며 다른 종교들을 포용하는 자들이 있는 것이다. 세계교회협의회의 타종교와 이념과의 대화 분과장인 웨슬리 아리아라자가 한 예이다. 아리아라자는 세계교회협의회에서 공식적으로 출판한 그의 책 성경과 타종교인들에서 기독교의 절대성을 명백히 부정하였다(Wesley Ariarajah, *The Bible and People of Other Faiths* (WCC, 1985); 김효성, 교회연합운동 비평, 2판 (옛신앙, 2023), 106-107쪽).

참 교회는 하나됨과 거룩함을 둘 다 충실히 지켜야 한다. 거룩함이 없는 연합은 참된 연합이 아니며, 거룩함을 빙자한 분열과 분파는 참 거룩이 아니다. 여기에 현실적으로 많은 교회들의 문제가 있다. 거룩함을 빙자한 교회들의 부당한 분열과 분파주의도 명백히 잘못이지만, 오늘날 교회들의 더 큰 문제는 이단적 자유주의 신학과 천주교회를 포용하고 심지어 종교다원주의 경향을 가진 연합주의에 있다.

교회연합운동의 포용주의는 하나님께 대한 불순종이다. 바른 교리와 바른 신학은 기독교에 본질적이다. 교회의 하나됨은 교리적 성격을 가진다. 더욱이, 주께서는 교회에게 바른 교리를 보수하고 이단을 배격하라고 명하셨다. 그러므로 참 교회들은 교회연합운동을 배격하고 거기로부터 분리되어야 한다. 고린도후서 6:14-18, "너희는 믿지 않는 자와 멍에를 같이하지 말라. . . . 너희는 저희 중에서 나와서 따로 있고[분리하고]."

R. B. 카이퍼(Kuiper)는 교회가 외적으로만 조화와 평화를 유지하고 내적으로 교리적, 윤리적 오류들을 포용하는 것은 망하는 길이라고 경고하면서 이렇게 말했다: "의의(意義) 있는 교리적 논쟁에서 중간 노선을 취하는 평화주의(平和主義)는 많은 교회를 폐허로 만들었다," "오늘날 교회의 타락상은 얼마나 슬픈가? 교리적 무관심의 암(癌)은 교회의 생명력을 좀먹는다. 교회 합동을 위한 강한 요구와 교회연합운동에 과도한 치중은 이 암종(癌腫)을 점점 더 악화시킨다" (*The Glorious Body of Christ*, pp. 99, 105).

현대교회의 또 하나의 심각한 문제는 **신복음주의**(Neo-evangelicalism)이다. 신복음주의란 기독교의 근본적 교리들을 믿는다고 말하지만 자유주의자들로부터의 분리를 반대하는 입장, 즉 자유주의자들과 자유주의 교회들을 포용하고 그들과 교제하며 협력하는 입장이다. 이것은 권징을 바르게 시행하지 않는 입장이다. 신복음주의는 오늘날 단순히 복음주의라고 자주 불린다(Geroge M. Marsden, "fundamentalism," in *New Dictionary of Theology*, p. 268).

자유주의 신학은 명백히 이단이므로, 성경을 믿는 참된 신자들은 자유주의자들과 자유주의 교회들을 마땅히 배격하고 그들과 분리해야 한다. 자유주의자들이나 자유주의 교회들을 고의적으로 포용하고 협력하는 것은 악에 대한 타협이며 하나님께 대한 불순종이다. 로마서 16:17, "너희의 교훈을[너희가 배운 교리를] 거스려 분쟁을 일으키고 거치게 하는 자들을 살피고 저희에게서 떠나라."

성경은 또 고의적으로 하나님의 뜻을 불순종하는 자들과의 교제도 끊으라고 명한다, 데살로니가후서 3:6, 14, "형제들아, 우리 주 예수 그리스도의 이름으로 너희를 명하노니 규모 없이[무질서하게] 행하고 우리에게 받은 유전[전해들은 교훈]대로 행하지 아니하는 모든 형제에게서 떠나라," "누가 이 편지에 한 우리말을 순종치 아니하거든 그 사람을 지목하여 사귀지 말고 저로 하여금 부끄럽게 하라."

그러므로 성경의 근본 교리들을 보수하고 자유주의와 신복음주의로부터 분리하는 것이 성경적으로 바른 입장이다. 이것을 근본주의(根本主義, Fundamentalism)라 한다. 근본주의는 (1) 성경의 근본적 교리들의 보수(保守)와 (2) 배교와 타협으로부터의 분리(separation)를 주장하는 입장이며, 이것이 성경적으로 바른 입장이다.

성경적 분리(Biblical Separation)

현대교회의 이런 문제들에 바로 대처하려면, 우리는 교제와 분리, 특히 절교(絕交)에 대한 성경 교훈을 바로 알아야 한다. 성경은 성도들 간의 사랑의 교제를 강조하는 동시에 악을 행하는 자들과의 분리

즉 절교를 가르친다. 이것은 참 교회의 세 번째 표지와 같다.

분리의 대상

성경은 성도들이 어떤 자들과 교제하지 말고 분리하라고 가르치는가? 성경이 가르치는 분리 혹은 절교의 대상은 네 부류이다.

첫째로, 불신자와 교제하지 말라고 가르친다. 고린도후서 6:14-16, "믿지 않는 자와 멍에를 같이하지 말라. 의와 불법이 어찌 함께하며, 빛과 어두움이 어찌 사귀며, 그리스도와 벨리알이 어찌 조화되며, 믿는 자와 믿지 않는 자가 어찌 상관하며, 하나님의 성전과 우상이 어찌 일치가 되리요?" 물론, 본문이 말하는 교제는 교회적 교제 즉 영적 교제를 가리킨다. 불신자들은 성도들에게 전도 대상이지, 영적 교제의 대상이 아니다.

둘째로, 이단자와 교제치 말라고 가르친다. 로마서 16:17-18, "너희의 교훈[너희가 배운 교리들]을 거스려 분쟁을 일으키고 거치게 하는 자들을 살피고 그들에게서 떠나라." 디도서 3:10, "이단에 속한 사람을 한두 번 훈계한 후에 멀리하라[거절하라]." 요한이서 10-11, "누구든지 이 교훈[예수 그리스도의 성육신(成肉身)의 교리]을 가지지 않고 너희에게 나아가거든 그를 집에 들이지도 말고 인사도 말라. 그에게 인사하는 자는 그 악한 일에 참여하는 자임이니라."

천주교회는 큰 이단이다. 천주교회는 성경의 유일한 절대적 권위를 넘어서서 교황의 무오한 권위를 주장한다. 또 천주교회는 마리아의 무죄 잉태와 승천, 및 중보사역을 주장하고 그를 '중보자,' '보혜사' 등의 칭호로 부르며 그에게 기도한다. 또 천주교회는 믿음으로 의롭다 하심을 얻는다는 복음 진리를 명백히 부정하고 정죄한다. 또 천주교회는 미사를 그리스도의 계속적 속죄사역이라고 주장한다. 적어도 이런 점들에서 천주교회는 명백히 비성경적 이단이다.

또 19세기에 나타난 각종 이단 종파들과, 특히 20세기에 교회들을 부패시킨 가장 심각한 이단인 자유주의 신학이 있다. 자유주의 신학은 분명히 이단이다. 그것은 성경의 신빙성, 신적 권위, 무오성(無誤性), 하나님의 공의의 진노와 형벌, 예수 그리스도의 성육신(成肉身)과 그의 처녀 탄생, 그의 기적들, 그의 대속(代贖), 그의 육체적 부활, 그의 재림 등 기독교의 근본교리들을 전체적으로 혹은 부분적으로 부정한다. 그것은 명백히 이단이다. 또 하나님의 직접 계시들과 기적들을 말하는 은사주의도 성경을 넘어서는 이단이다. 참 교회는 천주교회와 자유주의 신학과 은사주의를 용납해서는 안 되고 이런 이단들로부터 교회적, 영적 교제를 끊고 분리해야 한다.

셋째로, 성경은 성도들이 드러난 죄를 범하고 회개치 않는 자들과 교제하지 말라고 가르친다. 고린도전서 5:11-13, "만일 어떤 형제라 일컫는 자가 음행하거나 탐람하거나 우상숭배를 하거나 욕하거나 술 취하거나 남의 물건을 강제로 빼앗거든 사귀지도 말고 그런 자와는 함께 먹지도 말라," "이 악한 사람은 너희 중에서 내어 쫓으라." 교회가 성도들의 은밀한 사생활을 다 살필 수는 없지만, 확실히 드러난 일들에 대해서는 판단하고 적절한 권징의 조치를 취해야 한다.

넷째로, 성경은 성도들이 하나님의 교훈을 고의적으로 순종치 않는 형제들과도 교제하지 말라고 명한다. 데살로니가후서 3:6, 14-15, "규모 없이[무질서하게] 행하고 우리에게 받은 유전대로 행치 않는 모든 형제에게서 떠나라," "누가 이 편지에 한 우리 말을 순종치 않거든, 그 사람을 지목하여 사귀지 말고 저로 하여금 부끄럽게 하라." 오늘날 복음주의자들이 여기에 해당한다. 이단적 자유주의자들과 은사주의자들과 천주교인들과 교제를 끊지 않고 계속 교제하고 연합적 활동들을 하는 그들은 이단을 멀리하라는 사도적 교훈 즉 성경 교훈을 고의적으로 불순종하는 자들이며, 비록 그들이 복음 진리를 믿는 형제들일지 모르나, 이런 자들과도 교제를 끊어야 한다.

분리의 이유

우리가 이런 사람들과 교제를 끊어야 할 이유는 무엇인가?

첫 번째 이유는 교회의 본질 때문이다. 교회는 구원 얻은 성도들의 모임이며, 참된 성도라면 성경적 교리를 믿고 성경적 교훈에 순종할 것이 기대된다. 그러므로 우리는 교회의 이런 성격에 배치되는 요소들, 곧 불신앙, 이단, 회개치 않는 죄, 고의적인 불순종 등을 교회에서 제거해야 한다. 예를 들어, 오늘날 자유주의자들과 자유주의 교회들과 협력하는 전도활동은 겉보기에 결실이 있는 것 같을지라도 그것의 잘못된 교제가 옳지 않기 때문에 우리는 어떤 구실도 용납지 말고 그런 활동을 반대해야 한다. 우리의 일차적 관심은 하나님의 명령에 순종하는 것이다. 기독교는 결단코 물량주의, 숫자주의, 실용주의가 아니고, 하나님께 온전히 순종하는 성경주의, 진리주의다.

두 번째 이유는 교회의 거룩함 때문이다. 교회는 거룩한 교회이며 또 거룩해야 한다(엡 5:26-27). 교리적으로도 윤리적으로도 그러해야 한다. 이단은 저주를 받을 사상이며 멸망케 할 사상이다(갈 1:8; 벧후 2:1). 그러므로 교회는 이단이나 고의적 죄악을 포용해서는 안 된다. 비록 지상에 완전한 교회가 없겠지만, 우리는 순결한 교회, 흠 없는 교회를 세우기 위해 최선을 다해야 한다. 그러므로 교회는 뻔뻔스런 불신앙이나 고의적 불순종을 용납해서는 안 된다.

세 번째 이유는 악의 전염성 때문이다. 사도 바울은 갈라디아교회에 들어온 교리적 오류를 책망하면서 "적은 누룩이 온 덩이에 퍼지느니라"고 말했다(갈 5:9). 또 그는 디모데에게 이단자를 조심하라고 말하면서 "저희 말은 독한 창질의 썩어져감과 같은데 그 중에 후메내오와 빌레도가 있느니라. 진리에 관하여는 저희가 그릇되었도다. 부활이 이미 지나갔다 하므로 어떤 사람들의 믿음을 무너뜨리느니라"고 했다(딤후 2:17-18). 또 그는 고린도교회가 윤리적 악을 포용한 것을 책망하면서 "너희의 자랑하는 것이 옳지 아니하도다. 적은 누룩이 온 덩어리에 퍼지는 것을 알지 못하느냐?"라고 말했다(고전 5:6). 교리적 오류이든지 윤리적 오류이든지, 죄악은 누룩처럼 또는 독한 창질처럼 교회 안에 나쁜 영향을 끼친다. 그러므로 악의 전염성 때문에 교회는 악을 제거하고 악의 영향을 차단해야 한다.

네 번째 이유는 하나님의 명예 때문이다. 만일 교회가 윤리적 죄악을 포용하면, 세상 사람들은 교회를 비난할 뿐 아니라, 우리가 섬기는 하나님과 예수 그리스도의 이름도 비난하고 조롱할 것이다. 그러므로 교회는 하나님의 명예를 위해서도 그 거룩함을 지켜야 한다.

분리의 방법

성도의 교제의 단절은 어떤 방법으로 이루어져야 하는가? 그것은 우선 교회 안에서 권징의 단계들, 즉 권계(勸戒, 권면과 책망)와 일시적 수찬 정지(성찬 참여의 일시적 금지)와 제명 출교(교회에서 내어 쫓음) 등의 순서를 따라 이루어져야 할 것이다. 마태복음 18:15-17, "네 형제가 죄를 범하거든 가서 너와 그 사람과만 상대하여 권고하라. 만일 들으면 네가 네 형제를 얻은 것이요 만일 듣지 않거든 한두 사람을 데리고 가서 두세 증인의 입으로 말마다 증참케 하라. 만일 그들의 말도 듣지 않거든 교회에 말하고 교회의 말도 듣지 않거든 이방인과 세리와 같이 여기라." 성경적 분리의 원리는 교회가 전통적으로 이해해온 권징의 원리와 동일하다.

비록 예수 그리스도께서 하나님과 사람들 간의 막힌 담뿐 아니라 사람들 상호 간의 막힌 담도 허무신 위대한 화해자이시지만, 비록 그들 중 어떤 이들이 우리와 똑같이 예수 그리스도의 피로 구속(救贖) 받은 형제요 자매이겠지만, 비록 그들 중 어떤 이들이 우리와 함께 천국에 들어갈지도 모르지만, 불신앙, 이단, 회개치 않는 악, 고의적인 불순종에 대한 적절한 권징과 절교는 성경에 계시된 하나님의 뜻과 명령이다. 고린도전서 5:11-13, "사귀지도 말고 . . . 함께 먹지도 말라 . . . 이 악한 사람은 너희 중에서 내어 쫓으라." 데살로니가후서 3:14, "그 사람을 지목하여 사귀지 말고 저로 하여금 부끄럽게 하라."

오늘날 교회들은 자유주의 신학을 포용함으로 16세기 종교개혁 때와 같이 배교적이게 되고 있다. 그러면 성경적 분리의 원리는 오늘날 교회에서 어떻게 적용될 수 있는가? 만일 지교회 혹은 지교단이 자유주의화되거나 자유주의 신학을 고의적으로 포용한다면, 신실한 종들과 성도들은 그 교회의 교정과 갱신을 위해 합법적인 방법을 사용하여 최선을 다해야 할 것이다. 그러나 그 교정과 갱신이 불가능하다고 판단될 때는, 예를 들어 교회의 지도층의 다수가 배교적이거나 배교를 고의적으로 포용할 때는, 신실한 종들은 그 교회 혹은 그 교단을 떠날 수밖에 없을 것이다. 교단과 지교회와 목사의 노선은 일치해야 한다. 그것이 하나님 앞에서 바르고 또 양심적이다.

권징은 회개치 않는 범죄자를 교회로부터 배제하는 행위이지만, 16세기 종교개혁 당시에는 서방의 천주교회 전체가 변질되었기 때문에, 종교개혁자들은 그 교회로부터 떠나 나왔다. 그들의 분리는 정당하였다. 그들은 분파주의자들이 아니었다. 종교개혁은 분파운동이 아니었다. 오히려 부패된 천주교회 속에 그대로 머물러 있는 것은 타협의 악이었다. 천주교회는 오늘까지도 변하지 않았다.

그러나 부득이한 상황에서, 혹은 교회적 대책이 없는 상황에서, 그 속에 머무르며 자유주의 신학을 반대하고 그것과 싸우는 자들이 있을지도 모른다. 그 경우 그들은 자신의 신앙의 절개와 순수성을 지키도록 매우 노력해야 할 것이다. 요한계시록 2:24-25, "두아디라에 남아 있어 이 교훈을 받지 아니하고 소위 사단의 깊은 것을 알지 못하는 너희에게 말하노니 다른 짐으로 너희에게 지울 것이 없노라. 다만 너희에게 있는 것을 내가 올 때까지 굳게 잡으라." 요한계시록 3:4,

"그러나 사데에 그 옷을 더럽히지 아니한 자 몇 명이 네게 있어 흰옷을 입고 나와 함께 다니리니 그들은 합당한 자인 연고라."

또 오늘날 성경을 그대로 믿는 보수적인 교회는 자유주의 교회들과 교제하지 말아야 하고, 또 자유주의 교회들을 포용하는 복음주의 교회들과도 교제하지 말아야 한다. 예를 들어, 그들은 그런 자들과 연합예배나 성찬식, 연합 전도집회, 또는 성서공회, 찬송가공회, 기독교 방송국 등의 연합 집회나 활동들을 하지 말아야 한다.

그러나 교제의 단절은 신중해야 한다. 그것은 먼저 충실한 노력들을 전제해야 한다. 성급한 단절은 교회의 개혁과 갱신에 유익을 주지 못한다. 또 우리는 겸손과 온유의 덕을 잃지 말아야 한다. 자신을 다른 사람보다 높게 생각하는 교만이나 형제에 대한 미움은 악에 대한 타협보다 결코 작은 죄악이 아니다. 우리의 우리된 것은 오직 하나님의 은혜일 뿐이다. 그러므로 만일 우리가 다른 이들보다 영적인 분별력을 좀더 가지게 되었다면, 그것은 하나님의 전적인 은혜이다. 그러므로 사도 바울은 갈라디아서 6:1에, "너희는 온유한 심령으로 그러한[범죄한] 자를 바로 잡으라"고 교훈하였고, 디모데후서 2:25에서는, "거역하는 자를 온유함으로 징계하라"고 교훈하였다.

우리는 참 교회의 세 가지 표를 가진 교회가 되어야 한다. 또 우리는 자유주의 신학의 이단성을 깨닫고 그것을 배격해야 하고, 오늘날 에큐메니칼 운동 즉 교회연합운동이 비성경적임을 알고 그것과 분리해야 하고, 복음주의의 타협을 알고 그들과 교제하지 말아야 한다.

4. 교회의 권세와 임무

교회의 권세

교훈권

주께서는 교회에 세 가지 권세를 주셨다. 그 첫 번째는 교훈권이다. 그것은 하나님의 말씀을 전파하는 권세이다. 주께서는 사도들에게 복음 진리의 말씀을 모든 사람에게 전파하고 가르치라고 명하셨다. 마태복음 28:20, "내가 너희에게 분부한 모든 것을 가르쳐 지키게 하라." 이 교훈권은 후대의 교회에 계승되었다. 그러므로 교회는 하나님의 말씀을 모든 사람에게 전파하고 가르쳐야 한다. 디모데후서 2:2, "네가 많은 증인 앞에서 내게 들은 바를 충성된 사람들에게 부탁하라. 저희가 또다른 사람들을 가르칠 수 있으리라." 디모데후서 4:2, "너는 말씀을 전파하라. 때를 얻든지 못 얻든지 항상 힘쓰라."

또 교회는 하나님의 말씀을 변호하고 보수해야 한다. 사도 바울은 하나님의 복음을 전했을 뿐 아니라, 또한 그것을 변호했다. 빌립보서 1:7, "나의 매임과 복음을 변명함과 확정함에 너희가 다 나와 함께 은혜에 참여한 바가 됨이라." 사도 바울은, "이 집은 살아계신 하나님의 교회요 진리의 기둥과 터이니라"고 말하였다(딤전 3:15). 하나님께서는 진리를 교회에 위탁하셨다. 교회는 진리의 수호자와 전파자이다.

이와 같이, 교회는 하나님의 말씀을 전파하며 가르치고 보수하며 변호하는 권세를 가지고 있고 이 권세에 근거하여 성경을 연구하고 신조나 신앙고백서를 작성하고 신학을 정립한다. 교회의 밝은 미래는 하나님의 말씀을 충실히 연구하고 지키고 전파하는 데 있다.

치리권(治理權)

주께서 교회에 주신 두 번째 권세는 치리권(治理權)이다. 그것은 교회의 질서를 유지하고 그 거룩함을 지키는 권세이다. 하나님께서는 성도들의 모임인 교회가 질서 있게 운영되기를 원하신다. 고린도전서 14:33, "하나님께서는 어지러움의 하나님이 아니시요." 고린도전서 14:40, "모든 것을 적당하게[바르게] 하고 질서대로 하라." 교회는 이 권세에 근거하여 교회의 헌법과 규칙들을 제정한다.

또 하나님께서는 교회가 거룩하기를 원하신다. 그러므로 교회는 이 권세를 사용해 교리적, 윤리적 오류에 떨어지는 것을 막고 떨어진 자에게 권징을 행사한다. 고린도전서 5:2, 13, "그리하고도 너희가 오히려 교만하여져서 어찌하여 통한히 여기지 아니하고 그 일 행한 자를 너희 중에서 물리치지 아니하였느냐?" "외인들은 하나님께서 판단하시려니와 이 악한 사람은 너희 중에서 내어쫓으라."

권징의 원리는 구약성경에도 밝히 나타나 있다. 율법 중 재판법은 신정국가인 이스라엘의 사회법으로 오늘날 세속국가에 직접 적용될 수 없으나, 그 원리는 교회에 적용될 수 있다. 예컨대, 레위기 20:10, "누구든지 남의 아내와 간음하는 자 곧 그 이웃의 아내와 간음하는 자는 그 간부와 음부를 반드시 죽일지니라." 교회는 간음하는 자들을 포용해서는 안 된다. 특히 신명기 13장은 이단자들이나 거짓된 신비주의자들을 제거하라고 가르치면서, 이단자나 거짓된 신비주의자를 확인하였을 경우 그를 "긍휼히 보지 말며 애석히 여기지 말며 덮어 숨기지 말고 . . . 용서 없이"(8, 9절) 죽임으로써 이스라엘 나라에서 악을 제거하라고 말하였다(5절). 또 한 성읍이 이단이나 거짓된 신비주의에 미혹되었을 때 그것을 확인하면 그 성읍을 다 멸하라고 했다(12-15절). 이것은 오늘날 교회가 행하는 제명 출교에 해당된다.

권징의 목적은 네 가지다. 첫째는 범죄자를 회개시키기 위함이며, 둘째는 악의 전염을 막기 위함이며, 셋째는 하나님의 명예를 지키기 위함이며, 넷째는 교회에 임할 하나님의 진노를 예방하기 위함이다

(웨스트민스터 신앙고백 30:3).

권징의 방식은 세 단계다. 첫째는 권계(勸戒, admonition) 즉 권면과 책망이고, 둘째는 일시적 수찬정지(受餐停止) 즉 성찬의 참여를 일시적으로 금지함이고, 셋째는 제명 출교 즉 명부에서 그의 이름을 제하고 교회에서 나가게 하는 것이다(웨스트민스터 신앙고백 30:4).

권징은 주께서 명하신 것이므로 매우 중요하다. 교회가 악을 행하는 자에게 권징하지 않는다면 주님의 명령을 거역하는 것이다. 주께서는 권징을 행치 않는 교회들을 책망하셨다. 요한계시록 2:14, 20, "그러나 네게 두어 가지 책망할 것이 있나니 거기 네게 발람의 교훈을 지키는 자들이 있도다," "그러나 네게 책망할 일이 있노라. 자칭 선지자라 하는 여자 이세벨을 네가 용납함이니."

교회가 주 예수 그리스도의 이름으로 정당하게 행한 권징은 효력을 가진다. 마태복음 18:18, "진실로 너희에게 이르노니 무엇이든지 너희가 땅에서 매면 하늘에서도 매일 것이요 무엇이든지 땅에서 풀면 하늘에서도 풀리리라." 우리는 권징의 중요성을 인식하고 그것을 충실히 시행해야 한다. 칼빈은 다음과 같이 말했다.

> 그리스도의 구원의 교리가 교회의 영혼이듯이, 권징은 그 힘줄의 역할을 하며, 그것을 통해 몸의 지체들은 각자 제자리를 지키며 단합한다. 그러므로, 권징을 제거하거나 그것의 회복을 방해하려 하는 모든 자는, 그들이 이것을 고의적으로 하든지 무지해서 하든지 간에, 참으로 교회의 궁극적 와해(瓦解)에 기여하고 있다(기독교강요, 4. 12. 1).

마태복음 13장의 곡식과 가라지 비유에서 "가만 두어라. 가라지를 뽑다가 곡식까지 뽑을까 염려하노라"(29절)는 주님의 말씀은 교회에서 권징을 폐하신 말씀이 아니고, 전체 교회의 완전한 정화가 심판의 날까지 보류된다는 것을 보일 뿐이다. 이것은 현실이다. 그러나 성경의 다른 구절들에서 밝히 계시된 바대로, 각 교회나 교단은 자체의 정화(淨化)를 위해 최선을 다해야 한다.

봉사권

주께서 교회에 주신 세 번째 권세는 봉사권이다. 이것은 교회 안의 가난한 자들을 돕고 병환자들을 위로하는 권세이다. 교회의 권위는 섬김의 권위이다. 주께서는 세상에 계실 때 사람들을 섬기셨다. 마태복음 4:23, "백성 중에 모든 병과 모든 약한 것을 고치시니." 또 그는 제자들에게 섬김에 대해 가르치셨다. 마태복음 20:25-28, "이방인의 집권자들이 저희를 임의로 주관하고 그 대인들이 저희에게 권세를 부리는 줄을 너희가 알거니와 너희 중에는 그렇지 아니하니 너희 중에 누구든지 크고자 하는 자는 너희를 섬기는 자가 되고 너희 중에 누구든지 으뜸이 되고자 하는 자는 너희 종이 되어야 하리라. 인자(人子)가 온 것은 섬김을 받으려 함이 아니라 도리어 섬기려 하고 자기 목숨을 많은 사람의 대속물(代贖物)로 주려 함이니라."

또 주께서는 양과 염소의 비유에서 어려움을 당한 형제를 돌아보는 행위가 구원의 증표로서 매우 필수적임을 교훈하셨다. 마태복음 25:35-36, 40, "내가 주릴 때에 너희가 먹을 것을 주었고 목마를 때에 마시게 하였고 나그네 되었을 때에 영접하였고 벗었을 때에 옷을 입혔고 병들었을 때에 돌아보았고 옥에 갇혔을 때에 와서 보았느니라," "내가 진실로 너희에게 이르노니 너희가 여기 내 형제 중에 지극히 작은 자 하나에게 한 것이 곧 내게 한 것이니라."

초대교회 성도들은 서로 섬기며 서로 돌아보는 일에 힘썼다. 사도행전 2:44-45, "믿는 사람이 다 함께 있어 모든 물건을 서로 통용하고 또 재산과 소유를 팔아 각 사람의 필요를 따라 나눠주고." 사도행전 6:1, "매일 구제에." 로마서 12:13, "성도들의 쓸 것을 공급하며 손 대접하기를 힘쓰라." 고린도후서 8:4, "이 은혜와 성도 섬기는 일에 참여함에 대하여 우리에게 간절히 구하니." 갈라디아서 2:10, "다만 우리에게 가난한 자들 생각하는 것을 부탁하였으니 이것을 나도 본래 힘써 행하노라." 야고보서 5:14-15, "너희 중에 병든 자가 있느냐? 저는 교회의 장로들을 청할 것이요 그들은 주님의 이름으로 기름을 바르며 위하여 기도할지니라." 베드로전서 4:9-10, "서로 대접하기를 원망 없이 하고 각각 은사를 받은 대로 하나님의 각양 은혜를 맡은 선한 청지기같이 서로 봉사하라."

교회의 임무

주께서는 교회에 세 가지 임무를 주셨다. 첫째는 하나님께 예배드리는 것이요, 둘째는 그 자신을 영적으로 성장시키는 것이요, 셋째는 온 세상에 하나님의 복음 진리를 전하는 것이다.

예배

교회의 첫 번째 임무는 하나님께 예배드리는 것이다. 이것은 구원 얻은 성도들에게 지극히 기본적인 임무이며 따라서 교회의 기본적 임무이다. 하나님께서는 창조자와 구속자(救贖者)로서 성도들에게서 찬송과 감사와 영광의 예배를 받으시기에 합당하시다. 에베소서 1:6, 12, 14, "[이는] 그의 은혜의 영광을 찬미하게 하려는 것이라."

예배의 목표는 하나님께 영광을 돌리는 것이다. 그러므로 예배는 오직 하나님을 향해야 한다. 이것은 신앙의 기본적 태도이다. 예배가 성도들에게 영적 유익을 주는 것이 사실이지만, 그것은 부수적일 뿐이다. 예배에서의 찬송이나 기도도 그렇다. 우리는 공예배가 우리에게 주는 은혜를 생각하기 전에 그것이 하나님을 향한 단체적 경배가 되게 해야 한다. 예배 의식은 회중을 즐겁게 하거나 회중의 기호(嗜好)에 맞춰서는 안 된다. 설교까지도, 먼저 두렵고 떨리는 마음으로 하나님의 영광을 위해 그의 뜻을 온전히 선포하고 회중들은 진지하게 그것을 듣고 받아들여야 하며, 그 다음에 회중들의 구원과 성장과 유익을 생각해야 할 것이다.

예배의 방식에 있어서, 예배는 우선 주 예수 그리스도를 믿는 믿음 안에서 그의 이름으로 드려야 한다. 예수 그리스도께서는 죄인들의 유일한 중보자시요 우리의 대제사장이시다. 죄인들은 오직 주 예수 그리스도를 통해서만 구원 얻고 그를 통해서 하나님께 담대히 나아가 그에게 참된 예배를 드릴 수 있다. 예수 그리스도의 속죄사역과 그의 십자가 공로와 의(義)를 의지함 없이 드려지는 예배는 다 인본주의요 윤리 종교와 행위 종교에 불과하다. 그러므로 교회는 예수 그리스도의 이름으로 하나님께 예배드리며 찬송하고 기도해야 한다.

예배는 또, 주께서 요한복음 4:24에 말씀하신 바대로, "신령(성령, 심령)과 진정(진리, 진실함)으로" 즉 성령과 진리 안에서 또 진심으로 하나님께 드려야 한다. 주일날의 공예배가 특별한 의미와 중요성을 가지지만, 신약시대의 예배는 어떤 장소나 어떤 시간이나 어떤 형식에 얽매이지 않고, 두세 사람이 주 예수 그리스도의 이름으로 모이는 곳에서는 어디에서나 또 언제나 하나님께 드릴 수 있다. 신약교회의 예배는 결코 외형적이거나 의식적(儀式的)인 예배가 되어서는 안 된다. 사람의 부패된 마음은 종교를 내용이나 진심이 없이 형식화하려는 경향이 있다. 우리는 그러한 잘못된 경향을 경계해야 한다.

예배는 또한 엄숙하고 경건하게 드려야 한다. 그것이 전통적 예배 모범의 정신이며, 우리는 그것이 성경적이며 옳다고 본다. 시편 96:9, "아름답고 거룩한 것으로 여호와께 경배할지어다." 요즈음 적지 않은 교회들은 전통적 예배 방식을 버리고 대형 스크린에 비쳐지는 그림들, 드라마, 무용, 세속적 음악 형식의 복음 성가와 밴드, 청바지 차림의 설교자의 복장 등을 도입하는 경향이 있다. 그러나 우리는 하나님께서 어지러움의 하나님이 아니시며(고전 14:33), 하나님께 드리는 예배가 질서 있고 아름답고 선한 방식으로 이루어져야 하며, 우리는 예배 방식에서도 "지극히 선한 것을 분별해야"(빌 1:10) 한다고 본다.

예배의 요소들에 관해, 신약시대의 예배는 구약시대의 제사의식에 비해 비교적 자유로우며, 찬송과 기도와 설교와 헌금 등으로 이루어진다. 고린도전서 14:26, "너희가 모일 때에 각각 찬송시도 있고 가르치는 말씀도 있으며 계시도 있으며 방언도 있으며 통역함도 있나니." 히브리서 13:15, "우리가 예수로 말미암아 항상 찬미의 제사를 하나님께 드리자. 이는 그 이름을 증거하는 입술의 열매니라." 사도행전 2:42, "저희가 사도의 가르침을 받아 서로 교제하며 떡을 떼며 기도하기를 전혀 힘쓰니라." 고린도전서 16:2, "매주일 첫날에 너희 각 사람이 이[이익]를 얻은 대로 저축하여 두어서." 초대교회는 '매주일 첫날' 곧 주일에 공적 집회를 가졌고 그때 헌금도 하였다. 빌립보서 4:18, "에바브로디도편에 너희의 준 것을 받으므로 내가 풍족하니 이는 받으실 만한 향기로운 제물이요 하나님을 기쁘시게 한 것이라."

예배의 순서 중에 설교는 매우 중요한 순서이다. 그것은 하나님께서 교회에 세우신 목사들을 통해 하나님의 뜻을 선포하며 증거하는 것이며 온 회중은 그 말씀을 청종하는 것이다. 목회의 중요한 요소는 설교와 심방, 교육과 전도와 행정 등이며, 설교는 목회의 가장 중요한 요소이다. 설교란 무엇인가? 구약시대의 모세나 선지자들과 에스라와 신약시대의 사도들은 어떻게 설교했는가? 성경적 설교의 개념은 무엇이며 방법은 무엇인가? 이것은 단순히 설교학의 문제가 아니고 조직신학의 한 근본적 질문이어야 한다.

성경적 설교 개념은 웨스트민스터 예배 모범의 다음과 같은 진술에 잘 증거되어 있다고 보인다. "강도(講道)의 본문은 어떤 성경 한 절이나 혹 몇 절을 택할 것이요, 강도의 목적은 하나님의 진리 범위 중 한 부분을 해석하고 장편의 본문을 강론하여 그 진리를 가르치며 마땅히 행할 본분의 성질과 한계를 설명하며 혹시 변증도 한다."

모세나 선지자들의 설교나 에스라의 성경 강론이나 사도 바울의 설교처럼, 설교는 다른 것이 아니고 (1) 하나님의 복음 진리를 증거하거나, (2) 어떤 교리적, 윤리적 주제를 다루거나, (3) 성경의 짧거나 긴 구절들을 택하여 해석하며 거기에 담긴 하나님의 진리들, 즉 믿어야 할 교리와 행해야 할 생활 교훈을 증거하는 것이다. 물론 설교자는 성령님의 도우심을 간절히 구하면서 신중하게 잘 준비하여 회중이 알아듣기 쉽게 지혜롭게 전해야 할 것이다.

신약시대의 예배와 구약시대의 제사는 같은 것인가 다른 것인가? 신약시대의 예배는 구약시대의 제사의 대치물이 아니다. 구약시대의 제사는 일차적으로 예수 그리스도의 속죄사역을 예표한 것이고, 부수적으로 성도들의 신앙생활에 대한 교훈적 의미가 있었다. 물론 신약시대에는 성도들의 삶 전체가 제사이므로 교회에서의 공적인 예배도 그런 의미에서는 제사이다. 그러나 구약시대의 제사가 독특한 의미를 가졌듯이, 신약시대의 성도들의 예배가 제사라는 독특한 의미를 갖는 것은 아니다. 즉 예배만 제사라는 관념은 비성경적이다.

성경은 성도들이 하나님께 찬송하며 하나님을 위해 사는 삶 전체를 제사라고 말한다. 로마서 12:1, "너희 몸을 하나님께서 기뻐하시는 거룩한 산 제사로 드리라. 이는 너희의 드릴 영적 예배니라." 히브리서 13:15-16, "이러므로 우리가 예수로 말미암아 항상 찬미의 제사를 하나님께 드리자. 이는 그 이름을 증거하는 입술의 열매니라. 오직 선을 행함과 서로 나눠주기를 잊지 말라. 이 같은 제사는 하나님께서 기뻐하시느니라." 베드로전서 2:5, "너희도 산 돌같이 신령한 집으로 세워지고 예수 그리스도로 말미암아 하나님께서 기쁘게 받으실 신령한 제사를 드릴 거룩한 제사장이 될지니라." 신약시대에는 모든 성도들이 제사장이며, 성도들의 모든 선한 삶, 봉사의 삶이 제사이다.

건덕(健德)

교회의 두 번째 임무는 건덕(建德, edification) 즉 교회의 구성원인 성도들을 영적으로 건립하는 것, 즉 양육하는 것이다. 이것은 교회가 자기 자신을 향해 가지는 임무이다. 교회는 그리스도의 몸이다(엡 1:23). 몸이 자라듯이 교회도 자라간다. 에베소서 4:16, "그에게서 온 몸이 각 마디를 통하여 도움을 입음으로 연락하고 상합하여 각 지체의 분량대로 역사하여 그 몸을 자라게 하며 사랑 안에서 스스로 세우느니라." 또 교회는 하나님의 성전이다(고전 3:16). 교회는 지금 건축 중이다. 에베소서 2:21-22, "주 안에서 성전이 되어 가고."

교회의 건덕 혹은 양육의 임무를 위해, 주께서는 교회에 목사들을 주셨고 어느 정도의 조직을 주셨다. 에베소서 4:11-12, "그가 목사와 교사를 주셨으니 이는 성도를 온전케 하며 봉사의 일을 하게 하며, 그리스도의 몸을 세우려 하심이라." 이 임무는 특히 교회의 교훈권과 관계된다. 마태복음 28:20, "내가 너희에게 분부한 모든 것을 가르쳐 지키게 하라." 사도행전 2:42, "저희가 사도들의 가르침을 받아." 이런 임무 때문에, 교회는 '신자들의 어머니'라고 불린다.

또 교회는 이 임무를 위해 기도와 교제와 봉사와 구제에도 힘쓴다. 사도행전 2:42, "저희가 . . . 서로 교제하며 떡을 떼며 기도하기를 전혀 힘쓰니라." 요한복음 13:35, "너희가 서로 사랑하면 이로써 모든 사람이 너희가 내 제자인 줄 알리라." 사도행전 2:44-45, "물건을 서로 통용하고 재산과 소유를 팔아 . . . 나눠주고." 고린도후서 8:7, "너희는 . . . 이 은혜[성도를 섬기는 일]에도 풍성하게 할지니라." 고린도후서 9:13, "이 직무로 증거를 삼아 너희의 그리스도의 복음을 진실히 믿고 복종하는 것과."

전도

교회의 세 번째 임무는 세상 사람들에게 구원의 복음을 전하는 것이다. 이것은 교회가 세상 사람들에게 해야 할 일이다. 이것은 하나님께서 이 세상에서 교회에 주신 특별한 임무 곧 사명(使命, mission)이다. 세계 만국에 예수 그리스도의 구원의 복음을 전하는 것은 교회의 최대의 임무요 사명이다. 이것이 선교(宣敎, mission)다. 선교는 구원의 복음을 전하는 것이며 그 외의 다른 무엇이 아니다.

죄인들의 영혼 구원 즉 그들의 부활과 영생은 하나님께서 독생자 예수 그리스도를 세상에 보내신 목적이었다. 요한복음 3:16, "하나님이 세상을 이처럼 사랑하사 독생자를 주셨으니 이는 저를 믿는 자마다 멸망치 않고 영생을 얻게 하려 하심이니라." 요한복음 6:38-40, "내가 하늘로서 내려 온 것은 내 뜻을 행하려 함이 아니요 나를 보내신 이의 뜻을 행하려 함이니라. 나를 보내신 이의 뜻은 내게 주신 자 중에 내가 하나도 잃어버리지 아니하고 마지막 날에 다시 살리는 이것이니라. 내 아버지의 뜻은 아들을 보고 믿는 자마다 영생을 얻는 이것이니 마지막 날에 내가 이를 다시 살리리라."

예수께서는 자신이 죄인들을 위한 대속물이 되기 위해 오셨다고 말씀하셨다. 마태복음 20:28, "인자가 온 것은 섬김을 받으려 함이 아니라 도리어 섬기려 하고 자기 목숨을 많은 사람의 대속물(代贖物)로 주려 함이니라." 또 그는 승천(昇天)하시기 전에 그의 제자들에게 이 복음을 온 세상에 전파하라고 부탁하셨다. 마태복음 28:19-20, "너희는 가서 모든 족속으로 제자를 삼아 아버지와 아들과 성령의 이름으로 세례를 주고 내가 너희에게 명령한 모든 것을 가르쳐 지키게 하라." 마가복음 16:15, "말씀하시기를 너희는 온 천하에 다니며 만민에게 복음을 전파하라." 누가복음 24:47, "그의 이름으로 죄사함을 얻게 하는 회개가 예루살렘으로부터 시작하여 모든 족속에게 전파될 것이 기록되었으니." 요한복음 20:21, "아버지께서 나를 보내신 것같이 나도 너희를 보내노라." 사도행전 1:8, "오직 성령께서 너희에게 임하시면 너희가 권능을 받고 예루살렘과 온 유대와 사마리아와 땅끝까지 이르러 내 증인이 되리라." 그러므로 우리는 그 어떤 일보다도 전도(傳道)의 일에 힘써야 하고, 신약교회는 하나님께서 명하신 세계 복음화(福音化)의 일을 완수해야 한다.

교회는 이 사명을 위해 하나님께 전도자들을 주시기를 간구하고 그들을 모집하고 훈련시키고 파송하고 물질과 기도로 후원해야 한다. 마태복음 9:37-38, "제자들에게 말씀하시기를 추수할 것은 많되 일꾼은 적으니 그러므로 추수하는 주인에게 청하여 추수할 일꾼들을 보내어 주소서 하라." 에베소서 4:11, "[그가] 혹은 복음 전하는 자로 주셨으니." 디도서 1:3, "이 전도는 하나님의 명대로 내게 맡기신 것이라." 에베소서 6:19, "또 나를 위하여 구할 것은 내게 말씀을 주사 나로 입을 벌려 복음의 비밀을 담대히 알리게 하옵소서 할 것이니." 데살로니가전서 5:25, "형제들아, 우리를 위하여 기도하라." 누가복음 8:3, "자기들의 소유로 저희를 섬기더라." 빌립보서 4:14-18에 보면, 사도 바울은 빌립보 교회 성도들의 물질적 후원이 하나님께 드린 제물이며 하나님을 기쁘시게 한 것이라고 말하였다.

교회는 이 세 가지 임무, 즉 하나님께 드리는 예배와, 자체를 위한 영적 건립과, 세상 사람들을 위한 전도의 임무들을 잘 수행하기 위해, 우선 모이기를 힘써야 한다. 사도행전 2:46, [예루살렘 교회] "날마다 마음을 같이하여 성전에 모이기를 힘쓰고 집에서 떡을 떼며." 히브리서 10:25, "모이기를 폐하는 어떤 사람들의 습관과 같이 하지 말고 오직 권하여 그 날[재림의 날]이 가까움을 볼수록 더욱 그리하자."

사회정치활동은 아님

사회정치활동이 교회의 사명인가 하는 문제는 근래에 자유주의자들과 교회연합운동가들의 소위 '하나님의 선교'(missio Dei) 개념과 존 스타트 같은 복음주의자들에 의해 제기된 문제이다. 그들은 교회가 사회정치적 일들에 관심을 가지고 책임을 느끼며 참여하는 것이 하나님의 뜻이라고 주장한다. 그들은 그것을 '총체적 선교 개념'(the holistic concept of mission)이라고 말한다.

미국 북장로교회(연합장로교회)는 1967년 신앙고백을 채택했는데, 거기에는 교회의 임무를 이렇게 진술하였다: "인간을 향한 그의[그리스도의] 봉사는 교회가 모든 형태의 인간 복리를 위하여 일할 것을 위탁한다"(2.1.1) "교회는 모든 민족 차별의 폐지를 위하여 노력하며 그것으로 인해서 상해를 받은 자들을 위하여 봉사한다"(2.1.4).

밀라드 에릭슨(Millard J. Erickson)은 교회의 네 번째 직무로 사회적 관심을 들며(*Christian Theology* (Baker Book House, 1983), pp. 1057-59) 교회가 세상에서의 궁핍이나 상처나 잘못을 보는 모든 곳에서 관심을 보이고 행동해야 한다고 말한다(Ibid., pp. 1058-59). 웨인 그루뎀(Wayne Grudem)은 교회가 세상을 향하여 해야 할 사역은 전도와 구제이며 전도가 우선적 사역이지만 그와 병행되어야 할 사명이 구제 사역이라고 말한다(조직신학 (하) (은성, 1997), 42쪽).

1990년 9월에 예장 합동측이 주최한 서울 세계선교대회에 참석한 선교사 100명 중 설문에 응답한 64명 중에, 선교가 전도를 뜻한다고 대답한 자들은 50%뿐이었고, 전도와 문화적 사명을 함께 감당하는 것이지만 전도가 우선이라고 대답한 자들이 32.8%, 우선 순위를 두지 말고 둘 다 감당해야 한다고 대답한 자들이 14%이었다(기독신보, 1991. 8. 17, 3쪽). 이것은 오늘날 기독교계의 선교관을 반영한다.

그러나 이런 총체적 선교 개념은 성경적이지 않다. 박형룡 박사는 교회의 세 번째 임무를 '증거'의 임무라고 표현하면서, 교회가 개인 구원의 복음뿐 아니라, 사회적 난제들에 대해서도 증거해야 한다고 말했지만(교회교의학. 제6권: 교회론, 198쪽), 그것은 어디까지나 설교 영역의 문제이다. 사회 참여나 정치 참여는 교회가 해야 할 사명이나 임무가 아니다.

사회정치활동이 교회의 사명이나 임무가 아닌 이유는 무엇인가?

첫째로, 예수 그리스도의 사명은 사회정치활동을 포함하지 않았다. 예수 그리스도께서는 이 세상에 계실 때 사회적 일이나 정치적 일에 관여하지 않으셨다. 오히려 그는 그런 일에 관심이 없는 것처럼 말씀하시고 행동하셨다. 누가복음 12:13-14, "무리 중에 한 사람이 말하기를 선생님, 내 형을 명하여 유업을 나와 나누게 하소서 하니, 말씀하시기를 이 사람아, 누가 나를 너희의 재판장이나 물건 나누는 자로 세웠느냐 하시고." 요한복음 6:15, "예수께서 저희가 와서 자기를 억지로 잡아 임금 삼으려는 줄을 아시고 다시 혼자 산으로 떠나가시니라." 요한복음 18:36, "내 나라는 이 세상에 속한 것이 아니라. 만일 내 나라가 이 세상에 속한 것이었더면 내 종들이 싸워 나로 유대인들에게 넘기우지 않게 하였으리라."

또 그는 자신이 이 세상에 오신 목적과 사명이 죄인들을 구원하는 일과 전도하는 일임을 분명히 말씀하셨다. 마태복음 9:13, "내가 의인을 부르러 온 것이 아니요 죄인을 부르러 왔노라." 마태복음 20:28, "인자(人子)가 온 것은 섬김을 받으려 함이 아니라 도리어 섬기려 하고 자기 목숨을 많은 사람의 대속물로 주려 함이니라." 마가복음 1:38, "우리가 다른 가까운 마을들로 가자. 거기서도 전도하리니 내가 이를 위하여 왔노라." 요한복음 6:38-40, "내가 하늘로서 내려 온 것은 . . . 나를 보내신 이의 뜻을 행하려 함이니라. 나를 보내신 이의 뜻은 내게 주신 자 중에 내가 하나도 잃어버리지 아니하고 마지막 날에 다시 살리는 이것이니라. 내 아버지의 뜻은 아들을 보고 믿는 자마다 영생을 얻는 이것이니 마지막 날에 내가 이를 다시 살리리라."

물론 예수께서는 많은 병자들을 고쳐주셨다. 그러나 그의 병고침은, 비록 그것이 그의 긍휼과 능력의 당연한 표현이며 그의 신성(神

性)의 증거이었지만, 그에게 있어서 부수적이고 제한적이었다. 그는 자신이 병자를 고치려고 세상에 왔다고 말씀하신 적이 없다. 또 많은 경우 병고침은 모든 사람이 얻은 것이 아니고, 그의 주위에서 그를 믿었던 자들이 얻은 것이었다. 그래서 그는 "네 믿음이 너를 구원하였느니라"고 자주 말씀하셨다(마 8:2-4, 10, 13; 10:21-22, 28-29).

둘째로, 초대교회의 사명은 사회정치활동을 포함하지 않았다. 초대교회는 주께로부터 사회정치활동에 대한 명령을 받지 않았고, 그런 일에 관여하지도 않았다. 사도들은 주 예수 그리스도께 오직 전도의 명령을 받았고 그 명령에 순종하였고 그 일에 힘썼다. 이러한 사실은 복음서들의 마지막 부분과 사도행전에서 분명하다(마 28:19-20; 막 16:15; 눅 24:47; 요 20:21; 행 1:8; 사도행전 전체).

실상, 국가와 교회는 서로 다른 영역에 속해 있다. 국가 위정자들에 대해, 성경은 성도들이 그들을 위해 기도하고 세금을 내며 복종해야 한다고 가르친다(딤전 2:1-2; 롬 13:1-7; 벧전 2:13-14). 교회에게는 교회의 본연의 임무가 있고 교회는 그 임무에 충실해야 하며 국가의 일들에 직접 관여해서는 안 된다. 사회정치문제에 대한 웨스트민스터 신앙고백의 다음의 진술은 적절하다고 본다.

> 대회들과 협의회들은 교회적 문제 외에는 아무것도 다루거나 결정해서는 안 되며; 비상한 경우들에 겸비한 청원의 방식으로나; 정부 관리들로부터 요구된 경우에 양심의 만족을 위해 충고의 방식으로 외에는, 국가와 관계된 세속적 사건들에 간섭할 것이 아니다 (31:5)

사회 개선의 일이나 건전한 정치 활동은 필요하고 선한 일들이지만, 그것들은 교회가 직접적으로 관여할 일들이 아니고, 그리스도인 개인이 그의 직업에서와 그의 시민으로서의 의무 수행에서 노력해야 할 일들이다. 사회 참여나 정치 참여는 성도 개인의 일이지, 성도들의 모임인 단체로서의 교회의 일이 아니라는 말이다.

4. 교회의 권세와 임무

그러므로 교회가 목회자 양성원인 신학교를 설립하고 운영할 수 있지만, 일반 유치원이나 어린이집이나 중고등학교나 일반 대학교를 직접 설립하고 경영하거나 병원이나 고아원이나 양로원 등을 직접 설립하고 경영하는 것은 옳지 않다. 교회는 교육사업이나 자선사업을 하는 단체가 아니다. 또 교회가 교양강좌나 주부교실, 노인대학, 음악교실, 미술교실 등의 문화적 활동들을 하는 것도 옳지 않다. 그런 것들은 성도 개인이 할 일은 될 수 있어도, 교회의 임무나 사명은 될 수 없다. 교회가 선교적 차원이라 하더라도 합당치 않다고 본다. 교회는 이런 일들에 직접 관계치 말고 그 방면에 재능과 사명을 가진 자들로 이사회를 구성하여 행하게 해야 하며, 교회는 단지 그런 일들을 측면적으로 지원하고 지도해야 할 것이다(허순길, "교회가 교육사업을 직영하는 것이 바람직한가?" 기독교보, 1991. 6. 22, 8쪽; "교회가 사회사업을 직영하는 것이 바람직한가?" 기독교보, 1991. 6. 29, 8쪽; "교회가 직영할 수 있는 사업은 어떤 것인가?" 기독교보, 1991. 7. 6, 5쪽; "교회와 교육기관과의 바른 관계 모색," 기독교보, 1991. 10. 12, 2쪽). 그러나 이 점에서, 오늘날 많은 교회들, 심지어 예장 합동측과 고신측을 포함하여 우리나라의 보수적 교회들이 잘못된 생각을 가지고 있다고 보인다.

주께서는 교회에 교훈권과 치리권과 봉사권을 주셨다. 특히 교회는 하나님의 말씀을 전파하고 가르치며 보수하고 변호하고, 교회의 질서와 거룩함을 지킬 권세가 있다. 또 주께서는 교회에 예배와 영적 건립과 전도의 임무를 주셨다. 예배는 하나님을 향한 임무이고 영적 건립은 교회 자체를 위한 임무이고, 전도는 세상을 위한 임무이며 그것을 사명이라고 한다. 사회정치활동은 교회의 임무가 아니다. 그것은 예수 그리스도의 사명이 아니었고 초대교회의 사명도 아니었다.

5. 교회의 운영과 조직

유형교회는 하나의 조직체이다. 조직은 교회의 본질적 요소는 아니지만 필요하다. 교회의 조직의 필요성을 부정하는 무교회주의나 교회 조직을 경시하는 생각은 옳지 않다고 본다.

세 종류의 운영 형태

교회 역사상 교회 운영에 있어서 세 종류의 형태가 있었다. 첫째는 감독교회이다. 감독교회는 감독들이 교회를 운영하는 형태이며, 교인들은 교회 운영에 참여하지 않는다. 감독은 몇 개의 지교회들을 관할하고 또 성직 임명권을 가진다. 성공회와 감독교회가 이런 운영 형태를 취하며, 천주교회는 감독교회의 한 극단적 형태이다.

둘째는 회중교회이다. 회중교회는 교인들이 교회를 운영하는 형태이다. 교인들 위에 감독의 권위를 가진 사람이 따로 없다. 또 개교회는 독립성을 가지며 그것을 간섭하는 노회나 총회 같은 것이 없으며 단지 서로 교제하고 협력하는 협의체 같은 조직이 있을 뿐이다. 침례교회나 회중교회 등이 이런 운영 형태를 취한다.

셋째는 장로교회이다. 장로교회는 장로들이 교회를 운영하는 형태이다. 장로교회에서 장로란 목사와 치리장로를 포함하는 말이다. 이 제도에서 목사와 치리장로들은 교인들에 의해 선택되는 자들이므로 장로교회 조직은 대의제도(代議制度)이다. 장로교회는 목사의 권한과 교인들의 권한을 둘다 존중한다. 이것은 감독교회와 회중교회의 단점을 보완한 것으로 성경에 계시된 바에 가장 적합하다.

성경은 목사 혹은 장로들의 직무와 권위를 증거한다. 목사와 장로들은 교인들을 위해 하나님께서 세우신 감독과 목양자이며, 교인들은 그들이 돌보아야 할 하나님의 양들이다. 즉 목자와 양의 관계인 것이다. 요한복음 21:15-17, "내 어린양을 먹이라," "내 양을 치라," "내 양을 먹이라." 사도행전 20:28, "너희는 자기를 위하여 또는 온 양떼를 위하여 삼가라. 성령께서 저들 가운데 너희로 감독자를 삼고 주 하나님께서 자기 피로 사신 교회를 치게 하셨느니라." 베드로전서 5:2, "너희 중에 있는 하나님의 양무리를 치되."

성경은 교인들의 제사장적 권한도 증거한다. 성도들은 하나님 앞에서 왕 같은 제사장들이다. 베드로전서 2:9, "너희는 택하신 족속이요 왕 같은 제사장들이요." 요한계시록 1:6, "우리를 나라와 제사장으로 삼으신 그에게." 초대교회는 교인들이 직분자들을 선출했다. 사도행전 6:5-6, "온 무리가 이 말을 기뻐하여 믿음과 성령님이 충만한 사람 스데반과 또 빌립과 브로고로와 니가노르와 디몬과 바메나와 유대교에 입교한 안디옥 사람 니골라를 택하여 사도들 앞에 세우니 사도들이 기도하고 그들에게 안수하니라." 사도행전 14:23, "각 교회에서 장로들을 택하여." '택한다'는 원어(케이로토네오 χειροτονέω)는 사람을 뽑기 위해 손을 내민다는 뜻을 담고 있다. 사도행전 15:22, "이에 사도와 장로와 온 교회가 그 중에서 사람을 택하여 바울과 바나바와 함께 안디옥으로 보내기를 가결하니 곧 형제 중에 인도자인 바사바라 하는 유다와 실라더라."

이와 같이, 성경은 목사와 장로들의 감독자와 목자로서의 직무와 권위를 증거하며 교인들의 제사장적 권한도 증거한다. 이런 사실들은 감독교회나 회중교회에 적합하지 않고 장로교회에 적합하다.

장로교회의 기본 원리들

장로교회의 기본 원리들은 네 가지이다. 첫째로, 주 예수 그리스도와 그의 말씀이 교회의 권세와 권위의 원천이다. 주 예수 그리스도께서는 교회의 유일한 머리이시다(엡 1:22). 교회 안의 누구도 교회의 머리가 될 수 없다. 교회의 모든 직분자들과 성도들은 머리 되신 주 예수 그리스도 앞에와 그의 말씀에 전적으로 복종해야 한다.

둘째로, 주 예수 그리스도께서는 교회의 권세를 교인들 전체에게 주셨다. 성경은 모든 성도들이 존귀한 영적 특권을 가짐을 증거한다. 베드로전서 2:9, "너희는 택하신 족속이요 왕 같은 제사장들이요." 요한계시록 1:6, "그 아버지 하나님을 위하여 우리를 나라와 제사장으로 삼으신 그에게." 권징의 권세도 교인들에게 주어졌다. 마태복음 18:18, "진실로 너희에게 이르노니 무엇이든지 너희가 땅에서 매면 하늘에서도 매일 것이요 무엇이든지 땅에서 풀면 하늘에서도 풀리리라." 그러므로 지교회에서는 세례교인들 전체의 회의인 공동의회가 가장 중요하다. 또 그렇기 때문에, 지교회는 교인들에게 세례를 베풀 때와 전입교인들을 받아들일 때 신중해야 한다.

셋째로, 교회의 권세는 교인들이 뽑은 목사와 장로들에 의해 행사되어야 한다. 이것이 대의제도이다. 주께서는 교인들이 선택한 목사와 장로들이 교회를 다스리게 하셨다. 사도행전 14:23, "각 교회에서 장로들을 택하여 금식 기도하며 저희를 그 믿은 바 주께 부탁하고." 사도행전 20:28, "너희는 자기를 위하여 또는 온 양떼를 위하여 삼가라. 성령께서 저들 가운데 너희로 감독자를 삼고 주 하나님께서 자기 피로 사신 교회를 치게 하셨느니라." 이와 같이, 목사와 장로들은 주께서 교회에 주신 권세를 위탁받은 자들이므로, 교회는 그들을 성경에 교훈된 자격 조건에 따라 신중하게 선택하고 세워야 하며, 교인들은 세움 받은 감독자들을 존경하며 그들에게 복종해야 한다.

넷째로, 교회의 권세는 지교회로부터 전체교회로 확장된다. 장로교회는 일차적으로 지교회의 치리회인 당회를 중요시하며, 교회의 치리권이 지교회로부터 노회와 총회 등을 통해 전체 교회로 확장된다고 본다. 이렇게 함으로써 교회는 다른 교회들과의 참된 교제와 협력을 나누게 되고 또 어떤 지교회가 탈선하지 않도록 상호 감시하고 견제한다. 당회장이나 노회장이나 총회장은 단지 회의를 인도하는 의장 즉 사회자이며 그 이상이 아니다. 또 큰 교회들의 목사들과 장로들이나 작은 교회들의 목사와 장로들은 권위에 차이가 없다. 그러나 장로교회와 달리, 감독교회는 전체교회를 지교회보다 중시하며 또 총회에서 지교회에 무엇을 명령하는 하향적(下向的) 성격을 가진다.

지교회의 공동의회는 권징 아래 있지 않는 세례교인들로 구성되며 지교회에서 최종적인 권위를 가진다. 지교회의 당회는 담임목사와 시무장로들로 구성되며 지교회의 기본적인 치리회이다. 노회는 한 지역의 교회들의 목사들과 장로들로 구성되며, 대회는 더 넓은 지역에서 여러 노회들의 총대들로 구성되고, 총회는 한 나라 안의 교회들의 총대들로 구성된다. 노회와 대회와 총회는 '상회' 혹은 '확대회의'라고 불린다. 신약성경은 총회와 노회의 예를 보인다. 사도행전 15장, 예루살렘 회의. 디모데전서 4:14, "장로의 회에서."

지교회의 당회의 권한은 상회와의 관계에서 어느 정도 견제된다. 그러나 상회는 지교회를 무조건 지배할 수 없고 또 지배하려고 해서도 안 된다. 총회가 노회에, 또 노회가 당회에, 일방적으로 어떤 명령을 내린다면, 그것은 장로교회적이지 않고 감독교회적이다(박형룡, 교의신학: 제6권 교회론, 150쪽).

교회의 직분

창설직(創設職)

신약교회의 창설 시기에 있었으나 그 후 사라졌던 직분들은 사도, 선지자, 복음전도자 등 세 가지이었다. 에베소서 4:11, "그가 혹은 사도로, 혹은 선지자로, 혹은 복음 전하는 자로 [주셨으니]."

이 세 가지 창설직들 중 가장 중요한 직분은 **사도**이었다. '사도'라는 말은 신약성경에서 열두 제자들과 바울에게 사용된다. 누가복음 6:13, "밝으매 그 제자들을 부르사 그 중에서 열둘을 택하여 사도라 칭하셨으니." 사도행전 1:26, "제비 뽑아 맛디아를 얻으니 저가 열한 사도의 수에 가입하니라." 로마서 1:1, "예수 그리스도의 종 바울은 사도로 부르심을 받아." 단지 예외적으로, 신약 원어성경에서 사도행전 14:4, 14에 바나바에게 사도라는 명칭이 사용되었다.

<u>사도의 자격과 특징</u>은 세 가지로 요약될 수 있다. <u>첫째로</u>, 사도는 주 예수께서 직접 불러 세우시고 보내신 자이었다. 마가복음 3:13-14, "산에 오르사 자기의 원하는 자들을 부르시니 나아온지라. 이에 열둘을 세우셨으니." 갈라디아서 1:1, "사람들에게서 난 것도 아니요 사람으로 말미암은 것도 아니요 오직 예수 그리스도와 및 죽은 자 가운데서 그리스도를 살리신 하나님 아버지로 말미암아 사도된 바울은." 사도행전 9:15, "주께서 말씀하시기를 이 사람은 내 이름을 이방인과 임금들과 이스라엘 자손들 앞에 전하기 위하여 택한 나의 그릇이라."

<u>둘째로</u>, 사도는 주 예수 그리스도와 그의 부활을 직접 본 자이었다. 사도행전 1:21-22, "요한의 세례로부터 우리 가운데서 올리워 가신 날까지 주 예수께서 우리 가운데 출입하실 때에 항상 우리와 함께 다니던 사람 중에 하나를 세워 우리로 더불어 예수의 부활하심을 증거할 사람이 되게 하여야 하리라." 고린도전서 9:1, "내가 사도가 아니냐? 자유자가 아니냐? 예수 우리 주님을 보지 못하였느냐?"

<u>셋째로</u>, 사도는 주 예수께로부터 기적 행할 능력을 받은 자이었다. 마태복음 10:1, "예수께서 그 열두 제자를 부르사 더러운 귀신을 쫓아내며 모든 병과 모든 약한 것을 고치는 권능을 주시니라." 고린도후서 12:12, "사도의 표된 것은 내가 너희 가운데서 모든 참음과[참음 중에] 표적과 기사와 능력을 행한 것이라."

<u>두 번째 창설직</u>은 **선지자**이었다. 이것은 하나님의 특별계시를 받

아 전달하는 직분이었다. 에베소서 2:20, "너희는 사도들과 선지자들의 터 위에 세우심을 입은 자라." 사도행전 15:32, "유다와 실라도 선지자라. 여러 말로 형제를 권면하여 굳게 하고."

세 번째 창설직은 **복음전도자**이었다. 이것도 신약교회 창설시기에 있었던 특별한 직분이었던 것 같다. 예를 들면, 디모데와 디도 같은 자들이 그러하며, 이들은 일반적 목사나 장로의 직분과 구별된다. 디모데후서 4:5, "너는 모든 일에 근신하여 고난을 받으며 전도인의 일을 하며." 사도행전 21:8, "일곱 중 하나인 전도자 빌립."

항존직(恒存職)

창설직과 달리, 사도시대 이후 주님 재림 때까지 신약교회에 항상 있어야 할 직분들은 목사와 장로와 집사이다. 이것을 항존직(恒存職)이라고 부른다. 에베소서 4:11, "[그가] 혹은 목사와 교사로 주셨으니." 사도행전 14:23, "각 교회에서 장로들을 택하여 금식 기도하며 저희를 그 믿은 바 주께 부탁하고." 사도행전 6:3, "형제들아, 너희 가운데서 성령과 지혜가 충만하여 칭찬 듣는 사람 일곱을 택하라. 우리가 이 일을 저희에게 맡기고." 빌립보서 1:1, "빌립보에 사는 모든 성도와 또는 감독들과 집사들에게 편지하노니."

목사(牧師, pastor, minister)

목사는 감독이나 장로에 포함되며 교사 혹은 '가르치는 장로'라고 불린다. 에베소서 4:11, "목사와 교사"(투스 포이메나스 카이 디다스칼루스 τοὺς ποιμένας καὶ διδασκάλους)(하나의 정관사 뒤에 두 개의 단어가 나오면 한 부류를 가리킨다). 디모데전서 5:17, "잘 다스리는 장로들을 배나 존경할 자로 알되 말씀과 가르침에 수고하는 이들을 더할 것이니라." 디모데후서 2:2, "네가 많은 증인 앞에서 내게 들은 바를 충성된 사람들에게 부탁하라. 저희가 또다른 사람들을 가르칠 수 있으리라."

　목사의 **임무**는 ① 하나님의 말씀을 전하며 가르치고 ② 교인들을 보살피며 인도하는 직분이다. 이것은 지교회의 담임목사가 가지는 임무이다. 당회가 있는 교회의 담임목사는 장로들과 함께 교인들을 보살피며 감독하며 인도한다. 설교는 목사에게 맡겨진 일이며 따라서 목사만 신학교육을 받지만, 행정은 장로들과 함께 행한다.

　목사의 **자격**은 디모데전서 3:1-7에 잘 나와 있다. 이것은 장로의 자격 요건이기도 하며, 또 모든 성도의 성화의 목표이기도 하다.

　　"책망할 것이 없으며"--교리적으로 윤리적으로 흠이 없는 자.
　　"한 아내의 남편이 되며"--부부생활의 순결성을 지키는 자.
　　"절제하며"--맑은 정신을 가지며 절제심이 있는 자.
　　"근신하며"--건전한 정신을 가지고 침착하고 조심성이 있는 자.
　　"아담하며"--품행이 단정하고 존경할 만한 자.
　　"나그네를 대접하며"--인정이 있고 호의를 베풀 줄 아는 자.
　　"가르치기를 잘하며"--성경에 정통하여 잘 가르치는 자.
　　"술을 즐기지 아니하며"--술에 중독이 걸리지 않은 자.
　　"구타하지 아니하며"--성격이 거칠어 남을 때리지 않는 자.
　　"더러운 이를 탐하지 아니하며"(전통본문)--돈에 깨끗한 자.
　　"관용하며"--온유하며 친절하며 예의가 있고 관용하는 자.
　　"다투지 아니하며"--이해심과 인내심이 있어 다투지 않는 자.
　　"돈을 사랑치 아니하며"--하나님만 바라며 돈을 사랑치 않는 자.
　　"자기 집을 잘 다스려 자녀들로 단정함으로 복종케 하는 자."
　　"새로 입교한 자도 말지니"--신앙 단련을 받아 겸손해진 자.
　　"외인(믿지 않는 자들)에게서도 선한 증거를 얻은 자"

　목사의 **권위**는 단지 직분 자체의 권위가 아니고, 그가 전하는 말씀의 건전함과 그의 인격의 모범에서 나오는 권위이다.

　목사는 하나님과 교인들 간의 중보적 제사장이 아니다. 신약시대에는 모든 신자가 제사장이며(벧전 2:9), 그들의 헌신과 순종의 삶이

제사이다(롬 12:1). 물론, 목사도 제사장이며 목회의 일도 제사이다. 로마서 15:16, "그리스도 예수의 일군이 되어 하나님의 복음의 제사장 직무를 하게 하사." 그러나 목사나 목회만 그런 것이 아니고 모든 성도와 그들의 삶이 그러하다. 그러므로 천주교회에서 성직자들을 '사제'(priest)라고 불러 평신도와 구별하는 것은 비성경적이다.

오늘날 목사는 사도직을 계승하는 것이 아니다. 천주교회와 영국교회와 감독교회 등은 일반 신부보다 한 단계 높은 성직자인 감독(bishop)이 사도직을 계승한다고 주장하지만, 그것은 성경적 근거를 갖지 못한다. 신약성경은 장로와 감독이 같은 직분임을 보인다. 사도행전 20:17, 28, "[바울이] 사람을 에베소로 보내어 교회 장로들을 청하니 . . . . [너희는 온 양떼를 위하여 삼가라] 성령께서 저들 가운데 너희로 감독자를 삼고." 하나님의 말씀을 전파하고 가르치는 직분이라는 점에서, 목사가 사도적 기능을 이어받는다고 볼 수 있으나, 엄밀한 의미에서 사도는 열두 제자들과 바울에게만 제한된다.

목사가 **준비할 바**는 개인적 성경 통독과 연구, 기도, 가정예배, 독서, 신학교육 등을 통한 교리적 확신과 윤리적 인격이다.

먼저, 목사는 교리적으로 ① 예수 그리스도의 십자가 속죄의 복음 진리를 바르게 파악하고 확신하여(고전 1:22-23; 2:1-2) 율법주의나 윤리주의에 빠지지 않아야 하며, ② 건전한 전통적 개혁신학의 체계를 파악하고 확신하여야 하며, ③ 현대교회의 배교와 타협의 풍조를 분별하고 배격하는 바른 입장과 노선을 정립해야 한다. 덧붙여, 성령론, 종말론, 여성신학 등에 대해서도 바르게 정립해야 한다.

목사는 또한 윤리적으로 다음 몇 가지 점을 명심해야 한다.

① 목사는 물질 문제에 대해 깨끗해야 한다.

목사는 헌금 집계와 지출과 관리에 직접 관여치 말고 신실한 집사들을 세워 그 일을 맡겨 처리하며 당회로 감독케 하고, 또 거리끼는 도움을 받지 말고, 물질 때문에 잘못된 일과 타협하지 말아야 한다.

목사가 생활비를 받는 것은 성경적이다(마 10:10; 고전 9:11, 13-14; 딤전 5:17-18). 그러나 목사는 사도 바울의 모범을 기억하며 검소한 생활을 해야 한다(행 20:33-35).

② 목사는 여성도들에 대해 깨끗해야 한다.

목사는 여성도들에게 너무 친근히 대함으로 문제가 생기지 않도록 항상 조심해야 한다. 이런 문제를 방지하기 위해서 목사는 심방이나 상담 등 목회의 부분들에서 아내와 함께하는 것이 바람직하다.

목사가 결혼하는 것은 성경적이다(창 2:18). 성경은 독신주의를 가르치지 않는다(고전 9:5; 딤전 3:2). 목사는 자기 아내를 사랑하고 자기 자녀들을 돌아보고 자기 가정부터 가르치고 아름답게 해야 한다.

③ 목사는 부교역자들과 직원들에게 인격적으로 대해야 한다.

담임목사는 목회와 행정과 건물비품 관리까지 지시하고 점검하는 위치에 있고 그런 일들을 충실히 행해야 하겠으나 항상 겸손과 사랑과 이해심을 가지고 인격적으로 행해야 한다.

또 목사는 목회를 위해 다음 몇 가지 점들을 **참고하는 것**이 좋다.

① 목사는 성경 연구와 기도로 설교 준비를 철저하게 하되 설교는 자기의 생각을 전하지 말고 성경본문을 바르게 해석하고 적용함으로 하나님의 뜻을 충실히, 실패치 않고 전해야 한다. 설교자는 자주 예수 그리스도의 십자가 속죄의 복음을 전해야 하며, 칭의와 성화, 교리와 생활교훈을 균형 있게 전해야 한다. 또 성경을 골고루 설교하고 가르쳐야 하며 결코 남의 설교를 베껴서 해서는 안 된다. 또 발음은 정확히, 너무 빠르지 않게, 또박또박하고, 평소에 성경을 소리내어 천천히, 또박또박 읽는 연습을 많이 하도록 한다.

② 예배 인도는 잘 준비해서 하되, 사회는 꼭 필요한 말만 간략히 하고, 찬송은 미리 선택하고 예배 전후의 반주는 조용히 하게 한다.

③ 교인수나 헌금액수나 건물의 규모 등 외적 건립에 마음을 쓰지 말고, 영혼의 구원과 성장 등 내적 건립에 마음을 쓴다.

④ 부서들을 철저히 관리하고 교회 행정도 짜임새 있게 한다.

⑤ 직분자(장로, 집사)는 신중히 세우고 너무 많지 않게 한다.

⑥ 세례 혹은 전입교인 문답을 통해 교인수를 충실히 늘여간다.

⑦ 전도인들을 모으고 훈련시키되 기본적 성경구절들을 암송시키고 복음의 요지를 확인시키고 전도 방법을 연구하고 실습시켜 교회 주위를 가가호호 전도하게 한다.

⑧ 예배당의 외적 치장을 최소화해야 한다.

장로(長老, elder, presbyter)

장로는 목사와 함께 교회를 보살피며 감독하고 다스리는 직분이며 치리장로라고도 부른다. 베드로전서 5:1-2, "너희 중 장로들에게 권하노니 . . . 너희 중에 있는 하나님의 양무리를 치되 부득이 함으로 하지 말고 오직 하나님의 뜻을 좇아 자원함으로 하며."

장로는 회중을 대표하며 그 권한이 목사와 동등하다. 단지 설교의 직무는 목사에게 맡겨져 있다. 그러나 목사는 실제로 목회에 전념하는 자이므로 목회의 주도적 역할과 책임을 가지며, 장로들은 목회에 협력적 역할을 한다. 그러므로 목회란 목사가 장로들의 협력을 받아 행하는 것이다. 그러므로 장로들은 목사의 목회에 제동(制動)장치가 아니고 윤활유 역할을 해야 한다. 그러나, 목사가 비성경적 교훈이나 활동을 할 때에는 장로들이 그것을 제어할 책임과 권한이 있다.

지교회 장로의 수는 보통 2명 이상이어야 좋다. 그래야 목사와의 의견 대립으로 인한 부작용과 혼란을 최소화할 수 있을 것이다. 사도행전 14:23, "각 교회에서 장로들을 택하여 금식 기도하며 저희를 그 믿은 바 주께 부탁하고." 주후 2세기 **사도적 규범**(*Apostolic Canons*)이라는 책은, "교인들은 목사 외에 적어도 2명의 장로들을 지명해야 한다. 모든 교회는 적어도 3명의 집사들을 가져야 한다"라고 말했다.

장로의 자격은 목사의 자격과 동일하다. 그것은 디모데전서 3:2-7에 잘 교훈되어 있다. 한마디로, 교리적으로나 윤리적으로 흠이 없고 책망할 것이 없는 자로 교인들의 본이 되고 그들을 잘 인도할 만한 지식과 덕이 있는 자이어야 한다. 또 장로의 아내들은 단정하고, 참소하지 말며, 절제하며, 모든 일에 충성된 자라야 한다(딤전 3:11).

집사(執事, deacon)

집사는 교회의 재정에 관한 일들을 섬기는 직분이다. 헌금의 수금, 정리, 계획, 지출 등 교회의 살림살이와 특히 구제의 일 등이 집사의 직무이다. 사도행전 6:2-3, "열두 사도가 모든 제자를 불러 말하기를 우리가 하나님의 말씀을 제쳐놓고 공궤를 일삼는 것이 마땅치 아니하니 형제들아, 너희 가운데서 성령과 지혜가 충만하여 칭찬 듣는 사람 일곱을 택하라. 우리가 이 일을 저희에게 맡기고." 물론, 이런 일들은 당회 즉 목사와 장로들의 감독과 지도 아래 행해져야 할 것이다.

집사의 자격요건은 디모데전서 3:8-13에 기록되어 있다. ① 존경할 만하고, ② 일구이언(一口二言)을 하지 아니하고, ③ 술에 인박이지 아니하고, ④ 더러운 이익을 탐하지 아니하고, ⑤ 깨끗한 양심에 믿음의 비밀을 가진 자라야 하며, ⑥ 한 아내의 남편이며, ⑦ 자녀와 자기 집을 잘 다스리는 자이다. 또 아내들도 존경할 만하고, 참소하지 말며, 절제하며, 모든 일에 충성된 자라야 한다(딤전 3:11).

여자 목사와 여자 장로의 문제

오늘날 여자 목사와 여자 장로를 주장하는 자들이 점점 늘고 있는 추세이다. 이것은 성경에 근거한 것이라기보다 남녀 평등을 주장하는 세속사회의 영향이다. 여자 목사와 여자 장로를 주장하는 자들이 제시하는 근거는, 첫째로 신구약성경에 여선지자 등의 여성 사역자의 예들이 있다는 것, 둘째로 갈라디아서 3:28에 남녀 평등의 원리가 있다는 것, 셋째로 세속사회도 남녀 평등을 주장하는데 하물며 교회가 시대의 조류를 역행하는 것은 타당치 않다는 것, 넷째로 교회 내의 여성들의 은사를 활용하는 것이 유익하다는 것 등이다.

그러나 이런 반론들은 성경에 계시된 하나님의 뜻에 일치하지 않다. 우리는 하나님의 뜻을 따라야 한다. 또 하나님께서 역사상 변칙적으로 허용하신 것과 교회에 정식으로 주신 규범은 구별되어야 한다.

디모데전서 2:11-14와 고린도전서 14:34-37은 **다섯 가지의 이유**를 들어 여자 목사와 여자 장로를 허용하지 않는다.

첫째는 창조의 질서 때문이다. 디모데전서 2:11-13, "여자는 일절 순종함으로 종용히[조용히] 배우라. 여자의 가르치는 것과 남자를 주관하는 것을 허락지 아니하노니 오직 종용할지니라. 이는 아담이 먼저 지음을 받고 이와가 그 후며." 여자는 남자의 '돕는 배필'(helper)로 창조되었다(창 2:18). 여기에 사람 창조에서의 질서가 있다.

둘째는 범죄에 대한 징벌 때문이다. 디모데전서 2:14, "아담이 꾀임을 보지 아니하고 여자가 꾀임을 보아 죄에 빠졌음이니라." 아담은 아내가 주는 선악과를 먹으므로 범죄했으나(창 3:6). 여자는 인류의 타락에 일차적 책임이 있다. 그러므로 본문은 여자가 또다시 나서서 일을 그르치지 않도록 제약한다는 뜻을 내포한다. 이 두 이유는 어떤 시대적, 환경적 요인들이 아니고, 역사적, 불변적 사실들이다.

셋째는 율법의 말씀 때문이다. 고린도전서 14:34, "모든 성도의 교회에서 함과 같이 여자는 교회에서 잠잠하라. 저희의 말하는 것을 허락함이 없나니 율법에 이른 것같이 오직 복종할 것이요." 예를 들면, 창세기 2:18, "내가 그를 위해 돕는 배필을 지으리라." 창세기 3:16, "너는 남편을 사모하고 남편은 너를 다스릴 것이니라." 창세기 18:12, "사라가 속으로 웃고 말하기를 내가 노쇠했고 내 주인도 늙었으니."

넷째는 주님의 명령 때문이다. 고린도전서 14:37, "만일 누구든지 자기를 선지자나 혹 신령한 자로 생각하거든 내가 너희에게 편지한 것이 주님의 명령인 줄 알라." 에베소서 5:22, "아내들이여, 자기 남편에게 복종하기를 주께 하듯 하라." 베드로전서 3:1, 5-6, "아내된 자들아, 이와 같이 자기 남편에게 순종하라," "전에 하나님께 소망을 두었던 거룩한 부녀들도 이와 같이 자기 남편에게 순복함으로 자기를 단장하였나니 사라가 아브라함을 주라 칭하여 복종한 것같이." 사도들은 주 예수 그리스도의 권위로 파송되었고 주 예수 그리스도의 권위로 교훈했다. 그러므로 신약성경은 주님의 권위를 가지는 말씀이다.

다섯째는 교회의 보편적인 규율이기 때문이다. 고린도전서 14:34, "모든 성도의 교회에서 함과 같이 여자는 교회에서 잠잠하라." 오늘날 자유주의 신학 때문에 성경의 권위가 땅에 떨어지기 전까지 모든 교회는 이 성경적 교훈에 대해 이의(異議)를 말하지 않았다.

위에 인용한 두 성경구절(딤전 2:11-14; 고전 14:34-37)은 하나님의 말씀이다. 이런 교훈을 옛 시대의 사고방식과 풍습에 제약을 받은 사도의 인간적 사상으로 보는 것은, 거기에 제시된 이유들의 정당성을 무시하는 것일 뿐 아니라, 신약성경의 신적 권위에 대항하는 큰 잘못이다. 데살로니가후서 2:15, "형제들아, 굳게 서서 말로나 우리 편지로 가르침을 받은 유전을 지키라." 박형룡 박사는, 여자 목사와 여자 장로를 금하는 것은 2천년 전의 한 지방 교회의 풍습이 아니고 만고 불변의 진리라고 말하였다(박형룡, 교회론, 146쪽).

남녀 평등을 위해 인용되는 고린도전서 11:11("주 안에는 남자 없이 여자만 있지 않고 여자 없이 남자만 있지 아니하니라")과 갈라디아서 3:28("너희는 유대인이나 헬라인이나 종이나 자주자나 남자나 여자 없이 다 그리스도 예수 안에서 하나이니라")은 교회의 직분에 있어서 남녀 평등을 가르치는 것이 아니고, 믿음으로 의롭다 하심을 얻는 구원의 복에 있어서 남녀가 동등하다는 뜻이다.

물론, 신약시대의 복음사역에 경건한 여자들의 역할이 컸다. 누가복음 8:2-3, "악귀를 쫓아내심과 병고침을 받은 어떤 여자들 곧 일곱 귀신이 나간 자 막달라인이라 하는 마리아와 또 헤롯의 청지기 구사의 아내 요안나와 또 수산나와 다른 여러 여자가 함께하여 자기들의 소유로 저희를 섬기더라." 로마서 16장에는 뵈뵈, 브리스길라, 마리아 등 복음을 위해 많이 수고한 여자들이 언급되어 있다. 그뿐 아니라, 여자에게는 자녀 출산이라는 사명이 있다. 디모데전서 2:15, "그러나 여자들이 만일 정절로써 믿음과 사랑과 거룩함에 거하면 그 해산함으로 구원을 얻으리라." 여자들은 자녀를 해산함으로써 그 낮은 지위가 회복된다. 훌륭한 남자들의 배후에는 훌륭한 어머니들이 있다.

임시직

한국 교회는 필요에 따라 몇 가지의 임시적 직분들을 더 만들었다.

첫째로, **전도사**는 담임목사의 조력자이다. 교회는 필요성과 경제적 여건에 따라 담임목사의 추천과 당회의 결의로 전도사를 세운다.

둘째로, **권사**는 여성도들 중에서 당회의 지도 아래 병환자와 궁핍한 자와 환난 당한 자 등을 심방하여 위로하며 권면하는 직분이다. 권사는 모범되고 건전한 판단력과 좋은 평판을 가진 자이어야 한다.

셋째로, **남녀 서리집사**는 임시로 집사의 직무를 하게 하는 직분이다. 서리집사 제도는 폐지하는 것이 성경적으로 옳다고 본다.

직분으로의 부르심

교회 직분은 하나님께서 주시는 것이다. 고린도전서 12:4-5, "은사는 여러 가지나 성령께서는 같고 직임은 여러 가지나 주께서는 같으며." 우리는 어떻게 어떤 직분에의 부르심을 확신할 수 있는가?

하나님께서는 오늘날 직분자들을 부르실 때 옛날처럼 음성으로가 아니고 내면적 확신으로 부르신다고 본다. 하나님의 내면적 부르심은 다음 세 가지로 요약된다. (1) 그 직분을 위해 헌신하려는 간절한 소원. 빌립보서 2:13, "너희 안에 행하시는 이는 하나님이시니 자기의 기쁘신 뜻을 위하여 너희로 소원을 두고 행하게 하시나니." 디모데전서 3:1, "미쁘다 이 말이여, 사람이 감독의 직분을 얻으려 하면 선한 일을 사모한다 함이로다." (2) 그 직분을 위한 재능과 은사. 로마서 12:6-8, "우리에게 주신 은혜대로 받은 은사가 각각 다르니 혹 예언이면 믿음의 분수대로, 혹 섬기는 일이면 섬기는 일로, 혹 가르치는 자면 가르치는 일로, 혹 권위(勸慰)하는 자면 권위하는 일로, 구제하는 자는 성실함으로, 다스리는 자는 부지런함으로, 긍휼을 베푸는 자는 즐거움으로 할 것이니라." (3) 그 직분을 위한 하나님의 인도하심. 이런 깨달음과 경험은 주로 교회 안에서 다른 사람들의 추천과 요청으로 이루어진다. 직분으로의 부르심은 성도들의 요청과 찬성을 통해 이루어진다. 교회가 찬성하지 않으면, 아무 직분도 세워질 수 없다.

또 교회 직분자는 안수를 통해 세워진다(행 6:5-6; 13:2-3). 사도시대의 안수는 성령님의 신비한 능력을 수반했던 것 같다(행 8:17; 딤전 4:14). 그러나 오늘날 안수는 일반적으로 직분의 구별을 상징하는 것 외에 다른 어떤 의미를 가지지 않는다고 생각된다.

직분의 성격

교회 직분은 봉사직이며, 교회에서 큰 자는 섬기는 자이다. 마태복음 20:26-27, "너희 중에는 그렇지 아니하니 너희 중에 누구든지 크고자 하는 자는 너희를 섬기는 자가 되고 너희 중에 누구든지 으뜸이 되고자 하는 자는 너희 종이 되어야 하리라." 그러므로 교회에서 더 중요한 직분을 가진 자는 겸손히 하나님과 성도들을 섬겨야 한다(마 23:11-12). 성도들이 영적으로 성숙했다는 가장 중요한 표는 겸손이다. 성숙한 신자들과 교회 직분자들은 다 겸손한 봉사자이어야 한다.

6. 은혜의 수단들

은혜의 수단들은 하나님께서 죄인들에게 은혜를 베푸시는 수단들인데, 그것들은 성경말씀과 성례와 기도이다(소요리문답 88문답).

여러 견해들

은혜의 수단들의 역할에 대하여 역사상 여러 견해가 있었다.

천주교회는 말씀과 성례를 은혜의 수단들로 제시하나 성례를 더 강조하며 교회 자체를 은혜의 중요한 수단이라고 주장한다. 또 천주교회는 특히 하나님의 구원하시는 은혜가 성례의 행위와 의식 안에 들어 있으며, 성례는 '행해진 행위에 의해'(ex opere operato) 하나님의 구원하시는 은혜를 전달한다고 본다.

루터교회는, 하나님 말씀을 성례보다 강조하며 성례가 눈에 보이는 말씀으로서 말씀을 떠나서는 무의미하다고 보지만, 하나님의 은혜가 말씀과 성례에 들어 있다고 생각한다. 즉 하나님의 말씀과 성례 자체에 효력이 있다고 보는 것이다.

신비주의는, 은혜의 수단들이 자연세계에 속하는 것이므로 영적 효력과 결실을 가져오지 못하며, 하나님의 은혜는 그런 수단에 얽매이지 않는다고 본다. 따라서 신비주의는 은혜의 수단들을 무시한다.

이성주의는, 은혜의 수단들을 성령님의 초자연적인 활동의 도구로 보지 않고 단지 도덕적 설득의 도구들 정도로 본다.

그러나 개혁교회는, 은혜의 수단들이 그 자체 안에 하나님의 능력이 있는 것은 아니나 하나님의 은혜를 전달하는 도구가 된다고 본다. 따라서 은혜의 수단들은 성도들의 '성화의 수단'(윌리암 쉐드, 로버트 댑니)으로 존중히 여기고 사모하는 마음으로 사용해야 한다.

성경말씀

하나님의 은혜의 가장 중요한 수단은 성경말씀이다.

성경 자체의 증거들

성경은 하나님의 은혜의 중요한 수단이다. 시편 1:2-3, "(복 있는 사람은) 오직 여호와의 율법을 즐거워하여 그 율법을 주야로 묵상하는 자로다. 저는 시냇가에 심은 나무가 시절을 좇아 과실을 맺으며 그 잎사귀가 마르지 아니함 같으니 그 행사가 다 형통하리로다." 시편 19:7-8, "여호와의 율법은 완전하여 영혼을 소성케 하고 여호와의 증거는 확실하여 우둔한 자로 지혜롭게 하며 여호와의 교훈은 정직하여 마음을 기쁘게 하고 여호와의 계명은 순결하여 눈을 밝게 하도다." 사도행전 17:11-12, "베뢰아 사람은 데살로니가에 있는 사람보다 더 신사적이어서 간절한 마음으로 말씀을 받고 이것이 그러한가 하여 날마다 성경을 상고하므로 그 중에 믿는 사람이 많고." 로마서 1:16, "이 복음은 모든 믿는 자에게 구원을 주시는 하나님의 능력이 됨이라." 로마서 10:17, "믿음은 들음에서 나며 들음은 하나님의(전통사본) 말씀으로 말미암느니라." 디모데후서 3:15-17, "성경은 능히 너로 하여금 그리스도 예수 안에 있는 믿음으로 말미암아 구원에 이르는 지혜가 있게 하느니라. 모든 성경은 하나님의 감동으로 된 것으로 교훈과 책망과 바르게 함과 의로 교육하기에 유익하니."

율법과 복음

성경은 율법과 복음으로 구성되어 있고 그것들은 다 은혜의 수단으로 사용된다. 구약성경은 율법을 강조하였고 신약성경은 복음을 강조하며, 그 둘은 다 사람들의 구원과 성화를 위한다. 신명기 6:25, "우리가 그 명하신 대로 이 모든 명령을 우리 하나님 여호와 앞에서 삼가 지키면 그것이 곧 우리의 의로움이니라." 요한복음 1:17, "율법은 모세로 말미암아 주신 것이요 은혜와 진리는 예수 그리스도로 말미암아 온 것이라." 로마서 3:21-22, "이제는 율법 외에[율법과 별개로] 하나님의 한 의가 나타났으니 ... 예수 그리스도를 믿는 믿음으로 말미암아 모든 믿는 자에게 미치는 하나님의 의니 차별이 없느니라." 그러나 구약성경도 의식법을 통하여 하나님의 은혜를 증거하고 신약성경도 하나님의 은혜의 복음과 함께 도덕법을 여전히 강조하고 있으므로, 우리는 구약성경이 복음이 없는 율법뿐이라거나 신약성경이 율법이 없는 복음뿐이라고 생각해서는 안 된다.

신약 아래서 율법 즉 도덕법의 역할은 세 가지이다. 첫째로, 율법은 사람들에게 하나님의 뜻을 전달한다. 하나님의 뜻에 일치하는 것이 의(義)이다. 율법은 의의 법이다. 둘째로, 율법은 사람에게 자신의 죄를 깨닫게 한다. 로마서 3:20, "율법으로는 죄를 깨닫음이니라." 셋째로, 율법은 사람을 구주 예수께로 인도한다. 갈라디아서 3:24, "율법이 우리를 그리스도께로 인도하는 몽학선생이 되어."

율법과 성도들의 관계는 이중적이다. 성도는 구원의 조건으로서는 율법으로부터 자유를 얻었다. 그는 율법에서 해방되었다. 로마서 7:6, "이제는 우리가 얽매였던 것에 대하여 죽었으므로 율법에서 벗어났으니 이러므로 우리가 영[성령]의 새로운 것으로 섬길 것이요 의문[글자, 율법조문]의 묵은 것으로 아니할지니라." 갈라디아서 5:1, "그리스도께서 우리로 자유케 하려고 자유를 주셨으니 ... 굳세게 서서 다시는 종의 멍에를 메지 말라."

그러나 성도는 도덕적 의무로서는 여전히 율법을 지킬 의무 아래 있다. 도덕법은 성도에게 하나님의 뜻을 가르쳐 줌에 있어서 여전히 유익하다. 그것은 여전히 그리스도인의 생활 규칙이다. 그것은 우리의 성화의 목표요 수단이다. 로마서 7:12, 14, "율법도 거룩하며 계명도 거룩하며 의로우며 선하도다. .... 우리가 율법은 신령한 줄 알거니와." 고린도전서 6:9, "불의한 자가 하나님의 나라를 유업으로 받지 못할 줄을 알지 못하느냐?" 디모데전서 1:8, "사람이 율법을 법 있게 쓰면[정당하게 사용하면] 율법은 선한 것인 줄 우리는 아노라."

성경말씀의 효력

어떤 이들은 성경말씀의 효력을 단순히 도덕적이라고 보며 말씀을 통한 성령님의 초자연적 활동을 부정한다(펠라기안파나 이성주의). 다른 이들은 성경말씀의 도덕적 영향력이 부족하고 성령님의 보충적 활동이 필요하다고 본다(반(半)펠라기안파나 알미니안파). 신비주의는 기록된 하나님 말씀인 성경을 불필요하다고 보며, 신자 속에 있는 내적 빛 즉 성령님의 내면적인 음성만 강조한다. 그러나 개혁교회는 하나님의 말씀이, 그것과 함께 또 그것을 통해 활동하시는 성령님의 활동으로 효력을 가진다고 본다.

성경은 말씀의 능력에 대해 말한다. 요한복음 6:63, "내가 너희에게 이른 말이 영이요 생명이라." 요한복음 15:3, "너희는 내가 일러준 말로 이미 깨끗하였으니." 히브리서 4:12, "하나님의 말씀은 살았고 운동력이 있어." 베드로전서 1:23, "너희가 거듭난 것이 하나님의 살아 있고 항상 있는 말씀으로 되었느니라." 그러나 성경은 성령님의 활동에 대해서도 말한다. 요한복음 3:5, "사람이 물과 성령님으로 나지 아니하면 하나님 나라에 들어갈 수 없느니라." 고린도전서 6:11, "너희 중에 이와 같은 자들이 있더니 주 예수 그리스도의 이름과 우리 하나님의 성령님 안에서 씻음과 거룩함과 의롭다 하심을 얻었느니라." 디도서 3:5, "중생의 씻음과 성령님의 새롭게 하심으로 하셨나니."

하나님의 말씀은 은혜의 일차적 수단이므로, 개인적으로 성경을 읽는 일은 매우 복된 일이다. 우리는 매일 적어도 30분 이상 규칙적으로 성경을 읽고 묵상해야 하며 이렇게 함으로써, 1년에 1회 이상 성경을 통독해야 할 것이다. 욥기 23:12, "내가 그의 입술의 명령을 어기지 아니하고 일정한 음식보다 그 입의 말씀을 귀히 여겼구나."

또 교회가 공예배로 모일 때 성경적 설교와 성경강해는 매우 중요하다. 여기에 목사의 참된 충성이 있다. 성경적 설교는 목회에 있어서 가장 중요한 일이며 목사의 성경 연구는 전 생애를 바쳐 힘써야 할 일이다. 영혼 구원과 성장은 성경말씀을 통해 이루어지기 때문이다. 마태복음 28:20, "내가 너희에게 명령한 모든 것을 가르쳐 지키게 하라." 디모데후서 4:2, "너는 말씀을 전파하라. 때를 얻든지 못 얻든지 항상 힘쓰라." 디모데전서 4:13, "내가 이를 때까지 읽는 것과 권하는 것과 가르치는 것에 착념하라."

기도

하나님의 은혜의 또 하나의 중요한 수단은 기도이다. 우리는 기도를 통하여 하나님께로부터 모든 영적 은혜들을 받을 수 있다.

대상

기도의 대상은 삼위일체 하나님뿐이다. 우리는 보통 성부 하나님께 기도 드리지만, 삼위 하나님께 다 기도할 수 있다. 마태복음 6:9, "하늘에 계신 우리 아버지여." 요한복음 14:14, "내 이름으로 무엇이든지 내게 구하면 내가 시행하리라."

성경에서 예수 그리스도께 기도한 예들은 다음과 같다. 누가복음 17:5, "사도들이 주께 여짜오되 우리에게 믿음을 더하소서 하니." 누가복음 23:42, "예수께 말하기를 주님이시여, 당신의 나라에 임하실 때에 나를 생각하소서 하니"(전통본문). 사도행전 7:59-60, "저희가 돌로 스데반을 치니 스데반이 부르짖어 말하기를 주 예수시여, 내 영혼을 받으시옵소서 하고 무릎을 꿇고 크게 불러 말하기를 주님이시여, 이 죄를 저들에게 돌리지 마옵소서." 고린도후서 12:8, "[내 육체의 가시가] 내게서 떠나기 위하여 내가 세 번 주께 간구하였더니."

내용들

기도의 내용들은 감사와 찬양, 죄의 고백, 간구 등이다. 소요리문답 98문답, "기도는 우리의 죄들을 고백하고 하나님의 자비하심을 인정하고 감사하면서, 그의 뜻에 맞는 것들에 대한 우리의 소원을 그리스도의 이름으로 그에게 아뢰는 것입니다." 구약성경 시편의 많은 시들(특히 95편 이후)은 하나님께 대한 감사와 찬양이다. 찬송은 곧 기도요, 기도의 주요한 부분은 찬송과 감사이다. 골로새서 4:2, "기도를 항상 힘쓰고 기도에 감사함으로 깨어 있으라." 또한 죄의 고백도 기도이다. 요한일서 1:9, "만일 우리가 우리 죄를 자백하면 저는 미쁘시고 의로우사 우리 죄를 사하시며 모든 불의에서 우리를 깨끗케 하실 것이요." 또 기도는 간구의 내용을 포함한다. 우리는 무엇을 위해 간구해야 하는가? 우리는 먼저 영적인 것부터 기도하고 그 후에 육신적인 것, 물질적인 것을 간구해야 한다. 또한 먼저 자신을 위해 기도하고 그 후에 남을 위해서도 간구할 수 있다.

마태복음 6:9-13에 기록되어 있는 주께서 가르쳐 주신 기도는 우리에게 기도의 중요한 내용들을 깨닫게 해준다.

① "주님의[당신의] 이름이 거룩히 여김을 받으시옵소서." 우리는 먼저 하나님의 이름의 영광을 위하여 기도해야 한다.

② "주님의[당신의] 나라가 임하옵소서." 하나님의 나라는 두 단계가 있다. 하나는 현재 복음 사역으로 세워지는 교회들이고 다른 하나는 장차 임할 영광스런 천국이다. 교회는 예수 그리스도의 나라이다(벧전 2:9). 그러므로 하나님의 나라가 임하기를 간구하는 것은 이중적 의미를 가진다. 그것은 구원의 복음 즉 예수 그리스도의 속죄의 복음이 전파되어 택한 백성이 다 하나님께로 돌아오는 것, 다시 말해 영혼의 구원과 참 교회의 설립과 확장을 간구하는 것이며 또한 주님의 재림으로 말미암은 영광스런 천국이 오기를 간구하는 것이다. 이

것은 전도를 위한 또 전도자들을 위한 기도를 내포한다. 데살로니가
전서 5:25, "형제들아, 우리를 위하여 기도하라." 에베소서 6:19; 골로
새서 4:3; 데살로니가후서 3:1에도 같은 내용이 있다.

③ "주님의[당신의] 뜻이 하늘에서 이룬 것같이 땅에서도 이루어지
이다." 하나님의 뜻은 개인의 문제뿐 아니라, 또한 가정, 교회, 사회와
국가, 온 세계의 문제들을 포함하며, 또 정신적, 영적 문제뿐 아니라,
물질적, 육신적 문제들도 포함한다. 이 땅의 이 모든 영역들에서 하나
님의 뜻이 이루어져야 한다. 마귀와 악령들은 하나님의 뜻을 방해하
고 사람의 죄와 불순종도 하나님의 뜻을 반대하지만, 하나님께서는
그것들까지도 그의 뜻을 이루시는 과정으로 삼으실 것이다.

④ "오늘날 우리에게 일용할 양식을 주옵소서." 사람은 몸을 가진
존재이기 때문에, 우리는 하나님께서 우리의 영혼의 양식인 하나님의
말씀뿐 아니라, 우리의 육신의 양식도 날마다 주시기를 구해야 한다.

⑤ "우리가 우리에게 죄 지은 자를 사하여 준 것같이 우리 죄를 사
하여 주옵소서." 우리는 날마다 우리가 지은 죄들을 고백하고 용서받
는 것이 필요하다. 신앙생활에 있어서 죄사함은 매우 중요하다. 또 주
께서는 이 기도를 가르치신 후에 우리가 서로의 허물을 용서해주는
것이 필요함을 교훈하셨다.

⑥ "우리를 시험에 들게 하지 마옵시고 다만 악에서 구하옵소서."
우리는 우리 자신이 마귀의 시험과 죄의 유혹에 떨어져 범죄치 않기
를 하나님께 기도해야 하고 혹시 악에 떨어졌다면 거기로부터 속히
건짐 받기를 기도해야 한다.

시간과 장소

기도의 시간에 관하여는, 우리가 어떤 정해진 시간에만 기도할 것
이 아니고 언제나, 쉬지 말고 기도해야 한다. 로마서 12:12, "기도에
항상 힘쓰라." 골로새서 4:2, "기도를 항상 힘쓰고 기도에 감사함으로

깨어 있으라." 데살로니가전서 5:17, "쉬지 말고 기도하라." 교회 모임들, 예를 들어 수요기도회, 새벽기도회, 금요기도회 등은 유익하다.

한국교회의 전통인 새벽기도회는 유익이 많다. 예전과 달리, 오늘날에는 사람들이 여러 가지 부득이한 이유로 늦게 자기 때문에 새벽 4시 반 전후에 일어나는 것은 어려움이 있고 생활 리듬이 깨어질 수 있다. 그러나 규칙적으로 새벽기도회에 참석하는 것은 유익이 많다. 새벽기도회를 통해 성도들은 성경을 더 많이 배우고 날마다 기도하게 되고 교역자들도 성경말씀을 더 많이 연구하게 된다. 서양의 경건한 사람들도 아침 일찍 일어나 기도하고 성경말씀을 묵상하는 시간을 갖는다. 새벽기도회에서는 인도자가 말씀을 간단히 전하고 각자 기도하는 시간을 많이 가지도록 하는 것이 좋을 것이다.

기도의 장소는 예배당이나 어느 기도원에 국한시킬 것이 없을 것이다. 기도원은 유익하기도 하지만 꼭 필요한 것은 아니라고 본다. 또한 신약교회의 예배당은 일차적으로 교회의 공적 집회 장소의 의미를 가진다. 그것은 구약시대 성막이나 성전과 다르다. 하나님께서는 신약시대에 성전 건립을 명하지 않으셨다. 그러므로 예배당은 기도하기에 좋은 곳이지만, 꼭 예배당에 나와 기도해야 하는 것은 아니다. 우리는 어느 곳에서나 하나님께 기도 드릴 수 있다. 어디든지 조용한 곳은 우리의 기도의 골방이 될 수 있다. 마가복음 1:35, "새벽 오히려 미명에 예수께서 일어나 나가 빈들로 가사 거기서 기도하시더니." 마태복음 6:6, "너는 기도할 때에 네 골방에 들어가 문을 닫고 은밀한 중에 계신 네 아버지께 기도하라."

방법

기도의 방법에 대해, 성경은 몇 가지를 말한다. 첫째로, 우리는 주 예수 그리스도의 이름으로 기도해야 한다. 요한복음 14:13, "너희가 내 이름으로 무엇을 구하든지 내가 시행하리니 이는 아버지로 하여

금 아들을 인하여 영광을 얻으시게 함이라." 우리의 의는 예수님의 피밖에 없다. 우리는 오직 우리의 중보자이신 예수 그리스도의 이름으로 하나님 앞에 담대히 나아갈 수 있으며 무엇을 간구할 수 있다.

둘째로, 우리는 성령님의 도우심으로 기도해야 한다. 에베소서 6:18, "모든 기도와 간구로 하되 무시로 성령님 안에서 기도하고." 유다서 20, "성령님으로 기도하며." 로마서 8:26, "성령께서도 우리의 연약함을 도우시나니 우리가 마땅히 빌 바를 알지 못하나 오직 성령께서 말할 수 없는 탄식으로 우리를 위하여 친히 간구하시느니라."

셋째로, 우리는 겸손히 기도해야 한다. 주께서는 기도하러 성전에 올라간 바리새인과 세리의 비유를 통해 우리가 기도할 때 하나님 앞에서 우리 자신을 낮추어야 할 것을 교훈하셨다(눅 18:9-14). 우리는 자신의 부족과 죄악됨을 항상 인정하면서 겸손하게 주님의 은혜와 도우심과 인도하심과 공급하심을 구해야 할 것이다.

넷째로, 우리는 간절히 기도해야 한다. 주께서는, "구하라 그러면 너희에게 주실 것이요 찾으라 그러면 찾을 것이요 문을 두드리라 그러면 너희에게 열릴 것이니"라고 말씀하셨다(마 7:7). 또 그는 밤에 친구에게 찾아와 떡 세 덩이만 빌려달라고 강청한 한 사람의 이야기와, 불의한 재판관과 과부의 비유를 통해 우리가 하나님께 끈질기게 기도하고 낙망하지 말고 참고 인내하며 부르짖어 기도해야 할 것을 교훈하셨다(눅 11:5-8; 18:1-8).

마지막으로, 우리는 기도할 때 또박또박한 목소리로 기도하는 것이 좋다고 본다. 묵상 기도는 졸음이나 잡념의 침해를 받을 수 있다. 그러나 사람들이 모인 공적 집회시에는 남에게 피해를 주지 않도록 자신만 들을 수 있는 정도의 작은 소리로 기도해야 할 것이다.

유익

기도의 유익은 매우 크다. 기도는 영적인 성장 곧 성화를 이루며 예수 그리스도를 믿고 따르며 섬기며 순종할 수 있는 힘을 공급한다. 기도는 하나님과 동행하는 길이며 하나님의 능력의 통로이다. 권능은 하나님께 있다(시 62:11). 하나님의 일은 사람의 힘으로가 아니고 오직 성령님으로 이룰 수 있다(슥 4:6). 인간편에서는 기도밖에 다른 길이 없다. 마태복음 7:7, "구하라, 그러면 너희에게 주실 것이요." 사도 바울은 성도들에게 자주 기도를 요청하였다(엡 6:19; 골 4:3; 살후 3:1). 데살로니가전서 5:25, "형제들아, 우리를 위하여 기도하라."

기도 생활에 대해 말한 경건한 신앙인들의 글들을 인용해보자(박형룡, 교의신학. 제6권: 교회론, 386-387쪽).

윌리암 윌버포스, "지금까지 나는 개인적인 기도, 묵상, 혹은 성경 읽기의 종교적 훈련을 위해 너무도 적은 시간을 습관적으로만 배당하여 둔 것같이 생각된다. 그 결과로서 나의 영혼은 말라빠지고 냉냉해지고 따라서 굳어지고 말았다."

리차드 뉴톤, "내가 영적으로 성장하지 못하고 열매 맺지 못하는 중요한 원인은 말씀에 합당치 않는 기도 생활의 퇴보에 있다."

찰스 스펄전, "세상과의 접촉은 자주 우리의 경건에 더러움을 가져온다. 우리는 멀리 낙원에 가서야 더러움 없는 순결을 볼 것이다. 그동안 이 세상에서 은혜로운 생활을 유지하려면 우리는 하나님과 함께 많이 홀로 있어야 한다." "밀실의 기도가 봉사 생활에 주는 큰 복은 글로 표시할 수도 없고 모방할 수도 없는 성령께로 온 힘이다."

이 엠 바운즈, "밀실은 설교자에게 참된 교사요 또 교사(校舍)이다. 사상은 기도를 통하여 광채가 나고 분명해질 뿐 아니라, 기도 중에 생겨난다. 중심에서 나오는 한 시간의 기도는 서재에서 많은 시간을 소비한 결과보다 더 많은 것을 배우게 한다." "설교를 하기 위한 성령님의 힘은 기도, 즉 시간을 들인 기도에서만 얻는다. . . . 쉬지 않는 기도가 없이는 이 성령님의 힘은 결코 설교자에게 임하지 않는다."

7. 성례(聖禮)

하나님의 은혜의 또 하나의 중요 수단은 성례(聖禮, sacraments)이다. 성례는 주 예수 그리스도께서 직접 제정하신, 은혜언약의 거룩한 표와 확인물이다. 소요리문답 92문답, "성례는 그리스도께서 제정하신 거룩한 규례인데, 거기에서 감각적 표들에 의해 그리스도와 새 언약의 혜택들이 표시되며 신자들에게 확인되고 적용됩니다."

일반적 고찰

하나님의 말씀과의 관계

성례는 하나님의 말씀과 밀접히 관계되어 있다. 그 이유는 복음의 중심적 내용인 예수 그리스도의 속죄와 죄씻음이 성례로 상징되기 때문이다. 어거스틴, "[성례는] 유형적(有形的) 말씀이다." 그 둘은 다 하나님께서 만드신 것이요 예수 그리스도께서 그 중심 내용이다. 그러나 하나님의 말씀은 성인들에게 구원에 필수적이지만, 성례는 그렇지 않다. 성례는 예수 그리스도의 명령이므로 모든 신자들에게 의무적이지만 구원에 필수적이지는 않다. 또 하나님의 말씀은 모든 사람에게 주시지만, 성례는 언약 백성들에게만 주신다.

두 가지만

신약성경은 세례와 성찬, 두 가지 성례만 가르친다. 이것들은 구약시대의 할례와 유월절에서 같은 영적 의미를 가졌던 규례들이다. 골로새서 2:11-12, "그 안에서 너희가 손으로 하지 아니한 할례를 받았으니 곧 육적 몸을 벗는 것이요 그리스도의 할례니라. 너희가 세례로 그리스도와 함께 장사한 바 되고." 고린도전서 5:7, "우리의 유월절 양 곧 그리스도께서 희생이 되셨느니라." 고린도전서 11:23-24, "내가 너희에게 전한 것은 주께 받은 것이니 곧 주 예수께서 잡히시던 밤에 떡을 가지사 축사하시고 떼어 말씀하시기를 이것은 너희를 위하는 내 몸이니 이것을 행하여 나를 기념하라 하시고."

천주교회는 성세(聖洗, 세례), 성체(聖體, 성찬), 견진(堅振, 주교가 특별한 은혜를 줌), 고해(告解), 신품(神品, 임직식), 혼배(婚配, 결혼식), 종부(終傅, 장례식) 등 일곱 성례들을 말하지만, 세례와 성찬 외에 어느 것도 예수 그리스도에 의해 직접 제정되지 않았다.

효력과 집례자의 자격

성례는 바른 재료와 바른 형식과 바른 의도를 가질 때 바르게 시행된다. 세례의 경우, 바른 재료는 물이요, 바른 형식은 아버지와 아들과 성령님의 이름으로 세례를 주는 것이요, 바른 의도는, 세례 주는 자가 세례 받는 자를 예수 그리스도의 교회 안으로 인도하려는 마음을 가지는 것과, 세례 받는 자가 주 예수 그리스도를 믿고 그에게 순종하고자 하는 마음을 가지는 것이다.

성례의 효력은 성례 자체에 있는 것이 아니고 그것과 함께 일하시는 성령님의 활동에 있다. 웨스트민스터 신앙고백 27:3, "바르게 사용된 성례들에서 혹은 그것들에 의해 표시되는 은혜는 성례들 안에 있는 어떤 힘에 의해 주어지는 것이 아니며, 또 성례의 효력은 그것을 집행하는 자의 경건이나 의도에 달려 있지 않고, 오직 성령님의 활동과 성례 제정의 말씀에 달려 있다. 그 말씀은 그것의 사용에 대해 권위를 주는 명령과 함께, 그것들을 합당하게 받는 자들에 대한 은택의 약속을 포함한다."

성례 집례자의 자격에 관하여는, 성례가 복음 진리의 엄숙한 유형적 제시이므로 하나님의 말씀의 전파와 수호의 책임을 정당하게 맡은 사역자들에 의해서만 집행되어야 합당하다. 웨스트민스터 신앙고백 27:4, "(세례와 성찬) 그 어느 것도 합법적으로 임직된 말씀의 사역자 외에 누구에 의해서도 거행될 수 없다."

교회는 보통 분파주의자의 세례를 인정했고, 종교개혁자들은 천주교회의 세례를 인정했으나, 유럽의 개혁교회들과 달리, 19세기 미국 장로교회들은 여러 차례 천주교회의 영세의 타당성을 인정하지 않는 결정을 내렸다(박용규, "로마 카톨릭 영세," 기독신문, 2016. 3. 15, 5쪽).

세례

세례는 주 예수 그리스도께서 친히 명하시고 제정하신 성례이다. 마태복음 28:19, "그러므로 너희는 가서 모든 족속으로 제자를 삼아 아버지와 아들과 성령의 이름으로 세례를 주라." 그러므로 이 규례를 멸시하거나 소홀히 여기는 것은 큰 죄가 된다(신앙고백 28:5).

의미

웨스트민스터 소요리문답 94문답, "세례는 성례인데, 이 의식에서 아버지와 아들과 성령님의 이름으로 물로 씻는 것은 우리가 그리스도께 접붙임됨과 은혜언약의 혜택들에 참여함과 또 주님의 것이 된다는 우리의 약속을 표시하고 확증하는 것입니다."

세례의 의미는 네 가지로 요약된다. 첫째로, 세례는 신자의 죄씻음을 상징하고 확증한다. 이것은 세례의 기본적인 의미이다. 사도행전 2:38, "너희가 회개하여 각각 예수 그리스도의 이름으로 세례를 받고 죄사함을 얻으라." 사도행전 22:16, "일어나 주님의 이름을 불러 세례를 받고 너의 죄를 씻으라." 에베소서 5:26, "물로 씻어 말씀으로 깨끗하게 하사 거룩하게 하시고." 히브리서 10:22, "우리가 마음에 뿌림을 받아 양심의 악을 깨닫고 몸을 맑은 물로 씻었으니." 에스겔 36:25, "맑은 물로 너희에게 뿌려서 너희로 정결케 하되." 물은 씻음 곧 죄씻음을 상징한다.

둘째로, 세례는 신자와 예수 그리스도의 영적, 신비적 연합을 상징

하며 확증한다. 마태복음 28:19, "아버지와 아들과 성령의 이름으로
[안으로] 세례를 주라." 사도행전 8:16, "주 예수의 이름으로[안으로]
세례를 받으니"(행 19:5도). '안으로'(에이스 εἰς)라는 말은 연합의 뜻
을 가진다. 고린도전서 12:13, "우리가 . . . 다 한 성령님으로 세례를
받아 한 몸이 되었고(에이스 헨 소마 εἰς ἓν σῶμα)."

셋째로, 세례는 신자가 은혜언약의 혜택들을 누린다는 것을 상징
하고 확증한다. 은혜언약의 혜택들이란 중생, 영적 부활, 영생, 양자
(養子)됨 등을 가리킨다. 로마서 6:3, "무릇 그리스도 예수와 합하여
[안으로](에이스 εἰς) 세례를 받은 우리는 그의 죽으심과 합하여[안
으로] 세례 받은 줄을 알지 못하느뇨?" 갈라디아서 3:27, "누구든지
그리스도와 합하여 세례를 받은 자는 그리스도로 옷 입었느니라."

넷째로, 세례는 신자가 하나님의 백성이 되는 공적인 의식이다. 그
러므로 세례는 유형교회의 교인이 되는 기본적 절차이다. 세례교인
만 교회의 참된 교인으로 간주된다. 마태복음 28:19, "모든 족속으로
제자를 삼고 아버지와 아들과 성령의 이름으로 세례를 주고." 사도행
전 2:41, "그 말을 받은 사람들은 세례를 받으매 이 날에 제자의 수가
3천이나 더하더라."

방식

교회 역사상 일반적으로 인정된 세례의 방식들은 세례 받는 자의
머리에 물을 뿌리거나 붓거나 혹은 그를 물 속에 담그는 것이다.

침례교회는 물 속에 담그는 침수(浸水, immersion)만 세례의 정당
한 방식이라고 말한다. 그들이 그렇게 말하는 이유는, ① '세례 준다'
는 원어(밥티조 βαπτίζω)가 '물에 담근다'는 뜻이며, ② 물 속에 담그
는 것(침수, immersion)만 세례의 근본적 의미인 옛 사람의 죽음과
새 사람의 삶을 상징할 수 있기 때문이라고 한다.

그러나 성경은 세례의 방식에 대해 명확히 말하지 않는다. 더욱이,

다음 네 가지의 사실들을 고려할 때 우리는 물 속에 담그는 침수만을 고집하는 침례교회의 주장과 입장은 정당하지 않다고 본다.

첫째로, '세례 준다'는 원어(밥티조 βαπτίζω)는 '물에 담근다'는 뜻 외에 '씻는다, 깨끗케 한다'는 뜻도 있다(James Dale, *Classic Baptism* (1912), pp. 234-354). 마가복음 7:4, "시장에서 돌아와서는 물을 뿌리지(밥티손타이 βαπτίσωνται) 않으면 먹지 아니하며 . . . 잔과 주발과 놋그릇과 식탁들을 씻음이러라(밥티스무스 βαπτισμούς)." 히브리서 9:10, "여러 가지 씻는 것(밥티스모이스 βαπτισμοῖς)과."

둘째로, 신약성경에서 세례의 예들은 세례가 물에 담그는 방식이었음을 증거하지 않는다. 마태복음 3:16, "예수께서 세례를 받으시고 곧 물에서 올라오실새." 이것은 예수께서 세례를 받으시기 위해 요단강에 내려가셨음을 증명할 뿐이다. 사도행전 8:38-39, "빌립과 내시가 둘 다 물에 내려가 빌립이 세례를 주고 둘이 물에서 올라갈새." 이 말씀도 빌립과 내시가 물 있는 곳으로 내려갔음을 보이며 내시가 물에 담그는 방식으로 세례 받았음을 증명하지는 않는다. 또 오순절에 3천명이 받았던 세례(행 2:41)나 빌립보 간수의 온 가족이 밤에 받았던 세례(행 16:33)는 물에 담그는 방식이었을 가능성이 더 적다.

초대교회의 관습에서도 세례가 물에 담그는 방식만이 아니었음이 분명하다. 주후 100년경의 디다케는 흐르는 물이나 다른 물에서 하는 세례뿐 아니라 또한 머리에 물을 세 번 붓는 방식에 대해 언급한다 (7:3). 에드워드 로빈손은 "아직 보전된 어떤 세례용 돌항아리는 너무 작아서 세례 지원자의 몸 전체를 담글 수 없다. 또 실상 매우 믿을 만하고 상당히 오래된 몇 개의 기념물들은 물을 붓는 세례들을 보여주는데, 콘스탄틴 황제의 세례의 경우 등이 그러하다"고 말하였다 (Robert Dabney, *Lectures in Systematic Theology*, p. 776).

셋째로, 세례의 의미는 꼭 물에 담그는 것을 요구치 않는다. 세례의 기본적 의미인 죄씻음은 물을 붓거나 뿌림으로도 충분히 표현된다. 구약성경은 피나 물을 뿌림으로 죄를 깨끗게 함을 증거한다. 레위기 1:5, "제사장들은 그 피를 가져다가 회막 문앞 단 사면에 [듬뿍] 뿌릴 것이며." '뿌린다'는 원어(자라크 זָרַק)는 '듬뿍 뿌리는 것'을 뜻한다. 헬라어 70인역은 '붓다'라는 말(프로스케오 προσχέω)로 번역했다. 레위기 4:6, "그 제사장이 손가락에 그 피를 찍어 여호와 앞 곧 성소 휘장 앞에 일곱 번 뿌릴(나자아 נָזָה) 것이며." 에스겔 36:25, "맑은 물로 너희에게 뿌려서(자라크 זָרַק) 너희로 정결케 하되." 신약성경은 세례가 죄씻음의 의식임을 보인다. 사도행전 2:38, "너희가 회개하여 각각 예수 그리스도의 이름으로 세례를 받고 죄사함을 얻으라." 사도행전 22:16, "주의 이름을 불러 세례를 받고 너의 죄를 씻으라."

옛 사람의 죽음과 새 사람의 삶은 세례에 내포된 의미이다. 로마서 6:3, "무릇 그리스도 예수와 합하여 세례를 받은 우리는 그의 죽으심과 합하여 세례 받은 줄을 알지 못하느뇨?" 골로새서 2:12, "너희가 세례로 그리스도와 함께 장사한 바 되고." 신자의 새 생명은 세례를 통해 예수 그리스도와 연합된 결과이다. 따라서 세례 자체가 반드시 죽음과 부활의 상징을 나타내야 하는 것은 아니다.

넷째로, 복음의 보편적 성격은 '물에 담그는 것만 정당하다'는 주장에 반대된다. 예컨대, 심각한 병자들, 사막 지방, 추운 지방의 경우들에 세례 대상자들을 물 속에 담그는 것은 부적합해 보인다.

그러므로 우리는 일반적으로 인정되는 세례 방식 즉 물을 뿌리거나 물을 붓거나 물 속에 담그는 세례 방식들이 다 정당하다고 본다. 세례에서 중요한 것은 물이라는 상징물이지, 물의 양(量)이 아니다.

대상--유아세례의 정당성

세례의 대상에 관해, 예수 그리스도를 구주와 주님으로 고백하는 신자들과 그들의 자녀들에게 세례가 베풀어져야 한다는 것은 일반적으로 인정된다. 그러나 침례교회는 유아세례가 옳지 않다고 주장한다. 침례교회가 유아세례를 반대하는 이유는, ① 유아가 예수 그리스도께 대한 바른 신앙을 고백할 수 없고, ② 성경에 유아세례에 대한 명확한 명령이나 예가 없기 때문이라고 한다. 이와 같이 유아세례를 거부한 것은 종교개혁 당시 재세례파(再洗禮派, Anabaptists)에게서 볼 수 있었던 입장이었다. 재세례파는 유아세례를 부정했고 신앙을 고백하며 순종하는 신자들에게만 세례를 주었다.

그러나 비록 성경에 유아세례를 베풀라는 명확한 지시가 없지만, 우리는 유아세례가 성경적 근거를 가지며 또 초대교회로부터 내려오는 보편적 전통이기 때문에 그것을 부정해서는 안 된다고 본다.

첫째로, 은혜언약의 동일성 때문이다. 구약시대나 신약시대나 하나님의 은혜언약은 같다. 구약시대에는 그 표가 할례이며 신약시대에는 세례이다. 구약시대에 유아들은 언약 백성의 표로서 난 지 8일 만에 할례를 받았고(창 17:12) 애굽에서 나온 이스라엘 백성들이 모압 평지에서 언약을 갱신할 때도 유아들이 참여하였다(신 29:11-12).

아브라함의 언약에 나타난 하나님의 은혜는 신약시대에 하나님의 백성인 우리에게도 유효하다. 로마서 4:16, "그러므로 후사가 되는 이것이 은혜에 속하기 위하여 믿음으로 되나니 이는 그 약속을 그 모든 후손에게 굳게 하려 하심이라. 율법에 속한 자에게 뿐만 아니라 아브라함의 믿음에 속한 자에게도니 아브라함은 하나님 앞에서 우리 모든 사람의 조상이라." 갈라디아서 3:29, "너희가 그리스도께 속한 자면 곧 아브라함의 자손이요 약속대로 유업을 이을 자니라."

특히, 하나님께서는 구약 아래서 믿는 가정에서 태어난 유아들을 언약 백성으로 받아들이신 후에 그들을 언약 공동체에서 제외하신 적이 없기 때문에, 신약시대에도 유아들은 하나님의 언약 백성이며 이방인이 아니다. 믿는 가정에서 태어난 유아들은 하나님의 기업이요 선물이다. 자식은 여호와의 주신 기업이요 태의 열매는 그의 상급이다(시 127:3). 사실, 신약시대는 구약시대보다 하나님의 은혜가 더 풍성히 나타난 시대이다. 요한복음 1:17, "율법은 모세로 말미암아 주신 것이요 은혜와 진리는 예수 그리스도로 말미암아 온 것이라."

둘째로, 유아들에 대한 주님과 사도 바울의 태도와 증거 때문이다. 주 예수께서는 신자들의 유아들을 영접하셨고 그들을 천국 백성으로 여기셨다. 마가복음 10:14, 16, "어린아이들의 내게 오는 것을 용납하고 금하지 말라. 하나님의 나라가 이런 자의 것이니라," "어린아이들을 안고 저희 위에 안수하시고 축복하시니라." 누가복음 18:15, "사람들이 . . . 자기 어린 아기를 데리고 오매."

또 사도 바울은 신자들의 자녀들을 거룩하다고 불렀고, 교인으로 간주하여 교훈하였다. 고린도전서 7:14, "이는 믿지 아니하는 남편이 아내로 인하여 거룩하게 되었고 믿지 아니하는 아내가 남편으로 인하여 거룩하게 되었음이니 그렇지 아니하면 너희 자녀도 깨끗지 못하니라. 그러나 이제 거룩하니라"(원문 직역). 에베소서 6:1, "자녀들아, 너희 부모를 주 안에서 순종하라. 이것이 옳으니라."

셋째로, 신약성경에 기록되어 있는 가정 구원의 약속과 가족 세례의 예들 때문이다. 사도행전 2:39, "이 약속은 너희와 너희 자녀와 모든 먼데 사람 곧 주 우리 하나님께서 얼마든지 부르시는 자들에게 하신 것이라." 사도행전 16:31, "주 예수를 믿으라. 그리하면 너와 네 집이 구원을 얻으리라." 또 사도행전 16장에 보면, 루디아와 그 집[가족들]이 다 세례를 받았고(12-15절), 빌립보 간수와 그 가족들도 다 세례를 받았다(32-34절). 이러한 말씀들은 유아세례를 지지한다.

유아의 구원 문제에 관하여는 정통 교회 안에 두 가지 견해가 있다. ① 어떤 이들은 유아 시절에 죽는 모든 사람이 구원을 받을 것이라고 보았으나(촬스 핫지), ② 다른 이들은 언약의 자손들이 구원 얻는 것

7. 성례(聖禮)

은 확실하나 그 외의 경우는 불확실하다고 보았다(바빙크, 벌코프).

넷째로 그리고 부수적으로, 신약교회의 역사 때문이다. 유아세례는 신약교회의 매우 초기부터 보편적으로 행해져왔다. 사도시대에 유대교는 이방인 가정이 유대교로 개종할 때 유아들을 포함하여 온 가족이 세례를 받고 입교하게 했고(Joachim Jeremias, *Infant Baptism in the First Four Centuries*, pp. 23 f.), 이런 풍습은 신약교회에 이어졌다. 이 의식은 종교개혁 시기에 재세례파의 반대를 받기 전까지는 반대를 받은 적이 없었다.

주후 155년경 86세로 순교한 폴리갑은 자신이 86년 간 그리스도의 종이었다고 말했고(폴리갑의 서신, 9), 2세기에 순교자 저스틴은 그의 당시 60세나 70세의 남녀 그리스도인들 중 "유아 때부터 그리스도의 제자이었던" 자들이 있었다고 말했다(변호, 1. 15). 또 2세기에 이레니우스는, "그리스도께서는 자신을 통해 중생하는 모든 연령의 사람, 즉 영아들과 유아들과 소년들과 청년들과 노인들을 구원하려고 오셨다"고 말했다(이단 반박, 2. 39).

3세기에 오리겐은 "유아세례는 교회가 사도들로부터 받은 확정된 풍습이다"라고 말했다(레위기 설교, 8. 4; 로마서 주석, 5. 9). 주후 253년경의 카르타고 회의는 유아세례를 당연한 것으로 여기고, 유아들이 제8일 이전에 세례 받을 것인가에 대해서만 토의하였고 그렇게 하기로 결정하였다.

처음 4세기 동안 오직 두 명의 교부들만 유아세례의 연기를 주장하였다. 터툴리안은 이방인 부모의 자녀들에게 베푸는 세례에 관해 말한 것이었고, 나지안저스의 그레고리는 3살 될 때까지 연기할 것을 권한 것이었다. 그러나 그 두 사람은 다 자기들의 견해에 대한 정당한 근거를 제시하지 못하였다(Jeremias, *Infant Baptism in the First Four Centuries*, p. 98). 주후 5세기에 어거스틴은 "유아세례의 교리가 교회 회의들에 의해 제정되지 않았으나 전세계 교회가 보편적으로 시행한다는 사실을 볼 때, 그 교리는 아마 사도들의 권위로 확정되었을 것이다"라고 말하였다.

이상의 이유 때문에, 우리는 예수 그리스도를 믿는 자의 자녀들을 세례의 정당한 대상으로 본다. 그러나 우리는 이러한 믿음과 더불어 유아세례를 받게 한 부모의 책임도 강조한다. 부모는 세례받은 유아들을, 말씀 교훈과 기도로 또 좋은 본을 보임으로 잘 양육해야 한다.

유아세례에 대한 반론들

유아세례에 대한 여러 반론들이 있다. 첫 번째 반론은 신약성경에 유아세례에 대한 직접적 명령이 없다는 것이다. 그러나 유아세례에 대한 직접적 명령만 유아세례의 근거가 되는 것이 아니며 유아세례에 대한 언급이 없다는 것이 그것을 반대할 충분한 조건이 되는 것도 아니다. 무엇보다, 구약시대로부터 내려오는 은혜언약의 원리가 신약시대에도 그대로 적용된다는 것이 중요하다. 하나님께서는 구약시대에 유아들을 언약 백성으로 간주하신 후 그들을 제외시키신 적이 없으므로 믿는 가정에 난 유아들은 언약 백성의 특권을 누려야 한다.

두 번째 반론은 신약성경에 유아세례에 대한 분명한 예가 없다는 것이다. 그러나 신약성경에 유아들에게 세례를 주지 않은 예도 없다. 신약성경의 역사서인 사도행전은 선교 역사의 기록이므로 사도들의 선교의 활동 외에는 많은 내용이 생략되어 있다. 그러나 사도행전에 언급된 가정 세례의 예들(행 16:15, 33)은 당시의 유대교의 풍습을 볼 때 유아세례를 포함하였을 것이라고 볼 수 있다.

세 번째 반론은 세례의 조건은 신앙고백이며 유아는 신앙을 고백할 수 없으므로 세례를 받을 수 없다는 것이다. 마가복음 16:16, "믿고 세례를 받는 사람은 구원을 얻을 것이요." 그러나 이 말씀은 성인들을 두고 하신 말씀이며 또한 침례교인들이라 할지라도 신자의 유아들이 아직 확실한 믿음이 없기 때문에 다 구원 얻지 못했고 따라서 믿는 가정 안에 있는 이방인들이요 지옥 갈 자들이라고 보지는 않을 것이다. 유아들도 하나님의 언약 백성이다.

네 번째 반론은 유아세례와 성인세례의 근거가 다르다는 것이다. 그러나 실상 두 세례의 근거는 다르지 않다. 두 세례의 근거는 '은혜언약'이다. 성인은 신앙고백을 통해 은혜언약 안에 들어오고, 유아는 출생을 통해 은혜언약 안에 들어온다는 차이가 있을 뿐이다.

다섯 번째 반론은 유아들은 성찬식에 참여할 수 없으므로 세례 받는 것이 합당치 않다는 것이다. 그러나 유아들을 성찬 참여에 제외시키는 것은 성찬 참여에는 분별력이 요구되기 때문이다. 고린도전서 11:27-28, "누구든지 주님의 떡이나 잔을 합당치 않게 먹고 마시는 자는 주님의 몸과 피를 범하는 죄가 있느니라. 사람이 자기를 살피고 그 후에야 이 떡을 먹고 이 잔을 마실지니."

여섯 번째 반론은 유아세례 받은 자의 생활이 해이하다는 것이다. 그러나 유아세례를 받은 사람의 잘못된 삶이 유아세례의 부당성을 증명하는 것은 아니다. 물론 유아세례교인의 생활의 해이함은 교회가 더욱 일깨워야 할 문제이다. 또 유아세례를 받게 한 부모는 자녀를 신앙 안에서 양육하고 성경을 가르치고 그를 위해 기도하고 그와 함께 기도하고, 그에게 경건하고 선한 인격과 삶의 본을 보여야 한다.

성찬

세례와 같이, 성찬도 예수 그리스도께서 친히 제정하신 규례이다. 고린도전서 11:23-25, "내가 너희에게 전한 것은 주께 받은 것이니 곧 주 예수께서 잡히시던 밤에 떡을 가지사 축사하시고 떼어 말씀하시기를 받아 먹으라. 이것은 너희를 위하여 찢는 내 몸이니 나를 기억하면서 이것을 행하라 하시고, 식후에 또한 이와 같이 잔을 가지시고 말씀하시기를 이 잔은 내 피로 세운 새 언약이니 너희가 마실 때마다 나를 기억하면서 이것을 행하라"(원문 직역).

의미

성찬은 예수 그리스도의 십자가의 고난과 죽으심을 나타낸다. 고린도전서 11:26, "너희가 이 떡을 먹으며 이 잔을 마실 때마다 주님의 죽으심을 오실 때까지 전하는 것이니라." 떡은 그의 살을, 포도즙은 그의 피를 상징한다.

성찬은 또한 신자가 예수 그리스도의 속죄의 은혜를 받는다는 것을 나타내고 확증한다. 소요리문답 96문답, "신앙으로 그의 몸과 피에, 또한 그의 모든 은혜들에 참여하여 영적으로 양육되고 은혜 안에서 자라게 됩니다." 요한복음 6:53, "인자의 살을 먹지 아니하고 인자의 피를 마시지 아니하면 너희 속에 생명이 없느니라." 고린도전서 10:16, "우리가 축복하는 바 축복의 잔은 그리스도의 피에 참여함이 아니며 우리가 떼는 떡은 그리스도의 몸에 참여함이 아니냐?"

성찬은 또한 신자들이 서로 연합되어 있음을 나타낸다. 성도들의 연합과 교제는 성찬식에서 표시된다. 고린도전서 10:17, "떡이 하나요 많은 우리가 한 몸이니 이는 우리가 다 한 떡에 참여함이라."

재료와 참여자

성찬의 재료에 대하여는, 초대교회는 보통 식사의 떡(빵)을 사용하였으나, 천주교회나 루터교회는 누룩을 넣지 않은 떡(무교병)을 사용하였다. 개혁교회는 초대교회의 풍습을 따라 보통 식사의 떡을 쓰며 포도즙은 발효되지 않은 것을 사용한다. 마태복음 26:29, "포도나무에서 난 것"(막 14:25; 눅 22:18).

성찬의 참여자에 대하여는, 주 예수 그리스도께 대한 참된 신앙을 고백하고 세례 받은 모든 자는 성찬에 참여할 수 있다. 그러나 죄를 짓고 회개치 않은 자나 권징 아래 있는 자는 제외된다. 유아세례를 받은 자는, 자신의 신앙을 고백하고 주 예수 그리스도의 몸을 분별할 수 있는 연령이 되기까지는 제외된다. 고린도전서 11:27-30, "그러므로 누구든지 주님의 떡이나 잔을 합당치 않게 먹고 마시는 자는 주님의 몸과 피를 범하는 죄가 있느니라. 사람이 자기를 살피고 그 후에야 이 떡을 먹고 이 잔을 마실지니 주님의 몸을 분변치 못하고 먹고 마시는 자는 자기의 죄를 먹고 마시는 것이니라."

그리스도의 임재(臨在)에 대한 여러 견해들

마태복음 26:26, 28, "이것이 내 몸이니라," "이것은 나의 피니라." 이 말씀은 문자적 의미인가, 아니면 상징적 의미인가? 예수 그리스도께서는 성찬에 실제로 계시는가? 성찬에서의 예수 그리스도의 임재(臨在, 함께하심; presence)에 대해, 역사상 여러 견해들이 있었다.

초대 교부들 중에 어떤 이들은 이 말씀을 상징적으로 이해했고(오리겐, 바실, 나지안저스의 그레고리) 어떤 이들은 그것을 문자적으로 이해했다(닛사의 그레고리, 크리소스톰, 다메섹의 요한). 어거스틴은 성찬이 어떤 의미에서는 그리스도의 몸과 피이지만 떡과 포도즙의 실체는 변하지 않고 남아 있다고 보았다.

천주교회는 1215년 제4 라테란 회의에서 미사 때 신부의 선언으로 떡과 포도즙의 실체가 그것들의 특질을 가진 채 예수 그리스도의 몸과 피로 변한다는 소위 '화체'(化體, Transubstantiation, 실체[實體]의 변화)의 교리(화체설)을 채택하였다.

종교개혁자들은 천주교회의 화체설을 거부하였다. 웨스트민스터 신앙고백 29:6은 화체설에 대해 그 교리는 "성경에 뿐만 아니라 심지어 상식과 이성에도 모순되며, 그 성례의 본질을 뒤집어엎으며, 여러 가지의 미신들 즉 실로 조잡한 우상숭배들의 원인이 되어 왔으며 지금도 그러하다"고 진술하였다.

종교개혁 이후, 신교 안에는 성찬에서의 예수 그리스도의 임재에 대해 세 가지 견해가 있었다.

첫째로, 루터는 성찬의 떡과 포도즙 안에, 그것들 곁에 또 그것들 밑에 예수 그리스도의 몸과 피가 실제로 함께 계신다는 소위 '공재'(共在, Consubstantiation)의 교리(공재설)을 주장하였다. 루터교회는 예수 그리스도의 인성(人性)이 신성(神性)과 연합하여 신성화(神性化)되어 어디에나 계시다는 생각과 함께 공재설을 주장하였다.

둘째로, 츠빙글리는 떡과 포도즙이 상징물과 기념물에 불과하며 예수 그리스도께서 실제로 함께하신다고 생각할 것이 없다는 견해(상징설)를 가졌다. 이것이 신교의 일부의 견해가 되었다.

셋째로, 칼빈은 성찬의 떡과 포도즙에 예수 그리스도께서 실제로 그러나 영적으로 함께 계신다는 견해(영적 임재설)를 가졌다. 이것은 개혁교회의 표준적 견해가 되었다. 웨스트민스터 신앙고백 29:7, "이 성례를 받기에 합당한 자들은 그것의 유형적 재료들에 외적으로 참여할 때, 믿음에 의해 내적으로, 실제로 그리고 참으로, 그러나 육신적으로나 육체적으로가 아니고 영적으로, 십자가에 못박히신 그리스도와 그의 죽으심의 모든 은택들을 받으며 먹는다. 그리스도의 몸과 피는 그때 . . . 그 규례에서 신자들의 신앙에 따라 실제적으로 그러나 영적으로 함께 있다."

성경은 성찬의 떡과 포도즙을 주님의 몸과 피라고 불렀고 그것들을 잘못 사용하는 것을 큰 죄로 간주하였다. 고린도전서 11:27, 29, "누구든지 주님의 떡이나 잔을 합당치 않게 먹고 마시는 자는 주님의 몸과 피를 범하는 죄가 있느니라. . . . 주님의 몸을 분변치 못하고 먹고 마시는 자는 자기의 죄를 먹고 마시는 것이니라."

7부: 내세론

종말론(Eschatology) 혹은 내세론은 개인의 죽음과 그 이후, 그리고 예수 그리스도의 재림과 세상의 종말과 천국과 지옥에 관한 진리들을 정리한다. 그 주요 주제들은 몸의 죽음과 영혼 불멸, 사람의 죽은 후 상태, 예수 그리스도의 재림, 죽은 자들의 부활과 휴거, 천년왕국, 마지막 심판, 천국과 지옥 등을 포함한다.

내세론의 주요 주제들

1. 몸의 죽음과 영혼 불멸
2. 사람의 죽은 후의 상태
3. 예수 그리스도의 재림
4. 죽은 자들의 부활과 휴거
5. 천년왕국(千年王國)
6. 마지막 심판
7. 천국과 지옥

1. 몸의 죽음과 영혼 불멸

몸의 죽음

의미

몸의 죽음은 개인에게는 땅 위의 일생의 마지막이다. 몸의 죽음은, 의학적으로 혹은 경험적으로는 심장의 박동 혹은 맥박이 멈추는 것 혹은 코의 호흡이 그치는 것을 의미하지만, 성경적으로는 영혼이 몸을 떠나는 현상, 즉 몸과 영혼의 분리를 가리킨다. 전도서 3:20-21, "다 흙으로 말미암았으므로 다 흙으로 돌아가나니 다 한 곳으로 가거니와, 인생의 혼은 위로 올라가고 짐승의 혼은 아래 곧 땅으로 내려가는 줄을 누가 알랴?" 전도서 12:7, "흙은 여전히 땅으로 돌아가고 영은 그 주신 하나님께로 돌아가기 전에 기억하라."

원인

사람에게 몸의 죽음은 어떻게 왔는가? 그것은 자연적 현상인가? 이 문제에 대해, 성경은 죄 때문에 사람에게 죽음이 왔다고 증거한다. 창세기 2:16-17, (죽음에 대한 경고) "여호와 하나님께서 그 사람에게 명하여 말씀하시기를 동산 각종의 열매는 네가 임의로 먹되 선악을 알게 하는 나무의 열매는 먹지 말라. 네가 먹는 날에는 정녕 죽으리라." 하나님께서 경고하신 죽음은 영의 죽음, 몸의 죽음, 둘째 사망을 포함하는 뜻이 있다고 본다. 창세기 3:19, (범죄에 대한 형벌 선언) "네가 얼굴에 땀이 흘러야 식물을 먹고 필경은 흙으로 돌아가리니 그 속에서 네가 취함을 입었음이라. 너는 흙이니 흙으로 돌아갈 것이니라." 창세기 5장, (아담의 자손들) "죽었더라. . . . 죽었더라. . . . 죽었더라." 로마서 5:12, "그러므로 한 사람으로 말미암아 죄가 세상에 들어오고 죄로 말미암아 사망이 왔나니." 고린도전서 15:21-22, "사망이 사람으로 말미암았으니," "아담 안에서 모든 사람이 죽은 것같이."

성도의 죽음의 의미

성도는 주 예수 그리스도의 피로 죄씻음을 받았고 의롭다 하심을 얻었는데 왜 죽는가? 성도가 죽는 이유는 주 예수 그리스도의 재림의 때가 아직 안 되었기 때문이다. 주 예수님의 재림의 때가 되면, 죽은 성도들은 영광스런 몸으로 부활하며 살아 있는 성도들은 죽지 않고 영광스런 몸으로 변화될 것이다. 고린도전서 15:52, "나팔소리가 나매 죽은 자들이 썩지 아니할 것으로 다시 살고 우리도 변화하리라." 데 살로니가전서 4:16-17, "주께서 호령과 천사장의 소리와 하나님의 나 팔로 친히 하늘로 좇아 강림하시리니 그리스도 안에서 죽은 자들이 먼저 일어나고 그 후에 우리 살아 남은 자도 저희와 함께 구름 속으 로 끌어 올려 공중에서 주님을 영접하게 하시리니."

어떤 이들은, 성도들이 영은 구원 얻었으나 몸이 아직 구원 얻지 못하였고 죄를 짓고 있기 때문에 그 몸이 죗값으로 죽는다고 말한다. 성도들의 몸의 구속(救贖)이 아직 이루어지지 않은 것은 사실이다. 로마서 8:23, "우리 곧 성령님의 처음 익은 열매를 받은 우리까지도 속으로 탄식하여 양자 될 것 곧 우리 몸의 구속(救贖)을 기다리느니 라." 그러나 성도들의 몸이 그 죗값으로 죽는다는 생각은 옳지 않다. 왜냐하면 예수 그리스도의 대속 사역으로 말미암은 죄사함과 의롭다 하심은 성도의 영혼에만 적용되는 것이 아니고 영육 전체에 적용되 기 때문이다. 예수 그리스도께서는 우리의 영육의 모든 죄를, 또 우리 의 과거와 현재와 미래의 모든 죄를, 사하여 주셨다. 나의 영뿐 아니 라, 영육의 결합체인 '나'라는 인격체가 의롭다 하심을 얻은 것이다.

그러면, 성도들의 죽음의 의미는 무엇인가? 성도들의 죽음은 죄의 형벌이 아니다. 실상, 성도들의 죽음은 결코 슬프고 두려운 사건이 아 니다. 성도는 죽은 후 그 영혼이 영광스런 천국에 들어가기 때문에

1. 몸의 죽음과 영혼 불멸

성도의 죽음은 오히려 기쁨과 기대와 소망의 사건이다. 세상 사람들 같이 구원 얻은 성도들도 이 땅에서 여러 가지 고난들을 경험하지만, 그런 고난들은 슬픈 일들만 아니고 많은 유익도 있는 일들이다. 고난은 성도의 인격을 믿음 있게, 거룩하게, 겸손하게 단련시킨다. 성도들의 죽음은 하나님께서 이 세상에서 주시는 마지막 고난이며 마지막 훈련 과정이다. 죽음이 있기 때문에, 성도들은 더욱 깨어 있고 거룩하고 의롭고 선하고 겸손하게 살 수 있다.

중요성

몸의 죽음은 몇 가지 점에서 모든 사람에게 중요하다.

첫째로, 몸의 죽음은 각 사람의 생애의 마침이며, 죽음으로 마감된 그의 일생은 하나님 앞에서 평가될 것이다. 요한계시록 14:13, "이제 이후로 주 안에서 죽는 자들은 복이 있도다 . . . 그러하다. 저희 수고를 그치고 쉬리니 이는 저희의 행한 일이 따름이라 하시더라."

둘째로, 몸의 죽음은 각 사람의 영혼이 다른 세계로 들어가는 것을 뜻한다. 예수 그리스도를 믿는 자는 죽을 때 그의 영혼이 천국으로 들어가고, 믿지 않는 자는 죽을 때 그 영혼이 지옥으로 들어간다.

셋째로, 몸의 죽음은 각 사람의 영원한 상태를 고정시키며, 그 후에는 그 상태를 변경할 수 없다. 몸의 죽음 후에는 그의 영혼 구원의 가능성이 없다. 누가복음 16:26, (부자와 나사로의 이야기) "너희와 우리 사이에 큰 구렁이 끼어 있어[고정된 큰 간격이 있어] 여기서 너희에게 건너가고자 하되 할 수 없고 거기서 우리에게 건너 올 수도 없게 하였느니라." 히브리서 9:27, "한번 죽는 것은 사람에게 정하신 것이요 그 후에는 심판이 있으리니."

몸의 죽음의 이런 중요성을 생각할 때, 사람은 자신의 죽음을 잘 준비해야 한다. 모든 사람은 자신의 구원을 준비해야 하며, 또 성도는 자신의 생애를 아름답게 마치기 위해 최선을 다해야 한다.

장례 방식

성경이 증거하는 장례 방식은 매장(埋葬)이다. 창세기 23:4, 19, "내게 매장지를 주어 소유를 삼아 나로 내 죽은 자를 내어 장사하게 하시오," "아브라함이 그 아내 사라를 가나안 땅 마므레 앞 막벨라 밭 굴에 장사하였더라." 매장은 구원 얻은 성도들의 부활 소망에 합당하다. 화장(火葬)은 이방 풍습에서 기원했다고 본다. 성경에서는 사울의 경우 화장한 사실이 기록되어 있을 뿐이다(삼상 31:12-13). 아모스 6:10은 재앙의 날에 화장이 있을 것을 예언했다. 오늘날 우리는 죽은 성도들을 위해 부득이한 경우 화장(火葬)을 허용할 수 있다고 생각하지만, 매장(埋葬)이 성도들에게 합당한 장례 방식이라고 본다.

영혼 불멸(不滅)

영혼 불멸(不滅, immortality)이란, 사람의 몸이 죽은 후 그의 영혼이 계속 지정의의 의식(意識)을 가지고 존재한다는 것을 의미한다. 사람의 영혼은 몸의 죽음 후에도 없어지지 않는다. 사람은 죽은 후에 후손들에 의해 혈통이 이어지거나 그에 대한 기억이나 그의 영향력이 후손들이나 다른 이들에게 남는 정도가 아니고, 그의 영혼이 계속 의식을 가지고 존재한다. 웨스트민스터 신앙고백 32:1, "사람들의 몸들은 죽은 후 흙으로 돌아가며 썩지만, 죽지도 않고 잠자지도 않는 그들의 영혼들은 불멸적(不滅的) 본질을 가져서 그것들을 주신 하나님께로 즉시 돌아간다."

보편적 신념

사람의 영혼의 불멸은 옛날부터 내려오는 보편적인 신념이었다. 사람들은 대체로 영혼의 불멸을 긍정하였다. 세계의 여러 종교들은 사람의 영혼의 불멸을 인정한다. 고대 헬라 철학자들도 사람의 영혼은 몸의 죽음으로 분해될 수 없는 불멸적 실체라고 보았다. 또 어떤 이들은 사람의 영혼이 영원을 갈망하는 것은 그것을 충족할 어떤 것 즉 영혼 불멸을 암시하며, 봄에 만물이 소생하는 현상도 영혼 불멸을 암시한다고 생각했다. 다른 이들은 세상의 도덕 질서가 내세 심판을 요구하며 이에 근거하여 사람의 영혼이 불멸해야 한다고 생각했다.

자유주의 신학의 부정

그러나 오늘날 자유주의 신학자들은 영혼 불멸을 부정한다. 예들 들어, 라인홀드 니이버(Reinhold Niebuhr)는, "영혼 불멸이라는 개념이 몸의 부활보다 더 믿을 만하다는 선입견은 단지 교회 안에 있는 헬라 사상의 유산에 불과하다"고 말하였다(*Beyond Tragedy*, p. 290). 폴 틸리히(Paul Tillich)도, "사람의 자연적 특질로서의 불멸성은, 그것이 플라톤의 교리일지는 몰라도, 기독교 교리는 아니다"(*Systematic Theology*, II, 66), "불멸성의 상징이 이 유행하는 미신을 표현하기 위해 사용되는 곳에서, 그것은 기독교에 의해 근본적으로 거부되어야 한다. 왜냐하면 영원에의 참여는 '죽음 너머의 삶'이 아니기 때문이다. 그것은 사람의 영혼의 자연적 특질도 아니다"라고 말했다(Ibid., III, 409). 오스카 쿨만(Oscar Cullmann)도, "널리 받아들여지고 있는 이 개념(영혼 불멸이라는 개념)은 기독교에 대한 가장 큰 오해들 중의 하나이다"라고 말했다(*Immortality of the Soul or Resurrection of the Dead?*, p. 15).

성경적 증거

그러나 사람의 영혼의 불멸은 성경에 밝히 계시되어 있는 진리이다. 성경은 사람의 영혼의 불멸을 분명히 증거한다.

첫째로, 사람의 죽음에 대한 묘사들은 사람의 영혼의 불멸을 증거한다. 성경은 몸의 죽음을 영혼이 몸을 떠나 하나님께로 가는 것으로 묘사한다. 전도서 3:20-21, "다 흙으로 말미암았으므로 다 흙으로 돌아가나니 다 한 곳으로 가거니와, 인생의 혼은 위로 올라가고 짐승의 혼은 아래 곧 땅으로 내려가는 줄을 누가 알랴?" 전도서 12:7, "흙은 여전히 땅으로 돌아가고 영은 그 주신 하나님께로 돌아가기 전에 [창조자를] 기억하라." 성경은 또한 죽은 사람의 영혼을 '조상들에게로 돌아갔다'라고 묘사한다(창 15:15; 25:8; 25:17; 35:29; 49:33; 민 27:13; 삿 2:10 등). 창세기 15:15, "조상에게로 돌아가 장사될 것이요." 창세기 25:8, "죽어 자기 열조에게로 돌아가매[모이매]." 이것은 영혼이 무(無)로 돌아간다는 뜻이 아니다. 이것은 열조들의 영혼들의 집결지가 있음을 암시한다. 이러한 묘사들은 사람의 몸이 죽은 후 그 영혼이 계속 존재함을 분명히 증거한다.

둘째로, 사람의 죽은 후 상태에 관한 말씀들도 사람의 영혼의 불멸을 증거한다. 성도의 죽은 후의 상태에 관해, 시편 73:24는 "주의 교훈으로 나를 인도하시고 후에는 영광으로 나를 영접하시리라"고 증거한다. 영광 속으로 영접되는 영혼은 의식을 가진 존재임이 분명하다. 만일 그렇지 않다면 그 영광이 그에게 영광이 되지 못할 것이다. 주께서도 함께 처형되었던 회개한 강도에게 "오늘 네가 나와 함께 낙원에 있으리라"고 말씀하셨다(눅 23:43). 낙원에 함께 들어감과 거기에서의 즐거움도 그의 영혼이 계속 의식을 가지고 있을 것을 전제한다. 사도 바울도 고린도후서 5:8에서 "우리가 담대하여 원하는 바는 차라리 몸을 떠나 주님과 함께 거하는 그것이라"고 증거하였다.

악인의 죽은 후 상태에 관해서도, 시편 9:17은 "악인이 음부[지옥]로 돌아감이여, 하나님을 잊어버린 모든 열방이 그리하리로다"라고 증거한다. 또 예수께서는 부자와 나사로의 이야기에서 부자가 음부[지옥]에서 고통 중에 눈을 들어 멀리 아브라함과 그의 품에 있는 나사로를 보았다고 말씀하셨다(눅 16:23). 악인의 죽은 후 형벌은 영혼 불멸을 전제한다. 그렇지 않다면 형벌과 고통은 무의미해질 것이다.

셋째로, 부활에 관한 말씀들도 사람의 영혼의 불멸을 증거한다. 다니엘 12:2는 "땅의 티끌 가운데서 자는 자 중에 많이 깨어 영생을 얻겠고 어떤 이들은 수욕을 받아서 무궁히 부끄러움을 입을 것"이라고 증거한다. 사도 바울도 의인과 악인의 부활을 증거하기를, "저희의 기다리는 바 하나님께 향한 소망을 나도 가졌으니 곧 의인과 악인의 부활이 있으리라 함이라"라고 했다(행 24:15). 데살로니가전서 4:14, "우리가 예수님의 죽었다가 다시 사심을 믿을진대 이와 같이 예수님 안에서 자는 자들도 하나님께서 저와 함께 데리고 오시리라." 의인들과 악인들의 부활은 사람의 영혼의 불멸을 전제하고 증거한다.

넷째로, 심판에 관한 말씀들도 사람의 영혼의 불멸을 증거한다. 마태복음 10:28, "몸은 죽여도 영혼은 능히 죽이지 못하는 자들을 두려워하지 말고 오직 몸과 영혼을 능히 지옥에 멸하시는 자를 두려워하라." 요한계시록 20:12-13, "내가 보니 죽은 자들이 무론 대소하고 그 보좌 앞에 섰는데 책들이 펴 있고 또다른 책이 펴졌으니 곧 생명책이라. 죽은 자들이 자기 행위를 따라 책들에 기록된 대로 심판을 받으니 바다가 그 가운데서 죽은 자들을 내어주고 또 사망과 음부도 그 가운데서 죽은 자들을 내어주매 각 사람이 자기의 행위대로 심판을 받고." 이런 말씀들은 사람의 영혼의 불멸을 전제하며 증거한다.

몸의 죽음은 개인에게는 땅 위의 일생의 마지막이다. 또 사람은 몸이 죽어도 그 영혼은 불멸한다. 즉 영혼은 지식과 감정과 의지 등을 가지는 것이다. 몸이 죽은 후에 그 영혼은 선악간에 하나님의 심판을 받는다. 의인은 빛의 세계에서 안식하고 악인은 어두움의 세계에서 고통을 당할 것이다. 그러므로 자유주의 신학이 사람의 영혼의 불멸을 부정하는 것은 작은 오류가 아니다. 사람은 자신의 죽음을 준비해야 하며 내세를 생각하고 지금 세상에서 바르게 살아야 한다.

2. 사람의 죽은 후의 상태

사람의 몸이 죽은 후부터 부활 때까지 그의 영혼은 사람의 최종적 상태인 부활에 비해 아직 과도기적 상태에 있다. 그때 영혼은 어떤 상태에 있는가? 사람의 몸의 죽음 후의 영혼의 상태에 관한 성경적 견해는 웨스트민스터 신앙고백 32:1에 잘 진술되어 있다.

의인들의 영혼들은 그때 완전히 거룩해져서 가장 높은 하늘로 영접되어, 거기서 빛과 영광 가운데 계신 하나님의 얼굴을 뵈오며, 그들의 몸들의 완전한 구속(救贖)을 기다리고; 악인들의 영혼들은 지옥에 던지워서, 거기서 고통들과 전적인 어두움 속에 머물며, 큰 날의 심판 때까지 보존되어 있다. 몸들과 분리된 영혼들을 위해 이 두 장소 외에, 성경은 다른 아무 곳도 인정치 않는다.

의인들의 죽은 후의 상태

의인들은 죽을 때 그 영혼들이 완전히 거룩해져서 천국에 들어가 영광 가운데서 하나님과 함께 거하며 거기서 몸의 구속(救贖)의 날을 기다린다. 그때 의인이 누리는 영광은 그 정도에 있어서 최종적 천국의 영광과 다를지라도, 동일한 성질의 영광이다. 의인들의 죽은 후의 상태는 참으로 복되다.

구약성경의 증거

구약성경은 구약시대의 성도들이 죽은 후에 영광과 안식의 세계에 들어감을 증거한다. 대표적인 성경 구절은 시편 73:24이다. "주님의 교훈으로 나를 인도하시고 후에는[죽은 후에는] 영광으로 나를 영접하시리니." 성도들이 몸이 죽은 후 영광 가운데 영접될 처소는 하나님께서 계신 천국이다. 시편 16:10-11, "이는 내 영혼을 음부[지옥]에 버리지 아니하시며 주님의 거룩한 자로 썩지 않게 하실 것임이니이다. 주께서 생명의 길로 내게 보이시리니 주님 앞에는 기쁨이 충만하고 주님의 우편에는 영원한 즐거움이 있나이다." 다윗은 죽은 후의 생명의 길을 바라보았다. 시편 49:15, "하나님께서는 나를 영접하시리니 이러므로 내 영혼을 음부[지옥, 무덤]의 권세에서 구속(救贖)하시리로다." 이사야 57:2, "그는[그 의인은 죽어] 평안에 들어갔나니 무릇 정로(正路)로 행하는 자는 자기들의 침상에서 편히 쉬느니라."

구약시대의 성도들은 하나님의 말씀 안에서 하나님과 교제하였다. 신명기 33:3, "여호와께서 백성을 사랑하시나니 모든 성도가 그 수중(手中)에 있으며 주님의 발 아래에 앉아서 주님의 말씀을 받는도다." 시편 73:23-24, "내가 항상 주님과 함께하니 주께서 내 오른손을 붙드셨나이다. 주님의 교훈으로 나를 인도하시고 후에는 영광으로 나를 영접하시리니." 시편 119:103, 127, "주님의 말씀의 맛이 내게 어찌 그리 단지요? 내 입에 꿀보다 더하니이다. . . . 내가 주님의 계명을 금 곧 정금보다 더 사랑하나이다."

구약시대의 성도들은 하나님과의 이런 교제를 통해 확실히 영생을 얻었고 천국에 들어갔다. 칼빈은 적절히 말하기를, "확실히 그들은 하나님의 영생의 나라에 들어갔다. 왜냐하면 그들이 참으로 하나님 안에 연합되었고, 그 연합은 영생의 복 없이 있을 수 없기 때문이다"라고 하였다(기독교강요, 2. 10. 7).

구약성경이 증거하는 에녹과 엘리야의 승천은 구약시대의 성도들도 천국 영광에 참여하였다는 예들이다. 창세기 5:24, "하나님께서 그를 데려가시므로 세상에 있지 아니하였더라." 열왕기하 2:11, "홀연히 불수레와 불말들이 두 사람을 분리하고 엘리야가 회리바람을 타고 승천하더라." 에녹과 엘리야는 다 하나님께서 계신 천국으로 갔다.

신약성경의 증거

신약성경도 같은 진리를 증거한다. 누가복음 16:22, "이에 그 거지가 죽어 천사들에게 받들려 아브라함의 품에 들어가고 부자도 죽어 장사되매." 아브라함의 품은 지옥과 대조되었으므로 천국을 가리킨 다고 본다. 고린도후서 5:8, "우리가 담대하여 원하는 바는 차라리 몸 을 떠나 주님과 함께 거하는 그것이라." 빌립보서 1:23, "내가 그 두 사이에 끼였으니 떠나서 그리스도와 함께 있을 욕망을 가진 이것이 더욱 좋으나." 히브리서 12:23, "하늘에 기록된 장자들의 총회와 교회 와 만민의 심판자이신 하나님과 및 온전케 된 의인의 영들과." 그들 은 다 하늘나라 곧 천국에 있다! 누가복음 23:43, "예수께서 말씀하시 기를 내가 진실로 네게 말하노니, 오늘 네가 나와 함께 낙원에 있으 리라 하시니라." 낙원은 확실히 천국을 가리킨다. 고린도후서 12:2, 4, "셋째 하늘 . . . 낙원." 요한계시록 2:7, "하나님의 낙원에 있는 생명나 무." 히브리서 4:10, "이미 그의 안식에 들어간 자는 하나님께서 자기 일을 쉬심과 같이 자기 일을 쉬느니라."

악인들의 죽은 후의 상태

의인들은 죽은 후 그 영혼들이 천국에 들어가지만, 이와 대조되게, 악인들은 죽은 후 그 영혼들이 지옥에 던지워 고통의 형벌 가운데 거 하며 거기서 마지막 심판의 날을 기다린다. 악인들이 죽은 후 그 영 혼들이 들어갈 지옥(쉐올 שְׁאוֹל 혹은 하데스 ἅδης)은 마지막 부활 후 영육의 결합체가 들어갈 지옥(게엔나 γέεννα, 불못)과 같은 성질 의 형벌의 장소이다. 악인들의 죽은 후 상태는 참으로 불행하다.

구약성경의 증거

구약성경은 악인이 죽은 후 '음부'(陰府, 쉐올 שְׁאוֹל)에 들어간다고 자주 표현하는데, 그 말은 지옥을 가리킨다. 즉 그 구절들은 악인들이 죽은 후 그 영혼들이 지옥에 던지움을 증거한다.

성경에서 죽음이 포괄적 의미를 가지듯이, 쉐올이라는 말은 포괄적 의미를 가진다. 그것은 죽은 자들의 몸이 묻힐 무덤을 가리키기도 하나, 또한 악한 자들의 영혼이 들어갈 지옥을 가리키기도 한다.

히브리어에서 무덤을 가리키는 일반적인 말은 케베르 קֶבֶר이지만, 쉐올이 어떤 구절들에서 무덤을 가리킨다. 예를 들어, 창세기 37:35, "그 모든 자녀가 위로하되 그가(야곱이) 그 위로를 받지 아니하여 말하기를 내가 슬퍼하며 음부[무덤]에 내려 아들에게로 가리라." 그 외에도 흠정역 영어성경에서 쉐올을 '무덤'으로 번역한 구절들은 다음과 같다(창 42:38; 44:29, 31; 삼상 2:6; 왕상 2:6, 9; 욥 7:9; 14:13; 17: 13-16; 21:13; 시 6:5; 30:3; 31:17; 49:14-15; 88:3; 89:48; 141:7; 잠 30: 16; 전 9:10; 아 8:6; 사 14:11; 38:10, 18; 겔 31:15; 호 13:14).

그러나 쉐올이 다른 구절들에서 명백히 악인들의 미래의 형벌의 장소 즉 지옥을 가리키기도 한다. 구약성경에서 쉐올이라는 말 외에 악인들을 위한 미래의 형벌의 장소를 가리키는 다른 말이 없다. 그러므로 옛날 영어성경(KJV)은 쉐올을 31회 무덤(grave)으로, 31회 지옥(hell)으로, 3회 구덩이(pit)로 번역하였다. 쉐올이 지옥을 가리키는 구절들은, 악인들에 대한 형벌의 선언에 사용되었거나 형벌의 장소로 언급되거나 영적인 죽음과 관계되거나 천국과 대조되는 경우 등이다. 그 대표적 예들은 다음과 같다.

시편 9:17, "악인이 음부[지옥]로 돌아감이여, 하나님을 잊어버린 모든 열방이 그리하리로다." 이사야 14:15, (바벨론 왕에 대해) "그러나 이제 네가 음부[지옥] 곧 구덩이의 맨 밑에 빠치우리로다." 욥기 26:6, "하나님 앞에는 음부[지옥]도 드러나며, 멸망의 웅덩이도 가리움이 없도다." 잠언 7:27, "그(음녀의) 집은 음부[지옥]의 길이라. 사망의 방으로 내려가느니라." 욥기 11:8, "하늘보다 높으시니 네가 어찌하겠으며 음부보다 깊으시니 네가 어찌 알겠느냐?"

그 외에, 이사야 24:22, "그들이 죄수가 깊은 옥에 모임같이 모음을 입고 옥에 갇혔다가 여러 날 후에 형벌을 받을 것이라." 이상의 말씀들은 신약성경의 증거들과 일치한다.

신약성경의 증거

신약성경은 악인이 죽은 후 어두운 지옥에 감금되어 고통을 당한다고 증거한다. 악인의 죽은 후 상태를 증거하는 신약성경의 대표적인 구절은 누가복음 16:19-31이다. 이 구절은 예수께서 친히 사람의 죽은 후 상태에 대해 증거하신 가장 중요한 말씀이다. 만일 이 구절이 비유라고 할지라도 주께서 증거하신 내용은 너무 분명하기 때문에 다른 해석을 할 수 없다.

누가복음 16:19-31은 분명히 다음 네 가지 진리를 증거한다.

첫째로, 사람의 영혼은 불멸하다. 부자도 거지도 죽었으나(22-23절) 그들의 죽음 후에 두 세계가 있었다. 죽은 그들의 영혼들은 의식을 가진 채 안식과 고통의 두 대조되는 상황에 처해 있었다.

둘째로, 사람에게는 죽은 후에 천국과 지옥이 있다. 세상에서, 부자는 좋은 옷을 입고 호화로이 즐기며 살았고(19절) 좋은 것을 누렸고(25절), 거지 나사로는 부자의 상에서 떨어지는 부스러기를 먹었고 헌데로 고생했고(20-21절) 고통 속에 살았다(25절). 그러나 죽은 후에, 부자는 음부(하데스 ᾅδης)에서 뜨거운 불 가운데서 고통을 당했고, 거지 나사로는 아브라함의 품에서 안식과 위로를 얻었다(22, 25절). 본문의 '음부'(하데스 ᾅδης)는 분명히 지옥이다. 이처럼 신약성경의 하데스(ᾅδης)라는 말은 구약성경의 쉐올에 해당하는 말로서 주로 지옥을 가리킨다. 그러므로 옛날 영어성경(KJV)은 신약성경에서 하데스를 10회 지옥(hell)으로, 1회 무덤(grave)으로 번역하였다.

셋째로, 사람의 죽은 후의 상태는 변경할 수 없다. 26절, "너희와 우리 사이에 큰 구렁이 끼어 있어(카스마 메가 에스테릭타이 χάσμα μέγα ἐστήρικται)[고정된 큰 간격이 있어서] 여기서 너희에게 건너가고자 하되 할 수 없고 거기서 우리에게 건너올 수도 없게 하였느니라." 죽은 후에 제2의 구원의 기회는 없다. 오직 하나님의 공의로운 심판이 있을 뿐이다. 여기에 전도의 절박한 필요성이 있다.

넷째로, 하나님께서 뜻하신 구원의 방법은 죽은 자가 살아서 전하는 것, 즉 기적을 통한 방법이 아니고, '모세와 선지자들'(29, 31절) 즉 그들의 글인 성경을 통해서이다. 고린도전서 1:21, "하나님께서 전도의 미련한 것으로 믿는 자들을 구원하시기를 기뻐하셨도다."

이와 같이, 주 예수 그리스도께서는 누가복음 16:19-31에서 악인이 죽은 후 지옥에 던지운다는 사실을 분명하게 증거하셨다.

이 외에도, 베드로후서 2:9는, "주께서 경건한 자는 시험에서 건지시고 불의한 자는 형벌 아래 두어 심판날까지 지키시며"라고 말한다. 이 구절은 베드로후서 2:4와 함께 생각해야 할 것이다. 베드로후서 2:4는 "하나님께서 범죄한 천사들을 용서치 아니하시고 지옥에 던져 어두운 구덩이에 두어[어두움의 사슬에 묶어](전통사본) 심판 때까지 지키게 하셨으며"라고 말한다. 악한 천사들은 지옥에 어두움의 사슬에 묶여서 심판 때까지 있다. 지옥은 어둡고 속박되어 있는 곳이다. 이와 같이, 불의한 자도 형벌 아래 두어 심판 날까지 보존된다. 그들이 있는 곳은 확실히 악한 천사들이 감금된 곳과 동일한 지옥이다.

또 유다서 6은 "자기 지위[혹은 위치]를 지키지 아니하고 자기 처소를 떠난 천사들을 큰 날의 심판까지 영원한 결박으로 흑암에 가두셨다"고 말한다. 이 구절도 악한 천사들이 영원한 결박으로 흑암 중에 큰 날의 심판때까지 감금되어 있음을 증거한다.

악인의 죽은 후 상태에 대한 성경 진리는 참으로 두렵다. 그러므로 모든 사람은 죄를 회개하고 구주 예수 그리스도를 믿고 구원을 얻어야 한다. 각 사람은 구원을 얻어야 하고 그 구원을 확신해야 한다. 또 우리는 구원 얻지 못한 사랑하는 이들을 위해 힘써 전도해야 한다.

잘못된 견해들

사람의 죽은 후 상태에 관해 역사상 여러 잘못된 견해들이 있었다.

제3의 장소설

초대교회에 어떤 교부들(이레니우스, 터툴리안, 어거스틴)은 음부를 '제3의 장소'로 이해하였다. 그들은 의인과 악인이 다 지하 음부에 내려가며 단지 각각 구역이 다를 뿐이며 거기에서 의인은 어느 정도 상을 받고 악인은 어느 정도 벌을 받으며 거기에서 그들이 다 마지막 심판날을 기다린다고 보았다. 즉 그들은 지하 음부를 의인과 악인에 대한 최종적 보응의 축소판으로 본 것이다. (터툴리안은 순교자들은 즉시 영광 가운데로 영접된다고 보았지만.)

그러나 이러한 제3의 장소설은 주께서 누가복음 16:19-31에 증거하신 부자와 나사로의 이야기에 확실히 배치된다. 이 말씀에 증거된 음부는 아브라함의 품과 분명히 구별되며 의인과 악인이 함께 들어가는 곳이 아니다.

연옥설

천주교회는 연옥(煉獄, Purgatory)에 대해 주장한다. 연옥은 완전히 성화되지 못한 신자들이 죽은 후 들어가 얼마 동안 불의 시련을 통해 정화(淨化)되는 곳이라고 한다. 그것은 자신의 죄에 대한 보속(補贖)이라고 말한다. 천주교회의 교리서는, "고백의 성사로 지옥의 벌은 언제나 사함을 받으나, 세상과 연옥의 벌까지 다 사함을 받는 것은 아니다. 이 유한한 벌의 사함을 받기 위해서 신부는 보속(補贖)을 정해준다. 고해 성사를 받은 사람은, 우리 죄 때문에 고통을 당하고 죽으신 그리스도와 일치하여 자기 죄에서 오는 벌을 보상해야 한다"고 말한다(카톨릭 교리서 (한국 천주교 주교회의, 1967), 148쪽). 또 그 천주교회 교리서는, "대죄(大罪)는 없으나 소죄(小罪)가 있거나 속죄를 다하지 못하고 죽은 사람은 천국으로 직접 가지 못하고 연옥에서 단련을 받는다"고 말한다(위의 책, 194쪽).

초대의 어떤 교부들은 정화의 불을 언급했으나, 대 그레고리 교황이 최초로 연옥 교리를 명확하게 언급하였다. 연옥은 지옥에 가까운 곳이라고 추측되었다. 이 교리는 외경 마카비 2서 12:42-45에 의존한다: "유다(마카비)는 각 사람에게서 모금을 하여 은 이천 드라크마를 모아 그것을 속죄의 제사를 위한 비용으로 써 달라고 예루살렘으로 보냈다. . . . 그가 경건하게 죽은 사람들을 위한 훌륭한 상이 마련되어 있다는 생각을 하고 있었으니 그것이야말로 갸륵하고 경건한 생각이었다. 그가 죽은 자들을 위해서 속죄의 제물을 바친 것은 그 죽은 자들이 죄에서 벗어날 수 있게 하려는 것이었다."

그러나 천주교의 연옥은 ① 성경적 근거가 없는 사람의 헛된 고안물이다. ② 그것은 그리스도의 속죄의 완전성과, 믿음으로 의롭다 하심을 얻는다는 복음의 진리들에 배치된다. ③ 그것은 그리스도인의 공로적 선행이나 교회의 독자적 권세라는 비성경적인 교리들과 관련되어 있다. 그러므로 중세 말 종교개혁의 선구자들인 위클리프와 후스, 그리고 종교개혁자들인 루터와 칼빈은 연옥 교리를 단호히 반대했다. 루터가 작성한 1537년의 슈말칼드 신조는, 교황을 "적그리스도," 미사를 "가장 크게 가증스러운 것"이라고 말하면서, 연옥을 "용의 꼬리에서 나온 해로운 새끼 우상"이요 "사탄의 미혹"이라고 선언했다(루이스 벌코프, 기독교 교리사, 274쪽). 칼빈도 연옥을 '사탄의 치명적 고안물'이며 '그리스도의 십자가를 무효로 만드는' 오류라고 강하게 비평하였다(기독교강요, 3. 5. 6).

선조 림보, 유아 림보설

림보(limbus)는 '변두리'라는 뜻으로 지옥과 연옥의 변두리를 가리킨다. 천주교회에 의하면, 선조 림보(limbus patrum)는 구약시대의 성도들이 그리스도께서 그들의 구속(救贖)을 완수하시고 거기 내려오시기까지 기다렸던 곳이며 '아브라함의 품' 혹은 '낙원'이라고 불리었다고 한다. 또 유아 림보(limbus infantum)는 그리스도인의 자녀나 이교도의 자녀나 유아 시에 죽은 모든 세례 받지 않은 자녀들의 영혼이 가는 곳이라고 한다. 거기는 하나님을 뵙는 복도 없지만, 지옥이나 연옥의 고통 같은 적극적 고통도 없다고 보았다. 그들의 영혼은 영원히 거기에 거주한다고 한다.

그러나 천주교회의 림보 교리는 성경적 근거가 없는 인간적 고안물에 불과하다. 선조 림보의 근거로 베드로전서 3:18-20이 제시된다. "저가 또한 영으로 옥에 있는 영들에게 전파하시니라. 그들은 전에 노아의 날 방주 예비할 동안 하나님께서 오래 참고 기다리실 때에 순종치 아니하던 자들이라." 이 구절은 난해 구절로서 교리적 근거가 되기에는 너무 불확실하다. 그 구절의 가장 적절한 해석은 그리스도께서, 홍수 전에 살았던, 그리고 베드로의 당시에 옥중에 있었던, 그 불순종자들에게 성령님으로 노아를 통해 전파하셨다는 것이다.

영혼 수면설(psychopannychy)

영혼 수면설은 죽은 자들의 영혼이 부활 때까지 무의식적인 수면 상태에 있다는 견해이다. 이 설은 성경이 죽음을 잠잔다는 말로 표현한다는 사실에 근거한다. 마태복음 9:24, "이 소녀가 죽은 것이 아니라 잔다 하시니." 요한복음 11:11, "우리 친구 나사로가 잠들었도다." 데살로니가전서 5:13, "자는 자들에 관하여는." 어떤 재세례파들, 소시너스파, 안식교, 여호와의 증인 등이 이 설을 주장하였다.

그러나 이 견해는 사람의 죽은 후 상태에 대한 성경말씀들, 특히 누가복음 16:23-24에 충돌한다: "저가 음부에서 고통 중에 . . . 내가 이 불꽃 가운데서 고민하나이다." 신구약성경은 의인이 안식과 영광에 들어가며, 악인이 흑암과 고통의 형벌 아래 감금을 당한다고 가르친다. 그러므로 성경에 죽음을 잔다는 말로 표현한 것은 비유적 표현으로 이해해야 한다. 과연, 죽음은 외형상 잠자는 것과 비슷하고, 또 죽은 자들은 부활의 날에 잠을 깨듯이 일어날 것이다.

멸절설과 조건적 불멸설

멸절설(annihilationism)은 악인의 영혼이 하나님의 형벌로 불멸성을 빼앗기고 없어져 버린다는 견해이다. 이 설은 성경에 악인이 멸망하리라는 말씀에 근거한다. 시편 52:5, "하나님께서 영영히 너를 멸하심이여." 그러나 이 견해는 멸망을 멸절(滅絶)이라는 뜻으로 오해한 것으로서 성경에 밝히 계시된 지옥의 교리와 충돌한다(막 9장).

조건적 불멸설(conditional immortality)은 하나님께서 영혼 불멸을 신자들에게만 은사로 주신다는 견해이다. 그러나 이 견해는 영혼 불멸의 성경적 증거들에 반대되고, 지옥 교리에도 배치된다.

제2 기회설

제2 기회설은 구원을 위해 내세에 한번 더 기회가 주어진다는 견해이다. 오리겐, 어떤 재세례파들, 쉴라이엘마허, 고데 등이 주장하였다. 그러나 ① 이 견해는 성경적 근거가 없다. 또 ② 이 설은 죽음이 사람의 최종적 상태를 고정시킨다는 말씀에 반대된다. 누가복음 16:26, "이뿐 아니라, 너희와 우리 사이에 큰 구렁이 끼어 있어 여기서 너희에게 건너가고자 하되 할 수 없고 거기서 우리에게 건너올 수도 없게 하였느니라." 또 ③ 이 설은 심판의 근거가 사람의 지상 생활이라는 성경말씀에도 반대된다. 로마서 2:6-8, "하나님께서 각 사람에게 그 행한 대로 보응하시되 참고 선을 행하여 영광과 존귀와 썩지 아니함을 구하는 자에게는 영생으로 하시고 오직 당을 지어 진리를 좇지 아니하고 불의를 좇는 자에게는 노와 분으로 하시리라."

강령설(降靈說, spiritism)

강령설은 무당을 통해 죽은 자들의 영들과 교제할 수 있다는 견해이다. 사무엘상 28장은 신접한 자가 사무엘의 영을 불러내었고 그와 대화하였다고 말했다. 그러나 그때 불러내어진 영은 사무엘의 영이 아니라고 본다. 성경은 죽은 자들의 영을 불러내어 교제할 수 있다는 생각과 행위를 정죄한다. 그러한 행위는 하나님께서 명백히 금하시는 바이다. 신명기 18:10-11, "복술자나 길흉을 말하는 자나 요술하는 자나 무당이나 진언자[주문으로 마법을 거는 자]나 신접자나 박수나 초혼자[죽은 자의 영혼을 불러내는 자]를 너희 중에 용납하지 말라." 구약시대에 있었던 잘못된 신비주의는 다 마귀와 악령들의 활동이다.

귀신설

어떤 이들(김기동, 이초석 등)은 악인이 죽으면 어느 기간 동안 그 영혼이 귀신이 되어 사탄과 악령들과 더불어 활동하고 다른 사람 속에 들어가 질병 등을 일으킨다고 주장한다. 그들의 주장의 근거는 그들이 귀신을 쫓아낼 때 귀신이 그렇게 말하는 것을 듣는다는 것이다. 그러나 그러한 주장은 성경에 근거가 없는 말이다. 성경에 근거하지 않는 모든 주장은 이단적이다. 귀신은 타락한 천사일 뿐이다.

사람의 죽은 후 상태에 관한 성경적 견해는, 의인들의 영혼은 천국에 들어가 안식을 누리고, 악인들의 영혼은 어두운 지옥에 던지우고 감금되어 불의 고통을 당하며 마지막 심판 날을 기다린다는 것이다. 초대교회의 어떤 교부들의 제3의 장소설, 천주교회의 연옥설과 림보설을 비롯하여, 안식교와 여호와의 증인의 영혼수면설, 멸절설, 조건적 불멸설, 제2 기회설, 강령설, 귀신설 등은 다 잘못된 견해들이다.

3. 예수 그리스도의 재림

세상 종말은 예수 그리스도의 재림(再臨)과 그로 말미암아 이루어질 마지막 심판이다. 성경은 세상 종말이 이미 시작되었다고 말한다. 베드로전서 4:7, "만물의 마지막이 가까왔으니." 요한일서 2:18, "아이들아, 이것이 마지막 때라. 적그리스도가 이르겠다 함을 너희가 들은 것과 같이 지금도 많은 적그리스도가 일어났으니 이러므로 우리가 마지막 때인 줄 아노라." 야고보서 5:9, "보라, 심판자가 문밖에 서 계시니라." 그러나 현 시대는 주 예수 그리스도의 재림과 마지막 심판으로 끝나고 그 후에 영원한 새 하늘과 새 땅이 시작될 것이다.

그리스도의 재림은 성도에게는 복된 소망이지만, 악인에게는 심히 두려운 사건이다. 디도서 2:13, "복스러운 소망과 우리의 크신 하나님 구주 예수 그리스도의 영광이 나타나심을 기다리게 하셨으니." 데살로니가후서 1:7-9, "주 예수께서 저의 능력의 천사들과 함께 하늘로부터 불꽃 중에 나타나실 때 하나님을 모르는 자들과 우리 주 예수의 복음을 복종치 않는 자들에게 형벌을 주시리니 이런 자들이 주님의 얼굴과 그의 힘의 영광을 떠나 영원한 멸망의 형벌을 받으리로다."

재림의 확실성

현대 자유주의 신학들은 예수 그리스도의 재림을 부정한다. 칼 바르트(Karl Barth)는, "그리스도의 부활이나 그의 재림은--그것은 동일한 것인데--역사적 사건이 아니다"라고 말했다(*The Word of God and the Word of Man*, p. 90). 라이홀드 니이버(Reinhold Niebuhr)는, "기독교의 교리들 중에 그리스도의 재림에 대한 소망보다 더 속임과 착각으로 인도한 교리는 없다"고 말했다(*Beyond Tragedy*, p. 21). 그러나 이런 사상은 순전한 불신앙이요 이단적 사상이다.

주 예수 그리스도의 재림은 성경에 밝히 증거된 진리이다. 주님의 재림은 신약성경에 약 318번 언급되었다(박형룡, 교의신학: 제7권 내세론, 179쪽). 주께서는 친히 자신의 재림을 약속하셨다. 마태복음 24-25장은 그의 재림에 관한 말씀들이다. 마태복음 24:29-30, "그 날 환난 후에 즉시 해가 어두워지며 달이 빛을 내지 아니하며 별들이 하늘에서 떨어지며 하늘의 권능들이 흔들리리라. 그때에 인자(人子)의 징조가 하늘에서 보이겠고 그때에 땅의 모든 족속들이 통곡하며 그들이 인자가 구름을 타고 능력과 큰 영광으로 오는 것을 보리라." 마태복음 25:31, "인자가 자기 영광으로 모든 천사와 함께 올 때에 자기 영광의 보좌에 앉으리니." 요한복음 14:2-3, "내가 너희를 위하여 처소를 예비하러 가노니 가서 너희를 위하여 처소를 예비하면 내가 다시 와서 너희를 내게로 영접하여 나 있는 곳에 너희도 있게 하리라."

주께서 승천하시던 때 천사들은 이렇게 말했다. 사도행전 1:11, "갈릴리 사람들아, 어찌하여 서서 하늘을 쳐다 보느냐? 너희 가운데서 하늘로 올리우신 이 예수께서는 하늘로 가심을 본 그대로 오시리라."

사도들도 예수 그리스도의 재림에 대해 많이 증거하였다. 바울의 데살로니가전후서의 주제는 예수 그리스도의 재림이다. 데살로니가전서 4:16, "주께서 호령과 천사장의 소리와 하나님의 나팔로 친히 하늘로 좇아 강림하시리니 그리스도 안에서 죽은 자들이 먼저 일어나고." 데살로니가후서 1:7-8, "주 예수께서 저의 능력의 천사들과 함께 하늘로부터 나타나실 때에 하나님을 모르는 자들과 우리 주 예수님의 복음을 복종치 않는 자들에게 불로 형벌을 주시리니."

사도 베드로와 야고보도 그의 서신들에서 각각 주님의 재림에 대해 증거하였다. 베드로전서 1:7, "너희 믿음의 시련이 불로 연단하여도 없어질 금보다 더 귀하여 예수 그리스도의 나타나실 때에 칭찬과 영광과 존귀를 얻게 하려 함이라." 야고보서 5:7-8, "형제들아, 주님의 강림하시기까지 길이 참으라. . . . 주님의 강림이 가까우니라."

요한계시록의 대주제는 주님의 재림이다. 요한계시록 1:7, "볼지어다, 구름을 타고 오시리라. 각인의 눈이 그를 보겠고 그를 찌른 자들도 볼 터이요 땅에 있는 모든 족속이 그를 인하여 애곡하리니." 요한계시록 22:20, "이것들을 증거하신 이가 말씀하시기를 내가 진실로 속히 오리라 하시거늘, 아멘 주 예수님이시여 진실로 오시옵소서."

재림의 목적

예수 그리스도의 재림의 목적은 무엇인가? 그것은 세상을 심판하시기 위함이다. 만국 교회가 옛날부터 고백해왔던 사도신경은 "[승천하신 예수께서] 저리로서 산 자와 죽은 자를 심판하러 오시리라"고 말한다. 재림하시는 주께서는 악인들에게는 벌을, 의인들에게는 상을 주실 것이다. 마태복음 16:27, "인자(人子)가 아버지의 영광으로 그 천사들과 함께 오리니 그때에 각 사람의 행한 대로 갚으리라." 마태복음 25:19, "오랜 후에 그 종들의 주인이 돌아와 저희와 회계[결산]할새." 마태복음 25:31-32, "인자가 자기 영광으로 모든 천사와 함께 올 때에 자기 영광의 보좌에 앉으리니 모든 민족을 그 앞에 모으고 각각 분별하기를 목자가 양과 염소를 분별하는 것같이 하여." 데살로니가후서 1:7-8, "주 예수께서 저의 능력의 천사들과 함께 하늘로부터 [불꽃 중에] 나타나실 때에 하나님을 모르는 자들과 우리 주 예수의 복음을 복종치 않는 자들에게 [불로] 형벌을 주시리니 이런 자들이 주님의 얼굴과 그의 힘의 영광을 떠나 영원한 멸망의 형벌을 받으리로다." 데살로니가후서 2:8, "그때에 불법한 자가 나타나리니 주 예수께서 그 입의 기운으로 저를 죽이시고 강림하여 나타나심으로 폐하시리라." 요한계시록 22:12, "보라, 내가 속히 오리니 내가 줄 상이 내게 있어 각 사람에게 그의 일한 대로 갚아 주리라."

재림의 모습

예수님의 재림은 어떤 모습으로 이루어질 것인가? <u>첫째로, 재림은 눈으로 볼 수 있게 이루어질 것이다.</u> 마태복음 24:30, "그때에 인자의 징조가 하늘에서 보이겠고 그때에 땅의 모든 족속들이 통곡하며 그들이 인자가 구름을 타고 능력과 큰 영광으로 오는 것을 보리라." 사도행전 1:11, "너희 가운데서 하늘로 올리우신 이 예수께서는 하늘로 가심을 본 그대로 오시리라." 요한계시록 1:7, "볼지어다, 구름을 타고 오시리라. 각인의 눈이 그를 보겠고 그를 찌른 자들도 볼 터이요 . . . 그러하리라. 아멘." 성경에 '은밀한 재림'이라는 관념은 없다. 데살로니가전서 4:16-17, "주께서 외치는 소리와 천사장의 목소리와 하나님의 나팔 소리와 함께 하늘로부터 내려오시리니 그리스도 안에서 죽은 자들이 먼저 일어나고 그 후에 우리 살아 남은 자도 저희와 함께 구름 속으로 끌어 올려 공중에서 주님을 영접하게 하시리니."

<u>둘째로, 예수 그리스도의 재림은 영광스러울 것이다.</u> 초림(初臨)의 주님은 낮고 비천한 모습으로 오셨지만, 재림의 주님은 그렇지 않을 것이다. 그는 영광의 왕으로, 능력과 위엄의 심판자로 오실 것이다. 마태복음 24:30, "그들이 인자가 구름을 타고 능력과 큰 영광으로 오는 것을 보리라." 앞에서 인용한 데살로니가전서 4:16의 말씀대로 주께서는 위엄과 능력으로 재림하실 것이다.

<u>셋째로, 예수 그리스도의 재림은 갑작스러울 것이다.</u> 물론, 깨어 있는 자들에게는 그것이 갑작스러운 일이 아니겠지만(살전 5:4), 악인들과 형식적 교인들에게는 그것이 뜻밖의 일처럼 갑작스럽게 닥칠 것이다. 주님의 재림의 갑작스러움을 묘사하기 위해 성경에는 '도적 같이'라는 말이 사용되었다. 예기치 못한 때에 도적이 침입하듯이, 주께서는 갑자기 다시 오실 것이다.

마태복음 24:36, 42-43, "그러나 그 날과 그때는 아무도 모르나니

. . . 그러므로 깨어 있으라, 어느 날에 너희 주가 임할는지 너희가 알지 못함이니라. 너희도 아는 바니 만일 집주인이 도적이 어느 경점에 올 줄을 알았더면 깨어 있어 그 집을 뚫지 못하게 하였으리라." 데살로니가전서 5:2, "주님의 날이 밤에 도적같이 이를 줄을 너희 자신이 자세히[정확히] 앎이라." 요한계시록 16:15, "보라, 내가 도적같이 오리니 누구든지 깨어 자기 옷을 지켜 벌거벗고 다니지 아니하며 자기의 부끄러움을 보이지 아니하는 자가 복이 있도다."

세대주의자들은 주 예수님의 재림의 갑작스러움을 그가 어느 때든지, 어느 순간에든지 오실 수 있다는 '임박함'(imminency)의 개념으로 이해한다. 그러나 그것은 정확한 개념이 아니다. 주님의 재림은 갑작스럽기는 하지만, 그가 어느 때든지, 어느 순간에든지 오실 수 있는 것은 아니다. 왜냐하면 예수께서는 친히 자신의 재림 직전의 징조들에 대해 말씀하셨기 때문이다.

재림의 시간

예수 그리스도의 재림의 시간은 아무도 모른다. 마태복음 24:36, "그 날과 그 시간은 아무도 모르나니 하늘의 천사들도 모르고 오직 아버지만 아시느니라." 마가복음 13:32, "아들도 모르고." 사도행전 1:6-7, "저희가 모였을 때에 예수께 묻기를 주께서 이스라엘 나라를 회복하심이 이때니이까 하니, 말씀하시기를 때와 기한은 아버지께서 자기의 권한에 두셨으니 너희의 알 바 아니요." 그 시간이 알려져 있지 않기 때문에 주님의 재림은 갑작스러운 것이다. 그는 도적같이 다시 오실 것이다.

마가복음 13:32, "아들도 모르고." 어떤 이들은 이 구절을 재림의 시간이 아들이 전달하라고 받은 내용들 중 하나가 아니라는 뜻이라고 본다(루터, 랑게 등). 그러나 전달하라고 받지 못했다는 말과 모른다는 말은 다르다. 오히려 이 구절은 예수 그리스도의 인성(人性)에 관계된 말씀이라고 볼 수 있다(크리소스톰, 칼빈 등). 예수 그리스도께서는 그의 신성(神性)으로는 전지(全知)하시지만, 그의 인성(人性)으로는 지식에 제한성을 가지신다. 그가 재림의 정확한 시간을 알지 못하신다는 것은 그의 인성의 지식의 제한성을 나타낼 것이다.

하나님 아버지의 뜻은 주님의 재림의 시간을 사람들에게 알려주지 않으시는 것이었다. 그러므로 우리는 하나님께서 감추기를 원하시는 것을 알려고 해서는 안 될 것이다. 사도행전 1:7, "때와 기한은 아버지께서 자기의 권한에 두셨으니 너희의 알 바 아니요." 만일 하나님께서 2천년 전에 주님의 재림의 시간이 2천년 후라고 알려주셨더라면, 많은 성도들은 해이해졌거나 낙망하였을지도 모른다. 예수 그리스도의 재림의 시간에 대한 하나님의 이 비밀은 성도들에게 유익하였고 지금도 그러하다. 그러나 주님의 재림은 확실히 이루어질 것이다. 우리는 성경대로 주님의 재림을 믿고 소망해야 한다.

재림의 날짜를 안다고 주장하는 자들

어떤 이들은 주님의 재림의 날짜를 예측하거나 단정하여 말하였다. 예를 들어, 이장림의 다미 선교회는 1992년 10월 28일 예수께서 공중에 재림하시고 신자들은 휴거된다고 말했었다. 또 어떤 이는 다니엘서와 요한계시록의 숫자 계산으로 2036년을 종말로 보기도 하였다.

이장림의 다미 선교회는 인류 역사의 제7,000년은 안식의 시대이라고 해석하였다. 6일 간의 창조 후 제7일에 안식이 있었듯이, 하루가 1,000년 같으므로(벧후 3:8) 6,000년 인류 역사가 끝난 후 제7,000년에는 안식 시대가 올 것이며, 1,000년 왕국과 7년 대환난 기간이 있으므로, 1999년-7년=1992년이 예수 그리스도의 공중 재림 곧 휴거의 해가 된다고 했다. 그러나 인류 역사 제7,000년의 안식이라는 생각은 추측에 불과하며 성경의 근거가 없다. 또 7년 환난 기간이라는 생각도, 다니엘 9장에 나오는 70이레의 예언에서 69이레와 마지막 한 이레[보통 7년이라고 해석됨] 사이에 신약시대라는 긴 간격을 두는 세대주의적 해석인데, 신약성경에 확실한 근거가 없다.

또 그들은 마태복음 24:32-34에 근거하여 무화과나무가 잎사귀를 내는 것이 1948년 이스라엘 국가의 독립을 가리키며, 그 후 한 세대는 1948년+1년+50년(한 세대)=1999년이며, 따라서 1999년-7년=1992년은 휴거의 해라고 주장했다. 그러나 마태복음 24:32-34에서 무화과나무가 잎사귀를 내는 것과 여름이 가깝다는 것, 또 이 모든 징조들이 이루어지는 것과 예수 그리스도의 재림이 가깝다는 것이 병행을 이루는 것이므로 무화과나무가 이스라엘을 상징하고 그것이 잎사귀를 내는 것이 이스라엘의 독립을 가리킨다는 해석은 적절치 않다.

그들은 주님의 재림의 날짜를 하나님과 천사들이 직접 계시하였다고 주장했다. 그들은 많은 사람들이 공통적으로 1992년 10월 28일에 휴거가 있을 것이라는 하나님과 천사들의 직접적 계시를 받았다고 주장했다. 그러나 우리는 성경 외의 하나님의 직접적 계시들을 인정해서는 안 된다. 우리는 웨스트민스터 신앙고백의 진술대로 하나님의 특별계시의 이전 방식들은 신약성경이 완성된 이후에 끝났다고 믿는다. 더욱이, 그 계시가 성경의 명확한 말씀과 충돌될 때에는 두말할 것도 없다. 주께서는 "그 날과 그때는 아무도 모른다"고 분명하게 말씀하셨다(마 24:36). 그러므로 주님의 재림의 날짜를 안다고 주장한 자들은 다 잘못된 자들이다.

재림의 징조들

마태복음 24장에 보면, 예수께서는 자신의 재림 직전에 징조들이 있을 것이라고 말씀하셨다. 데살로니가후서 2장에 보면, 사도 바울도 주님의 재림의 징조에 대해 말했다. 요한계시록 6-19장에 보면, 사도 요한도 주님의 재림의 징조로 대환난 시대를 증거했다. 종합해보면, 예수 그리스도의 재림 직전에는 다음과 같은 징조들이 있다고 본다.

1. 거짓 목사들

첫째로, 그리스도의 재림 직전에 많은 거짓 목사들이 일어나 많은 사람들을 속일 것이다. 마태복음 24:5, 11, 24, "많은 사람이 내 이름으로 와서 말하기를 나는 그리스도라 하여 많은 사람을 미혹케 하리라," "거짓 선지자가 많이 일어나 많은 사람을 미혹하게 하겠으며," "거짓 그리스도들과 거짓 선지자들이 일어나 큰 표적과 기사를 보이어 할 수만 있으면 택하신 자들도 미혹시키리라." 요한계시록 13:11, 13, 15-16, "내가 보매 또다른 짐승이 땅에서 올라오니 새끼양같이 두 뿔이 있고 용처럼 말하더라," "큰 이적을 행하되 심지어 사람들 앞에서 불이 하늘로부터 땅에 내려오게 하고," "저가 권세를 받아 그 짐승의 우상에게 생기를 주어 그 짐승의 우상으로 말하게 하고 또 짐승의 우상에게 경배하지 아니하는 자는 몇이든지 다 죽이게 하더라. 저가 모든 자(의) . . . 오른손에나 이마에 [짐승의] 표를 받게 하고."

사실, 사도시대 말기에 벌써 많은 거짓 목사들 즉 이단들이 나타났다(요일 2:18; 4:1-3; 요이 7, 9). 또 교회 역사상 종종 이런 징조들이 나타난 때가 있었다. 최종적으로 주님의 재림 직전에도 그러할 것이다. 종교적 속임과 미혹은 그 어떠한 시험보다도 악하고 치명적이며 세상을 혼란시킬 것이다.

이단(異端)은 기독교의 바른 교리들, 특히 근본교리들로부터 탈선된 견해를 가리킨다. 역사상 대표적이고 뿌리깊은 이단은 천주교회다. 이 교회는, 그리스도의 단번 속죄와 믿음으로 의롭다 하심을 얻는 복음을 부정하고 사람의 선행(善行)과 세례 및 고해 성사를 구원에 본질적이라고 봄에 있어서 또 마리아를 기도의 대상, 중보자, 보혜사,

세상의 여왕 등으로 높임에 있어서 이단적이다(갈 1:8-9; 딤전 2:6).

또 19세기 이후 나타난 각종 이단종파들은 마지막 시대의 미혹들이다. 세계적 이단종파들로는 여호와의 증인(왕국회관), 몰몬교(말일성도 그리스도의 교회), 안식교(제7일 안식일 재림교회=SDA), 크리스챤 싸이언스 등이 있다. 오늘날 세계적 이단종파들은 유럽에 약 50개, 미국에 약 150개, 아시아에 약 50개 등 도합 약 300개가 된다고 한다(박영관, 이단종파비판 II, 22쪽).

우리나라에도 박태선의 전도관(천부교), 문선명의 통일교, 이유성의 새일교회, 유재열의 장막성전, 정명석의 애천교회, 조희성의 영생교, 김기동의 베뢰아, 이초석의 한국 예루살렘교회, 박명호의 엘리야복음선교원, 이장림의 다미선교회, 이명범의 레마선교회, 이선아의 밤빌리아 추수군, 박윤식의 대성교회, 이만희의 신천지 등 많은 이단종파들이 있다.

이단종파들의 특징은 대략 다음과 같다: ① 그들의 교주들은 대체로 10대에 신의 계시를 받았다고 주장하고 하나님과의 특별한 직접 교통을 주장한다. 1986년 4월 30일 현재, 한국에 재림주로 자처하는 자가 35명, 하나님으로 자처하는 자가 12명이라고 한다(탁명환, 기독교이단연구, 61쪽). ② 그들은 자기 집단을 통해서만 구원이 가능하다는 배타적 주장을 한다. ③ 그들은 절박한 종말 의식을 강조한다. ④ 그들은 외부와의 교제를 단절하며 현실도피적 경향이 있다. ⑤ 그들 속에는 빈번히 교주들의 부도덕한 사건들이 감추어져 있다.

이런 이단종파들보다 더욱 파괴적인 이단들이 있다. 그것은 현대 자유주의 신학들과 은사주의이다. 자유주의 신학은 천주교회나 이단종파들보다 더 이단적이다. 그것은 교회가 이제까지 믿어왔던 성경의 근본적 교리들을 부정한다. 예를 들어, 그것은 성경의 신적 권위와 무오성, 예수 그리스도의 성육신과 처녀 탄생, 그의 기적들, 속죄의 죽음, 그의 부활, 승천, 재림 등을 부정하는 것이다(김효성, 현대교회문제, 7판 (옛신앙, 2024), 13-32쪽; 김효성, 자유주의 신학의 이단성, 2판 (옛신앙, 2019), 11-67쪽). 서철원 박사는 삼위일체 하나님과 예수 그리스도의 성육신을 부정하는 슐라이어마허, 릿츨, 바르트, 틸리히, 불트만, 칼 라아너 등을 신학적 적그리스도들로 열거했다(교의신학, VII. 종말론 (쿰란출판사, 2018), 80-87쪽). 그것은 교회가 역사상 경험하지 못했던 가장 파괴적인 이단이다. 그와 더불어, 오늘날 은사주의도 성경 계시의 충족성과 종결성을 넘어섬으로써 매우 심각한 이단이다.

2. 배교(背敎)

둘째로, 예수 그리스도의 재림 직전에 배교(背敎, apostasy)가 있을 것이다. 배교는 교회들의 신앙적 변절을 가리킨다. 많은 교인들이 이단들의 미혹을 받아 신앙이 변절될 것이다. 마태복음 24:4-5, 10, 11, "많은 사람을 미혹케 하리라. . . . 거짓 선지자가 많이 일어나 많은 사람을 미혹하게 하겠으며." 데살로니가후서 2:3, "먼저 배도(背道)하는 일이 있고."

현대교회의 상황은 배교적이다. 수많은 자유주의 신학자들이 역사적 개신교회들의 거의 모든 대교단들의 신학교들에 들어와서 신학생들의 사상을 부패시키고 있다. 16세기 종교개혁의 때와 같이, 20세기 이후 기독교회는 또 배교를 경험하고 있다.

세계의 대교단들은 자유주의 신학을 포용하고 있거나 자유주의화되어 있다. 예를 들어, 미국 연합 그리스도의 교회(UCC), 미국 연합 감리교회(UMC), 미합중국 장로교회(PCUSA), 미국 복음주의 루터교회(ELCA), 미국침례교회(ABC), 남침례교회(SBC) 등이 그러하며(김효성, 현대교회문제, 7판, 40-42쪽; 김효성, 자유주의 신학의 이단성, 2판, 68-125쪽), 우리나라도, 한국기독교장로회(기장측), 대한기독교감리회(기감측), 대한예수교장로회(통합측) 등이 자유주의적이다. 물론 그런 교단들 안에도 보수적 목사들과 교회들이 있으리라고 기대하지만 그 교단들의 신학교들이 자유주의적이므로 그 교단들은 자유주의적 이라고 판단되어야 할 것이다. 또 세계의 대교단들의 대부분은 세계 교회협의회(WCC)에 속해 있는데, 그 단체는 배교적이다.

3. 전쟁들

셋째로, 주님의 재림 전에 세계적인 전쟁들이 있을 것이다. 마태복음 24:7, "민족이 민족을, 나라가 나라를 대적하여 일어나겠고." 요한계시록 6:3-4의 둘째 인과 붉은 말은 전쟁을 상징하였다. 요한계시록 9:13-16의 여섯째 나팔은 유브라데 강 부근에서 2억의 군사가 동원될 전쟁에 대한 예언이다. 또 요한계시록 16:12-16의 여섯째 대접은 유브라데 강이 말라 동방의 왕들이 들어옴으로 세계적 연합군이 형성되고 마침내 아마겟돈(므깃도 언덕)에서 마지막 전쟁이 일어날 것에 대한 예언이다. 그것은 요한계시록 19:11-21의 그리스도 재림시의 대전쟁을 가리킨 것 같다.

역사상 세계에 수많은 크고 작은 전쟁들이 있었으나 20세기의 두 차례의 세계적 전쟁은 처참한 '대전'(大戰)이었다. 제1차 세계대전은 1914년 오스트리아-헝가리가 세르비아를 침공함으로써 발발하여 4년간 계속되었고, 영국, 프랑스, 러시아, 미국 등의 연합군이 오스트리아-헝가리와 독일 등을 패배시킴으로 그쳤다. 제1차 세계대전으로 죽은 자들은 군인들만 거의 1,000만명이었다. 제2차 세계대전은 1939년 독일이 폴란드를 침공함으로써 시작되었고 독일, 이탈리아, 일본은 세계 정복의 야망을 가졌으나, 그들을 대항하여 영국, 프랑스, 소련, 미국 등의 연합국이 싸웠고 1945년 연합국의 승리로 끝났다. 제2차 세계대전으로 죽은 자들은 군인들만 약 1,700만명이었다.

제2차 세계대전 후 세계는 민주진영과 공산진영으로 대립되었고 그 갈등은 아직 완전히 해소되지 않았다. 공산주의자들이 세계 공산화의 꿈을 버리기 전까지는 그러할 것이다. 한편, 중동에서는 이스라엘 나라와 아랍 국가들 간의 종교적, 영토적 분쟁이 남아 있다. 만일 제3차 세계대전이 발생한다면, 그것은 아마도 중동에서부터일 것이며, 그것은 핵무기와 생화학무기를 동원한 인류 역사가 일찍이 경험하지 못한 처참한 전쟁이 될 것이다. 원자폭탄은 1945년 히로시마에 투하된 농축 우라늄 235 원자폭탄과 나가사키에 투하된 농축 플루토늄 239 원자폭탄이 있다. 이것들은 연쇄 핵분열로 인한 엄청난 에너지를 열, 폭풍, 방사능으로 내놓는다. 히로시마에 투하된 원자폭탄(15 킬로톤)의 중심부 온도는 3천도이었고 반지름 5km 내의 사람들은 1000분의 1초 만에 체온이 150도까지 올랐다고 한다. 몸이 새까맣게 타는 것은 물론, 내장이 기체로 변해 버리기도 했다. 히로시마 중심부는 반경 12km가 괴멸되었고 사상자가 16만여명이나 생겼었다(백승재, "원자폭탄 제조법," 조선일보, 2003, 5. 2, D5쪽). 오늘날 전략핵탄두는 대개 500킬로톤이며, 1메가톤(천 킬로톤)의 위력을 가진 것들도 많다.

4. 기근들

넷째로, 주님의 재림 직전에 심각한 기근들이 있을 것이다. 마태복음 24:7, "처처에 기근들(리모이 λιμοὶ)과." 요한계시록 6:5-6의 셋째 인의 검은 말은 흉년을 상징하였다.

기근은 옛날부터 있었지만, 근대에 들어와 더욱더 심해졌다. 1870년대에 남부 인도에서 약 5백만명이 기근으로 죽었고, 중국에서는 9백만명 이상이 죽었다. 1929년과 30년에는 중국의 황허강의 홍수로 인한 기근으로 약 2백만명이 죽었다. 1943년 동부 인도 벵갈에 대기근이 있었다. 제2차 세계대전 후 150만명 이상이 기근으로 죽었다. 1960년대 이후 아프리카의 사하라 사막 남부 사헬 지역과 남부 아프리카와 특히 이디오피아 등에 기근이 심각해 수백만명이 죽었다(*The World Book Encyclopedia*, 7. 27-28).

물질 문명이 발달하고 먹을 것이 풍성한 세상 같아도, 지금도 지구상에는 굶주리는 자들이 많이 있다. 1998년 세계식량농업기구(FAO)는, 전 세계에 8억 2,800만명이 기아 상태에 있으며 해마다 1,800만명이 굶주림과 이로 인한 질병으로 죽어가고 있다고 발표하였다(조선일보, 1998. 12. 7, 11쪽). 현재도 더 나아진 것이 없어 보인다.

5. 전염병들

다섯째로, 주님의 재림 직전에 무서운 전염병들이 있을 것이다. 마태복음 24:7, "기근들(리모이)과 온역들(로이모이 λοιμοὶ--전통본문)과." 요한계시록 16:2에 보면, 첫째 대접을 쏟을 때 악하고 독한 헌데가 짐승의 표를 받은 사람들과 그 우상에게 경배하는 자들에게 난다고 예언한다. 요한계시록 16:10-11에는 다섯째 대접을 쏟을 때 짐승의 나라가 어두워지며 사람들이 아파서 자기 혀를 깨물고 아픈 것과 종기로 인하여 하늘의 하나님을 훼방할 것이라고 예언한다. '헌데'와 '종기'는 원문에서 같은 말이다.

역사상 무서운 전염병들이 있었다. 14세기 유럽에서 흑사병(페스트)으로 약 2,500만명이 죽었고 세계적으로 약 1억명 이상이 죽었다고 알려진다. 1894년 후 약 20년 동안 인도에서 같은 병으로 천만명 이상이 죽었다("Bubonic Plague," *The World Book Encyclopedia*, 2. 667). 20세기에 들어와, 1918년에 시작된 스페인 독감으로 약 1,500만명(약 5,000만명 이상이라는 주장도 있음)이 죽었고, 1968년에 시작된 홍콩 독감으로 약 100만명 이상이 죽었다고 알려져 있고, 2019년에 시작된 코로나 전염병은 2023년 5월 1일 현재 전세계의 확진자 6억 8천만명 이상, 사망자 680만명 이상이다. 오늘날 동성애와 관련이 있어 보이는 에이즈(후천성 면역결핍증)의 확산은 매우 위협적이다. 에이즈는 1981년 처음 보고된 이후 2014년까지 30여년간 그로 인한 전 세계의 사망자 총수는 약 4,000만명이고, 매년 사망자수는 약 100

만-200만명이다. 2013년, 전 세계에 에이즈(HIV) 감염자수는 약 3,300만명으로 추정된다(임도이, "에이즈 발병 30년 ⋯ 사망자 얼마나 되나?" 헬스코리아뉴스, 2014. 12. 1; https://www.hkn24.com/news/article-Viewhtml?idxno=138884; 국경없는의사회, 현장소식, 2019. 7. 17; https://www.msf.or.kr/article/4352).

6. 지진들

여섯째로, 주님의 재림 직전에 지진들이 있을 것이다. 마태복음 24:7, "(주님의 재림의 징조들로) 지진들과." 요한계시록 6:12는 여섯째 인을 떼실 때 큰 지진이 나며 천체에 큰 변동이 일어날 것이라고 증거하였다. 요한계시록 11:13은 두 증인의 승천 후 큰 지진이 나서 성 10분의 1이 무너지고 지진에 죽은 사람이 7천명이라고 증거했다. 요한계시록 16:17-20은 일곱째 대접을 쏟을 때 큰 지진이 있어 큰 성 바벨론이 세 갈래로 갈라지고 또 큰 우박이 있을 것이라고 증거했다. 큰 지진의 힘은 약 1억 8천만 톤의 티엔티(TNT) 폭탄과 같은데, 그것은 인류 역사상 최초의 원자폭탄의 약 만 배의 힘이라 한다.

역사상 대지진들과 사망자수는 다음과 같다: 주후 526년 시리아 안디옥(터어키) 25만명, 1268년 소아시아 실레시아 6만명, 1290년 중국 북동부 10만명, 1556년 중국 중앙부 솨안키(산시성) 83만명, 1667년 코카시아(소련 남서부) 8만명, 1693년 이탈리아 카타니아 6만명, 1730년 일본 혹가이도 13만 7천명, 1737년 인도 칼커타 30만명, 1755년 포르투갈 리스본 6만명, 1783년 남부 이탈리아 5만명(*The World Book Encyclopedia*).

20세기에 들어와서는 대지진들이 더욱 빈번해졌다. 20세기에 5천명 이상의 사망자를 낸 지진들은 24개 이상이 되며, 그 중 2만명 이상의 사망자를 낸 것은 14개나 된다. 최근 50년간 전 세계에서 발생한 리히터 규모 7 이상의 강진은 500여회라고 한다. 우리나라에서도

1970년과 1980년대 연간 지진 발생 건수가 20-25건이었다가 2000년 40-45건으로 증가했다고 한다(조선일보, 2005. 10. 11, A16쪽).

20세기에 5만명 이상의 사망자를 낸 지진을 꼽아본다면, 1908년 이탈리아 멧시나 7만 5천명, 1920년 중국 중앙부 간서 20만명, 1923년 일본 도오꾜-요코하마 14만명, 1932년 중국 중앙부 간쑤 7만명, 1935년 인도 쿠에타(지금 파키스탄 지역) 6만명, 1970년 페루 침보테 6만명, 1976년 중국 북동부 헤베이 24만명, 2004년 인도네시아, 인도 등 약 25만명, 2005년 파키스탄 8만명, 2010년 아이티 수십만명 등이다.

최근에 일어난 지진들의 장소와 사망자 수를 보면, 1988년 아르메니아 2만 5천명 이상, 1990년 이란 서북부 카스피해 인접지역 2만 5천 내지 4만명, 1993년 인도 7,601명, 1995년 일본 고오베 6,424명, 러시아 사할린도 네프트골스크 2천명 이상, 1998년 아르메니아 2만 5천명, 아프가니스탄 3,500명, 아프가니스탄 5천명, 1999년 터키 1만 5천명, 대만 2천명 이상, 2003년 12월 이란 남동부 밤(Bam)시 부근 4만여명(조선일보, 2005. 10. 11, A16쪽), 2004년 12월 인도네시아, 인도 등 약 25만명, 2005년 10월 파키스탄 약 8만여명(조선일보, 2005. 10. 21, A1쪽), 2008년 5월 중국 쓰촨(四川)성 4만명 이상, 2010년 1월 아이티 수십만명, 2011년 2월 뉴질랜드 크라이스트처치 약 350명 사망/실종, 2011년 3월 일본 동북부 후쿠시마 지역 사망 실종자 2만 3천명 이상 등이다.

이와 같이, 거짓 목사들, 배교, 전쟁들, 기근들, 전염병들, 지진들 등의 징조들은 주님의 재림의 임박함을 보인다.

7. 천재지변

일곱째로, 주님의 재림 직전에 천재지변들이 있을 것이다. 마태복음 24:29, "그 날 환난 후에 즉시 해가 어두워지며 달이 빛을 내지 아니하며 별들이 하늘에서 떨어지며 하늘의 권능들이 흔들리리라." 또 요한계시록 8장의 일곱 나팔들은 주의 재림 직전에 천재지변이 일어날 것을 보인다. 첫째 나팔은 피 섞인 우박과 불이 나와서 땅에 쏟아지는 것을 예언한다. 그 불로 인해 땅의 3분의 1과 나무들의 3분의 1과 모든 풀이 태워질 것이다. 그것은 지구 전체에 대화재 사건이 될 것이다. 둘째 나팔은 불붙는 큰산과 같은 것이 바다에 던지우는 것을 예언한다. 그 일로 인해, 바다의 3분의 1이 피가 되고 바다 생물들의 3분의 1이 죽고 배들의 3분의 1이 파괴될 것이다. 셋째 나팔은 횃불같이 타는 큰 별이 강들과 물샘에 떨어지는 것을 예언한다. 하늘에서 떨어진 큰 별은 강들과 물샘들의 3분의 1을 쑥과 같이 쓰게 만들 것이며 그 쓴 물을 마시는 자들은 죽게 될 것이다. 넷째 나팔은 해와 달과 별들의 3분의 1이 어두워지는 재앙을 예언한다. 빛의 양이 줄고 어두움이 늘어남으로써 지구 전체의 온도는 급격히 떨어질 것이다.

　천체를 연구하는 과학자들은 지구와 소행성의 충돌 가능성에 대해 말한다. 소행성이란 화성과 목성 사이에서 태양 둘레를 공전하는 수십만개의 작은 별들을 가리키며 지구에 근접하는 것들로 지구 전체에 큰 피해를 줄 수 있는 것은 240개 가량이라고 한다. 2002 NT7이라고 명명된 소행성은 직경이 2km로 추정되며 초속 약 28km(시속 약 100,800km)로 달리고 있는데 2019년 2월 1일에 지구와 충돌할 가능성이 있었다고 한다. 그것의 충돌 충격은 히로시마에 투하됐던 원자폭탄 2천만개의 위력이라고 한다. 미 우주항공국(NASA) 제트추진연구소에 의하면, 그것은 TNT 100만 메가톤의 폭발 충격일 것이라고 한다. 참고로, 2013년 2월 15일 러시아 우랄산맥 인근 첼랴빈스크주에 떨어진 직경 17미터, 무게 1만톤의 운석의 폭발력은 약 500킬로톤(50만톤)으로 1945년 히로시마에 터진 원자폭탄의 33배이었다고 한다(조선일보, 2013. 2. 18, A18쪽). 만일 2002 NT7이 지구와 충돌하면 엄청난 먼지 구름이 대기권을 덮으므로 태양이 가리워 1년 이상 겨울이 지속되며 충돌 지점의 국가들이 초토화되는 것은 물론 대규모 해일이 일어나고 오존층이 파괴되므로 2년간 자외선에 무차별적으로 노출되어 생물체들에 돌연변이와 암과 백내장 등이 일어날 것이라고 우려했다(조선일보, 2002. 7. 25, 14쪽; 7. 27, 11쪽).

8. 적그리스도의 나타남과 핍박

여덟째로, 주님의 재림 직전에 적그리스도의 나타남과 핍박이 있을 것이다. 성경은 주님의 재림 전에 적그리스도가 나타날 것을 예언하였다. 적그리스도는 그리스도를 대적하는 정치적 인물일 것이다. 데살로니가후서 2:3-4, "먼저 배도(背道)하는 일이 있고 저 불법의 사람 곧 멸망의 아들이 나타나기 전에는 이르지 아니하리니 저는 대적하는 자라. 범사에 일컫는 하나님이나 숭배함을 받는 자 위에 뛰어나 자존하여 하나님 성전에 (하나님처럼) 앉아 자기를 보여 하나님이라 하느니라." 요한계시록 13:1-2, "내가 보니 바다에서 한 짐승이 나오는데 뿔이 열이요 머리가 일곱이라. 그 뿔에는 열 면류관이 있고 그 머리들에는 참람된 이름들이 있더라. . . . 용이 자기의 능력과 보좌와 큰 권세를 그에게 주었더라."

초대교회 때의 로마 황제, 중세시대의 로마 교황은 적그리스도의 예비적 단계이었다. 그때 성도들은 고난과 핍박을 당하였었다. 20세기 초 우리나라의 선조들은 일본 통치시대의 신사참배 강요와 공산당의 핍박을 경험하였다. 그러나 주님의 재림 직전에 세계적인 전제국가, 아마 공산주의 국가의 출현으로 이 예언은 완전히 성취될 것이다. 공산주의는 역사상 가장 무서운 폭력적 운동을 주도했다. 1997년 프랑스의 11명의 학자들이 발간한 844쪽의 **공산주의 흑서(黑書)**(*Le livre noir du communisme*)라는 책은 1917년 레닌이 러시아를 장악한 후 오늘날까지 공산주의의 이름으로 자행되고 있는 살육의 역사를 집대성한 책이다. 이 책은 레닌 이후 오늘날까지 지구상에서 공산주의 때문에 희생된 사람을 1억명 가량으로 계산하고 있다. 이 책의 대표 저자는 프랑스 국립과학연구소(CNRS) 소장 스테판 쿠루투아 교수이다(조선일보, 1997. 11. 8, 1쪽). 주님의 재림 직전의 세계적 전제 국가의 출현 때에는 진실한 성도들, 즉 짐승의 표(666)를 받지 않는 자들은 큰 미움과 큰 핍박과 죽임을 당하게 될 것이다.

9. 세계복음화

마지막으로, 주님의 재림 직전의 징조는 세계복음화이다. 주님의 재림 전에 세계복음화가 이루어질 것이다. 세계복음화란 온 세계에 복음이 널리 증거되어 택한 백성이 다 구원 얻게 되는 것을 말한다. 마태복음 24:14, "이 천국 복음이 모든 민족에게 증거되기 위하여 온 세상에 전파되리니 그제야 끝이 오리라." 그러므로 참 교회는 교회의 배교적 상황으로 인해 낙망치 말고 세계복음화를 위해 힘써야 한다. 세계복음화는 교회의 최대의 과제이다.

온 세상에 복음이 충만히 전파되어 충만한 수의 이방인들이 구원을 얻을 때, 이스라엘 민족이 하나님께로 돌아오는 일이 있을 것이다. 로마서 11:25-26, 30-31, "형제들아, 너희가 스스로 지혜 있다 함을 면키 위하여 이 비밀을 너희가 모르기를 내가 원치 아니하노니, 이 비밀은 이방인의 충만한 수가 들어오기까지 이스라엘의 더러는 완악하게 된 것이라. 그리하여 온 이스라엘이 구원을 얻으리라," "너희가 전에 하나님께 순종치 아니하더니 이스라엘에 순종치 아니함으로 이제 긍휼을 입었는지라. 이와 같이 이 사람들이 순종치 아니하니 이는 너희에게 베푸시는 긍휼로 이제 저희도 긍휼을 얻게 하려 하심이니라." 이 구절은 이스라엘 민족의 국가적 대회심을 가리킨다고 생각된다. 현 시대는 이상의 징조들이 상당히 이루어진 시대이다.

3. 예수 그리스도의 재림

재림의 실제적 교훈들

예수께서는 자신의 재림을 약속하시면서 깨어 있으라고 교훈하셨다. 마태복음 24:42, 44, "그러므로 깨어 있으라. 어느 날에 너희 주가임할는지 너희가 알지 못함이니라," "이러므로 너희도 예비하고 있으라." 깨어 있는 것은 정상적 신앙생활, 즉 성경대로 하나님과 주 예수그리스도를 믿고 성경대로 바르게 사는 것을 가리킨다. 성도의 정상적 신앙 생활의 주요한 요소는 경건과 거룩과 사랑의 삶이다. 그러므로 베드로후서 3:10-13, "주의 날이 도적같이 오리니 그 날에는 하늘이 큰 소리로 떠나가고 체질이 뜨거운 불에 풀어지고 땅과 그 중에있는 모든 일이 드러나리로다. 이 모든 것이 이렇게 풀어지리니 너희가 어떠한 사람이 되어야 마땅하뇨? 거룩한 행실과 경건함으로 하나님의 날이 임하기를 바라보고 간절히 사모하라. 그 날에 하늘이 불에타서 풀어지고 체질이 뜨거운 불에 녹아지려니와 우리는 그의 약속대로 의의 거하는 바 새 하늘과 새 땅을 바라보도다." 데살로니가전서 3:12-13, "주께서 우리가 너희를 사랑함과 같이 너희도 피차간과모든 사람에 대한 사랑이 더욱 많아 넘치게 하사 우리 주 예수께서그의 모든 성도와 함께 강림하실 때에 하나님 우리 아버지 앞에서 너희 마음을 거룩함에 흠이 없게 세우시기를 원하노라."

예수 그리스도의 재림은 모든 성도의 복된 소망이며 세상의 모든문제의 해답이다. 그러므로 성도는 어떤 환경과 처지 속에서도, 특히고난과 핍박 중에서라도 참고 견디며 다시 오실 주 예수를 기다려야한다. 히브리서 10:36-37, "너희에게 인내가 필요함은 너희가 하나님의 뜻을 행한 후에 약속을 받기 위함이라. 이는 잠시 잠깐 후면 오실이가 오시리니 지체하지 아니하실 것임이라." 요한계시록 22:20, "이것들을 증거하신 이가 말씀하시기를 내가 진실로 속히 오리라 하시거늘, 아멘 주 예수여 오시옵소서."

4. 죽은 자들의 부활과 휴거

죽은 자들의 부활

죽은 자들의 부활은 기독교의 한 근본적 진리이다. 히브리서 6:2, "죽은 자의 부활과 영원한 심판에 관한 교훈의 터를 다시 닦지 말고 완전한 데 나아갈지니라." 그러므로 사도신경은 우리가 "몸이 다시 사는 것"을 믿는다고 고백하였고, 웨스트민스터 신앙고백은, "마지막 날에, 살아있는 자들은 죽지 않고 변화될 것이다. 그리고 모든 죽은 자들은 본래의 몸과 같은 몸들을 가지고 일으킴을 받을 것인데, 그것들은 비록 다른 특질들을 가질지라도 결코 다른 몸들이 아니며 그들의 영혼들과 영원히 다시 결합될 것이다"라고 진술하였다(32:2).

부활의 확실성

자유주의 신학자들은 죽은 자들의 몸의 부활을 부정한다. 예를 들어, 칼 바르트는 죽은 자들의 몸의 부활을 스캔들이요 부조리요 종교적 물질주의요 거침돌이라고 말하였다(죽은 자의 부활 (대한기독교서회), 89쪽). 라인홀드 니이버는 죽은 자들의 부활이 문자적으로 참될 수 없다고 말하였다(*Beyond Tragedy*, p. 290). 판네베르크는 죽은 자들의 부활을 비유적으로 이해해야 한다고 주장하였다(*The Apostles's Creed*, p. 104).

그러나 성경은 죽은 자들의 부활에 대해 밝히 가르친다. 다니엘 12:2, "땅의 티끌 가운데서 자는 자 중에 많이 깨어 영생을 얻는 자도 있겠고 수욕을 받아서 무궁히 부끄러움을 입을 자도 있을 것이며." 주께서는 "이를 기이히 여기지 말라. 무덤 속에 있는 자가 다 그의 음성을 들을 때가 오나니, 선한 일을 행한 자는 생명의 부활로, 악한 일을 행한 자는 심판의 부활로 나오리라"고 말씀하셨고(요 5:28-29),

또 죽은 자의 부활을 부정하는 사두개인들에게 "너희가 성경도 하나
님의 능력도 알지 못하는 고로 오해하였도다"라고 말씀하신 후 출애
굽기 3:6을 인용하고 해석하심으로써 죽은 자의 부활을 증명하기를,
"죽은 자의 부활을 의논할진대 하나님께서 너희에게 말씀하신 바 나
는 아브라함의 하나님이요 이삭의 하나님이요 야곱의 하나님이로라
하신 것을 읽어보지 못하였느냐? 하나님께서는 죽은 자의 하나님이
아니요 산 자의 하나님이시니라"고 하셨다(마 22:31-32).

사도 바울은 벨릭스 총독 앞에서 증거하기를, "저희의 기다리는 바
하나님께 향한 소망을 나도 가졌으니 곧 의인과 악인의 부활이 있으
리라 함이라"고 하였다(행 24:15). 또 그는 "주께서 호령과 천사장의
소리와 하나님의 나팔로 친히 하늘로 좇아 강림하시리니 그리스도
안에서 죽은 자들이 먼저 일어나리라"고 증거했다(살전 4:16).

그는 특히 고린도전서 15장에서 죽은 자들의 부활에 대해 예수 그
리스도의 부활에 근거하여 다음과 같이 강하게 증거하였다.

그리스도께서 죽은 자 가운데서 다시 살아나셨다 전파되었거늘
너희 중에서 어떤 이들은 어찌하여 죽은 자 가운데서 부활이 없다
하느냐? 만일 죽은 자의 부활이 없으면 그리스도도 다시 살지 못하
셨으리라. 그리스도께서 만일 다시 살지 못하셨으면 우리의 전파
하는 것도 헛것이요 또 너희 믿음도 헛것이며 또 우리가 하나님의
거짓 증인으로 발견되리니 우리가 하나님께서 그리스도를 다시 살
리셨다고 증거하였음이라. 만일 죽은 자가 다시 사는 것이 없으면
하나님께서 그리스도를 다시 살리시지 아니하셨으리라. 만일 죽은
자가 다시 사는 것이 없으면 그리스도도 다시 사신 것이 없었을 터
이요 그리스도께서 다시 사신 것이 없으면 너희의 믿음도 헛되고
너희가 여전히 죄 가운데 있을 것이요 또한 그리스도 안에서 잠자
는 자도 망하였으리니 만일 그리스도 안에서 우리의 바라는 것이
다만 이생뿐이면 모든 사람 가운데 우리가 더욱 불쌍한 자리라. 그
러나 이제 그리스도께서 죽은 자 가운데서 다시 살아 잠자는 자들
의 첫 열매가 되셨도다(고전 15:12-20).

또 그는 "보라, 내가 너희에게 비밀을 말하노니, 우리가 다 잠잘 것이 아니요 마지막 나팔에 순식간에 홀연히 다 변화하리니, 나팔소리가 나매 죽은 자들이 썩지 아니할 것으로 다시 살고 우리도 변화하리라"고 말했다(고전 15:51-52). 죽은 자들의 부활은 확실한 진리이다.

부활의 대상

부활의 대상은 아담 이후 모든 사람들이다. 모든 의인들뿐 아니라 모든 악인들도 포함된다. 의인들은 영생의 복된 부활을 하며 악인들은 영벌(永罰)의 부끄러운 부활을 할 것이다. 다니엘 12:2, "땅의 티끌 가운데서 자는 자 중에 많이 깨어 영생을 얻는 자도 있겠고 수욕을 받아서 무궁히 부끄러움을 입을 자도 있을 것이며." 요한복음 5:29, "선한 일을 행한 자는 생명의 부활로, 악한 일을 행한 자는 심판의 부활로 나오리라." 사도행전 24:15, "저희의 기다리는 바 하나님께 향한 소망을 나도 가졌으니 곧 의인과 악인의 부활이 있으리라 함이라." 요한계시록 20:12-15에는 모든 죽은 자들이 부활하여 하나님의 심판대 앞에 서서 그 행한 대로 심판을 받는다고 기록되어 있다.

부활의 때

부활의 때는 천년왕국에 대한 견해에 따라 달라진다. 천년왕국을 교회 시대에 대한 상징으로 보는 견해(무천년설)나 천년왕국 후에 주님의 재림이 있다고 보는 견해(후천년설)에 의하면, 주님의 재림 때 의인들과 악인들이 함께 부활한다. 이것을 '일반 부활'이라고 부른다.

그러나 천년왕국 전에 주님의 재림이 있다고 믿는 견해(전천년설)에 의하면, 주님의 재림 때 의인들이 부활하고 천년왕국이 있은 후에 악인들이 부활한다. 의인들의 부활과 악인들의 부활은 천년의 간격이 있다. 이 견해에 의하면, 두 번의 부활 사건이 있는 것이다.

부활체의 성격

   죽은 자들의 부활체는 죽은 자들의 본래의 몸과 동일성을 가진다. 즉 부활은 죽은 자들의 몸이 다시 사는 것이다. 웨스트민스터 신앙고백 32:2, "모든 죽은 자들은 본래와 같은 몸들을 가지고 일으킴을 받을 것인데, 그것들은 비록 다른 특질들을 가질지라도 결코 다른 몸들이 아니며 그들의 영혼들과 영원히 다시 결합될 것이다." 그러므로 죽은 자들의 부활체와 죽은 자들의 본래의 몸의 동일성을 부정하는 것은 결국 죽은 자들의 부활을 부정하는 일이 될 것이다.

   죽은 자들의 부활체는, 물론, 본래의 몸과 다른 변화된 특질을 가질 것이다. 웨스트민스터 신앙고백 32:3, "불의한 자들의 몸들은 그리스도의 능력으로 치욕을 위해 일으키심을 받을 것이지만, 의인들의 몸들은 그의 영으로 영예를 위해 일으키심을 받고 그 자신의 영광스러운 몸을 닮게 될 것이다."

   죽은 의인들의 몸의 부활체는 강하고 아름답고 영광스러운 몸일 것이다. 고린도전서 15:42-44, "죽은 자의 부활도 이와 같으니, 썩을 것으로 심고 썩지 아니할 것으로 다시 살며, 욕된 것으로 심고 영광스러운 것으로 다시 살며, 약한 것으로 심고 강한 것으로 다시 살며, 육의 몸으로 심고 신령한 몸으로 다시 사나니." 고린도전서 15:51-52, "보라, 내가 너희에게 비밀을 말하노니, 우리가 다 잠잘 것이 아니요 마지막 나팔에 순식간에 홀연히 다 변화하리니 나팔 소리가 나매 죽은 자들이 썩지 아니할 것으로 다시 살고 우리도 변화하리라." 의인의 부활체는 썩지 않을 몸이며 아름답고 영광스러운 몸이며 강한 몸이며 신령한 몸이다. '신령한 몸'이 어떤 것인지 우리가 알지 못하지만, 단순히 영은 아니다. 의인의 영은 죽은 적이 없고 그 영이 부활체일 수는 없기 때문이다. 부활은 죽은 몸의 부활이다.

   또 의인의 부활체는 그리스도의 영광의 몸의 형체를 닮을 것이다.

빌립보서 3:21, "그가 만물을 자기에게 복종케 하실 수 있는 자의 역사로 우리의 낮은 몸을 자기 영광의 몸의 형체와 같이 변케 하시리라." 그 의인의 부활체는 부활하신 주님처럼 시간과 공간의 제약을 받지 않는 몸일 것이다. 누가복음 24:31, "저희 눈이 밝아져 그인 줄 알아보더니 예수께서는 저희에게 보이지 아니하시는지라." 요한복음 20:19, "이 날 곧 안식 후 첫날 저녁 때에 제자들이 유대인들을 두려워하여 모인 곳에 문들을 닫았더니 예수께서 오사 가운데 서서 말씀하시기를 너희에게 평안이 있을지어다." 또 의인의 부활체는 공중으로 올라갈 수 있는 몸이다. 데살로니가전서 4:16-17, "주께서 친히 외치는 소리와 천사장의 목소리와 하나님의 나팔 소리와 함께 하늘로부터 내려오시며 그리스도 안에 있는 죽은 자들이 먼저 일어나고 . . . 공중에서 주님을 만나기 위해 구름 속으로 끌어올려 갈 것이며."

그러나 악인들의 부활체는 영벌(永罰)을 받을 부끄러운 몸일 것이다. 다니엘 12:2, "자는 자 중 많이 깨어 영생을 얻을 자도 있고 영원한 수욕을 입을 자도 있을 것이며." 요한복음 5:29, "선한 일을 행한 자는 생명의 부활로, 악한 일을 행한 자는 심판의 부활로 나오리라." 악인들은 그 부활체로 영원한 지옥 형벌을 받게 될 것이다. 마태복음 10:28, "몸은 죽여도 영혼은 능히 죽이지 못하는 자들을 두려워하지 말고 오직 몸과 영혼을 능히 지옥에 멸하시는 자를 두려워하라."

우리는 성경에 계시된 대로 죽은 자들의 몸의 부활을 믿는다. 이 진리는 예수 그리스도의 부활과 신구약성경의 많은 말씀들에 의해 확실하게 증거되었다. 의인들은 영광스러운 몸으로 부활하고 악인들은 부끄러운 몸으로 부활할 것이다. 죽은 자들의 몸의 부활은 의인들에게는 복된 소망이지만, 악인들에게는 심히 두려운 진리이다. 그러므로 우리는 이 세상 사는 동안 구주 예수 그리스도를 진실히 믿고 성경에 계시된 하나님의 모든 뜻에 순종하는 의인들로 살아야 한다.

4. 죽은 자들의 부활과 휴거

휴거(携去, Rapture)

주 예수께서 재림하실 때, 죽은 성도들은 부활하고 살아 있는 성도들은 변화되어 공중에 끌어 올려 주님을 영접하게 될 것이다. 데살로니가전서 4:16-17, "주께서 호령과 천사장의 소리와 하나님의 나팔로 친히 하늘로 좇아 강림하시리니 그리스도 안에서 죽은 자들이 먼저 일어나고 그 후에 우리 살아 남은 자도 저희와 함께 구름 속으로 끌어 올려 공중에서 주님을 영접하게 하시리니 그리하여 우리가 항상 주와 함께 있으리라." 주님의 재림 때에 '공중에 끌어올림을 받는 것'을 휴거(携去, rapture)라고 말한다. 과연 휴거가 있을 것인가? 있다면, 그것은 대환난 전인가, 후인가? 이 주제는 특히 세대주의자들로 인해 오늘날 교리적 토론의 문제가 되었다.

환난 전(前) 휴거설

환난 전 휴거설이란, ① 예수 그리스도의 재림이 공중에의 은밀한 재림과 지상에의 영광의 재림의 두 단계로 이루어지며, ② 그 두 사이에 7년간의 대환난 기간이 있을 것이라고 전제한 후, ③ 그리스도인들은 대환난에 참여하지 않고 대환난 전 주께서 공중에 은밀하게 재림하실 때 죽은 자들은 부활하고 산 자들은 변화되어 하늘로 들리운다는 견해이다. 드와이트 펜테코스트, 헨리 디이슨, 레온 우드 등 많은 세대주의자들이 이 견해를 취하였다.

이 견해를 가지는 자들은 다음과 같은 점들을 그 근거로 제시한다. ① 주님의 재림의 돌연성. 그들은 주 예수께서 어느 때든지 오실 수 있기 때문에 대환난 후가 아니고 대환난 전에 오셔야 한다고 주장한다. ② 주님의 재림 전의 대환난 시대의 성격. 그들은 요한계시록 6-19장에 묘사된 대환난 시대가 하나님의 진노의 시대이며(계 8:13, "땅에 있는 자들에게 화, 화, 화가 있으리로다") 그리스도인은 하나님의 진노를 면한 자들이기 때문에(롬 5:9) 그 대환난에 참여할 수 없다고 주장한다. ③ 대환난 시대에는 교회라는 말이 안 나옴. 그들은 요한계시록 4-19장에서 교회라는 말이 안 나오고 성도라는 말만 나오는데, 이것은 대환난 기간 전에 교회가 휴거되고 세상에 이스라엘 백성만 남기 때문이라고 추론했다. 요한계시록 5:8, "책을 취하시매 네 생물과 이십사 장로들이 어린양 앞에 엎드려 각각 거문고와 향이 가득한 금 대접을 가졌으니 이 향은 성도의 기도들이라." 요한계시록 13:7, "권세를 받아 성도들과 싸워 이기게 되고 각 족속과 백성과 방언과 나라를 다스리는 권세를 받으니." 이런 구절들 외에도, 요한계시록 13:10; 14:12; 17:6; 18:20; 19:8 등을 근거로 삼는다.

그러나 우리는 이 견해에 대해 다음과 같이 비평할 수 있다. 첫째로, 예수 그리스도의 재림은 갑작스러운 것이지, 반드시 어느 때든지 오실 수 있는 것은 아니다. 예수께서는 '도적같이'(마 24:43)라는 비유를 사용하셨으나 그것은 자신의 재림 전의 징조들과 대환난에 대해 말씀하시고 그 후에 있을 자신의 재림을 말씀하시면서 하신 비유이다. 그러므로 주 예수의 재림의 갑작스러움 혹은 돌연성이라는 개념에 근거하여, 주님의 재림이란 대환난 후일 수 없고 대환난 전일 수밖에 없다고 결론을 내리는 것은 문맥상 논리적 비약이며 잘못이다.

둘째로, 대환난 시대가 하나님의 진노의 시대로 묘사된 것은 사실이지만, 그 말은 악인들을 향한 표현이지 신자들을 향한 표현이 아니다. 요한계시록은 대환난 시대에 성도들이 있고 더욱이 그 환난 중에도 성도들에게 피할 길이 있다고 증거한다. 요한계시록 9:4, (황충 재앙) "오직 이마에 하나님의 인 맞지 않은 자들만 해하라." 요한계시록 16:2, (첫째 대접) "첫째가 가서 그 대접을 땅에 쏟으매 악하고 독한 헌데가 짐승의 표를 받은 사람들과 그 우상에게 경배하는 자들에게 나더라." 그러므로 환난 시대를 묘사하는 '진노'라는 말은 악인들을 향한 표현이지 성도들을 향한 표현이 아니다.

셋째로, 신약시대에 성도들과 교회는 같은 무리를 가리킨다. 신약시대에는 성도들의 모임이 곧 교회요 교회가 곧 성도들의 모임이다. 로마서 1:7, "로마에 있어 하나님의 사랑하심을 입고 성도로 부르심을 입은 모든 자에게." 그러므로 대환난 시대에 남아 있는 성도들이 신약교회의 한 지체가 아닐 것이라는 추론은 잘못이다. 더욱이, 요한계시록은 교회에 주신 책이다. 요한계시록 1:11, "너 보는 것을 책에 써서 . . . 일곱 교회에 보내라." 요한계시록 22:16, "나 예수는 교회들을 위하여 내 사자를 보내어 이것들을 너희에게 증거하게 하였노라." 그러므로 이 책의 내용이 교회와 상관없다고 보는 것은 적절한 생각이 아니다.

넷째로, 무엇보다 주님의 재림을 공중 재림과 지상 재림의 두 단계로 구별하는 것은 성경적으로 타당하지 않다. 성경에 밝히 계시된 주 예수님의 재림은 두 단계적 사건이 아니고, 모든 사람이 눈으로 볼 수 있는 단일한 사건이다. '공중에의 은밀한 재림'이라는 개념은 성경 어디에서도 찾아볼 수 없다. 성경에 밝히 계시되고 예언된 그리스도의 재림은 볼 수 있게, 영광스럽게 이루어지는 사건이다. 실상, 휴거에 대해 말한 데살로니가전서 4:16은 휴거가 은밀한 재림의 때가 아니라 '시끄러운' 재림의 때에 이루어질 것이라고 분명하게 증거한다.

역사적으로 살펴볼 때, 이중적 혹은 두 단계적 재림설은 교회 역사상 19세기 초 처음 나타난 견해이다. 최초의 주장자는 1812년 스페인어로 영광과 위엄 중에 오실 메시아라는 책을 쓴 칠레 출신 예수회 신부 임마누엘 라쿤자(Emmanual Lacunza)이었던 것 같다. 이 책은 1826년 영광과 위엄 중에 오실 메시아(*The Coming Messiah in Glory and Majesty*)라는 제목으로 스코틀랜드 장로교 목사 에드워드 어빙에 의해 영어로 번역되었다(John L. Bray, *The Origin of the Pre-tri-*

bulation Rapture Teaching (1985)). 그 후 1830년 4월에 스코틀랜드 포트 글라스고우에서 마가릿 맥도날드라는 한 젊은 여자는 예언과 환상을 통해 은밀한 공중 재림과 부분적 휴거에 대한 새로운 계시를 받았다고 주장하였다(Dave MacPherson, *The Incredible Cover-Up* (1975)).

세대주의의 본산지인 영국 플리머스 형제단 운동의 핵심적 지도자인 존 다비는 에드워드 어빙과 잘 아는 사이이었고, 마가릿 맥도날드와도 교제가 있었다. 존 다비는 1879년에 쓴 그의 편지에서 주께서 성도들을 위해 오시는 은밀한 공중 재림의 진리가 1827년에(라쿤자의 책이 영어로 번역된 그 다음해) 자신을 자유케 한 진리라고 기록했다. 존 다비가 가졌던 견해는 스코필드(C. I. Scofield)와 그의 관주 성경(*Scofield Reference Bible*)을 통해 미국과 세계에 널리 퍼졌다.

부분적 휴거설

부분적 휴거설이란 환난 전 휴거설의 한 변형된 형태로 예수 그리스도께서 공중에 은밀히 재림하실 때 오직 승리적 신앙생활을 한 자들만 휴거되며 지상에는 대환난이 있어 승리적 신앙생활을 하지 못한 자들이 그 환난에 참여하게 될 것이라는 견해이다. J. S. 싸이스, G. H. 랭 등이 이 견해를 취하였다.

이 견해의 주장자들은 그들의 견해의 근거로 몇 개의 성경구절들을 제시하였다. 누가복음 21:36, "이러므로 너희는 장차 올 이 모든 일을 능히 피하고 인자 앞에 서도록 항상 기도하며 깨어 있으라." 히브리서 9:28, "이와 같이 그리스도도 많은 사람의 죄를 담당하시려고 단번에 드리신 바 되셨고 구원에 이르게 하기 위하여 자기를 간절히 기다리는 자들에게 죄와 관계 없이 두 번째 나타나시리라." 요한일서 2:28, "자녀들아, 이제 그 안에 거하라. 이는 주께서 나타내신 바 되면 그의 강림하실 때에 우리로 담대함을 얻고 그 앞에서 부끄럽지 않게 하려 함이라."

그러나 부분적 휴거설은 개신교적 연옥설과 같다. 우리는 주 예수 그리스도의 완전한 대속의 공로로 구원을 얻었다. 사람에게는 구원과 멸망 중 하나가 있을 뿐이지 그 중간지대는 없다. 부분적 휴거설은 또한 성경의 다른 여러 구절들과 조화되지 않는다. 로마서 10:13, "누구든지 주님의 이름을 부르는 자는 구원을 얻으리라." 고린도전서 15:51, "우리가 마지막 나팔에 순식간에 홀연히 다 변화하리니."

환난 중간 휴거설

환난 중간 휴거설이란 환난 전 휴거설의 또 하나의 변형된 형태로 주 예수께서 공중에 은밀히 재림하신 후 7년 대환난 기간에 그리스도인들은 환난 기간 중간, 즉 전 3년 반 직후에 휴거된다는 견해이다. 노만 해리슨, 르네 파쉐, 글리슨 아처 등이 이 견해를 취하였다.

이 견해의 주장자들은 그 근거로 요한계시록 11:3-12를 제시하고 거기에 나오는 두 증인이 신약교회를 상징하고 그들의 승천이 교회의 휴거를 가리킨다고 생각한다. 그러나 요한계시록 11장의 두 증인에 대한 환상은 상징적 내용이다. 요한계시록의 다른 여러 부분들과 같이 그 구절에 대한 해석도 독단적으로 말할 수 없다고 본다. 그 두 증인은 여섯째 나팔 재앙 후 환난시대 동안 사역하는 두 인물을 가리킬 것이다. 여하튼, 환난 중간 휴거설은 요한계시록의 한 상징적 사건에 대한 주관적 해석에 근거하므로 확실한 견해가 되기 어렵다.

환난 후(後) 휴거설

환난 후 휴거설이란 대환난 시대가 지난 후 주 예수께서 단회적으로 영광스럽게, 눈으로 볼 수 있게 다시 오실 때, 모든 그리스도인들이 죽은 자들은 부활하고 살아 있는 자들은 변화되어 공중으로 올리워 재림하시는 주 예수님을 영접하게 된다는 견해이다. 이것이 성경적, 역사적 견해이다. 전통적 종말론은 어느 파의 것이든지 주님의 재림의 단일성(은밀한 공중 재림과 드러난 지상 강림의 두 단계가 아니고)과 그의 재림 때 믿는 성도들의 하늘로 올리움(휴거)를 믿었다. 그러나 세대주의 종말론과 휴거론, 특히 환난 전, 환난 중간, 부분 휴거론 등의 등장으로 휴거에 대한 여러 견해들이 나뉜 것이다.

그러므로 전통적, 성경적 개혁신학에서 휴거는 특별한 의미를 가지지 않는다. 그것은 '대환난을 피하기 위한' 사건이거나 그런 의미에서의 복된 소망이 아니다. 휴거는 주께서 재림하실 때 부활하거나 변화된 성도들이 재림하시는 주님을 영접하는 사건일 뿐이다. 마태복음 24:30-31, "그때에 인자의 징조가 하늘에서 보이겠고 그때에 땅의 모든 족속들이 통곡하며 그들이 인자(人子)가 구름을 타고 능력과 큰 영광으로 오는 것을 보리라. 저가 큰 나팔소리와 함께 천사들을 보내리니 저희가 그 택하신 자들을 하늘 이 끝에서 저 끝까지 사방에서 모으리라." '모으리라'는 원어(에피쉰악수시 ἐπισυνάξουσι)는 데살로니가후서 2:1의 "우리가 너희에게 구하는 것은 우리 주 예수 그리스도의 강림하심과 우리가 그 앞에 모임에 관하여"에서의 '모임'이라는 원어(에피쉰아고게 ἐπισυναγωγή)와 같은 어원이다. 데살로니가전서 4:16-17, "주께서 호령과 천사장의 소리와 하나님의 나팔로 친히 하늘로 좇아 강림하시리니 그리스도 안에서 죽은 자들이 먼저 일어나고 그 후에 우리 살아 남은 자도 저희와 함께 구름 속으로 끌어 올려 공중에서 주님을 영접하게 하시리니 그리하여 우리가 항상 주님과 함께 있으리라."

우리는 죽은 자들의 몸의 부활을 믿어야 한다. 의인들은 영광스럽게, 악인들은 수치스럽게 부활할 것이다. 또 우리는 주께서 대환난 후에 오실 것이며 그때 우리는 주님을 맞기 위해 하늘에 올리울 것이다.

5. 천년왕국(千年王國)

천년왕국(millennium)의 문제는 요한계시록 20:1-10에 대한 해석의 문제이다. 요한계시록 20:1-10의 말씀은 다음과 같다:

또 내가 보매 천사가 무저갱 열쇠와 큰 쇠사슬을 그 손에 가지고 하늘로서 내려와서 용을 잡으니 곧 옛 뱀이요 마귀요 사단이라. 잡아 일천년 동안 결박하여 무저갱에 던져 잠그고 그 위에 인봉하여 천년이 차도록 다시는 만국을 미혹하지 못하게 하였다가 그 후에는 반드시 잠깐 놓이리라. 또 내가 보좌들을 보니 거기 앉은 자들이 있어 심판하는 권세를 받았더라. 또 내가 보니 예수의 증거와 하나님의 말씀을 인하여 목 베임을 받은 자의 영혼들과 또 짐승과 그의 우상에게 경배하지도 아니하고 이마와 손에 그의 표를 받지도 아니한 자들이 살아서 그리스도로 더불어 천년 동안 왕노릇하니 그 나머지 죽은 자들은 그 천년이 차기까지 살지 못하더라. 이는 첫째 부활이라.

요한계시록 20장에 언급된 천년왕국은 문자적으로 성취될 것인가, 아니면 단지 어떤 상징인가? 또 천년왕국은 시간적으로 요한계시록 19장에 이어지는 사건인가, 아니면 시간적 전후 관계가 없는 독립적 사건이나 사실인가? 요한계시록의 말씀과 신약성경의 다른 부분들, 특히 복음서들과 바울 서신들의 말씀들은 어떻게 조화될 수 있는가?

천년왕국에 대해, 무천년설, 후천년설(천년왕국 후 재림설), 전천년설(천년왕국 전 재림설) 등 세 가지 견해가 있고 전천년설에도 세대주의 전천년설과 역사적 전천년설이 있어 모두 네 가지 견해가 있는 셈이다. 개혁교회의 신학자들은 무천년설 내지 후천년설을 선호하였으나, 우리나라에 온 초기 선교사들 중에는 역사적 전천년설을 가진 자들이 있었고 그것은 한국의 보수적 장로교회의 내세론, 종말론에서 한 중요한 견해가 되었다. 그러면 각 견해를 살펴보자.

무천년설(無千年說, Amillennialism)

무천년설이란, 요한계시록 20장에 언급된 천년왕국이 '천년' 동안의 지상 왕국을 가리키는 것이 아니고 신약교회 시대에 대한 상징이라고 보는 견해이다. 이것은 초대교회 때에 어거스틴, 종교개혁시대에 루터와 칼빈, 그리고 근대에 와서 아브라함 카이퍼, 헤르만 바빙크, 루이스 벌코프 등 유력한 개혁파 신학자들이 가졌던 견해이다.

무천년설이 중요하게 근거로 삼는 점은 두 가지라고 보인다. 첫째는 신약성경의 다른 곳에는 천년왕국이 언급되어 있지 않다는 점이다. 둘째는 성경, 특히 신약성경이 의인들과 악인들의 부활과 심판을 동시에 일어날 사건으로 묘사한다는 것이다.

예를 들어, 다니엘 12:2, "땅의 티끌 가운데서 자는 자 중에 많이 깨어 영생을 얻는 자도 있겠고 수욕을 받아서 무궁히 부끄러움을 입을 자도 있을 것이며." 마태복음 13:41-43, "인자(人子)가 그 천사들을 보내리니 저희가 그 나라에서 모든 넘어지게 하는 것과 또 불법을 행하는 자들을 거두어 내어 풀무불에 던져 넣으리니 거기서 울며 이를 갊이 있으리라. 그때에 의인들은 자기 아버지 나라에서 해와 같이 빛나리라." 요한복음 5:28-29, "무덤 속에 있는 자가 다 그의 음성을 들을 때가 오나니 선한 일을 행한 자는 생명의 부활로, 악한 일을 행한 자는 심판의 부활로 나오리라." 마태복음 25장에 나오는 열 처녀의 비유와 양과 염소의 비유에서도 그러하다. 데살로니가후서 1:7-9, "주 예수께서 저의 능력의 천사들과 함께 하늘로부터 나타나실 때에 하나님을 모르는 자들과 우리 주 예수님의 복음을 복종치 않는 자들에게 불로 형벌을 주시리니 이런 자들이 주님의 얼굴과 그의 힘의 영광을 떠나 영원한 멸망의 형벌을 받으리로다." 베드로후서 3:10-13, "주님의 날이 도적같이 오리니 그 날에는 하늘이 큰 소리로 떠나가고 체질이 뜨거운 불에 풀어지고 땅과 그 중에 있는 모든 일이 드러나리로다[모든 것이 불타버리리라]. . . . 그 날에 하늘이 불에 타서 풀어지고 체질이 뜨거운 불에 녹아지려니와 우리는 그의 약속대로 의의 거하는 바 새 하늘과 새 땅을 바라보도다.”

그러나 무천년설에 대해 다음과 같이 비평할 수 있다. 첫째로, 요한계시록이 종말 예언에 있어서 독특한 성격과 권위를 가지기 때문에, 신약성경의 다른 곳에 천년왕국에 대한 언급이 없다 할지라도 요한계시록의 내용이 그렇다면 천년왕국은 가능하다고 보아야 할 것이다. 요한계시록 1:19, “그러므로 네 본 것과 이제 있는 일과 장차 될 일을 기록하라.” 더욱이, 요한계시록 22:18-19에서 주께서는 요한계시록의 예언의 말씀들을 가감(加減)하는 자들에게 엄중히 경고하셨다.

둘째로, 요한계시록 20장에 6번이나 언급된 ‘천년’을 단순히 신약교회 시대의 상징이라고 해석하는 것이 과연 바르고 적절한가?

셋째로, 천년왕국을 신약교회 시대로 보는 것이 과연 ‘사탄의 결박’에 대해 바르게 해석한 것인가? 요한계시록 20:2-3, “용을 잡으니 곧 옛 뱀이요 마귀요 사단이라. 잡아 천년 동안 결박하여 무저갱에 던져 잠그고 그 위에 인봉하여 천년이 차도록 다시는 만국을 미혹하지 못하게 하였다가 그 후에는 반드시 잠깐 놓이리라.” 과연 여기 묘사된 ‘사탄이 결박된 시대’가 신약시대에 적합한가? 오히려 신약교회 시대는 요한계시록 6-19장에 묘사된 환난 시대 곧 마귀의 활동과 미혹이 존재하는 시대가 아닌가? 사도들은 이미 종말의 징조가 시작되었다고 느끼지 않았던가?(요일 4:3). 신약교회 시대가 그러하다면, 어떻게 그것이 천년왕국으로 묘사될 수 있겠는가?

후천년설(後千年說, Postmillennialism)

후천년설이란, 요한계시록 20장의 천년왕국이 신약교회 시대 후기(後期)에 있을 기독교 황금시대를 가리키며 그 후에 주님의 재림이 있을 것이라는 견해이다. 이것은 촬스 핫지, 윌리암 쉐드, 로버트 댑니, 벤자민 워필드 등 유력한 장로교 신학자들이 가졌던 견해이었다.

후천년설이 근거로 삼는 점은 무천년설의 근거와 같이 신약성경의 다른 곳에 천년왕국이 언급되어 있지 않다는 것과, 성경이 전체적으로 의인과 악인의 부활과 심판을 동시에 일어날 사건으로 묘사한다는 것이며, 거기에 더하여 천년왕국에서의 '사탄의 결박'이 신약교회 시대 전체에 해당되지 않고 신약교회 시대의 후기에 기독교 복음이 꽃피어 그 영향력이 온 세계에 미치는 때에 해당된다고 보는 것이다.

그러나 후천년설에 대해 다음과 같이 비평할 수 있다. 첫째로, 이 견해는 말세의 징조들에 대한 성경의 교훈과 조화되는가? 신약성경은 말세에 어려운 시대, 배교의 시대가 올 것이라고 예언한다. 마태복음 24:11, "거짓 선지자가 많이 일어나 많은 사람을 미혹하게 하겠으며." 디모데후서 3:1-2, "말세에 어려운 때가 이르리니 이는 사람들이 자기를 사랑하며 돈을 사랑하며 자긍하며 교만하며." 디모데후서 4:3-4, "때가 이르리니 사람이 바른 교훈을 받지 아니하며 귀가 가려워서 자기의 사욕을 좇을 스승을 많이 두고 또 그 귀를 진리에서 돌이켜 허탄한 이야기를 좇으리라." 요한일서 4:3, "[거짓 선지자가] 오리라 한 말을 너희가 들었거니와 이제 벌써 세상에 있느니라."

둘째로, 후천년설은 요한계시록 19-20장의 사건 순서에 조화되지 않는다. 요한계시록의 사건 순서는 ① 대환난시대(6-18장), ② 그리스도의 재림(19:11-16), ③ 적그리스도와 거짓 선지자의 멸하심(19:19-21), ④ 천년 동안의 사탄의 결박(20:2), ⑤ 첫째 부활(20:4-5), ⑥ 천년 동안의 왕노릇(20:4, 6), ⑦ 천년 후 사탄이 놓여 땅의 백성들을 미혹하여 전쟁케 함(20:7-9), ⑧ 하늘에서 불이 내려와 저희를 소멸함(20:9), ⑨ 사탄이 불못에 던지움(20:10), ⑩ 마지막 심판(20:11-15)이다. 그러나 후천년설은 천년간 사탄의 결박과 첫째 부활과 천년 동안 왕노릇함을 대환난시대보다 앞에 두어야 하며 (후천년설에서도 대환난을 재림 직전의 징조로 보기 때문에), 천년 후 사탄이 놓여 땅의 백성들을 미혹하여 전쟁케 함(20:7-9)과 하늘에서 불이 내려와 저희를 소멸함(20:9)을 대환난시대(6-18장)와 그리스도의 재림(19:11-16)으로 보아야 할 것이지만, 그것들은 본문 해석상 매우 부자연스럽다.

셋째로, 후천년설은 특히 제1, 2차 세계대전 후 오늘 시대의 불안한 상황과 조화되는가? 21세기는 밝은 전망보다는 어두운 전망을 가지고 있다. 어느 시대나 그러했겠지만, 현시대는 이단, 배교, 기근, 질병, 전쟁, 낙태, 동성애 등 여러 가지 문제들을 안고 있다. 신약교회 시대 후기의 복음의 황금시대라는 관념은 현실성이 없어 보인다.

세대주의 전천년설(Dispensational Premillennialism)

전천년설(前千年說)은 주님의 재림 후에 천년왕국이 있다고 보는 견해인데, 세대주의 전천년설과 역사적 전천년설이 있다. 세대주의 전천년설은 천년왕국을 유대인들의 천년왕국, 즉 구약적 성격의 천년왕국으로 본다. C. I. 스코필드, L. S. 체이퍼(Chafer), J. D. 펜테코스트, J. F. 월보어드 등 세대주의자들이 이 견해를 가진다. 이 견해는 이사야(사 65:20, 25)와 에스겔(겔 40-48장; 45:17; 46:3, 13) 등의 이스라엘의 회복에 대한 예언들이 천년왕국에서 성취되며 예루살렘 성전이 재건되고 짐승 제사들과 절기들이 회복된다고 본다.

세대주의 전천년설의 근거로 제시되는 것은, 첫째로 요한계시록 19, 20장을 시간 순서로 보아서 19장에 예언된 그리스도의 재림 후 20장에 예언된 천년왕국이 있을 것이라는 것과, 둘째로 이스라엘의 회복에 대한 구약성경의 예언들이 문자적으로 성취될 것이라는 것이다. 세대주의의 특징은 문자적 성경 해석이다. 그러므로 세대주의는 장차 이루어질 천년왕국의 성격이 구약적이라고 본다.

그러나 이 견해는 다음과 같이 비평할 수 있다. 첫째로, 요한계시록 20장의 천년왕국에 대한 문자적 해석은 좋으나, 신약성경에 그 외의 부분들은 천년왕국에 대해 침묵하고 있고 또 신약성경의 대부분이 예수께서 재림하심으로 의인들과 악인들이 동시에 부활하고 마지막 심판을 받을 것으로 묘사한다는 점을 쉽게 무시할 수 없다.

둘째로, 특히 구약성경의 예언들에 대한 문자적 해석은 정당해 보이지 않는다. 성경의 문자적 해석은 일반적으로 건전한 해석 원리이지만, 성경의 예언들과 상징들에 대해서는 적절하지 않다. 신약성경 자체가 때때로 구약성경을 영적으로 해석한다. 예를 들어, 사도 바울은 갈라디아서 3:29에서 예수님 믿는 이방인 그리스도인들에게 "너희가 그리스도께 속한 자면 곧 아브라함의 자손이요"라고 불렀다.

셋째로, 가장 중요한 점은, 신약성경이 구약시대의 성전 제도, 제사들, 절기들 등 소위 의식법(儀式法)이 예수 그리스도의 속죄사역으로 폐지되었다고 선언한다는 것이다. 다니엘 9:27, "그가 그 이레의 절반에 제사와 예물을 금지할 것이며." 골로새서 2:16-17, "먹고 마시는 것과 절기나 월삭이나 안식일을 인하여 누구든지 너희를 폄론[판단]하지 못하게 하라. 이것들은 장래 일의 그림자이나 몸은 그리스도의 것이니라." 히브리서 8:13, "새 언약이라 말씀하셨으매 첫것은 낡아지게 하신 것이니 낡아지고 쇠하는 것은 없어져가는 것이니라." 그러므로 예수께서 재림하신 후 천년왕국시대에 성전 제도와 제사들, 절기들이 다시 있을 것이라는 구약 예언들의 문자적 해석은 신약 계시와 복음의 빛 아래서 용납되기 어렵다. 구약의 의식법들이 예수 그리스도의 오심으로 폐지되었는데, 어떻게 그림자와 같은 법들에 규정된 의식들이 그 실체(實體)가 오신 후에도 행해질 수 있겠는가? 그러므로 세대주의적 견해는 받아들이기 어렵다고 본다.

5. 천년왕국(千年王國)

역사적 전천년설(Historical Premillennialism)

역사적 전천년설은, 주님의 재림 후 천년왕국이 있다고 보는 점에서는 세대주의 전천년설과 같으나, 천년왕국을 신약적 성격의 나라로 보는 점에서 세대주의적 견해와 다르다. 이것은 초대교회에 저스틴, 이레니우스, 터툴리안 등의 교부들이 가졌던 견해이었으므로 '역사적 전천년설'이라고 부른다. 근대에 벵겔, 고데, 랑게, 알포드, 엘리콧, 잔 등 성경주석가들이 이 견해를 취하였다. 한국 장로교회는 초기 평양 신학교 조직신학 교수 이눌서(레이놀드) 선교사를 통해 전천년설을 전수받았고 그 후 장로교 총회신학교에서 오랫동안 조직신학을 가르쳤던 박형룡 박사에 의해 이 견해가 전수되었다.

역사적 전천년설의 근거는 그것이 요한계시록의 본문에 가장 적합하다는 점이다. 요한계시록의 사건들의 순서는 ① 대환난시대(6-18장), ② 그리스도의 재림(19:11-16), ③ 적그리스도와 거짓 선지자를 멸하심(19:19-21), ④ 천년 동안의 사탄의 결박(20:2), ⑤ 첫째 부활(20:4-5), ⑥ 천년 동안의 왕노릇(20:4, 6), ⑦ 천년 후 사탄이 놓여 땅의 백성을 미혹하여 전쟁케 함(20:7-9), ⑧ 하늘에서 불이 내려와 그들을 소멸함(20:9), ⑨ 사탄이 지옥 불못에 던지움(20:10), ⑩ 마지막 심판(20:11-15). 이 사건들을 순서적으로 보면, 사탄이 결박되는 때는 예수 그리스도의 재림 직후, 즉 적그리스도와 거짓 선지자가 지옥에 던지운 직후이다. 재림의 주께서 사탄으로 하여금 세계 만국을 미혹하지 못하게 하심으로 온 세상에 평화의 시대가 올 것이다.

첫째 부활에 참여하여 천년왕국에서 심판 권세를 받고 그리스도와 더불어 왕노릇할 자들(4절)은 누구인가? 그들은 순교자들과, 적그리스도의 표를 받지 않고 그 우상에게 절하지 않은 참된 성도들이다. 첫째 부활(5절)은 예수님 믿는 성도들의 부활이다. 그러면 둘째 부활은 악인들의 부활이다. 또 부활한 성도들의 통치를 받는 자들은 누구인가? 그들은 그때에 세상에 남아 있는 믿지 않는 자들이다. 그들이 8절에 나오는 '땅의 사방 백성 곧 곡과 마곡'이며 마지막으로 성도들의 진과 사랑하시는 성을 둘러 전쟁을 일으킬 자들이다.

그러나 역사적 전천년설에도 어려운 점이 없지 않다. 신약성경은 요한계시록 외에서 천년왕국에 대해 침묵한다. 또 신약성경의 종말론에서 천년왕국의 필요성과 중요성은 매우 약해 보인다. 예수 그리스도의 재림 이후에 과연 천년 동안의 긴, 그러나 임시적인 왕국이 필요하며 의미가 있는 것인가? 또 신약성경이 주님의 재림 때에 의인들과 악인들이 다 부활하고 마지막 심판대에 서게 될 것이라고 말하는 것 같다는 점은 천년왕국에 대한 문자적 신념을 약화시킨다.

천년왕국은 성경의 교리들 중에서 매우 난해한 문제이다. 세계적으로 장로교회의 전통적 견해는 무천년설 내지 후천년설이었고, 한국 장로교회의 전통적 견해는 역사적 전천년설이었다. 한국 장로교회의 보수신학의 틀을 세웠던 고(故) 박형룡 박사는 이런 어려움을 인식하면서 천년왕국 문제에 관하여 다음과 같이 온건한 결론을 내렸다:

천년기를 중심으로 하여 갈라진 재림 삼론은 교파의 구별 없이 정립(鼎立)하여[나란히 서서] 개인들의 자유 취사를 기다리게 된다. 그것은 대교파들의 신경(信經)들이 이 삼론에 대하여 취사를 행하지 않은 고로 아무라도 교회의 권위에 의하여 이것들의 시비(是非)를 결정하기 곤란한 때문이다. 다른 여러 가지 근본적인 신념들에서 서로 동의하는 같은 복음주의자들 사이에도 재림과 천년기 문제에 대해서는 삼론의 정립(鼎立)함[나란히 섬]을 피하지 못한다. 그러므로 교회의 지도자들과 신도들은 이 삼론의 하나를 자유로 취하되 다른 이론을 취하는 자들에게 이해와 동정으로 대하여야 할 것이다(박형룡, 교의신학. 제7권. 내세론, 277쪽).

우리는 역사적 전천년설을 취하되 포용심을 가져야 한다고 본다.

6. 마지막 심판

주 예수께서는 심판주로 다시 오실 것이다. 그가 다시 오셔서 하시는 일은 마지막 심판이다. 사도신경은 "저리로서 산 자와 죽은 자를 심판하러 오시리라"고 고백했다. 마지막 심판은 하나님의 구원 계획의 마지막 대사건이다. 노아 시대에 하나님께서 홍수로 세상을 멸망시키신 것은 마지막 심판의 한 예표이었다(벧후 3:6-7). 사도 바울은 벨릭스 총독에게 장차오는 심판을 강론했다(행 24:25). 히브리서 6:2는 마지막 심판이 기독교의 근본교리에 속한다고 증거했다. 요한계시록 끝에는 흰 보좌에 앉으신 이의 심판의 광경이 인류 역사의 마지막 큰 사건으로 기록되어 있다(계 20:11-15).

심판주

마지막 심판 때에 심판주는 예수 그리스도이시다. 신약성경은 이 사실을 밝히 증거한다. 세례 요한은 증거하기를, 자신의 뒤에 오시는 그리스도께서 장차 "손에 키를 들고 자기 타작 마당을 정하게 하사 알곡을 모아 곡간에 들이고 쭉정이를 꺼지지 않는 불에 태우시리라"고 하였다(마 3:12). 예수께서는 아버지께서 심판을 아들에게 맡기셨다고 말씀하셨고(요 5:22), 또 그가 다시 오실 때, 목자가 양과 염소를 나누듯, 영생할 자들과 영벌(永罰) 받을 자들을 나눌 것이라고 말씀하셨다(마 25:31-48).

사도 베드로는 주 예수께서 산 자들과 죽은 자들의 심판자이심을 증거하였다(행 10:42). 또 사도 바울은 하나님께서 예수 그리스도로 천하를 공의로 심판하실 날을 작정하셨다고 증거하였고(행 17:31), 또 고린도후서 5:10에서는, "이는 우리가 다 반드시 그리스도의 심판대 앞에 드러나 각각 선악간에 그 몸으로 행한 것을 따라 받으려 함이라"고 말하였다. '그리스도의 심판대'라는 표현은 예수 그리스도께서 마지막 심판 때에 심판자가 되심을 나타낸다.

천사들은 마지막 심판에서 주 예수 그리스도를 돕는 자들이 될 것이다. 마태복음 13:41-42, "인자가 그 천사들을 보내리니 저희가 그 나라에서 모든 넘어지게 하는 것과 또 불법을 행하는 자들을 거두어 내어 풀무불에 던져 넣으리니." 또 성도들도 심판의 협력자가 될 것이다. 고린도전서 6:2-3, "성도들이 세상을 판단할 것을 너희가 알지 못하느냐? . . . 우리가 천사들을 판단할 것을 너희가 알지 못하느냐?"

심판의 대상

마지막 심판의 대상들은 우선 마귀와 악령들이다. 그들은 타락하고 변절한 천사들이다. 마태복음 8:29, "[귀신 들린 자들이] 소리질러 말하기를 하나님의 아들 예수여, 우리와 당신과 무슨 상관이 있나이까? 때가 이르기 전에 우리를 괴롭게 하려고 여기 오셨나이까?" 마태복음 25:41, [재림의 주께서 이렇게 말씀하실 것이다] "저주를 받은 자들아, 나를 떠나 마귀와 그 사자들을 위하여 예비된 영영한 불에 들어가라." 고린도전서 6:3, "우리가 천사들을 판단할 것을 너희가 알지 못하느냐?" 베드로후서 2:4, "하나님께서 범죄한 천사들을 용서치 아니하시고 지옥에 던져 어두운 구덩이에 두어 심판 때까지 지키게 하셨으며." 유다서 6, "자기 지위를 지키지 아니하고 자기 처소를 떠난 천사들을 큰 날의 심판까지 영원한 결박으로 흑암에 가두셨으며." 요한계시록 20:10, "저희를 미혹하는 마귀가 불과 유황 못에 던지우니." 그러나 선한 천사들은 마지막 심판에서 제외되었다고 보인다.

심판의 대상은 또한 모든 사람들, 곧 의인들과 악인들 모두들이다. 그들은 마지막 심판 때 살아 있는 사람들과 이미 죽은 사람들을 다 포함한다. 사도행전 10:42, "우리를 명하사 백성에게 전도하되 하나님께서 산 자와 죽은 자의 재판장으로 정하신 자가 곧 이 사람인 것을 증거하게 하셨고." 디모데후서 4:1, "하나님 앞과 산 자와 죽은 자를 심판하실 그리스도 예수 앞에서 그의 나타나실 것과 그의 나라를 두고 엄히 명하노니." 베드로전서 4:5, "저희가 산 자와 죽은 자 심판하기를 예비하신 자에게 진술할 것이니라." 요한계시록 20:12-13, "내가 보니 죽은 자들이 무론 대소하고 그 보좌 앞에 섰는데 책들이 펴 있고 또다른 책이 펴졌으니 곧 생명책이라. 죽은 자들이 자기 행위를 따라 책들에 기록된 대로 심판을 받으니, 바다가 그 가운데서 죽은 자들을 내어주고 또 사망과 음부도 그 가운데서 죽은 자들을 내어주매 각 사람이 자기의 행위대로 심판을 받고."

모든 사람들 속에는 또한 예수 그리스도를 믿는 성도들도 포함된다. 마태복음 25:34, "그때에 임금이 그 오른편에 있는 자들에게 말씀하시기를 내 아버지께 복 받을 자들이여, 나아와 창세로부터 너희를 위하여 예비된 나라를 상속하라." 로마서 14:10, "네가 어찌하여 네 형제를 판단하느뇨? 어찌하여 네 형제를 업신여기느뇨? 우리가 다 그리스도의 심판대 앞에 서리라"(전통본문). 고린도후서 5:10, "이는 우리가 다 반드시 그리스도의 심판대 앞에 드러나 각각 선악간에 그 몸으로 행한 것을 따라 받으려 함이라."

요한복음 5:24에 예수께서 "내 말을 듣고 또 나 보내신 이를 믿는 자는 영생을 얻었고 심판에 이르지 아니하나니 사망에서 생명으로 옮겼느니라"고 하신 말씀에서 '심판에 이르지 않는다'는 것은 심판대에 서지 않는다는 뜻이 아니고 정죄를 받지 않는다는 뜻이다. 성도들도 심판대 앞에 설 것이나 정죄를 받지 않을 것이다. 또 앞에 말한 바, 성도들이 심판의 협력자가 된다는 말씀(고전 6:2-3)도 이 말씀과 조화시켜 이해해야 할 것이다. 성도들은 심판대에서 의롭다고 선언을 받은 후 심판의 협력자들이 될 것이라고 보인다.

심판의 때

마지막 심판의 때는 죽은 자들이 부활한 후 어느 때일 것이다. 요한복음 5:28-29, "이를 기이히 여기지 말라. 무덤 속에 있는 자가 다 그의 음성을 들을 때가 오나니 선한 일을 행한 자는 생명의 부활로, 악한 일을 행한 자는 심판의 부활로 나오리라." 요한계시록 20:12-13, "내가 보니 죽은 자들이 무론 대소하고 그 보좌 앞에 섰는데 책들이 펴 있고 또다른 책이 펴졌으니 곧 생명책이다. 죽은 자들이 자기 행위를 따라 책들에 기록된 대로 심판을 받으니 바다가 그 가운데서 죽은 자들을 내어주고 또 사망과 음부도 그 가운데서 죽은 자들을 내어주매 각 사람이 자기의 행위대로 심판을 받고."

마지막 심판은 단일 사건일 것이다. 마지막 심판의 날은 신약성경에서 '날들'이 아니고 '날'로 언급되어 있다. 사도행전 17:31, "이는 정하신 사람으로 하여금 천하를 공의로 '심판할 날'을 작정하시고 이에 저를 죽은 자 가운데서 다시 살리신 것으로 모든 사람에게 믿을 만한 증거를 주셨음이니라." 로마서 2:5, 16, "진노의 날 곧 하나님의 의로우신 판단이 나타나는 '그 날'에," "내 복음에 이른 바와 같이 하나님께서 예수 그리스도로 말미암아 사람들의 은밀한 것을 심판하시는 '그 날'이라." 베드로후서 3:7, "이제 하늘과 땅은 그 동일한 말씀으로 불사르기 위하여 간수하신 바 되어 경건치 아니한 사람들의 '심판과 멸망의 날'까지 보존하여 두신 것이니라." 유다서 6, "큰 날의 심판까지."

세대주의자들은 '세 차례의 마지막 심판'을 주장한다. 첫째 심판은 그리스도인들을 위한 심판으로 대환난 전 휴거 후에 있고, 둘째 심판은 이방 민족들을 위한 심판으로 대환난 후 그리스도의 지상 강림 때에 있고, 셋째 심판은 악인들을 위한 심판으로 천년왕국 후에 있다고 주장한다. 그러나 성경은 마지막 심판을 세 종류나 세 차례로 분명하게 구분하지 않고 단지 '심판의 날'에 이루어질 일로 증거할 뿐이다.

심판의 근거

마지막 심판의 근거는 사람의 행위들이다. 사람들은 자신의 행위들에 따라 심판을 받을 것이다. 전도서 12:14, "하나님께서는 [사람들의] 모든 행위와 모든 은밀한 일을 선악간에 심판하시리라." 로마서 2:6, "하나님께서 각 사람에게 그 행한 대로 보응하시되." 고린도후서 5:10, "이는 우리가 다 반드시 그리스도의 심판대 앞에 드러나 각각 선악간에 그 몸으로 행한 것을 따라 받으려 함이라." 요한계시록 20:12-13, "죽은 자들이 자기 행위를 따라 책들에 기록된 대로 심판을 받으니," "각 사람이 자기의 행위대로 심판을 받고."

사람들의 행위들에는 이 세상에서 사람들이 품는 모든 생각들과, 하는 모든 말들이 포함된다. 마태복음 5:22, "형제에게 까닭 없이 노하는 자마다 심판을 받게 되고 형제를 대하여 라가(빈 머리)라 하는 자는 공회에 잡히게 되고 미련한 놈이라 하는 자는 지옥불에 들어가게 되리라." 마태복음 12:36, "사람이 무슨 무익한 말을 하든지 심판날에 이에 대하여 심문을 받으리니." 마태복음 5:28, "나는 너희에게 이르노니, 여자를 보고 음욕을 품는 자마다 마음에 이미 간음하였느니라." 요한계시록 2:23, "모든 교회가 나는 사람의 뜻과 마음을 살피는 자인 줄 알지라. 내가 너희 각 사람의 행위대로 갚아 주리라."

마지막 심판은 사람들이 가진 하나님의 진리 지식의 정도에 따라 이루어질 것이다. 누가복음 12:47-48, "주인의 뜻을 알고도 예비치 아니하고 그 뜻대로 행치 아니한 종은 많이 맞을 것이요 알지 못하고 맞을 일을 행한 종은 적게 맞으리라. 무릇 많이 받은 자에게는 많이 찾을 것이요 많이 맡은 자에게는 많이 달라 할 것이니라."

마지막 심판의 근거로서 가장 중요한 것은 사람들이 예수 그리스도에 대해 가지는 태도이다. 요한복음 3:18, 36, "저(독생자)를 믿는 자는 심판[정죄]을 받지 아니하는 것이요 믿지 아니하는 자는 하나님의 독생자의 이름을 믿지 아니하므로 벌써 심판[정죄]을 받은 것이니라"(KJV, NIV), "아들을 믿는 자는 영생이 있고 아들을 순종치[믿지] 아니하는 자는 영생을 보지 못하고 도리어 하나님의 진노가 그 위에 머물러 있느니라." 요한복음 5:24, "내 말을 듣고 또 나 보내신 이를 믿는 자는 영생을 얻었고 심판[정죄]에 이르지 아니하나니(KJV, NIV) 사망에서 생명으로 옮겼느니라." 요한계시록 20:15, "누구든지 [어린 양의] 생명책에 기록되지 못한 자는 불못에 던지우더라."

마태복음 25:35-36, 48, "내가 주릴 때에 너희가 먹을 것을 주었고 목마를 때에 마시게 하였고 나그네 되었을 때에 영접하였고 벗었을 때에 옷을 입혔고 병들었을 때에 돌아보았고 옥에 갇혔을 때에 와서 보았느니라," "너희가 여기 내 형제 중에 지극히 작은 자 하나에게 한 것이 곧 내게 한 것이니라." 이 비유[양과 염소의 비유]에서 예수께서는, 그에 대한 우리의 태도가 그가 세우신 작은 한 일꾼에 대한 우리의 태도에서 증거되며 그것이 영생과 영벌을 나누는 증표가 될 것이라고 말씀하셨다. 형제 사랑의 실천은 참된 믿음의 증거가 된다.

심판의 목적과 성격

하나님께서는 지극히 공의로우시며 사람들의 죄악에 대해 공의의 심판을 내리실 것이다. 그것은 그의 공의의 영광을 나타내심이다. 로마서 2:5, "진노의 날 곧 하나님의 의로우신 판단이 나타나는 그 날에 임할 진노를 네게 쌓는도다." 또 그의 심판은 매우 철저할 것이다. 사람들의 은밀한 말들과 행위들은 선악 간에 다 철저히 심판을 받을 것이다. 마태복음 12:36, "사람이 무슨 무익한 말을 하든지 심판날에 이에 대하여 심문을 받으리니." 전도서 12:14, "하나님께서는 모든 행위와 모든 은밀한 일을 선악간에 심판하시리라." 로마서 2:16, "하나님께서 예수 그리스도로 말미암아 사람들의 은밀한 것을 심판하시는 그 날이라." 하나님의 공의롭고 철저한 심판은 의인들에게는 큰 위로가 될 것이나, 악인들에게 매우 두려운 사건이 될 것이다. 마태복음 25:41, 46, "왼편에 있는 자들에게 말씀하시기를 저주를 받은 자들아, 나를 떠나 마귀와 그 사자들을 위하여 예비된 영영한 불에 들어가라," "저희는 영벌에, 의인들은 영생에 들어가리라." 데살로니가후서 1:7-9, "주 예수께서 저의 능력의 천사들과 함께 하늘로부터 나타나실 때 하나님을 모르는 자들과 우리 주 예수님의 복음을 복종치 않는 자들에게 불의 형벌을 주시리니 이런 자들이 주님의 얼굴과 그의 힘의 영광을 떠나 영원한 멸망의 형벌을 받으리로다." 베드로후서 3:7, "이제 하늘과 땅은 그 동일한 말씀으로 불사르기 위하여 간수하신 바 되어 경건치 아니한 사람들의 심판과 멸망의 날까지 보존하여 두신 것이니라." 요한계시록 20:15, "누구든지 생명책에 기록되지 못한 자는 불못에 던지우더라."

심판 교리의 유익

하나님의 마지막 심판은 사람들로 하여금 회개하고 의롭고 선하게 살게 하는 유익이 있다. 로마서 2:6-8, "하나님께서 각 사람에게 그 행한 대로 보응하시되 참고 선을 행하여 영광과 존귀와 썩지 아니함을 구하는 자에게는 영생으로 하시고 오직 당을 지어 진리를 좇지 아니하고 불의를 좇는 자에게는 노와 분으로 하시리라."

또 마지막 심판은 성도들로 하여금 세상에서 부당한 고난과 핍박을 당할 때 낙심치 않게 하는 유익이 있다. 로마서 12:19, "원수 갚는 것이 내게 있으니 내가 갚으리라고 주께서 말씀하시니라." 데살로니가후서 1:6-9, "너희로 환난 받게 하는 자들에게는 환난으로 갚으시고 환난 받는 너희에게는 우리와 함께 안식으로 갚으시는 것이 하나님의 공의시니." 심판의 교리는 모든 사람의 구원과 성화에 유익하다.

7. 천국과 지옥

인류 역사의 마지막 단계는 천국과 지옥이다. 그것은 마지막 심판의 결과이며 사람들의 최종적 상태이다. 그것은 영원한 세계이다.

천국

의인들은 천국에 들어갈 것이다. 성경에서 천국(天國) 혹은 하나님의 나라는 현재적 단계와 미래적 단계가 있다. 웨스트민스터 소요리문답은 천국의 이 두 단계를 '은혜의 나라'와 '영광의 나라'라는 말로 표현하였다.

은혜의 나라

은혜의 나라는 천국의 현재적 단계이다. 그것은 신약교회와 거의 동일시된다. 하나님의 나라는 씨앗과 같이 뿌려졌고 이미 시작되었고, 사람들은 중생(重生)함으로 그 나라에 들어간다. 따라서 교회와 신자들은 '그리스도의 나라'라고 불린다. 다니엘 2:44, "이 왕들의 때(로마 시대)에 하늘의 하나님께서 한 나라를 세우시리니 이것은 영원히 망하지도 아니할 것이요 그 국권이 다른 백성에게로 돌아가지도 아니할 것이요 도리어 이 모든 나라를 쳐서 멸하고 영원히 설 것이라." 마태복음 11:12, "세례요한 때부터 지금까지 천국은 침노를 당하나니." 12:28, "내가 하나님의 성령을 힘입어 귀신을 쫓아내는 것이면, 하나님의 나라가 이미 너희에게 임하였느니라." 마태복음 13:24, "천국은 좋은 씨를 제 밭에 뿌린 사람과 같으니." 13:31, "천국은 마치 사람이 자기 밭에 갖다 심은 겨자씨 한 알 같으니." 13:45, "천국은 마치 좋은 진주를 구하는 장사와 같으니." 13:47, "천국은 마치 바다에 치고 각종 물고기를 모는 그물과 같으니." 누가복음 17:20-21, "하나님의 나라는 볼 수 있게 임하는 것이 아니요," "하나님의 나라는 너희 안에 있느니라." 골로새서 1:13, "그가 우리를 흑암의 권세에서 건져 내사 그의 사랑의 아들의 나라로 옮기셨으니." 베드로전서 2:9, "너희 는 택하신 족속이요 왕 같은 제사장들이요 거룩한 나라요 그의 소유 된 백성이니." 요한계시록 1:6, "우리를 나라와 제사장으로 삼으신 그 에게 영광과 능력이 세세토록 있기를 원하노라."

영광의 나라

영광의 나라는 천국의 미래적 단계이다. 영광의 나라는 아직 미래 에 있고 이루어지지 않았다. 영광의 나라는 예수 그리스도의 재림에 의해 초자연적인 방식으로 이루어질 것이다. 성도들은 지금 그 나라 의 영광을 바라며 기다리고 있다. 마태복음 25:34, "창세로부터 너희 를 위하여 예비된 나라를 상속하라." 누가복음 21:31, "너희가 이런 일이 나는 것을 보거든 하나님의 나라가 가까운 줄을 알라." 고린도 전서 6:9-10, "불의한 자가 하나님의 나라를 유업으로 받지 못할 줄을 알지 못하느냐? 미혹을 받지 말라. 음란하는 자나 우상숭배하는 자나 간음하는 자나 탐색하는 자(동성애자)나 남색하는 자(동성애자)나 도 적이나 탐람하는 자나 술취하는 자나 욕하는 자나 강제로 빼앗는 자 들은 하나님의 나라를 유업으로 받지 못하리라." 빌립보서 3:20, "우 리의 시민권(폴리튜마 πολίτευμα)[나라]은 하늘에 있는지라." 디모 데후서 4:18, "주께서 나를 모든 악한 일에서 건져내시고 또 그의 천 국에 들어가도록 구원하시리니." 베드로후서 1:11, "구주 예수 그리스 도의 영원한 나라에 들어감을 넉넉히 너희에게 주시리라." 요한계시 록 11:15, "세상 나라가 우리 주와 그 그리스도의 나라가 되어 그가 세세토록 왕노릇하시리로다." 요한계시록 21:10-11, "하나님께로부터 하늘에서 내려오는 거룩한 성 예루살렘을 보이니 하나님의 영광이 있으매." 요한계시록 22:5, "저희가 세세토록 왕노릇하리로다."

미래의 영광의 천국은 '새 하늘과 새 땅' 혹은 만물의 회복이라고 표현된다. 이사야 65:17, "내가 새 하늘과 새 땅을 창조하나니 이전 것은 기억되거나 마음에 생각나지 아니할 것이라." 마태복음 19:28, "세상이 새롭게 되어 인자가 자기 영광의 보좌에 앉을 때에 나를 좇는 너희도 열두 보좌에 앉아 이스라엘 열두 지파를 심판하리라." 사도행전 3:21, "만유를 회복하실 때까지는 하늘이 마땅히 그를 받아두리라." 베드로후서 3:12-13, "그 날에 하늘이 불에 타서 풀어지고 체질(體質, 원소들)이 뜨거운 불에 녹아지려니와 우리는 그의 약속대로 의(義)의 거하는 바 새 하늘과 새 땅을 바라보도다." 요한계시록 21:1, "내가 새 하늘과 새 땅을 보니 처음 하늘과 처음 땅이 없어졌고 바다도 다시 있지 않더라." '새 하늘과 새 땅'은 하나님께서 다시 창조하신 세계이든지, 아니면 현재의 세계를 새롭게 하신 세계일 것이다.

미래의 천국 곧 '새 하늘과 새 땅'은 하나님의 영광으로 충만한 곳이다. 로마서 8:18, "장차 . . . 나타날 영광." 고린도후서 4:17, "지극히 크고 영원한 영광." 베드로전서 1:4, "썩지 않고 더럽지 않고 쇠하지 않는 기업을 잇게 하시나니 곧 너희를 위하여 하늘에 간직하신 것이라." 베드로전서 5:10, "영원한 영광." 베드로후서 3:13, "그의 약속대로 의의 거하는 바 새 하늘과 새 땅." 요한계시록 21:1-22:5는 천국을 죄와 눈물과 죽음과 병과 저주가 없고 생명과 기쁨과 영광과 아름다움으로 충만한 곳으로 묘사한다. 요한계시록 21:2, 10-21, "내가 보매 거룩한 성 새 예루살렘이 하나님께로부터 하늘에서 내려오니 그 예비한 것이 신부가 남편을 위하여 단장한 것 같더라. . . . 성령님으로 나를 데리고 크고 높은 산으로 올라가 하나님께로부터 하늘에서 내려오는 거룩한 성 예루살렘을 보이니 하나님의 영광이 있으매 그 성의 빛이 지극히 귀한 보석 같고 수정같이 맑은 벽옥 같더라. 크고 높은 성곽이 있고 열두 문이 있는데 . . . 그 성을 측량하니 12,000스다디

온(약 2,200킬로미터)이요 길이와 너비와 높이가 같더라. 그 성곽을 측량하매 144규빗(약 65미터)이니 . . . 그 성곽은 벽옥으로 쌓였고 그 성은 정금(순금)인데 맑은 유리 같더라. 그 성의 성곽의 기초석은 각색 보석으로 꾸몄는데(열두 보석) . . . 그 열두 문은 열두 진주니 . . . 성의 길은 맑은 유리 같은 정금이더라." 약 2,200킬로미터의 높이는 1층을 3미터로 보면 약 700,000층이 된다.

천국은 단지 영적 세계가 아니다. 그 곳은 부활한 몸이 영원히 살 처소이다. 마태복음 26:29, "내 아버지의 나라에서 새 것[새 포도주]으로 너희와 함께 마시는 날까지 마시지 아니하리라." 요한계시록 22장은 생명수의 강과 생명나무의 열두 가지 열매를 증거한다. 성도들의 부활체는 완전하고 영광스러울 것이다. 영화된 성도들이 천국에서 영생하는 것은 충만한 영광의 삶일 것이다.

상급

성경은 하나님의 상에 대해 많이 말한다. 히브리서 11:6, "하나님께 나아가는 자는 반드시 그가 계신 것과 또한 그가 자기를 찾는 자들에게 상 주시는 이심을 믿어야 할지니라." 마태복음 6:4, "네 구제함이 은밀하게 하라. 은밀한 중에 보시는 너의 아버지가 [드러나게] 갚으시리라." 누가복음 6:35, "오직 너희는 원수를 사랑하고 선대하며 아무것도 바라지 말고 빌리라[빌려주라]. 그리하면 너희 상이 클 것이요." 누가복음 14:13-14, "잔치를 하거든 차라리 가난한 자들과 불구자들과 저는 자들과 소경들을 청하라. 그리하면 저희가 갚을 것이 없는 고로 네게 복이 되리니 이는 의인들의 부활 시에 네가 갚음을 받겠음이니라." 고린도전서 9:24-25, "운동장에서 달음질하는 자들이 다 달릴지라도 오직 상 얻는 자는 하나인 줄을 너희가 알지 못하느냐? 너희도 얻도록 이와 같이 달음질하라. . . . 저희는 썩을 면류관을 얻고자 하되 우리는 썩지 아니할 것을 얻고자 하노라." 빌립보서

3:14, "푯대를 향하여 그리스도 예수 안에서 하나님께서 위에서 부르신 부름의 상을 위하여 좇아가노라." 히브리서 10:35, "그러므로 너희 담대함을 버리지 말라. 이것이 큰 상을 얻느니라." 히브리서 11:26, (모세는) "그리스도를 위하여 받는 능욕을 애굽의 모든 보화보다 더 큰 재물로 여겼으니 이는 상 주심을 바라봄이라."

특히, 하나님께서는 복음 사역자들에게 상을 약속하셨다. 고린도전서 3:8, 14, "심는 이와 물 주는 이가 일반이나 각각 자기의 일하는 대로 자기의 상을 받으리라. . . . 만일 누구든지 그 위에 세운 공력(일)이 그대로 있으면 상을 받고." 요한이서 8, "너희는 너희를 삼가 우리가 우리의 일한 것을 잃지 않고 온전한 상을 얻게 하라"(전통본문). 마태복음 25:21, "잘하였도다, 착하고 충성된 종아, 네가 작은 일에 충성하였으매 내가 많은 것으로 네게 맡기리니 네 주인의 즐거움에 참여할지어다." 누가복음 19:17, "네가 지극히 작은 것에 충성하였으니 열 고을 권세를 차지하라." 마태복음 5:11-12, "나를 인하여 너희를 욕하고 핍박하고 거짓으로 너희를 거스려 모든 악한 말을 할 때에는 너희에게 복이 있나니 기뻐하고 즐거워하라. 하늘에서 너희의 상이 큼이라." 누가복음 6:23, "그 날에 기뻐하고 뛰놀라. 하늘에서 너희 상이 큼이라."

하나님께서 성도들에게 상을 주시는 때는 예수 그리스도의 재림 때 즉 의인의 부활의 때이다. 마태복음 16:27, "인자가 아버지의 영광으로 그 천사들과 함께 오리니 그때에 각 사람의 행한 대로 갚으리라." 요한계시록 22:12, "보라, 내가 속히 오리니 내가 줄 상이 내게 있어 각 사람에게 그의 일한 대로 갚아 주리라." 누가복음 14:13-14, "잔치를 하거든 차라리 가난한 자들과 불구자들과 저는 자들과 소경들을 청하라, 그리하면 저희가 갚을 것이 없는 고로 네게 복이 되리니 이는 의인들의 부활 시에 네가 갚음을 받겠음이니라." 누가복음

6:23, "그 날에 기뻐하고 뛰놀라. 하늘(천국)에서 너희 상이 큼이라."

하나님의 은혜와 예수 그리스도의 피로 구원 얻은 우리는 영광의 천국을 바라며 또 상 주심을 기대하며 믿음 안에서 충성해야 한다.

지옥

악인들은 지옥(게엔나 γέεννα), 영원한 불못에 던지울 것이다.

성경적 증거

마태복음 3:12, "[그리스도께서 장차] 손에 키를 들고 자기의 타작마당을 정하게 하사 알곡은 모아 곡간에 들이고 쭉정이는 꺼지지 않는 불에 태우시리라." 5:22, "나는 너희에게 이르노니 형제에게 까닭 없이 노하는 자마다 심판을 받게 되고 형제를 대하여 라가라 하는 자는 공회에 잡히게 되고 미련한 놈이라 하는 자는 지옥불에 들어가게 되리라." 5:29-30, "만일 네 오른눈이 너로 실족케 하거든 빼어 내버리라. 네 백체 중 하나가 없어지고 온 몸이 지옥에 던지우지 않는 것이 유익하며 또한 만일 네 오른손이 너로 실족케 하거든 찍어 내버리라." 10:28, "몸은 죽여도 영혼은 능히 죽이지 못하는 자들을 두려워하지 말고 오직 몸과 영혼을 능히 지옥에 멸하시는 자를 두려워하라." 23:33, "뱀들아, 독사의 새끼들아, 너희가 어떻게 지옥의 판결을 피하겠느냐?" 25:41, 46, "저주를 받은 자들아, 나를 떠나 마귀와 그 사자들을 위하여 예비된 영영한 불에 들어가라," "저희는 영벌(永罰)에, 의인들은 영생에 들어가리라."

마가복음 9:43, "만일 네 손이 너를 범죄케 하거든 찍어버리라. 불구자로 영생에 들어가는 것이 두 손을 가지고 지옥 꺼지지 않는 불에 들어가는 것보다 나으니라." 9:45, "만일 네 발이 너를 범죄케 하거든 찍어 버리라. 절뚝발이로 영생에 들어가는 것이 두 발을 가지고 지옥 [꺼지지 않는 불](전통사본)에 던지우는 것보다 나으니라." 9:47, "만일 네 눈이 너를 범죄케 하거든 빼어버리라. 한 눈으로 하나님의 나라에 들어가는 것이 두 눈을 가지고 [불의](전통사본) 지옥에 던지우는 것보다 나으니라." 9:48, "거기는 구더기도 죽지 않고 불도 꺼지지 아니하느니라"(전통사본에는 44, 46절에도). 9:49, "[이는] 사람마다 불로써 소금 치듯함[뿌리듯함]을 받으리라."

누가복음 12:4-5, "내가 내 친구 너희에게 말하노니 몸을 죽이고 그 후에는 능히 더 못하는 자들을 두려워하지 말라. 마땅히 두려워할 자를 내가 너희에게 보이리니 곧 죽인 후에 또한 지옥에 던져 넣는 권세 있는 그를 두려워하라."

요한계시록 20:15, "누구든지 생명책에 기록되지 못한 자는 불못에 던지우더라." 21:8, "두려워하는 자들[(죽음을) 겁내는 자들, 비겁한 자들]과 믿지 아니하는 자들과 흉악한 자들과 살인자들과 행음자들과 술객들과 우상숭배자들과 모든 거짓말하는 자들은 불과 유황으로 타는 못에 참여하리니 이것이 둘째 사망이니라."

불의 못

지옥은 불의 못이다. 성경에서 하나님의 진노는 불(火)의 진노로 자주 표현된다. 창세기 19:24-25, "여호와께서 하늘 곧 여호와에게로서 유황과 불을 비같이 소돔과 고모라에 내리사 그 성들과 온 들과 성에 거하는 모든 백성과 땅에 난 것을 다 엎어 멸하셨더라." 레위기 10:1-2, "아론의 아들 나답과 아비후가 각기 향로를 가져다가 여호와의 명하시지 않은 다른 불을 담아 여호와 앞에 분향하였더니 불이 여호와 앞에서 나와 그들을 삼키매 그들이 여호와 앞에서 죽은지라." 신명기 32:22, "내 분노의 불이 일어나서 음부[지옥] 깊은 곳까지 사르며 땅의 그 소산을 삼키며 산들의 터도 붙게 하는도다." 나훔 1:6, "누가 능히 그 분노하신 앞에 서며 누가 능히 그 진노를 감당하랴. 그 진노를 불처럼 쏟으시니 그를 인하여 바위들이 깨어지는도다." 누가복음 16:24, "불러 말하기를 아버지 아브라함이여, 나를 긍휼히 여기사 나사로를 보내어 그 손가락 끝에 물을 찍어 내 혀를 서늘하게 하소서. 내가 이 불꽃 가운데서 고민하나이다." 베드로후서 3:7, 10, 12, "이제 하늘과 땅은 그 동일한 말씀으로 불사르기 위하여 간수하신 바 되어 경건치 아니한 사람들의 심판과 멸망의 날까지 보존하여 두신 것이니라," "주의 날이 도적 같이 오리니 그 날에는 하늘이 큰 소리로 떠나가고 체질이 뜨거운 불에 풀어지고 땅과 그 중에 있는 모든 일이 드러나리로다[불타버리리라]," "그 날에 하늘이 불에 타서 풀어지고 체질이 뜨거운 불에 녹아지려니와." 이와 같이, 주 예수께서는 마지막 지옥을 "영영한 불"(마 25:41), "지옥 꺼지지 않는 불"(막 9:43)이라고 증거하셨고, 요한계시록 21:8은 지옥을 "불과 유황으로 타는 못"라고 증거하였다. 또 지옥에는 후회, 자책, 실망, 기갈, 불만족, 허탈, 악한 감정들, 무질서, 난폭 등의 고통도 있을 것이다.

영원성

지옥의 고통은 영원한 고통이다. 마태복음 25:41, 46, "영영한 불," "영벌[영원한 벌]." 데살로니가후서 1:9, "이런 자들[하나님을 모르는 자들과 주 예수 그리스도의 복음을 복종치 않는 자들]이 주님의 얼굴과 그의 힘의 영광을 떠나 영원한 멸망의 형벌을 받으리로다." 히브리서 6:2, "영원한 심판."

지옥의 영원성은 다음 몇 가지 점들에서 더 분명해진다.

첫째로, '영원한'(올람 עוֹלָם, 아이오니오스 αἰώνιος)이라는 말의 본래의 의미는 문자 그대로 '영원한'이다. ① 하나님께서는 영원하시다. 창세기 21:33, "아브라함은 브엘세바에 에셀나무를 심고 거기서 영생하시는 하나님(엘 올람 אֵל עוֹלָם)[영원하신 하나님] 여호와의 이름을 불렀으며." 이사야 40:28, "너는 알지 못하였느냐? 듣지 못하였느냐? 영원하신 하나님 여호와, 땅 끝까지 창조하신 자는 피곤치 아니하시며." 로마서 16:26, "영원하신 하나님의 명을 좇아." 디모데전서 1:17, "만세의 왕 곧 썩지 아니하고[죽지 않으시고] 보이지 아니하고 홀로 하나이시고 지혜로우신 하나님께." ② 영생과 천국도 영원하다. 요한복음 3:16, "영생." 베드로후서 1:11, "이같이 하면, 우리 주시요 구주이신 예수 그리스도의 영원한 나라에 들어감을 넉넉히 너희에게 주시리라." 이와 같이, 지옥도 영원하다.

둘째로, 영원한 멸망은 영생과 나란히 사용된다. 마태복음 18:8, "만일 네 손이나 네 발이 너를 범죄케 하거든 찍어 내버리라. 불구자나 절뚝발이로 영생[영원한 생명]에 들어가는 것이 두 손과 두 발을 가지고 영원한 불에 던지우는 것보다 나으니라." 마태복음 25:46, "저희는 영벌[영원한 형벌]에, 의인들은 영생[영원한 생명]에 들어가리라." 천국과 영생이 영원한 것처럼, 지옥도 영원하다.

셋째로, 지옥의 묘사가 그 영원성을 증거한다. 마가복음 9:43, "지옥 꺼지지 않는 불." 마가복음 9:48, "거기는 구더기도 죽지 않고 불도 꺼지지 아니하느니라." 요한계시록 20:10, "세세토록 밤낮 괴로움을 받으리라." 이런 표현들은 확실히 지옥의 영원성을 증거한다. 박형룡 박사는, "설혹 무리하게 한 걸음을 사양하여 <u>아이오니오스</u> αἰώνιος 를 '유구한 시대'라고 해석한들, 그것이 영벌을 반대하는 자에게 유리한 무엇이 될 이유는 없다"고 말했다(교의신학, 7권, 347쪽).

중요성

지옥의 교리는 중요하다. 첫째로, 지옥의 교리는 예수 그리스도께서 친히 증거하신 진리이다. 몇 구절을 들어보자. 마태복음 10:28, "몸은 죽여도 영혼은 능히 죽이지 못하는 자들을 두려워하지 말고 오직 몸과 영혼을 능히 지옥에 멸하시는 자를 두려워하라." 마가복음 9:43, "만일 네 손이 너를 범죄케 하거든 찍어버리라. 불구자로 영생에 들어가는 것이 두 손을 가지고 지옥 꺼지지 않는 불에 들어가는 것보다 나으니라." 마가복음 9:48-49, "거기는 구더기도 죽지 않고 불도 꺼지지 아니하느니라. 사람마다 불로써 소금 치듯함을 받으리라." 누가복음 12:4-5, "몸을 죽이고 그 후에는 능히 더 못하는 자들을 두려워하지 말라. 마땅히 두려워할 자를 내가 너희에게 보이리니 곧 죽인 후에 또한 지옥에 던져 넣는 권세 있는 그를 두려워하라." 윌리암 쉐드는, "예수 그리스도께서는 영원한 멸망의 교리에 대해 책임을 지셔야 할 분이시다"라고 말했다(William G. T. Shedd, *Dogmatic Theology*, II, 680). 주 예수 그리스도께서 친히 증거하신 이 진리를 그 누구도 부정하거나 변경할 수 없다.

둘째로, 지옥의 교리는 우리로 하여금 하나님의 거룩하심과 의로우심, 특히 형벌적 공의에 대한 바른 개념을 가지게 해준다. 지옥의 형벌을 통해, 우리는 거룩하시고 의로우신 하나님께서 얼마나 죄악을 미워하시는지를 깨닫게 된다. 이사야 26:9, "주께서 땅에서 심판하시는 때에 세계의 거민이 의(義)를 배움이니이다." 예레미야 30:24, "나 여호와의 진노는 내 마음의 뜻한 바를 행하여 이루기까지는 쉬지 아니하나니 너희가 말일에 그것을 깨달으리라."

셋째로, 지옥의 교리는 우리로 하여금 구주 예수 그리스도의 속죄 사역의 가치를 알게 한다. 구주 예수 그리스도께서는 십자가의 대속의 죽음으로 죄인들을 이 영원한 지옥 형벌로부터 구원해주셨다.

넷째로, 지옥의 교리는 죄인들에게 회개와 믿음의 정당한 동기가 된다. 지옥의 형벌이 있기 때문에 죄인들은 죽기 전에 속히 회개하고 주 예수 그리스도를 믿고 구원을 얻어야 한다. 로버트 맥케인의 지옥에 대한 설교는 많은 사람들을 구원하였다고 한다.

복음(福音)의 요점

인류에게 주신 하나님의 구원의 기쁜 소식인 복음(福音)은 네 가지 진리로 요약할 수 있다.

하나님에 대해

첫째로, 우리는 하나님에 대해 알아야 한다. 성경은 "태초에 하나님께서 천지를 창조하시니라"(창 1:1)는 말씀으로 시작된다. 하나님께서는 하늘과 땅과 그 가운데 있는 모든 것들을 창조하신 창조주이시다. 이 세상, 이 '존재의 세계'는 하나님의 창조 사역으로 시작되었다. 하나님께서는 이 세상, 이 '존재의 세계'의 근원이시다.

하나님께서는 세상이 창조되기 전부터 계신 분이시다. 하나님을 모르는 자들은 물질이 영원하며 그 물질에서 이 신비한 세계가 나왔다고 생각하지만, 그것은 전지 전능하신 영원하신 하나님을 믿는 것보다 결코 더 합리적인 생각이 아니다. 그것은 오히려 물질을 전지 전능한 신으로 만드는 어리석은 생각에 불과하다.

영원하신 여호와 하나님께서는 전지 전능하신 참 하나님이시다. 그는 그가 창조하신 세상을 지키시고 관리하신다. 그것을 '섭리'라고 말한다. 그는 개인의 생명과 죽음, 행복과 불행을 주관하시고 국가와 세계 역사도 주관하시는 섭리자이시다. 또 그는 도덕적 존재이시다. 사람의 양심은 그가 주신 것이다. 그는 지극히 거룩하시고 의로우시며 선하시고 진실하시다. 그는 특히 사람들의 선악의 행위들을 공의롭게 심판하신다(롬 2:6-8). 그러나 하나님께서는 죄로 인해 멸망당할 인류 중에 일부를 은혜로 택하시고 구원하기를 뜻하셨고 실제로 구원하신다(엡 1:4-5; 2:1-8). 그러므로 창조주, 섭리자, 심판자, 구원자 하나님을 아는 것이 사람의 참 지혜와 지식의 시작이다(잠 1:7).

사람에 대해

둘째로, 우리는 사람에 대해 알아야 한다. 사람은, 무신론적 진화론자들이 추측하는 대로, 원숭이 같은 동물이 진화하여 된 존재가 아니다. 사람은 다른 피조물들과 달리, 하나님께서 '자기의 형상을 따라' 존귀하게 창조하신 특별한 피조물이다(창 1:26-28). 여기에 사람의 독특함과 존귀함이 있다. 하나님의 형상의 핵심적인 내용은 지식과 도덕성이다(골 3:10; 엡 4:22-24). 사람은 하나님의 형상을 따라 지혜와 지식을 가진 자로 지음을 받았고 의롭고 선하게 지음을 받았다.

그런데 인류의 조상 아담과 하와는 하나님의 명령을 어기고 범죄하였고(창 2:16-17; 3장), 이 일로 인해 모든 사람은 다 죄인이 되었다(롬 3:23; 5:15-19). 또한 실제적으로도 모든 사람 속에는 부모로부터 물려받은 죄성과 도덕적으로 악하고 부패된 성질들이 많이 있다(렘 17:9). 사람의 본성은 심히 부패되어 있고 의와 선을 행하기에 무능력해져 있다. 이것은 이스라엘의 역사뿐 아니라, 인류의 역사가 증거하는 바이며 또 우리 개인의 삶의 지나온 발걸음이 증거하는 바이다.

또 매우 중요한 한 사실은, 하나님께서는 사람의 죄를 매우 미워하시며 모든 사람은 자신들의 악한 생각들과 말들과 습관들과 행위들 때문에 하나님의 두려운 진노와 심판 아래 있다는 사실이다(롬 1:18). 사람들의 죄들은 공의의 하나님 앞에서 진노와 심판을 피할 수 없고 하나님의 진노는 영원한 지옥 형벌로 나타날 것이다(계 21:8). 이것은 주 예수 그리스도께서 친히 증거하신 진리이다. 마가복음 9:43-49, "만일 네 손이 너를 범죄케 하거든 찍어버리라. 불구자로 영생에 들어가는 것이 두 손을 가지고 지옥 꺼지지 않는 불에 들어가는 것보다 나으니라," "만일 네 발이 너를 범죄케 하거든 찍어 버리라. 절뚝발이로 영생에 들어가는 것이 두 발을 가지고 지옥 꺼지지 않는 불에 던지우는 것보다 나으니라," "만일 네 눈이 너를 범죄케 하거든 빼어버리라. 한 눈으로 하나님의 나라에 들어가는 것이 두 눈을 가지고 불의 지옥에 던지우는 것보다 나으니라. 거기는 구더기도 죽지 않고 불도 꺼지지 아니하느니라. 사람마다 불로서 소금 치듯함을 받으리라."

이와 같이, 사람은 본래 하나님께서 존귀하게 창조하셨으나, 범죄한 이후 실로 악하고 추하고 허무하고 불쌍한 존재가 되었다!

구주 예수 그리스도에 대해

셋째로, 우리는 구주 예수 그리스도에 대해 알아야 한다. 예수님은 한 유대인 청년이셨다. 그러나 그는 본래 영원하신 하나님의 아들이시고(요 1:1; 미 5:2) 하나님의 본질과 속성을 가진 참 하나님이시다(요일 5:20). 그는 세상에 계실 때 약 3년 동안 천국 복음을 전하시고 하나님의 진리들을 가르치셨고 또 많은 불치의 병자들을 고쳐주셨고 기적들을 행하셨다. 그는 나병환자를 고쳐주셨고 중풍병자를 고쳐주셨으며 열병을 고쳐주셨고 귀신들린 많은 사람들을 고쳐주셨다(마 8장). 그는 열두 해를 혈루증으로 고생하던 여자를 고쳐주셨고 소경들을 고쳐주셨다(마 9장). 그는 많은 병자들을 고쳐주셨다. 그는 죽은 자들도 살려주셨다(마 9장; 눅 7장; 요 11장). 그는 바다의 큰 풍랑을 잔잔케 하셨고(마 8장), 물로 포도주를 만드셨고(요 2장), 떡 다섯 개로 5천명을 먹이셨다(마 14장). 예수께서는 이런 많은 기적들을 통해 자신이 하나님의 아들 그리스도이심을 밝히 증거하셨다. 신약성경의 처음 네 권의 책들은 이런 모든 사실들을 증거한다(요 20:30-31).

예수께서는 사형을 당할 죄를 지은 일이 없으셨으나 유대 지도자들의 시기와 미움으로 정죄를 당하셨고 로마 총독 빌라도의 판결로 십자가에 못박혀 죽으셨다. 그러나 그는 무덤에 묻히신 지 삼일 만에 부활하셨고 40일 동안 자신을 제자들에게 나타내셔서 확실하게 증거하셨다(행 1:1-3). 그는 그의 부활을 통해 자신이 죄가 없었으며 자신의 죽음이 죄인들을 위한 속죄의 죽음이었음을 확증하셨다(행 2:36).

예수께서는 하나님께서 인류를 위해 이 세상에 보내신 구주이시다(딤전 2:5)! 세상에 예수 그리스도 외에 다른 구주는 없다(행 4:12).

구원에 대해

넷째로, 우리는 구원에 대해 알아야 한다. 하나님께서는 사람들에게 죄를 회개하고 구주 예수님을 믿어 구원을 얻으라고 명하신다(행 17:30). 사도행전 16:31, "주 예수 그리스도를 믿으라. 그리하면 너와 네 집이 구원을 얻으리라." 자신의 죄를 뉘우치며 예수 그리스도를 구주로 믿는 자는 죄사함과 의롭다 하심을 얻는다(행 13:38-39). 로마서 3:23-24, "모든 사람이 죄를 범하였으매 하나님의 영광에 이르지 못하더니 그리스도 예수 안에 있는 구속(救贖)으로 말미암아 하나님의 은혜로 값없이 의롭다 하심을 얻은 자 되었느니라."

또 예수 그리스도를 믿고 구원 얻은 사람들은 장차 예수께서 다시 오실 때 영광스런 몸으로 부활하고 변화되어 하나님께서 예비하신 천국에서 영원히 살게 될 것이다. 요한복음 3:16, "하나님이 세상을 이처럼 사랑하사 독생자를 주셨으니 이는 저를 믿는 자마다 멸망치 않고 영생을 얻게 하려 하심이니라."

사람으로 태어나 죄만 짓고 살다가 장차 지옥에 떨어지고 만다면 허무하고 불쌍하며 심히 두려운 일이지만, 하나님의 은혜로 구원을 얻고 영생을 얻는다면 세상에 이것보다 더 귀하고 큰복은 없다.

우리를 죄와 지옥 형벌로부터 구원하신 하나님께 찬송과 감사와 영광을 돌리자! 구주 예수 그리스도를 믿음으로 그의 보배로운 피로 죄씻음과 의롭다 하심을 얻은 성도들은 이 구원의 진리를 깨닫고 그 진리 안에 굳게 서야 한다. 또 아직 이 복음을 알지 못하는 자들은 속히 회개하고 하나님과 예수 그리스도를 믿고 구원 얻어야 한다.

복습 문제

서론

1. 신학(神學)이란 무엇인지 간략히 서술하라.
2. 신학에서 '교의(敎義)'란 무슨 뜻인가?
3. 조직신학의 일곱 가지 주제들은 무엇인가?
4. 신학의 필요성에 대해 간략히 논하라.
5. 신학의 성격에 대해 간략히 논하라.
6. 종교개혁 시대의 대표적 개혁파 신학 저서 하나를 들라.
7. 17세기의 대표적 개혁파 신학자 한 사람만 들라.
8. 19, 20세기의 대표적 개혁파 신학 저서 셋만 들라.
9. 신학의 방법에 있어서, 세 가지 원리가 무엇인가?
10. 신학의 방법에 있어서, 잘못된 견해들을 열거하라.
11. 신학에 있어서, 이성의 역할을 간략히 설명하라.
12. 종교의 두 가지 요소란 무엇인가?
13. 종교의 좌소(座所)에 대해 간략히 논하라.
14. 종교와 신학의 관계를 간략히 설명하라.
15. 자연신론과 범신론의 계시 개념들을 간략히 논하라.
16. 일반계시와 특별계시를 각각 간략히 서술하라.
17. 일반계시의 방식들을 열거하라.
18. 일반계시의 불충분성에 대해 간략히 논하라.
19. '자연신학'을 간략히 논평하라.
20. 특별계시의 필요성과 목적이 무엇인가?
21. 특별계시의 방식들을 논하라.
22. 특별계시의 성격들을 간략히 논하라.
23. 신정통신학의 계시 개념을 간략히 논하라.
24. 성경의 필요성을 간략히 서술하라.
25. 특별계시의 종결성과 계속성을 간략히 서술하라.
26. 성경의 명료성을 간략히 서술하라.
27. 성경 해석의 원리들에 대해 간략히 서술하라.

28. 성경의 충족성에 대해 간략히 서술하라.
29. 성경의 권위성의 두 측면을 간략히 서술하라.
30. 성경 영감(靈感)의 증거들을 간략히 서술하라.
31. 축자적(逐字的)[단어적] 영감에 대해 간략히 서술하라.
32. 유기적(有機的) 영감에 대해 간략히 서술하라.
33. 성경의 무오성(無誤性)의 의미는 무엇인가?
34. 성경의 무오성의 증거들을 간략히 서술하라.
35. 구약성경의 정경(正經) 결정원리들을 간략히 서술하라.
36. 구약성경 외경의 비(非)정경성의 이유들은 무엇인가?
37. 신약성경의 정경 결정원리들을 간략히 서술하라.
38. 성경 본문(text)의 두 종류에 관해 간략히 서술하라.
39. 신약성경의 '비평 본문'의 비(非)신빙성을 간략히 논하라.
40. 신약성경의 '전통본문'의 신빙성을 간략히 논하라.

신론

1. 하나님의 존재하심에 대한 우주론적 논증이 무엇인가?
2. 하나님의 존재하심에 대한 목적론적 논증이 무엇인가?
3. 하나님의 존재하심에 대한 이성적 논증들의 가치를 논하라.
4. 하나님의 존재하심에 대한 성경적 증거들을 간략히 서술하라.
5. 무신론의 어리석음에 대해 간략히 논하라.
6. 하나님의 속성이란 무엇을 가리키는가?
7. 하나님의 본체와 속성들과의 관계를 간략히 서술하라.
8. 소요리문답 제4문답을 쓰라.
9. 하나님께서 영(靈)이시라는 말은 어떤 의미들을 가지는가?
10. 하나님의 손과 팔과 눈 등은 어떤 표현들인가?
11. 하나님의 무한하심과 '하늘에 계심'에 대해 간략히 설명하라.
12. '여호와'라는 이름은 하나님의 어떤 속성을 나타내는가?
13. 하나님의 불변하심과 '뉘우치심'에 대해 간략히 설명하라.
14. 하나님의 형벌적 공의에 대한 성경구절들을 둘만 들라.
15. 하나님의 열 가지의 속성들을 두 부류로 나누어 보라.

16. 소요리문답 제6문답을 쓰라.
17. 하나님의 본체의 단일성을 증거하는 성경구절을 둘만 들라.
18. 예수 그리스도께서 참 하나님이시라는 증거들을 요약하라.
19. 삼위의 인격적 구별에 대한 성경구절들을 둘만 들라.
20. 삼위가 함께 언급된 성경구절들을 둘만 들라.
21. 성자의 영원 출생에 대한 증거들을 요약하라.
22. 성령님의 인격성에 대한 증거들을 요약하라.
23. 성령께서 '아들로부터도' 나오심에 대한 성경적 증거를 들라.
24. 신학에서, 작정과 예정의 뜻을 간단히 쓰라.
25. 하나님의 작정에 대한 성경의 증거구절들을 둘만 들라.
26. 하나님의 작정과 제2 원인들과의 관계를 간략히 서술하라.
27. 작정과 죄와의 관계를 간략히 서술하라.
28. 예정의 두 가지 요소는 무엇인가?
29. 무조건적 선택에 대한 성경구절들을 둘만 들라.
30. 버려두심에 대한 증거를 간략히 서술하라.
31. 전택설과 후택설이 무엇인지 간략히 비교 서술하라.
32. 성경의 문자적 연대계산에 의하면, '태초'는 언제인가?
33. 창세기 1장의 '날'을 문자적 하루로 보는 이유들은 무엇인가?
34. 천사 창조에 대한 성경구절을 들라.
35. 창조의 목적은 무엇인가?
36. 하나님의 섭리란 무슨 뜻인가?
37. 섭리의 두 방법을 간략히 서술하라.
38. 섭리와 죄 문제에 대해 간략히 설명하라.
39. 기적들에 대한 교회의 전통적 견해와 그 근거는 무엇인가?
40. 오늘날 은사운동에 대한 네 가지 비평의 요점이 무엇인가?

인간론

1. 인류의 단일성을 증거하는 성경구절을 하나만 들라.
2. 인류의 연대 계산을 위한 기본적 성경구절들을 셋만 들라.
3. 방사성 동위원소에 의한 연대측정법의 문제점을 들라.

 4. 사람의 구성요소에 대한 이분설의 근거를 서술하라.
 5. 영혼의 주요 활동들에 대해 서술하라.
 6. 개인의 영혼의 기원에 관한 세 가지 견해들을 서술하라.
 7. 개인의 영혼의 기원에 관한 창조설의 근거구절을 들라.
 8. 사람이 '하나님의 형상'으로 창조되었다는 뜻은 무엇인가?
 9. 행위언약이 무엇인가?
10. 행위언약의 유효성에 대해 서술하라.
11. 아담의 범죄의 역사성을 간단히 증거하라.
12. 성경적 죄관(罪觀)을 간단히 서술하라.
13. 죄책이 무엇인가?
14. 부패성이 무엇인가?
15. 마음의 상태와 습관도 죄가 된다는 것을 증명하라.
16. 알미니안파의 죄관의 특징은 무엇인가?
17. 아담의 죄의 전가(轉嫁)가 무엇인가?
18. 아담의 죄의 전가를 증거하는 성경구절은 무엇인가?
19. 아담의 죄의 전가를 확증하는 세 가지 사실들이 무엇인가?
20. 아담의 죄의 전가의 방식에 대한 견해들을 서술하라.
21. 원죄(原罪)가 무엇인가?
22. 원죄의 두 가지 요소들은 무엇인가?
23. 전적인 부패성을 증거하는 성경구절들 둘만 들라.
24. 전적인 무능력을 증거하는 성경구절들 둘만 들라.
25. 율법의 내용들을 어떻게 세 가지로 분류할 수 있는가?
26. 율법의 세 가지 내용들 중에 오늘날 폐지된 것들은 무엇인가?
27. 예배에 관한 의식법들은 무슨 의미를 가지는가?
28. 도덕법의 세 가지 목적들은 무엇인가?
29. 죄의 형벌은 무엇인가?
30. 죄의 형벌의 목적은 무엇인가?
31. 죄의 형벌의 목적을 오해한 두 가지 견해들을 들라.
32. 구속언약이 무엇인가?
33. 은혜언약이 무엇인가?

34. 은혜언약의 두 가지 측면들은 무엇인가?
35. 은혜언약의 두 가지 시대들은 무엇인가?
36. 아브라함과의 언약의 성격들을 간단히 설명하라.
37. 시내산 언약의 특징들을 간단히 설명하라.
38. 시내산 언약이 은혜언약인 증거는 무엇인가?
39. 신약의 특징들을 간단히 설명하라.
40. 구약과 신약의 본질적 동일성에 대해 간략히 논하라.

기독론

 1. 기독론의 중요성은 무엇인가?
 2. 예수 그리스도의 인격에 관한 세 가지 요점들은 무엇인가?
 3. 예수 그리스도의 신성(神性)에 대한 성경적 증거들을 요약하라.
 4. 예수 그리스도를 하나님이라고 부르는 성경구절 둘을 들라.
 5. 예수 그리스도께 돌려지는 신적 사역들을 두 가지만 열거하라.
 6. 그리스도의 신성은 왜 필요했는가?
 7. 예수 그리스도의 인성(人性)에 대한 성경적 증거들을 요약하라.
 8. 예수 그리스도의 인적 명칭들에는 어떤 것들이 있는가?
 9. 그리스도의 무죄성(無罪性)과 관계된 사실들은 무엇인가?
10. 그리스도의 인성은 왜 필요했는가?
11. 예수 그리스도의 일인격성(一人格性)의 증거들을 들라.
12. 예수 그리스도의 인성은 어떻게 인격적이 되었는가?
13. 이성(二性) 연합의 결과인 삼중적(三重的) 전달이란 무엇인가?
14. 에비온파에 관하여 간략히 서술하고 비평하라.
15. 도케테파에 관하여 간략히 서술하고 비평하라.
16. 아리안파에 관하여 간략히 서술하고 비평하라.
17. 아폴리내리안파에 관하여 간략히 서술하고 비평하라.
18. 네스토리안파에 관하여 간략히 서술하고 비평하라.
19. 유티키안파에 관하여 간략히 서술하고 비평하라.
20. 양자설(養子說)에 관하여 간략히 서술하고 비평하라.
21. 속성 전달설에 관하여 간략히 서술하고 비평하라.

22. 게노시스설에 관하여 간략히 서술하고 비평하라.
23. 그리스도의 선재(先在)하심에 관한 성경구절을 들라.
24. 그리스도의 처녀 마리아를 통한 탄생의 중요성은 무엇인가?
25. '예수 그리스도께서 지옥에 내려가셨다'는 말은 무슨 뜻인가?
26. 예수 그리스도의 부활에 대한 성경적 증거들을 요약하라.
27. 예수 그리스도의 부활은 어떤 의미들을 가지는가?
28. 예수 그리스도의 부활에 대한 잘못된 설명들을 들라.
29. 그리스도의 승천에 대한 루터교의 견해는 무엇인가?
30. 그리스도의 하나님 오른편에 앉으심의 의미는 무엇인가?
31. 예수 그리스도께서는 어떻게 선지자직을 수행하시는가?
32. 예수 그리스도께서는 어떻게 제사장직을 수행하시는가?
33. 예수 그리스도의 속죄사역의 원인 혹은 필요성은 무엇인가?
34. 예수 그리스도의 속죄사역의 의미는 무엇인가?
35. 예수 그리스도의 속죄사역의 성격은 무엇인가?
36. 속죄에 관한 '도덕 감화설'을 서술하고 비평하라.
37. 속죄에 관한 '도덕적 통치설'을 서술하고 비평하라.
38. 그리스도의 제한적 속죄의 근거를 서술하라.
39. 예수 그리스도께서는 어떻게 왕직을 수행하시는가?
40. 예수 그리스도의 왕직의 성격을 서술하라.

구원론

1. 일반은혜와 특별은혜를 간략히 설명하라.
2. 일반은혜의 내용들은 무엇인가?
3. 오순절 성령님의 오심(행 2장)의 의미에 대해 간략히 논하라.
4. 성령님의 세례는 무엇이며, 언제 이루어지는가?
5. 성령님의 충만하심의 방법은 무엇인가?
6. 개혁신학에서 보는 구원의 단계들을 열거하라.
7. 외적 부르심과 내적 부르심을 간략히 설명하라.
8. 신비적 연합이란 무엇이며, 그 성경적 증거들을 들라.
9. 중생(重生)의 의미와 성격을 간략히 논하라.

10. 중생관에 있어서 개혁주의와 알미니안주의의 차이점은?
11. 중생의 증거는 무엇인가?
12. 중생한 영이 범죄치 않는다는 견해의 가장 큰 문제는 무엇인가?
13. '하나님께로서 난 자마다 범죄치 않는다'는 말씀(요일 3:9)의 뜻은 무엇인가?
14. 중생한 자가 범죄해도 그리스도의 대속 공로가 무효화될 수 없다고 보는 이유가 무엇인가?
15. 유아 때 죽은 영혼들의 구원 문제에 대하여 간략히 논하라.
16. 회개의 세 가지 요소들은 무엇인가?
17. 회개의 성격을 간략히 서술하라.
18. 회개의 중요성을 간략히 말해보라.
19. 천주교회의 고해 성사는 왜 잘못인가?
20. 잘못된 믿음을 세 가지 들어보라.
21. 믿음에 대한 알미니안주의의 잘못은 무엇인가?
22. 믿게 하시는 이가 하나님이라는 증거구절들을 들라.
23. 믿음의 세 가지 대상들을 열거하라.
24. 믿음의 세 가지 요소들을 열거하라.
25. 구원을 위해 필요한 믿음의 지식의 분량은 어느 정도인가?
26. 칭의(稱義)의 성격을 간략히 논하라.
27. 사람이 어떻게 하나님 앞에서 의롭다 하심을 얻는가?
28. '사람이 행함으로 의롭다 하심을 받는다'는 야고보의 가르침은 어떻게 바울의 가르침과 조화되는가?
29. 신자의 양자(養子)의 근거가 무엇인가?
30. 신자의 양자의 특권들을 열거하라.
31. 성화(聖化)가 무엇인지 중생과 칭의와 비교해 간략히 설명하라.
32. 성화의 동기가 무엇인가?
33. 성화의 성격에 대해 간략히 논하라.
34. 선행과 상에 대해 간략히 논하라.
35. 성도의 견인(堅忍)이란 무엇인가?
36. 성도의 견인을 가르친 성경구절들은 무엇인가?

37. 성도의 견인을 지원하는 주요한 교리들은 무엇인가?
38. 신자의 구원의 확신에 대하여 간략히 논하라.
39. 성도의 견인 진리와 배교의 경고구절은 어떻게 조화되는가?
40. 영화(榮化)가 무엇인가?

교회론

1. '교회'라는 뜻을 가진 구약성경의 용어들은 무엇인가?
2. '교회'라는 뜻을 가진 신약성경의 용어는 무엇인가?
3. 교회에 대한 비유적 명칭을 세 가지만 들라.
4. 개혁신학은 교회를 무엇이라고 정의하는가?
5. 교회의 외적 조직은 교회에 본질적인가?
6. 역사상 감독교회의 교리를 처음 발전시킨 인물은 누구인가?
7. 천주교회는 교회의 본질을 무어라고 보는가?
8. 구약교회와 신약교회의 동질성(同質性)의 근거는 무엇인가?
9. 무형교회와 유형교회의 구성원을 각각 서술하라.
10. 전투하는 교회와 승리한 교회는 각각 무엇을 가리키는가?
11. 교회의 세 가지 속성은 무엇인가?
12. 교회의 일체성(一體性)의 세 가지 성격은 무엇인가?
13. 참 교회의 세 가지 표는 무엇인가?
14. 자유주의 신학이란 무엇이며 왜 잘못인가?
15. 교회연합운동은 무엇이며 왜 잘못인가?
16. 신복음주의는 무엇이며 왜 잘못인가?
17. 성경적 분리(교제 단절)의 대상은 누구인가?
18. 성경적 분리(교제 단절)의 이유는 무엇인가?
19. 교회의 세 가지 권세는 무엇인가?
20. 권징의 네 가지 목적은 무엇인가?
21. 권징의 세 가지 단계는 무엇인가?
22. 교회의 세 가지 임무는 무엇인가?
23. 사회정치활동이 교회의 사명(선교)이 아닌 까닭은 무엇인가?
24. 역사상, 교회의 세 종류의 운영 형태는 무엇인가?

25. 장로교회의 기본 원리들은 무엇인가?
26. 장로교회의 치리회들을 열거하고 간략히 설명하라.
27. 교회의 창설직은 무엇인가?
28. 교회의 항존직(恒存職)은 무엇인가?
29. 담임목사와 부목사의 임무는 각각 무엇인가?
30. 장로와 집사의 임무는 각각 무엇인가?
31. 성경이 여성의 목사직과 장로직을 금하는 이유들을 열거하라.
32. 직원들의 소명은 어떻게 확신할 수 있는가?
33. 하나님의 은혜의 세 가지 수단은 무엇인가?
34. 세례의 의미는 무엇인가?
35. 침수(浸水)만 정당한 세례 방식이라는 주장을 반박하라.
36. 유아세례의 성경적 근거를 요약하라.
37. 성찬의 의미는 무엇인가?
38. 성찬에 관하여 '화체설'(化體說)이란 무엇인가?
39. 성찬에 관하여 '공재설'(共在說)이란 무엇인가?
40. 성찬에 관하여 '영적 임재설'이란 무엇인가?

내세론

1. 육체적 죽음이 무엇인가?
2. 육체적 죽음은 무엇 때문에 왔는가?
3. 신자는 왜 죽는가?
4. 영혼불멸은 무엇을 의미하는가?
5. 영혼불멸의 성경적 증거들을 요약하라.
6. 중간 상태란 무엇을 의미하는가?
7. 의인의 죽은 후 상태를 성경을 들어 서술하라.
8. 악인의 죽은 후 상태를 성경을 들어 서술하라.
9. 악인의 죽은 후 상태에 대한 신약성경의 중요한 세 구절들이 무엇인가?
10. 히브리어 <u>쉐올</u>의 이중적 의미는 무엇인가?
11. 히브리어 <u>쉐올</u>이 지옥을 가리키는 증거들을 요약하라.

12. 천주교회의 선조 림보와 유아 림보를 서술하고 비평하라.
13. 천주교회의 연옥 교리를 서술하고 비평하라.
14. 영혼 수면설, 멸절설, 제2 기회설을 각각 간략히 비평하라.
15. 예수 그리스도의 재림의 확실성에 대해 간략히 서술하라.
16. 예수 그리스도의 재림의 모습에 대해 서술하라.
17. 예수 그리스도의 재림 직전의 징조들을 열거하라.
18. 의인과 악인의 부활에 대한 성경구절들을 들라.
19. 휴거(携去)(rapture)에 대한 성경적 개념은 무엇인가?
20. 환난전 휴거설의 주요 근거들은 무엇인가?
21. 환난전 휴거설의 주장하는 근거들을 비평하라.
22. 은밀한 공중재림의 개념은 언제, 누구에게서 시작되었는가?
23. 천년왕국에 대한 무천년설을 서술하고 비평하라.
24. 천년왕국에 대한 후천년설을 서술하고 비평하라.
25. 천년왕국에 대한 세대주의적 전천년설을 서술하고 비평하라.
26. 천년왕국에 대한 역사적 전천년설은 무엇인가?
27. 천년왕국에 대한 역사적 전천년설의 어려운 점들은 무엇인가?
28. 마지막 심판의 심판주와 심판의 협조자는 각각 누구인가?
29. 마지막 심판의 대상들은 누구 누구인가?
30. 마지막 심판의 대상에 신자들도 포함됨을 성경으로 증거하라.
31. 마지막 심판이 단일한 사건임을 보이는 성경구절을 들라.
32. 마지막 심판의 근거는 무엇인가?
33. 천국의 두 측면을 간략히 설명하라.
34. 천국의 미래성을 보이는 성경구절을 들라.
35. 천국의 영광을 보이는 성경구절을 들라.
36. 천국에서의 상급에 대해 간략히 서술하라.
37. 지옥 교리에 대한 성경적 증거구절들을 들라.
38. 지옥에서의 고통의 성격에 대해 간략히 서술하라.
39. 지옥 형벌의 영원성에 대해 논증하라.
40. 지옥 교리의 중요성은 무엇인지 설명하라.

저자 소개

연세대학교 문과대학 철학과 졸업 (B.A.).
총신대학 신학연구원[신학대학원] 졸업 (M.Div. equiv.).
미국, Faith Theological Seminary 졸업 (Th.M. in N.T.).
미국, Bob Jones University 대학원 졸업 (Ph.D. in Theology).
계약신학대학원 교수 역임, 합정동교회 원로목사.
[역서] J. 그레셤 메이천, 신약개론, 신앙이란 무엇인가? 등 다수.
[저서] 구약성경강해 1, 2, 신약성경강해, 조직신학, 기독교교리개요, 기독교 윤리, 현대교회문제, 자유주의 신학의 이단성, 교회연합운동 비평, 복음주의 비평, 현대교회문제자료집, 기독교신앙입문, 천주교회비평 등.

조직신학

2016년 3월 26일   1판
2021년 8월 21일   2판
2025년 9월 4일   3판

저 자   김 효 성
발행처   옛신앙 출판사
Old-time Faith Press
www.oldfaith.net

서울특별시 마포구 독막로 26 (합정동)
합정동교회 내
02-334-8291, 팩스 02-337-4869
oldfaith@hjdc.net

등록번호: 제10-1225호

ISBN   978-89-98821-07-4   03230   값: 10,000원

옛신앙출판사는 이익을 추구하지 않으며 출판권은 저자에게 있습니다.

♣ '옛신앙'이란, 옛부터 하나님의 선지자들과 주 예수 그리스도의 사도들이 가졌던 신앙, 오직 정확 무오(正確無誤)한 하나님 말씀인 신구약 성경에만 근거한 신앙, 오늘날 배교(背敎)와 타협의 풍조에 물들지 않는 신앙을 의미합니다.

"여호와께서 이같이 말씀하시되 '너희는 길에 서서 보며 **옛적 길** 곧 **선한 길**이 어디인지 알아보고 그리로 행하라. 너희 심령이 평안을 얻으리라' 하나, 그들의 대답이 '우리는 그리로 행치 않겠노라' 하였으며"(렘 6:16).

옛신앙 출판사 서적 안내

☆ 주문: oldfaith.net/07books.htm   전화: 02-334-8291
☆ 계좌: 우리은행 1005-604-140217 합정동교회